9787501 546170

U0576783

通鉴纪事本末

十

〔宋〕袁枢 撰

杨寄林 主编

中华书局

目录

第十册

卷第三十九

通鉴纪事本末

卷第三十六

庞勋之乱

唐懿宗咸通三年秋七月，徐州军乱，逐节度使温璋。初，王智兴既得徐州，募勇悍之士二千人，号银刀、雕旗、门枪、挟马等七军，常以三百馀人自卫，露刃坐于两庑夹幕之下，每月一更。其后节度使多儒臣，其兵浸骄，小不如意，一夫大呼，其众和之，节度使辄自后门逃去。前节度使田牟至，与之杂坐饮酒，把臂拊背，或为之执板唱歌。犒赐之费，日以万计，风雨寒暑，复加劳来，犹时喧哗，邀求不已。牟薨，璋代之，骄兵素闻璋性严，惮之。璋开帐慰抚，而骄兵终怀猜忌，赐酒食皆不历口，一旦，竟聚噪而逐之。朝廷知璋无辜，乙亥，以璋为邠宁节度使，以浙东观察使王式为武宁节度使。

忠武、义成两军从王式讨裘甫者犹在浙东，诏式帅以赴徐州，骄兵闻之，甚惧。八月，式至大彭馆，始出迎谒。式视事三日，飨两镇将士，遣还既，擐甲执兵，命围骄兵，尽杀之，银刀都将邵泽等数千人皆死。甲子，敕以徐州先隶

庞勋之乱

　　唐懿宗咸通三年（862）秋季七月，徐州驻军叛乱，驱逐了节度使温璋。当初，王智兴占有徐州后，招募强悍勇猛之士两千人，号称银刀、雕旗、门枪、挟马等七军，常以三百多人护卫自己，露出兵刃坐在州府使院两廊的夹幕之下，每月轮换一次。其后节度使大多为文臣，那些士兵逐渐骄横，稍不如意，一人高呼，众人响应，节度使就从后门逃走了。前任节度使田牟到任后，与他们不分上下地坐在一起喝酒，互相握着手臂、拍着肩背，有时田牟还为他们敲着竹板唱歌。犒劳赏赐的费用，每天用万钱来计算，遇上风雨天或者寒暑时节，又得另加慰劳，即便如此，他们还是时常喧哗闹事，不断提出要求。田牟死后，温璋继任，骄兵一向听说温璋性情严厉，心中畏惧他。温璋打开帅帐抚慰将士，但骄兵始终心怀猜忌，赏赐的酒和食物都没有吃，一天早晨，竟聚在一起叫嚷着赶走了他。朝廷知道温璋是无辜的，乙亥（初八），任命温璋为邠宁节度使，任命浙东观察使王式为武宁节度使。

　　跟随王式讨伐裘甫的忠武、义成两军尚在浙东，懿宗下诏，令王式率领他们赶赴徐州，骄兵听说了这件事，十分害怕。八月，王式到达大彭馆，骄兵才出城迎接拜见。王式到职理事三天，宴请两镇将士，宴请结束让他们回去后，王式穿上铠甲，手持兵器，下令包围骄兵，将他们全部斩杀，银刀都将邵泽等数千人都死于刀下。甲子（二十八日），懿宗颁下敕令说，徐州原先隶属于

淄青道,李洧自归,始置徐海使额。及张建封以威名宠任,特帖濠、泗二州。当时本以控扼淄青、光蔡。自寇孽消弭,而武宁一道职为乱阶。今改为徐州团练使,隶兖海节度。复以濠州归淮南道,更于宿州置宿泗都团练观察使。留将士二千人守徐州,馀皆分隶兖、宿。且以王式为武宁节度使,兼徐、泗、濠、宿制置使。委式与监军杨玄质分配将士赴诸道讫,然后将忠武、义成两道兵至汴滑,各遣归本道,身诣京师。其银刀等军逃匿将士,听一月内自首,一切勿问。

四年冬十一月辛巳,废宿泗观察使,复以徐州为观察府,以濠、泗隶焉。

五年夏五月,敕:"徐州土风雄劲,甲士精强,比因罢节,颇多逃匿。宜令徐泗团练使选募军士三千人赴邕州防戍,待岭外事宁,即与代归。"

九年。初,南诏陷安南,敕徐泗募兵二千赴援,分八百人别戍桂州,初约三年一代。徐泗观察使崔彦曾,慎由之从子也,性严刻,朝廷以徐兵骄,命镇之。都押牙尹戡、教练使杜璋、兵马使徐行俭用事,军中怨之。戍桂州者已六年,屡求代还,戡言于彦曾,以军帑空虚,发兵所费颇多,请更留戍卒一年。彦曾从之。戍卒闻之,怒。都虞候许佶、军校赵可立、姚周、张行实皆故徐州群盗,州县不能讨,招出之,补牙职。会桂管观察使李丛移湖南,新使未至,秋七月,佶等作乱,杀都将王仲甫,推粮料判官庞勋为主,劫库兵北还,所过剽掠,州县莫能御。朝廷闻之,八月,遣高品

淄青道，李洧归附朝廷后，才设置有徐海节度使的员额。等到张建封因为威名获宠而受重用，特地将濠、泗二州拨归徐州管辖。当时的本意是想用来控扼淄青、光蔡。自从贼寇馀孽被消灭，而设在徐州的武宁使职衔名已经混乱。现在改为徐州团练使，隶属兖海节度。另外将濠州归属淮南道，再在宿州设置宿泗都团练观察使。留下将士两千人驻守徐州，其馀都分别隶属于兖海、宿泗。并且以王式为武宁节度使，兼徐、泗、濠、宿制置使。委派王式与监军杨玄质分配徐州将士赶赴诸道，结束后，率领忠武、义成两道的士兵到汴滑，让士兵各自回归本道，王式完成这些任务后，自己前往京师。徐州银刀等七军逃跑隐匿的将士，听任其在一个月之内自首，一切都不予追究。

四年（863）冬季十一月辛巳，撤销宿泗观察使，又以徐州为观察府，把濠州、泗州隶属于此府。

五年（864）夏季五月，朝廷颁布敕令："徐州民风雄强刚劲，甲士精锐强悍，近来因为罢废节度使府，不少士兵逃亡隐匿。应该命令徐泗团练使选募军士三千人赴邕州驻防戍守，等到岭外的事情平息了，就和他们换防，回归本道。"

九年（868）。当初，南诏攻陷安南，懿宗敕令徐泗募兵两千赶去支援，分出八百人来另外戍守桂州，开始时约定三年一换防。徐泗观察使崔彦曾，是崔慎由的侄子，为人严厉苛刻，朝廷因为徐州士兵骄横，命令崔彦曾镇抚此地。都押牙尹戡、教练使杜璋、兵马使徐行俭掌权用事，军队中都怨恨他们。戍守桂州的士兵已经戍边六年了，多次要求换防回去，尹戡报告给崔彦曾，以军资缺乏、派兵费用很多为由，请求再留士兵戍守一年。崔彦曾听从了。戍守的士兵听说后都很愤怒。都虞候许佶、军校赵可立、姚周、张行实都是从前徐州的结伙强盗，州县没有能力讨伐，招安之后，出任牙职。适逢桂管观察使李丛调任湖南，新观察使尚未到任，秋季七月，许佶等人发动叛乱，杀都将王仲甫，推举粮料判官庞勋为首领，抢劫库中兵器北还，所过之处抢劫掠夺，州县没有能够防御的。朝廷听到此事，八月，派高品秩的宦官

张敬思赦其罪,部送归徐州,戍卒乃止剽掠。

九月,庞勋等至湖南,监军以计诱之,使悉输其甲兵。山南东道节度使崔铉严兵守要害,徐卒不敢入境,泛舟沿江东下。许佶等相与谋曰:"吾辈罪大于银刀,朝廷所以赦之者,虑缘道攻劫,或溃散为患耳。若至徐州,必菹醢矣!"乃各以私财造甲兵旗帜。过浙西,入淮南。淮南节度使令狐绹遣使慰劳,给刍米。都押牙李湘言于绹曰:"徐卒擅归,势必为乱,虽无赦令诛讨,藩镇大臣当临事制宜。高邮岸峻而水深狭,请将奇兵伏于其侧,焚获舟以塞其前,以劲兵蹙其后,可尽擒也。不然,纵之使得渡淮,至徐州,与怨愤之众合,为患必大。"绹素懦怯,且以无敕书,乃曰:"彼在淮南不为暴,听其自过,馀非吾事也。"

勋招集银刀等都窜匿者及诸亡命匿于舟中,众至千人。丁巳,至泗州。刺史杜慆飨之于毬场,优人致辞。徐卒以为玩己,擒优人,欲斩之,坐者惊散。慆素为之备,徐卒不敢为乱而止。慆,悰之弟也。

先是,朝廷屡敕崔彦曾慰抚戍卒擅归者,勿使忧疑。彦曾遣使以赦意谕之,道路相望。勋亦申状相继,辞礼甚恭。戊午,行及徐城,勋与许佶等乃言于众曰:"吾辈擅归,思见妻子耳。今闻已有密敕下本军,至则支分灭族矣。丈夫与其自投网罗,为天下笑,曷若相与戮力同心,

张敬思赦免他们的罪行,由官府将他们送归徐州,戍卒才停止了抢掠。

九月,庞勋等人到了湖南,监军设计引诱他们,迫使他们全部交出了武器。山南东道节度使崔铉派兵严守要害之处,徐州军卒不敢入境,乘船沿长江东下。许佶等人相互商量说:"我们的罪过大于当年银刀等七军,朝廷之所以赦免我们,是因为担心我们沿途攻掠,或是溃散了成为后患。如果到了徐州,必定会酷刑处置,被剁成肉酱的!"于是各人拿出自己的钱财来制造铠甲、兵器和旗帜。然后经过浙西,进入淮南。淮南节度使令狐绚派遣使者前去慰劳,送上粮草。都押牙李湘对令狐绚说:"徐州的军卒擅自回去,势必会发动叛乱,现在虽然没有皇帝的敕令诛讨,但藩镇大臣应当临机应变,加以处置。高邮的江岸陡峭而水深港狭,请求派奇兵埋伏在江岸旁边,焚烧装荻草的船以阻塞其前进的道路,派精兵在他们后面压迫,就可全部擒获。不这样的话,放过他们而让其顺利渡过淮河,到了徐州,同那些久怀怨愤的人会合在一处,造成的祸患必定会很大。"令狐绚素来懦弱胆怯,并且因为没有皇帝的敕令,于是答道:"他们在淮南没有干坏事,就任凭他们经过吧,至于其他的就不是我的事情了。"

庞勋招集银刀等七军的逃亡隐匿者以及亡命之徒,将他们藏在船上,人数上千。丁巳(二十七日),到了泗州。刺史杜慆在球场上宴请他们,艺人上前致辞。徐州军士认为这是嘲弄自己,抓住了艺人,想要斩杀他,在坐的人都受惊吓而逃散。杜慆之前已做好防备,徐州军士不敢作乱而停止。杜慆,是杜悰的弟弟。

此前,朝廷屡次敕令崔彦曾慰劳安抚戍边士兵中擅自回来的人,不要让他们忧虑猜疑。崔彦曾派遣使者将皇帝的意思告诉他们,使节在道路上往还不断。庞勋也相继呈上文书,言辞礼节都十分恭敬。戊午(二十八日),庞勋等行进到了徐城,庞勋与许佶等就对众人说:"我们擅自回来,只是想见到妻子儿女。现在听说已有皇帝密敕下达到本军,等我们一到就会被分开来处以灭族之刑。大丈夫与其自投罗网,被天下人笑话,何不一起协力同心,

赴蹈汤火，岂徒脱祸，兼富贵可求！况城中将士皆吾辈父兄子弟，吾辈一唱于外，彼必响应于内矣。然后遵王侍中故事，五十万赏钱，翘足可待也！"众皆呼跃称善。将士赵武等十二人独忧惧，欲逃去，勋悉斩之，遣使致其首于彦曾，且为申状，称："勋等远戍六年，实怀乡里。而武等因众心不安，辄萌奸计。将士诚知迕误，敢避诛夷！今既蒙恩全宥，辄共诛首恶以补愆尤。"冬十月甲子，使者至彭城，彦曾执而讯之，具得其情，乃囚之。丁卯，勋复于递中申状，称："将士自负罪戾，各怀忧疑，今已及符离，尚未释甲。盖以军将尹戡、杜璋、徐行俭等狡诈多疑，心生衅隙，乞且停此三人职任，以安众心。仍乞戍还将士别置二营，共为一将。"

时戍卒距彭城止四驿，阖城恟惧。彦曾召诸将谋之，皆泣曰："比以银刀凶悍，使一军皆蒙恶名，奸夷流窜，不无枉滥。今冤痛之声未已，而桂州戍卒复尔猖狂，若纵使入城，必为逆乱，如此，则阖境涂地矣！不若乘其远来疲弊，发兵击之，我逸彼劳，往无不捷。"彦曾犹豫未决。团练判官温庭皓复言于彦曾曰："安危之兆，已在目前，得失之机，决于今日。今击之有三难，而舍之有五害：诏释其罪而擅诛之，一难也。帅其父兄，讨其子弟，二难也。枝党钩连，刑戮必多，三难也。然当道戍卒若擅归不诛，则诸道戍边者皆效之，无以制御，一害也。将者一军之首，

赴汤蹈火,那样的话岂止是逃脱灾祸,还可求得富贵! 况且城中将士都是我们的父兄子弟,我们在城外一带头,他们必定在城内响应。然后遵循侍中王智兴的旧例,五十万赏钱,翘着脚就可等到了!"众人都欢呼跳跃称好。只有将士赵武等十二人忧虑害怕,想逃走,庞勋全部杀了他们,派遣使者送他们的人头给崔彦曾,并写有申述的文书,称:"庞勋等人远戍六年,实在是怀念故乡。然而赵武等人趁众人心神不安,就萌生了邪恶的想法。将士们都知道被赵武等人迷惑将受到处罚,岂敢冒着诛灭全家的危险不听府使的命令! 现在既然承蒙大恩被保全宽恕,就应共诛首恶,以弥补过错。"冬季十月甲子(初四),使者到了彭城,崔彦曾把他抓起来审问,获知全部实际情况后,就囚禁了使者。丁卯(初七),庞勋又通过驿站传递申述文书称:"将士们身负重罪,人人心怀疑惑,现在已到了符离,还没有脱下铠甲。原因在于军将尹戡、杜璋、徐行俭等狡诈多疑,心中对我们产生嫌隙,请求暂且停止这三个人的职务,以安定众人之心。并请求为戍边回来的将士单独设置两个营,并设立一个将领统管。"

　　此时桂州戍卒距离彭城只有四个驿站的路程,徐州全城都惊骇恐惧。崔彦曾召集诸将商量对策,大家都哭着说:"以前因为银刀等七军凶悍,使徐州镇一军都蒙受恶名,被消灭和流窜逃亡的人中,不乏冤枉的。现在冤痛之声尚没有停止,桂州戍卒又这样狂妄放肆,如果放任他们进城,必定会谋逆叛乱,这样的话全境就要惨遭杀戮了! 不如趁他们远道而来身体疲劳,出兵攻打他们,我逸彼劳,前去攻打就没有不胜利的。"崔彦曾犹豫不决。团练判官温庭皓又对崔彦曾说:"安危的情状,已经在眼前,得与失的机遇,就决定在今天。现在攻打他们有三大难处,但放任不管却有五个害处:皇上诏令赦免他们的罪责,却又擅自诛杀他们,是一难。率领戍卒的父兄,去讨伐他们的子弟,是二难。牵连的枝党多而复杂,刑杀必定很多,是三难。然而本道的戍卒如果擅自回归而不加以诛讨的话,那么其他各道戍边的人都会仿效他们,没有办法制止,是一害。将领是一军的首领,

而辄敢害之，则凡为将者何以号令士卒！二害也。所过剽掠，自为甲兵，招纳亡命，此而不讨，何以惩恶！三害也。军中将士，皆其亲属，银刀馀党，潜匿山泽，一旦内外俱发，何以支吾！四害也。逼胁军府，诛所忌三将，又欲自为一营，从之则银刀之患复起，违之则托此为作乱之端，五害也。惟明公去其三难，绝其五害，早定大计，以副众望。”

时城中有兵四千三百，彦曾乃命都虞候元密等将兵三千人讨勋，数勋之罪以令士众，且曰：“非惟涂炭平人，实亦污染将士。傥国家发兵诛讨，则玉石俱焚矣。”又曰：“凡彼亲属，无用忧疑，罪止一身，必无连坐。”仍命宿州出兵符离，泗州出兵于虹以邀之，且奏其状。彦曾戒元密无伤敕使。戊辰，元密发彭城，军容甚盛。诸将至任山北数里，顿兵不进，共思所以夺敕使之计。欲俟贼入馆，乃纵兵击之，遣人变服负薪以诇贼。日暮，贼至任山，馆中空无人，又无供给，疑之，见负薪者，执而榜之，果得其情。乃为偶人执旗帜，列于山下而潜遁。比夜，官军始觉之，恐贼潜伏山谷及间道来袭，复引兵退宿于城南，明旦，乃进追之。

时贼已至符离，宿州戍卒五百人出战于濉水上，望风奔溃，贼遂抵宿州。时宿州阙刺史，观察副使焦璐摄州事，城中无复馀兵，庚午，贼攻陷之，璐走免。贼悉聚城中货财，令百姓来取之，一日之中，四远云集，然后选募为兵，

而他们竟敢杀害都将王仲甫，如果不诛讨他们，那么凡是做将领的又怎么去号令士卒？是二害。他们所过之处肆行抢掠，自己建立军队，招纳亡命之徒，这样的行为不加以讨伐，又怎么能够惩罚恶行？是三害。军中将士都是他们的亲属，银刀等七军的馀党潜藏在山泽之中，一旦他们里应外合一起发动叛乱，拿什么来应付？是四害。他们逼迫威胁军府，诛杀所忌恨的三位将领，又想单独成为一营，听从他们，则银刀等七军的祸患又将兴起，违背他们，他们则会以此作为叛乱的理由，是五害。希望明公您排除三难，断绝五害，及早确定大计，以满足大家的愿望。"

当时城中有士兵四千三百人，崔彦曾于是命都虞候元密等领兵三千人讨伐庞勋，历数庞勋的罪行以号令士兵，并且说："不仅使平民百姓遭难，实际也是玷污了将士的名声。假如国家发兵诛讨，恐怕就玉石俱焚了。"又称："凡是他们的亲属，不用忧虑疑惑，罪责只在他们一人，一定不会连坐的。"又命令宿州派兵到符离，泗州派兵到虹县以截击他们，并且上奏章报告具体情况。崔彦曾告诫元密不要伤害了传送诏令的使者。戊辰（初八），元密发兵彭城，军势十分盛大。诸将到任山以北几里的地方，停下军队不再前进，共同商量救出敕使的计谋。他们想等叛军进入驿馆后，再派兵攻击他们，于是派人改穿便服、背着木柴去刺探叛军的情况。黄昏时叛军到了任山，驿馆中空无一人，又没有粮草供应，叛军便起了疑心，又看到背柴的人，就抓起来拷打讯问，果然获知了官军的情况。于是做了些假人手执旗帜，排列在山下而后悄悄逃去。等到夜晚，官军才察觉，害怕叛军潜伏在山谷或是抄小道来偷袭，于是又领兵后退，驻扎于城南，次日早晨才进兵追击叛军。

此时叛军已到符离，宿州戍卒五百人于濉水边迎战，结果望风溃逃，叛军于是进抵宿州。当时宿州没有刺史，观察副使焦璐代理州中事务，城中再没有多馀的兵力，庚午（初十），叛军攻占宿州，焦璐逃走免于一死。叛军把城中的货物钱财都集中起来，让百姓来拿，一天内，四方之人云集城中，然后挑选召募士兵，

有不愿者立斩之,自旦至暮,得数千人。于是勒兵乘城,庞勋自称兵马留后。再宿,官军始至,贼守备已严,不可复攻。先是,焦璐闻符离败,决汴水以断北路,贼至,水尚浅可涉,比官军至,已深矣。

壬申,元密引兵渡水。将围城,会大风,贼以火箭射城外茅舍,延及官军营,士卒进则冒矢石,退则限水火,贼急击之,死者近三百人。元密等以为贼必固守,但为攻取之计。贼夜使妇人持更,掠城中大船三百艘,备载资粮,顺流而下,欲入江湖为盗。以千缣赠张敬思,遣骑送至汴之东境,纵使西归。明旦,官军知贼已去,狼狈追之。士卒皆未食,比追及,已饥乏。贼舣舟堤下而陈于堤外,伏千人于舟中,官军将至,陈者皆走入陂中。密以为畏己,纵兵追之,贼自舟中出,夹攻之,自午及申,官军大败。密引兵走,陷于荷涫,贼追及之,密等诸将及监陈敕使皆死,士卒死者殆千人,其馀皆降于贼,无一人还徐者。

贼问降卒以彭城人情计谋,知其无备,始有攻彭城之志。乙亥,庞勋引兵北渡濉水,逾山趣彭城。其夕,崔彦曾始知元密败,移牒邻道求救。明日,塞门,选城中丁壮为守备。内外震恐,无复固志。或劝彦曾奔兖州,彦曾怒曰:“吾为元帅,城陷而死,职也!”立斩言者。丁丑,贼至城下,众六七千人,鼓噪动地,民居在城外者,贼皆慰抚,无所侵扰,由是人争归之,不移时,克罗城。彦曾退保子城,民助贼攻之,

有不愿意的马上斩杀，从早晨到傍晚，得到了数千人。于是率领士兵登城，庞勋自称兵马留后。驻扎了两天后，官军才到达，叛军守备已很严整，不可能再攻打了。在此之前，焦璐听说符离的官军失败，便决开汴水以阻断北去的路，叛军到时，水还较浅，可以蹚水过河，等到官军到时，水已经很深了。

壬申(十二日)，元密率领部队渡过水面。准备围城时，恰遇大风，叛军用火箭射城外的茅草屋，火蔓延到官军营寨，士兵们前进就要冒着弓箭檑石，后退又受水火的限制，叛军加紧攻击，官军死亡将近三百人。元密等人认为叛军必定固守，便只谋划着攻取城池的计策。叛军夜晚派妇女打更，抢掠了城中大船三百艘，全部装满物资粮草，顺流而下，想要进入江湖做强盗。又把千匹绢帛赠送给宫中使者张敬思，派遣骑兵送他到汴州的东部边境，放他西归。次日早晨，官军得知叛军已经离去，慌慌张张地追赶。士兵们都没有吃饭，等到追上，已是又饥饿又疲乏。叛军将船停靠在堤下而在堤外列阵，又在船中埋伏千人，官军快要到时，阵中的人都跑到湖泊中。元密以为他们害怕自己，发兵追击他们，结果叛军从船中冲出，夹攻官军，从午时战至申时，官军大败。元密领兵逃跑，陷进荷花泥泽中，叛军追赶上来，元密等诸将以及监阵敕使全都被杀，士卒死了近千人，其馀都向叛军投降，没有一人回到徐州。

叛军审问降卒彭城人的情况及其计谋，知道他们没有防备，就开始有了攻打彭城的想法。乙亥(十五日)，庞勋领兵向北渡过濉水，翻过山向彭城进发。那天傍晚，崔彦曾才得知元密战败，发公文向邻道求救。次日，崔彦曾堵塞住城门，挑选城中青壮年男子进行守备。城内外震惊恐惧，没有了坚定的意志。有人劝崔彦曾逃往兖州，崔彦曾生气地说："我是元帅，城池陷落只有一死，这是我的职责!"马上斩了进言的人。丁丑(十七日)，叛军到了城下，人数有六七千，喧哗叫喊声震动大地，百姓居住在城外的，叛军都加以慰问安抚，没有侵扰，因此百姓争相归附他们，不多时，就攻克了外城。崔彦曾撤退守内城，百姓帮助叛军攻打，

推草车塞门而焚之,城陷。贼囚彦曾于大彭馆,执尹戡、杜璋、徐行俭,剐而剖之,尽灭其族。勋坐听事,盛陈兵卫,文武将吏伏谒,莫敢仰视。即日,城中愿附从者万馀人。

戊寅,勋召温庭皓,使草表求节钺。庭皓曰:"此事甚大,非顷刻可成,请还家徐草之。"勋许之。明旦,勋使趣之,庭皓来见勋曰:"昨日所以不即拒者,欲一见妻子耳。今已与妻子别,谨来就死。"勋熟视,笑曰:"书生敢尔,不畏死邪! 庞勋能取徐州,何患无人草表!"遂释之。有周重者,每以才略自负,勋迎为上客,重为勋草表,称:"臣之一军,乃汉室兴王之地。顷因节度使刻削军府,刑赏失中,遂致迫逐。陛下夺其节制,翦灭一军,或死或流,冤横无数。今闻本道复欲诛夷,将士不胜痛愤,推臣权兵马留后,弹压十万之师,抚有四州之地。臣闻见利乘时,帝王之资也。臣见利不失,遇时不疑。伏乞圣慈,复赐旌节。不然,挥戈曳戟,诣阙非迟!"庚辰,遣押牙张琯奉表诣京师。

勋以许佶为都虞候,赵可立为都游弈使,党与各补牙职,分将诸军。又遣旧将刘行及将千五百人屯濠州,李圆将二千人屯泗州,梁丕将千人屯宿州,自馀要害县镇,悉缮完成守。徐人谓旌节之至不过旬月,愿效力献策者远近辐凑,乃至光、蔡、淮、浙、兖、郓、沂、密群盗,皆倍道归之,阗溢郛郭。旬日间,米斗直钱二百。勋诈为崔彦曾请翦灭徐州表,

推来草车堵塞城门用火焚烧,城池于是陷落。叛军把崔彦曾囚禁在大彭馆,抓获尹戡、杜璋、徐行俭,剐杀之后又加以斩割,并把他们的族人全都杀光。庞勋坐在徐州观察使的衙堂上,兵马侍卫整整齐齐地排列着,文官武将跪在下面拜见,没有敢抬起头来看的。当天,城中愿意归附的有一万多人。

戊寅(十八日),庞勋召来温庭皓,让他起草奏表请求徐州节度使的节钺。温庭皓说:"这件事情很大,不是一下子可以完成的,我请求回家慢慢地写。"庞勋答应了。次日早晨,庞勋派人去催他,温庭皓来见庞勋说:"昨天之所以没有马上拒绝,是因为想见一见妻儿。现在已同妻儿诀别,特来求死。"庞勋仔细打量他,笑着说:"你一介书生竟敢这样,是不怕死吗! 我能够攻取徐州,又哪里担心没有人起草奏表呢?"于是放了他。有个叫周重的人,常以才略自负,庞勋把他接来尊为上宾,周重替庞勋起草奏表,称:"我们这一军,驻扎在汉王朝兴起的地方。近来因为节度使对将士太苛刻,刑罚奖赏失去公允,于是将他驱逐。陛下夺去徐州军号,消灭一军,将士们有的死亡有的流放,冤屈的人无数。现在听说本道又想诛杀我们,将士们不胜愤恨,推举我暂时代理兵马留后,以弹压十万官军,抚慰四州之地。我听说看到利益就要抓住时机,是成为帝王的资本。我见到好处就不失去机会,遇到机遇就不犹疑。伏地乞求圣上慈恩,再赐给我节度使的旌旗符节。不这样的话,我们就挥戈曳戟,马上杀到您的宫殿前面!"庚辰(二十日),派遣押牙张琯带着奏表前往京城。

庞勋任命许佶为都虞候,赵可立为都游弈使,党羽们也各任军职,分别管领诸军。又派遣旧将刘行及率一千五百人屯驻濠州,李圆率领两千人屯驻泗州,梁丕率领一千人屯驻宿州,其馀重要的县镇,全都完善守备。徐州人认为旌旗符节的到来不过是十天半月,愿意效力、献计策的人不分远近地向这里集中,乃至光、蔡、淮、浙、兖、郓、沂、密等州的结伙强盗,都日夜兼程地赶来归附庞勋,人多得连外城都住不下了。几天时间,一斗米就值二百钱。庞勋假造了崔彦曾向朝廷请求消灭徐州军的奏表,

其略曰："一军暴卒,尽可翦除,五县愚民,各宜配隶。"又作诏书,依其所请,传布境内。徐人信之,皆归怨朝廷,曰:"微桂州将士回戈,吾徒悉为鱼肉矣!"

刘行及引兵至涡口,道路附从者增倍,濠州兵才数百,刺史卢望回素不设备,不知所为,乃开门具牛酒迎之。行及入城,囚望回,自行刺史事。泗州刺史杜慆闻勋作乱,完守备以待之,且求救于江、淮。李圆遣精卒百人先入泗州,封府库,慆遣人迎劳,诱之入城,悉诛之。明日,圆至,即引兵围城。城上矢石雨下,贼死者数百,乃敛兵屯城西。勋以泗州当江、淮之冲,益发兵助圆攻之,众至万馀,终不能克。

初,朝廷闻庞勋自任山还趣宿州,遣高品康道伟赍敕书抚慰之。十一月,道伟至彭城。勋出郊迎,自任山至子城三十里,大陈甲兵,号令金鼓响震山谷,城中丁壮,悉驱使乘城。宴道伟于毬场,使人诈为群盗降者数千人,诸寨告捷者数十辈。复作求节钺表,附道伟以闻。

初,辛云京之孙谠,寓居广陵,喜任侠,年五十不仕。与杜慆有旧,闻庞勋作乱,诣泗州,劝慆挈家避之。慆曰:"安平享其禄位,危难弃其城池,吾不为也。且人各有家,谁不爱之! 我独求生,何以安众! 誓与将士共死此城耳!"谠曰:"公能如是,仆与公同死!"乃还广陵,与其家诀,壬辰,复如泗州。时民避乱,扶老携幼,塞涂而来。见谠,皆止之曰:

其大略为："一军凶暴的士卒，尽可消灭剪除，五县愚顽的百姓，都应配为奴隶。"又伪造了诏书，依照崔彦曾所请求的，颁布于境内。徐州人相信了，都把怨恨归向朝廷，说："如果不是桂州将士挥戈回来，我们就全都被当作鱼肉宰割了！"

刘行及领兵到了涡口，沿途归附的人增加了一倍，濠州士兵只有几百人，刺史卢望回一向不设防备，不知道怎么办，就打开城门准备牛和酒迎接。刘行及进城后，囚禁了卢望回，自己做起了刺史。泗州刺史杜慆听到庞勋作乱，完善守备准备对付叛军，并且向江、淮地区的官军求救。李圆派遣一百名精锐士兵提前进入泗州，封存府库，杜慆派人迎接慰劳，引诱他们进入城中，全部诛杀了他们。第二天，李圆到了，马上指挥士兵围城。城墙上面弓箭、檑石像雨一样飞下，叛军战死数百人，于是收兵驻扎在城西。庞勋因泗州位于江、淮地区的交通要道上，便增加兵力援助李圆攻城，人数达到一万多，最终还是未能攻克。

当初，朝廷听说庞勋从任山掉头前往宿州，派遣高品秩宦官康道伟带着敕书前往安抚慰问。十一月，康道伟到了彭城。庞勋出城在郊外迎接，从任山到徐州内城三十里的范围内，大量布设军队，号令和金鼓的响声震动山谷，城中的青壮年男子全都被驱赶着登上城墙。庞勋在球场上宴请康道伟，派人伪装成来投降的群盗，有数千人，各个营寨前来报告得胜消息的有几十批。又写了请求节度使节钺的奏表，请康道伟捎回去上报朝廷。

当初，辛云京的孙子辛谠，寄居在广陵，喜欢行侠仗义，到了五十岁也不做官。他同杜慆有交情，听说庞勋发动叛乱，就到了泗州，劝杜慆带家人避难。杜慆说："安定和平的时候享受国家的俸禄官位，危险艰难的时候就放弃国家的城池逃走，我不做这样的事情。再说人人都有自己的家庭，有谁不爱它？我独自求生，又怎么能够安定众人？誓与将士同此城共存亡！"辛谠说："您能这样，我也和您同生共死！"于是回到广陵，与家人诀别，壬辰（初三）这天又回到泗州。此时百姓为逃避灾难，扶老携幼逃亡而来，道路都被人流所堵塞。百姓们看见辛谠，都劝阻他说：

“人皆南走，子独北行，取死何为！”说不应。至泗州，贼已至城下，说急棹小舟得入，慆即署团练判官。城中危惧，都押牙李雅有勇略，为慆设守备，帅众鼓噪，四出击贼，贼退屯徐城，众心稍安。

庞勋募人为兵，人利于剽掠，争赴之，至父遣其子，妻勉其夫，皆断锄首而锐之，执以应募。邻道闻勋据徐州，各遣兵戍守要害。而官军尚少，贼众日滋，官军数不利，贼遂破鱼台等近十县。宋州东有磨山，民逃匿其上，勋遣其将张玄稔围之。会旱，山泉竭，数万口皆渴死。或说勋曰：“留后止欲求节钺，当恭顺尽礼以事天子，外戢士卒，内抚百姓，庶几可得。”勋虽不能用，然国忌犹行香，飨士卒必先西向拜谢。癸卯，勋闻敕使入境，以为必赐旌节，众皆贺。明日，敕使至，但责崔彦曾及监军张道谨，贬其官。勋大失望，遂囚敕使，不听归。

诏以右金吾大将军康承训为义成节度使、徐州行营都招讨使，神武大将军王晏权为徐州北面行营招讨使，羽林将军戴可师为徐州南面行营招讨使，大发诸道兵以隶三帅。承训奏乞沙陀三部落使朱邪赤心及吐谷浑、达靼、契苾酋长各帅其众以自随，诏许之。

庞勋以李圆攻泗州久不克，遣其将吴迥代之。丙午，复进攻泗州，昼夜不息。时敕使郭厚本将淮南兵千五百人救泗州，至洪泽，畏贼强，不敢进。辛说请往求救，杜慆许之。丁未夜，乘小舟潜渡淮，至洪泽，说厚本，厚本不听，

"大家都往南逃,只有你独自一人向北走,为什么要自己去找死呢?"辛谠没有回答。到泗州时,叛军已经到了城下,辛谠急忙划着小船才得以进入城内,杜慆马上任命他为团练判官。城中情况危急,人人感到恐惧,都押牙李雅勇武且有谋略,替杜慆布置守备之事,带领士兵击鼓呐喊,四面出城攻打叛军,叛军后退驻扎在徐城,众人的心才稍稍安定。

庞勋招募百姓当兵,人们为了在抢掠时获利,争相奔赴他,以至于父亲送儿子,妻子勉励丈夫,都折断锄头并磨利它,拿着去响应召募。邻道听到庞勋占据徐州,便分别派兵戍守要害之地。然而官军人数还比较少,叛军人数却日渐增长,官军多次作战失利,叛军于是攻破鱼台等近十个县。宋州东面有座磨山,百姓逃亡隐藏在山上,庞勋派部将张玄稔围困磨山。正碰上天旱,山上泉水干涸,数万人都渴死了。有人劝庞勋说:"您只是想求得节钺,应当恭顺有礼地侍奉天子,对外收敛约束士兵,对内安抚百姓,或许能够如愿。"庞勋虽然没有采纳,但是在皇帝及皇后的忌日也还能在寺观设斋焚香,宴请士兵时也必先向西跪拜致谢。癸卯(十四日),庞勋听说有敕使入境,以为必定会赐给旌节,众人都来庆贺。第二天,敕使到了,只是责备崔彦曾和监军张道谨,贬了他们的官职。庞勋很是失望,于是就囚禁了敕使,不让回去。

懿宗下诏任命右金吾大将军康承训为义成节度使、徐州行营都招讨使,神武大将军王晏权为徐州北面行营招讨使,羽林将军戴可师为徐州南面行营招讨使,大量调发各道兵马以隶属于这三位统帅。康承训奏请派沙陀三部落使朱邪赤心及吐谷浑、达靼、契苾酋长各自率领他们的部众跟随自己,懿宗下诏批准。

庞勋因李圆攻打泗州长时间不能攻克,派部将吴迥代替他。丙午(十七日),又进攻泗州,昼夜不停。此时敕使郭厚本率淮南士兵一千五百人救援泗州,行至洪泽,害怕叛军的强悍而不敢前进。辛谠请求前往求救,杜慆答应了。丁未(十八日)夜里,辛谠乘坐小船悄悄渡过淮河,到洪泽劝说郭厚本出兵,郭厚本没有答应,

比明,复还。己酉,贼攻城益急,欲焚水门,城中几不能御,说请复往求救。慆曰:"前往徒还,今往何益?"说曰:"此行得兵则生返,不得则死之。"慆与之泣别。说复乘小舟负户突围出,见厚本,为陈利害。厚本将从之,淮南都将袁公弁曰:"贼势如此,自保恐不足,何暇救人!"说拔剑瞋目谓公弁曰:"贼百道攻城,陷在朝夕。公受诏救援而逗留不进,岂惟上负国恩! 若泗州不守,则淮南遂为寇场,公讵能独存邪! 我当杀公而后死耳!"起,欲击之,厚本趋抱止之,公弁仅免。说乃回望泗州,恸哭终日,士卒皆为之流涕。厚本乃许分五百人与之,仍问将士,将士皆愿行。说举身自掷,叩头以谢将士,遂帅之抵淮南岸。望贼方攻城,有军吏言曰:"贼势似已入城,还去则便。"说逐之,揽得其髻,举剑击之,士卒共救之,曰:"千五百人判官,不可杀也。"说曰:"临陈妄言惑众,必不可舍!"众请不能得,乃共夺之。说素多力,众不能夺。说曰:"将士但登舟,我则舍此人。"众竞登舟,乃舍之。士卒有回顾者,则斫之。驱至淮北,勒兵击贼。慆于城上布兵与之相应,贼遂败走,鼓噪逐之,至晡而还。

　　庞勋遣其将许佶将精兵数千助吴迥攻泗州,刘行及自濠州遣其将王弘立引兵会之。戊午,镇海节度使杜审权遣都头翟行约将四千人救泗州。己未,行约引兵至泗州,贼逆击于淮南,围之。城中兵少,不能救,行约及士卒尽死。先是,令狐绹遣李湘将兵数千救泗州,与郭厚本、袁公弁合兵

到天亮时辛谠又回来了。己酉(二十日),叛军攻城更加急迫,准备焚烧水门,城中几乎抵御不住,辛谠请求再次前往求救。杜慆说:"上次去白跑一趟回来了,现在去又有什么用处?"辛谠答道:"这次去,搬来救兵就活着回来,搬不来就去死。"杜慆同他哭着告别。辛谠又乘坐小船背着门板突围出去,见到郭厚本,向他陈述利害。郭厚本准备答应了,淮南都将袁公弁说:"叛军势力如此强大,我们自保都恐怕力量不够,哪里有馀暇再去救人!"辛谠拔出剑来瞪大眼睛对袁公弁说:"叛军多路攻城,城池陷落就在旦夕之间。您领受诏令救援却逗留不前进,岂止是上负国恩呢!如果泗州守不住,那么淮南就会成为叛军的跑马场,您又岂能独自存活!我应当杀了您然后再去死!"说着站起身来想要杀他,郭厚本急忙抱住并制止他,袁公弁才免于一死。辛谠于是回头望着泗州,整日痛哭,士兵都替他难过得哭了起来。郭厚本于是答应分五百人给他,又询问将士,将士们都愿意前往。辛谠起身跪伏在地,叩头来感谢将士,于是率领他们进抵淮河南岸。远望叛军正在攻城,有个军吏说:"看叛军的势头好像已经攻入城内,我们还是回去为好。"辛谠追上他,抓住他的发髻,举剑要刺他,士兵们都上前救他说:"他是一千五百人的判官,不能杀。"辛谠说:"临阵妄言蛊惑众人,一定不能放过他!"众人请求得不到应允,就一起上前抢夺。辛谠素来身强力壮,众人夺不过来。辛谠说:"你们只要登上船,我就放过此人。"众人竞相登船,辛谠于是放了他。士兵们谁回头看,辛谠就用剑砍谁。行至淮水北岸,辛谠便率兵攻打叛军。杜慆在城上布置兵力与他们相互呼应,叛军于是败逃,官军击鼓呐喊着追击他们,直到下午才回来。

　　庞勋派部将许佶率领精锐士兵数千人援助吴迥攻打泗州,刘行及从濠州派部将王弘立领兵前往会合。戊午(二十九日),镇海节度使杜审权派都头翟行约率领四千人救援泗州。己未(三十日),翟行约领兵至泗州,叛军在淮水南岸迎击,包围了他们。城中兵力少,不能去救,翟行约及士卒全部战死了。在此之前,令狐绹派遣李湘领兵数千救援泗州,与郭厚本、袁公弁合兵

屯都梁城,与泗州隔淮相望。贼既破翟行约,乘胜围之。十二月甲子,李湘等引兵出战,大败,贼遂陷都梁城,执湘及郭厚本送徐州,据淮口,漕驿路绝。

康承训军于新兴,贼将姚周屯柳子,出兵拒之。时诸道兵集者才万人,承训以众寡不敌,退屯宋州。庞勋以为官军不足畏,乃分遣其将丁从实等各将数千人南寇舒、庐,北侵沂、海,破沭阳、下蔡、乌江、巢县,攻陷滁州,杀刺史高锡望。又寇和州,刺史崔雍遣人以牛酒犒之,引贼登楼共饮,命军士皆释甲,指所爱二人为子弟,乞全之,其馀惟贼所处。贼遂大掠城中,杀士卒八百馀人。

泗州援兵既绝,粮且尽,人食薄粥。闰月己亥,辛谠言于杜慆,请出求救于淮、浙,夜帅敢死士十人,执长柯斧,乘小舟,潜往斫贼水寨而出。明旦,贼乃觉之,以五舟遮其前,以五千人夹岸追之。贼舟重行迟,谠舟轻行疾,力斗三十馀里,乃得免。癸卯,至扬州,见令狐绹。甲辰,至润州,见杜审权。时泗州久无声问,或传已陷,谠既至,审权乃遣押牙赵翼将甲士二千人,与淮南共输米五千斛、盐五百斛以救泗州。

戴可师将兵三万渡淮,转战而前,贼尽弃淮南之守。可师欲先夺淮口,后救泗州,壬申,围都梁城。城中贼少,拜于城上曰:“方与都头议出降。”可师为之退五里。贼夜遁,明旦,惟空城。可师恃胜不设备,是日大雾,濠州贼将王弘立引兵数万疾径掩至,纵击官军,官军不及成列,

驻扎在都梁城,与泗州隔着淮水相望。叛军击败翟行约后,乘胜包围了他们。十二月甲子(初五),李湘等领兵出城作战,大败,叛军于是攻陷都梁城,抓获李湘及郭厚本送往徐州,占据淮口,漕运、驿传进入长安的道路断绝。

康承训驻扎在新兴,贼将姚周驻扎在柳子,出兵抵抗。当时诸道兵力集中起来才上万人,康承训因寡不敌众,后退驻守宋州。庞勋认为官军不值得害怕,于是分别派遣部将丁从实等人各领数千人,向南寇掠舒州、庐州,向北侵犯沂州、海州,攻破沭阳、下蔡、乌江、巢县,又攻陷滁州,杀了刺史高锡望。又寇掠和州,刺史崔雍派人用牛和酒犒劳他们,领着叛军登上城楼一起饮酒,命令士兵都脱去铠甲,指着所喜爱的二人说是自己的子弟,乞求保全他们,其馀的人听凭叛军处置。叛军于是在城中大肆抢掠,杀死士兵八百多人。

泗州援兵已经断绝,粮食也快吃完了,人们只能吃稀粥。闰十二月己亥(初十),辛谠对杜慆说,请求出城向淮、浙地区求救,夜里率领十名敢死队员,手持长柄斧头,乘坐小船,悄悄地去砍开叛军水寨后逃出。次日早晨,叛军才发觉,用五艘船在前面阻拦辛谠,派五千人在两岸追赶。叛军的船重速度慢,辛谠的船轻速度快,奋力搏斗三十多里,辛谠才得以脱逃。癸卯(十四日),辛谠到了扬州,拜见令狐绹。甲辰(十五日),到润州,拜见杜审权。当时泗州已经很长时间没有音讯了,有传言说泗州已经陷落,辛谠到达后,杜审权于是派押牙赵翼率领身穿甲胄的士兵两千人,与淮南一起输送米五千斛、盐五百斛以解救泗州。

戴可师领兵三万渡过淮水,在转战中前进,叛军全部放弃在淮南地区的守备。戴可师想先夺取淮口,然后救援泗州,壬申,包围了都梁城。城中叛军人数少,在城墙上向戴可师行拜礼说:"正与都头商量出城投降之事。"戴可师因此而后退五里。叛军却在夜间悄悄地逃走,次日早晨,只剩下一座空城。戴可师依仗新胜之势不设守备,这一天起了大雾,濠州贼将王弘立率领数万士兵走捷径突然到来,发兵袭击官军,官军来不及排成战阵,

遂大败，将士触兵及溺淮死，得免者才数百人，亡器械、资粮、车马以万计。贼传可师及监军、将校首于彭城。

庞勋自谓无敌于天下，作露布，散示诸寨及乡村，于是淮南士民震恐，往往避地江左。令狐绹畏其侵轶，遣使诣勋说谕，许为奏请节钺，勋乃息兵俟命。由是淮南稍得收散卒，修守备。

时汴路既绝，江、淮往来皆出寿州。贼既破戴可师，乘胜围寿州，掠诸道贡献及商人货，其路复绝。

勋益自骄，日事游宴，周重谏曰："自古骄满奢逸，得而复失，成而复败，多矣，况未得未成而为之者乎！"诸道兵大集于宋州，徐州始惧，应募者益少，而诸寨求益兵者相继。勋乃使其党散入乡村，驱人为兵。又见兵已及数万人，资粮匮竭，乃敛富室及商旅财，什取其七八，坐匿财夷宗者数百家。又与勋同举兵于桂州者尤骄暴，夺人资财，掠人妇女，勋不能制，由是境内之民皆厌苦之，不聊生矣。

王晏权兵数退衄，朝廷命泰宁节度使曹翔代晏权为徐州北面招讨使。前天雄节度使何全皞遣其将薛尤将兵万三千人讨庞勋，翔军于滕、沛，尤军于丰、萧。

十年春正月，康承训将诸道军七万馀人屯柳子之西，自新兴至鹿塘三十里，壁垒相属。徐兵分成四境，城中不及数千人，庞勋始惧。民多穴地匿其中，勋遣人搜掘为兵，日不过得三二十人。

于是大败，将士多被兵器所杀或是落入淮水淹死，活下来的只有几百人，损失器械、物资、粮草、车马数以万计。叛军传送戴可师及监军、将校的人头到彭城。

庞勋自认为在天下再没有对手，于是散发布告到各寨及乡村，因此淮南的士人百姓震惊恐惧，往往逃避到江左。令狐绹畏惧庞勋的侵扰袭击，派遣使者到庞勋处劝说，答应替他上奏章请求节钺，庞勋才停止军事行动，等候命令。因此淮南地区逐渐能够收容游散的士兵，整治守备。

当时通往汴州的道路已经断绝，江、淮间来来往往的人都要经由寿州。叛军打败戴可师后，便乘胜围困寿州，抢掠诸道进贡的物品及商人的货物，这条道路又断绝了。

庞勋更加骄傲，每天游乐宴饮，周重劝谏说："自古以来骄傲自满奢侈逸乐，会使得到的又失去，成功了又失败，这种情况多了，何况是没有得到、尚未成功却这样做的呢！"诸道军队在宋州大量集结，徐州开始害怕了，应募当兵的人日益减少，而诸寨不断要求增兵。庞勋于是派他的党羽分散深入乡村，驱赶百姓当兵。又看到兵力已达到数万人，可物资粮草匮乏，于是收取富户人家和过往商人的钱财，十成里收取七八成，因隐匿财产而被杀戮全族的有数百家。另外，与庞勋在桂州一起起兵叛乱的人尤其骄横残暴，抢夺百姓资财，掳掠百姓妇女，庞勋没有办法制止，由此境内的百姓都感到厌恶、痛苦，民不聊生。

王晏权的军队多次败退，朝廷任命泰宁节度使曹翔代替王晏权为徐州北面招讨使。前天雄节度使何全皞派部将薛尤率领一万三千士兵讨伐庞勋，曹翔驻扎在滕县、沛县，薛尤驻扎在丰县、萧县。

十年（869）春季正月，康承训率领诸道军队七万多人驻扎在柳子的西面，从新兴到鹿塘三十里间，壁垒相互连结。徐州的叛军分别戍守四面边境，城中不到数千人，庞勋开始感到害怕了。百姓大多挖地窖藏在里面，庞勋派人搜查、挖掘百姓，强迫他们当兵，每天不过得到二三十人。

勋将孟敬文守丰县,狡悍而兵多,谋贰于勋,自为符谶。勋闻之。会魏博攻丰,勋遣腹心将将三千助敬文守丰。敬文与之约共击魏博军,且誉其勇,使为前锋。新军既与魏博战,敬文引兵退走,新军尽没。勋乃遣使绐之曰:"王弘立已克淮南,留后欲自往镇之。悉召诸将,欲选一人可守徐州者。"敬文喜,即驰诣彭城。未至城数里,勋伏兵擒之,辛酉,杀之。

徐贼寇海州。时诸道兵戍海州者已数千人,断贼所过桥柱而弗殊,仍伏兵要害以待之。贼过,桥崩,苍黄散乱,伏兵发,尽殪之。其攻寿州者复为南道军所破,斩获数千人。

辛谠以浙西之军至楚州,敕使张存诚以舟助之。徐贼水陆布兵,锁断淮流,浙西军惮其强,不敢进。谠曰:"我请为前锋,胜则继之,败则汝走。"犹不可。谠乃募选军中敢死士数十人,牒补职名,先以米舟三艘、盐舟一艘乘风逆流直进,贼夹攻之,矢著舟板如急雨。及锁,谠帅众死战,斧断其锁,乃得过。城上人喧呼动地,杜慆及将佐皆泣迎之。乙酉,城上望见舟师张帆自东来,识其旗浙西军也。去城十馀里,贼列火船拒之,帆止不进。慆令谠帅死士出迎之,乘战舰冲贼陈而过,见张存诚帅米舟九艘,曰:"将士在道前却,存诚屡欲自杀,仅得至此,今又不进。"谠扬言:"贼不多,甚易与耳。"帅众扬旗鼓噪而前,贼见其势猛锐,避之,遂得入城。

庞勋部将孟敬文守卫丰县，他狡诈凶悍而且兵力多，谋划背叛庞勋，自己伪造了符命和图谶。庞勋听说了这件事。适逢魏博军攻打丰县，庞勋派心腹将领率兵三千帮助孟敬文守卫丰县。孟敬文与他约定共同攻击魏博的军队，并且称誉援军的勇敢，使其为前锋。新到的援军同魏博军开战后，孟敬文领兵撤退逃走，援军全部被消灭。庞勋于是派使者骗孟敬文说："王弘立已攻克淮南，留后想亲自前往镇守。召集所有将领，想从中挑选一个能守徐州的人。"孟敬文很高兴，马上骑马到彭城。在距城数里的地方，庞勋埋伏士兵捉住了他，辛酉（初三）这天，杀了他。

徐州叛军侵犯海州。当时诸道兵已有数千人守卫海州，锯断叛军经过的桥梁柱子，但看上去没有异常，同时在要害之地埋伏士兵等待他们。叛军经过，桥梁崩塌，叛军士卒惶惧混乱，伏兵冲出，尽数消灭了他们。那些攻打寿州的叛军又被南道的官军所击败，斩杀、擒获数千人。

辛谠领着浙西的部队到了楚州，敕使张存诚派船帮助他们。徐州叛军在水中和陆地上都部署了兵力，用铁锁阻断淮水河道，浙西军害怕他们的强悍，不敢前进。辛谠说："我去当先锋，胜了就跟上来，败了你们就逃走。"仍得不到同意。辛谠于是召募军中不怕死的数十人，在簿册上写下职位姓名，先用运米的船三艘、运盐的船一艘乘风逆流前进，叛军在两岸夹攻，箭矢像急雨一样射到船板上。等到了锁链旁，辛谠率众死战，用斧头砍断锁链，才得以通过。城上人喧嚷之声震动大地，杜慆和将领们都哭着迎接他们。乙酉（二十七日），城上远远看见有船队张着船帆自东而来，认出他们的旗帜，是浙西军。在离城十馀里处，叛军排列火船阻拦，帆船停住不能前进。杜慆命令辛谠率领敢死队员出城接应，辛谠乘坐战舰冲过叛军的战阵，看到张存诚率领的运粮船九艘，张存诚说："将士们在河道中不敢前进，我多次想要自杀，也才到了这里，现在又不能前进了。"辛谠扬言："叛军人数不多，前进很容易。"于是率领众人举着旗帜击鼓呐喊着向前，叛军看到他们的势头相当凶猛，躲在一边，于是船队得以进城。

二月，康承训使朱邪赤心将沙陀三千骑为前锋，陷陈却敌，十镇之兵伏其骁勇。承训尝引麾下千人济涣水，贼伏兵围之，赤心帅五百骑奋檛冲围，拔出承训，贼势披靡，因合击，败之。承训数与贼战，贼军屡败。

王弘立自矜淮口之捷，请独将所部三万人破承训，庞勋许之。己亥，弘立引兵渡濉水，夜，袭鹿塘寨，黎明，围之。弘立与诸将临望，自谓功在漏刻。沙陀左右突围，出入如飞，贼纷扰移避，沙陀纵骑蹂之，寨中诸军争出奋击，贼大败。官军蹙之于濉水，溺死者不可胜纪，自鹿塘至襄城，伏尸五十里，斩首二万馀级。弘立单骑走免，所驱掠平民皆散走山谷，不复还营，委弃资粮、器械山积。时有敕，诸军破贼，得农民，皆释之，自是贼每与官军遇，其驱掠之民先自溃。庞勋、许佶以弘立骄惰致败，欲斩之。周重为之说勋曰：“弘立再胜未赏，一败而诛之，弃功录过，为敌报仇，诸将咸惧矣。不若赦之，责其后效。”勋乃释之。弘立收散卒才得数百人，请取泗州以补过，勋益其兵而遣之。

三月，康承训既破王弘立，进逼柳子，与姚周一月之间数十战。丁亥，周引兵渡水，官军急击之，周退走，官军追之，遂围柳子。会大风，四面纵火，贼弃寨走，沙陀以精骑邀之，屠杀殆尽，自柳子至芳城，死者相枕，斩其将刘丰。周将麾下数十人奔宿州，宿州守将梁丕素与之有隙，开城听入，执而斩之。

二月，康承训派朱邪赤心率领三千沙陀骑兵为前锋，冲锋陷阵击退叛军，十镇之兵都敬佩他们的骁勇。康承训曾率麾下千人渡过涣水，叛军伏兵包围了他们，朱邪赤心带五百骑兵奋勇拼杀冲破包围，救出康承训，叛军溃败，官军乘机内外合击，打败了叛军。康承训多次和叛军作战，叛军屡败。

王弘立自夸在淮口的胜利，要求单独率所部三万人攻打康承训，庞勋同意了。己亥（十一日），王弘立领兵渡过濉水，夜里袭击鹿塘寨，黎明时包围了它。王弘立与诸将到阵前观望，自认为成功就在眼前。沙陀左右突围，出入就像飞一样，叛军混乱地奔跑躲避，沙陀骑兵纵马践踏叛军，寨中诸军争相冲出奋勇打击，叛军大败。官军紧追叛军到濉水，叛军因溺水而死的不可胜数，自鹿塘至襄城，伏尸五十里，砍下的叛军首级有两万多颗。王弘立一人骑马逃跑得免一死，所驱赶抢掠的平民都四散跑入山谷，不再回到军营，丢弃的物资粮草、器械堆得像山一样。当时朝廷有敕令，诸军击败叛军，俘获的农民要全都释放，自此以后叛军每次同官军作战，那些被驱赶抢掠的百姓就先自己溃散了。庞勋、许佶因为王弘立骄傲懈怠导致失败，准备杀了他。周重替他向庞勋求情说："王弘立两次得胜都没有奖赏，一次败仗就要诛杀，舍去功劳记下过错，这是替敌人报仇，诸将都会心怀畏惧了。不如赦免了他，让他以后报效。"庞勋于是放了他。王弘立收容游散的士兵，才得到数百人，他请求攻取泗州以弥补过失，庞勋增加他的兵力而后派他前去。

三月，康承训击败王弘立后，进军逼近柳子，同姚周在一个月之间作战数十次。丁亥（二十九日），姚周领兵渡过涣水，官军猛烈地攻击他，姚周后退逃跑，官军追击，于是包围了柳子。恰好遇上大风，官军从四面放火，叛军舍弃营寨逃跑，沙陀以精锐骑兵截击，几乎全部屠杀了叛军，自柳子至芳城，死去的人互相枕在一起，还斩杀了叛军将领刘丰。姚周率领麾下数十人投奔宿州，宿州守将梁丕素来与他有矛盾，打开城门听凭他进入，然后把他抓起来杀了。

庞勋闻之大惧，与许佶议自将出战。周重泣言于勋曰："柳子地要兵精，姚周勇敢有谋，今一旦覆没，危如累卵，不若遂建大号，悉兵四出，决死力战。"又劝杀崔彦曾以绝人望。术士曹君长亦言："徐州山川不容两帅，今观察使尚在，故留后未兴。"贼党皆以为然。夏四月壬辰，勋杀彦曾及监军张道谨、宣慰使仇大夫、僚佐焦璐、温庭皓等，并其亲属、宾客、仆妾皆死。断淮南监军郭厚本、都押衙李湘手足，以示康承训军。勋乃集众扬言曰："勋始望国恩，庶全臣节；今日之事，前志已乖。自此，勋与诸军真反者也，当扫境内之兵，戮力同心，转败为功耳。"众皆称善。于是命城中男子悉集毬场，仍分遣诸将比屋大索，敢匿一男子者族其家。选丁壮，得三万人，更造旗帜，给以精兵。许佶等共推勋为天册将军、大会明王。勋辞王爵。

先是，辛谠复自泗州引骁勇四百人迎粮于扬、润，贼夹岸攻之，转战百里，乃得出。至广陵，止于公馆，不敢归家，舟载盐、米二万石，钱万三千缗，乙未，还至斗山。贼将王弘芝帅众万馀，拒之于盱眙，密布战舰百五十艘以塞淮流，又纵火船逆之。谠命以长叉托过，自卯战及未，众寡不敌，官军不利。贼缚木于战舰，旁出四五尺为战棚，谠命勇士乘小舟入其下，矢刃所不能及，以枪揭火牛焚之，战舰既然，贼皆溃走，官军乃得过入城。

庞勋以父举直为大司马，与许佶等留守徐州。或曰：

庞勋听到消息,十分恐惧,与许佶商议亲自率兵出城作战。周重哭着对庞勋说:"柳子地势险要兵马精锐,姚周勇敢且有谋略,现在一下子就覆灭了,局势危如累卵,不如马上建立国号,派所有兵力四处出击,拼死力战。"又劝说庞勋杀掉崔彦曾,以断绝人们的希望。术士曹君长也说:"徐州的山川容不下两个统帅,现在观察使崔彦曾还在,所以留后您未能兴旺。"叛军徒众都认为是这样。夏季四月壬辰(初五),庞勋杀了崔彦曾及监军张道谨、宣慰使仇大夫、僚佐焦璐、温庭皓等,他们的亲属、宾客、奴婢等也都一起处死。又斩断淮南监军郭厚本、都押衙李湘的手脚,拿去给康承训的军队看。庞勋于是集合部众宣扬说:"我开始时盼望得到国家的恩典,希望能够保全做臣下的节操;今天的事情,已经违背了以前的愿望。从现在开始,我和各军是真正造反的人了,应当收集境内所有的兵力,齐心协力,转败为胜。"部众们都称好。于是命令城中的男子全部集中在球场,同时分头派遣诸将挨家挨户大肆搜查,有敢藏匿一个男子的诛灭全族。选拔男子中身体强壮的,得到三万人,重新制作旗帜,发放精良的兵器。许佶等共同推举庞勋为天册将军、大会明王。庞勋辞去王爵。

在此之前,辛谠又从泗州率领四百名骁勇的士兵到扬州、润州迎粮,叛军从河两岸夹攻,辛谠转战百里才得以突围出来。到了广陵,住在官府旅馆,也不敢回自己的家,用船装载盐、米二万石,钱一万三千缗,乙未(初八),返回到斗山。贼将王弘芝率领一万多人在盱眙阻击辛谠,密布战舰一百五十艘阻塞淮水河道,又放火船迎战。辛谠下令用长叉拖走火船,从卯时战斗到未时,因寡不敌众,官军处于下风。叛军在战舰上绑缚木板,从旁边伸出四五尺作为战棚,辛谠命令勇士划着小船钻到战棚下面,弓箭射不到,刀剑也砍不着,然后用长矛挑起缚草点燃的火牛焚烧战舰,战舰烧着后,叛军全都溃散逃跑,官军才得以通过,进入城内。

庞勋以父亲庞举直为大司马,与许佶等留守徐州。有人说:

“将军方耀兵威，不可以父子之亲，失上下之节。”乃令举直趋拜于庭，勋据案而受之。时魏博屡围丰县，庞勋欲先击之，丙申，引兵发徐州。

庞勋夜至丰县，潜入城，魏博军皆不之知。魏博分为五寨，其近城者屯数千人，勋纵兵围之，诸寨救之。勋伏兵要路，杀官军二千人，馀皆返走。贼攻寨不克，至夜，解围去。官军畏其众，且闻勋自来，诸寨皆宵溃。曹翔方围滕县，闻魏博败，引兵退保兖州。贼悉毁其城栅，运其资粮，传檄徐州，盛自夸大，谓官军为国贼云。

马举将精兵三万救泗州，乙巳，分军三道渡淮，至中流，大噪，声闻数里。贼大惊，不测众寡，敛兵屯城西寨。举就围之，纵火焚栅，贼众大败，斩首数千级。王弘立死。吴迥退保徐城，泗州之围始解。泗州被围凡七月，守城者不得寐，面目皆生疮。

庞勋留丰县数日，欲引兵西击康承训。或曰：“天时向暑，蚕麦方急，不若且休兵聚食，然后图之。”或曰：“将军出师数日，摧七万之众，西军震恐，乘此声势，彼破走必矣，时不可失。”庞举直以书劝勋乘胜进军，勋意遂决。丁未，发丰县，庚戌，至萧，约襄城、留武、小睢诸寨兵合五六万人，以二十九日迟明攻柳子。淮南败卒在贼中者，逃诣康承训，告以其期，承训得先为之备，秣马整众，设伏以待之。丙辰，襄城等兵先至柳子，遇伏，败走。庞勋既自

"将军正当显耀军威之时,不能够因为父子的亲情,失去君臣上下的名分。"于是命庞举直在庭中小步快走着拜见,庞勋凭依着几案接受拜见。当时魏博军多次包围丰县,庞勋准备先攻打他们,丙申(初九),率军从徐州出发。

庞勋夜晚到丰县,悄悄地进入城内,魏博的部队都没有察觉。魏博的军队分设五个营寨,靠近城池的营寨驻扎了数千人,庞勋发兵包围了它,其他各寨纷纷前往救援。庞勋在交通要道埋伏下士兵,斩杀了官军两千人,其馀的官军都掉头逃回去了。叛军进攻营寨没有打下来,到夜晚,解除包围撤退了。官军害怕他们人多,并且听说庞勋亲自来了,各个营寨便都在夜里溃散了。曹翔正包围滕县,听到魏博军失败的消息,率领军队后撤守卫兖州。叛军尽数毁坏了官军的栅墙,运走了他们的军资粮草,传布文告到徐州,夸大战果,称官军是国家的祸害。

马举率领三万精锐军队救援泗州,乙巳(十八日),分兵三路渡淮水,到河道中间,士兵们大声叫喊,声音传出几里远。叛军大为惊恐,不知道人数多少,于是收兵驻守在城西营寨。马举靠近并包围了叛军营寨,放火焚烧栅栏,叛军大败,被斩杀数千人。王弘立被杀死。吴迥撤退守卫徐城,泗州之围才解除。泗州被围困历时七个月,守城的人睡不成觉,脸上、眼睛上都生了疮。

庞勋在丰县停留了几天,准备率军向西攻击康承训。有人说:"天气就要热起来了,正是收获蚕丝和麦子的时候,不如暂时休整军队收集粮食,然后再做打算。"有人说:"将军出师几天,就打败了七万敌军,官军震惊恐惧,乘着这股声势,对方失败逃跑是一定的,机不可失。"庞举直写信鼓励庞勋乘胜进军,庞勋的决心于是下定了。丁未(二十日),庞勋从丰县出发,庚戌(二十三日)到萧县,联络襄城、留武、小睢诸寨的军队共五六万人,约定在二十九日天快亮时进攻柳子。叛军中有淮南俘虏兵逃出来,逃到康承训处,报告了这一日期,康承训因此得以提前准备,喂好马匹,整顿好军队,设下埋伏等待着。丙辰(二十九日),襄城等处的军队先行到达柳子,遇上埋伏,失败逃走。庞勋自己既已

失期,遽引兵自三十里外赴之,比至,诸寨已败,勋所将皆市井白徒,睹官军势盛,皆不战而溃。承训命诸将急追之,以骑兵邀其前,步卒蹑其后,贼狼狈不知所之,自相蹈藉,僵尸数十里,死者数万人。勋解甲服布襦而遁,收散卒,才及三千人,归彭城,使其将张实分诸寨兵屯第城驿。

勋初起下邳,土豪郑镒聚众三千,自备资粮器械以应之,勋以为将,谓之义军。五月,沂州遣军围下邳,勋命镒救之,镒帅所部来降。

六月,马举自泗州引兵攻濠州,拔招义、钟离、定远。刘行及设寨于城外以拒守,举先遣轻骑挑战,贼见其众少,争出寨西击之,举引大军数万自他道击其东南,遂焚其寨。贼入固守,举堙其三面而围之。北面临淮,贼犹得与徐州通。庞勋遣吴迥助行及守濠州,屯兵北津以相应。举遣别将渡淮击之,斩获数千,平其寨。

曹翔之退屯兖州也,留沧州卒四千人戍鲁桥。卒擅还,翔曰:"以庞勋作乱,故讨之。今沧卒不从约束,是自乱也!"勒兵迎之,围于兖州城外,择违命者二千人,悉诛之。朝廷闻魏博军败,以将军宋威为徐州西北面招讨使,将兵三万屯于丰、萧之间,翔复引兵会之。

秋七月,康承训克临涣,杀获万人,遂拔襄城、留武、小睢等寨。曹翔拔滕县,进击丰、沛。贼诸寨戍兵多相帅逃匿,保据山林,贼抄掠者过之,辄为所杀,而五八村尤甚。

误了时间,急忙率军从三十里外赶来,等到到达,诸寨已经败走,庞勋所率领的都是街市上没有受过军事训练的人,看到官军势力强大,还没开战就都溃逃了。康承训命令各位将领迅速追击,用骑兵在前面截击,步兵在后面压迫,叛军狼狈不堪,不知道该逃往什么地方,自己相互踩踏,尸体绵延数十里,死去的有几万人。庞勋脱掉甲衣,穿上布衣服潜逃,收容游散的士兵,只有三千人,回到彭城,派部将张实分配各寨士兵驻扎在第城驿。

庞勋当初在下邳起兵时,土豪郑镒召集三千人,自备物资粮草、兵器响应庞勋,庞勋任命他为军将,称为义军。五月,沂州派军队围困下邳,庞勋命令郑镒前往救援,郑镒却率领他的部队前来向官军投降。

六月,马举从泗州率军攻打濠州,攻取招义、钟离、定远。刘行及在濠州城外设置营寨拒守,马举先派轻骑兵前往挑战,叛军看到官军人数少,争相涌出营寨向西攻击官军,马举率领大部队数万人从另外的道路攻打叛军的东南面,并焚烧了叛军营寨。叛军退回城中固守,马举在濠州城的三面挖壕沟包围了他们。北面临近淮水,叛军还能够同徐州联系。庞勋派吴迥帮助刘行及守卫濠州,驻军在淮河北岸的渡口以相互呼应。马举派遣别将渡过淮水攻打叛军,斩杀俘获数千人,捣毁了叛军的营寨。

曹翔后撤驻扎兖州时,留下沧州士兵四千人守卫鲁桥。沧州守桥士兵擅自返回,曹翔说:"因为庞勋叛乱,所以讨伐他。现在沧州士兵不服从命令,这是自己制造混乱!"于是率领军队迎击沧州逃卒,在兖州城外包围了他们,挑选出两千违抗命令的人,全部杀掉。朝廷得到魏博军队战败的消息,任命将军宋威为徐州西北面招讨使,统领三万军队驻扎在丰县、萧县之间,曹翔又率军同宋威会合。

秋季七月,康承训攻克临涣,斩杀俘获万人,进而攻取了襄城、留武、小睢等叛军营寨。曹翔攻取滕县,进击丰县、沛县。叛军各个营寨的戍兵大多一起逃亡藏匿,据守山林之中,叛军中抢掠的人经过那些地方,时常被他们所杀,尤以五八村最为厉害。

有陈全裕者为之帅,凡叛勋者皆归之,众至数千人,战守之具皆备,环地数十里,贼莫敢近。康承训遣人招之,遂举众来降,贼党益离。蕲县土豪李衮杀贼守将,举城降于承训。沛县守将李直诣彭城计事,裨将朱玫举城降于曹翔。直自彭城还,玫逆击,走之。翔发兵戍沛。玫,邠州人也。勋遣其将孙章、许佶各将数千人攻陈全裕、朱玫,皆不克而还。康承训乘胜长驱,拔第城,进抵宿州之西,筑城而守之。庞勋忧懑不知所为,但祷神饭僧而已。

初,庞勋怒梁丕专杀姚周,黜之,使徐州旧将张玄稔代之治州事,以其党张儒、张实等将城中兵数万拒官军。儒等列寨数重于城外,环水自固。康承训围之。张实夜遣人潜出,以书白勋曰:"今国兵尽在城下,西方必虚,将军宜引兵出其不意,掠宋、亳之郊,彼必解围而西。将军设伏要害,迎击其前,实等出城中兵蹑其后,破之必矣!"时曹翔使朱玫击丕,破之,乘胜攻徐城、下邳,皆拔之,斩获万计。勋方忧惧欲走,得实书,即从其策,使庞举直、许佶守徐州,引兵而西。

八月壬子,康承训焚外寨,张儒等入保罗城,官军攻之,死者数千人,不能克。承训患之,遣辩士于城下招谕之。张玄稔尝戍边有功,虽胁从于贼,心常忧愤。时将所部兵守子城,夜,召所亲数十人谋归国,因稍令布谕,协同者众,乃遣腹心张皋夜出,以状白承训,约期杀贼将,举

有个叫陈全裕的人做他们的首领，凡是反叛庞勋的人都去投奔他，部众达到数千人，作战守备的器具也都齐备，方圆数十里的地方，叛军不敢靠近。康承训派人去招安他们，陈全裕于是率众前来投降，叛军徒众更加离心离德。蕲县土豪李衮，杀了叛军守将，率全城向康承训投降。沛县守将李直到彭城商议事情，副将朱玟率沛县全城向曹翔投降。李直从彭城回来，朱玟迎击他，将他打跑了。曹翔派军队守卫沛县。朱玟是邠州人。庞勋派遣部将孙章、许佶分别率领数千人攻打陈全裕、朱玟，都没有得胜，只好撤回。康承训乘胜长驱直进，攻取第城驿，进军到了宿州的西面，筑起城来据守。庞勋忧愁愤懑，不知道该干什么，只不过是做些祈求神灵、供养僧人的事情罢了。

当初，庞勋对梁丕独断专行杀了姚周很生气，贬黜了梁丕，让徐州旧将张玄稔代替他管理州中事务，以亲信张儒、张实等统领城中数万军队抵抗官军。张儒等在城外设置了若干道营寨，环靠水边，借以加强防守。康承训包围了这些营寨。张实派人夜晚悄悄溜出，用信告诉庞勋说："现在官军全都在城下，西方必定空虚，将军应当率军出其不意，攻掠宋州、亳州的郊外，官军一定会解除包围向西去。将军在重要地段设下埋伏，迎头打击他们的前锋，我们率城中的军队从后面迫击，一定能够打败他们！"当时曹翔派朱玟进击并攻破了丰县，乘胜又进攻徐城、下邳，都攻下来了，斩杀俘获数以万计。庞勋正在忧虑恐惧之中，想要逃跑，得到张实的信，就听从了他的计策，命令庞举直、许佶守卫徐州，自己率领军队向西进发。

八月壬子(二十七日)，康承训焚烧了宿州城外叛军的营寨，张儒等退入宿州外城据守，官军进攻，战死几千人也没能攻下。康承训担忧久攻不下，便派能言善辩的人到城下喊话招抚他们。张玄稔戍边时曾立过功，虽然被威逼附从于叛军，内心却常常忧郁愤怒。当时他率军守卫内城，夜里召集数十位亲信商议归附朝廷，并慢慢传达命令让大家知道，同意配合的人很多，于是派心腹张皋夜间悄悄出城，把情况告诉康承训，约定时间杀掉叛将，率

城降。至日，请立青旗为应，使众心无疑。承训大喜，从之。九月丁巳，张儒等饮酒于柳溪亭，玄稔使部将董厚等勒兵于亭西，玄稔先跃马而前，大呼曰："庞勋已枭首于仆射寨中，此辈何得尚存！"士卒竞进，遂斩张儒等数十人。城中大扰，玄稔谕以归国之计，及暮而定。戊午，开门出降。玄稔见承训，肉袒膝行，涕泣谢罪。承训慰劳，即宣敕，拜御史中丞，赐遗甚厚。

玄稔复进言："今举城归国，四远未知，请诈为城陷，引众趋符离及徐州，贼党不疑，可尽擒也！"承训许之。宿州旧兵三万，承训益以数百骑，皆赏劳而遣之。玄稔复入城，暮发平安火如常日。己未向晨，玄稔积薪数千束，纵火焚之，如城陷军溃之状，直趋符离，符离纳之，既入，斩其守将，号令城中，皆听命，收其兵，复得万人，北趋徐州。庞举直、许佶闻之，婴城拒守。辛酉，玄稔至彭城，引兵围之，按兵未攻，先谕城上人曰："朝廷惟诛逆党，不伤良人。汝曹奈何为贼城守？若尚狐疑，须臾之间，同为鱼肉矣！"于是守城者稍稍弃甲投兵而下。崔彦曾故吏路审中开门纳官军，庞举直、许佶帅其党保子城。日昃，贼党自北门出，玄稔遣兵追之，斩举直、佶首，馀党多赴水死。悉捕戍桂州者亲族，斩之，死者数千人，徐州遂平。

庞勋将兵二万自石山西出，所过焚掠无遗。庚申，承训始知之，引步骑八万西击之，使朱邪赤心将数千骑为

全城投降。到那一天，树立青色的旌旗作为响应，让众人心中没有疑虑。康承训十分高兴，答应了。九月丁巳(初三)，张儒等在柳溪亭喝酒，张玄稔派部将董厚等带兵在亭子西面，张玄稔先跃马到前面，大叫道："庞勋已经在仆射康承训寨中悬首示众了，你们这些人怎么还活在这里？"士兵们竞相冲上前，于是斩杀了张儒等数十人。宿州城中大乱，张玄稔把归附朝廷的计划告诉众人，到傍晚时才安定下来。戊午(初四)这一天，张玄稔打开城门出来投降。张玄稔拜见康承训，脱去上衣露出身体，跪地用膝盖行走，痛哭流涕地认罪致歉。康承训慰劳他们，当即宣布敕令，任命张玄稔为御史中丞，赏赐的物品十分丰厚。

张玄稔又建议说："现在全城归附朝廷，各地还不知道，请伪装成城池陷落，率众奔向符离及徐州，叛军不会怀疑，就能够全部抓获他们！"康承训答应了。宿州原有三万军队，康承训增拨数百骑兵，都奖赏犒劳之后再派出。张玄稔又回到城中，黄昏时同平常一样发出平安火信号。己未(初五)将近天亮时，玄稔堆积柴草数千束，纵火焚烧，就像城被攻破、军队溃散的样子，然后径直向符离奔去，符离守军打开城门接纳了他。入城后，张玄稔斩杀了守将，在城中发布号令，人们都服从命令，收编城中军队，又得万人，朝北奔向徐州。庞举直、许佶听说后，环绕徐州城拒守。辛酉(初七)，张玄稔进抵彭城，率军围困，止住部队没有进攻，先对城上的人说："朝廷只诛杀叛党，不伤害良民。你们为什么替叛党守卫城池？如果还犹豫不决，一会儿工夫就同为鱼肉被砍杀了！"因此守城的人渐渐脱掉铠甲、扔掉兵器走下城来。崔彦曾的旧部路审中打开城门迎接官军，庞举直、许佶率领亲信据守内城。太阳偏西时，贼党从北门逃出，张玄稔派兵追击，斩下庞举直、许佶的人头，其馀的叛党多半投入水中淹死。尽数捕获戍守桂州的叛军亲属，并斩杀，死者数千人，徐州于是平定。

庞勋率领两万士兵从石山向西进发，所过之处焚烧抢掠，一无所存。庚申(初六)这一天，康承训才得知庞勋的动向，于是统率八万步兵和骑兵向西讨击庞勋，命朱邪赤心带领数千骑兵为

前锋。勋袭宋州，陷其南城，刺史郑处冲守其北城，贼知有备，舍去，渡汴，南掠亳州，沙陀追及之。勋引兵循涣水而东，将归彭城，为沙陀所逼，不暇饮食，至蕲，将济水，李衮发桥，勒兵拒之。贼惶惑不知所之，至故县西，官军大集，纵击，杀贼近万人，馀皆溺死，降者才及千人。勋亦死而人莫之识，数日，乃获其尸。贼宿迁等诸寨皆杀其守将而降。宋威亦取萧县，吴迥独守濠州不下。冬十月，以张玄稔为右骁卫大将军、御史大夫。

马举攻濠州，自夏及冬不克，城中粮尽，杀人而食之，守军深堑重围以守之。辛丑夜，吴迥突围走，举勒兵追之，杀获殆尽，迥死于招义。

以康承训为河东节度使、同平章事，以杜慆为义成节度使。上嘉朱邪赤心之功，置大同军于云州，以赤心为节度使，召见，留为左金吾上将军，赐姓名李国昌，赏赉甚厚。以辛谠为亳州刺史。谠在泗州，犯围出迎兵粮，往返凡十二。及除亳州，上表言："臣之功，非杜慆不能成也。"赐和州刺史崔雍自尽，家属流康州，兄弟五人皆远贬。

十一年夏四月，徐贼馀党犹相聚闾里为群盗，散居兖、郓、青、齐之间，诏徐州观察使夏侯瞳招谕之。

五月，上令百官议处置徐州之宜。六月丙午，太子少傅李胶等状，以为："徐州虽屡构祸乱，未必比屋顽凶，盖由统御失人，是致奸回乘衅。今使名虽降，兵额尚存，以为支郡则粮饷不给，分隶别藩则人心未服，或旧恶相济，

前锋。庞勋袭击宋州，攻陷宋州南城，刺史郑处冲退守北城，叛军知道官军有防备，放弃攻城而离去，渡过汴水，向南攻掠亳州，沙陀兵追上了他。庞勋率军沿着涣水向东，打算回彭城，被沙陀兵所逼，没有时间吃饭，到了蕲县，准备过河，李衮挖断桥梁，带领军队阻击叛军。叛军惶恐迷惑，不知该到哪里去，到了蕲县旧县城的西面，官军大量汇集，发兵攻击，斩杀叛军近万人，其馀的叛军都被水淹死，投降的只有上千人。庞勋也死了，但人们没有认出他来，几天后才得到他的尸体。叛军的宿迁等各处营寨都杀了守将投降。宋威也攻取了萧县，吴迥独自据守濠州，攻不下来。冬季十月，朝廷任命张玄稔为右骁卫大将军、御史大夫。

马举攻打濠州，从夏天到冬天都没有打下来，城中粮食尽绝，就杀人来吃，守军依靠深沟和多重防线来据守。辛丑(十七日)夜晚，吴迥突围逃跑，马举率兵追赶，几乎将叛军全部斩杀俘获，吴迥死在招义。

朝廷任命康承训为河东节度使、同平章事，任命杜慆为义成节度使。懿宗嘉奖朱邪赤心的战功，在云州设置大同军，任命朱邪赤心为节度使，又亲自召见，将他留在朝中担任左金吾上将军，赐姓名李国昌，赏赐十分丰厚。任命辛谠为亳州刺史。辛谠在泗州时，冲破包围出来迎接军粮，往返共十二次。等到授职亳州时，他上奏表说："我的功劳，没有杜慆是不能成就的。"又赐和州刺史崔雍自杀，家属流放康州，兄弟五人都被远远地贬谪。

十一年(870)夏季四月，徐州叛贼的馀党仍然聚集在乡间为盗，散居在兖、郓、青、齐诸州之间，诏令徐州观察使夏侯瞳晓谕招抚他们。

五月，懿宗诏令百官商议处理有关徐州的事宜。六月丙午(二十五日)，太子少傅李胶等上书，认为："徐州虽然多次造成祸乱，并不是每家每户都是愚顽凶悍之人，大概是因为任命最高长官不得其人，导致狡诈奸邪之人钻了空子。现在虽将节度使降为观察使，但军队的兵额仍然很多，交给郡来管辖则粮饷供应不上，隶属于其他藩镇又人心不服，有可能与旧时怨恨搅在一起，

更成披猖。惟泗州向因攻守,结衅已深,宜有更张,庶为两便。"诏从之。徐州依旧为观察使,统徐、濠、宿三州,泗州为团练使,割隶淮南。冬十一月丁卯,复以徐州为感化军节度。

成更为猖狂之势。只有泗州往日因为打仗，与其他州结下的仇恨已经很深，应该有所变动，这样做大致上对两方都较便利。"懿宗下诏批准了这一建议。徐州仍然为观察使，统领徐、濠、宿三州，泗州为团练使，分出去隶属淮南。冬季十一月丁卯（十九日），又以徐州为感化军，置节度使。

回鹘叛服

唐玄宗开元四年。突厥默啜北击拔曳固,大破之于独乐水。默啜恃胜不设备,拔曳固迸卒颉质略斩之。默啜之子小可汗立,骨咄禄之子阙特勒击杀之,立其兄左贤王默棘连,是为毗伽可汗。

二十二年冬十二月,突厥毗伽可汗为其大臣梅录啜所毒而死,其弟登利可汗立。

二十九年秋七月,登利从叔判阙特勒攻杀登利,立毗伽可汗之子为可汗。俄为骨咄叶护所杀,骨咄叶护自立为可汗。上以突厥内乱,命左羽林将军孙老奴招谕回纥、葛逻禄、拔悉密等部落。

天宝元年。突厥拔悉密、回纥、葛逻禄三部共攻骨咄叶护,杀之。推拔悉密酋长为颉跌伊施可汗,回纥、葛逻禄自为左右叶护。突厥馀众共立判阙特勒之子为乌苏米施可汗。回纥叶护骨力裴罗遣使入贡,赐爵奉义王。

三载秋八月,拔悉密攻斩突厥乌苏可汗,传首京师。国人立其弟鹘陇匐白眉特勒,是为白眉可汗。于是突厥大乱,敕朔方节度使王忠嗣出兵乘之。会回纥、葛逻禄共攻拔悉密颉跌伊施可汗,杀之。回纥骨力裴罗自立为骨咄禄毗伽阙可汗,遣使言状,上册拜裴罗为怀仁可汗。于是怀仁

回鹘叛服

唐玄宗开元四年(716)。突厥默啜向北袭击拔曳固,在独乐水这个地方大破其众。默啜依仗胜利不设守备,拔曳固逃散的士兵颉质略斩杀了他。默啜的儿子小可汗继立,骨咄禄的儿子阙特勒袭击并杀了他,拥立他的哥哥左贤王默棘连,这就是毗伽可汗。

二十二年(734)冬季十二月,突厥毗伽可汗被他的大臣梅录啜用毒药害死,他的弟弟登利可汗继立。

二十九年(741)秋季七月,登利可汗的堂叔父判阙特勒进攻并杀了登利可汗,拥立毗伽可汗的儿子为可汗。不久被骨咄叶护所杀,骨咄叶护自立为可汗。玄宗因为突厥内部发生动乱,命令左羽林将军孙老奴招抚晓谕回纥、葛逻禄、拔悉密等部落。

天宝元年(742)。突厥拔悉密、回纥、葛逻禄三部合攻骨咄叶护,杀了他。推举拔悉密部酋长为颉跌伊施可汗,回纥、葛逻禄自封为左右叶护。突厥馀众共同拥立判阙特勒的儿子为乌苏米施可汗。回纥叶护骨力裴罗派使者到唐朝朝贡,被赐爵奉义王。

三载(744)秋季八月,拔悉密进攻并杀了突厥乌苏可汗,传送首级到京城。国人拥立他的弟弟鹘陇匐白眉特勒,这就是白眉可汗。当时突厥大乱,玄宗下敕命令朔方节度使王忠嗣出兵趁机攻击突厥。适逢回纥、葛逻禄一起攻打拔悉密颉跌伊施可汗,并且杀了他。回纥骨力裴罗自封为骨咄禄毗伽阙可汗,派遣使者来陈述状况,玄宗册封裴罗为怀仁可汗。于是怀仁可汗

南据突厥故地，立牙帐于乌德犍山，旧统药逻葛等九姓，其后又并拔悉密、葛逻禄凡十一部。各置都督，每战则以二客部为先。

四载。回纥怀仁可汗击突厥白眉可汗，杀之。回纥斥地愈广，东际室韦，西抵金山，南跨大漠，尽有突厥故地。怀仁卒，子磨延啜立，号葛勒可汗。

肃宗至德元载。安禄山之反也，回纥可汗遣使请助国讨贼，宴赐而遣之。

上欲借兵于外夷以张军势，以邠王守礼之子承寀为敦煌王，与仆固怀恩使于回纥以请兵。敦煌王承寀至回纥牙帐，回纥可汗以女妻之，遣其贵臣与承寀及仆固怀恩偕来，见上于彭原。上厚礼其使者而归之，赐回纥女号毗伽公主。回纥可汗遣其臣葛逻支将兵入援，先以二千骑奄至范阳城下。十一月戊午，回纥至带汗谷，与郭子仪军合；辛酉，与同罗及叛胡战于榆林河北，大破之，斩首三万，捕虏一万，河曲皆平。

二载。怀仁可汗遣其子叶护将精兵四千馀人来至凤翔。上引见，宴赐劳予，惟其所欲。初，上欲速得京师，与回纥约曰："克城之日，土地、士庶归唐，金帛、子女皆归回纥。"大军入西京，叶护欲如约。广平王俶拜于叶护马前曰："今始得西京，若遽俘掠，则东京之人皆为贼固守。愿至东京如约。"叶护下马答拜，跪捧王足，曰："当为殿下径往东京。"胡虏见俶拜者皆泣曰："广平王真华夷主！"二事详见《安史之乱》。

在南面占据了突厥旧有的地盘,在乌德犍山设立牙帐,原来统领药逻葛等九姓,在那之后又兼并了拔悉密、葛逻禄共十一个部落。每个部落分别设置都督,每次战斗都把两个外来的部落作为先锋。

四载(745)。回纥怀仁可汗袭击突厥白眉可汗,杀了他。回纥开拓的地盘更加广大,东边接近室韦,西边到了金山,南面横跨大漠,全部占有了突厥旧有的地盘。怀仁可汗死后,儿子磨延啜继位,号为葛勒可汗。

唐肃宗至德元载(756)。安禄山反叛时,回纥可汗派使节请求帮助朝廷讨伐叛贼,肃宗宴请赏赐他们后就让他们回去了。

肃宗想要借助外族的军队以扩大军势,于是册封嗣王李守礼的儿子李承寀为敦煌王,与仆固怀恩一起出使回纥搬请军队。敦煌王李承寀到了回纥牙帐,回纥可汗把女儿嫁给他做妻子,派遣他的重臣与李承寀及仆固怀恩一同前来,在彭原拜见肃宗。肃宗赏赐给使者丰厚的礼物然后让他回去,赐回纥可汗的女儿为毗伽公主。回纥可汗派遣他的臣属葛逻支率领军队进入内地支援,先以两千骑兵奔袭到范阳城下。十一月戊午(初八),回纥兵到了带汗谷,与郭子仪的军队会合;辛酉(十一日),与同罗及反叛的胡人在榆林河北激战,大败他们,斩杀三万人,俘虏一万人,河曲一带都平定了。

二载(757)。怀仁可汗派遣他的儿子叶护率领精兵四千多人来到凤翔。肃宗召见,宴饮赏赐慰劳赠物,全部满足他们的要求。当初,肃宗想尽快收复京城,与回纥约定说:"攻克京城之时,土地、百姓归大唐,金银丝绸、女子都归回纥。"大军进入西京,叶护想要履行约定。广平王李俶在叶护马前跪拜说:"现在刚收复西京,如果马上就俘虏抢掠,那么东京的百姓就都会替叛军顽强守城了。希望到了东京之后再履行约定。"叶护下马回拜,跪下捧着广平王的脚,说:"要为殿下直趋东京。"看见李俶行拜礼的胡人都哭着说:"广平王真是华夏和夷族共同的主人!"二事详见《安史之乱》。

冬十月壬戌，广平王俶入东京。回纥意犹未厌，俶患之。父老请率罗锦万匹以赂回纥，回纥乃止。十一月己丑，以回纥叶护为司空、忠义王，岁遗回纥绢二万匹，使就朔方军受之。

乾元元年秋七月丁亥，册命回纥可汗曰英武威远毗伽阙可汗，以上幼女宁国公主妻之。以殿中监汉中王瑀为册礼使，右司郎中李巽副之，命左仆射裴冕送公主至境上。戊子，又以司勋员外郎鲜于叔明为瑀副。叔明，仲通之弟也。甲子，上送宁国公主至咸阳，公主辞诀曰："国家事重，死且无恨。"上流涕而还。瑀等至回纥牙帐，可汗衣赭袍胡帽，坐帐中榻上，仪卫甚盛，引瑀等立于帐外。瑀不拜而立，可汗曰："我与天可汗两国之君，君臣有礼，何得不拜？"瑀与叔明对曰："向者唐与诸国为婚，皆以宗室女为公主。今天子以可汗有功，自以所生女妻可汗。恩礼至重，可汗奈何以子婿傲妇翁，坐榻上受册命邪！"可汗改容，起受册命。明日，立公主为可敦，举国皆喜。

八月，回纥遣其臣骨啜特勒及帝德将骁骑三千助讨安庆绪，上命朔方左武锋使仆固怀恩领之。

二年春三月甲申，回纥骨啜特勒、帝德等十五人自相州奔还西京，上宴之于紫宸殿，赏赐有差。庚寅，骨啜特勒等辞还行营。

夏四月，回纥毗伽阙可汗卒，长子叶护先遇杀，国人立其少子，是为登里可汗。回纥欲以宁国公主为殉。公主曰："回纥慕中国之俗，故娶中国女为妇。若欲从其本俗，何必结婚万里之外邪！"然亦为之劙面而哭。秋八月，回纥以宁国公主无子，听归，丙辰，至京师。

冬季十月壬戌（十八日），广平王李俶进入东京。回纥的愿望还未满足，李俶担忧此事。地方上的长者请求带万匹丝绸锦缎赠送给回纥，回纥这才罢休。十一月己丑（十五日），朝廷任命回纥叶护为司空、忠义王，每年赠送回纥丝绸二万匹，使其在朔方军接受赠物。

乾元元年（758）秋季七月丁亥（十七日），朝廷册命回纥可汗为英武威远毗伽阙可汗，把肃宗的小女儿宁国公主嫁给他为妻。任命殿中监汉中王李瑀为册礼使，右司郎中李巽为副使，命左仆射裴冕护送公主到边境。戊子（十八日），又任命司勋员外郎鲜于叔明为李瑀的副手。鲜于叔明是鲜于仲通的弟弟。甲子，肃宗送宁国公主到咸阳，公主辞别说："国家的事情重大，就是死都不会有遗憾。"肃宗流泪而回。李瑀等到了回纥牙帐，可汗穿着红褐色袍子、戴着胡帽坐在军帐中的榻上，仪仗侍卫十分严整盛大，引导李瑀等站在帐外。李瑀站立着不行跪拜礼，可汗说："我与你们天可汗都是国家的君主，君臣之间有礼节，为什么不跪拜？"李瑀和鲜于叔明回答说："以往唐与各国通婚，都是把皇帝宗室之女作为公主。现在天子因为可汗有功劳，把自己亲生女儿嫁给可汗做妻子。恩宠礼仪都很重了，可汗为什么以女婿的身份来傲视岳父岳母，坐在榻上接受册封呢？"可汗立刻改变态度，站起来接受册命。次日，立宁国公主为可敦，举国欢庆。

八月，回纥派遣大臣骨啜特勒和帝德率领三千骁勇的骑兵援助唐朝讨伐安庆绪，肃宗命令朔方左武锋使仆固怀恩指挥他们。

二年（759）春季三月甲申（十八日），回纥骨啜特勒、帝德等十五人从相州火速回到西京，肃宗在紫宸殿宴请他们，赏赐的物品多少不等。庚寅（二十四日），骨啜特勒等告辞回到行营。

夏季四月，回纥毗伽阙可汗去世，长子叶护此前被杀，国人便拥立他的小儿子，这就是登里可汗。回纥想让宁国公主殉葬。公主说："回纥仰慕中原风俗，所以娶中国女子为妻。如果要顺从回纥本地的风俗，又何必同万里之外的人结婚呢？"然而还是按照回纥风俗，为可汗划破了脸并哭泣。秋季八月，回纥因宁国公主没有儿子，听任她回中原，丙辰（二十三日），到达京城。

　　宝应元年秋九月，上遣中使刘清潭使于回纥，且征兵讨史朝义。回纥已为朝义所诱，有轻唐之志。上遣仆固怀恩往见之，可汗悦，遣使上表，请助国讨贼。详见《安史之乱》。

　　冬十月，以雍王适为天下兵马元帅。丙寅，上命仆固怀恩与母、妻俱诣行营。雍王适至陕州，回纥可汗屯于河北，适与僚属从数十骑往见之。可汗责适不拜舞，药子昂对以礼不当然。回纥将军车鼻曰："唐天子与可汗约为兄弟，可汗于雍王，叔父也，何得不拜舞？"子昂曰："雍王，天子长子，今为元帅。安有中国储君向外国可汗拜舞乎？且两宫在殡，不应舞蹈。"力争久之，车鼻遂引子昂、魏琚、韦少华、李进各鞭一百，以适年少未谙事，遣归营。琚、少华一夕而死。

　　戊辰，诸军发陕州，仆固怀恩与回纥左杀为前锋。回纥入东京，肆行杀掠。详见《安史之乱》。

　　代宗广德元年春闰正月己酉夜，有回纥十五人犯含光门，突入鸿胪寺，门司不敢遏。

　　回纥登里可汗归国，其部众所过抄掠，廪给小不如意，辄杀人，无所忌惮。陈郑、泽潞节度使李抱玉欲遣官属置顿，人人辞惮，赵城尉马燧独请行。比回纥将至，燧先遣人赂其渠帅，约毋暴掠，帅遗之旗曰："有犯令者，君自戮之。"燧取死囚为左右，小有违令，立斩之。回纥相顾失色，涉其境者皆拱手遵约束。抱玉奇之。

　　七月，册回纥可汗为颉咄登密施合俱录英义建功毗伽可汗，可敦为婆墨光亲丽华毗伽可敦，左、右杀以下皆加封赏。

　　仆固怀恩诱回纥、吐蕃俱入寇。事见《仆固怀恩之叛》。

宝应元年（762）秋季九月，代宗派遣宫廷使者刘清潭出使到回纥，并征发军队讨伐史朝义。回纥已经被史朝义所诱惑，有了轻视唐朝之心。代宗派仆固怀恩前往拜见，可汗高兴了，派遣使节呈上奏表，请求帮助朝廷讨伐叛贼。_{详见《安史之乱》。}

冬季十月，朝廷任命雍王李适为天下兵马元帅。丙寅（二十一日），代宗命令仆固怀恩同母亲、妻子一起前往行营。雍王李适到陕州时，回纥可汗驻扎在陕州河北县，李适便与僚属带着数十个骑兵前往会见可汗。可汗责备李适不跪拜并行舞蹈礼，药子昂回答说按礼节不应当如此。回纥将领车鼻说："唐朝天子与可汗结为兄弟，可汗对于雍王来说是叔父，为什么不跪拜舞蹈？"药子昂说："雍王是天子的长子，现在又是元帅。哪里有中原王朝的储君向外国可汗跪拜舞蹈的道理？并且太上皇和先帝尚未下葬，不应该行舞蹈礼。"据理力争了很长时间，车鼻于是将药子昂、魏琚、韦少华、李进各打了一百鞭，认为李适年纪小不熟悉世事，就送回行营。魏琚、韦少华过了一夜就死了。

戊辰（二十三日），各军从陕州出发，仆固怀恩与回纥左杀为前锋。回纥攻进东京，大肆进行屠杀抢掠。_{详见《安史之乱》。}

唐代宗广德元年（763）春季闰正月己酉（初五）夜里，有回纥十五人侵扰含光门，冲入鸿胪寺，门官不敢阻拦。

回纥登里可汗回国时，其部众所过之处尽行抢掠，粮食供给稍有不如意，就杀人，毫无顾忌。陈郑、泽潞节度使李抱玉想派属官前往设置停留食宿的场所，人人都因害怕而推辞，只有赵城县尉马燧请求前往。等到回纥人快要到时，马燧提前派人赠送礼品给他们的大帅，约定不要肆行抢掠，大帅送给他旗子说："有违犯命令的，你自行杀戮。"马燧提取死刑犯站在身边当他的帮手，稍微有点违抗命令的，马上就斩杀。回纥人相互看着，大惊失色，经过此地界的，都拱手行礼遵守约定。李抱玉十分惊奇。

七月，朝廷册封回纥可汗为颉咄登密施合俱录英义建功毗伽可汗，可敦为娑墨光亲丽华毗伽可敦，左、右杀以下都加以封赏。

仆固怀恩诱使回纥、吐蕃一起侵袭内地。_{事见《仆固怀恩之叛》。}

大历三年。回纥可敦卒,秋七月庚辰,以右散骑常侍萧昕为吊祭使。回纥庭诘昕曰:"我于唐有大功,唐奈何失信,市我马,不时归其直?"昕曰:"回纥之功,唐已报久矣。仆固怀恩之叛,回纥助之,与吐蕃入寇,逼我郊畿。及怀恩死,吐蕃走,然后回纥惧而请和,我唐不忘前功,加惠而纵之。不然,匹马不归矣。乃回纥负约,岂唐失信邪!"回纥惭,厚礼而归之。

四年。初,仆固怀恩死,上怜其有功,置其女宫中,养以为女。回纥请以为可敦。夏五月辛卯,册为崇徽公主,嫁回纥可汗。壬辰,遣兵部侍郎李涵送之。涵奏祠部郎中虞乡董晋为判官。六月丁酉,公主辞行,至回纥牙帐。回纥来言曰:"唐约我为市,马既入,而归我贿不足,我于使人乎取之。"涵惧,不敢对,视晋。晋曰:"吾非无马而与尔为市,为尔赐不既多乎!尔之马岁至,吾数皮而归资。边吏请致诘也,天子念尔有劳,故下诏禁侵犯。诸戎畏我大国之尔与也,莫敢校焉。尔之父子宁而畜马蕃者,非我谁使之!"于是其众皆环晋拜。既又相帅南面序拜,皆举两手曰:"不敢有意大国。"

七年春正月甲辰,回纥使者擅出鸿胪寺,掠人子女,所司禁之,殴击所司,以三百骑犯金光、朱雀门。是日,宫门皆闭。上遣中使刘清潭谕之,乃止。秋七月癸巳,回纥使擅出鸿胪寺,逐长安令邵说至含光门街,夺其马。说乘他马而去,弗敢争。

大历三年(768)。回纥可敦去世,秋季七月庚辰(初九),朝廷任命右散骑常侍萧昕为吊祭使。回纥可汗当庭质问萧昕说:"我对唐朝有大功,唐朝为什么不讲信用,买我们的马,却不按时付钱?"萧昕说:"回纥的功劳,大唐很早就报答了。仆固怀恩叛乱,回纥帮助了他,与吐蕃一起入侵,进逼到我们京城的郊外。等到仆固怀恩死去,吐蕃逃跑,然后回纥又因为害怕而请和,我们大唐没有忘记你们以前的功劳,施加了不少恩惠而放过了你们。不然,你们一个人也回不去。是回纥违背了盟约,哪里是大唐不讲信用!"回纥可汗很惭愧,送了一份厚礼,让萧昕回去了。

　　四年(769)。当初,仆固怀恩死去,代宗怜悯他有功劳,将他女儿安置到皇宫中,收养为女儿。回纥请求娶她为可敦。夏季五月辛卯(二十四日),朝廷册封她为崇徽公主,嫁给回纥可汗。壬辰(二十五日),派兵部侍郎李涵护送她。李涵奏请任祠部郎中虞乡人董晋为判官。六月丁酉(初一),公主辞行后,到达回纥牙帐。回纥可汗让人传话说:"唐朝约我们买马,马已送去了,然而付给我们的财物不够,我要在使者这里获取。"李涵害怕,不敢对答,看董晋。董晋说:"我们不是没有马才与你们做交易的,给你们的赏赐不是已经很多了吗?你们的马每年送来,我们不论马的好坏计算着数量,付给你们钱财。边地官吏请求天子责问此事,天子念你们有功劳,所以下诏禁止边地官吏侵犯你们的利益。各戎族畏惧我大唐同你们友好,没有敢和你们对抗的。你们父子得以安宁,牲畜马匹繁育增长,不是我们,又是谁使你们这样的?"于是,回纥可汗的部众都环绕着董晋行拜礼。之后又一起面向南有序地行拜礼,都举着双手说:"不敢对大国有图谋。"

　　七年(772)春季正月甲辰(二十二日),回纥使者擅自走出鸿胪寺,抢掠百姓家的女子,主管官吏制止他们,他们就殴打主管官吏,又用三百骑兵侵犯金光门、朱雀门。这一天,宫门都关闭了。代宗派宫廷使者刘清潭劝导他们,他们才停止。秋季七月癸巳(十四日),回纥使者又擅自离开鸿胪寺,追逐长安令邵说至含光门大街上,抢夺他的马。邵说骑上别的马离开,不敢相争。

八年。回纥自乾元以来岁求和市，每一马易四十缣，动至数万匹，马皆弩瘠无用，朝廷苦之，所市多不能尽其数，回纥待遣继至者常不绝于鸿胪。至是，上欲悦其意，命尽市之。秋七月辛丑，回纥辞归，载赐遗及马价，共用车千馀乘。八月壬申，回纥复遣使者赤心以马万匹来求互市。

有司以回纥赤心马多，请市千匹。郭子仪以为如此逆其意太甚，自请输一岁俸为国市之，上不许。十一月戊子，命市六千匹。

十年冬十二月，回纥千骑寇夏州，州将梁荣宗破之于乌水。郭子仪遣兵三千救夏州，回纥遁去。

十一年春二月辛巳，增朔方五城戍兵，以备回纥。

十三年春三月甲戌，回纥使还，过河中，朔方军士掠其辎重，因大掠坊市。秋七月戊午，郭子仪奏以回纥犹在塞上，边人恐惧，请遣邠州刺史浑瑊将兵镇振武军，从之。回纥始去。

十四年秋七月庚辰，诏回纥诸胡在京师者，各服其服，无得效华人。先是回纥留京师者常千人，商胡伪服而杂居者又倍之，县官日给饔饩，殖资产，开第舍，市肆美利皆归之，日纵暴横，吏不敢问。或衣华服，诱取妻妾，故禁之。

德宗建中元年。初，回纥风俗朴厚，君臣之等不甚异，故众志专一，劲健无敌。及有功于唐，唐赐遗甚厚，登里可汗始自尊大，筑宫殿以居，妇人有粉黛文绣之饰；中国为之

八年（773）。回纥自乾元年间以来每年都要求与唐朝互市，每一匹马交换四十匹缣帛，动辄就要交换马数万匹，马都又劣又瘦没有用处，朝廷以此为苦，多不能尽数购买，因此在鸿胪寺等待回去和接踵而来的回纥人常常络绎不绝。到这时，代宗想要讨他们欢心，命令将马匹尽数买下。秋季七月辛丑（二十八日），回纥告辞回去，装载着赏赐赠送的物品以及卖马的钱，共用了一千多辆车。八月壬申（二十九日），回纥又派使者赤心带着一万匹马前来要求互市。

主管官吏因回纥赤心带的马数量多，要求只买一千匹。郭子仪认为这样做太违背他们的本意，自己要求拿出一年的俸禄替国家买马，代宗没有答应。十一月戊子（十七日），命令买六千匹。

十年（775）冬季十二月，回纥上千骑兵侵袭夏州，州将梁荣宗在乌水打败他们。郭子仪调兵三千援救夏州，回纥逃去。

十一年（776）春季二月辛巳（二十三日），增加朔方五城的守卫军队，用来防备回纥。

十三年（778）春季三月甲戌（二十八日），回纥使者回去，经过河中时，朔方军的士兵抢掠了他们的辎重，于是他们就大肆抢掠街坊集市。秋七月戊午（十四日），郭子仪上奏说，因回纥还在塞上，边境的百姓恐惧，请求派邠州刺史浑瑊率领军队镇守振武军，代宗听从了这个建议。回纥这才离去。

十四年（779）秋季七月庚辰（十三日），德宗诏令在京城的回纥等各族胡人，各自穿本民族的衣服，不准仿效汉人。此前，回纥留居京城的常有上千人，穿汉服杂居的经商胡人又多了一倍，朝廷每天要供给他们生熟食物，他们添置资产，修建宅第，市场上大量利润都被他们赚去了，他们每天肆意横行霸道，官吏不敢过问。有的穿汉人衣服，诱骗汉女娶为妻妾，所以禁止他们穿汉服。

德宗建中元年（780）。以前，回纥风俗纯朴，君臣之间的等级差异不是很大，所以众心一致，强劲无敌。等到有功于唐朝，唐朝廷对他们的赏赐馈赠十分丰厚，登里可汗开始自尊自大，修建宫殿来居住，妇女有了傅粉画眉、身着绣衣的装饰；中国因此

虚耗,而虏俗亦坏。及代宗崩,上遣中使梁文秀往告哀,登里骄不为礼。九姓胡附回纥者,说登里以中国富饶,今乘丧伐之,可有大利。登里从之,欲举国入寇。其相顿莫贺达干,登里之从父兄也,谏曰:"唐,大国也,无负于我。吾前年侵太原,获羊马数万,可谓大捷,而道远粮乏,比归,士卒多徒行者。今举国深入,万一不捷,将安归乎!"登里不听。顿莫贺乘人心之不欲南寇也,举兵击杀之,并九姓胡二千人,自立为合骨咄禄毗伽可汗,遣其臣聿达干与梁文秀俱入见,愿为藩臣,垂发不剪,以待册命。乙卯,命京兆少尹临漳源休册顿莫贺为武义成功可汗。

秋八月甲午,振武留后张光晟杀回纥使者突董等九百馀人。突董者,武义可汗之叔父也。代宗之世,九姓胡常冒回纥之名,杂居京师,殖货纵暴,与回纥共为公私之患。上即位,命突董尽帅其徒归国,辎重甚盛。至振武,留数月,厚求资给,日食肉千斤,他物称是,纵樵牧者暴践禾稼,振武人苦之。光晟欲杀回纥,取其辎重,而畏其众强,未敢发。九姓胡闻其种族为新可汗所诛,多道亡,突董防之甚急。九姓胡不得亡,又不敢归,乃密献策于光晟,请杀回纥。光晟喜其党类自离,许之。上以陕州之辱,宝应元年,德宗为元帅时,见回纥于陕州。心恨回纥。光晟知上旨,乃奏称:"回纥本种非多,所辅以强者,群胡耳。今闻其自相鱼肉,顿莫贺新立,移地健有孽子,及国相、梅录各拥兵数千人

财力空虚,而回纥的风俗也被破坏了。等到代宗去世,德宗派中使梁文秀前往报丧,登里可汗骄横不讲礼节。九姓胡中依附回纥的人劝说登里,因为中国富饶,现在趁着办丧事的机会攻打中国,可以获得大利。登里听从了这个建议,准备倾国出动入侵内地。国相顿莫贺达干是登里的堂兄,劝谏说:"唐是大国,没有对不起我们。我们前年侵袭太原,掠获数万羊、马,可称得上是大捷了,然而道路遥远粮食匮乏,等到回来时,士兵多半是徒步行走。现在倾全国之兵深入内地,万一没有打胜,那时该怎么回来呢?"登里没有听从。顿莫贺达干趁着众人心里不想向南侵袭之机,发兵袭击并杀了登里可汗,一起被杀的还有九姓胡两千人,然后自立为合骨咄禄毗伽可汗,派遣大臣聿达干与梁文秀一同到京城谒见天子,愿意做藩臣,垂发不剪掉,以等待册命。六月乙卯(二十二日),德宗命令京兆少尹临漳人源休前往册封顿莫贺达干为武义成功可汗。

　　秋季八月甲午(初三),振武留后张光晟斩杀了回纥使者突董等九百馀人。突董是武义可汗的叔父。代宗的时候,九姓胡人常常假冒回纥人之名,散居杂处在京城,经商时横行霸道,与回纥同为官府与百姓的忧患。德宗即位后,命令突董率领全部部众回国,辎重极多。突董等人到了振武,停留了好几个月,要了很多资财,每天吃肉上千斤,其他东西也和这差不多,又纵容砍柴、放牧的人肆意践踏禾苗庄稼,振武百姓痛苦不堪。张光晟想要袭杀回纥,夺取他们的辎重,然而畏惧他们人多强悍,没敢动手。九姓胡人听到他们本族人被新可汗所诛杀,大多在半路上逃亡,突董防备得很严。九姓胡人逃不走,又不敢回去,于是秘密地向张光晟献上计策,请求袭杀回纥。张光晟对他们内部自己分裂感到很高兴,就答应了。德宗因陕州之辱,宝应元年,德宗当元帅时,在陕州会见回纥。心中怨恨回纥。张光晟了解了德宗的心意,于是上奏章称:"回纥本族人并不多,辅助它使它强盛的是那群胡人罢了。现在听说他们内部自相残杀,顿莫贺刚刚继位,登里可汗移地健有个庶出的儿子,还有国相、梅录都各自拥兵数千人

相攻,国未定。彼无财则不能使其众,陛下不乘此际除之,乃归其人,与之财,正所谓'借寇兵赍盗粮'者也。请杀之。"三奏,上不许。光晟乃使副将过其馆门,故不为礼。突董怒,执而鞭之数十。光晟勒兵掩击,并群胡尽杀之,聚为京观。独留二胡,使归国为证,曰:"回纥鞭辱大将,且谋袭据振武,故先事诛之。"上征光晟为右金吾将军,遣中使王嘉祥往致信币。回纥请得专杀者以复仇,上为之贬光晟为睦王傅,以慰其意。

三年。张光晟之杀突董也,上欲遂绝回纥,召册可汗使源休还太原。久之,乃复遣休送突董及翳密施、大小梅录等四丧还其国,可汗遣其宰相颉干迦等迎之。颉干迦坐大帐,立休等于帐前雪中,诘以杀突董之状,欲杀者数四,供待甚薄。留五十馀日,乃得归。可汗使人谓之曰:"国人皆欲杀汝以偿怨,我意则不然。汝国已杀突董等,我又杀汝,如以血洗血,污益甚耳!今吾以水洗血,不亦善乎!唐负我马直绢百八十万匹,当速归之。"遣其散支将军康赤心随休入见,休竟不得见可汗而还。夏六月己卯,至长安,诏以帛十万匹、金银十万两偿其马直。休有口辩,卢杞恐其见上得幸,乘其未至,先除光禄卿。

四年。两河之用兵也,王武俊召回纥兵,使绝李怀光等粮道。怀光等已西去,而回纥达干将回纥千人,杂虏二千人适至幽州北境。朱滔因说之,欲与俱诣河南取东都,

相互攻袭，国家尚未安定。他们没有财货就不能指挥部众，陛下不乘此机会消灭他们，却放回他们的人，又送给他们财货，这正是人们所说的'借给敌人武器送给强盗粮食'了。请求杀了他们。"多次上奏，但德宗没有批准。张光晟于是让副将走过他们住的驿馆门口，故意很不礼貌。突董生气了，抓住他打了几十鞭子。张光晟率领军队突然袭击，连同群胡一起全都杀了，收集这些人的尸体，用土堆成高高的坟丘。只留下两个胡人，让他们回国作证，说："回纥鞭打侮辱大将，并且谋划袭击并占据振武，所以抢先诛杀了他们。"德宗征召张光晟担任右金吾将军，派遣中使王嘉祥前去送信函和礼物。回纥要求交出擅自杀人的人来报仇，德宗因此贬谪张光晟为睦王傅，以慰抚他们。

三年（782）。因为张光晟杀了突董，德宗想就此同回纥绝交，召册可汗使源休回到太原。过了很长时间，才又派源休护送突董和翳密施、大小梅录等四人的尸体回他们国家，可汗派宰相颉子思迦等迎接。颉子思迦坐在大帐中，让源休等人站立在军帐前面的雪地中，质问他们杀害突董的具体情况，好几次都想杀了他们，提供的待遇很不好。扣留了五十多天，源休等人才得以回去。可汗派人对他们说："国人都想杀了你们来报仇，我却不这样认为。你们国家已经杀了突董等人，我再杀你们，就像是用血来清洗血，污秽更加厉害！现在我用清水来洗净血污，不也是很好吗？唐朝欠我们买马的钱为丝绸一百八十万匹，应当尽快送来。"派散支将军康赤心跟随源休到京城谒见天子，源休到最后也没有再见到可汗，就回去了。夏季六月己卯（二十八日），回到长安，德宗诏令用丝绸十万匹、金银十万两来偿还回纥马的价值。源休长于辩论，卢杞担心他见了皇帝后被宠爱，趁着他还没有到，抢先任命他为光禄卿。

四年（783）。因为河南、河北地区在打仗，王武俊召来回纥军队，让他们切断李怀光等人的粮道。李怀光等人已向西逃走，而回纥达干率领回纥兵一千人，其他胡兵两千人恰好来到幽州北部边境。朱滔乘机劝说他，想要同他一道前往河南攻取东都，

应接朱泚,许以河南子女、金帛赂之。滔娶回纥女为侧室,回纥谓之朱郎,且利其俘掠,许之。

兴元元年夏五月乙亥,李抱真、王武俊距贝州三十里而军。回纥达干见朱滔请战,回纥败走。事见《藩镇连兵》。

贞元三年。回纥合骨咄禄可汗屡求和亲,且请婚,上未之许。会边将告乏马,无以给之,李泌言于上曰:"陛下诚用臣策,数年之后,马贱于今十倍矣。"上曰:"何故?"对曰:"愿陛下推至公之心,屈己徇人,为社稷大计,臣乃敢言。"上曰:"卿何自疑若是?"对曰:"臣愿陛下北和回纥,南通云南,西结大食、天竺,如此,则吐蕃自困,马亦易致矣。"上曰:"三国当如卿言,至于回纥则不可!"泌曰:"臣固知陛下如此,所以不敢早言。为今之计,当以回纥为先,三国差缓耳。"上曰:"唯回纥卿勿言。"泌曰:"臣备位宰相,事有可否在陛下,何至不许臣言?"上曰:"朕于卿言皆听之矣,至于和回纥,宜待子孙,于朕之时,则固不可!"泌曰:"岂非以陕州之耻邪!"上曰:"然。韦少华等以朕之故受辱而死,朕岂能忘之! 属国家多难,未暇报之,和则决不可,卿勿更言。"泌曰:"害少华等乃牟羽可汗,陛下即位,举兵入寇,未出其境,今合骨咄禄可汗杀之。然则今可汗乃有功于陛下,宜受封赏,又何怨邪! 其后张光晟杀突董等九百馀人,合骨咄禄竟不敢杀朝廷使者,然则合骨咄禄固无罪矣。"上曰:"卿以和回纥为是,则朕固非邪!"对曰:"臣为社稷

响应朱泚,答应把河南的女子、金银丝绸送给他。朱滔娶了回纥女人为小老婆,回纥称他为朱郎,回纥又贪图对河南的俘获抢掠,便答应了朱滔。

兴元元年(784)夏季五月乙亥(初五),李抱真、王武俊在距贝州三十里的地方驻扎。回纥达干拜见朱滔,并请求与王武俊交战,结果回纥战败逃走了。事见《藩镇连兵》。

贞元三年(787)。回纥合骨咄禄可汗多次要求和好,并且请求通婚,德宗没有答应。适逢边将报告缺马,但朝廷没法供给,李泌对德宗说:"陛下若果真采用我的计策,数年之后,马就会比现在便宜十倍了。"德宗问:"为什么呢?"李泌回答说:"望陛下以大公之心对待此事,委屈自己顺从别人,为了国家根本大计着想,我才敢说。"德宗说:"爱卿你为什么这样疑虑呢?"李泌回答说:"我想让陛下北面和好回纥,南边通好云南,西边结交大食、天竺,像这样,吐蕃自己就会困窘,马也就容易得到了。"德宗说:"其他三国都可以像你说的那样去做,至于回纥则不行!"李泌说:"我本来就知道陛下是这样想的,因此不敢早说。从目前来考虑,应当把回纥放在优先的位置,其他三个国家可以稍微缓一缓。"德宗说:"只有回纥请你不要提。"李泌说:"我占据着宰相的位子,事情行与不行都取决于陛下,哪至于不许我说呢?"德宗说:"你说的话我都听从了,至于和好回纥,应当等到子孙辈时,在我这个时期,是坚决不行的!"李泌说:"难道是因为在陕州所受的耻辱吗?"德宗回答:"是的。韦少华等人因为我的缘故受侮辱而死,我难道能够忘记这件事吗? 那时遇上国家多难,没有来得及报仇,与回纥和好是绝不可能的,你不要再说了。"李泌说:"杀害韦少华等人的是牟羽可汗,陛下继承帝位,他发兵入侵,还没有出边境,现在的合骨咄禄可汗便杀了他。既然如此,那么现在的可汗是有功于陛下了,应当受到册封赏赐,又为什么要怨恨呢? 在那之后张光晟屠杀突董等九百多人,合骨咄禄终究没敢杀朝廷使者,那么合骨咄禄本来就没有罪过啊。"德宗说:"你认为和好回纥是对的,那么我就一定不对吗?"李泌回答说:"我是为国家

计而言，若苟合取容，何以见肃宗、代宗于天上！”上曰：“容朕徐思之。”自是泌凡十五馀对，未尝不论回纥事，上终不许。泌曰：“陛下既不许回纥和亲，愿赐臣骸骨。”上曰：“朕非拒谏，但欲与卿较理耳，何至遽欲去朕邪！”对曰：“陛下许臣言理，此固天下之福也。”上曰：“朕不惜屈己与之和，但不能负少华辈。”对曰：“以臣观之，少华辈负陛下，非陛下负之也。”上曰：“何故？”对曰：“昔回纥叶护将兵助讨安庆绪，肃宗但令臣宴劳之于元帅府，先帝未尝见也。叶护固邀臣至其营，肃宗犹不许。及大军将发，先帝始与相见。所以然者，彼戎狄豺狼也，举兵入中国之腹，不得不过为之防也。陛下在陕，富于春秋，少华辈不能深虑，以万乘元子径造其营，又不先与之议相见之仪，使彼得肆其桀骜，岂非少华辈负陛下邪！死不足偿责矣。且香积之捷，叶护欲引兵掠长安，先帝亲拜之于马前以止之，叶护遂不敢入城。当时观者十万馀人，皆叹息曰：‘广平王真华、夷主也。’然则先帝所屈者少，所伸者多矣。叶护乃牟羽之叔父也。牟羽身为可汗，举全国之兵赴中原之难，故其志意骄矜，敢责礼于陛下。陛下天资神武，不为之屈。当是之时，臣不敢言其他，若可汗留陛下于营中，欢饮十日，天下岂得不寒心哉！而天威所临，豺狼驯扰，可汗母捧陛下于貂裘，叱退左右，亲送陛下乘马而归。陛下以香积之事观之，则屈己为是乎？不屈为是乎？陛下屈于牟羽乎？牟羽屈于陛下乎？”上谓李晟、马燧曰：“故旧不宜相逢。朕素怨回纥，今闻泌言香积之事，朕自觉少理。卿二人以为何如？”

考虑才说的，如果随便迎合讨好让您高兴，我怎么到天上去见肃宗、代宗呢？"德宗说："容我慢慢考虑这件事。"此后李泌共十五次对答，没有一次不论及回纥的事，德宗始终不同意。李泌说："陛下既然不同意与回纥和好，希望允许我辞职。"德宗说："我并不是拒绝谏言，只是要与你论理罢了，为什么马上就想离开我呢？"李泌回答说："陛下允许我说理，这是天下的福气。"德宗说："我可以不惜委屈自己同他们和好，只是不能有负于韦少华等人。"李泌说："依我看，韦少华等人有负于陛下，并不是陛下有负于他们。"德宗问："为什么呢？"李泌说："从前回纥叶护率军援助朝廷讨伐安庆绪，肃宗只是让我在元帅府宴请慰劳他们，先帝没有接见他们。叶护坚持邀请我去他们军营，肃宗还是不准。等大军快要出发，先帝才和他相见。之所以这样，是因为那些戎狄是豺狼，发兵进入中国内地，不得不十分小心地防备。陛下在陕州时正当年少，韦少华等人没有深入考虑，领着万乘之君的嫡长子直接前往他们的军营，又没有提前和他们商议会见时的礼仪，使对方得以肆行他们的傲慢，难道不是韦少华他们有负于陛下吗？他们死都不足以抵偿责任。并且香积寺大捷时，叶护准备率军抢掠长安，先帝亲自在他的马前行拜礼劝止，叶护于是没敢进城。当时观看的人有十万多，都叹息说：'广平王真是华夏与夷族的主人。'这样说来，先帝对人屈服的少，伸展的抱负却较多。叶护是牟羽的叔父。牟羽身为可汗，发动全国军队奔赴中原救难，所以他心骄志傲，敢于对陛下要求礼仪。陛下天资神明勇武，所以没有被他所屈服。在那个时刻，我不敢说其他的，如果可汗把陛下留在营中，欢宴十天，天下百姓难道能不痛心吗？然而陛下天威所临，能使豺狼驯顺，可汗母亲手捧貂皮大衣送给陛下，厉声喝退卫兵，亲自护送陛下乘马回去。陛下以香积寺之事来看，说陛下委屈了自己是对的呢？还是没有委屈是对的呢？是陛下屈服于牟羽呢？还是牟羽屈服于陛下呢？"德宗对李晟、马燧说："故旧不应当碰在一起。我素来怨恨回纥，现在听到李泌说起香积寺之事，我觉得自己理短。你们二人认为怎样？"

对曰:"果如泌所言,则回纥似可恕。"上曰:"卿二人复不与朕,朕当奈何!"泌曰:"臣以为回纥不足怨,向来宰相乃可怨耳。今回纥可汗杀牟羽,其国人有再复京城之勋,夫何罪乎?吐蕃幸国之灾,陷河、陇数千里之地,又引兵入京城,使先帝蒙尘于陕,此乃百代必报之仇,况其赞普至今尚存,宰相不为陛下别白言此,乃欲和吐蕃以攻回纥,此为可怨耳。"上曰:"朕与之为怨已久,又闻吐蕃劫盟,今往与之和,得无复拒我,为夷狄之笑乎!"对曰:"不然。臣曩在彭原,今可汗为胡禄都督,与今国相白婆帝皆从叶护而来,臣待之颇亲厚,故闻臣为相而求和,安有复相拒乎!臣今请以书与之约:称臣,为陛下子,每使来不过二百人,印马不过千匹,无得携中国人及商胡出塞。五者皆能如约,则主上必许和亲。如此,威加北荒,旁詟吐蕃,足以快陛下平昔之心矣。"上曰:"自至德以来,与为兄弟之国,今一旦欲臣之,彼安肯和乎?"对曰:"彼思与中国和亲久矣,其可汗、国相素信臣言,若其未谐,但应再发一书耳。"上从之。

既而回纥可汗遣使上表称儿及臣,凡泌所与约五事,一皆听命。上大喜,谓泌曰:"回纥何畏服卿如此!"对曰:"此乃陛下威灵,臣何力焉!"上曰:"回纥则既和矣,所以招云南、大食、天竺奈何?"对曰:"回纥和,则吐蕃已不敢轻犯塞矣。次招云南,则是断吐蕃之右臂也。云南自汉以来臣属中国,杨国忠无故扰之使叛,臣于吐蕃,苦于吐蕃赋役重,未尝一日不思复为唐臣也。大食在西域为最强,自葱岭尽西海,地几半天下,与天竺皆慕中国,代与

他们回答说："若果真像李泌说的那样,那么回纥似乎可以宽恕。"德宗说："你们二人也不赞同我,我该怎么办呢?"李泌说:"我认为回纥不值得怨恨,以前的宰相才是应该怨恨的。现在回纥可汗杀了牟羽,其部众有两次收复京城的功劳,有什么罪过呢?吐蕃庆幸我们国家发生灾难,攻陷河西、陇右数千里之地,又率军攻入京城,使得先帝逃亡到陕州,这才是百代必报之仇,况且他们的赞普至今还在,宰相不为陛下另外说到这些,竟然想要和好吐蕃以攻打回纥,这才是应该怨恨的。"德宗说:"我和回纥结怨已经很长时间了,他们又听说吐蕃在结盟时作乱,现在去同他们和好,不是要再次拒绝我们,而被夷狄笑话吗?"李泌回答说:"不是这样的。我以往在彭原,现在的可汗是胡禄都督,和现在的国相白婆帝都随从叶护前来,我对他们十分亲善,所以他们听说我出任宰相,便请求与我们和好,哪里会再拒绝呢?我现在请求用书信和他们约定:称臣,做陛下的儿子,每次使节来不超过二百人,互市的马匹不超过千匹,不准携带中国人及胡商出塞。如果五条都能按约定做,那么皇上一定要答应和好。这样一来,天威加于北荒,从侧面使吐蕃恐惧,就足以满足陛下平素的心愿了。"德宗说:"从至德年间以来,我们与回纥结为兄弟之国,现在一下子想要让他们为臣,对方会愿意和好吗?"李泌回答说:"他们想与中国和好已经很久了,他们的可汗、国相素来相信我的话,如果他们还没商量好,只需再发出一封书信就可以了。"德宗同意了。

不久回纥可汗派使者上表称儿及臣,李泌约定的五件事,全部听从。德宗很高兴,对李泌说:"回纥为什么对你如此敬畏?"李泌答道:"这是陛下的威灵,我哪有什么力量!"德宗说:"回纥已经和好,那么应怎样招抚云南、大食、天竺呢?"李泌说:"回纥和好了,吐蕃就不敢轻易侵犯边境了。接着招抚云南,就是切断吐蕃的右臂。云南从汉代以来就臣属中国,杨国忠无故袭扰他们,导致反叛,臣属于吐蕃,又苦于吐蕃的赋税徭役沉重,未曾有一天不想着再做大唐的臣属。大食在西域是最强大的,从葱岭到西海,地方几乎占有半个天下,它和天竺都仰慕中国,世代与

吐蕃为仇,臣故知其可招也。"癸亥,遣回纥使者合阙将军归,许以咸安公主妻可汗,归其马价绢五万匹。

四年。回纥合骨咄禄可汗得唐许婚,甚喜,遣其妹骨咄禄毗伽公主及大臣妻并国相、跌跌都督以下千馀人来迎可敦,辞礼甚恭,曰:"昔为兄弟,今为子婿,半子也。若吐蕃为患,子当为父除之!"因詈辱吐蕃使者以绝之。冬十月戊子,回纥至长安,可汗仍表请改回纥为回鹘,许之。

庚子,册命咸安公主,加回鹘可汗号长寿天亲可汗。十一月,以刑部尚书关播为送咸安公主兼册回鹘可汗使。

五年冬十二月庚午,闻回鹘天亲可汗薨,戊寅,遣鸿胪卿郭锋册命其子为登里罗没密施俱禄忠贞毗伽可汗。先是,安西、北庭皆假道于回鹘以奏事,故与之连和。北庭去回鹘尤近,回鹘诛求无厌,又有沙陀六千馀帐与北庭相依。及三葛禄、白服突厥皆附于回鹘,回鹘数侵掠之。吐蕃因葛禄、白服之众以攻北庭,回鹘大相颉干迦斯将兵救之。

六年。回鹘忠贞可汗之弟弑忠贞而自立,其大相颉干迦斯西击吐蕃未还。夏四月,次相帅国人杀篡者而立忠贞之子阿啜为可汗,年十五。

回鹘颉干迦斯与吐蕃战不利,吐蕃急攻北庭。北庭人苦于回鹘诛求,与沙陀酋长朱邪尽忠皆降于吐蕃。节度使杨袭古帅麾下二千人奔西州。六月,颉干迦斯引兵还国,次相恐其有废立,与可汗皆出郊迎,俯伏自陈擅立之状,曰:"今日惟大相死生之。"盛陈郭锋所赍国信,悉以遗之。

吐蕃为仇敌，我因此知道他们是可以招抚的。"九月癸亥（十三日），送回纥使者合阙将军回去，答应将咸安公主嫁给可汗为妻，送丝绸五万匹偿还马价。

四年（788）。回纥合骨咄禄可汗得知唐朝已答应婚事，十分高兴，派他的妹妹骨咄禄毗伽公主及大臣的妻子，还有国相、跌跌都督以下一千多人前来迎接可敦，言辞礼节非常恭敬，说："从前是兄弟，现在是女婿，就是半个儿子了。如果吐蕃为患，儿子应当替父亲消灭它！"于是辱骂吐蕃使者，与他们断绝了来往。冬季十月戊子（十四日），回纥使者来到长安，可汗又上奏章请求改回纥为回鹘，德宗答应了。

庚子（二十六日），朝廷册封咸安公主，加回鹘可汗号为长寿天亲可汗。十一月，任命刑部尚书关播为护送咸安公主兼册回鹘可汗使。

五年（789）冬季十二月庚午（初三），德宗听到回鹘天亲可汗去世的消息，戊寅（十一日），派遣鸿胪卿郭锋册命他的儿子为登里罗没密施俱禄忠贞毗伽可汗。在此之前，安西、北庭都要从回鹘借道才能向朝廷奏报事情，因此他们与回鹘联合起来。北庭距离回鹘很近，回鹘的索求没有满足的时候，又有沙陀部落六千余帐与北庭相互依存。还有三葛禄、白服突厥也都依附于回鹘，回鹘多次侵袭抢掠他们。吐蕃凭借葛禄、白服的部众进攻北庭，回鹘大相颉干迦斯率军救援。

六年（790）。回鹘忠贞可汗的弟弟杀了忠贞可汗而自立，大相颉干迦斯向西攻打吐蕃还没有回来。夏季四月，次相率领国人杀了篡权者，拥立忠贞可汗的儿子阿啜为可汗，年纪十五岁。

回鹘颉干迦斯与吐蕃作战不胜，吐蕃加紧进攻北庭。北庭百姓苦于回鹘的索求，与沙陀酋长朱邪尽忠都向吐蕃投降了。节度使杨袭古率领部下两千人逃往西州。六月，颉干迦斯率军回国，次相担心他废旧主立新主，与可汗一起来到郊外迎接，跪在地上自己陈述擅自拥立可汗的情况，说："今天全凭大相决定生死。"他郑重地摆出郭锋所赏赐的传国印信，全都送给颉干迦斯。

可汗拜且泣曰:"儿愚幼,若幸而得立,惟仰食于阿多,国政不敢豫也。"虏谓父为阿多。颉干迦斯感其卑屈,持之而哭,遂执臣礼,悉以所遗颁从行者,己无所受。国中由是稍安。

秋,颉干迦斯悉举国兵数万召杨袭古将复北庭,又为吐蕃所败,死者太半。袭古收馀众数百,将还西州,颉干迦斯绐之曰:"且与我同至牙帐,当送君还朝。"既而留不遣,竟杀之。安西由是遂绝,莫知存亡,而西州犹为唐固守。

葛禄乘胜取回鹘之浮图川,回鹘震恐,悉迁西北部落于牙帐之南以避之。遣达北特勒梅录随郭锋偕来,告忠贞可汗之丧,且求册命。先是,回鹘使者入中国,礼容骄慢,刺史皆与之钧礼。梅录至丰州,刺史李景略欲以气加之,谓梅录曰:"闻可汗新没,欲申吊礼。"景略先据高垄而坐,梅录俯偻前哭。景略抚之曰:"可汗弃代,助尔哀慕。"梅录骄容猛气,索然俱尽。自是回鹘使至,皆拜景略于庭,威名闻塞外。冬十月辛亥,郭锋始自回鹘还。

七年春二月癸卯,遣鸿胪少卿庾铤册回鹘奉诚可汗。

十一年夏四月,回鹘奉诚可汗卒,无子,国人立其相骨咄禄为可汗。骨咄禄本姓跌跌氏,辩慧有勇略,自天亲时典兵马用事,大臣、诸酋长皆畏服之。既为可汗,冒姓药罗葛氏,遣使来告丧。自天亲可汗以上子孙幼稚者,皆内之阙庭。

五月庚寅,遣秘书监张荐册拜回鹘可汗骨咄禄为腾里逻羽录没密施合胡禄毗伽怀信可汗。

可汗边行拜礼边哭着说："我年幼无知，假如能够幸运地继位，惟有靠着阿多过活，国家政事是不敢参预的。"回鹘人把父亲称为阿多。颉干迦斯感念他的卑屈谦恭，扶持着他也哭了，于是行臣下之礼，把得到的赠物全都分发给随从出行的人，自己一点也没有拿。国中因此稍稍安定。

秋季，颉干迦斯尽数发动全国数万军队，并召来杨袭古，打算收复北庭，又被吐蕃打败，士兵死去一多半。杨袭古收容残馀部众数百人，准备回西州，颉干迦斯骗他说："暂且与我一同到牙帐，我会送你回朝。"结果留下他不让走，最后杀了他。安西由此与唐朝断绝了联系，不知存亡的情况，而西州仍然为唐所固守。

葛禄乘胜攻取回鹘的浮图川，回鹘震恐，把西北的部落全部迁移到牙帐之南来躲避。回鹘派遣达北特勒梅录随同郭锋一起来到京城，报告忠贞可汗之丧，并且请求册命。在此之前，回鹘使者到中国来，礼仪态度十分骄横傲慢，州刺史都和他们持平等的礼节。梅录到丰州，刺史李景略想凭借气势压住他，对梅录说："听说可汗刚刚去世，我想要向你表示哀悼的礼节。"李景略先到高丘上坐下，梅录俯身弯腰在他前面哭泣。李景略拍着他说："可汗去世了，我与你一样悲哀地怀念。"梅录骄傲的态度、凶悍的气势一下子全都没有了。自此以后，回鹘使者到了，都要在庭中拜见李景略，李景略的威名传到塞外。冬季十月辛亥（十九日），郭锋开始从回鹘返回。

七年（791）春季二月癸卯（十二日），朝廷派遣鸿胪少卿庚铤去册封回鹘奉诚可汗。

十一年（795）夏季四月，回鹘奉诚可汗去世，没有儿子，国人拥立其国相骨咄禄为可汗。骨咄禄本姓跌跌氏，聪慧勇敢有谋略，从天亲可汗时就率领军队掌握重权，大臣、各酋长都畏惧敬服他。当上可汗后，他冒充姓药罗葛氏，派遣使者来告丧。还将天亲可汗以前各可汗年龄幼小的子孙，都交给朝廷。

五月庚寅（二十四日），朝廷派遣秘书监张荐册拜回鹘可汗骨咄禄为腾里逻羽录没密施合胡禄毗伽怀信可汗。

顺宗永贞元年。回鹘怀信可汗卒，遣鸿胪少卿孙杲临吊，册其嗣为腾里野合俱录毗伽可汗。

宪宗元和元年。回鹘入贡，始以摩尼偕来，于中国置寺处之。其法日晏乃食，食荤而不食潼酪。回鹘信奉之，可汗或与议国事。

三年春二月戊寅，咸安大长公主薨于回鹘。三月，回鹘腾里可汗卒。夏五月丙午，册回鹘新可汗为爱登里啰汨密施合毗伽保义可汗。

八年冬十月，回鹘发兵度碛南，自柳谷西击吐蕃。壬寅，振武、天德军奏回鹘数千骑至鸊鹈泉，边军戒严。

九年春二月，李吉甫奏请复置宥州，以备回鹘，上从之。先是，回鹘屡请婚，朝廷以公主出降，其费甚广，故未之许。礼部尚书李绛上言，以为："回鹘凶强，不可无备，淮西穷蹙，事要经营。今江、淮大县，岁所入赋有二十万缗者，足以备降主之费，陛下何爱一县之赋，不以羁縻劲虏！回鹘若得许婚，必喜而无猜，然后可以修城堑，蓄甲兵。边备既完，得专意淮西，功必万全。今既未降公主而虚弱西城，碛路无备，更修天德以疑虏心。万一北边有警，则淮西遗丑复延岁月之命矣。傥虏骑南牧，国家非步兵二万，骑五千，则不足以抗御。借使一岁而胜之，其费岂特降主之比哉！"上不听。

十二年。回鹘屡请尚公主，有司计其费近五百万缗，时中原方用兵，故上未之许。二月辛卯朔，遣回鹘摩尼僧等归国，命宗正少卿李诚使回鹘谕意，以缓其期。

唐顺宗永贞元年(805)。回鹘怀信可汗去世,朝廷派遣鸿胪少卿孙杲前往吊唁,册封他的继承者为腾里野合俱录毗伽可汗。

唐宪宗元和元年(806)。回鹘入朝进贡,初次带着摩尼僧人一起来,朝廷在国内建造寺院安置摩尼僧人。摩尼僧人的教规是日暮时分才吃饭,吃荤腥而不吃乳酪。回鹘信奉摩尼教,可汗有时同摩尼僧人商议国事。

三年(808)春季二月戊寅(二十六日),咸安大长公主死于回鹘。三月,回鹘腾里可汗去世。夏季五月丙午(二十五日),册封回鹘新可汗为爱登里啰汨密施合毗伽保义可汗。

八年(813)冬季十月,回鹘发兵来到漠南,从柳谷向西袭击吐蕃。壬寅(二十三日),振武、天德军奏报回鹘数千骑兵到了鸊鹈泉,边防军队戒严。

九年(814)春季二月,李吉甫奏请复置宥州,以防备回鹘,宪宗同意了。此前,回鹘屡次请求通婚,朝廷因公主出嫁,费用太多,所以没答应。礼部尚书李绛上奏,认为:"回鹘凶暴强悍,不可无防备,淮西穷困窘迫,其中的事情要图谋规划。现在江、淮的大县,每年收入的赋税有的达二十万缗,足够用作公主下嫁的费用,陛下为何要吝惜一县的赋税,而不用来笼络强虏呢?回鹘若得到通婚的承诺,一定会高兴而没有猜忌,然后我们就可以整修城墙壕沟,积蓄铠甲武器。边境警备已经完备,我们就能够一心一意对付淮西,一定能够成功,万无一失。现在既没有嫁出公主,又使西受降城虚弱难支,通往大漠的道路也没有设防,另外又整修天德城使回鹘起疑心。万一北部边境有警报,那么淮西的残馀丑类又得以延长一段时间性命了。若回鹘骑兵南侵,国家没有两万步兵、五千骑兵,就不足以抵御。假使用一年时间战胜回鹘,所需费用难道是嫁公主可比的?"宪宗没有采纳。

十二年(817)。回鹘屡次请求迎娶公主,主管官吏计算费用,需要近五百万缗,当时中原正在打仗,所以宪宗没有批准。二月辛卯是初一,这天朝廷送回鹘摩尼僧人等回国,命令宗正少卿李诚出使回鹘告知情况,以延缓通婚的日期。

十五年。宪宗之末,回鹘遣合达干来求婚尤切,宪宗许之。三月癸卯朔,遣合达干归国。

穆宗长庆元年夏四月丙戌,册回鹘嗣君为登啰羽录没蜜施句主毗伽崇德可汗。五月丙申朔,回鹘遣都督、宰相等五百馀人来迎公主。癸亥,以太和长公主嫁回鹘。公主,上之妹也。吐蕃闻唐与回鹘婚,六月辛未,寇青塞堡,盐州刺史李文悦击却之。戊寅,回鹘奏以万骑出北庭,万骑出安西,拒吐蕃以迎公主。

二年。裴度之讨幽、镇也,回鹘以兵从。朝议以为不可,遣中使止之。回鹘遣其臣李义节将三千人已至丰州北,却之,不从。诏发缯帛七万匹以赐之。春三月甲寅,始还。

四年。回鹘崇德可汗卒,弟曷萨特勒立。

敬宗宝历元年春三月辛酉,遣司门郎中于人文册回鹘曷萨特勒为爱登里啰汨没密施合毗伽昭礼可汗。

文宗太和六年春三月,回鹘昭礼可汗为其下所杀,从子胡特勒立。

七年夏四月丙戌,册回鹘新可汗为爱登里啰汨没蜜施合句禄毗伽彰信可汗。

开成四年。回鹘相安允合、特勒柴革谋作乱,彰信可汗杀之。相掘罗勿将兵在外,以马三百赂沙陀朱邪赤心,借其兵共攻可汗。可汗兵败,自杀,国人立𩫈馺特勒为可汗。会岁疫,大雪,羊马多死,回鹘遂衰。赤心,执宜之子也。

五年。初,伊吾之西,焉耆之北,有黠戛斯部落,即古之坚昆,唐初结骨也,后更号黠戛斯。乾元中为回鹘所破,自是隔阂不通中国。其君长曰阿热,建牙青山,去回鹘牙,橐驼

十五年(820)。宪宗末年,回鹘派遣合达干前来求婚,心情特别急切,宪宗答应了。三月癸卯是初一,这天送合达干回国。

唐穆宗长庆元年(821)夏季四月丙戌(二十日),册封回鹘继位的国君为登啰羽录没蜜施句主毗伽崇德可汗。五月丙申这天是初一,回鹘派遣都督、宰相等五百馀人前来迎接公主。癸亥(二十八日),将太和长公主嫁给回鹘。公主是穆宗的妹妹。吐蕃听到唐与回鹘通婚,六月辛未(初七),侵袭青塞堡,盐州刺史李文悦击退了他们。戊寅(十四日),回鹘奏请派一万骑兵到北庭,一万骑兵到安西,阻击吐蕃,迎接公主。

二年(822)。因裴度讨伐幽州、镇州,回鹘派军队跟随。朝廷商议国政时认为这样不行,派遣中使前往制止。回鹘派大臣李义节率领三千人已经到了丰州北面,让他们退回去,他们不听从。穆宗下诏,发放七万匹丝绸赏赐给他们。春季三月甲寅(二十三日),回鹘军队才回去。

四年(824)。回鹘崇德可汗去世,弟弟曷萨特勒继位。

唐敬宗宝历元年(825)春季三月辛酉(十七日),派遣司门郎中于人文册封回鹘曷萨特勒为爱登里啰汩没密施合毗伽昭礼可汗。

唐文宗太和六年(832)春季三月,回鹘昭礼可汗被部下所杀,侄子胡特勒继立。

七年(833)夏季四月丙戌(二十九日),册封回鹘新可汗为爱登里啰汩没蜜施合句禄毗伽彰信可汗。

开成四年(839)。回鹘宰相安允合、特勒柴革密谋叛乱,彰信可汗杀了他们。宰相掘罗勿领兵在外地,用三百匹马贿赂沙陀朱邪赤心,借用他们的军队共同进攻可汗。可汗兵败后自杀,国人拥立䰠驳特勒为可汗。刚好这年疫病流行,天下大雪,羊和马多半都死了,回鹘于是衰落。朱邪赤心是朱邪执宜的儿子。

五年(840)。从前,在伊吾的西面,焉耆的北边,有个黠戛斯部落,就是古代的坚昆,唐初的结骨,后来改名号为黠戛斯。乾元年间黠戛斯被回鹘打败,自此被回鹘隔绝,不能与中国相通。他们的君长称作阿热,在青山建立牙帐,距离回鹘牙帐,骑骆驼

行四十日。其人悍勇，吐蕃、回鹘常赂遗之，假以官号。回鹘既衰，阿热始自称可汗。回鹘遣相国将兵击之，连兵二十余年，数为黠戛斯所败，詈回鹘曰："汝运尽矣，我必取汝金帐！"金帐者，回鹘可汗所居帐也。及掘罗勿杀彰信可汗，立厖驳，回鹘别将句录莫贺引黠戛斯十万骑攻回鹘，大破之，杀厖驳及掘罗勿，焚其牙帐荡尽，回鹘诸部逃散。其相驳职、特勒厖等十五部西奔葛逻禄，一支奔吐蕃，一支奔安西。可汗兄弟嗢没斯等，及其相赤心、仆固、特勒那颉啜，各帅其众抵天德塞下，就杂虏贸易谷食，且求内附。冬十月丙辰，天德军使温德彝奏："回鹘溃兵侵逼西城，亘六十里，不见其后。边人以回鹘猥至，恐惧不安。"诏振武军节度使刘沔屯云迦关以备之。

武宗会昌元年春二月，回鹘十三部近牙帐者立乌希特勒为乌介可汗，南保错子山。秋八月，天德军使田牟、监军韦仲平欲击回鹘以求功，奏称："回鹘叛将嗢没斯等侵逼塞下，吐谷浑、沙陀、党项皆世与为仇，请自出兵驱逐。"上命朝臣议之，议者皆以为嗢没斯等叛可汗而来，不可受，宜如牟等所请，击之便。上以问宰相，李德裕以为："穷鸟入怀，犹当活之，况回鹘屡建大功。今为邻国所破，部落离散，穷无所归，远依天子，无秋毫犯塞，奈何乘其困而击之！宜遣使者镇抚，运粮食以赐之，此汉宣帝所以服呼韩邪也。"陈夷行曰："此所谓'借寇兵资盗粮'也，不如击之。"德裕曰："彼吐谷浑等各有部落，见利则锐敏争进，不利则鸟惊鱼散，各走巢穴，安肯守死为国家用！今天德城兵才

有四十天的行程。其民强悍勇武，吐蕃、回鹘常常赠送东西给他们，授给他们官号。回鹘衰落后，阿热开始自称可汗。回鹘派遣相国率领军队攻打黠戛斯，双方交战二十多年，回鹘屡次被黠戛斯打败，黠戛斯还辱骂回鹘说："你们的气运已经完了，我们一定要攻占你们的金帐！"金帐是回鹘可汗居住的帐篷。等到掘罗勿杀了彰信可汗，拥立厖驳，回鹘别将句录莫贺引导黠戛斯十万骑兵进攻回鹘，大败回鹘，杀了厖驳和掘罗勿，放火将牙帐焚烧殆尽，回鹘诸部逃亡离散。宰相驳职、特勒厖等十五部向西逃往葛逻禄，一支逃往吐蕃，一支投奔安西。回鹘可汗的兄弟嗢没斯等，及回鹘宰相赤心、仆固、特勒那颉啜，分别率领自己的部众抵达天德要塞之下，靠近杂居此地的各部族，去交换粮食，并且请求依附唐朝。冬季十月丙辰（十四日），天德军使温德彝奏称："回鹘溃逃的军队逼近西受降城，绵延六十里，看不到他们的队尾。边地百姓以为回鹘大规模到来，恐惧不安。"武宗诏令振武军节度使刘沔驻扎云迦关来防备他们。

　　唐武宗会昌元年（841）春季二月，靠近牙帐的回鹘十三部拥立乌希特勒为乌介可汗，往南据守错子山。秋季八月，天德军使田牟、监军韦仲平想袭击回鹘来邀功，奏称："回鹘叛将嗢没斯等侵逼边塞，吐谷浑、沙陀、党项都世代与他们为仇，请让我们出动军队驱逐他们。"武宗让朝臣讨论此事，发言的人都认为嗢没斯等人背叛可汗而来，不能接受，应当像田牟等人要求的那样，攻打他们比较有利。武宗以此事询问宰相，李德裕认为："没有出路的鸟飞到怀中，尚且应该救活它，何况回鹘屡次建立大功。现在他们被邻国打败，部落离散，走投无路，远远地来依附天子，一点也没有侵扰边塞，为什么要趁着他们困窘而袭击他们呢？应当派遣使者安抚，并运送粮食给他们，这就是汉宣帝降服呼韩邪的办法。"陈夷行说："这就是所说的'借给敌寇武器送给强盗粮食'，不如袭击他们。"李德裕说："吐谷浑等族各自有部落，他们看到有利就敏锐地争着向前，不利就鸟惊鱼散般地各自逃回老窝，哪里愿意坚守死战为国家出力！现在天德城的军队只有

千馀,若战不利,城陷必矣。不若以恩义抚而安之,必不为患。纵使侵暴边境,亦须俟征诸道大兵讨之,岂可独使天德击之乎!"

时诏以鸿胪卿张贾为巡边使,使察回鹘情伪,未还。上问德裕曰:"嗢没斯等请降,可保信乎?"对曰:"朝中之人,臣不敢保,况敢保数千里外戎狄之心乎!然谓之叛将,则恐不可。若可汗在国,嗢没斯等帅众而来,则于体固不可受。今闻其国败乱无主,将相逃散,或奔吐蕃,或奔葛逻禄,惟此一支远依大国。观其表辞,危迫恳切,岂可谓之叛将乎!况嗢没斯等自去年九月至天德,今年二月始立乌介,自无君臣之分。愿且诏河东、振武严兵保境以备之,俟其攻犯城镇,然后以武力驱除。或于吐谷浑等部中小有钞掠,听自仇报,亦未可助以官军。仍诏田牟、仲平毋得邀功生事,常令不失大信,怀柔得宜,彼虽戎狄,必知感恩。"辛酉,诏田牟约勒将士及杂虏,毋得先犯回鹘。九月戊辰朔,诏河东、振武严兵以备之。牟,布之弟也。

李德裕请遣使慰抚回鹘,且运粮三万斛以赐之。上以为疑,闰月己亥,开延英,召宰相议之。陈夷行于候对之所,屡言资盗粮不可。德裕曰:"今征兵未集,天德孤危,傥不以此粮啖饥虏,且使安静,万一天德陷没,咎将谁归!"夷行至上前,遂不敢言。上乃许以谷二万斛赈之。

冬十一月,李德裕上言:"今回鹘破亡,太和公主未知

一千多人，如若战斗失利，城池一定会陷落。不如用恩义抚慰安定他们，他们必定不会成为祸患。即使是侵袭边境，也要等征召诸道大军讨伐他们，岂能只让天德的军队去袭击他们呢！"

　　当时武宗下诏任命鸿胪卿张贾为巡边使，让他察看回鹘的动向，还没有回来。武宗问李德裕说："嗢没斯等人请求降附，能够保证是真实的吗？"李德裕回答说："朝中的人，臣都不敢担保，何况是要担保数千里之外戎狄的心呢？然而称他们为叛将，则恐怕不可以。假若回鹘可汗仍在国中，嗢没斯等人率众而来，那么按照规矩来讲确实不应该接受。现在听说他们国家败亡离乱没有君主，将相逃亡离散，有的投奔吐蕃，有的投奔葛逻禄，只有这一支远远地来投靠我大唐。看他们奏表中的言辞，危困窘迫而且恳切，怎么能够称他们为叛将啊！况且嗢没斯等人从去年九月到天德，回鹘国中今年二月才拥立乌介可汗，自然没有君臣的名分。希望能诏令河东、振武严整军队保卫边境以防备他们，等到他们进攻袭扰城镇，然后再用武力驱逐消灭。或者回鹘在吐谷浑等部族中小有抢掠，朝廷也要任凭他们之间自相报仇，也不能够用官军帮助他们。同时诏令田牟、韦仲平不得为了邀功而妄生事端，要使朝廷不失去大的信义，怀柔政策得当，回鹘虽然是戎狄，也一定会知道感恩。"辛酉（二十日），诏令田牟约束将士及吐谷浑等各部族，不准先袭击回鹘。九月戊辰是初一，这天诏令河东、振武严整军队以防备回鹘。田牟是田布的弟弟。

　　李德裕请求派遣使者抚慰回鹘，并且运送粮食三万斛赐给他们。武宗对此有疑虑，闰九月己亥（初三）这天，开延英殿，召来宰相们商议此事。陈夷行在等候应对的地方，多次表示送给强盗粮食不可行。李德裕说："现在征召的军队尚未集结，天德军孤立危急。假若不把这些粮食送给饥饿的胡虏吃，暂时让他们安静下来，万一天德军陷落，将由谁来承担责任呢？"陈夷行到了武宗面前，就不敢说了。武宗于是批准用两万斛粮食来救济他们。

　　冬季十一月，李德裕上言说："如今回鹘败亡，太和公主不知

所在。若不遣使访问,则戎狄必谓国家降主虏庭,本非爱惜,既负公主,又伤虏情。请遣通事舍人苗缜赍诏诣嗢没斯,令转达公主,兼可卜嗢没斯逆顺之情。"从之。

初,黠戛斯既破回鹘,得太和公主。自谓李陵之后,与唐同姓,遣达干十人奉公主归之于唐。回鹘乌介可汗引兵邀击达干,尽杀之,质公主,南度碛,屯天德军境上。公主遣使上表,言可汗已立,求册命。乌介又使其相颉干伽斯等上表,借振武一城以居公主、可汗。十二月庚辰,制遣右金吾大将军王会等慰问回鹘,仍赈米二万斛。又赐乌介可汗敕书,谕以"宜帅部众渐复旧疆,漂寓塞垣,殊非良计"。又云:"欲借振武一城,前代未有此比。或欲别迁善地,求大国声援,亦须且于漠南驻止。朕当许公主入觐,亲问事宜。傥须应接,必无所吝。"

二年春正月,朝廷以回鹘屯天德、振武北境,以兵部郎中李拭为巡边使,察将帅能否。拭,郦之子也。二月,河东节度使符澈修杷头烽旧戍以备回鹘。李德裕奏请增兵镇守,及修东、中二受降城以壮天德形势,从之。

回鹘复奏求粮,及寻勘吐谷浑、党项所掠,又借振武城。诏遣内使杨观赐可汗书,谕以城不可借,馀当应接处置。

三月戊申,李拭巡边还,称振武节度使刘沔有威略,可任大事。时河东节度使符澈疾病,庚申,以沔代之,以金吾上将军李忠顺为振武节度使。遣将作少监苗缜册命乌介可汗。使徐行,驻于河东,俟可汗位定,然后进。既而可汗屡侵扰边境,缜竟不行。

在什么地方。如果不派使者查访追究，那么戎狄必定会认为朝廷嫁公主到回鹘，本来就不怜爱珍惜，既有负于公主，又伤害了回鹘的感情。请派遣通事舍人苗镇带着诏书去嗢没斯那里，命令他转达公主，附带可以考察嗢没斯归顺的真实态度。"武宗同意了。

当初，黠戛斯打败回鹘后，得到了太和公主。黠戛斯自认为是汉代李陵的后裔，与唐同姓，于是派遣达干十人护送公主回唐朝。回鹘乌介可汗率军在半道截击达干，将他们全部杀死，把公主当作人质，向南穿过沙漠，驻扎在天德军边境上。公主派使者上奏表，称可汗已立，请求册命。乌介可汗又让国相颉干迦斯等上奏表，借用振武军一城让公主、可汗居住。十二月庚辰(十四日)，武宗下诏派遣右金吾大将军王会等人慰问回鹘，还救济二万斛米。又赐给乌介可汗敕书，说："应当率领部众逐渐收复原来的疆土，漂泊寄居在边城，确实不是好的办法。"又说："想借用振武军一城，前代没有此例。如果想另外迁到好地方，请求我朝支援，也必须暂时在漠南驻扎。我会答应公主回来觐见，亲自询问情况。假如需要接应，我们一定不会吝惜。"

二年(842)春季正月，朝廷因回鹘驻扎在天德、振武北境，任命兵部郎中李拭为巡边使，去考察将帅的军事才能。李拭是李郢的儿子。二月，河东节度使符澈整修杷头烽旧时的戍边设施，以防备回鹘。李德裕奏请增加军队镇守，并整修东、中两座受降城以增强天德军的势力，武宗批准了。

回鹘又上奏要粮食，并寻找被吐谷浑、党项抢掠的人口，又要借用振武城。武宗下诏派遣内使杨观赐可汗书信，告诉他城不能借，其馀的会照应安排。

三月戊申(十三日)，李拭巡边回来，汇报振武节度使刘沔具备威信与谋略，可以担当重任。此时河东节度使符澈身患疾病，庚申(二十五日)，朝廷以刘沔代替他，任命金吾上将军李忠顺为振武节度使。派遣将作少监苗镇前去册封乌介可汗。让使者慢慢地走，停留在河东，等到乌介的可汗之位确定以后再前往。不久乌介可汗屡次侵扰边境，苗镇最终没有去成。

回鹘嗢没斯以赤心桀黠难知，先告田牟，云赤心谋犯塞，乃诱赤心并仆固杀之。那颉啜收赤心之众七千帐东走。河东奏："回鹘兵至横水，杀掠兵民，今退屯释迦泊东。"李德裕上言："释迦泊西距可汗帐三百里，未知此兵为那颉所部，为可汗遣来。宜且指此兵云不受可汗指挥，擅掠边鄙。密诏刘沔、武仲先经略此兵，如可以讨逐，事亦有名。摧此一支，可汗必自知惧。"

夏四月庚辰，天德都防御使田牟奏回鹘侵扰不已，不俟朝旨，已出兵三千拒之。壬午，李德裕奏："田牟殊不知兵。戎狄长于野战，短于攻城。牟但应坚守以待诸道兵集，今全军出战，万一失利，城中空虚，何以自固！望亟遣中使止之。如已交锋，即诏云、朔、天德以来羌、浑各出兵奋击回鹘，凡所虏获，并令自取。回鹘羁旅二年，粮食乏绝，人心易动，宜诏田牟招诱降者，给粮转致太原，不可留于天德。嗢没斯诚伪虽未可知，然要早加官赏。纵使不诚，亦足为反间。且欲奖其忠义，为讨伐之名，令远近诸蕃知但责可汗犯顺，非欲尽灭回鹘。石雄善战无敌，请以为天德都团练副使，佐田牟用兵。"上皆从其言。

初，太和中，河西党项扰边，文宗召石雄于白州，隶振武军为裨将，屡立战功，以王智兴故，未甚进擢。至是，德裕举用之。

甲申，嗢没斯帅其国特勒、宰相等二千二百馀人来降。

回鹘嗢没斯认为宰相赤心凶暴狡诈，内心难测，就抢先到田牟那里告发，说赤心密谋侵袭边塞，然后设计引诱赤心和仆固，把他们一起杀了。那颉啜收容赤心的部众七千帐向东逃走。河东奏报："回鹘军队到横水，屠杀抢掠士兵百姓，现在后退驻扎在释迦泊东边。"李德裕上言："释迦泊西距可汗帐三百里，不知道这支军队是那颉啜所率领的，还是可汗派来的。我们就说这支军队不接受可汗指挥，擅自抢掠边地。秘密诏令刘沔、张仲武先谋划对付这支军队，如果能够讨伐驱逐，也算师出有名。消灭了这一支军队，可汗必定就知道害怕了。"

夏季四月庚辰（十六日），天德都防御使田牟上奏说因为回鹘不停地侵扰，天德军未等朝廷指示，已派出三千士兵阻击。壬午（十八日），李德裕奏称："田牟一点也不懂打仗。戎狄擅长野外作战，攻城是其短处。田牟只应当坚守城池以等待诸道军队汇集，现在派全部军队出城作战，万一失利，城中空虚，拿什么来固守？望迅速派遣中使前去制止他。如果双方已经交战，就诏令云州、朔州、天德军一带的羌人、吐谷浑分别出兵全力攻击回鹘，所有的战利品，都让他们自己取。回鹘寄居在外两年，粮食匮乏断绝，人心易于动摇，应当诏令田牟招引投降的人，供给粮食并将他们转移到太原，不能留在天德。嗢没斯是诚实还是虚假虽然不知道，然而要快些给他封赏。即使他不诚实，也足以起到离间他们内部关系的作用。况且朝廷奖励他的忠心归降，也可作为今后讨伐叛乱者的理由，让远近各戎狄部落都知道朝廷只是责备可汗侵犯边境，并不是想彻底消灭回鹘。石雄善战而无敌，希望任命他为天德都团练副使，辅佐田牟用兵作战。"武宗全都听从了李德裕的建议。

当初，太和年间，河西党项侵扰边境，文宗从白州召回石雄，隶属振武军，担任副将，他屡立战功，但因为王智兴的缘故，没有得到很大的提拔。至此，李德裕荐举重用了他。

甲申（二十日），嗢没斯率其国特勒、宰相等两千二百多人前来投降。

五月戊申，遣鸿胪卿张贾安抚嗢没斯等，以嗢没斯为左金吾大将军、怀化郡王，其次酋长官赏有差。赐其部众米五千斛，绢三千匹。

那颉啜帅其众自振武、大同，东因室韦、黑沙，南趣雄武军，窥幽州。卢龙节度使张仲武遣其弟仲至将兵三万迎击，大破之，斩首捕虏不可胜计，悉收降其七千帐，分配诸道。那颉啜走，乌介可汗获而杀之。

时乌介众虽衰减，尚号十万，驻牙于大同军北闾门山。杨观自回鹘还，可汗表求粮食、牛羊，且请执送嗢没斯等。诏报以："粮食听自以马价于振武籴三千石。牛，稼穑之资，中国禁人屠宰。羊，中国所鲜，出于北边杂虏，国家未尝科调。嗢没斯自本国初破，先投塞下，不随可汗已及二年，虑彼猜嫌，穷迫归命。前可汗正以猜虐无亲，致内离外叛。今可汗失地远客，尤宜深矫前非。若复骨肉相残，则可汗左右信臣谁敢自保！朕务在兼爱，已受其降。于可汗不失恩慈，于朝廷免亏信义，岂不两全事体，深叶良图！"

嗢没斯入朝。六月甲申，以嗢没斯所部为归义军，以嗢没斯为左金吾大将军，充军使。秋七月，嗢没斯请置家太原，与诸弟竭力扞边。诏刘沔存抚其家。

乌介可汗复遣其相上表，借兵助复国，又借天德城，诏不许。初，可汗往来天德、振武之间，剽掠羌、浑，又屯杷头烽北。朝廷屡遣使谕之，使还漠南，可汗不奉诏。李德裕

五月戊申（十四日），朝廷派遣鸿胪卿张贾去安抚嗢没斯等人，任命嗢没斯为左金吾大将军、怀化郡王，其他的首长分别有不同的授官与赏赐。赏赐其部众五千斛米、三千匹丝绸。

　　那颉啜率领部众从振武、大同向东迁徙，经过室韦、黑沙，南边直到雄武军，窥伺幽州。卢龙节度使张仲武派他的弟弟张仲至率领三万士兵迎击，大败他们，杀死的和俘虏的人不可胜数，全部收降了他的七千帐部众，分配给诸道安置。那颉啜逃跑，乌介可汗抓住并杀了他。

　　当时乌介可汗的部众虽然减少，但仍号称十万，设置牙帐于大同军北面的闾门山。杨观从回鹘回来，可汗上奏表要粮食、牛羊，又请求朝廷捉拿并送回嗢没斯等人。武宗下诏书答复："粮食听凭你们自己用卖马的钱在振武买三千石。牛是种庄稼不可缺少的，中国禁止百姓屠宰。羊中国很少，出产在北边的胡地，国家未曾摊派征收过。嗢没斯自从本国败亡，先是投奔到塞下，没有跟随可汗已经两年了，他就是由于被可汗猜忌，走投无路才来投降的。前可汗也正是因为猜忌暴虐而没有人亲近他，导致内离外叛。如今可汗失去土地远居他乡，尤其应当深刻改正以前的错误。如果再骨肉相残，那么可汗周围的亲信大臣谁敢保证自己不因被猜忌而受害呢？我致力于平等爱人，已经接受了他们投降。对于可汗来说没有失去恩惠慈爱，对于朝廷来说也没有亏欠信义，这难道不是两全齐美的事情，希望你深切体会我的一片好意！"

　　嗢没斯入京朝见。六月甲申（二十一日），朝廷以嗢没斯所部为归义军，任命嗢没斯为左金吾大将军，充任归义军使。秋季七月，嗢没斯请求在太原安家，与弟弟们全力保卫边境。诏令刘沔安抚他的家属。

　　乌介可汗又派相国上奏表，借军队帮助他们复国，再次要借天德城，武宗下诏，没有答应。当初，乌介可汗往来天德、振武之间，抢掠羌人、吐谷浑人，又驻扎在把头烽北面。朝廷多次派遣使者晓谕他们，让他们返回漠南，可汗不服从诏令。李德裕

以为："那颉啜屯于山北，乌介恐其与奚、契丹连谋邀遮，故不敢远离塞下。望敕张仲武谕奚、契丹与回鹘共灭那颉啜，使得北还。"及那颉啜死，可汗犹不去。议者又以为回鹘待马价，诏尽以马价给之，又不去。八月，可汗帅众过杷头烽南，突入大同川，驱掠河东杂虏牛马数万，转斗至云州城门。刺史张献节闭城自守，吐谷浑、党项皆挈家入山避之。庚午，诏发陈、许、徐、汝、襄阳等兵屯太原及振武、天德，俟来春驱逐回鹘。

丁丑，赐嗢没斯与其弟阿历支、习勿啜、乌罗思皆姓李氏，名思忠、思贞、思义、思礼；国相爱邪勿姓爱，名弘顺；仍以弘顺为归义军副使。

上遣回鹘石戒直还其国，赐可汗书，谕以："自彼国为纥吃斯所破，来投边境，抚纳无所不至。今可汗尚此近塞，未议还蕃，或侵掠云、朔等州，或钞击羌、浑诸部。遥揣深意，似恃姻好之情，每观踪由，实怀驰突之计。中外将相咸请诛翦，朕情深屈己，未忍幸灾。可汗宜速择良图，无贻后悔！"

上又命李德裕代刘沔答回鹘相颉干迦斯书，以为："回鹘远来依投，当效呼韩邪遣子入侍，身自入朝，及令太和公主入谒太皇太后，求哀乞怜，则我之救恤，无所愧怀。而乃睥睨边城，桀骜自若，邀求过望，如在本蕃，又深入边境，侵暴不已，求援继好，岂宜如是！来书又云胡人易动难安，若令忿怒，不可复制。回鹘为纥吃斯所破，举国将相遗骸弃于草莽，累代可汗坟墓，隔在天涯。回鹘忿怒之心，

认为："那颉啜驻扎在燕山以北，乌介可汗害怕他与奚、契丹合谋在回漠南的半路上袭击自己，所以不敢远离塞下。希望下敕令让张仲武告知奚、契丹与回鹘一起消灭那颉啜，让可汗得以北返。"等到那颉啜死了，可汗还是不离去。议政的人又认为回鹘在等待卖马的钱，武宗下诏把全部的买马钱都给他们，可他们仍然不走。八月，乌介可汗率领部众经过把头烽南面，迅速冲入大同川，驱赶抢掠河东各部族的牛、马数万头，转战到了云州城门。刺史张献节关闭城门坚守，吐谷浑、党项都带着全家逃入山中躲避。庚午(初九)，武宗下诏调发陈、许、徐、汝、襄阳等地军队驻扎在太原及振武、天德，等待来年春天驱逐回鹘。

丁丑(十六日)，武宗赐嗢没斯和他的弟弟阿历支、习勿啜、乌罗思都姓李，名字分别为思忠、思贞、思义、思礼；赐国相爱邪勿姓爱，名弘顺；又任命爱弘顺为归义军副使。

武宗派回鹘人石戒直回国，赐给乌介可汗书信，告知说："自从你们国家被纥吃斯所破，来投奔我国边境，我们对你们的安抚接待无所不至。现在可汗还是这样靠近边塞，没有考虑返回故地，有时侵扰抢掠云、朔等州，有时抄掠袭击羌、吐谷浑诸部。我揣测你的意思，似乎是倚仗之前结下的姻亲之好，然而每次观察你的行动，实际上都是想恣意攻掠侵袭。朝廷内外的将相都要求将你们诛灭，可我还是念及两国旧情，宁愿委屈自己，也不忍心看你们遭祸。可汗应快些选择好的对策，以免将来后悔！"

武宗又命李德裕代刘沔答复回鹘国相颉干迦斯的书信，认为："回鹘远来投靠，应当效仿当年呼韩邪单于派儿子入朝侍奉，自己也前来朝见，并让太和公主入朝谒见太皇太后，乞求哀怜，那么我们救济体恤你们，也就无愧于心了。然而你们却一直窥伺我国边城，桀骜自恃，不断提出非分要求，就像在自己部落一样，又深入我国边境，侵暴不止，请求我们援助，使两国和好，难道应该这样吗！来信又说胡人性情躁动难以安定，若是让他们生气了，就不能再控制。回鹘被纥吃斯所败，所有将相大臣的遗骸都被抛弃在野地里，历代可汗的坟墓远隔天涯。回鹘愤怒的心情，

不施于彼,而蔑弃仁义,逞志中华,天地神祇岂容如此！昔郅支不事大汉,竟自夷灭,往事之戒,得不在怀!”

戊子,李德裕等上言:“若如前诏,河东等三道严兵守备,俟来春驱逐,乘回鹘人困马羸之时,又官军免盛寒之苦,则幽州兵宜令止屯本道以俟诏命。若虑河冰既合,回鹘复有驰突,须早驱逐,则当及天时未寒,决策于数日之间。以河朔兵益河东兵,必令收功于两月之内。今闻外议纷纭,互有异同,傥不一询群情,终为浮辞所挠。望令公卿集议。”诏从之。时议者多以为宜俟来春。

九月,以刘沔兼招抚回鹘使,如须驱逐,其诸道行营兵权令指挥。以张仲武为东面招抚回鹘使,其当道行营兵及奚、契丹、室韦等并自指挥。以李思忠为河西党项都将、回鹘西南面招讨使。皆会军于太原。令沔屯雁门关。

初,奚、契丹羁属回鹘,各有监使,岁督其贡赋,且诇唐事。张仲武遣牙将石公绪统二部,尽杀回鹘监使等八百馀人。仲武破那颉啜,得室韦酋长妻子,室韦以金帛羊马赎之,仲武不受,曰:“但杀回鹘监使则归之。”

癸卯,李德裕等奏:“河东奏事官孙俦适至,云回鹘移营近南四十里。刘沔以为此必契丹不与之同,恐为其掩袭故也。据此事势,正堪驱除。臣等问孙俦,若与幽州合势,迫逐回鹘,更须益几兵。俦言不须多益兵,惟大同兵少,得易定千人助之足矣。”上皆从之。诏河东、幽州、振武、天德各出

不发泄到敌人头上,却丢弃仁义,在我国逞威,天地神灵岂能容许你们这样!从前郅支单于不奉事大汉,最终自己灭亡,往事的鉴戒,难道不放在心上吗!"

戊子(二十七日),李德裕等上言:"如果像上次诏令的那样,命河东等三道严兵守备,等到来年春天驱逐回鹘,这样,既可以趁着回鹘人困马乏的大好时机,又可使官军免除严寒时节出兵的困苦,那么就应当命令幽州的军队驻扎在本道,听候诏令。如果担心河面封冻后,回鹘又有可能纵兵攻掠,打算尽早驱逐,那就应当趁着天气还没有寒冷,在几天之内做出决策。把河朔军队调拨给河东,一定要在两个月之内见到功效。现在听到外面议论纷纷,意见各有不同,假若不广泛询问众人的看法,恐怕陛下终究会被那些不切实际的言辞所干扰。希望召集公卿集中商议。"武宗批准了。当时议论者多数认为应当等到来年春天。

九月,朝廷任命刘沔兼任招抚回鹘使,同时下令,如果要驱逐回鹘,诸道行营军队就都暂时让刘沔指挥。任命张仲武为东面招抚回鹘使,幽州本道的行营军队以及奚、契丹、室韦等部落的军队全部由他指挥。任命李思忠为河西党项都将、回鹘西南面招讨使。都汇合军队到太原。命令刘沔驻扎雁门关。

当初,奚、契丹附属于回鹘,回鹘分别派有监使,每年督责他们进贡纳税,并且刺探唐朝的情况。张仲武派牙将石公绪统领奚和契丹,把回鹘监使等八百多人全都杀了。张仲武击败那颉啜,俘获室韦酋长的妻儿,室韦用金子、丝绸、羊、马赎回他们,张仲武不接受,说:"只有杀了回鹘监使才送他们回去。"

癸卯(十二日),李德裕等上奏:"河东奏事官孙俦正好来到京城,汇报说回鹘往南面移动营寨四十里。刘沔认为这一定是契丹不与他们盟好,回鹘担心被契丹袭击的缘故。根据这种形势,现在正可以驱逐回鹘。我们问孙俦,如果同幽州的兵力合在一起,驱逐回鹘,还需要增加多少军队。孙俦说不需要多增加军队,只是大同军队数量少,只要能得到易定一千人的援助也就足够了。"武宗全都同意了。诏令河东、幽州、振武、天德分别出动

大兵,移营稍前,以迫回鹘。

李思忠请与契苾、沙陀、吐谷浑六千骑合势击回鹘。乙巳,以银州刺史何清朝、蔚州刺史契苾通分将河东蕃兵诣振武,受李思忠指挥。通,何力之五世孙。

冬十月,黠戛斯遣将军踏布合祖等至天德军,言:"先遣都吕施合等奉公主归之大唐,至今无声问,不知得达,或为奸人所隔。今出兵求索,上天入地,期于必得。"又言:"将徙就合罗川,居回鹘故国,兼已得安西、北庭达靼等五部落。"十一月辛卯朔,昭义节度使刘从谏上言,请出步兵五千讨回鹘,诏不许。

上遣使赐太和公主冬衣,命李德裕为书赐公主,略曰:"先朝割爱降婚,义宁家国,谓回鹘必能御侮,安静塞垣。今回鹘所为,甚不循理,每马首南向,姑得不畏高祖、太宗之威灵!欲侵扰边疆,岂不思太皇太后之慈爱!为其国母,足得指挥,若回鹘不能禀命,则是弃绝姻好,今日已后,不得以姑为词。"

十二月,李忠顺奏击回鹘,破之。

三年春正月,回鹘乌介可汗帅众侵逼振武,刘沔遣麟州刺史石雄、都知兵马使王逢帅沙陀朱邪赤心三部及契苾、拓跋三千骑袭其牙帐,沔自以大军继之。雄至振武,登城望回鹘之众寡,见毡车数十乘,从者皆衣朱碧,类华人。使谍问之,曰:"公主帐也。"雄使谍告之曰:"公主至此,家也,当求归路。今将出兵击可汗,请公主潜与侍从相保,驻车勿动。"雄乃凿城为十馀穴,引兵夜出,直攻

大量军队,军营逐渐向前移动,以逼迫回鹘。

李思忠请求与契苾、沙陀、吐谷浑六千骑兵合力攻击回鹘。乙巳(十四日),命银州刺史何清朝、蔚州刺史契苾通分别率领河东的各族蕃兵到振武,接受李思忠指挥。契苾通是契苾何力的第五代孙子。

冬季十月,黠戛斯派将军踏布合祖等人到天德军,说:“先前派都吕施合等护送太和公主回大唐,至今没有音讯,不知是到了,还是被坏人在半路劫了。现在出动军队寻找,即使上天入地,也一定要找到。”又说:“我国将要迁徙到合罗川,居住在回鹘故地,另外已经得到安西、北庭达靼等五部落。”十一月辛卯这天是初一,昭义节度使刘从谏上奏,请求出动五千步兵讨伐回鹘,武宗没有批准。

武宗派使者赐给太和公主冬天的衣服,命李德裕写信给公主,大略说:“先朝割爱将你下嫁回鹘,意义在于安宁家国,认为回鹘必定能够抵御外敌,使边境安定平静。现在回鹘的所作所为,非常不合于情理,常常派骑兵南下侵扰,姑母您难道就不畏惧高祖、太宗的威灵吗?想要侵扰边疆,难道不想一想太皇太后对您的慈爱吗?您作为他们的国母,完全能够指挥他们,假若回鹘不能够接受您的命令,那就是断绝两国和亲的友好关系,从今以后,不能再用姑母的名义与朝廷交往。”

十二月,李忠顺上奏袭击回鹘,并打败了他们。

三年(843)春季正月,回鹘乌介可汗率领部众侵逼振武,刘沔派麟州刺史石雄、都知兵马使王逢统领沙陀朱邪赤心三部和契苾、拓跋部的三千骑兵袭击回鹘牙帐,刘沔亲自率领大军随后跟进。石雄到振武,登上城墙观察回鹘人数的多少,看到数十辆毡车,随从的人都穿着红色、青绿色的衣服,像汉人。派间谍去问,回报说:“是太和公主的营帐。”石雄派探子前去告知说:“公主到这里就是到家了,应当寻找安全返回的办法。现在官军就要出兵攻击可汗,请公主悄悄地与侍从自相保护,停下车不要动。”石雄于是从城中挖了十多条地道,率领军队夜晚出城,径直攻向

可汗牙帐。至其帐下,虏乃觉之。可汗大惊,不知所为,弃辎重走,雄追击之。庚子,大破回鹘于杀胡山,可汗被疮,与数百骑遁去。雄迎太和公主以归。斩首万级,降其部落二万馀人。丙午,刘沔捷奏至。

李思忠入朝,自以回鹘降将,惧边将猜忌,乞并弟思贞等及爱弘顺皆归阙庭,上从之。乌介可汗走保黑车子族,其溃兵多诣幽州降。

二月辛未,黠戛斯遣使者注吾合索献名马二。诏太仆卿赵蕃饮劳之。甲戌,上引对,班在勃海使之上。

上欲令赵蕃就黠戛斯求安西、北庭。李德裕等上言:"安西去京师七千馀里,北庭五千馀里,借使得之,当复置都护,以唐兵万人戍之。不知此兵于何处追发,馈运从何道得通?此乃用实费以易虚名,非计也。"上乃止。

黠戛斯求册命,李德裕奏,宜与之结欢,令自将兵求杀使者罪人及讨黑车子。上恐加可汗之名即不修臣礼,踵回鹘故事求岁遗及卖马,犹豫未决。德裕奏:"黠戛斯已自称可汗,今欲借其力,恐不可吝此名。回鹘有平安、史之功,故岁赐绢二万匹,且与之和市。黠戛斯未尝有功于中国,岂敢遽求赂遗乎!若虑其不臣,当与之约,必如回鹘称臣,乃行册命。又当叙同姓以亲之,使执子孙之礼。"上从之。

庚寅,太和公主至京师,改封安定大长公主。诏宰相帅百官迎谒于章敬寺前。公主诣光顺门,去盛服,脱簪珥,谢回鹘负恩、和亲无状之罪。上遣中使慰谕,然后入宫。

可汗牙帐。到了牙帐前面，回鹘人才发觉。乌介可汗大惊，不知所措，丢弃辎重逃跑，石雄追击他。庚子（十一日），大败回鹘于杀胡山，乌介可汗受伤，与数百骑兵逃跑。石雄迎接太和公主返回。此役斩杀一万人，降服回鹘部落两万多人。丙午（十七日），刘沔上奏的捷报到达朝廷。

李思忠入朝觐见，他因自己是回鹘降将，担心边将猜忌，请求同弟弟李思贞等以及爱弘顺都留居京城，武宗答应了。乌介可汗逃走，保有黑车子族众，其溃散的士兵多数到幽州投降。

二月辛未（十二日），黠戛斯派使者注吾合索献上两匹名马。武宗命太仆卿赵蕃宴请慰劳他。甲戌（十五日），武宗召见使者询问对答，排列在勃海国使者之前。

武宗想让赵蕃前往黠戛斯求取安西、北庭。李德裕等上言："安西距京城七千余里，北庭距京城五千余里，假如得到它们，就要恢复设置都护，用唐军万人戍守保卫。不知道这些军队从什么地方征发，运输粮食从哪条道路通行？这是用实际的花费去换取虚名，是不划算的。"武宗于是没有实行。

黠戛斯请求朝廷正式册封自己为可汗，李德裕奏称，应当与他们结好，让他们自己率军抓获当年杀害使者的罪人，并讨伐黑车子。武宗担心封给可汗的名号就会不遵循为臣的礼节，紧跟着会像回鹘以前那样求取每年的赏赐和卖马，犹豫着没有决定。李德裕奏称："黠戛斯已自称可汗，现在想借助他们的力量，恐怕就不能够吝惜可汗的名号。回鹘有平定安史叛乱的功劳，所以每年赏赐二万匹丝绸，并与他们互市。黠戛斯未曾对中国有功劳，岂敢马上求取赏赐？如果担忧他们不守臣道，就应当和他们约定，一定要像回鹘那样称臣，才进行册命。还应当和他们叙说同姓的关系，来亲近他们，让他们行子孙之礼。"武宗同意了。

庚寅这一天，太和公主到达京城，改封为安定大长公主。诏令宰相率领文武百官到章敬寺前迎接拜见。公主到光顺门，脱去礼服，摘掉发簪耳饰，对回鹘辜负朝廷恩典以及自己和亲没有达到预期目的表示谢罪。武宗派中使抚慰晓谕，然后进入宫中。

阳安等六公主不来慰问安定公主,各罚俸物及封绢。

三月,以太仆卿赵蕃为安抚黠戛斯使。上命李德裕草赐黠戛斯可汗书,谕以:"贞观二十一年黠戛斯先君身自入朝,授左屯卫将军、坚昆都督,迄于天宝,朝贡不绝。比为回鹘所隔,回鹘陵虐诸蕃,可汗能复仇雪怨,茂功壮节,近古无俦。今回鹘残兵不满千人,散投山谷,可汗既与为怨,须尽歼夷。傥留馀烬,必生后患。又闻可汗受氏之原,与我同族,国家承北平太守之后,可汗乃都尉苗裔。以此合族,尊卑可知。今欲册命可汗,特加美号,缘未知可汗之意,且遣谕怀。待赵蕃回日,别命使展礼。"自回鹘至塞上及黠戛斯入贡,每有诏敕,上多命德裕草之。德裕请委翰林学士,上曰:"学士不能尽人意,须卿自为之。"

刘沔奏:"归义军回鹘三千馀人及酋长四十三人,准诏分隶诸道,皆大呼,连营据滹沱河,不肯从命,已尽诛之。回鹘降幽州者前后三万馀人,皆散隶诸道。"

六月,黠戛斯可汗遣将军温仵合入贡。上赐之书,谕以速平回鹘、黑车子,乃遣使行册命。秋七月,上遣刑部侍郎兼御史中丞李回宣慰河北三镇,令幽州乘秋早平回鹘。

四年春三月,黠戛斯遣将军谛德伊斯难珠等入贡,言欲徙居回鹘牙帐,请发兵之期,集会之地。上赐诏,谕以"今秋可汗击回鹘、黑车子之时,当令幽州、太原、振武、天德四镇出兵要路,邀其亡逸,便申册命,并依回鹘故事"。

阳安公主等六位公主没有来看望慰问安定公主,分别罚了她们的俸禄和封绢。

三月,任命太仆卿赵蕃为安抚黠戛斯使。武宗命李德裕起草赐给黠戛斯可汗的书信,告诉他:"贞观二十一年(647)黠戛斯先君亲自入朝觐见,授官左屯卫将军、坚昆都督,一直到天宝年间,朝贡不断。等到被回鹘所阻隔,回鹘欺凌各部族,可汗能够报仇雪恨,劳苦功高,近代以来没人能比。现在回鹘残馀的军队不到千人,分散逃入山谷之中,可汗已经和他们结下怨仇,就必须全部歼灭他们。如果留下馀烬,必然会导致后患。又听说可汗姓氏的渊源,与我大唐同族,大唐是北平太守李广的后代,可汗则是都尉李陵的后裔。按照这种情况,我们合为一族,尊卑上下的名分也就很清楚了。现在朝廷打算册封你为可汗,特意加上美号,但因为还不知道可汗的心意,所以暂且派人前去传达朝廷的意图。等到赵蕃回来后,再另外派使者正式册封。"自从回鹘逃到塞上,至黠戛斯入贡,每次下达诏令,武宗多半命李德裕草拟。李德裕请求交给翰林学士,武宗说:"翰林学士不能完全让我满意,必须爱卿你亲自写。"

刘沔上奏:"归义军回鹘三千馀人及酋长四十三人,遵照诏令,将他们分别隶属于诸道,他们得知后都大声喧哗,连结营寨据守滹沱河,不肯听从命令,已经全部诛杀了。投降幽州的回鹘人前后共有三万多,都分散隶属于诸道。"

六月,黠戛斯可汗派将军温仵合入贡。武宗赐给他诏书,告知他尽快平定回鹘、黑车子,然后朝廷就派遣使者前往册命。秋季七月,武宗派遣刑部侍郎兼御史中丞李回安抚河北三镇,命令幽州趁着秋季早日平定回鹘。

四年(844)春季三月,黠戛斯派将军谛德伊斯难珠等入贡,说可汗想迁居到原回鹘牙帐处,请求指示发兵的日期和集合的地点。武宗赐给诏书,告知以:"今年秋天可汗攻击回鹘、黑车子的时候,朝廷当命令幽州、太原、振武、天德四镇出兵于交通要道,截击他们逃散的士兵,然后进行册命,全都依照回鹘旧例。"

朝廷以回鹘衰微,吐蕃内乱,议复河、湟四镇十八州。乃以给事中刘濛为巡边使,使之先备器械糗粮及诇吐蕃守兵众寡。又令天德、振武、河东训卒砺兵,以俟今秋黠戛斯击回鹘,邀其溃败之众南来者。皆委濛与节度团练使详议以闻。濛,晏之孙也。

秋九月,李德裕奏:"幽州奏事官言,诇知回鹘上下离心,可汗欲之安西,其部落言亲戚皆在唐,不如归唐。又与室韦已相失,计其不日来降,或自相残灭。望遣识事中使赐仲武诏,谕以镇、魏已平昭义,惟回鹘未灭,仲武犹带北面招讨使,宜早思立功。"

五年夏四月壬寅,以陕虢观察使李拭为册黠戛斯可汗使。五月,册黠戛斯可汗为宗英雄武诚明可汗。

六年。乌介可汗之众稍稍降散,国相逸隐啜杀乌介于金山,立其弟特勒遏捻为可汗。

册黠戛斯可汗使者以国丧未行,或以为僻远小国,不足与之抗衡;回鹘未平,不应遽有建置。诏百官集议,事遂寝。

宣宗大中元年春二月庚午,加卢龙节度使张仲武同平章事,赏其屡破回鹘也。夏五月,幽州节度使张仲武大破诸奚。六月,以鸿胪卿李业为册黠戛斯英武诚明可汗使。

二年。回鹘遏捻可汗仰给于奚王石舍朗,及张仲武大破奚众,回鹘无所得食,日益耗散,至是,所存贵臣以下不满五百人,依于室韦。使者入贺正,过幽州,张仲武使归取遏捻等。遏捻闻之,夜与妻葛禄、子特勒毒斯等九骑西走,馀众追之不及,相与大哭。室韦分回鹘众为七,

朝廷因回鹘衰微,吐蕃内乱,商议收复河、湟四镇十八州。于是任命给事中刘濛为巡边使,让他提前准备武器粮食并侦察吐蕃守军人数的多少。又命令天德、振武、河东训练士兵磨砺兵器,以等待今年秋天黠戛斯袭击回鹘时,截击那些溃败之后向南逃来的士兵。这些事情都委托刘濛与节度团练使详细商议以后报来。刘濛是刘晏的孙子。

秋季九月,李德裕奏称:"幽州奏事官称,侦察得知回鹘上下离心,可汗想到安西去,而其部落中人称亲戚都在大唐,不如归附大唐。而且回鹘同室韦已经失和,估计他们很快会来投降,或是自相残杀以至灭亡。希望派遣识事知情的中使赐张仲武诏书,告诉他成德、魏博已经平定昭义,只有回鹘还没有灭,张仲武仍然带有北面招讨使的职名,应当早一点想着立功报国。"

五年(845)夏季四月壬寅(二十六日),以陕虢观察使李拭为册黠戛斯可汗使。五月,册封黠戛斯可汗为宗英雄武诚明可汗。

六年(846)。乌介可汗的部众逐渐投降逃散,国相逸隐啜在金山杀了乌介可汗,拥立他的弟弟特勒遏捻为可汗。

册封黠戛斯可汗的使者因为武宗的丧事没有走,有人认为黠戛斯是偏僻遥远的小国,不值得与它对抗;回鹘尚未平定,不应当马上就有所建置。诏令百官集中商议,册封黠戛斯的事就停下来了。

唐宣宗大中元年(847)春季二月庚午(初四),加官卢龙节度使张仲武为同平章事,这是奖赏他多次打败回鹘。夏季五月,幽州节度使张仲武大败奚族诸部。六月,任命鸿胪卿李业为册黠戛斯英武诚明可汗使。

二年(848)。回鹘遏捻可汗依靠奚王石舍朗供应,等到张仲武大败奚人,回鹘没有地方得到粮食,日益消耗离散,到这个时候,贵臣以下尚存者不足五百人,便投靠室韦。回鹘使者入朝祝贺正旦佳日,经过幽州时,张仲武让他回去攻取遏捻等。遏捻听到消息,连夜与妻子葛禄、儿子特勒毒斯等九人骑马向西逃跑,其馀部众追赶不上,相对哭泣。室韦分回鹘部众为七部分,

七姓共分之。居三日，黠戛斯遣其相阿播帅诸胡兵号七万来取回鹘，大破室韦，悉收回鹘馀众归碛北。犹有数帐，潜窜山林，钞盗诸胡。其别部厖勒，先在安西，亦自称可汗，居甘州，总碛西诸城，种落微弱，时入献见。

十年春三月辛亥，诏以："回鹘有功于国，世为婚姻，称臣奉贡，北边无警。会昌中虏廷丧乱，可汗奔亡，属奸臣当轴，遽加殄灭。近有降者云，已厖历今为可汗，尚寓安西，俟其归复牙帐，当加册命。"

冬十月，上遣使诣安西镇抚回鹘。使者至灵武，会回鹘可汗遣使入贡。十一月辛亥，册拜为嗢禄登里罗汩没密施合俱录毗伽怀建可汗，以卫尉少卿王端章充使。

十一年冬十月，王端章册立回鹘可汗，道为黑车子所塞，不至而还。辛卯，贬端章贺州司马。

懿宗咸通四年秋八月，黠戛斯遣其臣合伊难支表求经籍及每年遣使走马请历，又欲讨回鹘，使安西以来悉归唐。不许。

七年冬十二月，黠戛斯遣将军乙支连几入贡，奏遣鞍马迎册立使及请亥年历日。

僖宗乾符元年。初，回鹘屡求册命，诏遣册立使郗宗莒诣其国。会回鹘为吐谷浑、嗢末所破，逃遁不知所之，诏宗莒以玉册、国信授灵盐节度使唐弘夫掌之，还京师。

由室韦七姓部落平分。过了三天,黠戛斯派他的国相阿播统帅诸胡军队号称七万前来夺取回鹘,大败室韦,全部收容回鹘馀众,回到漠北。还是有数帐回鹘人潜逃山林中,抢掠偷盗诸胡部落。回鹘的别部厖勒,以前在安西,也自称可汗,居住在甘州,总领漠西诸城,其部落微弱,时常入朝进贡,觐见皇帝。

十年(856)春季三月辛亥(初八),宣宗下诏说:"回鹘对国家有功劳,世代与皇室通婚,称臣纳贡,使我国北边无需警戒。会昌年间回鹘内部动乱,可汗逃亡,又赶上奸臣李德裕在大唐当权,于是对回鹘残部加以歼灭。近来有投降的回鹘人称,厖历现在是回鹘可汗,还寄居在安西,等他回去收复了牙帐,就会加以册命。"

冬季十月,宣宗派遣使者到安西去镇抚回鹘。使者到灵武时,正好遇上回鹘可汗派出的使者入朝进贡。十一月辛亥(十二日),册拜回鹘可汗为嗢禄登里罗汨没密施合俱录毗伽怀建可汗,以卫尉少卿王端章充任使者。

十一年(857)冬季十月,王端章册立回鹘可汗,道路被黑车子所阻断,没有到达目的地就返回了。辛卯(二十七日),贬王端章为贺州司马。

唐懿宗咸通四年(863)秋季八月,黠戛斯派大臣合伊难支上奏表求取经籍,并请求每年派使者往来朝廷求取皇历,又想要攻打回鹘,使得安西一带全都归附大唐。朝廷没有答应。

七年(866)冬季十二月,黠戛斯派将军乙支连几入朝进贡,上奏说已经派来马车迎接册立使,并求取丁亥年的皇历。

唐僖宗乾符元年(874)。当初,回鹘屡次请求册命,僖宗下诏派遣册立使郗宗莒到他们国家去。正碰上回鹘被吐谷浑、嗢末所打败,不知道逃亡到了什么地方,诏令郗宗莒把玉册、国印交给灵盐节度使唐弘夫掌管,并命郗宗莒返回京城。

吐蕃衰乱 唐复河湟附

唐文宗开成三年。吐蕃彝泰赞普卒,弟达磨立。彝泰多病,委政大臣。由是仅能自守,久不为边患。达磨荒淫残虐,国人不附,灾异相继,吐蕃益衰。

武宗会昌二年冬十二月丁卯,吐蕃遣其臣论普热来告达磨赞普之丧,命将作少监李璟为吊祭使。刘沔奏移军云州。

初,吐蕃达磨赞普有佞幸之臣,以为相。达磨卒,无子,佞相立其妃綝氏兄尚延力之子乞离胡为赞普,才三岁,佞相与妃共制国事,吐蕃老臣数十人皆不得豫政事。首相结都那见乞离胡不拜,曰:"赞普宗族甚多,而立綝氏子,国人谁服其令,鬼神谁飨其祀,国必亡矣。比年灾异之多,乃为此也。老夫无权,不得正其乱以报先赞普之德,有死而已!"拔刀劙面,恸哭而出。佞相杀之,灭其族,国人愤怒。又不遣使诣唐求册立。

洛门川讨击使论恐热,性悍忍,多诈谋,乃属其徒告之曰:"贼舍国族立綝氏,专害忠良以胁众臣,且无大唐册命,

吐蕃衰乱 唐复河湟附

唐文宗开成三年(838)。吐蕃彝泰赞普去世,弟弟达磨继立。彝泰体弱多病,把政事托付给大臣。因此只能够自守,很长时间没有成为大唐的边患。达磨荒淫残暴,国人不拥护他,加上天灾不断,吐蕃更加衰弱。

唐武宗会昌二年(842)冬季十二月丁卯(初八),吐蕃派遣大臣论普热前来报告达磨赞普的丧讯,武宗任命将作少监李璟为吊祭使。刘沔奏请把军队转移到云州。

当初,吐蕃达磨赞普有个因谄佞而得到宠幸的大臣,被任命为国相。达磨去世,没有儿子,这个佞相立他的妃子綝氏的哥哥尚延力的儿子乞离胡为赞普,才只有三岁,佞相和綝妃共同执掌国政,吐蕃老臣数十人都不能够参预政事。首相结都那见乞离胡不行拜礼,说:"赞普的同宗后代很多,却立綝氏的儿子,国人有谁服从他的命令,鬼神有谁接受他的祭祀,国家肯定要灭亡了。近年来灾异不断,就是因为这个啊。老夫没有权力,不能够纠正他们的胡乱作为以报答先赞普的恩德,只有去死!"于是拔出刀来划破了脸,痛哭着出去。佞相杀了他,并灭了他全族,国人很愤怒。乞离胡又不派遣使者到大唐请求册立。

吐蕃的洛门川讨击使论恐热,本性凶悍残忍,多有狡诈的谋略,他召集他的部下并告诉他们说:"贼人舍弃赞普的宗族而拥立綝氏,专门残害忠良以胁迫众臣,并且没有大唐的正式册命,

何名赞普！吾当与汝属举义兵，入诛綝妃及用事者以正国家。天道助顺，功无不成。"遂说三部落，得万骑。是岁，与青海节度使同盟举兵，自称国相。

至渭州，遇国相尚思罗屯薄寒山，恐热击之，思罗弃辎重西奔松州。恐热遂屠渭州。思罗发苏毗、吐谷浑、羊同等兵，合八万，保洮水，焚桥拒之。恐热至，隔水语苏毗等曰："贼臣乱国，天遣我来诛之，汝曹奈何助逆！我今已为宰相，国内兵我皆得制之，汝不从，将灭汝部落！"苏毗等疑不战，恐热引骁骑涉水，苏毗等皆降。思罗西走，追获，杀之。恐热尽并其众，合十馀万。自渭州至松州，所过残灭，尸相枕籍。

三年。吐蕃鄯州节度使尚婢婢，世为吐蕃相。婢婢好读书，不乐仕进，国人敬之。年四十馀，彝泰赞普强起之，使镇鄯州。婢婢宽厚沉勇，有谋略，训练士卒多精勇。论恐热虽名义兵，实谋篡国，忌婢婢，恐袭其后，欲先灭之。六月，大举兵击婢婢，旌旗杂畜千里不绝。至镇西，大风震电，天火烧杀裨将十馀人，杂畜以百数。恐热恶之，盘桓不进。婢婢谓其下曰："恐热之来，视我如蝼蚁，以为不足屠也。今遇天灾，犹豫不进，吾不如迎伏以却之，使其志益骄而不为备，然后可图也。"乃遣使以金帛、牛酒犒师，且致书言："相公举义兵以匡国难，阖境之内，孰不向风！苟遣一介，赐之折简，敢不承命！何必远辱士众，

叫什么赞普？我准备同你们一起举义兵，入宫诛杀缑妃和掌权的人，以扶正国家的名分。天道帮助正义的一方，没有不成功的。"于是游说周围的三个部落，得到一万骑兵。这年，论恐热与青海节度使结为同盟一起举兵，自称国相。

论恐热到达渭州，遇上国相尚思罗驻扎在薄寒山，论恐热袭击尚思罗，尚思罗抛弃辎重向西逃往松州。论恐热就在渭州屠杀军民。尚思罗调发苏毗、吐谷浑、羊同等部军队共八万人，保守洮水一带，烧毁桥梁抵御论恐热。论恐热到了，隔着河水对苏毗等人说："贼臣乱国，上天派我来诛杀他们，你们为什么要帮助叛贼？我现在已经是宰相，国内的军队我都能够指挥，你们不服从，我将消灭你们的部落！"苏毗等人心存疑惑，没有出战，论恐热率领骁骑涉水过河，苏毗等人都投降了。尚思罗向西逃跑，被论恐热的追兵擒获并杀死。论恐热兼并了他的全部部众，共有十多万人。自渭州到松州，所过之处被大肆屠杀，尸体都散乱地叠压在一起。

三年（843）。吐蕃鄯州节度使尚婢婢，世代为吐蕃国相。尚婢婢喜爱读书，不爱做官，国人敬重他。四十多岁时，彝泰赞普强行起用他，让他镇守鄯州。尚婢婢为人宽厚，沉着勇武有谋略，训练的士兵大多精悍勇敢。论恐热虽然自称义兵，实际上是图谋篡国，忌惮尚婢婢，担心他从后面袭击自己，因此想要先消灭尚婢婢。六月，论恐热大举出兵攻击尚婢婢，旌旗和各种牲畜长达千里，绵延不绝。到镇西时，碰到大风雷电，雷电引起的大火烧死裨将十余人，各种牲畜数百头。论恐热觉得是不祥之兆，心中很厌恶，便徘徊着不前进。尚婢婢对部下说："论恐热这次来，视我如蝼蚁，以为不够他屠杀的。现在遇上天灾，犹豫着不肯前进，我们不如假装迎接并服从他，使他退却，让他心志更加骄傲而不做防备，然后就可以谋取了。"于是派遣使者用金子、丝帛、牛、酒犒劳他的军队，并且送信说："相公您举义兵来救助国难，全境之内，谁不仰慕您的作为？如果您写半纸书信，并派一个使者送来，我怎敢不从命？何必有劳您的部众远道而来，

亲临下藩。婢婢资性愚僻，惟嗜读书，先赞普授以藩维，诚为非据，夙夜惭惕，惟求退居。相公若赐以骸骨，听归田里，乃惬平生之素愿也。"恐热得书喜，遍示诸将曰："婢婢惟把书卷，安知用兵！待吾得国，当位以宰相，坐之于家，亦无所用也。"乃复为书，勤厚答之，引兵归。婢婢闻之，抚髀笑曰："我国无主，则归大唐，岂能事此犬鼠乎！"

秋九月，吐蕃论恐热屯大夏川，尚婢婢遣其将庞结心及莽罗薛吕将精兵五万击之。至河州南，莽罗薛吕伏兵四万于险阻，庞结心伏万人于柳林中，以千骑登山，飞矢系书骂之。恐热怒，将兵数万追之，庞结心阳败走，时为马乏不进之状。恐热追之益急，不觉行数十里，伏兵发，断其归路，夹击之。会大风飞沙，溪谷皆溢，恐热大败，伏尸五十里，溺死者不可胜数，恐热单骑遁归。

四年。朝廷以吐蕃内乱，议复河、湟，乃以给事中刘濛为巡边使，使先备器械糗粮，诇吐蕃众寡以闻。

吐蕃论恐热之将岌藏丰赞恶恐热残忍，降于尚婢婢。恐热发兵击婢婢于鄯州，婢婢分兵为五道拒之。恐热退保东谷，婢婢为木栅围之。恐热突围走保薄寒山，馀众皆降于婢婢。

五年。吐蕃论恐热复纠合诸部击尚婢婢，婢婢遣庞结藏将兵五千拒之，恐热大败，与数十骑遁去。婢婢传檄河、湟，数恐热残虐之罪曰："汝辈本唐人，吐蕃无主，则相与归唐，毋为恐热所猎如狐兔也！"于是诸部从恐热者稍稍引去。

亲临鄯州。我性情愚笨僻陋，只是喜欢读书，先赞普授给我藩镇的权柄，我确实是不称职，日夜羞愧，提心吊胆，惟愿辞职引退。相公如果准许我辞职，听凭我回到乡里，那就是满足我平生的愿望了。"论恐热收到信很高兴，拿给将领们看，说："尚婢婢只会拿着书卷，哪懂用兵打仗！等我夺取国家大权，就任他为宰相，让他坐在家中，也没有什么用处。"于是又写了信，好言好语答复他，率领军队回去了。尚婢婢知道后，拍着大腿笑着说："我国没有君主，就归附大唐，岂能侍奉这个狗和老鼠一样的败类！"

秋季九月，吐蕃论恐热屯驻在大夏川，尚婢婢派遣部将庞结心和莽罗薛吕率精兵五万袭击他。到河州南面，莽罗薛吕在险要的地方埋伏四万士兵，庞结心在柳树林中伏兵万人，派一千骑兵登上山，在箭头上系上信射过去骂论恐热。论恐热发怒，率军数万追赶，庞结心佯装败逃，时不时表现出马匹疲乏跑不动的样子。论恐热追赶得更加紧急，不知不觉就跑了数十里，这时，伏兵冲出，切断了他的归路，并从两边夹击他。适逢大风刮起沙子，河谷中的溪水四溢而出，论恐热大败，倒在地上的尸体绵延五十里，被水淹死的不可胜数，论恐热独自一人骑马逃回。

四年（844）。朝廷因吐蕃内乱，商议收复河、湟地区，于是任命给事中刘濛为巡边使，让他先准备武器干粮，并侦察吐蕃兵力的多少来报告。

吐蕃论恐热的部将尨藏丰赞厌恶论恐热的残忍，向尚婢婢投降。论恐热发兵在鄯州攻打尚婢婢，尚婢婢分兵五路阻击他。恐热退守东谷，尚婢婢用木栅栏围困他。恐热突围逃跑，守住薄寒山，馀众都向尚婢婢投降了。

五年（845）。吐蕃论恐热又纠集诸部落攻打尚婢婢，尚婢婢派遣庞结藏率领五千士兵抵御，论恐热大败，与数十名骑兵逃去。尚婢婢发布檄文到河、湟地区，历数恐热残忍暴虐的罪行，并说："你们本来都是大唐的人，吐蕃没有君主，就应当一起归附大唐，不要像狐狸、兔子一样被论恐热所猎取！"于是诸部落中跟随论恐热的人逐渐离他而去。

宣宗大中元年夏五月,吐蕃论恐热乘武宗之丧,诱党项及回鹘馀众寇河西。诏河东节度使王宰将代北诸军击之。宰以沙陀朱邪赤心为前锋,自麟州济河,与恐热战于盐州,破走之。

二年冬十二月,凤翔节度使崔珙奏破吐蕃,克清水。清水先隶秦州,诏以本州未复,权隶凤翔。吐蕃论恐热遣其将莽罗急藏将兵二万略地西鄙,尚婢婢遣其将拓跋怀光击之于南谷,大破之,急藏降。

三年春二月,吐蕃论恐热军于河州,尚婢婢军于河源军。婢婢诸将欲击恐热,婢婢曰:"不可,我军骤胜而轻敌,彼穷困而致死,战必不利。"诸将不从。婢婢知其必败,据河桥以待之,诸将果败。婢婢收馀众,焚桥,归鄯州。

吐蕃秦、原、安乐三州及石门等七关来降。以太仆卿陆耽为宣谕使,诏泾原、灵武、凤翔、邠宁、振武皆出兵应接。夏六月,泾原节度使康季荣取原州及石门、驿藏、木峡、制胜、六磐、石峡六关。秋七月丁巳,灵武节度使朱叔明取长乐州。甲子,邠宁节度使张君绪取萧关。甲戌,凤翔节度使李玭取秦州。诏邠宁节度权移军于宁州以应接河西。八月乙酉,改长乐州为威州。

河、陇老幼千馀人诣阙,己丑,上御延喜门楼见之,欢呼舞跃,解胡服,袭冠带,观者皆呼万岁。诏:"募百姓垦辟三州、七关土田,五年不租税。自今京城罪人应配流者皆配十处。四道将吏能于镇戍之地为营田者,官给牛及种粮。温池盐利可赡边陲,委度支制置。其三州、七关镇戍之卒,皆倍给衣粮,仍二年一代。道路建置堡栅,有商旅

唐宣宗大中元年(847)夏季五月,吐蕃论恐热趁着武宗去世的机会,诱使党项和回鹘馀部侵扰河西。宣宗诏令河东节度使王宰统帅代北诸军攻击他们。王宰以沙陀朱邪赤心为前锋,从麟州渡过黄河,与论恐热在盐州交战,论恐热战败后逃走了。

　　二年(848)冬季十二月,凤翔节度使崔珙奏报打败了吐蕃,攻取清水。清水以前隶属秦州,宣宗下诏,因秦州尚未收复,暂时将清水隶属凤翔。吐蕃论恐热派遣他的部将莽罗急藏率领两万军队攻略西部边远的地方,尚婢婢调派部将拓跋怀光在南谷袭击他,大败论恐热军,莽罗急藏投降。

　　三年(849)春季二月,吐蕃论恐热驻军于河州,尚婢婢在河源军驻扎。尚婢婢手下诸将想要袭击论恐热,尚婢婢说:"不行,我军骤然间获胜而产生轻敌情绪,他们因战败走投无路,就会拼死作战,现在交战对我军必然不利。"诸将不听从。尚婢婢知道他们必定失败,就据守河桥等着他们,诸将果然失败。尚婢婢收拢剩馀的人马,烧掉桥梁,回到鄯州。

　　吐蕃秦、原、安乐三州和石门等七关前来投降。朝廷任命太仆卿陆耽为宣谕使,诏令泾原、灵武、凤翔、邠宁、振武都出兵接应。夏季六月,泾原节度使康季荣攻取原州和石门、驿藏、木峡、制胜、六磐、石峡六关。秋季七月丁巳(初六),灵武节度使朱叔明攻占长乐州。甲子(十三日),邠宁节度使张君绪攻取萧关。甲戌(二十三日),凤翔节度使李玭攻占秦州。诏令邠宁节度暂时移军到宁州,以接应河西。八月乙酉(初四),改长乐州为威州。

　　河西、陇右一带老幼一千多人来到长安,己丑(初八),宣宗在延喜门楼接见他们,他们欢呼舞蹈,脱下胡服,穿上汉人服装,观看的人都高呼万岁。宣宗下诏:"召募百姓开垦三州、七关的土地,五年不收租税。从现在起京城里犯罪应该流放的人都流配到这十个地方。泾原、邠宁、灵武、凤翔四道将吏能在戍守之地耕种田地的,官府供给耕牛和粮种。温池食盐之利可供边陲之用,委派度支管理。在三州、七关戍守的士兵,都加倍供给衣服、粮食,仍旧两年一轮换。道路上要修建堡寨、设置栅栏,有商人

往来贩易及戍卒子弟通传家信，关镇毋得留难。其山南、剑南边境有没蕃州县，亦令量力收复。"

冬闰十一月丁酉，宰相以克复河、湟，请上尊号。上曰："宪宗常有志复河、湟，以中原方用兵，未遂而崩。今乃克成先志耳。其议加顺、宪二庙尊谥以昭功烈。"禄山之乱，河右暨鄯、武、叠、宕等郡皆没于吐蕃，代宗宝应元年又陷秦、渭、临洮，广德元年复陷河、兰、岷、廓，德宗贞元二年陷安西，北庭、陇右州县尽矣。

四年春二月，以秦州隶凤翔。

秋九月，吐蕃论恐热遣僧莽罗蔺真将兵于鸡项关南造桥，以击尚婢婢军于白土岭。婢婢遣其将尚铎罗榻藏将兵据临蕃军以拒之，不利，复遣磨离黑子、烛卢巩力将兵据鳌牛峡以御之。巩力请"按兵拒险，勿与战，以奇兵绝其粮道，使进不得战，退不得还，不过旬月，其众必溃"。黑子不从。巩力曰："吾宁为不用之人，不为败军之将。"称疾，归鄯州。黑子逆战，败死。婢婢粮乏，留拓跋怀光守鄯州，帅部落二千馀人就水草于甘州西。恐热闻婢婢弃鄯州，自将轻骑五千追之。至瓜州，闻怀光守鄯州，遂大掠河西鄯、廓等八州，杀其丁壮，劓刖其羸老及妇人，以槊贯婴儿为戏，焚其室庐，五千里间，赤地殆尽。

五年春二月壬戌，天德军奏摄沙州刺史张义潮遣使来降。义潮，沙州人也。时吐蕃大乱，义潮阴结豪杰，谋自拔归唐。一旦，帅众被甲噪于州门，唐人皆应之。吐蕃守者惊走，义潮遂摄州事，奉表来降。以义潮为沙州防御使。

往来贩运交易及戍兵的子弟寄送家信，关、镇官员不准滞留刁难。山南、剑南边境有些州县被吐蕃占领，也要量力而收复。"

冬季闰十一月丁酉（十七日），宰相因为朝廷收复了河、湟地区，请求为宣宗皇帝上尊号。宣宗说："宪宗常常有志于收复河、湟，因为那时中原正用兵打仗，愿望没有实现就去世了。现在只是完成了先辈的遗志。应该商议加上顺宗、宪宗二庙的尊谥以彰显先辈的功业。"安禄山之乱，河西地区及鄯、武、叠、宕等郡全都陷没于吐蕃，代宗宝应元年（726）秦州、渭州、临洮又失陷，广德元年（763）河、兰、岷、廓四州又失陷，德宗贞元二年（786）安西失陷，北庭、陇右州县全都失陷了。

四年（850）春季二月，将秦州隶属凤翔。

秋季九月，吐蕃论恐热派遣僧人莽罗蔺真率军在鸡项关南建造桥梁，在白土岭攻击尚婢婢的军队。尚婢婢派部将尚铎罗榻藏率军凭据临蕃军来抵抗，战斗不利，又派磨离黑子、烛卢巩力率领军队据守鼇牛峡来抵御。烛卢巩力请求"按兵不动据守险要，不同他们作战，用奇兵切断他们运送粮食的道路，让他们前进不能够战斗，后退又不能回去，不过十天半月，他们的军队就必定会溃败"。磨离黑子不听从。烛卢巩力说："我宁可做不被任用的人，也不做败军之将。"于是称病回到鄯州。磨离黑子迎战，战败而死。尚婢婢粮食匮乏，留下拓跋怀光守卫鄯州，自己率领部落两千多人来到甘州西面靠近水草之地。论恐热听说尚婢婢放弃鄯州，亲自率领五千轻骑追赶。到瓜州，听说拓跋怀光留守鄯州，就大肆抢掠河西鄯、廓等八州，屠杀青壮年男子，对体弱者、老年人和妇女则割去鼻子砍掉脚，用长矛刺穿婴儿来玩，又焚烧百姓房屋，五千里间，几乎全部成为寸草不生的土地。

五年（851）春季二月壬戌（十九日），天德军奏报代理沙州刺史张义潮派使者来投降。张义潮是沙州人。当时吐蕃大乱，张义潮暗地里结交豪杰，计划自己脱离吐蕃归附大唐。一天早晨，他率领部众身穿铠甲在州城门口高声叫喊，唐人都应和他。吐蕃守城的人受惊逃走，张义潮于是代理州事，送上奏表前来投降。朝廷任命张义潮为沙州防御使。

吐蕃论恐热残虐，所部多叛。拓跋怀光使人说诱之，其众或散归部落，或降于怀光。恐热势孤，乃扬言于众曰："吾今入朝于唐，借兵五十万来诛不服者，然后以渭州为国城，请唐册我为赞普，谁敢不从！"五月，恐热入朝，上遣左丞李景让就礼宾院问所欲。恐热气色骄倨，语言荒诞，求为河渭节度使。上不许，召对三殿，如常日胡客，劳赐遣还。恐热怏怏而去，复归落门川，聚其旧众，欲为边患。会久雨，乏食，众稍散，才有三百馀人，奔于廓州。

冬十月，张义潮发兵略定其旁瓜、伊、西、甘、肃、兰、鄯、河、岷、廓十州，遣其兄义泽奉十一州图籍入见，于是河、湟之地尽入于唐。十一月，置归义军于沙州，以义潮为节度使、十一州观察使，又以义潮判官曹义金为归义军长史。

七年。度支奏："自河、湟平，每岁天下所纳钱九百二十五万馀缗，内五百五十万馀缗租税，八十二万馀缗榷酤，二百七十八万馀缗盐利。"

十一年冬十月己巳，以秦成防御使李承勋为泾原节度使。承勋，光弼之孙也。先是，吐蕃酋长尚延心以河、渭二州部落来降，拜武卫将军。承勋利其羊马之富，诱之入凤林关，居秦州之西。承勋与诸将谋执延心，诬云谋叛，尽掠其财，徙其众于荒远。延心知之，因承勋军宴，坐中谓承勋曰："河、渭二州，土旷人稀，因以饥疫。唐人多内徙三川，吐蕃皆远遁于叠、宕之西，二千里间，寂无人烟。延心欲入见天子，请尽帅部众分徙内地，为唐百姓，使西边永无扬尘之警，

吐蕃论恐热残忍暴虐，部下大多叛逃。拓跋怀光派人劝诱其部众，其部众有的散去后回到自己的部落，有的向拓跋怀光投降。论恐热势单力孤，就对众人扬言说："我现在到大唐入朝觐见，借兵五十万来讨伐不服从的人，然后把渭州作为国都，让大唐册封我为赞普，谁敢不服从！"五月，论恐热入朝觐见，宣宗派左丞李景让到礼宾院询问他有什么要求。论恐热态度骄横倨傲，说话荒诞无礼，要求做河渭节度使。宣宗没有答应，在三殿召见对答，就像对待平常的胡人宾客一样，慰劳赏赐后就打发他回去了。论恐热很不高兴地离开了，又回到落门川，聚集他过去的部众，想在边境上制造事端。适逢长时间下雨，缺乏粮食，其部众渐渐离散，只有三百多人，于是他投奔到廓州。

冬季十月，张义潮出动军队平定了附近的瓜、伊、西、甘、肃、兰、鄯、河、岷、廓十州，派遣他的哥哥张义泽带上十一州的地图和户籍簿入朝觐见，从此河、湟之地全部回归大唐。十一月，在沙州设置归义军，任命张义潮为节度使、十一州观察使，同时任命张义潮手下的判官曹义金为归义军长史。

七年（853）。度支奏报："自从河、湟平定，每年全国交纳的钱有九百二十五万多缗，其中五百五十万馀缗为租税，八十二万多缗为官府专卖酒所得，二百七十八万多缗为盐利。"

十一年（857）冬季十月己巳（初五），朝廷任命秦成防御使李承勋为泾原节度使。李承勋是李光弼的孙子。此前，吐蕃酋长尚延心带着河、渭二州的部落前来投降，被任命为武卫将军。李承勋贪图尚延心羊、马的富足，诱使他进入凤林关，居住在秦州的西面。李承勋与诸将商议捉拿尚延心，诬陷他密谋叛乱，便掠夺了他所有的财物，迁徙其部众到边远的地方。尚延心知道了此事，趁着李承勋军中设宴，在席间对李承勋说："河、渭二州，土地空旷人烟稀少，又发生饥荒瘟疫。唐人大多内迁到平凉川、蔚如川、落门川地区，吐蕃都远远逃奔到叠州、宕州的西面，两千里的范围内空寂无人烟。我准备入朝觐见天子，请求率领全部部众分别迁往内地，做大唐的百姓，让西部边境永远没有战事的警报，

其功亦不愧于张义潮矣。”承勋欲自有其功,犹豫未许。延心复曰:“延心既入朝,部落内徙,但惜秦州无所复恃耳。”承勋与诸将相顾默然。明日,诸将言于承勋曰:“明公首开营田,置使府,拥万兵,仰给度支,将士无战守之劳,有耕市之利。若从延心之谋,则西陲无事,朝廷必罢使府,省戍兵,还以秦州隶凤翔,吾属无所复望矣。”承勋以为然,即奏延心为河、渭都游弈使,统其众居之。

懿宗咸通三年。嗢末始入贡。嗢末者,吐蕃之奴号也。吐蕃每发兵,其富室多以奴从,往往一家至十数人,由是吐蕃之众多。及论恐热作乱,奴多无主,遂相纠合为部落,散在甘、肃、瓜、沙、河、渭、岷、廓、叠、宕之间,吐蕃微弱者反依附之。

四年春二月,置天雄军于秦州,以成、河、渭三州隶焉,以前左金吾将军王晏实为天雄观察使。

三月,归义节度使张义潮奏自将蕃、汉兵七千克服凉州。

七年春二月,归义节度使张义潮奏,论恐热寓居廓州,纠合旁侧诸部,欲为边患,皆不从。所向尽为仇敌,无所自容。仇人以告拓跋怀光于鄯州,怀光引兵击破之。闰三月,吐蕃寇邠宁,节度使薛弘宗拒却之。

冬十月,拓跋怀光以五百骑入廓州,生擒论恐热,先刖其足,数而斩之,传首京师。其部众东奔秦州,尚延心邀击,破之,悉奏迁于岭南。吐蕃自是衰绝,乞离胡君臣不知所终。

那么功业也会不亚于张义潮了。"李承勋想自己占有这份功劳，犹豫着没有答应。尚延心又说："我入朝后，部落就会内迁，只是可惜秦州不再有所依恃了。"李承勋与诸将相互看着，不发一言。第二天，诸将对李承勋说："明公您首先在秦州开置营田，设置防御使府，拥兵万人，依赖朝廷度支供应军饷，将士没有作战守卫的劳苦，却能收到农耕市易的厚利。假如听从尚延心的谋议，那么西部边陲就没有战事了，朝廷必定会撤除防御使府，裁减戍守的军队，仍旧以秦州隶属凤翔，我们这些人就再也没有希望了。"李承勋认为是这样的，就奏请任命尚延心为河、渭都游弈使，统领其部众居住在河、渭二州。

唐懿宗咸通三年（862）。嗢末开始入贡。嗢末是吐蕃奴隶的称号。吐蕃每次发兵作战，其富裕人家多有奴隶随从，常常一家达到十几人，因此吐蕃部众人数很多。等到论恐热发动叛乱，奴隶多半没有了主人，于是相互纠合在一起成为部落，散处在甘、肃、瓜、沙、河、渭、岷、廓、叠、宕等州之间，吐蕃中地位衰落的奴隶主反而依附于他们。

四年（863）春季二月，在秦州设置天雄军，将成、河、渭三州隶属于它，任命前左金吾将军王晏实为天雄观察使。

三月，归义节度使张义潮奏报，亲自率领蕃、汉军队七千人收复了凉州。

七年（866）春季二月，归义节度使张义潮奏报，论恐热寄居廓州，纠合附近诸部，准备侵扰边境，但附近诸部都不顺从。论恐热所到之处全是仇敌，没有地方让自己容身。他的仇人到鄯州把这些情况告诉给拓跋怀光，拓跋怀光率军袭击并打败了他。闰三月，吐蕃侵犯邠宁，节度使薛弘宗抵抗并击退了来犯之敌。

冬季十月，拓跋怀光率五百骑兵攻入廓州，活捉论恐热，先砍掉他的双脚，历数他的罪行以后斩杀了他，传送首级到京城。其部众向东逃往秦州，尚延心截击并攻破他们，奏请将他们全部迁往岭南。吐蕃从此以后衰亡灭绝，乞离胡君臣不知道结局如何。

蛮导南诏入寇

唐宣宗大中十二年。初，安南都护李涿为政贪暴，强市蛮中马牛，一头止与盐一斗。又杀蛮酋杜存诚，群蛮怨怒，导南诏侵盗边境。峰州有林西原，旧有防冬兵六千，其旁七绾洞蛮，其酋长曰李由独，常助中国戍守，输租赋。知峰州者言于涿，请罢戍兵，专委由独防遏。于是由独势孤，不能自立。南诏拓东节度使以书诱之，以甥妻其子，补拓东押牙，由独遂帅其众臣于南诏。自是安南始有蛮患。六月，蛮寇安南。

十三年。初，韦皋在西川，开青溪道以通群蛮，使由蜀入贡。又选群蛮子弟聚之成都，教以书数，欲以慰悦羁縻之，业成则去，复以他子弟继之。如是五十年，群蛮子弟学于成都者殆以千数，军府颇厌于禀给。又蛮使入贡，利于赐与，所从僮人浸多。杜悰为西川节度使，奏请节减其数，诏从之。南诏丰祐怒，其贺冬使者留表付嶲州而还。又索习学子弟，移牒不逊，自是入贡不时，颇扰边境。

蛮导南诏入寇

　　唐宣宗大中十二年（858）。当初，安南都护李涿施政贪婪暴虐，强行购买蛮人的马和牛，一头只付给一斗食盐。还杀害了蛮人酋长杜存诚，群蛮怨恨愤怒，引导南诏侵扰边境。峰州有个地方叫林西原，原有防冬士兵六千人，旁边是七绾洞蛮，酋长名叫李由独，常常帮助唐朝守卫边境，交纳租赋。主持峰州政事的人报告李涿，请求撤去戍卫的军队，专门交给李由独防守。于是李由独势单力孤，不能够自立。南诏拓东节度使写信引诱他，把自己的外甥女嫁给他的儿子做妻子，补任他为南诏的拓东押牙，李由独于是率领部众向南诏称臣。从此安南开始有了蛮人边患。六月，蛮人侵略安南。

　　十三年（859）。当初，韦皋在西川时，开辟青溪道通到群蛮，让他们经由蜀地入贡。又挑选群蛮子弟集中到成都，教他们写字和算术，想以此来取悦、笼络他们，学业完成了就回去，再把其他子弟接着送来。像这样五十年，群蛮子弟在成都学习的人大概有上千，军府对于供给他们粮食感到十分厌烦。加之蛮使入贡时，贪图赏赐，跟随而来的侍从人数渐渐增多。杜悰任西州节度使，上奏章请求减少其人数，宣宗下诏批准了。南诏国王丰祐生气了，派出的贺冬使者留下奏表交给嶲州就回去了。又索要求学的子弟，送来的公文言辞很不恭敬，从此以后不按时入贡，经常侵扰边境。

会宣宗崩,遣中使告哀。时南诏丰祐适卒,子酋龙立,怒曰:"我国亦有丧,朝廷不吊祭。又诏书乃赐故王。"遂置使者于外馆,礼遇甚薄。使者还,具以状闻。上以酋龙不遣使来告丧,又名近玄宗讳,遂不行册礼。酋龙乃自称皇帝,国号大礼,改元建极,遣兵陷播州。

懿宗咸通元年冬十月,安南都护李鄠复取播州。十二月戊申,安南土蛮引南诏兵合三万馀人乘虚攻交趾,陷之。都护李鄠与监军奔武州。

二年春正月,诏发邕管及邻道兵救安南,击南蛮。夏六月癸丑,以盐州防御使王宽为安南经略使。时李鄠自武州收集土军,攻群蛮,复取安南。朝廷责其失守,贬儋州司户。鄠初至安南,杀蛮酋杜守澄,其宗党遂诱道群蛮陷交趾。朝廷以杜氏强盛,务在姑息,冀收其力用,乃赠守澄父存诚金吾将军,再举鄠杀守澄之罪,长流崖州。

秋七月,南蛮攻邕州,陷之。先是,广、桂、容三道共发兵三千人戍邕州,三年一代。经略使段文楚请以三道衣粮自募土军以代之,朝廷许之,所募才得五百许人。文楚入为金吾将军,经略使李蒙利其阙额衣粮以自入,悉罢遣三道戍卒,止以所募兵戍守左、右江,比旧什减七八,故蛮人乘虚入寇。时蒙已卒,经略使李弘源至镇才十日,无兵以御之,城陷,弘源与监军脱身奔峦州。二十馀日,蛮去,乃还。弘源坐贬建州司户。文楚时为殿中监,复以为邕管经略使,至镇,城邑居人什不存一。文楚,秀实之孙也。

适逢宣宗去世，朝廷派遣中使前往报丧。此时南诏国王丰祐恰好也去世了，儿子酋龙继位，生气地说："我国也有丧事，朝廷却不派人吊祭。另外诏书也是赐给先王的。"于是把使者安置在外面的客馆，礼节待遇的规格都很低。使者回去后，把这些情况详细地汇报了。懿宗因酋龙没有派遣使者前来报丧，加上名字又接近玄宗名讳，于是不给他举行册封典礼。酋龙于是自称皇帝，国号大礼，改年号为建极，派遣军队攻陷播州。

唐懿宗咸通元年（860）冬季十月，安南都护李鄠收复播州。十二月戊申（初三），安南土蛮引导南诏军队共三万多人乘虚进攻交趾，占领了它。都护李鄠和监军逃往武州。

二年（861）春季正月，懿宗诏令调发邕管和邻道军队救援安南，打击南蛮。夏季六月癸丑（初十），任命盐州防御使王宽为安南经略使。此时李鄠从武州收拢当地军队，攻打群蛮，收复安南。朝廷追究他失守的责任，贬他为儋州司户。李鄠初到安南时，杀了蛮族酋长杜守澄，杜守澄的宗党于是诱导群蛮攻陷交趾。朝廷因杜氏势力强大，致力于姑息，希望收取他们的力量为朝廷所用，于是赠给杜守澄的父亲杜存诚金吾将军的名号，再次举发李鄠杀害杜守澄之罪，将李鄠长期流放到崖州。

秋季七月，南蛮进攻邕州，攻破了它。此前，广、桂、容三道共同出动三千士兵戍守邕州，三年一轮换。邕管经略使段文楚请求用三道的衣服粮食自己招募当地军队来代替三道戍卒，朝廷批准了，但招募来的只有大约五百人。段文楚入朝任金吾将军，新任经略使李蒙贪图那些因兵员缺额而剩余的衣服粮食，放入自己的腰包，全部罢除并遣还三道的戍卒，只是让招募的士兵戍守左、右江，兵力比以前减少了十分之七八，所以蛮人乘虚入侵。这时李蒙已死，经略使李弘源到镇才十天，没有军队用来抵御，城池陷落，李弘源和监军逃出来投奔峦州。二十多天后，蛮人撤走了，他们才回去。李弘源因犯失城之罪被贬为建州司户。段文楚当时任殿中监，再次被任命为邕管经略使，到镇时城里面居民还不到原来的十分之一。段文楚是段秀实的孙子。

杜悰上言:"南诏向化七十年,蜀中寝兵无事,群蛮率服。今西川兵食单寡,未可轻与之绝,且应遣使吊祭,晓谕清平官等以新王名犯庙讳,故未行册命,待其更名谢恩,然后遣使册命,庶全大体。"上从之,命左司郎中孟穆为吊祭使。未发,会南诏寇巂州,攻邛崃关,穆遂不行。

三年春二月,南诏复寇安南,经略使王宽数来告急,朝廷以前湖南观察使蔡袭代之,仍发许、滑、徐、汴、荆、襄、潭、鄂等道兵合三万人授袭以御之。兵势既盛,蛮遂引去。邕管经略使段文楚坐变更旧制,左迁威卫将军、分司。

岭南旧分五管,广、桂、邕、容、安南,皆隶岭南节度使。蔡京奏请分岭南为两道节度,从之。五月,敕以广州为东道,邕州为西道,又割桂管龚、象二州,容管藤、岩二州隶邕管。寻以岭南节度使韦宙为东道节度使,以蔡京为西道节度使。

蔡袭将诸道军在安南,蔡京忌之,恐其立功,奏称:"南蛮远遁,边徼无虞,武夫邀功,妄占戍兵,虚费馈运。盖以荒陬路远,难于覆验,故得肆其奸诈。请罢戍兵,各从本道。"朝廷从之。袭累奏称群蛮伺隙日久,不可无备,乞留戍兵五千人,不听。袭以蛮寇必至,交趾兵食皆阙,谋力两穷,作十必死状申中书。时相信京之言,终不之省。

秋八月,岭南西道节度使蔡京为政苛惨,设炮烙之刑,

杜惊上言道："南诏归顺王化七十年，蜀中息兵平安无事，群蛮全都顺服。现在西川军队少粮食不充足，不能够轻易地同南诏断绝来往，而且应该派遣使者前往南诏吊祭，晓谕清平官等人，因为新王酋龙的名字犯了我朝玄宗皇帝的庙讳，所以朝廷没有实行册命，等他改了名字并向朝廷谢恩，然后再派遣使者前往册命，这样或许更能顾全大体。"懿宗听从了，任命左司郎中孟穆为吊祭使。还没有出发，适逢南诏侵袭嶲州，攻打邛崃关，孟穆最终没有成行。

　　三年(862)春季二月，南诏再次侵略安南，安南经略使王宽屡次告急，朝廷命前湖南观察使蔡袭代替他，并调发许、滑、徐、汴、荆、襄、潭、鄂等道军队共三万人交给蔡袭指挥，抵御南诏。朝廷的兵势很强盛，于是蛮人就撤走了。邕管经略使段文楚因犯改变旧制的罪，降职为威卫将军、分司东都。

　　岭南原来分为五管，广州、桂州、邕州、容州、安南，都隶属于岭南节度使。蔡京奏请划分岭南为两道节度来管理，懿宗同意了这一建议。五月，懿宗下敕以广州为岭南东道，邕州为岭南西道，又划出桂管的龚、象二州以及容管的藤、岩二州隶属于邕管。不久任命岭南节度使韦宙为岭南东道节度使，任命蔡京为岭南西道节度使。

　　蔡袭率领诸道军队在安南，蔡京很忌妒他，担心他建立功勋，于是奏称："南蛮已经远远地逃走了，边境地区没有忧患，有些武夫为了邀取功劳，随便扩充自己部下的戍边军队，白白地耗费粮运。大概是因为地处荒山，路途遥远，朝廷难以检验核查，所以这些武夫才能够任意地做奸诈之事。请求撤除戍兵，各自回到本道。"朝廷同意了。蔡袭屡次奏称群蛮长期以来等待机会入侵，不能够没有防备，请求留驻五千戍兵，朝廷没有批准。蔡袭认为蛮寇必定会到来，而交趾兵器粮食都缺乏，计谋与军力都已穷尽，写了十道必死状向中书门下申诉。可当时的宰相只相信蔡京的话，对蔡袭陈述的状况始终没有理会。

　　秋季八月，岭南西道节度使蔡京为政苛刻暴虐，设炮烙之刑，

阖境怨之,遂为邕州军士所逐,奔藤州。诈为敕书及攻讨使印,募乡丁及旁侧土军以攻邕州。众既乌合,动辄溃败,往依桂州,桂州人怨其分裂,不纳。京无所自容,敕贬崖州司户,不肯之官,还,至零陵,敕赐自尽。以桂管观察使郑愚为岭南西道节度使。

冬十一月,南诏帅群蛮五万寇安南,都护蔡袭告急。敕发荆南、湖南两道兵二千,桂管义征子弟三千,诣邕州受郑愚节度。

岭南东道节度使韦宙奏:"蛮寇必向邕州,若不先保护,遽欲远征,恐蛮于后乘虚扼绝饷道。"乃敕蔡袭屯海门,郑愚分兵备御。十二月,袭又求益兵,敕山南东道发弩手千人赴之。时南诏已围交趾,袭婴城固守,救兵不得至。

四年春正月,南诏陷交趾,蔡袭左右皆尽,徒步力战,身集十矢,欲趣监军船,船已离岸,遂溺海死。幕僚樊绰携其印浮渡江。荆南、江西、鄂岳、襄州将士四百馀人,走至城东水际,荆南虞候元惟德等谓众曰:"吾辈无船,入水则死,不若还向城与蛮斗。人以一身易二蛮,亦为有利。"遂还向城,入东罗门,蛮不为备,惟德等纵兵杀蛮二千馀人。逮夜,蛮将杨思缙始自子城出救之,惟德等皆死。

南诏两陷交趾,所杀虏且十五万人。留兵二万,使思缙据交趾城,溪洞夷獠无远近皆降之。诏诸道兵赴安南者悉召还,分保岭南东、西道。

三月,南蛮寇左、右江,浸逼邕州。郑愚惧,自言儒臣无将略,请任武臣。朝廷召义武节度使康承训诣阙,欲使之代愚,仍诏选军校数人、士卒数百人自随。夏四月,康承训

全境都怨恨他,于是被邕州军士所驱逐,逃往藤州。蔡京假造皇帝敕书和攻讨使的印信,召募乡村壮丁和附近的土军来攻打邕州。这群乌合之众一接战就溃败了,蔡京只好前去投奔桂州,桂州人怨恨他搞分裂,不让他进城。蔡京没有地方容身,懿宗下敕,贬他为崖州司户,他不肯前去就职,擅自回朝,来到零陵,敕令赐他自杀。朝廷任命桂管观察使郑愚为岭南西道节度使。

冬季十一月,南诏率领群蛮五万人侵犯安南,安南都护蔡袭告急。懿宗下敕调发荆南、湖南两道军队两千人,桂管义征子弟三千人,前往邕州接受郑愚指挥。

岭南东道节度使韦宙奏称:"蛮寇必定攻向邕州,如果不提前加以保护,就急于派兵远征,恐怕蛮人会从后面乘虚切断我们运送军饷的道路。"于是敕令蔡袭驻扎海门,郑愚分兵做防御准备。十二月,蔡袭又要求增兵,敕令山南东道派千名弓弩手赶去。当时南诏军队已经包围了交趾,蔡袭绕城固守,救援的军队不能够到达。

四年(863)春季正月,南诏攻破交趾,蔡袭的近侍都死了,他徒步力战,身中十箭,想奔向监军乘的船,船却已经离岸,蔡袭于是淹死在海中。幕僚樊绰携带他的官印游过马门江。荆南、江西、鄂岳、襄州将士四百多人,逃到交趾城东的海边,荆南虞候元惟德等对众人说:"我们没有船,下海只有死路一条,不如回到城里与蛮人战斗。每人拼掉两个蛮人,也是有利的。"于是回城,进入外城东门,蛮人没有防备,元惟德等纵兵杀掉两千多蛮人。到夜晚,蛮将杨思缙才从内城出来救援,元惟德等人都战死了。

南诏两次攻破交趾,斩杀、俘获了将近十五万人。留下两万士兵,让杨思缙据守交趾城,溪洞夷、獠不论远近都来投降他们。诏令将赶赴安南的诸道军队全部召回来,分头保卫岭南东、西道。

三月,南蛮侵袭左、右江,渐渐逼近邕州。郑愚心中害怕,称自己是儒臣,没有将军的谋略,请求任命武臣代替自己。朝廷征召义武节度使康承训入朝,想让他代替郑愚,同时诏令康承训挑选军校数人、士卒数百人作为随从保卫自己。夏四月,康承训

至京师，以为岭南西道节度使，发荆、襄、洪、鄂四道兵万人与之俱。

五月乙亥，废容管，隶岭南西道以供军食，复以龚、象二州隶桂管。六月，废安南都护府，置行交州于海门镇，以右监门将军宋戎为行交州刺史，以康承训兼领安南及诸军行营。秋七月，复置安南都护府于行交州，以宋戎为经略使，发山东兵万人镇之。

时诸道兵援安南者屯聚岭南，江西、湖南馈运者皆溯湘江入澪渠、漓水，劳费艰涩，诸军乏食。润州人陈磻石上言，请造千斛大舟，自福建运米泛海，不一月至广州。从之，军食以足。然有司以和雇为名，夺商人舟，委其货于岸侧，舟入海或遇风涛没溺，有司因系纲吏、舟人，使偿其米，人颇苦之。

八月，岭南东道节度使韦宙奏，蛮寇必向邕州，请分兵屯容、藤州。冬十二月，南诏寇西川。

五年春正月丙午，西川奏，南诏寇巂州，刺史喻士珍破之，获千馀人。诏发右神策兵五千及诸道兵戍之。忠武大将颜庆复请筑新安、遏戎二城，从之。

以容管经略使张茵兼句当交州事。益海门镇兵满二万五千人，令茵进取安南。

二月己巳，以刑部尚书、盐铁转运使李福同平章事、充西川节度使。

三月，康承训至邕州，蛮寇益炽，诏发许、滑、青、汴、兖、郓、宣、润八道兵以授之。承训不设斥候，南诏帅群蛮近六万寇邕州将入境，承训乃遣六道兵凡万人拒之，以獠为导，绐之。敌至，不设备，五道兵八千人皆没，惟天平军

到京城，被任命为岭南西道节度使，调发荆、襄、洪、鄂四道兵一万人和他一起前往。

五月乙亥（十三日），朝廷废除容管，隶属于岭南西道以专门供应军粮，又以龚、象二州隶属于桂管。六月，废除安南都护府，在海门镇设置行交州，任命右监门将军宋戎为行交州刺史，任命康承训兼领安南及诸军行营。秋季七月，又在行交州设置安南都护府，任命宋戎为经略使，调发山东军队一万人前往镇守。

当时援救安南的诸道军队集中驻扎在岭南，江西、湖南运送粮食的部队都溯湘江而上进入灛渠、漓水，辛苦费力十分艰难，各路军队都缺少粮食。润州人陈磻石上言，请求修造能装载千斛粮食的大船，从福建由海上运米，不到一个月的时间就能抵达广州。懿宗批准了这一建议，军队粮食因此充足。然而有关部门以雇用人力为名，抢夺商人的船，把商人的货物堆放到岸边，船在海上有时遇上大风浪沉没了，有关部门就拘捕押运的船官和船夫，让他们赔偿粮食，当地的船主船夫怨声载道。

八月，岭南东道节度使韦宙奏称，蛮寇必会逼向邕州，请求分兵驻扎在容州、藤州。冬季十二月，南诏侵犯西川。

五年（864）春季正月丙午（十九日），西川奏报，南诏侵犯巂州，刺史喻士珍击败了他们，俘获一千多人。懿宗诏令调发右神策兵五千和诸道军队前往戍守。忠武大将颜庆复请求修筑新安、邁戎二城，懿宗同意了。

朝廷任命容管经略使张茵兼理交州事。增加海门镇军队到二万五千人，命令张茵攻取安南。

二月己巳（十二日），朝廷以刑部尚书、盐铁转运使李福为同平章事，充任西川节度使。

三月，康承训到邕州，蛮寇更加猖狂，懿宗诏令调发许、滑、青、汴、兖、郓、宣、润八道兵给康承训指挥。康承训没有派出侦察兵，南诏率领群蛮近六万人侵袭邕州，即将入境，康承训才派遣六道兵共万人抵御，以獠人为向导，獠人却欺骗了他们。敌人到了，唐军又不注意防备，五道兵八千人都被消灭了，只有天平军

后一日至,得免。承训闻之,惶怖不知所为。节度副使李行素帅众治壕栅,甫毕,蛮军已合围。留四日,治攻具,将就,诸将请夜分道斫蛮营,承训不许。有天平小校再三力争,乃许之。小校将勇士三百,夜,缒而出,散烧蛮营,斩五百馀级。蛮大惊,间一日,解围去。承训乃遣诸军数千追之,所杀虏不满三百级,皆溪獠协从者。承训腾奏告捷,云大破蛮贼,中外皆贺。夏四月,加康承训检校右仆射,赏破蛮之功也。自馀奏功受赏者,皆承训子弟亲昵,烧营小校不迁一级,由是军中怨怒,声流道路。

秋七月,西川奏两林鬼主邀南诏蛮,败之,杀获甚众。保塞城使杜守连不从南诏,帅众诣黎州降。

岭南东道节度使韦宙具知康承训所为,以书白宰相。承训亦自疑惧,累表辞疾,乃以承训为右武卫大将军、分司,以容管经略使张茵为岭南西道节度使,复以容管四州别为经略使。时南诏知邕州空竭,不复入寇,茵久之不敢进军取安南。夏侯孜荐骁卫将军高骈代之,乃以骈为安南都护、本管经略招讨使,茵所将兵悉以授之。骈,崇文之孙也。

六年夏四月,杨收建议,以蛮寇积年未平,两河兵戍岭南冒瘴雾物故者什六七,请于江西积粟,募强弩三万人,以应接岭南,道近便,仍建节以重其权。从之。五月

晚到一天，才得以免难。康承训得到消息，惊惶恐惧得不知道该怎么办。节度副使李行素率领士兵挖掘壕沟，修建栅栏，刚刚修造完毕，蛮军就已经包围上来。蛮军在城下停留了四天，整治攻城器具，眼看就要完成了，唐军诸将请求在夜晚分道去偷袭蛮人军营，康承训没有批准。有个天平军的小校再三力争，康承训才答应了他。小校率领三百名勇士，夜里用绳子拴着爬下城墙，出城以后四处放火焚烧蛮人军营，并斩杀了五百多人。蛮军十分惊恐，过了一天就解除包围撤走了。康承训于是派出数千士兵追击他们，斩杀、俘获了不到三百人，而且都是被南诏胁迫入伍的溪獠。康承训向朝廷呈送奏章告捷，称大败蛮贼，朝廷内外都表示庆贺。夏季四月，朝廷加官康承训为检校右仆射，这是奖赏他打败蛮军的功劳。其馀奏报战功受到奖赏的人，都是康承训的子弟、亲信，火烧蛮营的小校连一级都没有得到提升，因此军中怨恨愤怒，抱怨声传布于道路。

秋季七月，西川奏报，两林部落酋长在半路上拦截南诏蛮，打败了他们，斩杀俘获很多。保塞城使杜守连不听命于南诏，率领部众到黎州投降朝廷。

岭南东道节度使韦宙全部了解康承训的所作所为，写信报告给宰相。康承训自己也疑神疑鬼地感到害怕，多次上奏表称病辞官，于是朝廷任命康承训为右武卫大将军、分司东都，任命容管经略使张茵为岭南西道节度使，又将容管四州另设经略使。这时南诏知道邕州空虚无人，不再入境侵扰，张茵过了很长时间都不敢进军攻取安南。夏侯孜荐举骁卫将军高骈代替张茵，于是任命高骈为安南都护、本管经略招讨使，张茵所率领的军队全部交给他指挥。高骈是高崇文的孙子。

六年(865)夏季四月，杨收建议，因为蛮寇长年都没有平定，两河的军队戍守岭南，冒着瘴气死亡的人有十分之六七，请求朝廷在江西聚集粮食，召募健壮的弓弩手三万人，用来接应岭南的军事需要，这里距离岭南近，调动军队也更便利，并且在江西建节设置军镇，以加重江西镇帅的权力。朝廷同意了。五月

辛丑，置镇南军于洪州。巂州刺史喻士珍贪狯，掠两林蛮以易金。南诏复寇巂州，两林蛮开门纳之，南诏尽杀戍卒，士珍降之。壬寅，以桂管观察使严谟为镇南节度使。谟，震之从孙也。

秋七月，高骈治兵于海门，未进。监军李维周恶骈，欲去之，屡趣骈使进军。骈以五千人先济，约维周发兵应援。骈既行，维周拥馀众，不发一卒以继之。九月，骈至南定，峰州蛮众近五万，方获田，骈掩击，大破之，收其所获以食军。

七年春三月戊寅，以河东节度使刘潼为西川节度使。初，南诏围巂州，东蛮浪稽部竭力助之，遂屠其城。卑笼部怨南诏杀其父兄，导忠武戍兵袭浪稽，灭之。南诏由是怨唐。南诏遣清平官董成等诣成都，节度使李福盛仪卫以见之。故事，南诏使见节度使，拜伏于庭，成等曰："骠信已应天顺人，我见节度使当抗礼。"传言往返，自旦至日中不决。将士皆愤怒，福乃命捽而殴之，因械系于狱。刘潼至镇，释之，奏遣还国。诏召成等至京师，见于别殿，厚赐劳而遣之。

夏六月，南诏酋龙遣善阐节度使杨缉思助安南节度使段酋迁守交趾，以范昵些为安南都统，赵诺眉为扶邪都统。监陈敕使韦仲宰将七千人至峰州，高骈得以益其军，进击南诏，屡破之。捷奏至海门，李维周皆匿之，数月无声问。

辛丑(二十一日),在洪州设置镇南军。巂州刺史喻士珍贪婪狡猾,抢掠两林蛮以换取金银。南诏再次侵扰巂州,两林蛮打开城门迎接他们,南诏屠杀了全部的戍守士兵,喻士珍投降。壬寅(二十二日),任命桂管观察使严谟为镇南节度使。严谟是严震的侄孙。

　　秋季七月,高骈在海门整顿军队,没有前进。监军李维周不喜欢高骈,想要赶走他,多次催促高骈让他率军前进。高骈带着五千人先行渡海前进,约定让李维周随后派出士兵接应支援。高骈出发后,李维周把持着留下来的部队,没有派出一兵一卒跟进。九月,高骈到南定,峰州蛮军将近五万人正在田地里收割庄稼,高骈突然发起袭击,大败他们,收缴他们的粮食用来供给军队食用。

　　七年(866)春季三月戊寅(初二),任命河东节度使刘潼为西川节度使。当初,南诏围攻巂州,东蛮浪稽部竭尽全力支援他们,最终攻破城池大肆屠杀。卑笼部怨恨南诏杀害了他们的父兄,引导忠武的戍守部队袭击浪稽部,将浪稽部消灭。南诏因此而怨恨大唐。南诏派遣清平官董成等人到成都去,西川节度使李福用隆重的仪仗侍卫来接见他。依照旧例,南诏使者会见节度使,应当在庭院中伏身行拜礼,董成等人说:"我们的国君已经顺应天命人心,自为君主,我们会见节度使应当使用对等的礼节。"你一言我一语地来回争论,从早晨一直到中午都没有结果。将士们都很气愤,李福就命令士兵上前揪住董成等人殴打,并给他们戴上刑具囚禁在狱中。刘潼到成都后释放了他们,奏请送他们回国。懿宗诏令征召董成等人到京城,并在便殿接见了他们,丰厚地赏赐慰劳之后送走了他们。

　　夏季六月,南诏王酋龙派遣善阐节度使杨缉思辅佐其安南节度使段酋迁守卫交趾,任命范昵些为安南都统,赵诺眉为扶邪都统。唐朝的监阵敕使韦仲宰率领七千士兵到峰州,高骈的部队得到加强,于是进攻南诏,屡次打败他们。报捷的奏章传送到海门,李维周都给藏匿起来,致使好几个月没有一点音讯。

上怪之，以问维周，维周奏骈驻军峰州，玩军不进。上怒，以右武卫将军王晏权代骈镇安南，召骈诣阙，欲重贬之。是月，骈大破南诏蛮于交趾，杀获甚众，遂围交趾城。

高骈围交趾十馀日，蛮困蹙甚，城且下，会得王晏权牒，已与李维周将大军发海门，骈即以军事授韦仲宰，与麾下百馀人北归。先是，仲宰遣小使王惠赞，骈遣小校曾衮入告交趾之捷，至海中，望见旌旗东来，问游船，云新经略使与监军也。二人谋曰："维周必夺表留我。"乃匿于岛间，维周过，即驰诣京师。上得奏，大喜，即加骈检校工部尚书，复镇安南。骈至海门而还。

王晏权暗懦，动禀维周之命。维周凶贪，诸将不为之用，遂解重围，蛮遁去者太半。骈至，复督励将士攻城，遂克之，杀段酋迁及土蛮为南诏乡导者朱道古，斩首三万馀级，南诏遁去。骈又破土蛮附南诏者二洞，诛其酋长，土蛮帅众归附者万七千人。

冬十一月壬子，赦天下。诏安南、邕州、西川诸军各保疆域，勿复进攻南诏。委刘潼晓谕，如能更修旧好，一切不问。

置静海军于安南，以高骈为节度使。自李涿侵扰群蛮，为安南患殆将十年，至是始平。骈筑安南城，周三千步，造屋四十馀万间。

八年春二月，自安南至邕、广，海路多潜石覆舟，静海节度使高骈募工凿之，漕运无滞。

懿宗感到奇怪，就此事询问李维周，李维周奏称高骈把部队驻扎在峰州，玩忽职守而不前进。懿宗生气了，任命右武卫将军王晏权代替高骈镇守安南，征召高骈入朝，准备狠狠地贬责他。这个月，高骈在交趾大败南诏蛮，斩杀俘获很多，于是包围了交趾城。

高骈包围了交趾十多天，南诏蛮军非常困苦窘迫，城池眼看就要攻下，恰巧收到王晏权送来的公文，称已经和李维周率领大军从海门出发，高骈于是把军队的指挥权交付给韦仲宰，与部下一百多人北归。在此之前，韦仲宰派遣小使王惠赞，高骈派遣小校曾衮入朝报告交趾大捷，到了海上后，远远地看见有旌旗从东面而来，向海上游弋的船打听，回答说是新任经略使和监军。二人商量说："李维周一定会抢去奏表扣留我们。"于是藏匿在海岛间，等李维周过去了，就迅速赶往京城。懿宗得到奏报，非常高兴，当即加官高骈为检校工部尚书，仍旧镇守安南。高骈走到海门就又回去了。

王晏权愚昧懦弱，一切行动都听命于李维周。李维周凶暴贪婪，将领们不愿替他出力，于是解除了重重包围，使南诏蛮军逃走了大半。高骈到后，再次督促鼓励将士攻城，最终攻克，杀了段酋迁和替南诏做向导的当地蛮人朱道古，斩杀了三万多人，南诏蛮军逃走。高骈又攻破了依附南诏的两个洞的当地蛮族，诛杀了他们的酋长，当地蛮族率领部众前来归附的有一万七千人。

冬季十一月壬子（十一日），大赦天下。诏令安南、邕州、西川诸军各自保卫自己的疆域，不要再进攻南诏。委派刘潼前往告谕南诏，如果能够重新恢复过去的友好关系，其他一切都不加以追究。

朝廷在安南设置静海军，任命高骈为节度使。自从李涿侵扰群蛮导致变乱，安南的边患大概快有十年了，到这时才告平息。高骈修筑安南城，城墙周长三千步，建造房屋四十馀万间。

八年（867）春季二月，自安南至邕州、广州之间，海上航道水下多有礁石撞翻船只，静海节度使高骈召募工匠凿掉这些礁石，因此漕运畅通没有阻碍。

西川近边六姓蛮，常持两端，无寇则称效顺，有寇必为前锋。卑笼部独尽心于唐，与群蛮为仇，朝廷赐姓李，除为刺史。节度使刘潼遣将将兵助之，讨六姓蛮，焚其部落，斩首五千馀级。

冬十二月，加岭南东道节度使韦宙同平章事。

九年夏六月，凤翔少尹李师望上言："巂州控扼南诏，为其要冲。成都道远，难以节制，请建定边军，屯重兵于巂州，以邛州为理所。"朝廷以为信然，以师望为巂州刺史，充定边军节度，眉、蜀、邛、雅、嘉、黎等州观察，统押诸蛮并统领诸道行营、制置等使。师望利于专制方面，故建此策。其实邛距成都才百六十里，巂距邛千里，其欺罔如此。

秋九月戊戌，以山南东道节度使卢耽为西川节度使，以有定边军之故，不领统押诸蛮、安抚等使。

十年。初，南诏遣使者杨酋庆来谢释董成之囚，定边节度使李师望欲激怒南诏以求功，遂杀酋庆。西川大将恨师望分裂巡属，阴遣人致意南诏，使入寇。师望贪残，聚私货以百万计，戍卒怨怒，欲生食之，师望以计免。朝廷征还，以太府少卿窦滂代之。滂贪残又甚于师望，故蛮寇未至，而定边固已困矣。

十月，南诏骠信酋龙倾国入寇，引数万众击董春乌部，破之。十一月，蛮进寇巂州，定边都头安再荣守清溪关，蛮攻之，再荣退屯大渡河北，与之隔水相射九日八夜。蛮密分军伐木开道，逾雪坡，奄至沐源川，滂遣充海将黄卓

西川附近的六姓蛮，经常左右摇摆，没有敌人侵扰就表示归顺，有敌人侵犯时必定替他们充当前锋。只有卑笼部全心全意向着唐朝，与群蛮为仇敌，朝廷赐卑笼部酋长姓李，任命为刺史。西川节度使刘潼派遣部将率领军队援助卑笼部，共同讨伐六姓蛮，放火焚烧六姓蛮的部落，斩杀五千余人。

冬季十二月，加岭南东道节度使韦宙为同平章事。

九年（868）夏季六月，凤翔少尹李师望上言："巂州控扼南诏，是西川抗击南诏的要冲。成都道路遥远，难以节制巂州，请求设置定边军，在巂州屯驻重兵，以邛州为治所。"朝廷认为很对，任命李师望为巂州刺史，充任定边军节度使，眉、蜀、邛、雅、嘉、黎等州观察使，统押诸蛮并统领诸道行营、制置等使。李师望贪图专制一方军政事务的权力，所以提出这一计策。其实邛州距成都才一百六十里，巂州距邛州一千里，其欺骗朝廷居然达到如此程度。

秋季九月戊戌（初八）这一天，朝廷任命山南东道节度使卢耽为西川节度使，因为有定边军的缘故，不兼任统押诸蛮、安抚等使。

十年（869）。当初，南诏派遣使者杨酋庆前来，拜谢朝廷释放被拘禁的董成等人，定边军节度使李师望希望通过激怒南诏来求取功劳，于是杀了杨酋庆。西川大将痛恨李师望分割西川使府巡属，暗地里派人向南诏通牒致意，让他们派兵来侵扰。李师望为人贪婪残暴，聚集的私家财产数以百万计，戍卒怨恨愤怒，都想生吃了他，李师望用计才得以躲过。朝廷征召他回朝，用太府少卿窦滂代替他。窦滂的贪婪残暴比李师望还要厉害，所以南诏蛮寇还没有来，而定边军就已经危困了。

十月，南诏国君酋龙倾国出动入侵唐境，率数万人攻击董春乌部，打败了他们。十一月，南蛮进军侵犯巂州，定边都头安再荣守卫清溪关，南诏进攻，安再荣后退屯驻到大渡河北岸，与他们隔着河水相互射箭九天八夜。南诏军暗中分兵去砍伐树木，开辟道路，越过雪坡，突然抵达沐源川，窦滂派遣㳘海将领黄卓

帅五百人拒之,举军覆没。十二月丁酉,蛮衣凫海之衣,诈为败卒,至江岸呼船,已济,众乃觉之,遂陷犍为,纵兵焚掠陵、荣二州之境。后数日,蛮军大集于陵云寺,与嘉州对岸,刺史杨忞与定边监军张允琼勒兵拒之。蛮潜遣奇兵自东津济,夹击官军,杀忠武都将颜庆师,馀众皆溃,忞、允琼脱身走。壬子,陷嘉州。庆师,庆复之弟也。

窦滂自将兵拒蛮于大渡河,骠信诈遣清平官数人诣滂约和,滂与语未毕,蛮乘船筏争渡,忠武、徐宿两军结陈抗之。滂惧,自经于帐中。徐州将苗全绪解之,曰:"都统何至于是!"全绪与安再荣及忠武将勒兵出战,滂遂单骑宵遁。三将谋曰:"今众寡不敌,明旦复战,吾属尽矣。不若乘夜攻之,使之惊乱,然后解去。"于是夜入蛮军,弓弩乱发,蛮大惊,三将乃全军引去。蛮遂进陷黎、雅,民窜匿山谷,败军所在焚掠。滂奔导江。邛州军资储偫皆散于乱兵之手,蛮至,城已空,通行无碍矣。诏左神武将军颜庆复将兵赴援。

十一年春正月,西川之民闻蛮寇将至,争走入成都。时成都但有子城,亦无壕,人所占地各不过一席许,雨则戴箕盎以自庇。又乏水,取摩诃池泥汁,澄而饮之。将士不习武备,节度使卢耽召彭州刺史吴行鲁使摄参谋,与前泸州刺史杨庆复共修守备,选将校,分职事,立战棚,具炮檑,造器备,严警逻。先是,西川将士多虚职名,亦无禀给。至是,揭榜募骁勇之士,补以实职,厚给粮赐,应募者云集。

率领五百人前去抵御,结果全军覆没。十二月丁酉(十四日),南诏军穿着兖海士兵的衣服,伪装成败逃的士兵,到江岸边呼叫船只,已经渡过了江,官军才发觉,于是南诏军攻陷犍为,纵兵在陵、荣二州境内焚烧抢掠。几天后,南诏军大量集结于陵云寺,与嘉州隔岸相对,嘉州刺史杨忞和定边监张允琼率领军队抵御。南诏军悄悄派出奇兵从东边的渡口渡江,夹击官军,杀了忠武都将颜庆师,其馀的官军都溃散了,杨忞、张允琼从战场上抽身逃走。壬子(二十九日),南诏军攻破嘉州。颜庆师是颜庆复的弟弟。

窦滂亲自率军在大渡河抵抗南诏军,南诏国君假意派遣清平官数人到窦滂处请和,窦滂同他们谈话,话还没有说完,南诏军乘坐木筏争相渡河,忠武、徐宿两军列阵抵抗。窦滂因为害怕,在军帐中上吊自杀。徐州军将苗全绪解下他,说:“都统何至于这样!”苗全绪和安再荣及忠武军将率军出战,窦滂于是单人独骑在夜里逃跑了。三位将领商议说:“现在众寡不敌,明天早晨再战,我们就全完了。不如趁黑夜袭击他们,使他们受惊出现混乱,然后离去。”于是夜里摸入南诏军营,弓弩乱射,南诏军大惊,三位将领于是保全部队撤走了。南诏军于是进兵攻陷黎州、雅州,百姓逃亡,藏身于山谷,战败的官军所过之处肆行焚掠。窦滂逃往导江。邛州的军资储备都散入乱军之手,南诏军到时城已空,于是得以通行无阻。朝廷诏令左神武将军颜庆复率军救援。

十一年(870)春季正月,西川百姓听说南诏将要入侵,争相逃入成都。当时成都只有内城,也没有城壕,每人所占的地方不过一张草席大小,遇上下雨天就头顶簸箕、瓦盆之类的东西遮挡。又缺水,就取摩诃池里的泥水,澄清后饮用。将士不熟悉武事,节度使卢耽召来彭州刺史吴行鲁,让他充当参谋,和前泸州刺史杨庆复共同修复守备,选拔将校,分配职事,搭建战棚,准备石炮檑木,修造各种军用器械,严明警戒巡逻。在此之前,西川将士多为虚额职名,也没有粮饷供给。至此,开始张贴榜文召募骁勇之士,授予实职,丰厚地供给粮饷,应募而来的人很多。

庆复乃谕之曰:"汝曹皆军中子弟,年少材勇,平居无由自进。今蛮寇凭陵,乃汝曹取富贵之秋也,可不勉乎!"皆欢呼踊跃。于是列兵械于庭,使之各试所能,两两角胜,察其勇怯而进退之,得选兵三千人,号曰"突将"。行鲁,彭州人也。

戊午,蛮至眉州,耽遣同节度副使王偃等赍书见其用事之臣杜元忠,与之约和。蛮报曰:"我辈行止,只系雅怀。"

南诏进军新津,定边之北境也。卢耽遣同节度副使谭奉祀致书于杜元忠,问其所以来之意,蛮留之不还。耽遣使告急于朝,且请遣使与和,以纾一时之患。朝廷命知四方馆事、太仆卿支详为宣谕通和使。蛮以耽待之恭,亦为之盘桓,而成都守备由是粗完。

甲子,蛮长驱而北,陷双流。庚午,耽遣节度副使柳槃往见之,杜元忠授槃书一通,曰:"此通和之后,骠信与军府相见之仪也。"其仪皆以王者自处,语极骄慢。又遣人负彩幕至城南,云欲张陈蜀王厅以居骠信。

癸酉,废定边军,复以七州归西川。是日,蛮军抵成都城下。前一日,卢耽遣先锋游弈使王昼至汉州诇援军,且趣之。时兴元六千人、凤翔四千人已至汉州,会窦滂以忠武、义成、徐宿四千人自导江奔汉州,就援军以自存。丁丑,王昼以兴元、资、简兵三千馀人军于毗桥,遇蛮前锋,与战不利,退保汉州。时成都日望援军之至,而窦滂自以失地,欲西川相继陷没以分其责。每援军自北至,辄说之曰:"蛮众多于官军数十倍,官军远来疲弱,未易遽前。"诸将信之,皆狐疑

杨庆复于是晓谕他们说："你们都是军中子弟,年纪轻有才能,而且勇武,平时没有机会施展自己的才能。现在南诏欺凌我们,这正是你们求取富贵的大好时机,难道不应该努力吗?"大家都欢呼跳跃。于是在庭院中陈列兵器,让他们各试所能,两两一组角力斗胜,观察他们的勇怯来决定录用和淘汰,挑选出士兵三千人,称为"突将"。吴行鲁是彭州人。

戊午(初五),南诏军到眉州,卢耽派遣同节度副使王偓等人带上书信去见南诏军中握有实权的大臣杜元忠,与他约和。杜元忠回答说:"我们的行止,只随平素的心愿。"

南诏进军新津,这是定边军的北境。卢耽派遣同节度副使谭奉祀送信给杜元忠,询问他们的来意,南诏扣留了谭奉祀不让回去。卢耽派遣使者向朝廷告急,并且请求派使者与南诏议和,以缓解一时的忧患。朝廷命知四方馆事、太仆卿支详为宣谕通和使。南诏因为卢耽对待他们十分恭敬,也为之徘徊逗留,放慢了进军速度,而成都的防御工事得以大致完工。

甲子(十一日),南诏军长驱北进,攻陷双流。庚午(十七日),卢耽派节度副使柳槃前往会见,杜元忠交给柳槃一封信,说:"这是通和之后,我们国君与贵节度使府相见的礼节。"信中规定的礼节都是以王者自居,言辞极为骄横傲慢。又派人将彩色帷幕搬到成都城南,称准备布置蜀王厅用来让他们的国君居住。

癸酉(二十日),朝廷废除定边军,将其所领七州又归属西川。这一天,南诏军进抵成都城下。前一天,卢耽派遣先锋游弈使王昼到汉州侦察援军的情况,并且催促他们。当时有兴元兵六千人、凤翔兵四千人已经到达汉州,恰好窦滂率领忠武、义成、徐宿军四千人从导江逃往汉州,与援军会合来保全自己。丁丑(二十四日),王昼率领兴元、资州、简州士兵三千多人在毗桥驻扎,遇上南诏军的前锋,和他们作战,失利,于是退保汉州。此时成都每天都盼望着援军来到,然而窦滂因为自己所领定边军的辖地尽失,希望西川也相继陷没以便分担和减轻他的责任。每逢援军从北面来,窦滂就劝他们说:"南诏军多于官军数十倍,官军远道而来疲劳衰弱,不要贸然进击。"诸将相信了他,都迟疑着

不进。成都十将李自孝阴与蛮通，欲焚城东仓为内应，城中执而杀之。后数日，蛮果攻城，久之，城中无应而止。

二月癸未朔，蛮合梯冲四面攻成都，城上以钩缳挽之使近，投火沃油焚之，攻者皆死。卢耽以杨庆复、摄左都押牙李骧各帅突将出战，杀伤蛮二千馀人。会暮，焚其攻具三千馀物而还。蜀人素怯，其突将新为庆复所奖拔，且利于厚赏，勇气自倍，其不得出者，皆愤郁求奋。后数日，贼取民篱，重沓湿而屈之，以为篷，置人其下，举以抵城而厮之，矢石不能入，火不能然。庆复熔铁汁以灌之，攻者又死。

乙酉，支详遣使与蛮约和。丁亥，蛮敛兵请和。戊子，遣使迎支详。时颜庆复以援军将至，详谓蛮使曰："受诏诣定边约和，今云南乃围成都，则与向日诏旨异矣。且朝廷所以和者，冀其不犯成都也。今矢石昼夜相交，何谓和乎！"蛮见和使不至，庚寅，复进攻城。辛卯，城中出兵击之，乃退。

初，韦皋招南诏以破吐蕃，既而蛮诉以无甲弩，皋使匠往教之，数岁，蛮中甲弩皆精利。又，东蛮苴那时、勿邓、梦冲三部助皋破吐蕃有功，其后边吏遇之无状，东蛮怨唐深，自附于南诏，每从南诏入寇，为之尽力，得唐人，皆虐杀之。

朝廷贬窦滂为康州司户，以颜庆复为东川节度使，凡援蜀诸军，皆受庆复节制。癸巳，庆复至新都，蛮分兵往拒之。甲午，与庆复遇，庆复大破蛮军，杀二千馀人，蜀民数千人争操芟刀、白梃以助官军，呼声震野。乙未，蛮步骑数万

不肯前进。成都十将李自孝暗地里与南诏军串通，准备焚烧城东粮仓做内应，结果城中守军抓住了他，把他杀了。过了几天，南诏军果然攻城，过了很长时间，看到城中没人响应，就停止了。

二月癸未是初一，这天南诏军用云梯和冲车从四面进攻成都，城上用铁钩绞索把云梯拉到近前，投下火把浇上油焚烧，进攻的人都死了。卢耽派杨庆复、代理左都押牙李骧分别率领突将出城战斗，杀伤南诏军两千多人。到黄昏时，放火烧了他们的攻城用具三千多件而后回来。蜀人素来胆怯，那些突将新近才被杨庆复所奖赏提拔，又有厚赏的好处，于是勇气倍增，那些没有得到出战机会的人，都愤愤地求战请缨。过了几天，南诏军拿来百姓的篱笆，重叠起来用水浇湿然后弄弯曲，做成竹篷，人藏在下面，举着进抵城下而砍杀，弓箭檑石不能入，火也烧不着。杨庆复熔铁汁往下倾灌，攻城的人又死了。

乙酉（初三），支详派使者与南诏讲和。丁亥（初五），南诏收兵请和。戊子（初六），派使者来迎接支详。此时颜庆复率领的援军快到了，支详对南诏使者说："我受诏到定边和谈，现在你们竟包围了成都，这就与之前所受诏令的旨意不一样了。况且朝廷之所以讲和，是希望你们不要侵犯成都。现在你们矢石交攻昼夜不断，怎么说得上是和呢？"南诏见求和使者没有来，庚寅（初八），再次进兵攻城。辛卯（初九），城中出兵袭击他们，他们才撤退。

当初，韦皋招来南诏以攻破吐蕃，不久南诏说没有铠甲弓弩，韦皋便派工匠去教他们制造，几年后，南诏的铠甲弓弩都很精致锋利了。另外，东蛮苴那时、勿邓、梦冲三部帮助韦皋破吐蕃有功，后来边地官吏对待他们很无礼，东蛮非常怨恨大唐，便依附于南诏，每次跟随南诏入侵，都十分卖力，抓到唐人，都虐杀了。

朝廷贬窦滂为康州司户，任命颜庆复为东川节度使，所有援蜀军队都受颜庆复指挥。癸巳（十一日），颜庆复到新都，南诏分兵前往抵御。甲午（十二日），南诏军与颜庆复相遇，颜庆复大败南诏军，斩杀两千多人，蜀民数千人争相手持镰刀、白木棍子帮助官军，呼喊声震动山野。乙未（十三日），南诏数万步兵骑兵

复至。会右武卫上将军宋威以忠武军二千人至，即与诸军会战，蛮军大败，死者五千馀人，退保星宿山。威进军沱江驿，距成都三十里。蛮遣其臣杨定保诣支详请和，详曰："宜先解围退军。"定保还，蛮围城如故。城中不知援军之至，但见其数来请和，知援军必胜矣。戊戌，蛮复请和，使者十返，城中亦依违答之。蛮以援军在近，攻城尤急，骠信以下亲立矢石之间。庚子，官军至城下与蛮战，夺其升迁桥。是夕，蛮自烧攻具遁去，比明，官军乃觉之。

初，朝廷使颜庆复救成都，命宋威屯绵、汉为后继。威乘胜先至城下，破蛮军功居多，庆复疾之。威饭士欲追蛮军，城中战士亦欲与北军合势俱进，庆复朦威，夺其军，勒归汉州。蛮至双流，阻新穿水，造桥未能成，狼狈失度。三日，桥成，乃得过，断桥而去。甲兵服物遗弃于路，蜀人甚恨之。黎州刺史严师本收散卒数千保邛州，蛮围之二日，不克，亦舍去。

颜庆复始教蜀人筑瓮门城，穿堑引水满之，植鹿角，分营铺，蛮知有备，自是不复犯成都矣。

十二年夏四月，以门下侍郎、同平章事路岩为西川节度使。

十四年。南诏寇西川，又寇黔南，黔中经略使秦匡谋兵少不敌，弃城奔荆南，荆南节度使杜悰囚而奏之。六月乙未，敕斩匡谋，籍没其家资。

又到了。恰巧右武卫上将军宋威率领忠武军两千人到达，于是与诸军会合一处出战，南诏军大败，死者五千多人，南诏军退守星宿山。宋威进军到沱江驿，距离成都只有三十里。南诏派遣其臣杨定保前往支详处请和，支详说：“应当先解除包围撤退军队。”杨定保回去后，南诏军仍旧围城。城中不知道援军已到，不过看到南诏多次前来请和，知道援军一定能胜。戊戌（十六日），南诏又来请和，使者往返了十次，城中也不明确地回答他们。南诏因唐援军就在附近，攻城更加急迫，国君以下都亲冒矢石投入战斗。庚子（十八日），官军进至城下，与南诏军战斗，夺取了他们的升迁桥。这天夜里，南诏军自己烧毁攻城用具后逃走，等到天亮时，官军才发觉。

当初，朝廷派颜庆复救援成都，命宋威驻扎在绵州、汉州作为后援。宋威乘胜先到城下，打败南诏军，功劳最多，颜庆复妒忌他。宋威给士兵吃过饭后准备出发去追击南诏军，城中的战士也想同北军联合起来一起进击，颜庆复给宋威送来公文，夺取了他的军权，率军回到汉州。南诏军逃到双流，在新穿水受阻，搭建桥梁没能成功，狼狈不堪，军队失去控制。用了三天时间造好桥，才得以渡过新穿水，拆断桥梁后离去。铠甲兵器、被服等丢得沿路都是，蜀人对他们非常怨恨。黎州刺史严师本收容溃散的士兵数千人保卫邛州，南诏军围城两天，没有攻下来，也就放弃攻城撤走了。

颜庆复开始教给蜀人修筑遮掩城门的瓮城，挖掘护城河并引来水灌满它，埋设鹿寨，分立军营，南诏知道他们已经有了防备，从此以后不再侵犯成都。

十二年（871）夏季四月，朝廷任命门下侍郎、同平章事路岩为西川节度使。

十四年（873）。南诏侵犯西川，又侵犯黔南，黔中经略使秦匡谋因为兵力少抵挡不住，弃城逃往荆南，荆南节度使杜悰囚禁了他然后奏报朝廷。六月乙未（初二），懿宗下敕处死秦匡谋，查抄没收了他的家产。

西川节度使路岩,喜声色游宴,委军府政事于亲吏边咸、郭筹,皆先行后申,上下畏之。尝大阅,二人议事,默书纸相示而焚之,军中以为有异图,惊惧不安。朝廷闻之,十一月戊辰,徙岩荆南节度使。

僖宗乾符元年冬十一月,南诏寇西川,作浮梁,济大渡河。防河都知兵马使、黎州刺史黄景复俟其半济,击之,蛮败走,断其浮梁。蛮以中军多张旗帜当其前,而分兵潜出上、下流各二十里,夜,作浮梁,诘朝,俱济,袭破诸城栅,夹攻景复。力战三日,景复阳败走,蛮尽锐追之,景复设三伏以待之,蛮过三分之二,乃发伏击之,蛮兵大败,杀二千馀人,追至大渡河南而还,复修完城栅而守之。蛮归,至之罗谷,遇国中发兵继至,新旧相合,钲鼓声闻数十里。复寇大渡河,与唐夹水而军。诈云求和,又自上下流潜济,与景复战连日。西川援兵不至,而蛮众日益,景复不能支,军遂溃。

十二月,南诏乘胜陷黎州,入邛崃关,攻雅州。大渡河溃兵奔入邛州,成都惊扰,民争入城,或北奔他州。城中大为守备,而堑垒比向时严固。骠信使其坦绰遗节度使牛丛书云:“非敢为寇也,欲入见天子,面诉数十年为谗人离间冤抑之事。傥蒙圣恩矜恤,当还与尚书永敦邻好。今假道贵府,欲借蜀王厅留止数日,即东上。”丛素懦怯,欲许之,杨庆复以为不可,斩其使者,留二人,授以书,

西川节度使路岩，喜好声色，游宴无度，将军府政事交付给亲信的属官边咸、郭筹，二人都是先处理后报告，军中上下都很害怕他们。曾经有次大阅兵，二人在一起商量事情，不说话，在纸上写字，相互给对方看后就烧掉了，军中的人以为他们有不轨的图谋，惊恐不安。朝廷得到报告，十一月戊辰（初七），调路岩任荆南节度使。

僖宗乾符元年（874）冬季十一月，南诏侵犯西川，架设浮桥，渡大渡河。防河都知兵马使、黎州刺史黄景复等他们走到河中间时出击，南诏军败逃，官军拆断他们的浮桥。南诏军在中军树立了很多旗帜走在前面，另外分兵悄悄地前往上下游各二十里的地方，夜里架设浮桥，次日早晨全都渡过了河，并攻破了官军的各处城栅，夹攻黄景复。激烈战斗了三天，黄景复伴装败逃，南诏军出动全部精锐追击，黄景复布下三处伏兵等待着他们，南诏军过去了三分之二，黄景复才出动伏兵进行攻击，南诏军大败，斩杀两千多人，追击到大渡河南岸才回来，又修整好城栅据守。南诏军撤退，行至之罗谷时，遇上其国内派出的军队，新旧部队会合在一处，钲鼓声响彻数十里。南诏军再次侵扰大渡河，与唐军隔着河水驻扎。他们假称求和，又从上下游悄悄地渡河，与黄景复激战数天。西川援兵还没有到，然而南诏军人数却日益增多，黄景复抵挡不住，部队最终溃败。

十二月，南诏乘胜攻取黎州，进入邛崃关，进攻雅州。大渡河之战失败后溃散的唐军士兵逃入邛州，成都一片惊惶混乱，百姓争相进入城中，也有的向北逃往其他州。成都城中大力整治防守设施，壕沟和城墙都比以前更加严整坚固。南诏国君派首席清平官给节度使牛丛送来信说："我们不是要来侵扰，而是想入朝谒见天子，当面申述几十年来被谗佞之人挑拨离间所蒙受的冤屈。若能承蒙圣上的怜惜体恤，我们就重新与牛尚书永远保持睦邻友好。现在向贵府借路通过，想借成都蜀王厅停留数日，然后就东行前往长安。"牛丛素来懦弱怕事，准备答应他们，杨庆复认为不行，杀了南诏使者，仅留下两个人，交给他们一封信，

遣还。书辞极数其罪，詈辱之，蛮兵及新津而还。从恐蛮至，豫焚城外，民居荡尽，蜀人尤之。诏发河东、山南西道、东川兵援之，仍命天平节度使高骈诣西川制置蛮事。

二年春正月丙戌，以高骈为西川节度使。高骈至剑州，先遣使走马开成都门。或谏曰："蛮寇逼近成都，相公尚远，万一豨突，奈何？"骈曰："吾在交趾破蛮三十万众，蛮闻我来，逃窜不暇，何敢辄犯成都！今春气向暖，数十万人蕴积城中，生死共处，污秽郁蒸，将成疠疫，不可缓也！"使者至成都，开门纵民出，各复常业，乘城者皆下城解甲，民大悦。蛮方攻雅州，闻之，遣使请和，引兵去。骈又奏："南蛮小丑，易以枝梧。今西川新旧兵已多，所发长武、鄜坊、河东兵，徒有劳费，并乞勒还。"敕止河东兵而已。

高骈至成都，明日，发步骑五千追南诏，至大渡河，杀获甚众，擒其酋长数十人，至成都，斩之。修复邛崃关、大渡河诸城栅，又筑城于戎州马湖镇，号平夷军，又筑城于沐源川，皆蛮入蜀之要道也，各置兵数千戍之。自是蛮不复入寇。骈召黄景复，责以大渡河失守，腰斩之。骈又奏请自将本管及天平、昭义、义成等军共六万人击南诏，诏不许。

先是，南诏督爽屡牒中书，辞语怨望，中书不答。卢携奏称："如此，则蛮益骄，谓唐无以答，宜数其十代受恩以

就让他们回去了。信中历数他们的罪责,痛骂并羞辱他们,南诏军进至新津就退回去了。牛丛担心南诏军到来,预先放火把城外百姓的房屋烧了个精光,蜀人都指责他。诏令调发河东、山南西道、东川的军队援助成都,还命天平节度使高骈前往西川管理南诏事务。

二年(875)春季正月丙戌(初二),朝廷任命高骈为西川节度使。高骈到达剑州后,先派使者提前骑马前往成都打开城门。有人劝谏说:"南诏军逼近成都,而相公您距成都还远,万一他们横冲直撞起来,该怎么办呢?"高骈说道:"我在交趾打败蛮军三十万之众,南诏军听说我来了,逃跑都来不及,哪里敢随便侵犯成都!现在春季天气逐渐变暖,数十万人聚集在城里面,活人和死人共处一地,污秽郁积,将引发瘟疫,不能再延缓了!"使者到达成都后,打开城门放百姓出城,使他们各自恢复平时所从事的职业,在城墙上守城的士兵都下城来脱下铠甲,百姓们十分高兴。南诏军此时正在进攻雅州,听说后,派使者前来请和,然后率军离去。高骈又上奏称:"南诏小丑,容易对付。现在西川新旧军队已多,所调发的长武、鄜坊、河东军队远道而来,白白地使士兵辛劳,耗费粮饷,乞请让他们一起回去。"僖宗下敕,只是同意让河东兵回去。

高骈到达成都,第二天,派出五千步兵和骑兵追击南诏军队,到大渡河,杀死和俘获南诏军非常多,活捉了南诏的几十个酋长,押回成都后都给杀了。修复邛崃关、大渡河各处城栅,又在戎州马湖镇筑城,名为平夷军,还在沐源川筑城,这些地方都是南诏进入蜀地的交通要道,分别部署数千士兵戍守。自此以后南诏不再入侵。高骈召来黄景复,责备他没有守住大渡河,将他腰斩。高骈又奏请亲自率领本部兵马及天平、昭义、义成等军共六万人出击南诏,僖宗下诏没有答应。

此前,南诏督爽官屡次致送文书给中书门下,言辞中透露出不满,中书门下不予回答。卢携奏称:"这样会使南诏更加骄横,认为大唐没法答复他们,应历数他们十代都受朝廷恩惠的事来

责之。然自中书发牒,则嫌于体敌,请赐高骈及岭南节度使辛谠诏,使录诏白,牒与之。"从之。

三年春三月,南诏遣使者诣高骈求和,而盗边不息,骈斩其使者。蛮之陷交趾也,虏安南经略判官杜骧妻李瑶。瑶,宗室之疏属也。蛮遣瑶还,递木夹以遗骈,称"督爽牒西川节度使",辞极骄慢。骈送瑶京师。甲辰,复牒南诏,数其负累圣恩德、暴犯边境、残贼欺诈之罪,安南、大渡覆败之状,折辱之。

冬十月,西川节度使高骈筑成都罗城,使僧景仙规度,周二十五里,悉召县令庀徒赋役,吏受百钱以上皆死。蜀土疏恶,以甓甃之,环城十里内取土,皆划丘垤平之,无得为坎陷以害耕种。役者不过十日而代,众乐其均,不费扑挞而功办。自八月癸丑筑之,至十一月戊子毕工。役之始作也,骈恐南诏扬声入寇,虽不敢决来,役者必惊扰,乃奏遣景仙游行入南诏,说谕骠信使归附中国,仍许妻以公主,因与议二国礼仪,久之不决。骈又声言欲巡边,朝夕通烽火,至大渡河,而实不行,蛮中惴恐。由是讫于城成,边候无风尘之警。先是,西川将吏入南诏,骠信皆坐受其拜。骈以其俗尚浮屠,故遣景仙往,骠信果帅其大臣迎拜,信用其言。

四年。南诏酋龙嗣立以来,为边患殆二十年,中国为之

责备他们。然而从中书门下发出文书，又会有从体式、礼节上与他们有对等的嫌疑，建议赐给高骈和岭南节度使辛谠诏书，让他们抄录诏书中的话，用文书的形式送给南诏。"僖宗答应了。

三年（876）春季三月，南诏派遣使者到高骈处求和，然而却依旧不停地骚扰边境，高骈斩杀了使者。当初南诏攻取交趾时，俘虏了安南经略判官杜骧的妻子李瑶。李瑶是皇室的远亲。南诏送李瑶回来，让她捎了一封木夹信件给高骈，称"督爽官给西川节度使的文书"，言辞极为骄横傲慢。高骈派人护送李瑶到京城。甲辰（二十六日），再次送文书给南诏，一一列举他们背弃圣上的恩德、侵犯边境、残忍欺诈的罪行，叙说在安南、大渡河战败的情形，侮辱他们。

冬季十月，西川节度使高骈修筑成都外城，派僧人景仙进行规划，外城周长二十五里，召来全部县令，让他们调集工匠役夫，分派劳役，官吏受贿百钱以上的都处死。蜀地土质恶劣，用砖包砌在城墙外面，在环城十里以内取土，取土后都铲挖小土山将原取土处的地面填平，不准挖成坑穴陷阱而妨害耕种。服劳役的人不到十天就轮换，众人都乐于接受这种平均分派的劳役，不用鞭子抽打就完成了任务。从八月癸丑（初九）开始修筑，到十一月戊子（十五日）完工。刚开始动工时，高骈担心南诏扬言入侵，虽然不一定就要来，但是服劳役的人听到消息必定会惊惶混乱，于是奏请派景仙托言云游前往南诏，游说劝谕南诏国君，让他归附中国，并答应将公主嫁给他做妻子，又同他谈到两国之间的礼仪问题，很长时间都做不出决定。高骈又放出风声说准备巡视边境，早晚用烽烟传达信息，走到大渡河就停下来了，实际上没有到达边境，但南诏内部十分恐惧。因此一直到城修筑完成，边境哨所也没有外敌来犯的警报。在此之前，西川军将官吏前往南诏，南诏国君都是坐着接受他们行拜礼。高骈因南诏有信奉佛教的风俗，所以派景仙前往，南诏国君果然率领大臣迎接并行拜礼，相信了景仙说的话。

四年（877）。南诏酋龙继立以来，为边患近二十年，中国因此

虚耗，而其国中亦疲弊。酋龙卒，谥曰景庄皇帝。子法立，改元贞明承智大同，国号鹤拓，亦号大封人。法好田猎酣饮，委国事于大臣。

闰二月，岭南西道节度使辛谠奏南诏遣陁西段嵯宝等来请和，且言"诸道兵戍邕州岁久，馈饷之费，疲弊中国，请许其和，使嬴瘵息肩"。诏许之。谠遣大将杜弘等赍书币，送嵯宝还南诏，但留荆南、宣歙数军戍邕州，自馀诸道兵什减其七。

五年夏四月，南诏遣其酋望赵宗政来请和亲，无表，但令督爽牒中书，请为弟而不称臣。诏百官议之，礼部侍郎崔澹等以为："南诏骄僭无礼，高骈不达大体，反因一僧咕嗫卑辞诱致其使，若从其请，恐垂笑后代。"高骈闻之，上表与澹争辨。诏谕解之。

五月，邕州大将杜弘送段嵯宝至南诏，逾年而还。甲辰，辛谠复遣摄巡官贾宏、大将左瑜、曹朗使于南诏。

冬十二月，南诏使者赵宗政还其国。中书不答督爽牒，但作西川节度使崔安潜书意，使安潜答之。

六年春正月，贾宏等未至南诏，相继卒于道中，从者死亦太半。时辛谠已病风痹，召摄巡官徐云虔，执其手曰："谠已奏朝廷发使入南诏，而使者相继物故，奈何？吾子既仕则思徇国，能为此行乎？谠恨风痹不能拜耳。"因呜咽流涕。云虔曰："士为知己死！明公见辟，恨无以报德，敢不承命！"谠喜，厚具资装而遣之。

虚耗人力财力,而南诏国内也困苦穷乏。酋龙去世,谥号为景庄皇帝。儿子法继立,改元贞明承智大同,国号鹤拓,也号称大封人。法喜好打猎、纵情饮酒,把国事托付给大臣。

闰二月,岭南西道节度使辛谠奏称,南诏派陀西官段嵯宝等前来请和,并且说:"诸道军队戍守邕州时间已经很长了,军队粮饷的耗费,已经使国家困苦穷乏,建议答应他们的请和,使病弱的百姓得以喘息。"僖宗下诏批准。辛谠派大将杜弘等携带书信、礼物,送段嵯宝回南诏,只留下荆南、宣歙数军戍守邕州,其余诸道士兵裁减了十分之七。

五年(878)夏季四月,南诏派遣酋望官赵宗政前来请求和亲,没有奏表,只是让督爽官上文书到中书门下,请求做唐朝皇帝的弟弟而不称臣。僖宗诏令百官商议此事,礼部侍郎崔澹等认为:"南诏骄矜僭越毫无礼节,高骈不识大体,反而因为一个僧人的附耳低语,就用卑辞招引来他们的使者,如果答应了他们的请求,恐怕会让后代笑话。"高骈听说后,上奏表与崔澹争辩。僖宗下诏劝谕调解他们。

五月,邕州大将杜弘送段嵯宝到南诏,过了一年才回来。甲辰(初九)这一天,辛谠又派遣摄巡官贾宏、大将左瑜、曹朗出使到南诏。

冬季十二月,南诏使者赵宗政回国。中书门下没有答复督爽官送来的文书,只是给西川节度使崔安潜写信说明意思,让崔安潜答复南诏。

六年(879)春季正月,贾宏等尚未到达南诏,就相继在途中去世,随从的人也死了大半。此时辛谠已患了风痹病,召来摄巡官徐云虔,握住他的手说:"我已经奏报朝廷派使者前往南诏,然而使者却相继去世,怎么办呢?你既已做官就要想到为国家而死,能够担任使者前往吗?遗憾的是我得了风痹病,不能行拜礼了。"说着呜咽流涕。徐云虔说:"士为知己者死!明公举荐我,我遗憾的是无法报答恩德,怎么敢不服从命令!"辛谠很高兴,准备丰厚的资财行装后送他走。

二月丙寅，云虔至善阐城，骠信见大使抗礼，受副使以下拜。己巳，骠信使慈双羽、杨宗就馆谓云虔曰："贵府牒欲使骠信称臣，奉表贡方物。骠信已遣人自西川入唐，与唐约为兄弟，不则舅甥。夫兄弟舅甥，书币而已，何表贡之有！"云虔曰："骠信既欲为弟、为甥，骠信景庄之子，景庄岂无兄弟，于骠信为诸父，骠信为君，则诸父皆称臣，况弟与甥乎！且骠信之先，由大唐之命，得合六诏为一，恩德深厚，中间小忿，罪在边鄙。今骠信欲修旧好，岂可违祖考之故事乎！顺祖考，孝也；事大国，义也；息战争，仁也；审名分，礼也。四者皆合，德也。可不勉乎！"骠信待云虔甚厚，以木夹二授云虔，其一上中书门下，其一牒岭南西道，然犹未肯奉表称贡。

广明元年春三月庚午，以左金吾大将军陈敬瑄为西川节度使，代崔安潜。安南军乱，节度使曾衮出城避之，诸道兵戍邕管者往往自归。

赵宗政之还南诏也，西川节度使崔安潜表以崔澹之议为是，且曰："南诏小蛮，本云南一郡之地，今遣使与和，彼谓中国为怯，复求尚主，何以拒之！"上命宰相议之。卢携、豆卢瑑上言："大中之末，府库充实。自咸通以来，蛮两陷安南、邕管，一入黔中，四犯西川，征兵运粮，天下疲弊，逾十五年，租赋太半不入京师，三使、内库由兹虚竭，战士死于瘴疠，百姓困为盗贼，致中原榛杞，皆蛮故也。前岁冬，蛮不为寇，由赵宗政未归。去岁冬，蛮不为寇，由徐云虔复命，蛮尚有冀望。今安南子城为叛卒所据，节度使攻之未下，自馀戍卒，

二月丙寅（初六），徐云虔到达善阐城，南诏国君会见使者采用对等的礼节，接受副使以下的拜礼。己巳（初九），南诏国君派慈双羽、杨宗到客馆对徐云虔说："贵府文书中说想让我们国君称臣，上奏表并进贡特产。我们国君已经派人从西川入唐，与唐约为兄弟，不行的话就约为舅甥。兄弟、舅甥，只不过是通书信、送礼物而已，哪里谈得上什么上奏表、进贡！"徐云虔说："南诏国君既然想当弟弟、当外甥，又是景庄皇帝的儿子，景庄皇帝难道没有兄弟，他们对于国君来说就是叔伯，国君是君，那么叔伯就都称臣，何况是弟弟和外甥呢！并且国君的祖先，是因为有大唐的册命，才得以统一六诏，大唐恩德深厚，虽然中间有小的怨恨，但罪过也在于边境官吏。现在国君想要重修旧好，岂可违背祖先的旧例！顺从祖先是孝，奉事大国是义，停息战争是仁，审正名分是礼。四者都符合是德。难道不应该努力去做吗？"南诏国君对待徐云虔很优厚，把两个木夹信封交给徐云虔，一个上呈中书门下，一个给岭南西道，然而还是不肯上表纳贡。

广明元年（880）春季三月庚午（十七日），朝廷任命左金吾大将军陈敬瑄为西川节度使，代替崔安潜。安南军队发生骚乱，节度使曾衮出城躲避，戍守邕管的各道军队士兵大多自己返回原籍。

赵宗政回南诏的时候，西川节度使崔安潜上奏表认为崔澹的看法是对的，并且说道："南诏小蛮，本来就是云南一郡之地，现在派遣使者同他们讲和，他们就会认为中国胆怯，又来求娶公主，拿什么来拒绝他们呢？"僖宗命宰相们商议此事。卢携、豆卢瑑上言："大中末年，府库充实。自咸通年间以来，南诏两次攻陷安南、邕管，一次进入黔中，四次侵犯西川，朝廷征兵运粮，天下困苦穷乏，超过十五年，租赋有一大半送不到京城，三使、内库因此空虚，战士死于瘴气瘟疫，百姓因穷困而做了盗贼，致使中原凋敝荒芜，都是因为南诏的缘故。前年冬天，南诏不入侵，是由于赵宗政还没有回去。去年冬天，南诏不入侵，是由于徐云虔完成使命后回朝复命，南诏还抱有约和的希望。现在安南的内城被叛乱的士兵占据，节度使进攻还没有打下来，其馀的戍卒，

多已自归，邕管客军，又减其半。冬期且至，傥蛮寇侵轶，何以支梧！不若且遣使臣报复，纵未得其称臣奉贡，且不使之怀怨益深，坚决犯边，则可矣。"乃作诏赐陈敬瑄，许其和亲，不称臣。令敬瑄录诏白，并移书与之，仍增赐金帛。以嗣曹王龟年为宗正少卿充使，以徐云虔为副使，别遣内使，共赍诣南诏。

中和元年秋八月，宗正少卿嗣曹王龟年自南诏还，骠信上表款附，请悉遵诏旨。

二年秋七月，南诏上书请早降公主，诏报以方议礼仪。

三年秋七月，南诏遣布燮杨奇肱来迎公主。诏陈敬瑄以书辞以"銮舆巡幸，仪物未备，俟还京邑，然后出降"。奇肱不从，直前至成都。冬十月，以宗女为安化长公主，妻南诏。

多半已经擅自回到原籍,邕管的外地军队也减少了一半。冬天就要到了,假如南诏侵犯,用什么来对付？不如暂且派遣使臣前往答复,即使不能让他们称臣纳贡,也暂且不让他们心怀怨恨更深,决意侵犯边境,那就可以了。"僖宗于是下诏给陈敬瑄,答应与他们和亲,不称臣。命令陈敬瑄抄录诏书中的话,并送文书给他们,同时增加赏赐黄金玉帛的数量。任命嗣曹王李龟年为宗正少卿,充任使者,任命徐云虔为副使,另外派遣宫廷内使,共同带着文书前往南诏。

中和元年(881)秋季八月,宗正少卿嗣曹王李龟年从南诏回来,南诏国君上奏表表示诚心归附,请求全部遵照诏令的旨意办。

二年(882)秋季七月,南诏上书请求尽快下嫁公主,诏令答复说正在商议礼仪。

三年(883)秋季七月,南诏派遣布燮官杨奇肱前来迎接公主。朝廷诏令陈敬瑄写信推辞说:"皇上外出,公主婚嫁的礼仪用品还没齐备,等皇上回到京城,然后公主出嫁。"杨奇肱不听从,一直往前走到了成都。冬季十月,僖宗以宗室女为安化长公主,嫁给南诏国君做妻子。

李克用归唐

唐僖宗乾符五年。振武节度使李国昌之子克用为沙陀副兵马使,戍蔚州。时河南盗贼蜂起,云州沙陀兵马使李尽忠与牙将康君立、薛志勤、程怀信、李存璋等谋曰:"今天下大乱,朝廷号令不复行于四方,此乃英雄立功名富贵之秋也。吾属虽各拥兵众,然李振武功大官高,名闻天下,其子勇冠诸军,若辅以举事,代北不足平也。"众以为然。君立,兴唐人;存璋,云州人;志勤,奉诚人也。

会大同防御使段文楚兼水陆发运使,代北荐饥,漕运不继,文楚颇减军士衣米,又用法稍峻,军士怨怒。尽忠遣君立潜诣蔚州说克用起兵,除文楚而代之。克用曰:"吾父在振武,俟我禀之。"君立曰:"今机事已泄,缓则生变,何暇千里禀命乎!"于是尽忠夜帅牙兵攻牙城,执文楚及判官柳汉璋等系狱,自知军州事,遣召克用。克用帅其众趣云州,行收兵,二月庚午,至城下,众且万人,屯于斗鸡台下。壬申,尽忠遣使送符印,请克用为防御留后。癸酉,

李克用归唐

　　唐僖宗乾符五年（878）。振武节度使李国昌的儿子李克用担任沙陀副兵马使，戍守蔚州。当时河南盗贼蜂起，云州沙陀兵马使李尽忠同牙将康君立、薛志勤、程怀信、李存璋等人谋划说："现在天下大乱，朝廷的号令不再通行于四方，这正是英雄建立功名、求取富贵的大好时机。我们虽然各自拥有军队，然而李国昌的功劳大、官位高，名闻天下，他儿子李克用的勇武在诸军中位居第一，如若辅佐他们来举兵起事，代北是不难平定的。"众人都认为是这样的。康君立是兴唐人，李存璋是云州人，薛志勤是奉诚人。

　　恰巧大同防御使段文楚兼任水陆发运使，代北地区连年饥荒，漕运接续不上，段文楚削减了不少供给军士的衣服、粮米，加上施行法令有些严厉，致使军士怨恨愤怒。李尽忠派康君立悄悄地到蔚州去劝说李克用起兵造反，除掉段文楚而后代替他。李克用说："我父亲在振武，待我禀告他。"康君立说："现在机密已经泄露，慢了就会生出变故，哪有时间往返千里去请示呢？"于是李尽忠夜里率领牙兵攻进牙城，抓获段文楚和判官柳汉璋等人囚禁在狱中，自己主持军州事务，派人去请李克用。李克用率领部下奔赴云州，行进途中收容士兵，二月庚午（初四），抵达城下，部众将近万人，驻扎在斗鸡台下。壬申（初六），李尽忠派遣使者送来符节印信，请李克用担任防御留后。癸酉（初七），

尽忠械文楚等五人送斗鸡台下，克用令军士剐而食之，以骑践其骸。甲戌，克用入府舍视事。令将士表求敕命，朝廷不许。

李国昌上言："乞朝廷速除大同防御使，若克用违命，臣请帅本道兵讨之，终不爱一子以负国家。"朝廷方欲使国昌谕克用，会得其奏，乃以司农卿支详为大同军宣慰使，诏国昌语克用，令迎候如常仪，除克用官，必令称惬。又以太仆卿卢简方为大同防御使。

朝廷以李克用据云中，夏四月，以前大同军防御使卢简方为振武节度使，以振武节度使李国昌为大同节度使，以为克用必无以拒也。

李国昌欲父子并据两镇，得大同制书，毁之，杀监军，不受代，与李克用合兵陷遮虏军，进击宁武及岢岚军。卢简方赴振武，至岚州而薨。

丁巳，河东节度使窦澣发民堑晋阳。己未，以都押衙康传圭为代州刺史，又发土团千人戍代州。土团至城北，娭队不发，求优赏。时府库空竭，澣遣马步都虞候邓虔往慰谕之，土团剐虔，床舁其尸入府。澣与监军自出慰谕，人给钱三百，布一端，众乃定。押牙田公锷给乱军钱布，众遂劫之以为都将，赴代州。澣借商人钱五万缗以助军。朝廷以澣为不才，六月，以前昭义节度使曹翔为河东节度使。

沙陀焚唐林、崞县，入忻州境。

冬十月，诏昭义节度使李钧、幽州节度使李可举与吐谷浑酋长赫连铎、白义诚、沙陀酋长安庆、萨葛酋长米海

李尽忠给段文楚等五人戴上镣铐并送到斗鸡台下，李克用命令军士将他们的皮肉一块块地割下来吃掉，然后纵马践踏他们的骸骨。甲戌（初八），李克用进入府衙开始理事。命令将士上奏表请求皇帝正式册命，朝廷没有答应。

李国昌上奏称："请求朝廷尽快任命大同防御使，如果李克用违抗命令，我请求率领本道军队讨伐他，终归不能因为怜惜一个儿子而有负于国家。"朝廷正准备派李国昌去告知李克用，恰巧收到他的奏章，于是任命司农卿支详为大同军宣慰使，诏令李国昌告知李克用，让他迎接问候都和平时的礼仪一样，授给李克用官职，一定要让他满意。又任命太仆卿卢简方为大同防御使。

朝廷因李克用占据云中，夏季四月，任命前大同军防御使卢简方为振武节度使，任命振武节度使李国昌为大同节度使，以为李克用必定没有办法抗拒。

李国昌想父子同时占据两镇，得到命其前往大同的诏书，便撕毁了它，杀死监军，不接受卢简方来代替他，与李克用两军联合攻取遮虏军，进军攻击宁武和岢岚军。卢简方前往振武，行至岚州就死了。

五月丁巳（二十二日），河东节度使窦瀚征发百姓在晋阳城外挖掘壕沟。己未（二十四日），朝廷任命都押衙康传圭为代州刺史，又调发民团千人戍守代州。民团行至城北，整顿好队伍后却不再前进，要求重赏。当时府库已经空竭，窦瀚派马步都虞候邓虔前往抚慰劝谕他们，民团活活剐死了邓虔，用床抬着他的尸体送入府中。窦瀚和监军亲自出城抚慰劝谕，每人发给三百钱、一端布，众人才安定下来。押牙田公锷发给骚乱的士兵钱和布，大家就劫持他做了都将，前往代州。窦瀚向商人借了五万缗钱补贴军用。朝廷认为窦瀚没有才干，六月，任命前昭义节度使曹翔为河东节度使。

沙陀纵火焚烧唐林、崞县，进入忻州境内。

冬季十月，朝廷下诏命令昭义节度使李钧、幽州节度使李可举和吐谷浑酋长赫连铎、白义诚、沙陀酋长安庆、萨葛酋长米海

万，合兵讨李国昌父子于蔚州。十一月甲午，岢岚军翻城应沙陀。丁未，以河东宣慰使崔季康为河东节度、代北行营招讨使。沙陀攻石州，庚戌，崔季康救之。

十二月，崔季康及昭义节度使李钧与李克用战于洪谷，两镇兵败，钧战死。昭义兵还至代州，士卒剽掠，代州民杀之殆尽，馀众自鸦鸣谷走归上党。

广明元年春正月，沙陀入雁门关，寇忻、代。二月庚戌，沙陀二万馀人逼晋阳。辛亥，陷太谷。遣汝州防御使博昌诸葛爽帅东都防御兵救河东。

夏四月丁酉，以太仆卿李琢为蔚、朔等州招讨都统、行营节度使。琢，听之子也。

以李琢为蔚朔节度使，仍充都统。六月庚子，李琢奏沙陀二千来降。琢将兵万人屯代州，与卢龙节度使李可举、吐谷浑都督赫连铎共讨沙陀。李克用遣大将高文集守朔州，自将其众拒可举于雄武军。铎遣人说文集归国，文集执克用将傅文达，与沙陀酋长李友金、萨葛都督米海万、安庆都督史敬存皆降于琢，开门迎官军。友金，克用之族父也。

秋七月，李克用自雄武军引兵还击高文集于朔州，李可举遣行军司马韩玄绍邀之于药儿岭，大破之，杀七千馀人，李尽忠、程怀信皆死，又败之于雄武军之境，杀万人。李琢、赫连铎进攻蔚州，李国昌战败，部众皆溃，独与克用及宗族北入达靼。诏以铎为云州刺史、大同军防御使，吐谷浑白义成为蔚州刺史，萨葛米海万为朔州刺史，加李可举兼侍中。

达靼，本靺鞨之别部也，居于阴山。后数月，赫连铎阴

万,联合出兵到蔚州讨伐李国昌父子。十一月甲午(初三),岢岚军翻越城墙接应沙陀。丁未(十六日),任命河东宣慰使崔季康为河东节度、代北行营招讨使。沙陀攻打石州,庚戌(十九日),崔季康前往援救。

十二月,崔季康和昭义节度使李钧在洪谷与李克用交战,河东、昭义两镇军队失败,李钧战死。昭义军队回到代州,士兵大肆抢掠,代州百姓几乎把他们全都杀了,剩下的人从鸦鸣谷逃回上党。

广明元年(880)春季正月,沙陀进入雁门关,侵扰忻州、代州。二月庚戌(二十六日),沙陀两万多人逼近晋阳。辛亥(二十七日),攻取太谷。朝廷派遣汝州防御使博昌人诸葛爽率领东都防御使的军队救援河东。

夏季四月丁酉(十四日),朝廷任命太仆卿李琢为蔚、朔等州招讨都统、行营节度使。李琢是李听的儿子。

朝廷任命李琢为蔚朔节度使,仍旧充任都统。六月庚子(十八日),李琢奏报沙陀两千人前来投降。李琢率领一万名士兵驻扎代州,和卢龙节度使李可举、吐谷浑都督赫连铎共同讨伐沙陀。李克用派遣大将高文集守卫朔州,亲自率领部下在雄武军抵御李可举。赫连铎派人劝说高文集归附朝廷,高文集捉住李克用的部将傅文达,和沙陀酋长李友金、萨葛都督米海万、安庆都督史敬存一起向李琢投降,打开城门迎接官军。李友金是李克用的同族兄弟的父亲。

秋季七月,李克用从雄武军率领军队在朔州回击高文集,李可举派遣行军司马韩玄绍在药儿岭截击并大败敌军,杀了七千多人,李尽忠、程怀信都死了,又在雄武军境内打败敌军,杀了上万人。李琢、赫连铎进军攻击蔚州,李国昌战败,部众全部溃散,只与李克用以及同宗族的人向北逃入达靼。朝廷下诏任命赫连铎为云州刺史、大同军防御使,吐谷浑白义成为蔚州刺史,萨葛米海万为朔州刺史,李可举兼任侍中。

达靼本是鞑羯的别部,居住在阴山。几个月后,赫连铎暗中

赂达靼,使取李国昌父子。李克用知之。时与其豪帅游
猎,置马鞭、木叶或悬针,射之无不中,豪帅心服。又置酒
与饮,酒酣,克用言曰:"吾得罪天子,愿效忠而不得。今闻
黄巢北来,必为中原患,一旦天子若赦吾罪,得与公辈南向
共立大功,不亦快乎! 人生几何,谁能老死沙碛邪!"达靼
知无留意,乃止。

中和元年。代北监军陈景思帅沙陀酋长李友金及萨
葛、安庆、吐谷浑诸部入援京师。瞿稹、李友金说陈景思召
李克用。事见《黄巢之乱》。

李克用牒河东,称奉诏将兵五万讨黄巢,令具顿递,招
讨使郑从谠闭城以备之。克用屯于汾东,从谠犒劳,给其
资粮,累日不发。李克用自至城下大呼,求与从谠相见,从
谠登城谢之。癸亥,复求发军赏给,从谠以钱千缗、米千斛
遗之。甲子,克用纵沙陀剽掠居民,城中大骇。从谠求救
于振武节度使契苾璋,璋引突厥、吐谷浑救之,破沙陀两
寨,克用追战至晋阳城南,璋引兵入城,沙陀掠阳曲、榆次
而去。夏六月,李克用遇大雨,己亥,引兵北还,陷忻、代二
州,因留居代州。郑从谠遣教练使论安等军百井以备之。
秋七月,论安自百井擅还,郑从谠不解靴衫,斩之,灭其族。
更遣都头温汉臣将兵屯百井。契苾璋引兵还振武。

二年。李克用寇蔚州,三月,振武节度使契苾璋奏与
天德、大同共讨克用。诏郑从谠与相知应接。

送礼物给达靼,让他们捉拿李国昌父子。李克用知道了此事。李克用当时正和达靼豪帅一起打猎,放置马鞭、树叶或是悬一枚针,用弓箭射它们,没有不中的,豪帅心中佩服。又摆酒席一起喝酒,酒喝到兴头上,李克用说:"我得罪了天子,心里想效忠又没有机会。现在听说黄巢向北而来,必定成为中原的忧患,如果一旦天子赦免了我的罪过,能够与你们一起南下共同建立大功,不也是很令人高兴的吗?人生又有多少时间,谁能够老死在沙漠呢!"达靼知道他没有久留的意思,于是就停止了行动。

中和元年(881)。代北监军陈景思率领沙陀酋长李友金和萨葛、安庆、吐谷浑诸部入援京城。瞿稹、李友金劝说陈景思召回李克用。事见《黄巢之乱》。

李克用送给河东文书,称奉诏率领军队五万人讨伐黄巢,让节度使府沿途为将士供应食宿,设置邮驿传递书信,招讨使郑从谠关闭城门防备他。李克用驻扎在汾水以东,郑从谠犒赏慰劳,供给他们资财粮食,但李克用连续多日也没有出发。李克用亲自来到城下大声呼喊,希望会见郑从谠,郑从谠登上城墙拒绝了他。癸亥(十六日),再次要求发给粮食与赏钱,郑从谠将一千缗钱、一千斛米送给他们。甲子(十七日),李克用放纵沙陀军队抢掠居民,城中大为惊骇。郑从谠向振武节度使契苾璋求救,契苾璋率领突厥、吐谷浑前往救援,攻破沙陀两座营寨,李克用追踪作战到达晋阳城南,契苾璋率领军队进入城内,沙陀抢掠阳曲、榆次后离去。夏季六月,李克用遇上大雨,己亥(二十三日),率领军队北归,攻取忻、代二州,于是停下来居住在代州。郑从谠派遣教练使论安等在百井驻军防备他。秋季七月,论安从百井擅自回来,郑从谠抓住论安,没有脱下皮靴和衣服,就斩杀了他,并且诛灭了他的家族。另外派遣都头温汉臣率领军队驻扎在百井。契苾璋率领军队回到振武。

二年(882)。李克用侵扰蔚州,三月,振武节度使契苾璋奏请和天德、大同两军共同讨伐李克用。朝廷诏令郑从谠与他们互通消息,彼此接应。

　　李克用虽累表请降，而据忻、代州，数侵掠并、汾，争楼烦监。义武节度使王处存与克用世为婚姻，冬十月，诏处存谕克用："若诚心款附，宜且归朔州俟朝命；若暴横如故，当与河东、大同共讨之。"

　　行营都监杨复光说王重荣，使以朝旨谕郑从谠召克用使平黄巢。王铎以墨敕召李克用，谕郑从谠。十一月，克用将沙陀万七千自岚、石路趣河中。十二月，以忻、代等州留后李克用为雁门节度使。李克用将兵四万至河中，讨黄巢。徐事并见《黄巢之乱》。

李克用虽然多次上奏表请求投降,然而却占据忻州、代州,多次侵扰抢掠并州、汾州,争夺楼烦监。义武节度使王处存与李克用世代结为婚姻关系,冬季十月,朝廷诏令王处存告诉李克用:"如若诚心归附,应当暂时回到朔州等待朝廷的命令;假如仍旧像从前那样凶暴骄横,那就将和河东、大同共同讨伐他。"

　　行营都监杨复光劝说王重荣,让他把朝廷的旨意告诉郑从谠,征召李克用,派他去平定黄巢。王铎用墨敕征召李克用,并告知郑从谠。十一月,李克用率领沙陀一万七千人从岚州、石州一路奔赴河中。十二月,任命忻、代等州留后李克用为雁门节度使。李克用率领四万军队到达河中,讨伐黄巢。馀事并见《黄巢之乱》。

卷第三十七

黄巢之乱

唐僖宗乾符元年春正月丁亥,翰林学士卢携上言,以为:"陛下初临大宝,宜深念黎元。国家之有百姓,如草木之有根柢,若秋冬培溉,则春夏滋荣。臣窃见关东去年旱灾,自虢至海,麦才半收,秋稼几无,冬菜至少。贫者硙蓬实为面,蓄槐叶为齑。或更衰羸,亦难采拾。常年不稔,则散之邻境,今所在皆饥,无所依投,坐守乡闾,待尽沟壑。其蠲免馀税,实无可征,而州县以有上供及三司钱,督趣甚急,动加捶挞,虽撤屋伐木,雇妻鬻子,止可供所由酒食之费,未得至于府库也。或租税之外,更有他徭。朝廷傥不抚存,百姓实无生计。乞敕州县,应所欠残税,并一切停征,以俟蚕麦。仍发所在义仓,亟加赈给,行之不可稽缓。"敕从其言,而有司竟不能行,徒为空文而已。冬十月,以吏

黄巢之乱

　　唐僖宗乾符元年(874)春季正月丁亥(二十七日),翰林学士卢携向僖宗进言说:"陛下刚刚登基,应该多关心百姓。国家拥有百姓,就像草木有了根柢,如果秋冬季节加以培土浇灌,那么春夏季节就会枝繁叶茂。臣下我目睹了关东去年的旱灾,从虢州东到大海,小麦只有一半收成,秋天的庄稼几乎没有收获,冬天的蔬菜就更少了。百姓贫穷之家把飞蓬果实搞碎后当面食,将槐树叶子收集起来当菜用。还有些老弱病残的百姓,连采拾果实、树叶也很难办到。常年歉收,百姓就逃往邻近的州县。现在到处都闹饥荒,没有一处可以投靠,老百姓只好坐守家园,坐待抛尸沟壑。说是免除百姓的税,实际上已经没有什么可征了,然而州县官府因需交纳上供的税钱及交纳户部、转运、盐铁三司钱,依然很急迫地向百姓征收,动不动就对无法交齐的百姓捶击鞭挞,百姓虽然拆屋砍树加以变卖,甚至出卖妻子儿女,也只能供催逼税钱的官吏的酒食之费,没有钱能进入国家府库。有的地方除税收外,还有其他徭役。朝廷如果还不对百姓加以救抚,百姓就没有生路了。我请求陛下令各州县官吏,停止征收一切还没有收上来的税收,等待蚕丝、麦子有了收成再说。还要打开各地的义仓,立即赈济那些饥饿的百姓,此事施行切不可迟缓。"唐僖宗同意了卢携的建议,下令州县官吏照办,但官府最终未能执行,诏令变成了一纸空文。冬季十月,唐僖宗任命吏

部侍郎郑畋、户部侍郎卢携并守本官,同平章事。

上年少,政在臣下,南牙、北司互相矛盾。自懿宗以来,奢侈日甚,用兵不息,赋敛愈急。关东连年水旱,州县不以实闻,上下相蒙,百姓流殍,无所控诉,相聚为盗,所在蜂起。州县兵少,加以承平日久,人不习战,每与盗遇,官军多败。是岁,濮州人王仙芝始聚众数千,起于长垣。

二年。初,上之为普王也,小马坊使田令孜有宠,及即位,使知枢密,遂擢为中尉。上时年十四,专事游戏,政事一委令孜,呼为"阿父"。令孜颇读书,多巧数,招权纳贿,除官及赐绯紫皆不关白于上。每见,常自备果食两盘,与上相对饮啖,从容良久而退。上与内园小儿狎昵,赏赐乐工、伎儿,所费动以万计,府藏空竭。令孜说上籍两市商旅宝货悉输内库,有陈诉者,付京兆杖杀之。宰相以下,钳口莫敢言。

夏六月,王仙芝及其党尚君长攻陷濮州、曹州,众至数万。天平节度使薛崇出兵击之,为仙芝所败。

冤句人黄巢亦聚众数千人应仙芝。巢少与仙芝皆以贩私盐为事,巢善骑射,喜任侠,粗涉书传,屡举进士不第,遂为盗,与仙芝攻剽州县,横行山东。民之困于重敛者争归之,数月之间,众至数万。

部侍郎郑畋、户部侍郎卢携仍任原职,又为同平章事。

唐僖宗年龄还不大,政权由大臣们把持,南牙的朝官与北司的宦官相互摩擦,争权夺利。自从唐懿宗以来,奢侈浪费一天比一天厉害,加上朝廷用兵不止,对税赋的征收更加急迫。关东地区连年遭受水旱灾害,州县官吏不向朝廷上报实情,上下欺瞒,百姓流散,甚至饿死,有冤无处申诉,就相聚成为强盗,到处都是。州县属下兵员很少,加上太平已久,一般人已不熟悉作战,所以每次与强盗遭遇,官军多半被打败。这一年,濮州人王仙芝聚集了数千人,在长垣开始起事。

二年(875)。先前,唐僖宗为普王时,宠爱小马坊使田令孜。待到登基,便任命田令孜知枢密使,又升任他为执掌禁兵的神策军中尉。当时僖宗才十四岁,总是游戏玩乐,国家政事一概委交给田令孜处理,称呼田令孜为“阿父”。田令孜读了不少书,颇有心计巧思,抓权弄柄,接受贿赂,升迁官员及赐给官员绯袍紫衣都不报告僖宗。田令孜每次面见僖宗,常常自备水果食品两盘,与僖宗一起相对饮食,从从容容,许久才退下。僖宗与宫廷内园的小儿亲昵戏狎,赏赐那些乐工、伎儿,动不动就花费数以万计,以致内府库藏空竭。田令孜就劝僖宗抄没长安东西两市商旅的宝货,全部收归内库,有敢陈诉者,就交付京兆府用乱杖击杀。对这件事,自宰相以下满朝文武大臣都像被铁钳钳住了口,谁也不敢说什么。

夏季六月,王仙芝与他的党羽尚君长率军攻陷了濮州、曹州,其部众发展到了数万人。唐天平节度使薛崇发兵讨伐,被王仙芝击败。

冤句人黄巢也聚合了几千人响应王仙芝。黄巢年轻时与王仙芝一样都曾贩卖过私盐,黄巢善于骑马射箭,性格豪放喜侠,粗略地涉猎过一些典籍著述,屡次参加进士科考试均未及第,于是成了强盗,与王仙芝攻略州县,横行于山东。老百姓中被沉重的赋税困扰的人,都争相投奔他。几个月内,人数达到了数万。

　　群盗侵淫，剽掠十馀州，至于淮南，多者千馀人，少者数百人。诏淮南、忠武、宣武、义成、天平五军节度使、监军亟加讨捕及招怀。十二月，王仙芝寇沂州，平卢节度使宋威表请以步骑五千别为一使，兼帅本道兵所在讨贼。乃以威为诸道行营招讨草贼使，仍给禁兵三千、甲骑五百。因诏河南方镇所遣讨贼都头并取威处分。

　　三年春二月，敕福建、江西、湖南诸道观察、刺史，皆训练士卒；又令天下乡村各置刀弓鼓板以备群盗。三月，以左仆射王铎兼门下侍郎、同平章事。

　　秋七月，宋威击王仙芝于沂州城下，大破之，仙芝亡去。威奏仙芝已死，纵遣诸道兵，身还青州。百官皆入贺。居三日，州县奏仙芝尚在，攻剽如故。时兵始休，诏复发之，士皆忿怨思乱。八月，仙芝陷阳翟、郏城，诏忠武节度使崔安潜发兵击之。安潜，慎由之弟也。又命昭义节度使曹翔将步骑五千及义成兵卫东都宫。以左散骑常侍曾元裕为招讨副使，守东都。又命诏山南东道节度使李福选步骑二千守汝、邓要路。仙芝进逼汝州，诏邠宁节度使李侃、凤翔节度使令狐绹选步兵一千、骑兵五百守陕州、潼关。九月丙子，王仙芝陷汝州，执刺史王镣。镣，铎之从父兄弟也。东都大震，士民挈家逃出城。乙酉，敕赦王仙芝、尚君长罪，除官以诏谕之。仙芝陷阳武，攻郑州，昭义监军判官雷殷符屯中牟，击仙芝，破走之。

群盗逐渐发展，劫掠了十几个州，势力到达了淮南地区，人数多的一股有一千多人，少的一股有几百人。唐僖宗下诏命令淮南、忠武、宣武、义成、天平五军节度使、监军加紧征讨、搜捕或招抚群盗。十二月，王仙芝进犯沂州，平卢节度使宋威上表请求拨给他步兵、骑兵五千人，另给他一个招讨使的名义，加上他的平卢兵前往各地讨伐盗贼。唐僖宗任命宋威担任诸道行营招讨草贼使，还拨给他三千禁军、五百铁甲骑兵，由他指挥。还下诏命令河南方镇所派遣的讨贼都头一并接受宋威的调遣。

　　三年(876)春季二月，唐僖宗下令福建、江西、湖南诸道观察使、刺史都训练士兵；又命令全国各地乡村自备弓箭、刀枪和鼓板，用以防备群盗。三月，唐僖宗任命左仆射王铎兼任门下侍郎、同平章事。

　　秋季七月，宋威在沂州城下进攻王仙芝，大破农民军，王仙芝逃走。宋威向朝廷奏报王仙芝已死，遣散了各地的军队，自己回到了青州。朝廷百官闻讯入朝向唐僖宗贺喜。过了三天，州县上奏说王仙芝还活着，还像先前那样攻掠地方。这时各地部队刚刚罢遣，又接诏令调发去镇压农民军，士兵们心怀怨愤，有了造反作乱的念头。八月，王仙芝攻下了阳翟、郏城，唐僖宗下诏命令忠武节度使崔安潜发兵讨伐王仙芝。崔安潜是崔慎由的弟弟。僖宗又命令昭义节度使曹翔率领步兵、骑兵共五千人，加上义成兵守卫东都洛阳的宫殿。任命左散骑常侍曾元裕为招讨副使，守卫东都洛阳。又下诏命令山南东道节度使李福挑选步兵、骑兵二千人守卫汝州、邓州的要道。王仙芝率军进逼汝州，唐僖宗又下诏命令邠宁节度使李侃、凤翔节度使令狐绹选拔步兵一千、骑兵五百据守陕州、潼关。九月丙子(初二)，王仙芝攻陷汝州，捕获汝州刺史王镣。王镣是王铎的叔伯堂兄弟。东都洛阳受到了巨大震动，士民们携带家眷，纷纷逃出城去。乙酉(十一日)，唐僖宗下敕令赦免王仙芝、尚君长的罪过，用加官晋爵来招降他们。王仙芝攻陷阳武，转攻郑州，唐昭义监军判官雷殷符率军驻扎在中牟，进攻王仙芝，王仙芝被攻破后逃走。

冬十月，仙芝南攻唐、邓。十一月，王仙芝攻郢、复二州，陷之。十二月，王仙芝攻申、光、庐、寿、舒、通等州。淮南节度使刘邺奏求益兵，敕感化节度使薛能选精兵数千助之。

郑畋以言计不行，称疾逊位，不许；乃上言："自沂州奏捷之后，仙芝愈肆猖狂，屠陷五六州，疮痍数千里。宋威衰老多病，自妄奏以来，诸道尤所不服，今淹留亳州，殊无进讨之意。曾元裕拥兵蕲、黄，专欲望风退缩。若使贼陷扬州，则江南亦非国有。崔安潜威望过人，张自勉骁雄良将，宫苑使李琢西平王晟之孙，严而有勇。请以安潜为行营都统，琢为招讨使代威，自勉为副使代元裕。"上颇采其言。招讨副使、都监杨复光奏尚君长弟让据查牙山，官军退保邓州。

王仙芝攻蕲州。蕲州刺史裴偓，王铎知举时所擢进士也。王镣在贼中，为仙芝以书说偓。偓与仙芝约，敛兵不战，许为之奏官。镣亦说仙芝许以如约。偓乃开城延仙芝及黄巢辈三十馀人入城，置酒，大陈货贿以赠之，表陈其状。诸宰相多言："先帝不赦庞勋，期年卒诛之。今仙芝小贼，非庞勋之比，赦罪除官，益长奸宄。"王铎固请，许之。乃以仙芝为左神策军押牙兼监察御史，遣中使以告身即蕲州授之。仙芝得之甚喜，镣、偓皆贺。未退，黄巢以官不及

冬季十月，王仙芝向南攻打唐州、邓州。十一月，王仙芝攻打郢州、复州，攻陷了这二州。十二月，王仙芝进攻申州、光州、庐州、寿州、舒州、通州等地。唐淮南节度使刘邺向朝廷上奏请求增派部队，唐僖宗下诏命令感化军节度使薛能挑选精兵数千前去助战。

由于讨贼平乱的计谋未被朝廷采用，宰相郑畋就以有病为借口请求辞职退位，唐僖宗没有批准；于是郑畋又向僖宗进言说："自从宋威在沂州报捷以后，王仙芝更加猖狂，攻陷、屠灭了五六个州，数千里江山满目疮痍。宋威年老体衰，加上多病，自从上次妄奏战果以来，各地对他都很不服，现在宋威滞留在亳州，没有一点进讨草贼的意思。曾元裕在蕲州、黄州拥有兵马，一心想望风退缩。如果让草贼攻陷扬州，那么朝廷就会失去江南一带。崔安潜的威望超过他人，张自勉是骁雄的良将，宫苑使李琢是西平王李晟的孙子，作战英勇，治军严格。请求陛下任命崔安潜为行营都统；李琢为招讨使，取代宋威的职务；张自勉为招讨副使，取代曾元裕。"唐僖宗对郑畋的建议大都予以采纳。招讨副使、都监杨复光向朝廷上奏说尚君长的弟弟尚让占据了查牙山，官军退守邓州。

王仙芝进攻蕲州。蕲州刺史裴偓是王铎主持科举考试时选拔的进士。王镣被俘后在贼中，替王仙芝写信劝裴偓。裴偓就与王仙芝约定收兵不战，答应为王仙芝向朝廷求官。王镣又劝说王仙芝答应守约。于是裴偓打开城门请王仙芝和黄巢等三十多人进城，设置酒席，摆出许多财物赠给王仙芝等人，并向朝廷上表说明了这一情况。朝廷中几位宰相大都认为："先帝不肯赦免庞勋的罪过，满一年就消灭了他。现在王仙芝的贼势很小，不能与庞勋相比，赦他的罪，升他的官，更助长了犯上作乱的风气。"只有王铎坚决要求招降王仙芝，唐僖宗同意了王铎的意见。于是任命王仙芝为左神策军押牙兼监察御史，派遣宦官作为朝廷使者带着委任状到蕲州去授予王仙芝。王仙芝得到委任状后十分高兴，王镣、裴偓都来祝贺。大家还没有离开，黄巢因朝廷封官没有

己,大怒曰:"始者共立大誓,横行天下,今独取官赴左军,使此五千馀众安所归乎!"因殴仙芝,伤首,其众喧噪不已。仙芝畏众怒,遂不受命,大掠蕲州,城中之人,半驱半杀,焚其庐舍。渥奔鄂州,敕使奔襄州,镣为贼所拘。贼乃分其军三千馀人从仙芝及尚君长,二千馀人从巢,各分道而去。

四年春二月,王仙芝陷鄂州。黄巢陷郓州,杀节度使薛崇。三月,黄巢陷沂州。夏四月,黄巢与尚让合军保查牙山。

秋七月庚申,王仙芝、黄巢攻宋州,三道兵与战,不利,贼遂围宋威于宋州。甲寅,右威卫上将军张自勉将忠武兵七千救宋州,杀贼二千馀人,贼解围遁去。王铎、卢携欲使张自勉以所将兵受宋威节度,郑畋以为威与自勉已有疑忿,若在麾下,必为所杀,不肯署奏。八月辛未,铎、携诉于上,求罢免;庚辰,畋请归浐川养疾,上皆不许。王仙芝陷安州。

乙卯,王仙芝陷随州,执刺史崔休徵。山南东道节度使李福遣其子将兵救随州,战死。福奏求援兵,遣左武卫大将军李昌言将凤翔五百骑赴之,仙芝遂转掠复、郢。忠武大将张贯等四千人与宣武兵援襄州,自申、蔡间道逃归。诏忠武节度使崔安潜、宣武节度使穆仁裕遣人约还。

冬十月,郑畋与王铎、卢携争论用兵于上前,畋不胜,退,复上奏,以为:"自王仙芝俶扰,崔安潜首请会兵讨之,

他,勃然大怒,对王仙芝说:"当初我们一起立下誓言,要横行于天下,今天你独自接受朝廷的官职,到长安去当左神策军押牙,让我们五千多人到哪里去寻找归宿?"说着便殴打王仙芝,打伤了头,他的属下吵闹不停。王仙芝担心大家被激怒,就拒绝了朝廷的敕命,在蕲州城中大肆抢掠,城中居民一半被赶跑,一半被屠杀,住宅也被烧毁。裴渥逃奔鄂州,朝廷派来宣敕的使者逃奔襄州,王镣被草贼扣押。于是贼军分兵行动,王仙芝及尚君长率三千余人,黄巢率二千余人,各自分道而去。

四年(877)春季二月,王仙芝攻陷鄂州。黄巢攻陷郓州,杀了唐节度使薛崇。三月,黄巢攻陷沂州。夏季四月,黄巢与尚让合兵保守查牙山。

秋季七月庚申(二十一日),王仙芝、黄巢攻打宋州,唐平卢、宣武、忠武三道官军与他们交战,官兵失利,贼军便把宋威围困在宋州。在此以前的甲寅日(十五日),右威卫上将军张自勉就率忠武军七千人救援宋州,后来杀死贼军二千余人,贼军解围逃走。宰相王铎和卢携想让张自勉把他的部下交给宋威节制,另一宰相郑畋则认为宋威与张自勉两人已经相互猜疑、各怀怨愤,如果张自勉成了宋威的部下,必定会被宋威杀害,因此就不肯在上奏的奏疏上署名。八月辛未(初三),王铎、卢携向僖宗诉告,请求罢免自己的官职;庚辰(十二日),郑畋也请求回到泸川养病,僖宗对双方的请求都没有同意。王仙芝攻陷安州。

乙卯(九月十七日),王仙芝陷随州,抓了随州刺史崔休徵。山南东道节度使李福派他的儿子率兵救随州,战死。李福上奏请求援兵,朝廷派左武卫大将军李昌言率凤翔五百骑兵赶赴随州,王仙芝就转攻复、郢二州。忠武大将张贯等四千人与宣武兵救援襄州,却在申州、蔡州从小道逃回。僖宗下诏让忠武节度使崔安潜、宣武节度使穆仁裕派人约束张贯等将士还赴襄州救援。

冬季十月,宰相郑畋与王铎、卢携在僖宗面前争论用兵之道,郑畋说服不了王铎和卢携,退朝后又上奏说:"自从王仙芝开始起事作乱以来,崔安潜最先请求会合各地兵马共同讨伐他,

继发士卒，罄供资粮，贼往来千里，涂炭诸州，独不敢犯其境。又以本道兵授张自勉，解宋州围，使江、淮漕运流通，不输寇手。今蒙尽以自勉所将七千兵令张贯将之，隶宋威。自勉独归许州，威复奏加诬毁。因功受辱，臣窃痛之。安潜出师，前后克捷非一，一旦强兵尽付他人，良将空还，若勍寇忽至，何以枝梧！臣请以忠武四千人授威，馀三千人使自勉将之，守卫其境，既不侵宋威之功，又免使安潜愧耻。"时卢携不以为然，上不能决。畋复上言："宋威欺罔朝廷，败衄狼藉。又闻王仙芝七状请降，威不为闻奏。朝野切齿，以为宜正军法。迹状如此，不应复典兵权，愿与内大臣参酌，早行罢黜。"不从。

黄巢寇掠蕲、黄，曾元裕击破之，斩首四千馀级。巢遁去。

十一月，招讨副都监杨复光遣人说谕王仙芝，仙芝遣尚君长等请降于复光，宋威遣兵于道中劫取君长等。十二月，威奏与君长等战于颍州西南，生擒以献；复光奏君长等实降，非威所擒。诏侍御史归仁绍等鞫之，竟不能明，斩君长等于狗脊岭。

黄巢陷匡城，遂陷濮州。诏颍州刺史张自勉将诸道兵击之。

王仙芝寇荆南。节度使杨知温，知至之兄也，以文学进，不知兵，或告贼至，知温以为妄，不设备。时汉水浅狭，贼自贾堑渡。

接着又征调士卒,全力收集粮草以供讨伐,贼军往来千里,剽掠各州,唯独不敢冒犯崔安潜的领地。崔安潜又把本道兵交给张自勉指挥,解除了宋州之围,使江、淮漕运得以畅通,东南地区的财赋没有落入敌手。现在陛下把张自勉所率七千兵交付张贯统领,隶属于宋威。张自勉独自回归许州,宋威又上奏对他加以诬毁。这种因立战功反受诬陷诋毁的情况发生,我深感痛心。崔安潜出师征讨贼军以来,前后获胜不止一次,一旦精兵全部交付他人,像张自勉这样的良将又只身回城,假如强敌忽然来攻,又怎么来抵挡呢?臣下我请求把忠武兵四千人交给宋威,馀下的三千人仍然由张自勉指挥,守卫其辖区,这样既没有侵夺宋威的战功,又能使崔安潜不感到愧耻。"当时卢携表示不同意,僖宗不能决断。郑畋又上言说:"宋威欺骗朝廷,被贼军打得一败涂地。我又听说王仙芝曾七次上状请求投降,宋威都没有上报给朝廷。朝野对此都切齿痛恨,认为应该对他按军法处置。鉴于他这样的情况,不应再让他执掌兵权,希望陛下能与左、右神策军中尉和左、右枢密使商议,早点把他罢免。"唐僖宗没有听从。

黄巢攻掠蕲州、黄州,曾元裕把他击败,斩首四千多级。黄巢逃走。

十一月,唐招讨副都监杨复光派人劝告王仙芝,王仙芝派尚君长等向杨复光请降,宋威派兵在半路上劫持了尚君长等人。十二月,宋威向朝廷上奏说与尚君长等在颍州西南交战,活捉了尚君长等献给朝廷;杨复光上奏说尚君长等实际上是来投降,并非宋威活捉。僖宗下诏命令侍御史归仁绍等人审查,竟然未能查明真相,在狗脊岭斩杀了尚君长等人。

黄巢攻陷匡城,接着又攻陷了濮州。唐僖宗下诏命令颍州刺史张自勉率领各道官军进击黄巢。

王仙芝进犯荆南。荆南节度使杨知温是杨知至的兄长,因文章才学得以进用,不知用兵。有人报告说贼军已至,他认为是谣言,没有设防戒备。这时汉水水浅,河道较窄,贼军从贾堑渡过了汉水。

五年春正月丁酉朔，大雪，知温方受贺，贼已至城下，遂陷罗城。将佐共治子城而守之，及暮，知温犹不出。将佐请知温出抚士卒，知温纱帽皂裘而行，将佐请知温擐甲以备流矢。知温见士卒拒战，犹赋诗示幕僚，遣使告急于山南东道节度使李福，福悉其众自将救之。时有沙陀五百在襄阳，福与之俱，至荆门，遇贼，沙陀纵骑奋击，破之。仙芝闻之，焚掠江陵而去。江陵城下旧三十万户，至是死者什三四。

壬寅，招讨副使曾元裕大破王仙芝于申州东，所杀万人，招降散遣者亦万人。敕以宋威久病，罢招讨使，还青州。以曾元裕为招讨使，颍州刺史张自勉为副使。

二月，贬杨知温为郴州司马。

曾元裕奏大破王仙芝于黄梅，杀五万馀人，追斩仙芝，传首，馀党散去。黄巢方攻亳州未下，尚让帅仙芝馀众归之，推巢为王，号冲天大将军，改元王霸，署官属。巢袭陷沂州、濮州。既而屡为官军所败，乃遗天平节度使张裼书，请奏之。诏以巢为右卫将军，令就郓州解甲，巢竟不至。

加山南东道节度使李福同平章事，赏救荆南之功也。

三月，群盗陷朗州、岳州。招讨使曾元裕屯荆、襄，黄巢自濮州略宋、汴，乃以副使张自勉充东南面行营招讨使。黄巢攻卫南，遂攻叶、阳翟。诏发河阳兵千人赴东都，与宣武、昭义兵二千人共卫宫阙；以左神武大将军刘景仁充东

五年(878)春季正月丁酉是初一，天下大雪，杨知温正接受新年祝贺，贼军已经到了城下，攻陷了罗城。唐军将佐一起修建好内城来据守，到了天黑，杨知温仍然没有走出官府一步。将佐们请求杨知温出来安抚士卒，杨知温戴着纱帽，穿黑皮衣而出，将佐们请他披上铠甲以防流矢。杨知温看见士兵正抗战，还写诗交给幕僚们看。又派使者向山南东道节度使李福告急，李福亲自率领全部人马前来营救。这时有五百名沙陀族士兵驻扎在襄阳，李福与他们会合，到荆门时与贼军遭遇，沙陀骑兵纵马奋勇出击，大破贼军。王仙芝听闻后，焚掠江陵后离去。原来江陵城下有三十万户居民，到这时死了约十分之三四。

壬寅(初六)，唐招讨副使曾元裕在申州东面大败王仙芝军，杀了一万人，招降、遣散的也有一万。唐僖宗以宋威长期有病为由，下诏免去他的招讨使的职务，归还青州本镇。任命曾元裕为招讨使，颍州刺史张自勉为招讨副使。

二月，朝廷下令把杨知温贬为郴州司马。

曾元裕向唐僖宗上奏称在黄梅大败王仙芝军，杀了五万多人，追杀了王仙芝，把他的首级递送长安，王仙芝的余部散去。这时黄巢正进攻亳州还没攻下来，尚让率领王仙芝的余部投奔他，推举黄巢为领袖，号称冲天大将军，改年号为王霸，设置官职属僚。黄巢偷袭攻陷了沂州、濮州。此后却屡被官军打败，黄巢就写了一封信给唐天平节度使张裼请降，请他代向朝廷上奏。僖宗下诏任命黄巢为右卫将军，命令他率军到郓州去解除武装，黄巢最终没有去。

加封山南东道节度使李福为同平章事，以奖赏他在援救荆南一战中的功勋。

三月，一些强盗攻陷了朗州、岳州。招讨使曾元裕驻扎在荆州、襄州，黄巢从濮州攻掠宋州、汴州，朝廷就让招讨副使张自勉充任东南面行营招讨使。黄巢进攻卫南，接着又攻打叶县、阳翟。朝廷下令征发一千名河阳兵赶赴东都洛阳，与二千名宣武军、昭义军共同守卫东都宫阙；又任命左神武大将军刘景仁充任东

都应援防遏使，并将三镇兵，仍听于东都募兵二千人。景仁，昌之孙也。又诏曾元裕将兵径还东都，发义成兵三千守辕辕、伊阙、河阴、武牢。

王仙芝馀党王重隐陷洪州，江西观察使高湘奔湖口。贼转掠湖南，别将曹师雄掠宣、润。诏曾元裕、杨复光引兵救宣、润。黄巢引兵渡江，攻陷虔、吉、饶、信等州。

夏四月，诏以东都军储不足，贷商旅富人钱谷以供数月之费，仍赐空名殿中侍御史告身五通，监察御史告身十通，有能出家财助国稍多者赐之。时连岁旱、蝗，寇盗充斥，耕桑半废，租赋不足，内藏虚竭，无所饮助。兵部侍郎、判度支杨严三表自陈才短，不能济办，乞解使务，辞极哀切，诏不许。

五月丁酉，郑畋、卢携皆罢为太子宾客、分司。

六月，王仙芝馀党剽掠浙西，朝廷以荆南节度使高骈先在天平有威名，仙芝党多郓人，乃徙骈为镇海节度使。

秋八月，黄巢寇宣州，宣歙观察使王凝拒之，败于南陵。巢攻宣州不克，乃引兵入浙东，开山路七百里，攻剽福建诸州。

九月，平卢军奏节度使宋威薨。辛丑，以诸道行营招讨使曾元裕领平卢节度使。

冬十二月甲戌，黄巢陷福州，观察使韦岫弃城走。

六年春正月，镇海节度使高骈遣其将张璘、梁缵分道击黄巢，屡破之，降其将秦彦、毕师铎、李罕之、许勍等数十人。巢遂趣广南。彦，徐州人；师铎，冤句人；罕之，项城人也。

都应援防遏使,并统领河阳、宣武、昭义三镇部队,还听任他在东都招募二千人。刘景仁是刘昌的孙子。又下诏命令曾元裕率兵直接回东都,调发义成兵三千人守卫辕辕、伊阙、河阴、武牢。

一支由王重隐率领的王仙芝馀部攻陷了洪州,江西观察使高湘逃奔到湖口。贼军转而攻掠湖南,别将曹师雄攻掠宣州、润州。僖宗下诏命令曾元裕、杨复光带兵救援宣、润二州。黄巢带兵渡过长江,攻下了虔州、吉州、饶州、信州等地。

夏季四月,唐僖宗下诏说,由于东都洛阳军粮储备不足,向商人富家借贷钱谷以供数月的费用,同时赐给空名的殿中侍御史委任状五份,监察御史委任状十份,用来赐予拿出家财资助国家较多的人。当时连年遭受旱、蝗灾害,遍地都是盗贼,田里农桑多半废弃,租赋收不够数,皇室的内藏虚竭,对所需军费没有资助。兵部侍郎、判度支杨严连续三次上表自陈才能短浅,没法办理这件事,请求解除职务,言辞极为哀痛恳切,唐僖宗没有批准。

五月丁酉(初二),郑畋、卢携被免原职,降级担任太子宾客、分司。

六月,王仙芝的馀部攻掠浙西,朝廷一则由于荆南节度使高骈先前在天平颇有威名,二则由于王仙芝馀部大多是郓州人,就调任高骈为镇海节度使。

秋季八月,黄巢攻打宣州,唐宣歙观察使王凝率兵抵抗,在南陵被黄巢打败。黄巢因未能攻克宣州,就率兵进入浙东,开辟了七百里山路,攻劫福建各州。

九月,平卢军向朝廷奏报节度使宋威去世。辛丑(初九),朝廷任命诸道行营招讨使曾元裕兼任平卢节度使。

冬季十二月甲戌(十三日),黄巢攻陷福州,观察使韦岫弃城逃跑。

六年(879)春季正月,镇海节度使高骈派他的部将张璘、梁缵分路进击黄巢,多次打败了他,收降了黄巢部将秦彦、毕师铎、李罕之、许勍等几十人。黄巢便向广南推进。秦彦是徐州人,毕师铎是冤句人,李罕之是项城人。

上以群盗为忧,王铎曰:"臣为宰相之长,在朝不足分陛下之忧,请自督诸将讨之。"乃以铎守司徒兼侍中,充荆南节度使、南面行营招讨都统。

泰宁节度使李系,晟之曾孙也,有口才而实无勇略,王铎以其家世良将,奏为行营副都统兼湖南观察使,使将精兵五万并土团屯潭州,以塞岭北之路,拒黄巢。

五月,黄巢与浙东观察使崔璆、岭南东道节度使李迢书,求天平节度使,二人为之奏闻,朝廷不许。巢复上表求广州节度使,上命大臣议之。左仆射于琮以为:"广州市舶宝货所聚,岂可令贼得之!"亦不许,乃议别除官。六月,宰相请除巢率府率,从之。

秋九月,黄巢得率府率告身,大怒,诟执政,急攻广州,即日陷之,执节度使李迢,转掠岭南州县。巢使迢草表述其所怀,迢曰:"予代受国恩,亲戚满朝,腕可断,表不可草。"巢杀之。

黄巢在岭南,士卒罹瘴疫死者什三四,其徒劝之北还以图大事,巢从之。自桂州编大筏数千,乘暴水,沿湘江而下,历衡、永州,十月癸未,抵潭州城下。李系婴城不敢出战,巢急攻,一日,陷之,系奔朗州。巢尽杀戍兵,流尸蔽江而下。尚让乘胜进逼江陵,众号五十万。时诸道兵未集,江陵兵不满万人,王铎留其将刘汉宏守江陵,自帅众趣襄阳,云欲会刘巨容之师。铎既去,汉宏大掠江陵,焚荡殆

唐僖宗因群盗猖狂而十分忧虑,王铎说:"臣下我作为宰相之长,在朝中没能很好地分担陛下的忧虑,请让我出朝亲自督促将士讨伐贼军。"僖宗于是任命王铎暂署司徒兼侍中,充任荆南节度使、南面行营招讨都统。

泰宁节度使李係是李晟的曾孙,能说会道,实际上却无勇无谋,王铎因他家世代为良将,奏请僖宗任命他担任行营副都统兼湖南观察使,让他率领精兵五万加上地方团兵驻扎潭州,用以堵塞南岭以北的道路,抵抗黄巢的北进。

五月,黄巢给浙东观察使崔璆、岭南东道节度使李迢写信,求取天平节度使的职位,二人为黄巢上奏朝廷,朝廷不允许。黄巢又上表求取广州节度使的职位,僖宗于是命令众大臣讨论此事。右仆射于琮认为:"广州是船舶贸易和财宝集中的地方,怎么能让贼军得到它呢?"僖宗又不答应黄巢的请求,就让大臣商议授予别的官职。六月,宰相请求任命黄巢为率府率,僖宗同意了。

秋季九月,黄巢得到率府率的委任状,勃然大怒,大骂当朝宰相,率军急攻广州,当天就将广州攻下,活捉了岭南东道节度使李迢,转而攻掠岭南各州县。黄巢又让李迢起草表文向朝廷陈述愿当节度使的想法,李迢说:"我世代蒙受朝廷的恩典,亲戚布满朝廷,你即便砍断我的手腕,我也不会为你起草表文。"黄巢杀了他。

黄巢在岭南,士兵染上瘴疫而死的有十分之三四,他的部下劝他返回北方图谋大事,黄巢听从了。黄巢军到桂州制造了数千个大木筏,顺着洪水沿湘江而下,穿过衡州、永州,十月癸未(二十七日)到达了潭州城下。李係据守城池不敢出战,黄巢急攻,一日拿下,李係逃奔朗州。黄巢把守潭州城的唐兵全杀了,满江的尸体顺流漂下。尚让乘胜进逼江陵,兵众号称五十万。当时各道唐兵还未集结,江陵兵员不满一万,王铎留下他的部将刘汉宏守江陵,自己率众前往襄阳,说是要与刘巨容的部队会师。王铎离去后,刘汉宏就在江陵大肆劫掠,几乎把江陵焚烧

尽。士民逃窜山谷，会大雪，僵尸满野。后旬馀，贼乃至。汉宏，兖州人也，帅其众北归为群盗。

十一月，黄巢北趣襄阳，刘巨容与江西招讨使、淄州刺史曹全晸合兵屯荆门以拒之。贼至，巨容伏兵林中，全晸以轻骑逆战，阳不胜而走，贼追之，伏发，大破贼众，乘胜逐北，比至江陵，俘斩其什七八。巢与尚让收馀众渡江东走。或劝巨容穷追，贼可尽也。巨容曰："国家喜负人，有急则抚存将士，不爱官赏，事宁则弃之，或更得罪，不若留贼以为富贵之资。"众乃止。全晸渡江追贼，会朝廷以泰宁都将段彦谟代为招讨使，全晸亦止。由是贼势复振，攻鄂州，陷其外郭，转掠饶、信、池、宣、歙、杭等十五州，众至二十万。

十二月，以王铎为太子宾客、分司。

初，兵部尚书卢携尝荐高骈可为都统，至是，骈将张璘等屡破黄巢，乃复以携为门下侍郎、平章事，凡关东节度使，王铎、郑畋所除者，多易置之。

广明元年春二月，左拾遗侯昌业以盗贼满关东，而上不亲政事，专务游戏，赏赐无度，田令孜专权无上，天文变异，社稷将危，上疏极谏。上大怒，召昌业至内侍省，赐死。

上善骑射、剑槊、法算，至于音律、蒲博，无不精妙，好蹴鞠、斗鸡，与诸王赌鹅，鹅一头至直五十缗。尤善击毬，尝谓优人石野猪曰："朕若应击毬进士举，须为状元。"对曰："若遇尧、舜作礼部侍郎，恐陛下不免驳放。"上笑而已。

光。士民们纷纷逃进山谷，适逢天降大雪，僵尸遍地。十几天后，贼军才赶到。刘汉宏是兖州人，这时率领他的部众回北方做了强盗。

十一月，黄巢北上进击襄阳，刘巨容与江西招讨使、淄州刺史曹全晟合兵驻扎在荆门抗拒黄巢。黄巢军赶到，刘巨容在树林中设下伏兵，曹全晟以轻骑兵迎战，佯装败逃，贼军追来，伏兵出动，大破贼军，乘胜追击，等到到了江陵，俘获、斩杀贼军十分之七八。黄巢与尚让收集馀众渡过长江向东逃去。有人劝告刘巨容说，如果穷追不舍，可以把敌军斩尽杀绝。刘巨容说："国家经常做对不起人的事，有危急就抚慰将士，不吝封官加赏，事态平息就把我们丢弃在一旁，有的还因功反遭罪罚，不如留下贼军作为获取富贵的资本。"他的部队就不再追赶。曹全晟渡过长江追击贼军，适逢朝廷委派泰宁都将段彦谟代替他担任招讨使，他也驻足不前。贼军势力因此得到复兴，攻鄂州，拿下外城，转而攻略饶州、信州、池州、宣州、歙州、杭州等十五州，部众发展到二十万。

十二月，朝廷任命王铎为太子宾客、分司。

先前，兵部尚书卢携曾推荐高骈，认为他可以担任都统，到这时，高骈部将张璘等多次击败黄巢，唐僖宗于是再任卢携为门下侍郎、平章事，凡是关东地区由王铎、郑畋任用的节度使多数被调动改任。

广明元年（880）春季二月，左拾遗侯昌业因关东地区盗贼遍地，而僖宗不务政事，总是游戏玩乐，赏赐也没有节度，田令孜专权，不把皇帝放在眼里，天象发生了变异，国家将有危急，就向朝廷上疏竭力劝谏。僖宗勃然大怒，把侯昌业召到内侍省，赐死。

僖宗擅长骑马、射箭、击剑、舞槊、算学，甚至音律、赌博，都无不精妙；喜欢蹴鞠、斗鸡，与诸王赌鹅，一只鹅赌五十缗钱。尤其善于击球，曾对宫中优伶石野猪说："朕如果参加击球进士科的考试，必定会高中状元。"石野猪回答说："如果遇到尧、舜担任礼部侍郎，陛下恐怕要被他们驳斥落榜了。"僖宗一笑了之。

　　度支以用度不足，奏借富户及胡商货财，敕借其半。盐铁转运使高骈上言："天下盗贼蜂起，皆出于饥寒，独富户、胡商未耳。"乃止。高骈奏改杨子院为发运使。

　　三月，淮南节度使高骈遣其将张璘击黄巢屡捷，卢携奏以骈为诸道行营兵马都统。骈乃传檄征天下兵，且广召募，得土客之兵共七万，威望大振，朝廷深倚之。夏四月，张璘渡江击贼帅王重霸，降之；屡破黄巢军，巢退保饶州，别将常宏以其众数万降。璘攻饶州，克之，巢走。

　　以诸葛爽为北面行营副招讨。五月，以汝州防御使诸葛爽为振武节度使。

　　黄巢屯信州，遇疾疫，卒徒多死。张璘急击之，巢以金赂璘，且致书请降于高骈，求骈保奏，骈欲诱致之，许为之求节钺。时昭义、感化、义武等军皆至淮南，骈恐分其功，乃奏贼不日当平，不烦诸道兵，请悉遣归，朝廷许之。贼谍知诸道兵已北渡淮，乃告绝于骈，且请战。骈怒，令璘击之，兵败，璘死，巢势复振。六月，黄巢别将陷睦州、婺州。庚戌，黄巢攻宣州，陷之。

　　秋七月，黄巢自采石渡江，围天长、六合，兵势甚盛。淮南将毕师铎言于高骈曰："朝廷倚公为安危，今贼数十万众乘胜长驱，若涉无人之境，不据险要之地以击之，使逾长淮，不可复制，必为中原大患。"骈以诸道兵已散，张璘复

度支官因国家用度不足,上奏请向富户及胡商借取财物,僖宗下令让富户与胡商把他们的一半财物借给国家。盐铁转运使高骈上奏声称:"现在天下盗贼蜂起,都是因为饥寒所致,只有富户、胡商还没有造反。"于是僖宗停止了诏令的下达和执行。高骈上奏请把杨子院改为发运使。

三月,淮南节度使高骈派部将张璘追击黄巢,多次获胜,卢携奏请僖宗任命高骈为诸道行营兵马都统。于是高骈传送檄文征调各地兵马,而且广为召募,得淮南本地兵及各道客兵共七万人,威望大振,朝廷也对他十分倚重。夏季四月,张璘渡过长江进攻贼军将帅王重霸,迫使王重霸投降;又多次击败黄巢军,黄巢退保饶州,贼军别将常宏率部下数万人来投降。张璘攻克饶州,黄巢逃走。

朝廷任命诸葛爽为北面行营副招讨。五月,任命汝州防御使诸葛爽为振武节度使。

黄巢驻扎在信州,遇上了传染病,很多士兵死去。张璘乘机急攻贼军,黄巢用黄金向张璘行贿,还给高骈写了请求投降的信,请求高骈向朝廷保奏。高骈想把黄巢诱骗抓获,就答应为黄巢向朝廷求高官。这时昭义、感化、义武等军都会集到了淮南,高骈担心他们分去自己的功劳,就向朝廷上奏称贼军用不了几天就能扫平,不必烦劳诸道兵马,请求将他们全部遣返本道,朝廷同意了这个请求。贼军侦察到各道兵已北渡淮水,就宣布与高骈断绝来往,还要求交战。高骈大怒,命令张璘进攻贼军,兵败,张璘战死,黄巢的军势再次振作起来。六月,黄巢手下的别将率军攻陷了睦州、婺州。庚戌(二十八日),黄巢进攻宣州,攻陷了该城。

秋季七月,黄巢率军从采石矶渡过长江,包围了天长、六合,来势很是凶猛。淮南将毕师铎对高骈说:"朝廷把国家安危系于你一身,如今贼军数十万兵马乘胜长驱直入,如入无人之境,如果不占据险要之地阻击贼军,让他越过长淮,就不能再制住他了,必定会给中原留下大患。"高骈因诸道兵已被遣返,张璘又

死,自度力不能制,畏怯不敢出兵,但命诸将严备,自保而已,且上表告急,称:"贼六十馀万屯天长,去臣城无五十里。"先是,卢携谓"骈有文武长才,若悉委以兵柄,黄巢不足平"。朝野虽有谓骈不足恃者,然犹庶几望之。及骈表至,上下失望,人情大骇。诏书责骈散遣诸道兵,致贼乘无备渡江。骈上表言:"臣奏闻遣归,亦非自专。今臣竭力保卫一方,必能济办,但恐贼迤逦过淮,宜急救东道将士善为御备。"遂称风痹,不复出战。

诏河南诸道发兵屯溵水,泰宁节度使齐克让屯汝州,以备黄巢。

辛酉,以淄州刺史曹全晸为天平节度使兼东面副都统。

九月,黄巢众号十五万,曹全晸以其众六千与之战,颇有杀获,以众寡不敌,退屯泗上,以俟诸军至,并力击之。而高骈竟不之救,贼遂击全晸,破之。

徐州遣兵三千赴溵水,过许昌。徐卒素名凶悖,节度使薛能,自谓前镇彭城,有恩信于徐人,馆之毬场。及暮,徐卒大噪,能登子城楼问之,对以供备疏阙,慰劳久之方定。许人大惧。时忠武亦遣大将周岌诣溵水,行未远,闻之,夜,引兵还,比明,入城,袭击徐卒,尽杀之,且怨能之厚徐卒也,遂逐之。能将奔襄阳,乱兵追杀之,并其家。岌自称留后。汝郑把截制置使齐克让恐为岌所袭,引兵还兖州,于是诸道兵屯溵水者皆散。黄巢遂悉众渡淮,所过不

战死，自己估计不能制服对方，畏惧不敢出兵，只命手下各部将严加戒备，以求自保而已。他还向朝廷上表告急说："现在有贼军六十多万驻扎在天长，离臣下我驻守的城池还不到五十里。"先前，卢携称道"高骈文才武略过人，如果把军权全交给他，平定黄巢不在话下"。朝廷内外虽然有人认为高骈不足以依恃，但仍对他抱有几分希望。等到高骈的表文送到，朝野上下都失望了，人心一片惊慌。僖宗下诏指责高骈遣散各道部队，导致贼军乘虚渡过长江的恶果。高骈又上表说："我是奏报朝廷后才遣返各道部队的，不是我自作主张。现在臣下我竭力保全一方，必能办得到，只是担心贼军连绵不断地渡过淮水，应该急速下诏命令东道将士妥善做好抵御的防备事项。"于是自称患了风痹症，不再出兵与黄巢作战。

僖宗下诏命令河南各道调发部队驻扎在溵水，泰宁节度使齐克让驻扎在汝州，防备黄巢。

辛酉（初九），朝廷任命淄州刺史曹全晸为天平节度使兼东面副都统。

九月，黄巢部众号称十五万，曹全晸率部下六千与黄巢军交战，颇有斩获，后因寡不敌众，退驻泗上，等待援军到后合力攻贼。但高骈始终不来援救，贼军便进击曹全晸，把他击破。

徐州派出三千兵马赶赴溵水，路过许昌。徐州士卒一向有凶恶的名声，节度使薛能自以为以前镇守彭城对徐州人有恩信，把这三千徐州兵安置球场宿营。到傍晚，徐州兵大嚷起来，薛能登上城楼询问，徐州兵回答说是提供的条件太差，薛能慰问犒劳了很久才平息下来。许昌人对此大为惊恐。这时忠武军也派了大将周岌赶往溵水，走不多远，听到了这个消息，当夜就回兵，等到天明，进入许昌城，袭击徐州兵，把他们都杀光了。又怨薛能对徐州兵太厚待，就驱逐了他。薛能打算投奔襄阳，被乱兵追杀，他的家属也连带而死。于是周岌自称留后。汝郑把截制置使齐克让担心自己被周岌袭击，带兵返回兖州，于是驻守溵水的各道兵都散了。于是黄巢率领全部兵马渡过淮河，一路上不

虏掠,惟取丁壮以益兵。

冬十月,以诸葛爽为夏绥节度使。黄巢陷申州,遂入颍、宋、徐、兖之境。

十一月,诏河东节度使郑从谠以本道兵授诸葛爽及代州刺史朱玫,使南讨黄巢。乙卯,以代北都统李琢为河阳节度使。

初,黄巢将渡淮,豆卢瑑请以天平节钺授巢,俟其到镇讨之。卢携曰:"盗贼无厌,虽与之节,不能止其剽掠,不若急发诸道兵扼泗州,汴州节度使为都统,贼既前不能入关,必还掠淮、浙,偷生海诸耳!"从之。既而淮北相继告急,携称疾不出,京师大恐。庚申,东都奏黄巢入汝州境。辛酉,以河中都虞候王重荣权知留后。

汝郑把截制置都指挥使齐克让奏黄巢自称天补大将军,转牒诸军云:"各宜守垒,勿犯吾锋!吾将入东都,即至京邑,自欲问罪,无预众人。"上召宰相议之。豆卢瑑、崔沆请发关内诸镇及两神策军守潼关。壬戌,日南至,上开延英,对宰相泣下。观军容使田令孜奏:"请选左、右神策军弓弩手守潼关,臣自为都指挥制置把截使。"上曰:"侍卫将士,不习征战,恐未足用。"令孜曰:"昔安禄山构逆,玄宗幸蜀以避之。"崔沆曰:"禄山众才五万,比之黄巢,不足言矣。"豆卢瑑曰:"哥舒翰以十五万众不能守潼关,今黄巢众六十万,而潼关又无哥舒之兵。若令孜为社稷计,三川帅臣皆令孜腹心,比于玄宗则有备矣。"上不怿,谓令孜曰:"卿且为朕发兵守潼关。"是日,上幸左神策军,亲阅将士。

抢掠,只吸收壮丁扩充兵员。

冬季十月,朝廷任命诸葛爽为夏绥节度使。黄巢攻陷了申州,接着进入了颍州、宋州、徐州、兖州境内。

十一月,唐僖宗下诏命令河东节度使郑从谠把本道兵交付诸葛爽及代州刺史朱玫指挥,让他们南下讨伐黄巢。乙卯(初五),又任命代北都统李琢为河阳节度使。

先前,黄巢将渡淮水,宰相豆卢瑑奏请授给黄巢天平节度使的职位,等他到镇后再讨伐他。卢携说:"盗贼贪得无厌,虽然授给他节度使的官职,也不能阻止他们抢掠,不如急速征发各道兵马扼守泗州,任命汴州节度使为都统,贼军既然前不能入关,必然回军攻掠淮、浙,逃到海岛去偷生!"唐僖宗同意。不久淮北各地相继告急,卢携称病不出家门,京师长安大为恐慌。庚申(初十),东都洛阳奏报黄巢已经进入汝州境内。辛酉(十一日),朝廷任命河中都虞候王重荣为代理留后。

汝郑把截制置都指挥使齐克让奏报黄巢自称天补大将军,并向各道唐军转送文牒说:"你们应当各自据守自己的城垒,不要触犯我的兵锋!我将攻入东都洛阳,旋即抵达京师长安,我自会向朝廷问罪,与各位没有关系。"僖宗召集宰相们商议对策。豆卢瑑、崔沆请求征发关内各镇兵及左、右神策军把守潼关。壬戌(十二日),这天是冬至,僖宗召集大臣在延英殿议事,对着宰相流下了眼泪。观军容使田令孜上奏说:"请挑选左、右神策军中的弓弩手把守潼关,臣下我亲自担任都指挥制置把截使。"僖宗说:"神策军将士用于侍卫,不熟悉征战,恐怕不顶用。"田令孜说:"以前安禄山造反,玄宗就到蜀地去避难。"崔沆说:"安禄山的部众才五万人,比起黄巢来,不值一提。"豆卢瑑说:"哥舒翰当时用十五万兵众守不住潼关,现在黄巢的部众有六十万人,而潼关又没有像当年哥舒翰那么多的部队。如果田令孜为社稷着想,三川帅臣都是田令孜的心腹,就可到三川避难,比起玄宗来现在算是有所预备了。"僖宗不高兴,对田令孜说:"你姑且为朕发兵把守潼关。"这一天,僖宗来到左神策军军营,亲自检阅将士。

令孜荐左军马军将军张承范、右军步军将军王师会、左军兵马使赵珂。上召见三人，以承范为兵马先锋使兼把截潼关制置使，师会为制置关塞粮料使，珂为句当寨栅使，令孜为左右神策军、内外八镇及诸道兵马都指挥制置招讨等使，飞龙使杨复恭为副使。

癸亥，齐克让奏："黄巢已入东都境，臣收军退保潼关，于关外置寨。将士屡经战斗，久乏资储，州县残破，人烟殆绝，东西南北不见王人，冻馁交逼，兵械刓弊，各思乡闾，恐一旦溃去，乞早遣资粮及援军。"上命选两神策弩手得二千八百人，令张承范等将以赴之。丁卯，黄巢陷东都，留守刘允章帅百官迎谒，巢入城，劳问而已，闾里晏然。允章，迺之曾孙也。田令孜奏募坊市人数千以补两军。辛未，陕州奏东都已陷。壬申，以田令孜为汝、洛、晋、绛、同、华都统，将左、右军东讨。是日，贼陷虢州。以神策将罗元杲为河阳节度使。

乙亥，张承范等将神策弩手发京师。神策军士皆长安富家子，赂宦官窜名军籍，厚得廪赐，但华衣怒马，凭势使气，未尝更战陈，闻当出征，父子聚泣，多以金帛雇病坊贫人代行，往往不能操兵。是日，上御章信门楼临遣之。承范进言："闻黄巢拥数十万之众，鼓行而西，齐克让以饥卒万人依托关外，复遣臣以二千馀人屯于关上，又未闻馈饷之计，以此拒贼，臣窃寒心。愿陛下趣诸道精兵早为继援。"上曰："卿辈第行，兵寻至矣！"丁丑，承范等至华州。

田令孜推荐左军马军将军张承范、右军步军将军王师会、左军兵马使赵珂。僖宗召见了这三人，任命张承范为兵马先锋使兼把截潼关制置使，王师会为制置关塞粮料使，赵珂为句当寨栅使，田令孜为左右神策军、内外八镇及诸道兵马都指挥制置诏讨等使，飞龙使杨复恭为副使。

癸亥（十三日），齐克让上奏说："黄巢已经进入东都洛阳境内，臣下我收聚部队退保潼关，在关外设置营寨。将士几经战斗，缺乏战备物资已经很久，附近州县残破不堪，人烟几乎断绝，四面八方不见百姓，士兵们饥寒交迫，兵器军械损坏严重，人人都在思念家乡，恐怕很快会溃散，我请求尽早把资粮和援军派到。"僖宗下令挑选左、右神策军中的弓弩手二千八百人，由张承范等率领赶往潼关。丁卯（十七日），黄巢攻克了东都洛阳，唐东都留守刘允章率领百官迎候拜见，黄巢入城后，只慰问百姓，并没打扰，街坊很平静。刘允章是刘迺的曾孙。田令孜奏请招募长安居民数千用以补充左、右神策军。辛未（二十一日），陕州方面向朝廷奏报洛阳已经陷落。壬申（二十二日），僖宗任命田令孜为汝、洛、晋、绛、同、华都统，率领左、右神策军东讨黄巢。这一天，黄巢军攻陷了虢州。朝廷任命神策军将领罗元杲为河阳节度使。

乙亥（二十五日），张承范等率领神策军弓弩手从京师长安出发。神策军的军士都是长安富家子弟，靠贿赂宦官混入军籍挂名，为的是得到优厚俸禄和赏赐，他们只会穿着华贵的衣服纵马疾驰，凭借神策军的势力逞威风，从未经历过战阵，听说要出征，父子哭成一团，许多人用金钱雇佣病坊里的贫苦人代他们出征，这些人往往不会操持兵器。这天，僖宗登上章信门楼给他们送行。张承范进言说："听说黄巢拥有数十万大军，击鼓西下，齐克让带领一万饥饿战士驻在关外，又派臣下我率二千馀人驻在关上，又没听说有供给资粮的打算，凭这些来抵御强贼，让我感到寒心。请陛下敦促各道精兵尽早赶来增援。"僖宗说："你们只管出发，援兵不久就到！"丁丑（二十七日），张承范率军到了华州。

会刺史裴虔馀徙宣歙观察使，军民皆逃入华山，城中索然，州库唯尘埃鼠迹，顾仓中犹有米千馀斛，军士裹三日粮而行。

十二月庚辰朔，承范等至潼关，搜菁中，得村民百许，使运石汲水，为守御之备。与齐克让军皆绝粮，士卒莫有斗志。是日，黄巢前锋军抵关下，白旗满野，不见其际，克让与战，贼小却，俄而巢至，举军大呼，声振河、华。克让力战，自午至酉始解，士卒饥甚，遂喧噪，烧营而溃，克让走入关。关左有谷，平日禁人往来，以榷征税，谓之"禁坑"。贼至仓猝，官军忘守之，溃兵自谷而入，谷中灌木寿藤茂密如织，一夕践为坦途。承范尽散其辎囊以给士卒，遣使上表告急，称："臣离京六日，甲卒未增一人，馈饷未闻影响。到关之日，巨寇已来，以二千馀人拒六十万众，外军饥溃，蹋开禁坑。臣之失守，鼎镬甘心；朝廷谋臣，愧颜何寄！或闻陛下已议西巡，苟銮舆一动，则上下土崩。臣敢以犹生之躯奋冒死之语，愿与近密及宰臣熟议，未可轻动，急征兵以救关防，则高祖、太宗之业庶几犹可扶持，使黄巢继安禄山之亡，微臣胜哥舒翰之死！"

辛巳，贼急攻潼关，承范悉力拒之，自寅及申，关上矢尽，投石以击之。关外有天堑，贼驱民千馀人入其中，掘土填之，须臾，即平，引兵而度。夜，纵火焚关楼俱尽。承范分兵八百人，使王师会守禁坑，比至，贼已入矣。壬午

恰逢刺史裴虔馀迁任宣歙观察使，华州军民都逃进了华山，城中空荡荡的，州库里只有尘埃、鼠迹，辛亏粮仓中还有一千馀斛米，军士携带上三天口粮继续前进。

十二月庚辰这天是初一，张承范等率军赶到潼关，在草木丛生之地搜得百来个村民，让他们搬石运水，做防御的准备。张承范与齐克让的部队都已经绝粮，士兵丧失了斗志。当天，黄巢的先头部队已抵达潼关关下，白旗遍地，一望无际，齐克让率军接战，贼军稍退，不一会儿黄巢大军赶到，全军呐喊，声音震撼了黄河、华山。齐克让全力奋战，从中午打到傍晚才收兵，士兵饥饿极了，于是就吵闹起来，烧了军营溃散，齐克让逃进潼关。潼关左边有一道山谷，平时禁止行人往来，专门来征收商税，称为"禁坑"。贼军来得突然，官军忘了派人在此镇守，溃散的士兵从这道山谷逃窜，一夜之间就把谷中茂密如织的灌木老藤踏为平地。张承范把随军辎重及私人行囊全都散发给士兵，又派使者上表向僖宗告急，表中说："臣下我离开京师六天，士兵没有增加一人，军饷也不见踪影。到达潼关时，强大的贼军也已赶到，用二千多人去抵御六十万之众，关外的军队因饥饿而溃散，踏开了禁坑。臣下我守不住潼关，投身鼎镬也心甘情愿，但我不知道朝廷中出谋划策的大臣们的脸面往那里摆！有传言说陛下已在商议西巡之事，如果陛下的銮驾一动，那么朝廷上下将会土崩瓦解。臣下我斗胆以尚存一时之身说几句冒死的话，希望陛下能与亲近之人及宰相仔细商议，不能轻易动身西巡，同时赶紧征调部队援救潼关的关防，那么高祖、太宗创下的大业也许还可以维持，使黄巢成为败亡的第二个安禄山，微臣我死了也比哥舒翰要强！"

辛巳（初二），贼军加紧进攻潼关，张承范率军全力抵御，从凌晨寅时到下午申时，关上的箭镞已经用完，就用石块掷击贼军。关外有一条自然形成的壕沟，贼军驱使一千多名百姓进入沟中，掘土填沟，一会儿就填平了，于是率军渡过了壕沟。夜晚放火把关楼全都焚毁。张承范分出八百名士兵，由王师会率领前去守卫禁坑，当王师会赶到时，贼军已经入内了。壬午（初三）

旦，贼夹攻潼关，关上兵皆溃，师会自杀，承范变服帅馀众脱走。至野狐泉，遇奉天援兵二千继至，承范曰："汝来晚矣！"博野、凤翔军还至渭桥，见所募新军衣裘温鲜，怒曰："此辈何功而然，我曹反冻馁！"遂掠之，更为贼乡导，以趣长安。

贼之攻潼关也，朝廷以前京兆尹萧廪为东道转运粮料使。廪称疾，请休官，贬贺州司户。

黄巢入华州，留其将乔钤守之。河中留后王重荣请降于贼。癸未，制以巢为天平节度使。甲申，以翰林学士承旨、尚书左丞王徽为户部侍郎，翰林学士、户部侍郎裴澈为工部侍郎，并同平章事。以卢携为太子宾客、分司。田令孜闻黄巢已入关，恐天子责己，乃归罪于携而贬之，荐徽、澈为相。是夕，携饮药死。澈，休之从子也。

百官退朝，闻乱兵入城，布路窜匿。田令孜帅神策兵五百奉帝自金光门出，惟福、穆、泽、寿四王及妃嫔数人从行，百官皆莫知之。上奔驰昼夜不息，从官多不能及。车驾既去，军士及坊市民竞入府库盗金帛。

晡时，黄巢前锋将柴存入长安，金吾大将军张直方帅文武数十人迎巢于霸上。巢乘金装肩舆，其徒皆被发，约以红缯，衣锦绣，执兵以从，甲骑如流，辎重塞途，千里络绎不绝。民夹道聚观，尚让历谕之曰："黄王起兵，本为百姓，非如李氏不爱汝曹，汝但安居毋恐。"巢馆于田令孜第，其徒为盗久，不胜富，见贫者，往往施与之。居数日，各出大掠，焚市肆，杀人满街，巢不能禁。尤憎官吏，得者皆杀之。

清晨，贼军两面夹攻潼关，关上士兵纷纷逃跑，王师会自杀，张承范换了衣服，率领馀部逃脱。逃到野狐泉，遇到陆续赶来的奉天二千援军，张承范说："你们来迟了！"博望、凤翔军回到渭桥，看到田令孜新召募的将士穿的是既新又暖的皮衣，发怒说："这帮人有什么功劳能够这样，我们反而受冻挨饿！"于是抢掠新军，掉头为贼军当向导，进逼长安。

贼军攻打潼关时，朝廷任命前京兆尹萧廩为东道转运粮料使。萧廩称自己有病，请求休官，被朝廷贬为贺州司户。

黄巢进入华州，留下部将乔钤守城。唐河中留后王重荣向贼军请降。癸未（初四），唐僖宗下制任命黄巢为天平节度使。甲申（初五），任命翰林学士承旨、尚书左丞王徽为户部侍郎，翰林学士、户部侍郎裴澈为工部侍郎，都拜为同平章事。任命卢携为太子宾客、分司。田令孜听说黄巢已入潼关，担心天子责备自己，就把罪责推给卢携，贬他的官，又推荐王徽、裴澈为宰相。当天傍晚，卢携喝药自杀。裴澈是裴休的侄子。

百官退朝，听说乱兵入城，到处逃窜躲藏。田令孜率领神策军五百人护卫僖宗从金光门出城，随行的只有福、穆、泽、寿四王及妃嫔数人，百官都不知道。僖宗昼夜不停地奔驰，随从的官员大多赶不上。僖宗离去后，士兵及坊市居民争相闯入皇家府库盗取金帛。

傍晚时分，黄巢的前锋将柴存进入了长安，唐金吾大将军张直方率领几十个文武大臣到霸上迎候黄巢。黄巢坐着黄金装饰的轿子，他的手下都披着头发，用红丝带扎起来，身穿锦绣衣裳，手持兵器跟在后面，铁甲骑兵队伍长如流水，辎重多得塞满了道路，千里络绎不绝。长安百姓夹道围观，尚让挨个向他们宣谕说："黄王起兵，本来就是为了百姓，不像李氏皇帝那样不爱惜你们，你们尽管安居乐业，不要惊恐。"黄巢住在田令孜的府第。黄巢的部下长久为盗，很富有，看到穷人往往送给他们东西。住了没几天，将士们就分头去抢劫焚烧商市店铺，满街杀人，黄巢不能禁止。他们尤其憎恶官吏，凡抓到的都给杀了。

上趣骆谷，凤翔节度使郑畋谒上于道次，请车驾留凤翔。上曰："朕不欲密迩巨寇，且幸兴元，征兵以图收复。卿东扞贼锋，西抚诸蕃，纠合邻道，勉建大勋。"畋曰："道路梗涩，奏报难通，请得便宜从事。"许之。戊子，上至婿水，诏牛勖、杨师立、陈敬瑄，谕以京城不守，且幸兴元，若贼势犹盛，将幸成都，宜豫为备拟。

庚寅，黄巢杀唐宗室在长安者无遗类。

辛卯，巢始入宫。壬辰，巢即皇帝位于含元殿，画皂缯为衮衣，击战鼓数百以代金石之乐。登丹凤楼，下赦书；国号大齐，改元金统。谓广明之号，去唐下体而著黄家日月，以为己符瑞。唐官三品已上悉停任，四品以下位如故。以妻曹氏为皇后。以尚让为太尉兼中书令，赵璋兼侍中，崔璆、杨希古并同平章事，孟楷、盖洪为左右仆射、知左右军事，费传古为枢密使。以太常博士皮日休为翰林学士。璆，邠之子也，时罢浙东观察使，在长安，巢得而相之。

诸葛爽以代北行营屯栎阳，黄巢将砀山朱温屯东渭桥，巢使温诱说之，爽遂降于巢。巢以诸葛爽为河阳节度使，爽赴镇，罗元杲发兵拒之，士卒皆弃甲迎爽，元杲逃奔行在。

郑畋还凤翔，召将佐议拒贼，皆曰："贼势方炽，且宜从容以俟兵集，乃图收复。"畋曰："诸君劝畋臣贼乎！"因闷绝仆地，髭伤其面，自午至明旦，尚未能言。会巢使者以赦书至，监军袁敬柔与将佐序立宣示，代畋草表署名以谢巢。

唐僖宗跑往骆谷，凤翔节度使郑畋在道旁谒见，请求僖宗留在凤翔。僖宗说："朕不愿离强寇太近，暂且先到兴元，征集兵马以图收复。你留在这里向东抵御贼军，西面安抚诸蕃部落，联合附近各道官兵，努力建立勤王杀贼的功勋。"郑畋说："现在道路堵塞，有事难以奏报，请求给我根据具体情况适当处置事务的权力。"僖宗答应了。戊子（初九），唐僖宗到了婿水，下诏给牛勗、杨师立、陈敬瑄，告谕他们由于京城长安失守，暂且留居兴元，如果贼军势力依然强盛，将西去成都，应当预先做好全面的准备。

　　庚寅（十一日），黄巢把留在长安的唐朝宗室杀得一个不剩。

　　辛卯（十二日），黄巢进入皇宫。壬辰（十三日），黄巢在含元殿即皇帝位，用黑缯制成天子礼服，擂击数百面战鼓来代替金石之乐。登上丹凤楼，颁下赦书；国号大齐，改年号为金统。认为僖宗年号广明，广（廣）是唐字去掉下部而加上黄，明是日月合体，意即黄家日月，是自己当皇帝的祥兆。唐三品官以上全部停任，四品官以下留职如故。以妻曹氏为皇后。任命尚让为太尉兼中书令，赵璋兼任侍中，崔璆、杨希古并为同平章事，孟楷、盖洪为左右仆射、知左右军事，费传古为枢密使。任命太常博士皮日休为翰林学士。崔璆是崔邠的儿子，当时他因浙东观察使职务被罢免住在长安，黄巢得到他让他当宰相。

　　诸葛爽率领代北行营驻扎在栎阳，黄巢部将砀山人朱温驻扎在东渭桥，黄巢派朱温去引诱劝说诸葛爽，于是诸葛爽投降了黄巢。黄巢任命他为河阳节度使，诸葛爽赶赴河阳，罗元杲发兵抗拒，但他的部下都丢下兵器迎接诸葛爽，罗元杲逃往唐僖宗的行宫。

　　郑畋回到凤翔，召集部将商议抵御贼军的方略，部将都说："眼下贼军势力正盛，暂且应该从容地等待各路兵马的汇集，才可再图收复失地。"郑畋说："你们是要劝我投降贼军吗？"说着因气闷而仆倒在地，被砖瓦碰伤了脸部，从中午直到第二天早晨，还说不出话。适逢黄巢使者带着赦免书到来，监军袁敬柔与将佐站好队接受了赦书，代郑畋起草降表，并签上名向黄巢谢罪。

监军与巢使者宴，乐奏，将佐以下皆哭，使者怪之，幕客孙储曰："以相公风痹不能来，故悲耳。"民间闻者无不泣。畋闻之曰："吾固知人心尚未厌唐，贼授首无日矣！"乃刺指血为表，遣所亲间道诣行在，召将佐谕以逆顺，皆听命，复刺血与盟，然后完城堑，缮器械，训士卒，密约邻道合兵讨贼，邻道皆许诺发兵，会于凤翔。时禁军分镇关中者尚数万，闻天子幸蜀，无所归，畋使人招之，皆往从畋，畋分财以结其心，军势大振。

丁酉，车驾至兴元，诏诸道各出全军收复京师。

己亥，黄巢下令，百官诣赵璋第投名衔者，复其官。豆卢瑑、崔沆及左仆射于琮、右仆射刘邺、太子少师裴谂、御史中丞赵濛、刑部侍郎李溥、京兆尹李汤扈从不及，匿民间，巢搜获，皆杀之。广德公主曰："我唐室之女，誓与于仆射俱死！"执贼刃不置，贼并杀之。发卢携尸，戮之于市。将作监郑綦、库部郎中郑系义不臣贼，举家自杀。左金吾大将军张直方虽臣于巢，多纳亡命，匿公卿于复壁，巢杀之。

初，枢密使杨复恭荐处士河间张濬，拜太常博士，迁度支员外郎。黄巢逼潼关，濬避乱商山。上幸兴元，道中无供顿，汉阴令李康以骡负糗粮数百驮献之，从行军士始得食。上问康："卿为县令，何能如是？"对曰："臣不及此，乃张濬员外教臣。"上召濬诣行在，拜兵部郎中。

监军宴请黄巢使者,乐声响起,将佐以下人员都失声痛哭,黄巢使者感到奇怪,幕客孙储说道:"由于相公患风痹不能来参加宴会,所以大家悲痛流泪。"民间老百姓听说此事后无不哭泣。郑畋听说后说:"我由此知道人心尚未厌恶唐朝,黄巢头颅被献上的日子不远了!"于是刺破手指写下章表,派遣亲信走小路送到僖宗的住所,又召集将佐告以逆顺忠义之道,将佐都愿意听从命令,郑畋再与大家刺血盟誓,然后修复城墙和壕沟,缮治兵器和军械,训练士卒,秘密约请邻道合兵征讨贼军,邻近各道也都同意出兵到凤翔会合。当时分守关中各地的中央神策军还有几万,听说僖宗要到西蜀去,一时不知所归,郑畋就派人去招集,他们都赶往凤翔听从郑畋的指挥,郑畋把财物分给诸军以博取军心,于是军势大振。

丁酉(十八日),唐僖宗到达了兴元,下诏命令各道出动全部军队收复京师长安。

己亥(二十日),黄巢下令,百官前往赵璋的宅第登记官职姓名的,可以恢复官位。豆卢瑑、崔沆及左仆射于琮、右仆射刘邺、太子少师裴谂、御史中丞赵濛、刑部侍郎李溥、京兆尹李汤来不及跟从僖宗出走,躲藏在民间,被黄巢军搜出,全都杀死。广德公主说:"我是唐朝宗室之女,誓与于仆射同死!"抓住贼军的刀不放,贼军也把她杀了。贼军掘出卢携的尸体,放在市口陈列。将作监郑綦、库部郎中郑係坚持忠义,不肯做黄巢的臣下,全家自杀。左金吾大将军张直方虽然投降了黄巢,但收容了许多逃命的人,把唐朝的公卿大臣藏匿在私宅的夹壁中,被黄巢杀死。

先前,枢密使杨复恭向唐僖宗推荐处士河间人张濬,张濬被拜为太常博士,又迁任度支员外郎。黄巢进逼潼关时,张濬跑入商山避乱。僖宗出逃到兴元,路上无人进献食物,汉阴县令李康用骡子运送数百驮干粮来献上,随从僖宗出逃的军士才有饭吃。僖宗问李康说:"你只是一个县令,怎么能想到这一点呢?"李康回答说:"我确实没想到,是张濬员外教我的。"僖宗把张濬召到住地,拜为兵部郎中。

义武节度使王处存闻长安失守,号哭累日,不俟诏命,举军入援,遣二千人间道诣兴元卫车驾。

黄巢遣使调发河中,前后数百人,吏民不胜其苦。王重荣谓众曰:"始吾屈节以纾军府之患,今调财不已,又将征兵,吾亡无日矣,不如发兵拒之。"众皆以为然,乃悉驱巢使者杀之。巢遣其将朱温自同州,弟黄邺自华州,合兵击河中,重荣与战,大破之,获粮仗四十馀船,遣使与王处存结盟,引兵营于渭北。陈敬瑄闻车驾出幸,遣步骑三千奉迎,表请幸成都。时从兵浸多,兴元储偫不丰,田令孜亦劝上。上从之。

中和元年春正月,车驾发兴元。辛未,上至绵州,东川节度使杨师立谒见。

壬申,以工部侍郎、判度支萧遘同平章事。

郑畋约前朔方节度使唐弘夫、泾原节度使程宗楚同讨黄巢。巢遣其将王晖赍诏召畋,畋斩之,遣其子凝绩诣行在,凝绩追及上于汉州。丁丑,车驾至成都,馆于府舍。上遣中使趣高骈讨黄巢,道路相望,骈终不出兵。上至蜀,犹冀骈立功,诏骈巡内刺史及诸将有功者,自监察至常侍,听以墨敕除讫奏闻。

二月己卯朔,以太子少师王铎守司徒兼门下侍郎、同平章事。丙申,加郑畋同平章事。加淮南节度使高骈东面都统。加河东节度使郑从谠兼侍中,依前行营招讨使。

义武节度使王处存听说京师长安失守,一连痛哭悲号了几天,不等诏令传到,就率军前来增援,派二千人抄小路前往兴元护卫僖宗。

黄巢派使者到河中征调粮食和兵员,使者前后达数百人,河中吏民苦不堪言。王重荣对部众说:"以前我屈节投降,为的是缓解军府的忧患;现在他们调财不止,又来征兵,我们早晚要断送在他们手里,不如发兵抗拒他们。"部众都表示同意,于是就把黄巢的使者全都赶到一起杀了。黄巢派部将朱温从同州发兵,弟弟黄邺从华州发兵,两军合兵进击河中,王重荣出兵交战,大败对方,缴获粮食兵仗四十馀船,王重荣又派使者与王处存结盟,带兵到渭北扎营。唐西川节度使陈敬瑄听说僖宗出幸兴元,派遣步兵和骑兵共三千人前往迎候,上表请唐僖宗前往成都。当时跟从僖宗的部队渐渐增多,兴元的储备不足,田令孜也来劝告。僖宗就同意了。

中和元年(881)春季正月,僖宗从兴元出发。辛未(二十二日),僖宗到达了绵州,东川节度使杨师立前来拜见。

壬申(二十三日),僖宗任命工部侍郎、判度支萧遘为同平章事。

郑畋约请原朔方节度使唐弘夫、泾原节度使程宗楚共同讨伐黄巢。黄巢派部将王晖携带诏书去招降郑畋,被郑畋斩杀,郑畋派他的儿子郑凝绩前往僖宗的住所,郑凝绩在汉州追上了僖宗。丁丑(二十八日),僖宗到了成都,住进了节度使的府舍。唐僖宗派遣宦官使者去催促高骈进讨黄巢,前后相望,不绝于路,但高骈始终没有出兵。僖宗到了蜀地,还希望高骈杀贼立功,下诏凡是高骈辖区内有功的刺史及诸将,可以用皇帝亲笔诏书的名义任命从监察御史至散骑常侍的官职,先行任命然后再向僖宗奏报。

二月己卯是初一,僖宗任命太子少师王铎代理司徒兼门下侍郎、同平章事。丙申(十八日),加授郑畋同平章事的官职。加授淮南节度使高骈东面都统的官职。加授河东节度使郑从谠兼任侍中,仍旧担任先前的行营招讨使。

代北监军陈景思帅沙陀酋长李友金及萨葛、安庆、吐谷浑诸部入援京师。至绛州,将济河。绛州刺史瞿稹,亦沙陀也,谓景思曰:"贼势方盛,未可轻进,不若且还代北募兵。"遂与景思俱还雁门。

以枢密使杨复光为京城西南面行营都监。

黄巢以朱温为东南面行营都虞候,将兵攻邓州。三月辛亥,陷之,执刺史赵戒,因戍邓州以扼荆、襄。

壬子,加陈敬瑄同平章事。甲寅,敬瑄奏遣左黄头军使李铤将兵击黄巢。

辛酉,以郑畋为京城四面诸军行营都统。赐畋诏:"凡蕃、汉将士赴难有功者,并听以墨敕除官。"畋奏以泾原节度使程宗楚为副都统,前朔方节度使唐弘夫为行军司马。黄巢遣其将尚让、王播帅众五万寇凤翔,畋使弘夫伏兵要害,自以兵数千,多张旗帜,疏陈于高冈。贼以畋书生,轻之,鼓行而前,无复行伍,伏发,贼大败于龙尾陂,斩首二万馀级,伏尸数十里。

有书尚书省门为诗以嘲贼者,尚让怒,应在省官及门卒,悉抉目倒悬之;大索城中能为诗者,尽杀之,识字者给贱役,凡杀三千馀人。

瞿稹、李友金至代州,募兵逾旬,得三万人,皆北方杂胡,屯于崞西,犷悍暴横,稹与友金不能制。友金乃说陈景思曰:"今虽有众数万,苟无威望之将以统之,终无成功。吾兄司徒父子,勇略过人,为众所服。骠骑诚奏天子赦其

代北监军陈景思率领沙陀族酋长李友金及萨葛、安庆、吐谷浑诸部进援京师长安。到绛州将要渡过黄河。绛州刺史瞿稹也是沙陀族人，对陈景思说："贼军势头正盛，不可轻易冒进，不如先回代北去召募部队。"于是瞿稹与陈景思一起回到雁门。

朝廷任命枢密使杨复光为京城西南面行营都监。

黄巢任命朱温为东南面行营都虞候，带兵攻打邓州。三月辛亥(初三)，攻下了邓州，活捉了唐邓州刺史赵戎，于是驻扎在邓州来控扼荆州、襄州一带。

壬子(初四)，僖宗加封陈敬瑄为同平章事。甲寅(初六)，陈敬瑄奏请僖宗派遣左黄头军使李铤率军进攻黄巢。

辛酉(十三日)，僖宗任命郑畋为京城四面诸军行营都统。又赐给郑畋诏书说："凡是我军不管是少数部族还是汉族的将士，只要赴难有功的，都可用我亲笔诏书的名义封拜他们官职。"郑畋上奏任命泾原节度使程宗楚为副都统，原朔方节度使唐弘夫为行军司马。黄巢派遣部将尚让、王播率领五万部众进犯凤翔，郑畋让唐弘夫在要害地带布置伏兵，自己带几千人马，张设许多旗帜，疏疏散散地在高冈上布阵。贼军认为郑畋是一介书生，轻视他，击鼓前进，乱冲乱杀，没了队列，这时唐军伏兵四起，在龙尾陂大败贼军，斩首二万多级，倒伏在地上的尸体长达数十里。

有人把嘲讽贼军的诗写在尚书省的门上，尚让得知后大怒，迁罪于尚书省的官员及守门的士卒，全都挖去眼睛，头足倒挂起来；又在长安城里大肆搜索能写诗的人，全部杀掉，懂点文墨的人罚做贱役，一共杀了三千多人。

瞿稹、李友金到代州去招募兵马，十几天工夫，招募到三万人，都是北方的少数部族，驻扎在崞县西边，这些胡人犷悍蛮横，瞿稹与李友金无法控制。李友金于是劝导陈景思说："眼下虽然拥有数万部众，如果没有一个有威望的将领来统领他们，最终是不会成功的。我的兄长司徒李国昌与他的儿子李克用，都有超人的勇力和谋略，为大家所折服。您如果真的奏请天子赦免他们

罪，召以为帅，则代北之人一麾响应，狂贼不足平也！"景思以为然，遣使诣行在言之，诏如所请。友金以五百骑赍诏诣达靼迎之，李克用帅达靼诸部万人赴之。

群臣追从车驾者稍稍集成都，南北司朝者近二百人，诸道及四夷贡献不绝，蜀中府库充实，与京师无异，赏赐不乏，士卒欣悦。

黄巢得王徽，逼以官，徽阳暗，不从。月馀，逃奔河中，遣人间道奉绢表诣行在。诏以徽为兵部尚书。前夏绥节度使诸葛爽复自河阳奉表自归，即以为河阳节度使。宥州刺史拓跋思恭，本党项羌也，纠合夷、夏兵会鄜延节度使李孝昌于鄜州，同盟讨贼。

奉天镇使齐克俭遣使诣郑畋求自效。甲子，畋传檄天下藩镇，合兵讨贼。时天子在蜀，诏令不通，天下谓朝廷不能复振，及得畋檄，争发兵应之。贼惧，不敢复窥京西。

夏四月戊寅朔，加王铎兼侍中。以拓跋思恭权知夏绥节度使。
黄巢以其将王玫为邠宁节度使，邠州通塞镇将朱玫起兵诛之，让别将李重古为节度使，自将兵讨巢。是时，唐弘夫屯渭北，王重荣屯沙苑，王处存屯渭桥，拓跋思恭屯武功，郑畋屯盩厔。弘夫乘龙尾之捷，进薄长安。

壬午，黄巢帅众东走，程宗楚先自延秋门入，弘夫继至，处存帅锐卒五千夜入城。坊市民喜，争欢呼出迎官军，

的罪行,召他们来做首领,那么代北人氏就会一挥便响应,平定狂贼也就不在话下了。"陈景思表示同意,派遣使者到成都向僖宗报告,僖宗下令批准了这个请求。李友金率五百骑兵带着诏书前往达靼去迎接李国昌、李克用父子,李克用率达靼各部一万人开赴代州。

追随僖宗的诸大臣逐渐聚集到成都,南衙与北司前来朝见僖宗的已近二百人,全国各道及四夷部落贡献的物品也络绎不绝,蜀中的府库充实,与当年的京师并无差别,僖宗的赏赐也不匮乏,士卒都很开心。

黄巢捉住了王徽,逼他当官,王徽装聋不肯从命。一个月后,王徽逃到河中,派人抄小路把写在绢帛上的章表送往成都行宫。僖宗下诏任命王徽为兵部尚书。唐前夏绥节度使诸葛爽从河阳又向僖宗上表,表示要复归唐朝,僖宗即任命他为河阳节度使。宥州刺史拓跋思恭,本是党项羌人,这时纠合了夷、汉各族的部队在鄜州与鄜延节度使李孝昌会合,结为同盟讨伐贼军。

奉天镇使齐克俭派遣使者到郑畋处要求投军效力。甲子(十六日),郑畋向全国各个藩镇传布檄文,号召合力讨伐贼军。当时天子居留蜀地,诏令不能畅通,天下都以为朝廷不能再度振兴,等到得见郑畋的檄文,争相发兵响应。贼军十分恐惧,不敢再窥伺长安以西地区。

夏季四月戊寅这天是初一,唐僖宗加封王铎兼任侍中。又以拓跋思恭代理夏绥节度使。

黄巢任命他的部将王玫为邠宁节度使,唐邠州通塞镇将朱玫起兵杀了王玫,让别将李重古担任邠宁节度使,自己带兵去讨伐黄巢。这时,唐弘夫驻守在渭北,王重荣驻守在沙苑,王处存驻守在渭桥,拓跋思恭驻守在武功,郑畋驻守在盩厔。唐弘夫借着龙尾陂大捷的势头,进逼长安。

壬午(初五),黄巢率军出长安向东撤退,唐将程宗楚率军首先从延秋门入城,唐弘夫接着也赶到了,王处存率领五千精锐士兵也在夜里入了城。坊市百姓十分欣喜,争相欢呼着出迎官军,

或以瓦砾击贼，或拾箭以供官军。宗楚等恐诸将分其功，不报凤翔、鄜夏，军士释兵入第舍，掠金帛、妓妾。处存令军士首系白绢为号，坊市少年或窃其号以掠人。贼露宿霸上，诇知官军不整，且诸军不相继，引兵还袭之，自诸门分入，大战长安中，宗楚、弘夫死。军士重负不能走，是以甚败，死者什八九。处存收馀众还营。

丁亥，巢复入长安，怒民之助官军，纵兵屠杀，流血成川，谓之洗城。于是诸军皆退，贼势愈炽。贼所署同州刺史王溥、华州刺史乔谦、商州刺史宋岩闻巢弃长安，皆帅众奔邓州，朱温斩溥、谦，释岩，使还商州。

庚寅，拓跋思恭、李孝昌与贼战于王桥，不利。

诏以河中留后王重荣为节度使。

贼众上黄巢尊号曰承天应运启圣睿文宣武皇帝。

有双雉集广陵府舍，占者以为野鸟来集，城邑将空之兆。高骈恶之，乃移檄四方，云将入讨黄巢，悉发巡内兵八万，舟二千艘，旌旗甲兵甚盛。五月己未，出屯东塘。诸将数请行期，骈托风涛为阻，或云时日不利，竟不发。

黄巢之克长安也，忠武节度使周岌降之。岌尝夜宴，急召监军杨复光，左右曰："周公臣贼，将不利于内侍，不可往。"复光曰："事已如此，义不图全。"即诣之。酒酣，岌言及本朝，复光泣下，良久，曰："丈夫所感者恩义耳！公自匹夫为公侯，奈何舍十八叶天子而臣贼乎！"岌亦流涕曰：

有的用瓦砾投击贼军,有的拾取箭镞供给官军。程宗楚等担心诸将分去他们的战功,竟不向凤翔、鄜延、夏绥方面通报,进城的军士放下武器闯入民宅,抢掠金帛、妓妾。王处存命令士兵头系白色丝巾作记号,有的坊市少年就盗用这个记号去抢掠。贼军在霸上露宿,侦察到官军纪律不严,而且各路兵马没有相继赶到,就带兵还袭长安,从各城门分别杀入,大战长安城中,程宗楚、唐弘夫被杀。军士抢劫的物品太多太重,跑不动,所以被黄巢军杀得大败,死者达十分之八九。王处存收拾残兵离城回营。

丁亥(初十),黄巢再次进入长安,对长安百姓帮助官军十分恼火,纵兵屠杀,流血成河,把这叫作洗城。于是诸路唐军纷纷撤退,贼军势力更盛。贼军任命的同州刺史王溥、华州刺史乔谦、商州刺史宋岩,听说黄巢放弃了长安,都带领人马放弃守地逃奔邓州,朱温斩杀了王溥、乔谦,释放了宋岩,让他回到商州镇守。

庚寅(十三日),唐将拓跋思恭、李孝昌与贼军在王桥交战,未获战果。

僖宗下诏任命河中留后王重荣为河中节度使。

贼众给黄巢献上尊号为承天应运启圣睿文宣武皇帝。

有一对野鸡飞到广陵府舍落脚,占卜者认为野鸡飞来落脚,是城将要空荡的征兆。高骈对此非常讨厌,就向天下四方传布檄文,声称将讨伐黄巢,调发辖区内的全部兵马共八万人,船二千艘,旌旗飘扬,军势十分旺盛。五月己未这天,大军出屯东塘。诸将多次向高骈询问出征日期,高骈以风涛太大,阻碍行军为借口,有时又以时辰不吉利为托词,最终没有发兵。

黄巢攻克长安时,唐忠武节度使周岌投降了黄巢。周岌曾设晚宴,急召忠武监军杨复光赴宴,杨复光的左右劝告说:“周岌已经投降了贼军,将会害你,不可轻易前往。”杨复光说:“事情已到这个地步,为了大义不能只图保全自己。”便去赴宴。喝到兴头上,周岌谈到大唐王朝,杨复光哭了良久,说:“能够打动大丈夫的,只有恩义罢了!您从一介匹夫成了公侯,为什么要舍弃立国十八世的大唐天子而向黄巢称臣呢?”周岌听后也流泪说:

“吾不能独拒贼，故貌奉而心图之。今日召公，正为此耳。”
因沥酒为盟。是夕，复光遣其养子守亮杀贼使者于驿。时
秦宗权据蔡州，不从岌命，复光将忠武兵三千诣蔡州，说宗
权同举兵讨巢。宗权遣其将王淑将兵三千从复光击邓州，
逗留不进，复光斩之，并其军，分忠武八千人为八都，遣牙
将鹿晏弘、晋晖、王建、韩建、张造、李师泰、庞从等八人将
之。王建，舞阳人；韩建，长社人；晏弘、晖、造、师泰，皆许
州人也。复光帅八都与朱温战，败之，遂克邓州，逐北至蓝
桥而还。

　　昭义节度使高浔会王重荣攻华州，克之。
　　六月戊戌，以郑畋为司空兼门下侍郎、同平章事，都统
如故。
　　邠宁节度副使朱玫屯兴平，黄巢将王播围兴平，玫退
屯奉天及龙尾陂。
　　西川黄头军使李铤将万人，巩咸将五千人屯兴平，为
二寨，与黄巢战，屡捷；陈敬瑄遣神机营使高仁厚将二千人
益之。
　　初，车驾至成都，蜀军赏钱人三缗。田令孜为行在都
指挥处置使，每四方贡金帛，辄颁赐从驾诸军无虚月，不复
及蜀军，蜀军颇有怨言。秋七月丙寅，令孜宴土客都头，以
金杯行酒，因赐之，诸都头皆拜而受，西川黄头军使郭琪独
不受，起言曰：“诸将月受俸料，丰赡有馀，常思难报，岂敢
无厌！顾蜀军与诸军同宿卫，而赏赉悬殊，颇有觖望，恐万
一致变。愿军容减诸将之赐以均蜀军，使土客如一，则上
下幸甚！”令孜默然有间，曰：“汝尝有何功？”对曰：“琪生

"我没有能力独自抵抗贼军,所以表面上臣服而内心却想着打击贼军的办法。今天我把您召来,正是为了这件事。"于是两人滴酒为盟。这天夜晚,杨复光派他的养子杨守亮在驿站杀了黄巢派来的使者。当时秦宗权据守蔡州,不肯听从周岌的调遣,杨复光率领忠武兵三千人前往蔡州,劝说秦宗权与他们共同起兵征讨黄巢。秦宗权派他的部将王淑率兵三千追随杨复光攻打邓州,王淑逗留不前,杨复光杀了他,兼并了他的部队,把忠武军八千人分为八都,派遣牙将鹿晏弘、晋晖、王建、韩建、张造、李师泰、庞从等八人来率领。王建是舞阳人,韩建是长社人,鹿晏弘、晋晖、张造、李师泰都是许州人。杨复光率领八都与朱温交战,击败了他,于是攻克了邓州,追击逃军到蓝桥才回军。

唐昭义节度使高浔联合王重荣共攻华州,将城攻克。

六月戊戌(二十二日),僖宗任命郑畋为司空兼门下侍郎、同平章事,并仍然担任原先的都统职务。

唐邠宁节度副使朱玫驻扎在兴平,黄巢部将王播包围了兴平,朱玫退守奉天及龙尾陂。

唐西川黄头军使李铤率领一万人,巩咸率领五千人进驻兴平,扎下了两个军营,与黄巢军交战,多次获胜;陈敬瑄派遣神机营使高仁厚率军二千人前往增援。

先前,僖宗到了成都,赐给蜀军赏钱每人三缗。田令孜担任行在都指挥处置使,每次收到四方进献的金帛,就颁发给随同僖宗入川的各道部队,每月都给,不再给蜀军,蜀军将士颇有怨言。秋季七月丙寅(二十日),田令孜宴请四川土军与客军的都头,用金杯来行酒,随即把金杯赠给了各位都头,各都头都收下拜谢,只有西川黄头军使郭琪不肯接受,起身说:"各位将领每月都接受国家的俸禄,充足有馀,经常想到国恩难报,哪里还敢贪得无厌! 只是蜀军与外来各军一同宿卫,而赏赐却悬殊,蜀军很有怨气,我担心万一发生兵变。希望你减少一些给诸将的赏物,匀给蜀军,使土军、客军赏赐如一,那么上下都会感到庆幸的!"田令孜沉默了一会儿,说:"你曾立过什么功?"郭琪回答说:"我生

长山东，征戍边鄙，尝与党项十七战，契丹十馀战，金创满身；又尝征吐谷浑，伤胁肠出，线缝复战。"令孜乃自酌酒于别樽以赐琪，琪知其毒，不得已，再拜饮之。归，杀一婢，咂其血以解毒，吐黑汁数升，遂帅所部作乱，丁卯，焚掠坊市。令孜奉天子保东城，闭门登楼，命诸军击之。琪引兵还营，陈敬瑄命都押牙安金山将兵攻之，琪夜突围出，奔广都。

上日夕专与宦者同处，议天下事，待外臣殊疏薄。庚午，左拾遗孟昭图上疏，以为："治安之代，遐迩犹应同心；多难之时，中外尤当一体。去冬车驾西幸，不告南司，遂使宰相、仆射以下悉为贼所屠，独北司平善。况今朝臣至者，皆冒死崎岖，远奉君亲，所宜自兹同休等戚。伏见前夕黄头军作乱，陛下独与令孜、敬瑄及诸内臣闭城登楼，并不召王铎已下及收朝臣入城；翌日，又不对宰相，又不宣慰朝臣。臣备位谏官，至今未知圣躬安否，况疏冗乎！傥群臣不顾君上，罪固当诛；若陛下不恤群臣，于义安在！夫天下者，高祖、太宗之天下，非北司之天下；天子者，四海九州之天子，非北司之天子。北司未必尽可信，南司未必尽无用。岂天子与宰相了无关涉，朝臣皆若路人！如此，恐收复之期，尚劳宸虑，尸禄之士，得以宴安。臣躬被宠荣，职在裨益，虽遂事不谏，而来者可追。"疏入，令孜屏不奏。辛未，矫

长在山东，到边疆来戍守，曾与党项人交战过十七次，与契丹人交战过十多次，满身都是刀枪之伤；又曾征讨过吐谷浑，胁部受伤，肠子都流了出来，用线缝合后就又出战。"田令孜就用另外一个杯子亲自酌酒给郭琪喝，郭琪知道酒中有毒，不得已，再拜后把酒饮下。回家后，杀了一个婢女，吸吮其血来解毒，吐出了好几升黑汁，于是郭琪就率领部下作乱，丁卯（二十一日），焚烧、抢掠了坊市。田令孜拥奉天子保守东城，紧闭城门，登上城楼，命令诸军进攻郭琪。郭琪率兵返回军营，陈敬瑄命令都押牙安全山率兵进攻他，郭琪趁夜突出包围，投奔广都。

　　僖宗日夜总与宦官在一起，共商国家大事，对外廷大臣很冷淡疏远。庚午（二十四日），左拾遗孟昭图上疏劝谏道："在治安的时代，远近尚且应该齐心合力；在国家多难的时代，朝廷内外尤其应当保持一致。去年冬季皇上从长安西行到成都，没有告诉南司的朝臣，致使宰相、仆射以下的官员全部被贼军杀害，只有北司的宦官平安无事。况且现在来到成都的朝臣，都是冒着生命危险、途经崎岖曲折，远道而来侍奉皇上，应该从此一视同仁、休戚与共。臣下我看到前天晚上黄头军作乱，陛下只与田令孜、陈敬瑄及其他宦官内臣闭上城门、登上城楼，既没有召集王铎以下的大臣商议，也没有收纳朝臣入城；第二天，又没有召宰相问对，也不宣慰朝臣。臣下我作为一名谏官，至今不知道陛下圣体是否安泰，何况那些散官呢？倘若群臣不顾君上，固然应治死罪；假若陛下不抚恤群臣，在道义上怎么说得过去！大唐天下，是高祖、太宗开创的天下，不是北司宦官们的天下；大唐天子，是四海九州百姓的天子，不是北司宦官们的天子。北司的宦官未必都可信，南司的朝官未必都不能重用。哪里能天子与宰相毫无关系，视朝臣如路人？这样的话，恐怕收复长安的时间还得有劳陛下考虑，那些只要权不干事的人就能悠闲自在。我身受朝廷的恩宠担任谏官，就是要说一些对国家有益的话，虽然过去的事情不能再挽回，但未来的事情却可以补救。"这道奏疏送上去以后，田令孜压下不向僖宗报告。辛未（二十五日），田令孜伪造

诏贬昭图嘉州司户,遣人沉于蟆颐津,闻者气塞而莫敢言。

　　鄜延节度使李孝昌、权夏州节度使拓跋思恭屯东渭桥,黄巢遣朱温拒之。

　　以义武节度使王处存为东南面行营招讨使,以邠宁节度副使朱玫为节度使。

　　秋八月,高浔与黄巢将李详战于石桥,浔败,奔河中,详乘胜复取华州。巢以详为华州刺史。

　　以权知夏绥节度使拓跋思恭为节度使。

　　九月,李孝昌、拓跋思恭与尚让、朱温战于东渭桥,不利,引去。

　　初,高骈与镇海节度使周宝俱出神策军,骈以兄事宝。及骈先贵有功,浸轻之。既而封壤相邻,数争细故,遂有隙。骈檄宝入援京师,宝治舟师以俟之,怪其久不行,访诸幕客,或曰:"高公幸朝廷多故,有并吞江东之志,声云入援,其实未必非图我也,宜为备。"宝未之信,使人觇骈,殊无北上意。会骈使人约宝面会瓜洲议军事,宝遂以言者为然,辞疾不往,且谓使者曰:"吾非李康,高公复欲作家门功勋以欺朝廷邪!"骈怒,复遣使责宝:"何敢轻侮大臣?"宝诟之曰:"彼此夹江为节度使,汝为大臣,我岂坊门卒邪!"由是遂为深仇。骈留东塘百馀日,诏屡趣之,骈上表,托以宝及浙东观察使刘汉宏将为后患。辛亥,复罢兵还府,其实无赴难心,但欲禳雄集之异耳。

僖宗诏令,把孟昭图贬为嘉州司户,派人在蟆颐津把他投入江中淹死,听说这件事的人都义愤填膺,敢怒不敢言。

鄜延节度使李孝昌、代理夏州节度使拓跋思恭驻扎在东渭桥,黄巢派部将朱温率军对付他们。

朝廷任命义武节度使王处存为东南面行营招讨使,任命邠宁节度副使朱玫为邠宁节度使。

秋季八月,高浔率领官军与黄巢部将李详在石桥交战,高浔失败,逃往河中,李详乘胜收复了华州。黄巢任命李详为华州刺史。

朝廷任命代理夏绥节度使拓跋思恭为夏绥节度使。

九月,李孝昌、拓跋思恭率官军与黄巢部将尚让、朱温在东渭桥交战,失利,率军后撤。

先前,高骈与镇海节度使周宝都从神策军中发迹,高骈以兄长之礼对待周宝。及至高骈先富贵,立了战功,逐渐对周宝轻视不恭。随后两人的辖地相邻,多次为一些小事而争吵,于是有了隔阂。高骈传令周宝率军增援京师长安,周宝整治水军等待高骈行动,对高骈久无动静十分奇怪,访询了一些幕客,有的幕客说:"高公对朝廷多难暗中庆幸,有吞并江东独霸一方的野心,说是要入援长安,其实未必不是想借机图谋我们,应对他早做戒备。"周宝不相信这些话,派人去窥伺高骈,高骈根本没有北上讨贼的意思。适逢高骈派人约请周宝到瓜洲会面商议军机,于是周宝就相信了幕客的推测,以有病为借口没有前去,并对高骈派来的使者说:"我不是李康,高公又想在家门口诬人谋反而收捕大将,作为功勋去欺骗朝廷吗?"高骈听后大怒,又派使者责备周宝说:"你怎么敢轻视、诬侮朝廷大臣?"周宝回骂说:"你我夹江各为节度使,你是朝廷大臣,难道我是坊门的小卒吗?"因这件事两人就结下了深仇。高骈驻留在东塘一百多天,僖宗多次下诏催促他北上讨贼,高骈上表以周宝及浙东观察使刘汉宏将为后患为托词不肯发兵。辛亥(九月初六),又从东塘撤兵回广陵军府。他实际上并没有奔赴前线解救国难的想法,只是想避开野鸡落脚军府的灾异征兆罢了。

忠武监军杨复光屯武功。凤翔行军司马李昌言将本军屯兴平。时凤翔仓库虚竭，犒赏稍薄，粮馈不继，昌言知府中兵少，因激怒其众，冬十月，引军还袭府城。郑畋登城与士卒言，其众皆下马罗拜曰："相公诚无负我曹。"畋曰："行军苟能戢兵爱人，为国灭贼，亦可以顺守矣。"乃以留务委之，即日西赴行在。

天平节度使曹全晸与贼战死，军中立其兄子存实为留后。

十一月，孟楷、朱温袭鄜、夏二军于富平，二军败，奔归本道。

郑畋至凤州，累表辞位，诏以畋为太子少傅、分司，以李昌言为凤翔节度行营招讨使。

十二月，以感化留后时溥为节度使。赐夏州号定难军。

王铎以高骈为诸道都统无心讨贼，自以身为首相，发愤请行，恳款流涕，至于再三，上许之。

二年春正月辛亥，以王铎兼中书令，充诸道行营都都统，权知义成节度使，俟罢兵复还政府。高骈但领盐铁转运使，罢其都统及诸使。听王铎自辟将佐，以太子少师崔安潜为副都统。辛未，以周岌、王重荣为都都统左右司马，诸葛爽及宣武节度使康实为左右先锋使，时溥为催遣纲运租赋防遏使。以右神策观军容使西门思恭为诸道行营都都监。又以王处存、李孝昌、拓跋思恭为京城东北西面都统，以杨复光为南面行营都监使。又以中书舍人郑昌图为

忠武监军杨复光驻守在武功。凤翔行军司马李昌言率领本部人马驻守在兴平。当时凤翔的仓库已经空虚，给军士的犒赏一天比一天少，军粮也接不上，李昌言知道凤翔节度使府兵员很少，就用军粮接不上、犒赏渐少来激怒士兵，冬季十月，李昌言带兵回军袭击凤翔府城。凤翔节度使郑畋登上城楼向城外的士卒喊话，李昌言的部众都下马环绕下拜，说道："相公确实没有做对不起我们的事。"郑畋说："李昌言你如果能收起干戈，爱护百姓，为国讨贼，也可以说是顺守了。"于是委任李昌言为凤翔留守，自己当天就西赴成都的天子行宫。

天平节度使曹全晸在与贼军交战时战死，军中将士立他哥哥的儿子曹存实为天平军留后。

十一月，贼将孟楷、朱温在富平袭击唐鄜延、夏绥二军，二军战败，逃回本道。

郑畋到了凤州，多次向僖宗上表请求辞去职位，僖宗下诏改任郑畋为太子少傅、分司，任命李昌言为凤翔节度行营招讨使。

十二月，朝廷任命感化军留后时溥为感化军节度使。僖宗赐给夏州以定难军的称号。

王铎因高骈身为各道军队的都统却无心讨伐贼军，认为自己身为朝廷宰相，应该出力尽职，于是极力请求统兵讨贼，态度恳切真诚，竟致泪流满面，并且一而再、再而三地恳求，唐僖宗终于同意了。

二年（882）春季正月辛亥（初八）这天，僖宗任命王铎兼任中书令，充任诸道行营都都统，代理义成军节度使，等到讨平贼军罢兵之后再回归朝廷。高骈只兼任盐铁转运使一职，罢免他的都统及诸使等职。准许王铎自行征辟将佐，又任命太子少师崔安潜为副都统。辛未（二十八日）这天，任命周岌、王重荣为都都统左右司马，诸葛爽及宣武节度使康实为左右先锋使，时溥为催遣纲运租赋防遏使。任命右神策观军容使西门思恭为诸道行营都都监。又任命王处存、李孝昌、拓跋思恭为京城东北西面都统，任命杨复光为南面行营都监使。又任命中书舍人郑昌图为

义成节度行军司马,给事中郑畯为判官,直弘文馆王抟为推官,司勋员外郎裴贽为掌书记。昌图,从谠之从祖兄弟;畯,畋之弟;抟,玙之曾孙;贽,坦之子也。又以陕虢观察使王重盈为东面都供军使。重盈,重荣之兄也。

黄巢以朱温为同州刺史,令温自取之。二月,同州刺史米诚奔河中,温遂据之。

己卯,以太子少傅、分司郑畋为司空兼门下侍郎、同平章事,召诣行在,军务一以咨之。以王铎兼判户部事。

朱温寇河中,王重荣击败之。

以李昌言为京城西面都统,朱玫为河南都统。

以右神策将军齐克俭为左右神策军内外八镇兼博野、奉天节度使。赐鄜坊军号保大。

夏四月,王铎将两川、兴元之军屯灵感寺,泾原屯京西,易定、河中屯渭北,邠宁、凤翔屯兴平,保大、定难屯渭桥,忠武屯武功,官军四集。黄巢势已蹙,号令所行不出同、华。民避乱皆入深山筑栅自保,农事俱废,长安城中斗米直三十缗。贼买人于官军以为粮,官军或执山栅之民鬻之,直数百缗,以肥瘠论价。

五月,加淮南节度使高骈兼侍中,罢其盐铁转运使。骈既失兵柄,又解利权,攘袂大诟,遣幕僚顾云草表自诉,言辞不逊,其略曰:"是陛下不用微臣,固非微臣有负陛下。"又曰:"奸臣未悟,陛下犹迷,不思宗庙之焚烧,不痛园陵之开毁。"又曰:"王铎债军之将,崔安潜在蜀贪黩,岂二儒生能戢强兵!"又曰:"今之所用,上至帅臣,下及裨将,以

义成节度行军司马,任命给事中郑畋为判官,任命直弘文馆王抟为推官,任命司勋员外郎裴赞为掌书记。郑昌图是郑从谠的叔祖兄弟;郑畋是郑畋的弟弟;王抟是王玙的曾孙;裴赞是裴坦的儿子。又任命陕虢观察使王重盈为东面都供军使。王重盈是王重荣的哥哥。

黄巢任命朱温为同州刺史,命他自己去夺取同州。二月,唐同州刺史米诚逃奔河中,于是朱温就占据了同州。

己卯(初六),朝廷任命太子少傅、分司郑畋为司空兼门下侍郎、同平章事,把他召到成都行宫,一切军务都向他咨询。任命王铎兼判户部事。

朱温进犯河中,王重荣击败了他。

朝廷任命李昌言为京城西面都统,朱玫为河南都统。

朝廷任命右神策将军齐克俭为左右神策军内外八镇兼博野、奉天节度使。又赐给鄜坊军保大军的称号。

夏季四月,王铎率领两川、兴元的官军驻扎在灵感寺,泾原军驻扎在京西,易定军、河中军驻扎在渭北,邠宁军、凤翔军驻扎在兴平,保大军、定难军驻扎在渭桥,忠武军驻扎在武功,官军从四面八方会集起来了。黄巢的军势越来越弱,号令只能在同州、华州行得通。老百姓为避战乱,都逃入深山构筑栅栏自卫,把农事都废弃了,长安城中一斗米值三十缗钱。贼军只好靠向官军买人来当粮食吃,有的官军也收捕山寨的百姓来卖钱,一个人值数百缗,以人的肥瘦来论价。

五月,加封淮南节度使高骈兼侍中,免去他的盐铁转运使职务。高骈既已失去了兵权,现又解除了财权,捋起袖子大骂,指使他的幕僚顾云起草表文向僖宗诉告,文中用语很不谦恭,表文大意是说:"现在属于陛下不用臣下,绝不是微臣我有负于陛下。"又说:"朝廷内奸臣没有醒悟,陛下也还迷惘,宗庙被人焚烧不忧虑,皇陵被人挖开也不痛惜。"又说:"王铎是个败军之将,崔安潜在四川贪婪轻狂,这两个书生怎么可以管制大军呢?"又说:"现在朝廷所用的人,上至统帅大臣,下至一般将佐,按照

臣所料,悉可坐擒。”又曰:“无使百代有抱恨之臣,千古留刮席之耻。臣但虑寇生东土,刘氏复兴,即轵道之灾,岂独往日!”又曰:“今贤才在野,憸人满朝,致陛下为亡国之君,此子等计将安出!”上命郑畋草诏切责之,其略曰:“缗利则牢盆在手,主兵则都统当权,直至京北、京西神策诸镇,悉在指挥之下,可知董制之权,而又贵作司徒,荣为太尉,以为不用,如何为用乎?”又曰:“朕缘久付卿兵柄,不能翦荡元凶,自天长漏网过淮,不出一兵袭逐,奄残京国,首尾三年;广陵之师,未离封部,忠臣积望,勇士兴讥,所以擢用元臣,诛夷巨寇。”又曰:“从来倚仗之意,一旦控告无门,凝睇东南,惟增凄恻!”又曰:“谢玄破苻坚于淝水,裴度平元济于淮西,未必儒臣不如武将。”又曰:“宗庙焚烧,园陵开毁,龟玉毁椟,谁之过与!”又曰:“‘奸臣未悟’之言,何人肯认!‘陛下犹迷’之语,朕不敢当!”又曰:“卿尚不能缚黄巢于天长,安能坐擒诸将!”又曰:“卿云刘氏复兴,不知谁为魁首?比朕于刘玄、子婴,何太诬罔!”又曰:“况天步未倾,皇纲尚整,三灵不昧,百度俱存,君臣之礼仪,上下之名分,所宜遵守,未可堕陵。朕虽冲人,安得轻侮!”骈臣节既亏,自是贡赋遂绝。

黄巢攻兴平,兴平诸军退屯奉天。

秋七月,以保大留后东方逵为节度使,充京城东面行营招讨使。

我的估计,这些人都要被擒获。"又说:"不要让臣子在百代之后还深感遗憾,不要让帝王在千秋万代后还满心羞愧。我惟恐山东出现盗寇,刘邦这样的人再次兴起,像秦王婴轵道请降的灾害,难道只有往日才有吗?"又说:"眼下贤能之人闲置不用,寡廉鲜耻的人满朝都是,这会使陛下做亡国之君,这些人能想出什么计策?"僖宗命令郑畋起草诏书严厉责备高骈,大意是说:"你专管江、淮一带的盐利,担任都统主管兵权,直到京北、京西的神策军及各镇,都在你的指挥之下,可以知道你掌管的权力多么大,又贵为司徒,荣升太尉,却说没有重用你,那么怎样才算重用呢?"又说:"由于朕长期把兵权交给你,你却不能剪除元凶,黄巢在天长之役漏网后渡过淮河,你也没有派出一兵一卒追袭,使贼军攻入长安,残毁京师,前后长达三年;你统领的广陵部队,从没离开过驻地,忠良大臣深怀怨恨,猛将勇士开始讥讽了,所以朕起用元老大臣,以消灭贼军强寇。"又说:"你向来是希图有所倚仗,而一旦控告呈诉找不到门路,就斜眼凝望着东南地区,只增加了许多悲伤!"又说:"谢玄在淝水之战击破苻坚,裴度在淮西之役中平定吴元济,看来儒臣不见得不如武将。"又说:"祖宗祭庙被火焚烧,墓地陵园被贼捣毁,宝龟美玉被人毁坏,究竟是谁的过错呢?"又说:"你说'奸臣没有醒悟',谁肯承认呢?你说'陛下也还迷惘',朕也不敢当!"又说:"你在天长尚且不能活捉黄巢,又怎能坐擒诸将呢?"又说:"你说刘氏将会复兴,不知其头目是谁?你又把朕比作刘玄、子婴,这太诬蔑朕、欺罔朕了!"又说:"何况大唐天下还未倾覆,朝廷纲纪尚且严整,天地人道没有沦丧,各种法度全都保存,君臣之间的礼仪,上上下下的名分,还应该遵守,不可破坏丢弃。朕虽然年龄还轻,但又怎能容忍你这般地轻蔑和侮辱!"高骈既然已经有失臣下的礼节,自此以后索性断绝了进贡纳赋。

黄巢攻打兴平,驻守兴平的各路唐军退守奉天。

秋季七月,朝廷任命保大留后东方逵为保大节度使,充任京城东面行营招讨使。

八月，黄巢所署同州防御使朱温屡请益兵以扞河中，知右军事孟楷抑之，不报。温见巢兵势日蹙，知其将亡，亲将胡真、谢瞳劝温归国。九月丙戌，温杀其监军严实，举州降王重荣。温以舅事重荣，王铎承制以温为同华节度使，使瞳奉表诣行在。瞳，福州人也。李详以重荣待温厚，亦欲归之，为监军所告，黄巢杀之，以其弟思邺为华州刺史。

冬十月，以朱温为右金吾大将军、河中行营招讨使，赐名全忠。以平卢大将王敬武为留后。时诸道兵皆会关中讨黄巢，独平卢不至，王铎遣都统判官、谏议大夫张濬往说之。敬武已受黄巢官爵，不出迎，濬见敬武，责之曰："公为天子藩臣，侮慢诏使，不能事上，何以使下！"敬武愕然，谢之。既宣诏，将士皆不应，濬徐谕之曰："人生当先晓逆顺，次知利害。黄巢，前日贩盐虏耳，公等舍累叶天子而臣之，果何利哉！今天下勤王之师皆集京畿，而淄青独不至；一旦贼平，天子返正，公等何面目见天下之人乎！不亟往分功名、取富贵，后悔无及矣！"将士皆改容引咎，顾谓敬武曰："谏议之言是也。"敬武即发兵从濬而西。

黄巢兵势尚强，王重荣患之，谓行营都监杨复光曰："臣贼则负国，讨贼则力不足，奈何？"复光曰："雁门李仆射，骁勇，有强兵，其家尊与吾先人尝共事相善，彼亦有徇

八月，黄巢署置的同州防御使朱温多次请求增调兵力来捍卫河中地区，知右军事孟楷把这事压了下来，没有上报。朱温见黄巢的军势一天不如一天，知道他将要败亡，他的亲信将领胡真、谢瞳规劝朱温归顺朝廷。九月丙戌（十七日），朱温杀死了黄巢派来的监军严实，带领同州全部人马投降了王重荣。朱温把王重荣当作舅父来侍奉，王铎依照僖宗授权任命朱温为同华节度使，派谢瞳带着章表前往僖宗的成都行宫报告。谢瞳是福州人。李详因为王重荣厚待朱温，也想去投降，被随军的监军告发，黄巢杀掉了他，任命他弟弟黄思邺为华州刺史。

冬季十月，僖宗任命朱温为右金吾大将军、河中行营招讨使，赐其名为全忠。又任命平卢大将王敬武为留后。这时各道官军都会集到关中讨伐黄巢，只有平卢兵马不到，王铎便派都统判官、谏议大夫张濬前去对王敬武进行劝说。王敬武已经接受了黄巢的官爵，没有出来迎接，张濬见了王敬武责备他说："你身为天子的藩臣，却怠慢、侮辱宣达诏书的使者；你不能侍奉皇上，怎么能指挥属下呢？"王敬武吃了一惊，连忙谢罪。诏书宣读后，王敬武的将士都不作声，张濬慢慢开导他们说："人生在世应当首先懂得什么是大逆不道，什么是顺从纲常，其次应当知道利害关系。黄巢从前不过是一个贩盐的贱人，你们舍弃传了好多代的大唐天子而去做黄巢的下属，究竟有什么好处？现在天下救援皇上的部队都会集到了京师附近，只有淄青的兵马未到；一旦平定了贼寇，天子返回京师重登正位，你们还有什么面目去见天下人呢？现在还不赶快去分取功名，取得富贵，将来后悔就来不及了！"王敬武手下的将士改变了态度，承认了错误，回头对王敬武说："谏议大夫说得对啊。"王敬武立即派兵跟随张濬向西进发。

这时黄巢的兵势还算强大，王重荣对此很是担忧，对行营都监杨复光说："对贼称臣就是辜负朝廷，讨伐贼军则力量不足，该怎么办呢？"杨复光回答说："雁门李克用仆射骁勇善战，手下拥有强兵，他的父亲与我先人曾共过事，关系很好，他也有为国尽忠

国之志，所以不至者，以与河东结隙耳。诚以朝旨谕郑公而召之，必来，来则贼不足平矣！"东面宣慰使王徽亦以为然。时王铎在河中，乃以墨敕召李克用，谕郑从谠。十一月，克用将沙陀万七千自岚、石路趣河中。

李详旧卒共逐黄思邺，推华阴镇使王遇为主，以华州降王重荣，王铎承制以遇为刺史。

十二月，以忻、代等州留后李克用为雁门节度使。李克用将兵四万至河中，遣从父弟克脩先将兵五百济河尝贼。初，克用弟克让为南山寺僧所杀，其仆浑进通归于黄巢。自高浔之败，诸军皆畏贼，莫敢进。及克用军至，贼惮之，曰："鸦军至矣，当避其锋。"克用皆衣黑，故谓之鸦军。巢乃捕南山寺僧十馀人，遣使赍诏书及重赂，因浑进通诣克用以求和。克用杀僧，哭克让，受其赂以分诸将，焚其诏书，归其使者，引兵自夏阳渡河，军于同州。

三年春正月，李克用将李存贞败黄揆于沙苑。己巳，克用进屯沙苑。揆，巢之弟也。王铎承制以克用为东北面行营都统，以杨复光为东面都统监军使，陈景思为北面都统监军使。乙亥，制以中书令、充诸道行营都统王铎为义成节度使，令赴镇。田令孜欲归重北司，称铎讨黄巢久无功，卒用杨复光策，召沙陀而破之，故罢铎兵柄以悦复光。又以副都统崔安潜为东都留守，以都都监西门思恭为右神策中尉，充诸道租庸兼催促诸道进军等使。令孜自以建议

的志向,他之所以不来,是因为与河东节度使郑从谠有矛盾。如果用朝廷诏旨劝告郑从谠,征召李克用,李克用一定会来,来后平定贼寇就不在话下了!"东面宣慰使王徽也认为这个办法好。这时王铎在河中地区,就用皇帝亲笔诏书的名义征召李克用,并劝告郑从谠。十一月,李克用率领沙陀族兵一万七千人从岚州、石州一路赶往河中。

黄巢部将李详的旧部人马共同驱逐了黄思邺,推举华阴镇使王遇为首领,献上华州归降王重荣,王铎按照皇帝授权任命王遇为刺史。

十二月,朝廷任命忻、代等州留后李克用为雁门节度使。李克用率四万兵马到达河中地区,派遣堂弟李克脩先率五百兵马渡过黄河试探贼军虚实。先前,李克用的弟弟李克让被南山寺僧人杀死,他的仆人浑进通投降了黄巢。自从高浔被黄巢部将李详击败以后,各路官军惧怕贼军,不敢向前。待到李克用的部队一到,贼军害怕了,说:"鸦军来了,应该避开他们的锋芒。"李克用的部队都穿黑衣,所以称为鸦军。于是黄巢抓了南山寺僧人十余名,派使者带着诏书及丰厚的贿赂物品,通过浑进通到李克用那里求和。李克用杀掉南山寺僧人,为李克让之死痛哭一场,又接纳了黄巢的贿赂分给各位将领,烧掉黄巢送来的诏书,送回了黄巢的使者,率领兵马从夏阳渡过黄河,在同州驻扎下来。

三年(883)春季正月,李克用的部将李存贞在沙苑打败了黄揆。己巳(初二)这一天,李克用率军进驻沙苑。黄揆是黄巢的弟弟。王铎按照皇帝授权任命李克用为东北面行营都统,任命杨复光为东面都统监军使,任命陈景思为北面都统监军使。乙亥(初八)这天,僖宗任命中书令、充诸道行营都统王铎为义成节度使,命令他赶赴镇所。田令孜想把重权收归北司,便向僖宗奏称王铎讨伐黄巢军久无建树,最后用杨复光的策略,召来沙陀兵才击破了贼兵,所以罢去王铎的兵权来取悦杨复光。朝廷又任命副都统崔安潜为东都留守,任命都都监西门思恭为右神策中尉,充任诸道租庸兼催促诸道进军等使。田令孜自认为自己建议

幸蜀、收传国宝、列圣真容、散家财犒军为己功,令宰相藩镇共请加赏,上以令孜为十军兼十二卫观军容使。

二月壬子,李克用进军乾坑,与河中、易定、忠武军合。尚让将十五万众屯于梁田陂,明日,大战,自午至晡,贼大败,俘斩数万,伏尸三十里。巢将王蟠、黄揆袭华州,据之,王遇亡去。甲子,李克用进围华州,黄思邺、黄揆婴城固守,克用分骑屯渭北。

加凤翔节度使李昌言同平章事。

黄巢兵数败,食复尽,阴为遁计,发兵三万扼蓝田道,三月壬申,遣尚让将兵救华州,李克用、王重荣引兵逆战于零口,破之。克用进军渭桥,骑军在渭北,克用每夜令其将薛志勤、康君立潜入长安,燔积聚,斩虏而还,贼中大惊。

己丑,以河中行营招讨副使朱全忠为宣武节度使,俟克复长安,令赴镇。癸巳,李克用等拔华州,黄揆弃城走。

夏四月,李克用与忠武将庞从、河中将白志迁等引兵先进,与黄巢军战于渭南,一日三战,皆捷;义成、义武等诸军继之,贼众大奔。甲辰,克用等自光泰门入京师,黄巢力战不胜,焚宫室遁去。贼死及降者甚众,官军暴掠,无异于贼,长安室屋及民所存无几。巢自蓝田入商山,多遗珍宝于路,官军争取之,不急追,贼遂逸去。

僖宗避居蜀地,收护传国宝和各朝先帝画像,散发私人财产犒劳官军有功,指使宰相、藩镇一起向皇帝请求给他加赏,僖宗任命田令孜为十军兼十二卫观军容使。

二月壬子(十五日),李克用进军乾坑,与河中、易定、忠武军会合。黄巢的部将尚让率领十五万人马驻扎在梁田陂。第二天,双方展开激战,从中午一直打到下午,贼军大败,被俘、被杀达几万人,方圆三十里遍布尸体。黄巢部将王蟠、黄揆率军进袭并占据了华州,王遇逃走。甲子(二十七日)这一天,李克用进军围住了华州,黄思邺、黄揆据城固守,李克用分派一部分骑兵进驻渭北。

朝廷加封凤翔节度使李昌言为同平章事。

黄巢屡战屡败,粮食又吃完了,于是在暗中筹划逃跑事宜,他们发兵三万扼守向南逃跑的蓝田要道。三月壬申(初六),黄巢派遣尚让率领军队救援华州,李克用、王重荣率领官军在零口迎战,打败了尚让军。李克用向渭桥进军,分派出去的骑兵又活动在渭北,李克用每天晚上都派他的部将薛志勤、康君立偷偷进入长安,烧毁贼军积聚的物资,攻杀贼军后返回,贼军军中大为惊惧。

己丑(二十三日),朝廷任命河中行营招讨副使朱全忠为宣武节度使,等到克复长安后,再命他前往镇所。癸巳(二十七日),李克用等人攻克了华州,黄揆弃城逃跑。

夏季四月,李克用与忠武将领庞从、河中将领白志迁等人带领兵马率先挺进,在渭南地区与黄巢军交战,一天打了三仗,都获得了胜利;义成、义武等各路部队相继推进,贼众纷纷奔逃。甲辰(初八)这一天,李克用等人从光泰门进入京师长安,黄巢全力抵抗,无法坚持,于是焚烧宫室后逃走了。贼军被杀死以及投降的特别多,官军在城中大肆抢掠,与贼军没有什么两样,长安的房屋和百姓所剩无几了。黄巢从蓝田进入商山,在一路上扔下了许多珍奇宝物,官军于是争相拾取,不再抓紧追击,贼军因此逃脱了。

杨复光遣使告捷，百官入贺。诏留忠武等军二万人，委大明宫留守王徽及京畿制置使田从异部分，守卫长安。五月，加朱玫、李克用、东方逵同平章事。升陕州为节度，以王重盈为节度使。又建延州为保塞军，以保大行军司马、延州刺史李孝恭为节度使。克用时年二十八，于诸将最少，而破黄巢复长安，功第一，兵势最强，诸将皆畏之。克用一目微眇，时人谓之"独眼龙"。

诏以崔璆家贵身显，为黄巢相首尾三载，不逃不隐，于所在斩之。

黄巢使其骁将孟楷将万人为前锋，击蔡州，节度使秦宗权逆战而败。贼进攻其城，宗权遂称臣于巢，与之连兵。

初，巢在长安，陈州刺史宛丘赵犨谓将佐曰："巢不死长安，必东走，陈其冲也。且巢素与忠武为仇，不可不为之备。"乃完城堑，缮甲兵，积刍粟，六十里之内，民有资粮者，悉徙之入城。多募勇士，使其弟昶珝、子麓林分将之。孟楷既下蔡州，移兵击陈，军于项城。犨先示之弱，伺其无备，袭击之，杀获殆尽，生擒楷，斩之。巢闻楷死，惊怒，悉众屯溵水。六月，与秦宗权合兵围陈州，掘堑五重，百道攻之。陈人大恐，犨谕之曰："忠武素著义勇，陈州号为劲兵，况吾家久食陈禄，誓与此州存亡。男子当求生于死中，且徇国而死，不愈于臣贼而生乎！有异议者斩！"数引锐兵开门出击贼，破之。巢益怒，营于州北，立宫室百司，为持久之计。时民间无积聚，贼掠人为粮，生投于碓砲，并骨食之，

杨复光派使者向朝廷报捷,百官都向僖宗祝贺。僖宗下诏命令留下忠武等军二万人,交给大明宫留守王徽及京畿制置使田从异调遣,守卫京师长安。五月,加封朱玫、李克用、东方逵为同平章事。将陕州建制升为节度,任命王重盈为节度使。又建延州为保塞军,任命保大行军司马、延州刺史李孝恭为节度使。当时李克用二十八岁,在诸将中年龄最小,但在攻破黄巢、收复长安上,功劳最大,兵势也最强,诸将都惧怕他。李克用的一只眼睛有点儿小,当时人们称他为"独眼龙"。

　　僖宗下诏指责崔璆家世高贵、自身显赫,但做黄巢的宰相,前后达三年,不逃走也不隐遁,在他所在地斩杀了他。

　　黄巢派他的骁将孟楷率一万人马为前锋进攻蔡州,节度使秦宗权迎战失败。贼军进而进攻蔡州城,秦宗权便向黄巢称臣,与黄巢军联兵作战。

　　先前,黄巢还在长安,陈州刺史宛丘人赵犨对他的将佐说:"黄巢如果不死在长安,必定会向东逃跑,陈州城首当其冲。况且黄巢与忠武军原本就是仇家,不能不做准备。"于是修城池,挖壕沟,缮治武器,储备粮草,六十里之内有资财粮食的百姓,都迁入陈州城内。募集了许多勇士,派他的弟弟赵昶翙、儿子赵麓林分别率领。孟楷攻下了蔡州,又调兵进击陈州,在项城驻扎下来。赵犨先向贼军示弱,乘贼军不备时突然袭击,贼军几乎全部被杀死或俘获,孟楷被活捉,处斩。黄巢听说孟楷被杀,既惊恐又愤怒,调动全部人马驻守在溵水。六月,黄巢与秦宗权合兵围攻陈州,在城下挖了五道壕沟,用各种各样的方法攻城。陈州百姓十分害怕,赵犨对他们说:"忠武军一向以忠义勇敢著称,陈州兵号称强兵,何况我家长期吃用陈州的俸禄,誓与陈州共存亡。大丈夫应当在死战中求得生路,况且以身殉国而死,难道不比做贼臣子、贪生怕死强吗? 有异议的斩首!"多次率领精锐部队出城攻贼、获胜。黄巢更加恼怒,在陈州北面扎下营寨,建筑宫室,设立百官,作长久攻城的打算。当时民间已经没有粮草积聚,贼军抢掠活人作为军粮,把活人投入石磨里磨,连同骨头一起吃,

号给粮之处曰"舂磨寨"。纵兵四掠,自河南许、汝、唐、邓、孟、郑、汴、曹、濮、徐、兖等数十州,咸被其毒。

宣武节度使朱全忠帅所部数百人赴镇,秋七月丁卯,至汴州。时汴、宋荐饥,公私穷竭,内则骄军难制,外为大敌所攻,无日不战,众心危惧,而全忠勇气益振。诏以黄巢未平,加全忠东北面都招讨使。

以李克用为河东节度使,召郑从谠诣行在。克用乃自东道过榆次,诣雁门省其父。

司徒、门下、同平章事郑畋罢为太子太保。

九月,感化节度使时溥营于溵水,加溥东面兵马都统。

十二月,赵犨遣人间道求救于邻道,于是周岌、时溥、朱全忠皆引兵救之。全忠与黄巢之党战于鹿邑,败之,斩首二千馀级,遂引兵入亳州而据之。

四年,黄巢兵尚强,周岌、时溥、朱全忠不能支,共求救于河东节度使李克用。二月,克用将蕃、汉兵五万出天井关。河阳节度使诸葛爽辞以河桥不全,屯兵万善以拒之。克用乃还兵自陕、河中渡河而东。

三月,朱全忠击黄巢瓦子寨,拔之。巢将陕人李唐宾、楚丘王虔裕降于全忠。

黄巢围陈州几三百日,赵犨兄弟与之大小数百战,虽兵食将尽,而众心益固。李克用会许、汴、徐、兖之军于陈州。时尚让屯太康,夏四月癸巳,诸军进拔太康。黄思邺屯西华,诸军复攻之,思邺走。黄巢闻之惧,退军故阳里,陈州围始解。

称供给粮食的地方叫"春磨寨"。放纵贼兵四出抢掠,河南、许、汝、唐、邓、孟、郑、汴、曹、濮、徐、兖等数十州,都遭到了黄巢军队的蹂躏。

宣武节度使朱全忠率领部下几百人赶往镇所,秋季七月丁卯(初三),他们到达了汴州。当时汴州、宋州一带闹饥荒,官府、私家都很艰难,内部官兵骄横难以控制,外部又有强寇进攻,无日不交战,大家都担心害怕,只有朱全忠却勇气更加振奋。僖宗颁诏,因黄巢还没有平定,加封朱全忠为东北面都招讨使。

朝廷任命李克用为河东节度使,又征召郑从谠赶往皇帝所在地成都。于是李克用便从东道经过榆次,到雁门看望他的父亲。

僖宗罢免了郑畋的司徒、门下、同平章事职务,改任太子太保。

九月,感化节度使时溥在溵水扎营,朝廷加封他为东面兵马都统。

十二月,赵犨派人抄小道向邻近各道求救,此时周岌、时溥、朱全忠都带兵去营救他。朱全忠与黄巢的兵马在鹿邑交战,获胜,斩首二千馀级,于是率官军进入亳州,占据了该城。

四年(884),黄巢的兵马还比较强,周岌、时溥、朱全忠支持不住,一起向河东节度使李克用求救。二月,李克用率领五万蕃、汉兵从天井关出发。河阳节度使诸葛爽以河阳桥尚未完工为托词,在万善驻兵拒绝李克用部通过。于是李克用部回军从陕州和河中渡过黄河东进。

三月,朱全忠进击黄巢军控制的瓦子寨,攻克了这个兵寨。黄巢部将陕西人李唐宾、楚丘人王虔裕向朱全忠投降。

黄巢围困陈州已将近三百天,赵犨兄弟与黄巢军打了大小数百仗,虽然武器、粮草都快用完了,但大家的决心更加坚定。李克用与许、汴州、徐州、兖州的部队在陈州会师。当时尚让驻扎在太康,夏季四月癸巳(初三)这一天,各路官军进攻并攻克了太康。黄思邺驻守在西华,各路官军接着去攻打,黄思邺逃走。黄巢听到这一消息后惊慌了,率部队撤退到了故阳里,陈州这才解了围。

朱全忠闻巢将至,引军还大梁。五月癸亥,大雨,平地三尺,黄巢营为水所漂,且闻李克用至,遂引兵东北趣汴州,屠尉氏。尚让以骁骑五千进逼大梁,至于繁台,宣武将丰人朱珍、南华庞师古击却之。全忠复告急于李克用,丙寅,克用与忠武都监使田从异发许州,戊辰,追及黄巢于中牟北王满渡,乘其半济,奋击,大破之,杀万馀人,贼遂溃。尚让帅其众降时溥,别将临晋李谠、曲周霍存、甄城葛从周、冤句张归霸及从弟归厚帅其众降朱全忠。巢逾汴而北,己巳,克用追击之于封丘,又破之。庚午夜,复大雨,贼惊惧东走,克用追之,过胙城、匡城。巢收馀众近千人,东奔兖州。辛未,克用追至冤句,骑能属者才数百人,昼夜行二百馀里,人马疲乏,粮尽,乃还汴州,欲裹粮复追之,获巢幼子及乘舆器服符印,得所掠男女万人,悉纵遣之。

庚辰,时溥遣其将李师悦将兵万人追黄巢。

六月甲辰,武宁将李师悦与尚让追黄巢至瑕丘,败之。巢众殆尽,走至狼虎谷。丙午,巢甥林言斩巢兄弟妻子首,将诣时溥,遇沙陀博野军,夺之,并斩言首以献于溥。

秋七月壬午,时溥遣使献黄巢及家人首并姬妾,上御大玄楼受之。宣问姬妾:“汝曹皆勋贵子女,世受国恩,何

朱全忠听说黄巢将要来到，就率兵赶回大梁。五月癸亥（初三）这一天，天上下着大雨，平地积水有三尺深，黄巢的军营被大水冲淹，又听说李克用到了，就率兵向东北方向直扑汴州，屠灭了尉氏城。尚让带领五千骁勇骑兵进逼大梁，到达了繁台，宣武军将领丰州人朱珍、南华人庞师古把他们击退了。朱全忠又向李克用告急求援，丙寅（初六），李克用与忠武都监使田从异从许州发兵，戊辰（初八），在中牟北边的王满渡追上了黄巢军，乘黄巢军渡汴河到一半时奋力袭击，大破贼军，杀死一万馀人，贼军便崩溃了。尚让率领他的部众投降了时溥，黄巢的别将临晋人李谠、曲周人霍存、甄城人葛从周、冤句人张归霸以及他的堂弟张归厚率领他们的部下投降了朱全忠。黄巢越过汴河向北逃去，己巳（初九），李克用在封丘赶上了黄巢，再次打败了他。庚午（初十）这一天的夜间，又下起了大雨，贼军惊恐地向东逃窜，李克用继续追击，先后经过了胙城、匡城。黄巢收拾剩馀人马将近一千人，朝东奔往兖州。辛未（十一日），李克用追到冤句，骑兵中能跟上他的只有数百人，一个昼夜跑了二百多里，人马疲乏，粮食也吃光了，于是回到汴州，打算带了粮食再追。李克用活捉了黄巢的幼子、缴获了黄巢乘坐的车马和他的器具、服饰、符节和印章，还得到了黄巢劫掠的男女百姓一万人，把他们全都放了。

庚辰（二十日），时溥派他的部将李师悦率领一万人马去追击黄巢。

六月甲辰（十五日），武宁将军李师悦和尚让追击黄巢到瑕丘，打败黄巢。黄巢的人马所剩无几，逃到狼虎谷。丙午（十七日），黄巢的外甥林言斩下了黄巢及其兄弟、妻子的头颅，正要赶往时溥那里投降，路上遇到沙陀博野军，夺下了黄巢等人的头颅，还斩下林言的头一并献给了时溥。

秋季七月壬午（二十四日），时溥派使者向朝廷献纳黄巢及其家属的首级，还有他的姬妾，僖宗登临大玄楼接受进献。僖宗问黄巢的姬妾："你们都是功勋显贵家的子女，世代蒙受国恩，为什么

为从贼?"其居首者对曰:"狂贼凶逆,国家以百万之众,失守宗祧,播迁巴、蜀,今陛下以不能拒贼责一女子,置公卿将相于何地乎!"上不复问,皆戮之于市。人争与之酒,其馀皆悲怖昏醉,居首者独不饮不泣,至于就刑,神色肃然。

上以长安宫室焚毁,故久留蜀未归。王徽知京兆尹事,招抚流散,户口稍归,复缮治宫室,百司粗有绪。冬十月,关东藩镇表请车驾还京师。

十二月,凤翔节度使李昌言病,表弟昌符知留后。昌言薨,制以昌符为凤翔节度使。

时黄巢虽平,秦宗权复炽,命将出兵,寇掠邻道,陈彦侵淮南,秦贤侵江南,秦诰陷襄、唐、邓,孙儒陷东都、孟、陕、虢,张晊陷汝、郑,卢瑭攻汴、宋,所至屠翦焚荡,殆无孑遗。其残暴又甚于巢,军行未始转粮,车载盐尸以从。北至卫、滑,西及关、辅,东尽青、齐,南出江、淮,州镇存者仅保一城,极目千里,无复烟火。上将还长安,畏宗权为患。

光启元年春正月戊午,下诏招抚之。己卯,车驾发成都,陈敬瑄送至汉川而还。二月丙申,至凤翔。三月丁卯,至京师。荆棘满城,狐兔纵横,上凄然不乐。己巳,赦天下,改元。时朝廷号令所行,惟河西、山南、剑南、岭南数十州而已。

去跟随贼军呢?"为首的姬妾回答说:"贼寇逞凶作乱,国家有百万大军,却不能守住祖庙,流迁到巴、蜀,现在陛下责备一个女子不能抗拒贼寇,那对朝廷上的公卿将相又该怎样处置呢?"僖宗不再问话,下令把黄巢姬妾在集市上全部杀掉。人们争着给黄巢的姬妾送酒,其他姬妾都悲痛恐惧喝醉了,只有为首的那位姬妾既不饮酒也不哭泣,到了行刑时,神色依然肃穆坦然。

由于长安宫室被焚毁,所以僖宗一直留在蜀地未返归。王徽掌管京兆尹事务,招抚流散的百姓,长安居民逐渐回来了一些,又修缮宫室,百官官署粗有头绪。冬季十月,关东藩镇上表请求僖宗返回京师长安。

十二月,凤翔节度使李昌言得病,上表给僖宗请求让他弟弟李昌符担任留后。李昌言死后,僖宗下诏任命李昌符为凤翔节度使。

当时黄巢的部众虽被平定,秦宗权的势力却复兴了,他命令部将出兵抢掠邻近各道,由陈彦侵淮南,秦贤侵江南,秦诰攻克襄州、唐州、邓州,孙儒攻克东都、孟州、陕州、虢州,张晊攻克汝州、郑州,卢瑭进攻汴州、宋州,所到之地烧杀抢掠,几乎什么也不留下。其残暴程度比黄巢还厉害,军队出发时没有转运粮食,就把盐腌的死尸放在车上随军行动。北面到卫州、滑州,西面到关、辅地区,东面到青州、齐州,南面到江、淮一带,这个范围内的州镇即使能保存也只是保得自身一城,远望千里,再也看不到烟火。僖宗准备返回长安,害怕秦宗权作乱加害。

光启元年(885)春季正月戊午(初二),僖宗下诏招抚秦宗权。己卯(二十三日),僖宗从成都出发前往长安,陈敬瑄一直送到汉川才回去。二月丙申(初十),僖宗到了凤翔。三月丁卯(十二日),僖宗到达了京师长安。只见长安满城杂草丛生,狐狸野兔到处乱窜,僖宗悲痛难过,闷闷不乐。己巳(十四日),僖宗下诏赦免天下犯人,改用光启年号。当时朝廷号令能够行得通的地方,只有河西、山南、剑南、岭南几十州而已。

藩镇之乱

唐僖宗光启元年。初，田令孜在蜀募新军五十四都，每都千人，分隶两神策，为十军以统之，又南牙、北司官共万馀员，是时藩镇各专租税，河南北、江、淮无复上供，三司转运无调发之所，度支惟收京畿、同、华、凤翔等数州租税，不能赡，赏赉不时，士卒有怨言。令孜患之，不知所出。先是，安邑、解县两池盐皆隶盐铁，置官榷之。中和以来，河中节度使王重荣专之，岁献三千车以供国用，令孜奏复如旧制隶盐铁。夏四月，令孜自兼两池榷盐铁使，收其利以赡军。重荣上章论诉不已，遣中使往谕之，重荣不可。时令孜多遣亲信觇藩镇，有不附己者，辄图之。令孜养子匡祐使河中，重荣待之甚厚，而匡祐傲甚，举军皆愤怒。重荣乃数令孜罪恶，责其无礼，监军为讲解，仅得脱去。匡祐归，以告令孜，劝图之。五月，令孜徙重荣为泰宁节度使，以泰宁节度使齐克让为义武节度使，以义武节度使王处存

藩镇之乱

　　唐僖宗光启元年(885)。先前,田令孜在蜀地招募了新军五十四都,每都一千人,分别隶属于左、右神策军,组成十个军加以统领,还有南牙、北司的朝官与宦官共一万多人。这时各地藩镇独占当地的租税,河南、河北、江、淮不再向朝廷上供,三司转运没有再能调发租赋的地方,度支只能收取京畿、同州、华州、凤翔等数州的租税,不够赡养朝廷的百官和军队,赏赐也不准时,士卒有怨言。田令孜担忧,但不知该怎么办好。在这以前,安邑、解县两地的池盐都隶属于国家的盐铁使司,设置专门官员主管池盐的专卖。僖宗中和年间以来,河中节度使王重荣独掌池盐事务,每年献给朝廷三千车盐以供国用,田令孜向朝廷奏请像以前那样收归盐铁使司主管。夏季四月,田令孜亲自兼任安邑、解县两池榷盐铁使,收取盐利来供养军队。王重荣不断上奏章进行辩论申诉,僖宗派遣宫中使者前去抚慰解释,王重荣仍不同意。当时田令孜派了许多亲信去侦伺各个藩镇的情况,有不依附自己的,就设法暗算。田令孜的养子田匡祐出使河中,王重荣待他十分优厚,但田匡祐却十分傲慢,全军对他都很愤怒。王重荣便历数田令孜的罪恶,指责田匡祐的傲慢无礼,监军为他说情,田匡祐才得以脱身。田匡祐回去后把情况告诉了田令孜,劝田令孜暗算王重荣。五月,田令孜改任王重荣为泰宁节度使,任命原泰宁节度使齐克让为义武节度使,任命原义武节度使王处存

为河中节度使,仍诏李克用以河东军援处存赴镇。

王重荣自以有复京城功,为田令孜所嫉,不肯之兖州,累表论令孜离间君臣,数令孜十罪,令孜结邠宁节度使朱玫、凤翔节度使李昌符以抗之。王处存亦上言:"幽、镇兵新退,臣未敢离易、定。且王重荣无罪,有大功于国,不宜轻有改易,摇藩镇心。"诏趣其上道,八月,处存引军至晋州,刺史冀君武闭城不内而还。

冬十月,王重荣求救于李克用,克用方怨朝廷不罪朱全忠,克用怨全忠事见《诸镇相攻》。选兵市马,聚结诸胡,议攻汴州,报曰:"待吾先灭全忠,还扫鼠辈如秋叶耳!"重荣曰:"待公自关东还,吾为虏矣。不若先除君侧之恶,退擒全忠易矣。"时朱玫、李昌符亦阴附朱全忠,克用乃上言:"玫、昌符与全忠相表里,欲共灭臣,臣不得不自救,已集蕃、汉兵十五万,决以来年济河,自渭北讨二镇,不近京城,保无惊扰。既诛二镇,乃旋师灭全忠以雪仇耻。"上遣使者谕释,冠盖相望。

朱玫欲朝廷讨克用,数遣人潜入京城,烧积聚,或刺杀近侍,声云克用所为,于是京师震恐,日有讹言。令孜遣玫、昌符将本军及神策、鄜、延、灵、夏等军各三万人屯沙苑,以讨王重荣,重荣发兵拒之,告急于克用,克用引兵赴之。十一月,重荣遣兵攻同州,刺史郭璋出战,败死。重荣与玫等相守月馀,克用兵至,与重荣俱壁沙苑,表请诛令孜及玫、昌符。诏和解之,克用不听。十二月癸酉,合战,

为河中节度使,还诏命李克用动用河东军队援助王处存赴任。

王重荣自认为自己收复京师长安有功,被田令孜排挤,不肯到兖州赴任,多次上表说田令孜离间君臣,历数田令孜的十大罪状,田令孜交结邠宁节度使朱玫、凤翔节度使李昌符来与王重荣对抗。这时王处存也上言道:"李可举、王镕的人马刚刚退去,我不敢离开易州、定州。而且王重荣并未犯罪,对国家立有大功,不宜轻率改任,动摇各藩镇的忠心。"僖宗下诏催促王处存启程赴任,八月,王处存率领部队到达晋州,晋州刺史冀君武闭城不纳,王处存只好返回。

冬季十月,王重荣向李克用求救,李克用正怨恨朝廷不治朱全忠的罪,克用怨全忠事见《诸镇相攻》。挑选兵卒购买马匹,联合各胡人部落,商议攻打汴州,他给王重荣回话说:"等我先消灭了朱全忠,回头扫除这些鼠辈像秋风扫落叶一样!"王重荣说:"等你从关东回来,我早成俘虏了。不如先消灭皇上身边的坏人,回头再擒拿朱全忠就很容易了。"当时朱玫、李昌符也暗中依附朱全忠,李克用就上表说:"朱玫、李昌符与朱全忠内外勾结,想一起消灭臣下我,我不得不自救,已经聚集了蕃、汉兵十五万人,决定明年渡过黄河,从渭北讨伐朱玫、李昌符,我不会接近京师,确保京师不会受到惊扰。杀了朱玫、李昌符后,就回军消灭朱全忠,以报仇雪耻。"僖宗接连不断地派使者前去抚慰劝说。

朱玫想让朝廷讨伐李克用,多次派人偷偷进入京师,焚烧国库积聚的财物,有的还刺杀皇帝身边的人,放出风声说是李克用干的,于是长安城里一片惊恐,每天都有谣言传出。田令孜派朱玫、李昌符率领本部人马加上神策、鄜、延、灵、夏等军各三万人驻扎在沙苑,去讨伐王重荣,王重荣一面发兵抵御,一面向李克用告急求援,李克用带兵赶来。十一月,王重荣派部队进攻同州,同州刺史郭璋出城迎战,兵败身死。王重荣与朱玫等相对峙了一个多月,李克用带兵到达,与王重荣一起在沙苑建立营垒,向僖宗上表请求诛杀田令孜以及朱玫、李昌符。僖宗下诏希望他们双方和解,李克用不听。十二月癸酉(二十三日),双方交战,

玫、昌符大败，各走还本镇，溃军所过焚掠。克用进逼京城，乙亥夜，令孜奉天子自开远门出幸凤翔。初，黄巢焚长安宫室而去，诸道兵入城纵掠，焚府寺民居什六七，王徽累年补葺，仅完一二，至是复为乱兵焚掠，无孑遗矣。

二年春正月，李克用还军河中，与王重荣同表请大驾还宫，因罪状田令孜，请诛之。上复以飞龙使杨复恭为枢密使。戊子，令孜请上幸兴元，上不从。是夜，令孜引兵入宫，劫上幸宝鸡，黄门卫士从者才数百人，宰相朝臣皆不知。翰林学士承旨杜让能宿直禁中，闻之，步追乘舆，出城十馀里，得人所遗马，无羁勒，解带系颈而乘之，独追及上于宝鸡。明日，乃有太子少保孔纬等数人继至。让能，审权之子，纬，戣之孙也。宗正奉太庙神主至鄠，遇盗，皆失之。朝士追乘舆者至鏊屋，为乱兵所掠，衣装殆尽。庚寅，上以孔纬为御史大夫，使还召百官，上留宝鸡以待之。

时田令孜弄权，再致播迁，天下共忿疾之。朱玫、李昌符亦耻为之用，且惮李克用、王重荣之强，更与之合。萧遘因邠宁奏事判官李松年至凤翔，遣召朱玫亟迎车驾，癸巳，玫引步骑五千至凤翔。孔纬诣宰相，欲宣诏召之，萧遘、裴澈以令孜在上侧，不欲往，辞疾不见。纬令台吏趣百官诣行在，皆辞以无袍笏，纬召三院御史，泣谓："布衣亲旧

朱玫、李昌符大败，各自逃回本镇，溃逃的部队在所过之处焚烧抢掠。李克用率军进逼京城长安，乙亥（二十五日）的夜里，田令孜奉持僖宗从开远门出城奔往凤翔。先前，黄巢在逃离长安时曾放火焚烧长安宫室，各道官军入城后大肆抢掠，焚烧府寺、民居达十分之六七，王徽多年修葺，只完成了十分之一二，到这时又一次被乱兵焚烧抢掠，长安城所剩无几了。

二年（886）春季正月，李克用率领部队撤回了河中，他与王重荣一同向僖宗上表请求皇帝大驾返回长安，顺便还列举了田令孜的罪状，请求诛杀田令孜。僖宗重新任命飞龙使杨复恭为枢密使。戊子（初八）这一天，田令孜请求僖宗到兴元去，僖宗没有同意。这天晚上，田令孜带兵入宫，把僖宗劫到了宝鸡，跟去的黄门卫士只有几百人，宰相朝臣全都不知道。翰林学士承旨杜让能正在禁中值班，听说了这个消息，跑步追赶皇帝的乘舆，出了凤翔城十几里，得到一匹别人遗弃的没有马笼头的马，杜让能解下衣带系在马颈上骑了起来，只有他一个人在宝鸡追上了僖宗。第二天，才有太子少保孔纬等几个人跟着赶到了。杜让能是杜审权的儿子，孔纬是孔戣的孙子。朝中宗正护持太庙神主到了鄠县，遇到强盗，神主都散失了。朝中百官追赶僖宗到达盩厔，遭到乱兵的抢掠，衣装损失殆尽。庚寅（初十）这一天，僖宗任命孔纬为御史大夫，派他回凤翔召朝中百官，僖宗自己留在宝鸡等待。

这时田令孜玩弄权柄，致使僖宗再次离开京师流迁外地，引起天下人的愤怒痛恨。朱玫、李昌符也以被田令孜利用感到羞耻，还惧怕兵力强大的李克用、王重荣，就又与他们联合起来。宰相萧遘趁邠宁奏事判官李松年到凤翔，派他去召朱玫赶快来迎接僖宗，癸巳（十三日），朱玫率步兵、骑兵五千人抵达凤翔。孔纬到了宰相那里，想宣布诏书召朝官前往宝鸡，萧遘、裴澈因田令孜在僖宗身边，不愿前往，以有病为托词不见孔纬。孔纬令台吏敦促朝中百官到宝鸡去，百官都以没有朝袍、朝笏为由推辞，孔纬又召三院御史，边哭边说道："平民百姓的亲戚朋友

有急,犹当赴之。岂有天子蒙尘,为人臣子,累召而不往者邪!"御史请办装数日而行,纬拂衣起曰:"吾妻病垂死且不顾,诸君善自为谋,请从此辞!"乃诣李昌符,请骑卫送至行在,昌符义之,赠装钱,遣骑送之。

邠宁、凤翔兵追逼乘舆,败神策指挥使杨晟于潘氏,钲鼓之声闻于行宫。田令孜奉上发宝鸡,留禁军守石鼻为后拒。置感义军于兴、凤二州,以杨晟为节度使,守散关。时军民杂糅,锋镝纵横,以神策军使王建、晋晖为清道斩斫使,建以长剑五百前驱奋击,乘舆乃得前。上以传国宝授建,使负之以从,登大散岭。李昌符焚阁道丈馀,将摧折,王建扶掖上自烟焰中跃过。夜,宿板下,上枕建膝而寝,既觉,始进食,解御袍赐建曰:"以其有泪痕故也。"车驾才入散关,朱玫已围宝鸡。石鼻军溃,玫长驱攻散关,不克。嗣襄王煴,肃宗之玄孙也,有疾,从上不及,留遵涂驿,为玫所得,与之俱还凤翔。庚戌,李克用还太原。

二月,王重荣、朱玫、李昌符复上表请诛田令孜。朱玫、李昌符使山南西道节度使石君涉栅绝险要,烧邮驿,上由他道以进。山谷崎岖,邠军迫其后,危殆者数四,仅得达山南。三月壬午,石君涉弃镇逃归朱玫。癸未,凤翔百官萧遘等罪状田令孜及其党韦昭度,请诛之。初,昭度因供奉僧澈结宦官,得为相。澈师知玄鄙澈所为,昭度每与同列诣知玄,皆拜之,知玄揖使诣澈啜茶。山南西道监军冯翊严遵美迎上于西县,丙申,车驾至兴元。

有了危急,还应当去解救。哪有天子蒙受风尘流亡在外,做臣下的多次被召竟不前往的?"御史们请求用几天时间置办服装后再启程,孔纬拂衣而起说:"我妻子患病快要死了,我都不顾念,你们几位好自为之,我就此告辞了!"于是就到了李昌符那里,请李昌符派骑兵护卫他回宝鸡,李昌符赞赏他的义举,赠给他衣服钱物,派骑兵送他回去。

邠宁、凤翔军队追逼僖宗,在潘氏打败了神策指挥使杨晟,激战的鼓声一直传进了行宫。田令孜奉持僖宗离开宝鸡,留下禁军坚守石鼻作为后卫。把感义军布置在兴州、凤州,任命杨晟为节度使,守卫散关。当时军民混杂在一起,到处都是刀光剑影,僖宗任命神策军使王建、晋晖为清道斩斫使,王建率五百人手持长剑在前面冲杀开路,僖宗才得以前行。僖宗把传国宝玺交给王建背着,攀越大散岭。李昌符焚烧山中阁道一丈多长,快要折断了,王建搀扶着僖宗从烟焰中跳了过去。晚上就住在板下,僖宗枕着王建的膝部睡觉。醒后开始吃饭,僖宗解下御袍赐给王建,说:"这上面有泪痕,所以赐给你。"僖宗才进入散关,朱玫就包围了宝鸡。石鼻的守军被打散,朱玫长驱直入进攻散关,没能攻克。嗣襄王李煴,是唐肃宗的玄孙,因身患疾病没能追上僖宗,留在了遵涂驿,被朱玫俘虏,朱玫带着他一起返归凤翔。庚戌(三十日),李克用回到了太原。

二月,王重荣、朱玫、李昌符再次上表请求诛杀田令孜。朱玫、李昌符让山南西道节度使石君涉在险要地带设置栅栏,烧掉邮传驿站,僖宗一行只得改道行进。山谷崎岖,朱玫的部队又紧追在后,多次遭遇危险,最后才得以到达山南。三月壬午(初三),石君涉放弃守地逃归朱玫。癸未(初四),留在凤翔的朝中百官萧遘等列举田令孜及其党羽韦昭度的罪状,请求诛杀他们。先前,韦昭度通过供奉僧澈交结宦官,做了宰相。僧澈的师傅知玄鄙视僧澈的行为,韦昭度每次和同僚去知玄那里,都向知玄行礼,知玄都作揖请他们到僧澈那里品茶。山南西道监军冯翊人严遵美在西县迎接僖宗,丙申(十七日),唐僖宗到了兴元。

戊戌，以御史大夫孔纬、翰林学士承旨兵部尚书杜让能并为兵部侍郎、同平章事。保銮都将李铤等败邠军于凤州。诏加王重荣应接粮料使，使调本道谷十五万斛以继国用。重荣表称令孜未诛，不奉诏。以尚书左丞卢渥为户部尚书，充山南西道留后。以严遵美为内枢密使。遣王建帅部兵戍三泉，晋晖及神策军使张造帅四都兵屯黑水，修栈道以通往来。以建遥领壁州刺史。将帅遥领州镇自此始。

朱玫以田令孜在天子左右，终不可去，言于萧遘曰："主上播迁六年，中原将士冒矢石，百姓供馈饷，战死饿死，什减七八，仅得复京城。天下方喜车驾还宫，主上更以勤王之功为敕使之荣，委以大权，使堕纲纪，骚扰藩镇，召乱生祸。玫昨奉尊命来迎大驾，不蒙信察，反类胁君。吾辈报国之心极矣，战贼之力殚矣，安能垂头弭耳，受制于阉寺之手哉！李氏孙尚多，相公盍改图以利社稷乎？"遘曰："主上践阼十馀年，无大过恶。正以令孜专权肘腋，致坐不安席，上每言之，流涕不已。近日上初无行意，令孜陈兵帐前，迫胁以行，不容俟旦。罪皆在令孜，人谁不知！足下尽心王室，正有引兵还镇，拜表迎銮。废立重事，伊、霍所难，遘不敢闻命！"玫出，宣言曰："我立李氏一王，敢异议者斩！"

夏四月壬子，玫逼凤翔百官奉襄王熅权监军国事，承制封拜指挥，仍遣大臣入蜀迎驾，盟百官于石鼻驿。玫使

戊戌（十九日），僖宗任命御史大夫孔纬、翰林学士承旨兵部尚书杜让能同为兵部侍郎、同平章事。保銮都将李铤等在凤州打败了朱玫的部队。僖宗下诏加封王重荣为应接粮料使，让他调运本道粮谷十五万斛来接济国家用度。王重荣上表称田令孜还没诛杀，不能接受诏令。僖宗任命尚书左丞卢渥为户部尚书，充任山南西道留后。又任命严遵美为内枢密使。派遣王建率本部人马守卫三泉，晋晖及神策军使张造率领四都兵驻扎在黑水，修复栈道以供交通往来。任命王建遥领壁州刺史。军中将领遥领州镇官职就从这时开始。

朱玫因田令孜在僖宗身边，终究没能把他除掉，就对萧遘说："皇上颠沛流离了六年，中原将士出没于刀光剑影中，百姓供应粮食，战死的、饿死的，十个减掉七八个，京师长安才被收复。天下人刚为皇上回长安宫中高兴，皇上却把拯救皇室的功劳归于田令孜，还把大权交给他，致使朝纲法纪遭到践踏，各地藩镇受到骚扰，滋生出祸乱。我昨天奉您的命令来迎接皇上，不但没有受到信任和理解，反而有了胁迫君上的嫌疑。我们这些人报效国家之心最为赤诚，征伐贼军也不遗余力，怎么能俯首帖耳，去受宦官的管束呢？李姓子孙还有很多，相公你为什么不为国家的长治久安而另作打算呢？"萧遘回答说："皇上登基已经十几年，没什么大过错。正是因为田令孜在皇上左右独揽大权，致使皇上坐立不安，皇上每次谈到这些，就痛哭不止。近日皇上本来没有迁移的意图，无奈田令孜带兵到皇上的帐前，胁迫皇上出去，连等到天亮都不行。罪过都在田令孜一人身上，这谁不知道呢？足下你对皇室尽心竭力，正应该带兵回到本镇，向皇上进表迎回皇上。废黜、拥立新君事关重大，伊尹、霍光都很难办到，我不敢从命！"朱玫出来后宣布："我要拥立皇室李氏的一个王，有敢反对的斩首！"

夏季四月壬子（初三）这一天，朱玫逼迫在凤翔的朝中百官拥戴襄王李熅暂行监理军国事务，按照皇帝授权封官拜爵、指挥各方，还派遣大臣前往蜀地迎驾，与百官在石鼻驿盟誓。朱玫让

萧遘为册文，遘辞以文思荒落，乃使兵部侍郎、判户部郑昌图为之。乙卯，熅受册，玫自兼左、右神策十军使，帅百官奉熅还京师。以郑昌图同平章事、判度支、盐铁、户部，各置副使，三司之事一以委焉。河中百官崔安潜等上襄王笺，贺受册。

田令孜自知不为天下所容，乃荐枢密使杨复恭为左神策中尉、观军容使，自除西川监军使，往依陈敬瑄。复恭斥令孜之党，出王建为利州刺史，晋晖为集州刺史，张造为万州刺史，李师泰为忠州刺史。

五月，朱玫以中书侍郎、同平章事萧遘为太子太保，自加侍中、诸道盐铁、转运等使；加裴澈判度支，郑昌图判户部；以淮南节度使高骈兼中书令，充江淮盐铁、转运等使、诸道行营兵马都统；淮南右都押牙、和州刺史吕用之为岭南东道节度使。大行封拜以悦藩镇。遣吏部侍郎夏侯潭宣谕河北，户部侍郎杨陟宣谕江、淮，诸藩镇受其命者什六七，高骈仍奉笺劝进。

初，凤翔节度使李昌符与朱玫同谋立襄王，既而玫自为宰相专权，昌符怒，不受其官，更通表兴元。诏加昌符检校司徒。

朱玫遣其将王行瑜将邠宁、河西兵五万追乘舆，感义节度使杨晟战数却，弃散关走，行瑜进屯凤州。

是时，诸道贡赋多之长安，不之兴元，从官卫士皆乏食，上涕泣，不知为计。杜让能言于上曰："杨复光与王重荣同破黄巢，复京城，相亲善，复恭其兄也。若遣重臣往谕以大义，且致复恭之意，宜有回虑归国之理。"上从之，遣右

萧遘撰写册文,萧遘以文笔生疏、思路不畅为由推辞了,于是又让兵部侍郎、判户部郑昌图来起草。乙卯(初六)这一天,李煴接受了册命。朱玫自己兼任左、右神策十军使,率百官拥持李煴返回长安。任命郑昌图为同平章事、判度支、盐铁、户部,度支、盐铁、户部三司各设副使,三司事务统由郑昌图一人负责。河中百官崔安潜等给襄王李煴上表笺,祝贺他奉受了册命。

田令孜知道自己不被天下人所宽容,便推荐枢密使杨复恭为左神策中尉、观军容使,自己担任西川监军使,前去依附陈敬瑄。杨复恭斥退了田令孜的党羽,调出王建任利州刺史,晋晖任集州刺史,张造任万州刺史,李师泰任忠州刺史。

五月,朱玫任命中书侍郎、同平章事萧遘为太子太保,加封他自己为侍中、诸道盐铁、转运等使;加封裴澈为判度支,郑昌图为判户部;又任命淮南节度使高骈兼任中书令,充任江淮盐铁、转运等使,及诸道行营兵马都统;任命淮南右都押牙、和州刺史吕用之为岭南东道节度使。这次大行封官拜爵,为的是取悦各方藩镇。朱玫派吏部侍郎夏侯潭、户部侍郎杨陟分别到河北和江、淮各藩镇去宣布任命,各地藩镇接受任命的有十分之六七,高骈同时进呈表笺劝襄王李煴晋位称帝。

先前,凤翔节度使李昌符与朱玫一同谋立襄王李煴,朱玫自己当了宰相后,独揽大权,李昌符大怒,拒绝接受封赐的官职,还向在兴元的僖宗上表奏报。僖宗加封李昌符为检校司徒。

朱玫派他的部将王行瑜率领五万邠宁、河西兵追赶僖宗,感义节度使杨晟与他多次交战,连败,丢弃散关逃走,王行瑜进驻凤州。

这时各道的贡赋大多数送往了长安,不送到僖宗所在的兴元,跟随僖宗的官员和卫士都缺乏粮食,僖宗痛哭流涕,不知道该如何是好。杜让能对僖宗说:"杨复光与王重荣一起打败黄巢、收复京城,彼此亲近友好,杨复恭是杨复光的哥哥。如果派遣重臣到他们那里晓以大义,而且转达杨复恭的意愿,应该说王重荣是会回心转意归顺朝廷的。"僖宗听从了杜让能的意见,派遣右

谏议大夫刘崇望使于河中，赍诏谕重荣，重荣即听命，遣使表献绢十万匹，且请讨朱玫以自赎。

戊戌，襄王煴遣使者至晋阳赐李克用诏，言"上至半途，六军变扰，苍黄晏驾，吾为藩镇所推，今已受册"。朱玫亦与克用书，克用闻其谋皆出于玫，大怒。大将盖寓说克用曰："銮舆播迁，天下皆归咎于我，今不诛玫，黜李煴，无以自湔洗。"克用从之，燔诏书，囚使者，移檄邻道，称："玫敢欺藩方，明言晏驾。当道已发蕃、汉三万兵进讨凶逆，当共立大功。"寓，蔚州人也。

六月，以扈跸都将杨守亮为金商节度、京畿制置使，将兵二万出金州，与王重荣、克用共讨朱玫。守亮本姓訾，名亮，曹州人，与弟信皆为杨复光假子，更名守亮、守信。

李克用遣使奉表称："方发兵济河，除逆党，迎车驾，愿诏诸道与臣协力。"先是，山南之人皆言克用与朱玫合，人情恟惧，表至，上出示从官，并谕山南诸镇，由是帖然。然克用表犹以朱全忠为言，上使杨复恭以书谕之云："俟三辅事宁，别有进止。"

秋七月，王行瑜进攻兴州，感义节度使杨晟弃镇走，据文州，诏保銮都将李铤、扈跸都将李茂贞、陈佩屯大唐峰以拒之。茂贞，博野人，本姓宋，名文通，以功赐姓名。

九月，朱玫将张行实攻大唐峰，李铤等击却之。金吾将军满存与邠军战，破之，复取兴州，进守万仞寨。

谏议大夫刘崇望出使河中,带着诏书去劝谕王重荣,王重荣当即表示听从朝廷命令,派遣使者向僖宗上表贡献绢十万匹,而且请求讨伐朱玫来赎自己的罪过。

戊戌(二十日),襄王李熅派使者去晋阳赐诏书给李克用,说:"皇上出行到半路,军队发生变乱,皇上仓促中死去,我被各位藩镇推举,现在已接受了册命。"朱玫也给李克用写了信,李克用听说这件事是朱玫策划的,大怒。大将盖寓劝李克用说:"皇上颠沛流离,天下都归罪于我们,现在如果不诛杀朱玫、废黜李熅,就无法洗清我们自己。"李克用听从了盖寓的劝告,焚烧了李熅的诏书,囚禁了使者,向邻近各道发出檄文,说:"朱玫竟敢欺骗各位藩镇,公然说皇上去世了。本道已派出蕃、汉族三万兵进讨这个凶逆,你们应当同我一起建立大功。"盖寓是蔚州人。

六月,僖宗任命扈跸都将杨守亮为金商节度、京畿制置使,率二万人马从金州出发,与王重荣、李克用一起讨伐朱玫。杨守亮本来姓訾,名亮,曹州人氏,与弟弟訾信都是杨复光的养子,更名为杨守亮、杨守信。

李克用派使者进呈奏表,说道:"我正发兵要渡过黄河,消灭逆党,迎接皇上回京,希望下诏命令各道官兵与我齐心协力消灭逆党。"在此以前,山南的人们都传说李克用与朱玫联合,人心惊慌,李克用的奏表一到,僖宗就出示给跟随的官员看,并谕告山南各镇,由此才稳定下来。但是李克用在表上仍坚持要惩治朱全忠,僖宗让杨复恭写信劝慰他说:"等到京师长安附近事态平定下来,会另有处置的。"

秋季七月,王行瑜率军进攻兴州,感义节度使杨晟弃镇逃走,占据了文州,僖宗下诏命令保銮都将李铤、扈跸都将李茂贞、陈佩驻扎在大唐峰抵抗王行瑜。李茂贞是博野人,本姓宋,名文通,因有功被赐姓名为李茂贞。

九月,朱玫的部将张行实进攻大唐峰,李铤等将他击退。金吾将军满存与朱玫的邠宁军交战,将其击败,又收复了兴州,进驻防守万仞寨。

长安百官太子太师裴璩等劝进于襄王煴。冬十月，煴即皇帝位，改元建贞，遥尊上为太上元皇圣帝。

十一月，田令孜至成都请寻医，许之。

十二月戊寅，诸军拔凤州，以满存为凤州防御使。

杨复恭传檄关中，称“得朱玫首者，以静难节度使赏之”。王行瑜战数败，恐获罪于玫，与其下谋曰：“今无功，归亦死，曷若与汝曹斩玫首，定京城，迎大驾，取邠宁节钺乎？”众从之。甲寅，行瑜自凤州擅引兵归京师，玫方视事，闻之，怒，召行瑜，责之曰：“汝擅归，欲反邪？”行瑜曰：“吾不反，欲诛反者朱玫耳！”遂擒斩之，并杀其党数百人。诸军大乱，焚掠京城，士民无衣冻死者蔽地。裴澈、郑昌图帅百官二百馀人奉襄王奔河中，王重荣诈为迎奉，执煴，杀之，囚澈、昌图，百官死者殆半。

王重荣函襄王煴首送行在，刑部请御兴元城南门献馘，百官毕贺。太常博士殷盈孙议，以为：“煴为贼臣所逼，正以不能死节为罪耳。礼，公族罪在大辟，君为之素服不举。今煴已就诛，宜废为庶人，令所在葬其首。其献馘称贺之礼，请俟朱玫首至而行之。”从之。盈孙，侑之孙也。

三年春正月，以邠州都将王行瑜为静难军节度使，扈跸都头李茂贞领武定节度使，扈跸都头杨守宗为金商节度使，右卫大将军顾彦朗为东川节度使，金商节度使杨守亮为山南西道节度使。二月戊辰，削夺三川都监田令孜官

长安百官太子太师裴璩等劝说襄王李煴称帝。冬季十月，李煴即皇帝位，改年号为建贞，遥尊僖宗为太上元皇圣帝。

十一月，田令孜到成都请求寻找医生治病，僖宗准许了。

十二月戊寅这一天，唐各路大军攻克了凤州，朝廷任命满存为凤州防御使。

杨复恭向关中发布檄文，宣称："谁斩得朱玫的人头，就赏给他做静难节度使。"王行瑜连连战败，怕被朱玫治罪，就与他的部下商议道："眼下我们没能立功，回去也是死，哪如与你们一起杀朱玫，安定京城，迎回皇帝，弄个邠宁节度使干干呢？"大家听从。甲寅（初十）这一天，王行瑜擅自带兵从凤州回到了京师长安，当时朱玫正在处理事务，听说这一消息后大怒，把王行瑜召来斥责说："你擅自回京城，是想造反吧？"王行瑜答道："我没有造反，只是想杀造反的朱玫罢了！"于是把朱玫抓起来斩杀，还杀了他的党羽数百人。各路军马顿时大乱，在京城里焚烧抢掠，遍地都是缺乏御寒服装而冻死的士民尸体。裴澈、郑昌图率领百官二百多人拥奉襄王李煴投奔河中，王重荣假装出来迎接，把襄王李煴抓起来杀了，又囚禁了裴澈、郑昌图，跟随襄王李煴的百官被处死的将近一半。

王重荣把襄王李煴的首级装在匣内送往唐僖宗那里，刑部请僖宗到兴元城南门接受进献，百官皆来祝贺。太常博士殷盈孙提议道："李煴是被朱玫等贼臣逼迫的，他的罪行正在于不能以死相拒保住气节罢了。礼书上说，公族中人犯了死罪被处决，君主要为他穿上丧服停止活动。现在李煴已被斩杀，应该把他废为平民，命人将首级葬在所在地。至于献馘受贺的大礼，请等到朱玫的首级送到后再举行。"僖宗采纳了这个建议。殷盈孙是殷侑的孙子。

三年（887）春季正月，朝廷任命邠州都将王行瑜为静难军节度使，扈跸都头李茂贞兼武定节度使，扈跸都头杨守宗为金商节度使，右卫大将军顾彦朗为东川节度使，金商节度使杨守亮为山南西道节度使。二月戊辰（二十四日），革除三川都监田令孜的官

爵,长流端州。然令孜依陈敬瑄,竟不行。

三月癸未,诏伪宰相萧遘、郑昌图、裴澈,于所在集众斩之,皆死于岐山。时朝士受燔官甚众,法司皆处以极法,杜让能力争之,免者什七八。

壬辰,车驾至凤翔,节度使李昌符恐车驾还京,虽不治前过,恩赏必疏,乃以宫室未完,固请驻跸府舍,从之。

夏六月戊申,天威都头杨守立与凤翔节度使李昌符争道,麾下相殴,帝命中使谕之,不止。是夕,宿卫皆严兵为备。己酉,昌符拥兵烧行宫,庚戌,复攻大安门。守立与昌符战于通衢,昌符兵败,帅麾下走保陇州。杜让能闻难,挺身步入侍上。韦昭度质其家于军中,誓诛反贼,故军士力战而胜之。守立,复恭之假子也。壬子,以扈驾都将、武定节度使李茂贞为陇州招讨使,以讨昌符。

秋八月壬寅朔,李茂贞奏陇州刺史薛知筹以城降,斩李昌符,灭其族。丙子,以李茂贞同平章事、充凤翔节度使。以韦昭度守太保兼侍中。

文德元年春二月乙亥,上不豫。壬午,发凤翔,己丑,至长安。庚寅,赦天下,改元。以韦昭度兼中书令。三月己亥,上疾复作,壬寅,大渐。皇弟吉王保,长而贤,群臣属

职爵位,把他长期流放到端州。但田令孜依附陈敬瑄,最终没有启程。

三月癸未(初九)这一天,僖宗下诏命令把李煴任命的伪宰相萧遘、郑昌图、裴澈在所在地当众处斩,这几个人都在岐山一带伏法。当时朝中官员接受李煴所封官职的人很多,司法部门要把他们全都处死,杜让能极力为他们辩护,最后有十分之七八的人免于一死。

壬辰(十八日),僖宗到了凤翔,凤翔节度使李昌符担心僖宗回京后即使不追究他以前的罪过,对他的恩赏必定也会疏薄,就以长安宫室未能修整为由,坚持请求僖宗留住凤翔府舍,僖宗依从了他。

夏季六月戊申(初六)这天,天威都头杨守立与凤翔节度使李昌符争抢道路,他们的部下相互殴打起来,僖宗命令宫中使者前去劝告,仍然殴打不止。当天晚上,宫中宿卫士兵严阵以待,以备不测。己酉(初七)这天,李昌符带兵焚烧僖宗的行宫,庚戌(初八),李昌符又攻打大安门。杨守立与李昌符在城内街道上交战,李昌符兵败,率领部下逃到陇州守卫。杜让能听说僖宗蒙难,挺身而出徒步进入宫中侍奉僖宗。韦昭度把自己的家属放在军中做人质,发誓要斩杀谋反的贼臣,所以军士们努力作战而取胜。杨守立是杨复恭的养子。壬子(初十)这天,任命厩驾都将、武定节度使李茂贞为陇州招讨使,率军讨伐李昌符。

秋季八月壬寅这天是初一,李茂贞向僖宗奏报陇州刺史薛知筹献城投降,斩杀李昌符,诛灭了他的宗族。丙子这一天,朝廷任命李茂贞为同平章事,充任凤翔节度使。又任命韦昭度暂时署理太保兼侍中。

文德元年(888)春季二月乙亥(初七),僖宗患病。壬午(十四日),僖宗从凤翔出发,己丑(二十一日),到达长安城。庚寅(二十二日),大赦天下,改年号为文德。朝廷任命韦昭度兼任中书令。三月己亥(初二),僖宗的病再次发作,壬寅(初五),病情恶化。僖宗的皇弟吉王李保年长而贤能,朝中群臣都对他寄予

望。十军观军容使杨复恭请立其弟寿王杰。是日,下诏,立杰为皇太弟,监军国事。右军中尉刘季述遣兵迎杰于六王宅,入居少阳院,宰相以下就见之。癸卯,上崩于灵符殿。遗制,太弟杰更名敏,以韦昭度摄冢宰。昭宗即位,体貌明粹,有英气,喜文学,以僖宗威令不振,朝廷日卑,有恢复前烈之志,尊礼大臣,梦想贤豪,践阼之始,中外忻忻焉。冬十月辛卯,葬惠圣恭定孝皇帝于靖陵,庙号僖宗。

　　昭宗龙纪元年,上将祀圜丘。故事,中尉、枢密皆襕衫侍从。僖宗之世,已具襕笏,至是,又令有司制法服,孔纬及谏官、礼官皆以为不可,上出手札谕之曰:"卿等所论至当。事有从权,勿以小瑕遂妨大礼。"于是宦官始服剑佩侍祠。冬十一月己酉,祀圜丘,赦天下。

　　上在藩邸,素疾宦官,及即位,杨复恭恃援立功,所为多不法,上意不平。政事多谋于宰相,孔纬、张濬劝上举大中故事抑宦者权。复恭常乘肩舆至太极殿。他日,上与宰相言及四方反者,孔纬曰:"陛下左右有将反者,况四方乎!"上瞿然问之,纬指复恭曰:"复恭陛下家奴,乃肩舆造前殿,多养壮士为假子,使典禁兵,或为方镇,非反而何!"复恭曰:"子壮士,欲以收士心,卫国家,岂反耶!"上曰:"卿欲卫国家,何不使姓李而姓杨乎?"复恭无以对。

希望。十军观军容使杨复恭请求立他的弟弟寿王李杰。这天僖宗下诏立李杰为皇太弟,监理军国大事。右军中尉刘季述派兵到六王宅去迎接李杰,迁入少阳院居住,自宰相以下的朝中大臣都去拜见他。癸卯(初六)这天,唐僖宗在灵符殿病故。留下遗诏:皇太弟李杰改名为敏,任命韦昭度为代理宰相。唐昭宗李敏即位,他的体貌精明强干,有英武之气,又喜好文学,因僖宗时威令不振,朝廷地位越来越低,他便产生了恢复先祖功业的大志,尊重朝中大臣,渴望招纳贤士豪杰,即位之初,朝廷内外都对他寄予了厚望。冬季十月辛卯(二十七日),安葬惠圣恭定孝皇帝于靖陵,庙号为僖宗。

唐昭宗龙纪元年(889),昭宗将去圜丘祭天。按照以前的惯例,朝中的中尉、枢密都要穿衣襟分开的衣衫侍奉前往。僖宗的时候已经有了袍服和朝笏,到这时,昭宗又命令有关部门制做法服,孔纬及谏官、礼官都认为不合适,昭宗传出亲笔手谕对他们说:"你们所议论的十分得当。但事情有时要权宜处理,不要因为有点不当就妨碍朝廷的大礼。"从此宦官开始身穿法服、腰佩宝剑侍奉皇帝祭祀。冬季十一月己酉(二十一日),昭宗在圜丘祭天,大赦天下。

昭宗在当藩王的时候,一向憎恨宦官,即位后,杨复恭倚仗拥立昭宗有功,所作所为大都违反国法,昭宗心里十分不平。朝政事务大多与宰相商议,孔纬、张濬劝昭宗按照宣宗大中先例抑制宦官的权力。杨复恭经常坐着轿子到太极殿。有一天,昭宗与宰相谈及四方叛乱之人,孔纬说道:"陛下左右就有将要谋反的人,何况四方呢!"昭宗惊惶地追问他,孔纬指向杨复恭说道:"杨复恭只是陛下的家奴,竟然乘着轿子到前殿,收养许多壮士做养子,委派他们掌管中央禁军,有的还担任地方的军政长官,这不是谋反又是什么?"杨复恭说:"我招纳勇士为义子,是为了收拢将士的心,保卫国家朝廷,这难道就是造反吗?"昭宗说:"你想保卫国家,为什么不让这些壮士姓李而是姓杨?"杨复恭无言以对。

复恭假子天威军使杨守立,本姓胡,名弘立,勇冠六军,人皆畏之。上欲讨复恭,恐守立作乱,谓复恭:"朕欲得卿胡子在左右。"复恭见守立于上,上赐姓名李顺节,使掌六军管钥,不期年,擢至天武都头,领镇海节度使,俄加同平章事。及谢日,台吏申请班见百僚,孔纬判不集。顺节至中书,色不悦。他日,语微及之,纬曰:"宰相师长百僚,故有班见。相公职为都头,而于政事堂班见百僚,于意安乎?"顺节不敢复言。朱全忠求领盐铁,孔纬独执以为不可,谓进奏吏曰:"朱公须此职,非兴兵不可!"全忠乃止。

大顺二年秋八月,六军十二卫观军容使、左军中尉杨复恭总宿卫兵,专制朝政,诸假子皆为节度使、刺史,又养宦官子六百人,皆为监军。假子龙剑节度使守贞、武定节度使守忠不输贡赋,上表讪薄朝廷。上舅王瓖求节度使,上访于复恭,复恭以为不可,瓖怒,诟之。瓖出入禁中,颇用事,复恭恶之,奏以为黔南节度使,至吉柏津,令山南西道节度使杨守亮覆诸江中,宗族宾客皆死,以舟败闻。上知复恭所为,深恨之。

李顺节既宠贵,与复恭争权,尽以复恭阴事告上,上乃出复恭为凤翔监军。复恭愠愢,不肯行,称疾,求致仕。九月乙卯,以复恭为上将军致仕,赐以几杖。使者致诏命还,复恭潜遣腹心张绾刺杀之。

杨复恭的养子天威军使杨守立本姓胡,名弘立,在官军中以勇猛著称,大家都惧怕他。昭宗想要整治杨复恭,又担心杨守立作乱,就对杨复恭说:"朕想把你的胡养子留在身边。"杨复恭把杨守立引见给昭宗,昭宗赐给他姓名李顺节,让他掌管六军军营的启闭,不到一年,升为天武都头,兼镇海节度使,不久又加封同平章事。等到李顺节谢恩的日子,御史台吏员申请朝中百官列班拜见李顺节,孔纬裁决不准召集朝中百官。李顺节到中书省,脸色显得不太高兴。此后有一天,李顺节在言谈中涉及这件事,孔纬说:"宰相是朝中百官的首脑,所以百官要列班拜见。你的职务是都头,却要在政事堂上让百官列班拜见,能心安理得吗?"李顺节不敢再多说。朱全忠请求兼任盐铁使,只有孔纬坚持认为不可,他对前来进奏的官吏说:"朱全忠想主管盐铁事务,除非他兴兵来抢不可!"朱全忠这才作罢。

大顺二年(891)秋季八月,六军十二卫观军容使、左军中尉杨复恭总领皇宫宿卫兵,对朝廷政务专制独断,各个养子都成了节度使、刺史,又收养了宦官干儿子六百人,都做了监军。他的养子龙剑节度使杨守贞、武定节度使杨守忠不向朝廷输送贡赋,还递上奏表诋毁轻视朝廷。昭宗的舅舅王瑰请求节度使的官职,昭宗访求杨复恭的意见,杨复恭认为不行,王瑰大怒,痛骂杨复恭。王瑰在宫中出入,颇有权力,杨复恭忌恨他,就向昭宗上奏请求任命王瑰为黔南节度使。王瑰前去上任,路过吉柏津,杨复恭命令山南西道节度使杨守亮把王瑰的坐船弄翻在江中,王瑰连同他的宗族、宾客都丧了命,杨守亮向朝廷奏报王瑰船坏淹死。昭宗知道是杨复恭在暗中捣鬼,更深深憎恨他。

李顺节位尊受宠以后,就与杨复恭争权夺利,把杨复恭暗中所做的事情全都告诉昭宗,昭宗于是下诏让杨复恭出外担任凤翔监军。杨复恭心怀怨恨,不肯启程赴任,以有病为借口请求退休。九月乙卯(初八)这天,昭宗同意杨复恭以上将军的身份退休,还赐给他几杖以示敬重。昭宗的使者颁发诏令后返回,杨复恭暗中命令心腹张绾把昭宗的使者杀死。

冬十月,杨复恭居第近玉山营,假子守信为玉山军使,数往省之。或告复恭与守信谋反,乙酉,上御安喜门,陈兵自卫,命天威都将李顺节、神策军使李守节将兵攻其第。张绾帅家众拒战,守信引兵助之,顺节等不能克。丙戌,禁军守含光门,俟其开,欲出掠两市,遇刘崇望,立马谕之曰:"天子亲在街东督战,汝曹皆宿卫之士,当于楼前杀贼立功,勿贪小利,自取恶名!"众皆曰:"诺。"遂从崇望而东。守信之众望见兵来,遂溃走。守信与复恭挈其族自通化门出,趣兴元,永安都头权安追之,擒张绾,斩之。复恭至兴元,杨守亮、杨守忠、杨守贞及绵州刺史杨守厚同举兵拒朝廷,以讨李顺节为名。守厚,亦复恭假子也。

十二月,天威都将李顺节恃恩骄横,出入常以兵自随。两军中尉刘景宣、西门君遂恶之,白上,恐其作乱。戊子,二人以诏召顺节,顺节入至银台门,二人邀顺节于仗舍坐语,供奉官似先知自后斩其首,从者大噪而出。于是天威、捧日、登封三都大掠永宁坊,至暮乃定。百官表贺。

杨守亮欲自金商袭京师,昭信防御使冯行袭逆击,大破之。

景福元年春正月,凤翔李茂贞、静难王行瑜、镇国韩建、同州王行约、秦州李茂庄五节度使上言:杨守亮容匿叛臣杨复恭,请出军讨之,乞加茂贞山南西道招讨使。朝议以茂贞得山南,不可复制,下诏和解之,皆不听。

冬季十月,杨复恭居住的宅第邻近玉山营,他的养子杨守信正担任玉山军使,杨守信多次前去探望杨复恭。有人向昭宗报告杨复恭与杨守信谋划作乱,乙酉(初八)这天,昭宗来到安喜门,设置兵马自卫,命令天威都将李顺节、神策军使李守节率兵攻打杨复恭的宅第。张绾率领杨复恭的家众抵抗,杨守信带兵前来救助,李顺节等没能取胜。丙戌(初九)这天,守卫含光门的宫中禁军等到城门打开,想去城中东西两市抢劫,遇到刘崇望,他停下马对这些士兵说:"天子亲自在街东督战,你们这些人是守卫天子的卫士,应在楼前杀贼立功,不要贪图那点小利,自取坏名声!"大家都说:"说的是。"于是跟从刘崇望向东进发。杨守信的部众看到禁军来了,就溃散逃走。杨守信与杨复恭带着他们的家人从通化门出走,赶往兴元,永安都头权安率兵追赶,活捉了张绾,将他斩杀。杨复恭到达兴元,杨守亮、杨守忠、杨守贞及绵州刺史杨守厚一起兴兵,以讨伐李顺节为名,抗拒朝廷。杨守厚也是杨复恭的养子。

十二月,天威都将李顺节依仗皇恩骄傲专横,出入宫中常有卫兵跟随。两军中尉刘景宣、西门君遂憎恨他,报告昭宗说,恐怕李顺节会作乱。戊子(十二日),刘景宣、西门君遂用诏令召李顺节,李顺节入宫来到银台门,二人邀请李顺节到仗舍里坐谈,供奉官似先知从后面斩下了李顺节的头,跟来的卫兵大声呼喊着跑了出去。于是神策军的天威、捧日、登封三都兵马大肆抢掠永宁坊,直到天黑才安定下来。朝中百官向昭宗上表庆贺。

杨守亮要从金商进袭京师长安,昭信防御使冯行袭迎击,大破杨守亮军。

景福元年(892)春季正月,凤翔节度使李茂贞、静难节度使王行瑜、镇国节度使韩建、同州节度使王行约、秦州节度使李茂庄五人一同向昭宗上奏说:杨守亮收容藏匿叛臣杨复恭,我们请求出兵讨伐他,伏乞加封李茂贞为山南西道招讨使。朝廷商议认为李茂贞据有山南地区就不可再控制,昭宗下诏劝导李茂贞等与杨守亮和解,双方都不听从。

二月,李茂贞、王行瑜擅举兵击兴元。茂贞表求招讨使不已,遗杜让能、西门君遂书,陵蔑朝廷。上意不能容,御延英,召宰相、谏官议之。时宦者有阴与二镇相表里者,宰相相顾不敢言,上不悦。给事中牛徽曰:"先朝多难,茂贞诚有翼卫之功。诸杨阻兵,亟出攻讨,其志亦在疾恶,但不当不俟诏命耳。比闻兵过山南,杀伤至多。陛下傥不以招讨使授之,使用国法约束,则山南之民尽矣!"上曰:"此言是也。"乃以茂贞为山南西道招讨使。

夏四月,天威军使贾德晟,以李顺节之死,颇怨愤,西门君遂恶之,奏而杀之。德晟麾下千馀骑奔凤翔,李茂贞由是益强。

五月,加邠宁节度使王行瑜兼中书令。

秋七月己巳,李茂贞克凤州,感义节度使满存奔兴元。茂贞又取兴、洋二州,皆表其子弟镇之。

八月辛丑,李茂贞攻拔兴元,杨复恭、杨守亮、杨守信、杨守贞、杨守忠、满存奔阆州。茂贞表其子继密权知兴元府事。

二年春正月,凤翔节度使李茂贞自请镇兴元,诏以茂贞为山南西道兼武定节度使,以中书侍郎、同平章事徐彦若同平章事,充凤翔节度使,又割果、阆二州隶武定军。茂贞欲兼得凤翔,不奉诏。

秋七月,李茂贞恃功骄横,上表及遗杜让能书,辞语不逊。上怒,欲讨之。茂贞又上表,略曰:"陛下贵为万乘,不能庇元舅之一身;尊极九州,不能戮复恭之一竖。"又曰:

二月，李茂贞、王行瑜擅自发兵袭击兴元。李茂贞不断地上表请求朝廷封他招讨使的官职，还给杜让能、西门君遂写信，凌辱、蔑视朝廷。昭宗认为不能容许李茂贞如此放肆，于是登临延英殿，召集宰相、谏官商议这件事。当时宦官中有暗中与李茂贞、王行瑜内外勾结的，因此朝中宰相都只是相互观望不敢发话，昭宗很不高兴。给事中牛徽说："先朝多灾多难，李茂贞的确立有护卫之功。诸杨拥兵抗拒朝廷，李茂贞立即出兵征讨，他的本意是痛恨杨复恭等罪恶之人，但是不应该不等诏命就行动。近来听说他的部队经过山南，杀伤人众特多。陛下如果不任命他为招讨使，用国家的法度去约束他，那么山南的百姓会被他斩尽杀绝了！"昭宗说："这话说得很对。"于是任命李茂贞为山南西道招讨使。

夏季四月，天威军使贾德晟因为李顺节之死，很怨恨愤怒，西门君遂也憎恶他，奏报朝廷后把他杀了。贾德晟部下一千多骑兵投奔凤翔，李茂贞的势力从此更加强大。

五月，加封邠宁节度使王行瑜兼任中书令。

秋季七月己巳(二十七日)，李茂贞攻克凤州，感义节度使满存逃奔兴元。李茂贞又攻取了兴州、洋州，都向朝廷上表让他的子弟来镇守。

八月辛丑(三十日)，李茂贞攻克了兴元，杨复恭、杨守亮、杨守信、杨守贞、杨守忠、满存逃奔阆州。李茂贞给朝廷上表请求让他的儿子李继密暂时主管兴元府事务。

二年(893)春季正月，凤翔节度使李茂贞自请镇守兴元府，昭宗下诏任命李茂贞为山南西道兼武定节度使，任命中书侍郎、同平章事徐彦若为同平章事，充任凤翔节度使，又割出果州、阆州隶属武定军。李茂贞想兼得凤翔，没有听从诏令。

秋季七月，李茂贞倚仗有功骄傲专横，在给昭宗的奏表及给杜让能的信中，出言不逊。昭宗愤怒，要讨伐他。李茂贞又向昭宗上表，大意是说："陛下贵为万乘之君，不能庇护长舅王瓌一人的性命；作为九州最尊之人，不能斩杀杨复恭一个宦官。"又说：

“今朝廷但观强弱，不计是非。”又曰：“约衰残而行法，随盛壮以加恩；体物锱铢，看人衡矿。”又曰：“军情易变，戎马难羁，唯虑甸服生灵，因兹受祸，未审乘舆播越，自此何之！”上益怒，决讨茂贞，命杜让能专掌其事，让能谏曰：“陛下初临大宝，国步未夷，茂贞近在国门，臣愚以为未宜与之构怨，万一不克，悔之无及。”上曰：“王室日卑，号令不出国门，此乃志士愤痛之秋。药弗瞑眩，厥疾弗瘳。朕不能甘心为屠懦之主，惜惜度日，坐视陵夷。卿但为朕调兵食，朕自委诸王用兵，成败不以责卿！”让能曰：“陛下必欲行之，则中外大臣共宜协力以成圣志，不当独以任臣。”上曰：“卿位居元辅，与朕同休戚，无宜避事！”让能泣曰：“臣岂敢避事！况陛下所欲行者，宪宗之志也；顾时有所未可，势有所不能耳。但恐他日臣徒受晁错之诛，不能弭七国之祸也。敢不奉诏，以死继之！”上乃命让能留中书，计画调度，月馀不归。崔昭纬阴结邠、岐，为之耳目，让能朝发一言，二镇夕必知之。李茂贞使其党纠合市人数百千人，拥观军容使西门君遂马诉曰：“岐帅无罪，不宜致讨，使百姓涂炭。”君遂曰：“此宰相事，非吾所及。”市人又邀崔昭纬、郑延昌肩舆诉之，二相曰：“兹事主上专委杜太尉，吾曹不预知。”市人因乱投瓦石，二相下舆走匿民家，仅自免，丧堂印及朝报。上命捕其唱帅者诛之，用兵之意益坚。

"现在朝廷只看各方势力的强弱,而不考虑是非曲直。"还说:"朝廷压制势力弱者而行之以法,附和力强者而施加恩赏;处理事情视其轻重而斤斤计较,看人权衡利害仰人鼻息。"又说:"军事情势千变万化,手下部队难以约束,我只担心京畿周围的百姓因此遭受祸害,不知皇上再次出走,还能到哪里去?"昭宗更加愤怒,决定讨伐李茂贞,命令杜让能专管此事,杜让能劝解道:"陛下刚刚登位不久,国家还未走上正轨,李茂贞就在京师附近,我认为不宜与他结怨,万一不能击败他,后悔就来不及了。"昭宗说:"现在皇室的地位一天比一天低下,号令在京师以外的地方不能推行,这正是志士仁人痛心疾首的时刻。药力不到使眼睛昏花的程度,疾病就不会治好。朕不能甘心做一个懦弱的皇帝,无所事事虚度岁月,坐看国势衰颓。你只管为朕筹调军队粮草,朕亲自委派诸王去用兵,无论成败都不追究你的责任!"杜让能说:"陛下一定要兴兵讨伐,那么朝廷内外大臣都应当同心协力来实现陛下的愿望,不应该只派我一个人来干。"昭宗说:"你位居百官之首,与朕休戚与共,不应该遇事躲避!"杜让能边哭边说:"我怎么敢遇事躲避!况且陛下要做的事,是当年宪宗的志愿;我只是觉得天时还不适宜,形势还不成熟罢了。只怕有朝一日我白白地遭受晁错那样的杀身之祸,却不能平息七国之乱。我怎敢不奉行诏令,拼死去做!"昭宗就命他留在中书省,策划方案,安排事项,一个多月不回家。崔昭纬暗中与邠州、岐州交结,为他们打探消息,杜让能早晨说一句话,邠、岐二镇傍晚就肯定知道了。李茂贞指使他的党羽纠集市民千百人围在观军容使西门君遂的马前诉说道:"岐州的李茂贞大帅并没有罪,不应征讨他,而使百姓遭受战祸。"西门君遂说:"这是宰相的事,与我无关。"那些被纠集的市民又拦住崔昭纬、郑延昌的轿子诉说,二位宰相回答说:"这事皇上专门交给了杜太尉,我们事先不知道。"市民随后向他们乱投砖瓦石子,二位宰相忙下轿跑到民户家里躲藏,才免一死,大堂印章和朝报都丢失了。昭宗命令捕捉闹事的倡导者和带头人,予以杀头,出兵讨伐李茂贞的念头更加坚定。

京师民或亡匿山谷,严刑所不能禁。八月,以嗣覃王嗣周为京西招讨使,神策大将军李锣副之。

九月乙亥,覃王嗣周帅禁军三万送凤翔节度使徐彦若赴镇,军于兴平。李茂贞、王行瑜合兵近六万,军于盩厔以拒之。禁军皆新募市井少年,茂贞、行瑜所将皆边兵百战之馀,壬午,茂贞等进逼兴平,禁军皆望风逃溃,茂贞等乘胜进攻三桥,京城大震,士民奔散,市人复守阙请诛首议用兵者。崔昭纬心害太尉、门下侍郎、同平章事杜让能,密遗茂贞书曰:"用兵非主上意,皆出于杜太尉耳。"甲申,茂贞陈于临皋驿,表让能罪,请诛之。让能言于上曰:"臣固先言之矣,请以臣为解。"上涕下不自禁,曰:"与卿诀矣!"是日,贬让能梧州刺史,制辞略曰:"弃卿士之臧谋,构藩垣之深衅,咨询之际,证执弥坚。"又流观军容使西门君遂于儋州,内枢密使李周潼于崖州,段诩于骧州。乙酉,上御安福门,斩君遂、周潼、诩,再贬让能雷州司户。遣使谓茂贞曰:"惑朕举兵者,三人也,非让能之罪。"以内侍骆全瓘、刘景宣为左右军中尉。

壬辰,以东都留守韦昭度为司徒、门下侍郎、同平章事,御史中丞崔胤为户部侍郎、同平章事。胤,慎由之子也,外宽弘而内巧险,与崔昭纬深相结,故得为相。季父安潜谓所亲曰:"吾父兄刻苦以立门户,终为缁郎所坏!"缁郎,胤小字也。

京师长安的百姓有的躲藏到山谷里去,动用严刑酷罚也禁止不住。八月,昭宗任命嗣覃王李嗣周为京西招讨使,任命神策大将军李铎为招讨副使。

九月乙亥(初十)这天,覃王李嗣周率领禁军三万人护送凤翔节度使徐彦若到镇所赴任,在兴平驻军。李茂贞、王行瑜合兵近六万人,驻守盩厔进行抗拒。朝廷的禁军都是新近在市井中招募的少年,李茂贞、王行瑜所统率的都是身经百战、死里逃生的边关士兵,壬午(十七日),李茂贞等人进逼兴平,禁军都望风逃散,李茂贞等人乘胜进攻三桥,京师长安大为震惊,士人百姓四处逃散,市民又守在皇宫门前请求杀掉最先倡议对李茂贞用兵的人。崔昭纬内心嫉恨太尉、门下侍郎、同平章事杜让能,秘密写信给李茂贞说:"对你用兵不是皇上的意思,都是杜太尉出的主意罢了。"甲申(十九日),李茂贞率军在临皋驿布阵,上章表历数杜让能的罪过,请求诛杀杜让能。杜让能对昭宗说:"我早就有言在先,现在就请通过惩处我来解除战争吧。"昭宗痛哭流涕不能控制,说道:"只能与你诀别了!"这天,把杜让能贬为梧州刺史,昭宗的制令大略是说:"你拒不接受谋士大臣的深谋远虑,造成了藩镇的战端,商议之际,争执更加厉害。"又把观军容使西门君遂流放到儋州,把内枢密使李周潼流放到崖州,把段诩流放到驩州。乙酉(二十日),昭宗亲自来到安福门,将西门君遂、李周潼、段诩处斩,再把杜让能贬为雷州司户。昭宗派使者前去对李茂贞说:"蛊惑我起兵的是西门君遂、李周潼和段诩这三个人,不是杜让能的罪过。"朝廷任命内侍骆全瓘、刘景宣为左右神策军中尉。

壬辰(二十七日),朝廷任命东都留守韦昭度为司徒、门下侍郎、同平章事,御史中丞崔胤为户部侍郎、同平章事。崔胤是崔慎由的儿子,表面看似宽宏大量,内心却奸巧阴险,与崔昭纬勾结特紧,所以做了宰相。崔胤的叔父崔安潜对他的亲信说:"我的父兄刻苦创立的崔家基业,最终将被缁郎败坏!"缁郎是崔胤的小名。

李茂贞勒兵不解，请诛杜让能然后还镇，崔昭纬复从而挤之。冬十月，赐让能及其弟户部侍郎弘徽自尽。复下诏布告中外，称“让能举枉错直，爱憎系于一时；鬻狱卖官，聚敛逾于巨万”。自是朝廷动息皆禀于邠、岐，南、北司往往依附二镇以邀恩泽。有崔铤、王超者，为二镇判官，凡天子有所可否，其不逞者，辄诉于铤、超，二人则教茂贞、行瑜上章论之，朝廷小有依违，其辞语已不逊。

制复以茂贞为凤翔节度使兼山南西道节度使、守中书令，于是茂贞尽有凤翔、兴元、洋、陇秦等十五州之地。以徐彦若为御史大夫。

邠宁节度使、守侍中兼中书令王行瑜求为尚书令，韦昭度密奏称：“太宗以尚书令执政，遂登大位，自是不以授人臣。惟郭子仪以大功拜尚书令，终身避让。行瑜安可轻议！”十一月，以行瑜为太师，赐号尚父，仍赐铁券。

乾宁元年春正月，李茂贞入朝，大陈兵自卫，数日归镇。

六月戊午，以翰林学士承旨、礼部尚书李谿同平章事，方宣制，水部郎中、知制诰刘崇鲁出班掠麻恸哭。上召崇鲁，问其故，对言：“谿奸邪，依附杨复恭、西门君遂，得在翰林，无相业，恐危社稷。”谿竟罢为太子少傅。谿，鄘之孙也。上师谿为文，崔昭纬恐谿为相，分己权，故使崇鲁沮

李茂贞统领部队不解除对京师长安的威胁，向昭宗请求只有杀了杜让能后才会返回镇所，崔昭纬又在内怂恿施加压力。冬季十月，昭宗赐命杜让能及他的弟弟户部侍郎杜弘徽自杀。昭宗还向朝廷内外颁布诏书，说："杜让能举用不正派的人置于正派人之上，对人的喜好和憎恶都凭一时的感觉；他从狱讼判案和出卖官爵中捞好处，搜刮的钱财超过了巨万。"从此以后，朝廷的一举一动都要禀告邠州、岐州，朝廷官员和宫内宦官往往依附李茂贞、王行瑜来博得恩赏。有崔铤、王超二人，是邠州、岐州的判官，凡是天子的决定，使有的人没能如愿，他们就向崔铤、王超诉说，崔铤、王超二人就让李茂贞、王行瑜向昭宗呈上奏表进行申论，朝廷如果稍有不同意见，李茂贞、王行瑜便出言不逊。

昭宗又下制书任命李茂贞为凤翔节度使兼山南西道节度使、守中书令，至此李茂贞占据了凤翔、兴元、洋州、陇秦等十五个州的全部地盘。朝廷又任命徐彦若担任御史大夫一职。

邠宁节度使、守侍中兼中书令王行瑜向朝廷请求担任尚书令一职，韦昭度秘密上奏道："太宗皇帝担任尚书令，主管军国事务，从而登上皇位，此后尚书令一职就不再授给臣下。只有郭子仪因立下大功而拜为尚书令，但郭子仪一直到死都在推辞。王行瑜怎么可以轻率地谋求此职？"十一月，朝廷任命王行瑜为太师，赐给尚父的名号，还赐给他铁券。

乾宁元年（894）春季正月，李茂贞入长安朝见，布置了大量士兵自卫，几天后返回本镇。

六月戊午（二十七日），朝廷任命翰林学士承旨、礼部尚书李谿为同平章事。任命刚刚宣布，水部郎中、知制诰刘崇鲁便走出朝班抢过白色麻纸写成的诏书痛哭。昭宗召来刘崇鲁，向他询问这样做的原因，刘崇鲁回答说："李谿奸诈邪恶，靠依附杨复恭、西门君遂才得到翰林学士的职务，他没有当宰相的功业，如果他当宰相，恐怕会危害社稷大业。"李谿最终被罢免原职，任为太子少傅。李谿是李廓的孙子。昭宗曾向李谿学习写文章，崔昭纬担心李谿任宰相，会分他的权力，因而唆使刘崇鲁出面阻挠

之。谿十表自讼，丑诋"崇鲁父符受赃枉法，事觉自杀；弟崇望与杨复恭深交，崇鲁庭拜田令孜，为朱玫作劝进表，乃云臣交结内臣，何异抱赃唱贼！且故事，缬巾缪带，不入禁庭。臣果不才，崇鲁自应上章论列，岂于正殿恸哭！为国不祥，无人臣礼，乞正其罪"。诏停崇鲁见任。谿犹上表不已，乞行诛窜，表数千言，诟詈无所不至。

秋七月，李茂贞遣兵攻阆州，拔之，杨复恭、杨守亮、杨守信帅其族党犯围走。杨复恭、守亮、守信将自商山奔河东，至乾元，遇华州兵，获之。八月，韩建献于阙下，斩于独柳。李茂贞献复恭遗守亮书，诉致仕之由云："承天门乃隋家旧业，大侄但积粟训兵，勿贡献。吾于荆榛中立寿王，才得尊位，废定策国老，有如此负心门生天子！"

二年，崔昭纬与李茂贞、王行瑜深相结，得天子过失，朝廷机事，悉以告之。邠宁节度副使崔铤，昭纬之族也，李谿再入相，昭纬使铤告行瑜曰："向者尚书令之命已行矣，而韦昭度沮之，今又引李谿为同列，相与荧惑圣听，恐复有杜太尉之事。"行瑜乃与茂贞表称谿奸邪，昭度无相业，宜罢居散秩。上报曰："军旅之事，朕则与藩镇图之；至于命相，当出朕怀。"行瑜等论列不已，三月，谿复罢为太子少师。

他。李谿连上十次表章为自己辩诉，表中痛骂刘崇鲁说："刘崇鲁的父亲刘符贪污受贿践踏国法，事情败露后自杀；他的弟弟刘崇望与杨复恭深相交结，刘崇鲁本人曾在大庭上向田令孜叩拜，给朱玫起草劝李煴登帝位的劝进表，如今他却说我交结宦官，这与贼喊捉贼有什么两样？况且按照惯例，身披绢巾浅带是不能进入宫内殿堂的。我如果真的没有才能，刘崇鲁自然应该呈上表章论说，怎么可以在宫中正殿痛哭呢？他对国家造成不吉祥，丧失了做臣下的礼节，请求治他的罪。"昭宗下诏中止刘崇鲁的任命。李谿还是不停地上表，请求诛杀或流放刘崇鲁，表文达几千字，什么话都骂出来了。

秋季七月，李茂贞派遣部队进攻并攻克了阆州，杨复恭、杨守亮、杨守信带着他们的家族、党羽突围逃走。杨复恭、杨守亮、杨守信想从商山逃往河东，至乾元县时遇到了华州兵马，被抓获。八月，韩建把杨复恭等人送交朝廷，在独柳将他们斩杀。李茂贞献上杨复恭给杨守亮的一封信，信中谈到他退职的情由说："大唐江山本是隋朝的旧业，大侄你只管积聚粮食训练兵马，不要向朝廷进贡。我在国家极其危难时拥立寿王，他才得以即位。可他即位后却废掉了我这个制定国策的元老，竟然有这样负心的门生天子！"

二年(895)，朝中的崔昭纬与李茂贞、王行瑜勾结很深，凡是天子的过错失误或朝廷的机密事务，他全都告诉李茂贞、王行瑜。邠宁节度副使崔铤，是崔昭纬的同族人，李谿再次入朝担任宰相，崔昭纬指使崔铤报告王行瑜说："以前皇上任命你为尚书令的诏令已颁发，但韦昭度出来阻拦，现在他又引荐李谿同为宰相，共同迷惑皇上的视听，恐怕又要出现杜让能太尉那样的事了。"王行瑜便与李茂贞向昭宗上表声称李谿奸诈邪恶，韦昭度做宰相名不副实，应免去他们的相职，罢为散官闲职。昭宗答复说："军事事务，朕同各藩镇商议决定；至于任命朝廷宰相，应该出自朕的意愿。"王行瑜等仍然辩论不休，三月，朝廷又把李谿贬为太子少师。

王珂，李克用之婿也。克用表重荣有功于国，请赐其子珂节钺。王珙厚结王行瑜、李茂贞、韩建三帅，更上表称珂非王氏子，请以珂为陕州、珙为河中。上谕以先已允克用之奏，不许。

初，王行瑜求尚书令不获，由是怨朝廷。畿内有八镇兵，隶左、右军。郃阳镇近华州，韩建求之；良原镇近邠州，王行瑜求之。宦官曰："此天子禁军，何可得也！"王珂、王珙争河中，行瑜、建及茂贞皆为珙请，不能得，耻之。珙使人语三帅曰："珂不受代而与河东婚姻，必为诸公不利，请讨之。"行瑜使其弟匡国节度使行约攻河中，珂求救于李克用。行瑜乃与茂贞、建各将精兵数千入朝。五月，至京师，坊市皆窜匿。上御安福门以待之，三帅盛陈甲兵，拜伏舞蹈于门下。上临轩，亲诘之曰："卿辈不奏请俟报，辄称兵入京城，其志欲何为乎？若不能事朕，今日请避贤路！"行瑜、茂贞流汗不能言，独韩建粗述入朝之由。上与三帅宴，三帅奏称："南、北司互有朋党，堕紊朝政。韦昭度讨西川失策，李谿作相，不合众心，请诛之。"上未之许。是日，行瑜等杀昭度、谿于都亭驿，又杀枢密使康尚弼及宦官数人。又言："王珂、王珙嫡庶不分，请除王珙河中，徙王行约于陕，王珂于同州。"上皆许之。始，三帅谋废上，立吉王保。至是，闻李克用已起兵于河东，行瑜、茂贞各留兵二千人宿

王珂是李克用的女婿。李克用向朝廷上表称赞王重荣对国家有功，请求赐他的儿子王珂节度使的官职。王珙着力结交王行瑜、李茂贞、韩建三帅，轮番上表声称王珂不是王重荣的儿子，请求让王珂担任陕州刺史，王珙为河中节度使。昭宗谕告他们说，先前已经应允了李克用的奏请，你们的请求就不能满足了。

先前，王行瑜因向朝廷求尚书令一职未成，所以怨恨朝廷。京师长安所辖地区内有八镇兵，隶属于左、右神策军。邻阳镇靠近华州，韩建请求管辖；良原镇靠近邠州，王行瑜请求由他统领。宫中宦官说："这些都是天子的禁军，怎么能让他们得到！"王珂、王珙争夺河中节度使一职，王行瑜、韩建以及李茂贞都替王珙请求，未能如愿，这几个人都感到耻辱。王珙派人对王行瑜、韩建、李茂贞三帅说："王珂在河中不接受我的替代而与河东节度使李克用家结亲，一定会对你们几位不利，请你们讨伐他。"王行瑜就派他的弟弟匡国节度使王行约攻打河中，王珂向李克用求救。于是王行瑜就与李茂贞、韩建各自率领精兵数千人入朝。五月，部队到达京师长安，长安坊市居民都逃跑躲避。昭宗亲自到安福门等待他们，王行瑜、李茂贞、韩建把部队排列开来，在安福门下跪拜并行舞蹈礼仪。昭宗登临门楼，亲自责问他们说："你们不向朝廷奏请也不等待朝廷的回话，就拥兵进入京城，究竟想干什么？如果你们不肯为朕做事，今天我就请退出帝位，让给贤能的人！"王行瑜、李茂贞满身流汗答不上话，只有韩建还能粗略地陈说入京的缘由。昭宗与三位大帅宴饮，三帅上奏道："朝廷中朝臣与宦官互有朋党争权，败坏扰乱了朝廷大政。韦昭度讨伐西川失策，李谿当宰相也不合人心，请求把他们二人杀了。"昭宗没有允许。这天，王行瑜等在都亭驿杀了韦昭度和李谿，又杀了枢密使康尚弼和几个宦官。他们又对昭宗说："对王珂、王珙的任用没有分清嫡庶尊卑，现在请求任命王珙为河中节度使，把王行约迁往陕州，王珂调到同州。"昭宗都同意了。起始，王行瑜、李茂贞、韩建三帅想废掉昭宗，另立吉王李保为帝。这时听说李克用已从河东起兵，王行瑜、李茂贞各自留下二千兵马守卫

卫京师,与建皆辞还镇。李克用闻三镇兵犯阙,即日遣使十三辈发北部兵,期以来月渡河入关。

六月辛卯,以前均州刺史孔纬、绣州司户张濬并为太子宾客。壬辰,以纬为吏部尚书,复其阶爵,癸巳,拜司空兼门下侍郎、同平章事;以张濬为兵部尚书、诸道租庸使。时纬居华州,濬居长水,上以崔昭纬等外交藩镇,朋党相倾,思得骨鲠之士,故骤用纬、濬。纬以有疾,扶舆至京师,见上,涕泣固辞,上不许。张濬、孔纬谪徙事见《诸镇相攻》。

李克用大举蕃、汉兵南下,上表称王行瑜、李茂贞、韩建称兵犯阙,贼害大臣,请讨之,又移檄三镇,行瑜等大惧。克用军至绛州,刺史王瑶闭城拒之。克用进攻,旬日拔之,斩瑶于军门,杀城中违拒者千馀人。秋七月丙辰朔,克用至河中,王珂迎谒于路。

匡国节度使王行约败于朝邑,戊午,行约弃同州走,己未,至京师。行约弟行实时为左军指挥使,帅众与行约大掠西市。行实奏称同、华已没,沙陀将至,请车驾幸邠州。庚申,枢密使骆全瓘奏请车驾幸凤翔。上曰:"朕得克用表,尚驻军河中。就使沙陀至此,朕自有以枝梧,卿等但各抚本军,勿令摇动。"

右军指挥使李继鹏,茂贞假子也,本姓名阎珪,与骆全瓘谋劫上幸凤翔。中尉刘景宣与王行实知之,欲劫上幸邠州。孔纬面折景宣,以为不可轻离宫阙。向晚,继鹏连奏

京师,与韩建都离京回归本镇。李克用听说王行瑜等三帅冒犯朝廷,当天派出使者十三批去征发北部蕃族部队,约定下个月渡过黄河进入潼关。

六月辛卯(初五),朝廷任命前均州刺史孔纬、绣州司户张濬同为太子宾客。壬辰(初六),任命孔纬为吏部尚书,恢复他原来的官阶爵位,癸巳(初七),又拜孔纬为司空兼门下侍郎、同平章事;张濬为兵部尚书、诸道租庸使。当时孔纬居住在华州,张濬居住在长水,昭宗因为崔昭纬等人在外面勾结藩镇,结党营私,相互倾轧,就想起用刚正直爽的人士,所以很快就起用了孔纬、张濬。孔纬因为有病,抱病乘车到达京师长安,见到昭宗后流着眼泪坚决推辞,昭宗没有同意。张濬、孔纬贬谪迁徙事见《诸镇相攻》。

李克用大规模动用蕃、汉兵南下,并向昭宗上表声称王行瑜、李茂贞、韩建用兵进犯京师,残害朝中大臣,请求讨伐他们,他又向王行瑜、李茂贞、韩建三节度使发出讨伐檄文,王行瑜等大为恐惧。李克用的部队到达绛州,绛州刺史王瑶关上城门抵抗李军。李克用率军攻城,十天工夫攻下绛州,在军营门前将王瑶斩杀,又杀了城中进行抵抗的一千多人。秋季七月丙辰是初一,这天李克用到达河中,王珂在路上迎候。

匡国节度使王行约在朝邑吃了败仗,戊午(初三),王行约放弃同州逃跑,己未(初四)到了京师长安。王行约的弟弟王行实当时在朝中担任左军指挥使,率领部下人马与王行约一起在长安西市大肆抢掠。王行实向朝廷奏报同州、华州已失守,沙陀族兵将要来到,请求皇帝到邠州去避难。庚申(初五),枢密使骆全瓘上奏请求昭宗到凤翔去。昭宗说:"朕收到了李克用的奏表,他的部队还在河中驻扎。即使沙陀族兵到了这里,朕自有办法处理,你们只管各自安抚自己的军队,不要让军心不稳。"

右军指挥使李继鹏是李茂贞的养子,原本姓阎名珪,他与骆全瓘谋划想把昭宗劫持到凤翔去。中尉刘景宣与王行实知道这事以后,想把昭宗劫持到邠州去。孔纬当面驳斥刘景宣,认为昭宗这时不能轻易离开长安宫阙。傍晚时分,李继鹏接连上奏

请车驾出幸,于是王行约引左军攻右军,鼓噪震地。上闻乱,登承天楼,欲谕止之,捧日都头李筠将本军,于楼前侍卫。李继鹏以凤翔兵攻筠,矢拂御衣,著于楼楬,左右扶上下楼;继鹏复纵火焚宫门,烟炎蔽天。时有盐州六都兵屯京师,素为两军所惮,上急召令入卫。既至,两军退走,各归邠州及凤翔。城中大乱,互相剽掠,上与诸王及亲近幸李筠营,护驾都头李居实帅众继至。

或传王行瑜、李茂贞欲自来迎车驾,上惧为所迫,辛酉,以筠、居实两都兵自卫,出启夏门,趣南山,宿莎城镇。士民追从车驾者数十万人,比至谷口,暍死者三之一,夜,复为盗所掠,哭声震山谷。时百官多扈从不及,户部尚书、判度支及盐铁转运使薛王知柔独先至,上命权知中书事及置顿使。

壬戌,李克用入同州。崔昭纬、徐彦若、王抟至莎城。甲子,上徙幸石门镇,命薛王知柔与知枢密院刘光裕还京城,制置守卫宫禁。丙寅,李克用遣节度判官王瓌奉表问起居。丁卯,上遣内侍郗廷昱,赍诏诣李克用军,令与王珂各发万骑同赴新平。又诏彰义节度使张镠以泾原兵控扼凤翔。

李克用遣兵攻华州,韩建登城呼曰:"仆于李公未尝失礼,何为见攻?"克用使谓之曰:"公为人臣,逼逐天子,公为有礼,孰为无礼者乎!"会郗廷昱至,言李茂贞将兵三万至盩厔,王行瑜将兵至兴平,皆欲迎车驾,克用乃释华州之围,移兵营渭桥。

请求昭宗出走凤翔,于是王行约率领左军去攻打李继鹏的右军,军中鼓声、喊声震天动地。昭宗听说了外面的变乱,登上承天楼想制止他们,捧日都头李筠率领部下人马在楼前护卫。李继鹏用凤翔兵进攻李筠,飞矢掠过昭宗的御衣,落在楼的橡木上,身边的侍从搀扶昭宗下楼;李继鹏又纵火焚烧宫门,烈火浓烟遮盖了天空。当时有盐州六都的部队驻在京师,平时左、右两军都惧怕他们,昭宗急忙把他们召来护卫。盐州兵一到,左、右军都退走了,分别返回邠州和凤翔。长安城里一片混乱,相互抢掠,昭宗与诸王及亲近人员到了李筠的军营,神策军护跸都头李居实率领部下随后赶到。

有传言说王行瑜、李茂贞要亲自来迎接皇上,昭宗害怕被他们逼迫,辛酉(初六)这天,昭宗命令李筠、李居实的两都兵护卫,从长安城启夏门出发前往南山,在莎城镇过夜。追随昭宗的士民有几十万人,等到抵达谷口时,中暑而死的有三分之一,晚上还被盗贼抢掠,士民的哭声在山谷中震荡。当时朝廷百官大多没能追随上昭宗,只有户部尚书、判度支及盐铁转运使薛王李知柔首先赶到,昭宗命他临时主持中书省事务并任置顿使。

壬戌(初七),李克用进入同州。崔昭纬、徐彦若、王抟到了莎城。甲子(初九)这天,昭宗迁居石门镇,诏命薛王李知柔与主持枢密院事务的刘光裕返回京师长安,安置守卫皇宫。丙寅(十一日),李克用派手下的节度判官王瓌奉持表文问候昭宗的起居。丁卯(十二日),昭宗派遣内侍郗廷昱带着诏书前往李克用的军营,命令李克用与王珂各派一万骑兵赶往新平讨伐王行瑜,又诏命彰义节度使张镴带领泾原兵扼制住凤翔的李茂贞。

李克用派兵进攻华州,韩建登上华州城楼呼喊说:“我对李公不曾失礼,为什么来攻打我?”李克用派人对他说:“你身为人臣,却逼迫赶走皇上,如果你还有礼,那么什么才算无礼呢?”恰逢郗廷昱赶到了,他对李克用说,李茂贞率军三万到了盩厔,王行瑜率军到了兴平,都想迎接昭宗,李克用于是解除了对华州的包围,把部队调到渭桥驻扎。

以薛王知柔为清海节度使、同平章事,仍权知京兆尹、判度支,充盐铁转运使,俟反正日赴镇。

上在南山旬馀,士民从车驾避乱者日相惊曰:"邠、岐兵至矣!"上遣延王戒丕诣河中,趣李克用令进兵。壬午,克用发河中。八月,上遣供奉官张承业诣克用军。承业,同州人,屡奉使于克用,因留监其军。己丑,克用进军渭桥,遣其将李存贞为前锋;辛卯,拔永寿,又遣史俨将三千骑诣石门侍卫。癸巳,遣李存信、存审会保大节度使李思孝攻王行瑜梨园寨,擒其将王令陶等,献于行在。思孝本姓拓跋,思恭之弟也。李茂贞惧,斩李继鹏,传首行在,上表请罪,且遣使求和于克用。上复遣延王戒丕、丹王允谕克用,令且赦茂贞,并力讨行瑜,俟其殄平,当更与卿议之。且命二王拜克用为兄。

戊戌,削夺王行瑜官爵。癸卯,以李克用为邠宁四面行营都招讨使,保大节度使李思孝为北面招讨使,定难节度使李思谏为东面招讨使,彰义节度使张鐇为西面招讨使。克用遣其子存勖诣行在,年十一,上奇其状貌,抚之曰:"儿方为国之栋梁,他日宜尽忠于吾家。"克用表请上还京,上许之。令克用遣骑三千驻三桥为备御。辛亥,车驾还京师。壬子,司空兼门下侍郎、平章事崔昭纬罢为右仆射。以护国留后王珂、卢龙留后刘仁恭各为本镇节度使。

朝廷任命薛王李知柔为清海节度使、同平章事,仍旧暂时代理京兆尹、判度支,充任盐铁转运使,待到平定叛乱后再去本镇赴任。

昭宗在南山十几天了,跟随昭宗避乱的士人百姓每天都相互惊呼:"邠州、岐州的军队来了!"昭宗派遣延王李戒丕前往河中敦促李克用下令进军。壬午(二十七日),李克用的部队从河中出发。八月,昭宗派遣供奉官张承业到李克用部队去。张承业是同州人,多次奉昭宗之命出使李克用处,就留在李克用军中当监军。己丑(初五),李克用的部队向渭桥进发,李克用派部将李存贞为前锋;辛卯(初七)这天,李克用军攻克了永寿,又派部将史俨率三千骑兵前往石门侍卫昭宗。癸巳(初九)这天,李克用派遣李存信、李存审会同保大节度使李思孝进攻王行瑜的梨园寨,活捉了王行瑜的部将王令陶等人,并送往昭宗处献功。李思孝本姓拓跋,是李思恭的弟弟。李茂贞大惊,斩杀李继鹏,并把他的首级送到昭宗那里,李茂贞向昭宗上表请罪,还派了使者到李克用那里求和。昭宗再次派延王李戒丕、丹王李允告知李克用,命令他暂且赦免李茂贞,全力讨伐王行瑜,等把王行瑜扫平后,朝廷再与李克用商议处置李茂贞之事。昭宗还命延王李戒丕、丹王李允拜李克用为兄长。

戊戌(十四日),朝廷革除王行瑜的官职爵位。癸卯(十九日),朝廷任命李克用为邠宁四面行营都招讨使,保大节度使李思孝为北面招讨使,定难节度使李思谏为东面招讨使,彰义节度使张镠为西面招讨使。李克用派他的儿子李存勖到昭宗处,李存勖当时才十一岁,昭宗觉得他的外貌奇特,抚摸他说:"小孩,你正是国家的栋梁之材,将来要对我家尽忠效力。"李克用向昭宗上表请求昭宗返回京师长安,昭宗同意了。命令李克用派遣骑兵三千驻扎三桥防备。辛亥(二十七日),昭宗返回京师长安。壬子(二十八日),朝廷免去崔昭纬的司空兼门下侍郎、平章事职务,降为右仆射。又任命护国留后王珂、卢龙留后刘仁恭分别担任本镇的节度使。

时宫室焚毁,未暇完葺,上寓居尚书省,百官往往无袍笏仆马。以李克用为行营都统。

九月癸亥,孔纬薨。

李克用急攻梨园,王行瑜求救于李茂贞,茂贞遣兵万人屯龙泉镇,自将兵三万屯咸阳之旁。克用请诏茂贞归镇,仍削夺其官爵,欲分兵讨之。上以茂贞自诛继鹏,前已赦宥,不可复削夺诛讨,但诏归镇,仍令克用与之和解。以昭义节度使李罕之检校侍中,充邠宁四面行营副都统。史俨败邠宁兵于云阳,擒云阳镇使王令诲等,献之。

冬十月丙戌,河东将李存贞败邠宁军于梨园北,杀千馀人。自是梨园闭壁不敢出。

贬右仆射崔昭纬为梧州司马。

魏国夫人陈氏,才色冠后宫,上以赐李克用。

克用令李罕之、李存信等急攻梨园;城中食尽,弃城走。罕之等邀击之,所杀万馀人,克梨园等三寨,获王行瑜子知进及大将李元福等。克用进屯梨园。庚寅,王行约、王行实烧宁州遁去。克用奏请以匡国节度使苏文建为静难节度使,趣令赴镇,且理宁州,招抚降人。

上迁居大内。

王行瑜以精甲五千守龙泉寨,李克用攻之。李茂贞以兵五千救之,营于镇西。李罕之击凤翔兵,走之,十一月丁巳,拔龙泉寨。行瑜走入邠州,遣使请降于克用。

当时长安宫室已被焚毁，来不及修治，昭宗就寄居在尚书省府，朝中百官往往没有朝袍、朝笏和仆人、马匹。朝廷任命李克用为行营都统。

九月癸亥（初十）这天，孔纬去世。

李克用猛攻梨园寨，王行瑜向李茂贞求救，李茂贞派遣一万人马驻守龙泉镇，自己率领三万兵卒在咸阳附近驻扎。李克用请昭宗下诏命令李茂贞回到凤翔本镇，革除他的官职爵位，想要分兵讨伐李茂贞。昭宗认为李茂贞自从斩杀李继鹏，朝廷已赦免了他的罪，不能再下诏革除其官职或去讨伐他，只须下诏命他返回本镇，昭宗同时让李克用与李茂贞和解。昭宗任命昭义节度使李罕之为检校侍中，充任邠宁四面行营副都统。史俨在云阳打败了王行瑜的邠宁兵，活捉云阳镇使王令诲等人，献给了朝廷。

冬季十月丙戌（初三）这天，河东将领李存贞在梨园北面打败了王行瑜的邠宁兵，杀死一千多人。从此梨园寨关闭营垒不敢出战。

朝廷把右仆射崔昭纬贬为梧州司马。

魏国夫人陈氏，才华姿色在后宫中数第一，昭宗把她赐给了李克用。

李克用命令李罕之、李存信等猛攻梨园；城中粮食用光，守军弃城逃走。李罕之等拦截攻打，斩杀一万多人，攻克了梨园等三个营寨，活捉了王行瑜的儿子王知进及大将李元福等。李克用进驻梨园。庚寅（初七）这天，王行约、王行实放火焚烧宁州后逃跑。李克用向昭宗上奏请求任命匡国节度使苏文建为静难节度使，敦促他赶赴本镇，并兼治宁州，招集安抚前来投降的人。

昭宗迁到皇宫居住。

王行瑜率精悍甲兵五千人在龙泉寨驻守，李克用率军攻打。李茂贞率五千人马前来救援王行瑜，在龙泉镇的西面扎下营寨。李克用的部将李罕之出击李茂贞的凤翔兵，并把他们赶跑。十一月丁巳（初五）这天，李克用攻克了龙泉寨。王行瑜逃进邠州，派遣使者向李克用求降。

李克用引兵逼邠州，王行瑜登城，号哭谓克用曰："行瑜无罪，迫胁乘舆，皆李茂贞及李继鹏所为，请移兵问凤翔，行瑜愿束身归朝。"克用曰："王尚父何恭之甚！仆受诏讨三贼臣，公预其一，束身归朝，非仆所得专也。"丁卯，行瑜挈族弃城走。克用入邠州，封府库，抚居人，命指挥使高爽权巡抚军城，奏趣苏文建赴镇。行瑜走至庆州境，部下斩行瑜，传首。

李克用旋军渭北。

加静难节度使苏文建同平章事。

十二月乙酉，李克用军于云阳。乙未，进克用爵晋王，加李罕之兼侍中，以河东大将盖寓领容管观察使，自馀克用将佐、子孙并进官爵。

李克用遣掌书记李袭吉入谢恩，密言于上曰："比年以来，关辅不宁，乘此胜势，遂取凤翔，一劳永逸，时不可失。臣屯军渭北，专俟进止。"上谋于贵近，或曰："茂贞复灭，则沙陀大盛，朝廷危矣！"上乃赐克用诏，褒其忠款，而言："不臣之状，行瑜为甚。自朕出幸以来，茂贞、韩建自知其罪，不忘国恩，职贡相继，且当休兵息民。"克用奉诏而止。既而私于诏使曰："观朝廷之意，似疑克用有异心也。然不去茂贞，关中无安宁之日。"又诏免克用入朝，将佐或言："今密迩阙廷，岂可不入见天子！"克用犹豫未决，盖寓言于克用曰："向者王行瑜辈纵兵狂悖，致銮舆播越，百姓奔散。

李克用带兵进逼邠州，王行瑜登上城楼哭着对李克用说："我王行瑜没有罪，逼迫皇上的事都是李茂贞及李继鹏干的，请你移兵到凤翔去问李茂贞的罪，我愿意自绑回朝。"李克用说："王尚父，你怎么这样谦恭啊？我受皇上之命讨伐你们三个贼臣，你是其中的一个，你想自绑还朝，这不是我一个人能决定的。"丁卯（十五日），王行瑜带着族人弃城逃跑。李克用进入邠州，封闭府库，安抚当地居民，命令部下的指挥使高爽临时掌管巡视安抚这座军城，又向朝廷奏请催促苏文建赶赴本镇。王行瑜逃到庆州境内，他的部下把他杀了，并把他的头颅传送朝廷。

李克用把部队撤回渭北。

朝廷加封静难节度使苏文建为同平章事。

十二月乙酉（初三），李克用驻军于云阳。乙未（十三日），晋升李克用的爵位为晋王，加封李罕之兼侍中，任命河东大将盖寓兼容管观察使，其馀李克用的将佐、子孙都得以加官晋爵。

李克用派遣掌书记李袭吉入朝谢恩，秘密对昭宗说："近年以来，关辅一带不得安宁，现在如果乘着打败王行瑜的势头，顺势攻取凤翔，就可以一劳永逸，时不可失。臣下我在渭北驻军，就专门等候诏令采取行动了。"昭宗与朝中权贵、近臣商议，有人说："如果李茂贞被消灭，那么李克用的沙陀军势力就会大大膨胀，朝廷就危险了！"于是昭宗给李克用颁赐诏书，称赞他对朝廷的忠诚，但又说："对朝廷叛逆的行径，数王行瑜最厉害。自从朕离开京师出巡以来，李茂贞、韩建已经主动认罪，没有忘却国家的恩典，进贡的物品接连不断，眼下姑且先停止作战，让老百姓休养生息。"李克用接到这一诏令后就不再用兵。过后，李克用私下对奉命前来下达诏令的宫中使者说："我看朝廷的意思，似乎怀疑我李克用有异心。但不除去李茂贞，关中一带不会有安定的日子。"朝廷又下诏不要李克用到长安朝见昭宗，李克用部下的将佐中有人说："现在我们与朝廷近在咫尺，怎么能不入京朝见天子呢？"李克用还是犹豫不决，盖寓对李克用说道："以前王行瑜等人放纵士兵肆意胡来，导致皇上流离迁徙，百姓逃散。

今天子还未安席，人心尚危，大王若引兵渡渭，窃恐复惊骇都邑。人臣尽忠，在于勤王，不在入觐，愿熟图之！"克用笑曰："盖寓尚不欲吾入朝，况天下之人乎！"乃表称："臣总帅大军，不敢径入朝觐，且惧部落士卒侵扰渭北居人。"辛亥，引兵东归。表至京师，上下始安。诏赐河东士卒钱三十万缗。克用既去，李茂贞骄横如故，河西州县多为茂贞所据，以其将胡敬璋为河西节度使。

三年夏五月戊子，遣中使赐崔昭纬死，行至荆南，追及，斩之，中外咸以为快。

初，李克用屯渭北，李茂贞、韩建惮之，事朝廷礼甚恭。克用去，二镇贡献渐疏，表章骄慢。上自石门还，于神策两军之外，更置安圣、捧宸、保宁、宣化等军，选补数万人，使诸王将之。嗣延王戒丕、嗣覃王嗣周又自募麾下数千人。茂贞以为欲讨己，语多怨望，嫌隙日构。茂贞亦勒兵，扬言欲诣阙讼冤，京师士民争亡匿山谷。上命通王滋及嗣周、戒丕分将诸军以卫近畿，戒丕屯三桥。茂贞遂表言"延王无故称兵讨臣，臣今勒兵入朝请罪"。上遽遣使告急于河东。六月，茂贞引兵逼京畿，覃王与战于娄馆，官军败绩。

秋七月，茂贞进逼京师。延王戒丕曰："今关中藩镇无可依者，不若自鄜州济河，幸太原，臣请先往告之。"辛卯，

现在天子刚返京师还没有安定下来,人心还在恐惧之中,大王你如果领兵渡过渭水,我私下担心京师又会一片恐慌。做臣子的要尽到效忠朝廷的责任,在于为皇上起兵救难,不在于入朝拜见皇帝,希望大王你仔细考虑!"李克用笑着说道:"连盖寓都不想让我入朝,何况天下之人!"于是李克用就向昭宗上表称:"我统领大军,不敢径自朝见皇上,而且我还担心手下的部落士兵侵扰渭水以北的居民。"辛亥(二十九日),李克用率兵东返。李克用呈上的奏表到了京师,朝廷上下才安下心来。昭宗下诏赐给河东士卒钱三十万缗。李克用离开后,李茂贞的骄横又同以往一样了,河西一带的州县大多被李茂贞占据,还任命他的部将胡敬璋为河西节度使。

三年(896)夏季五月戊子(初八),朝廷派宫中使者去赐死崔昭纬,到荆南追上了崔昭纬,杀了他,朝廷内外都感到大快人心。

先前,李克用在渭水北面驻扎,李茂贞、韩建害怕他,侍奉朝廷礼节很恭顺。李克用离开后,这二镇向朝廷进贡的物品逐渐减少,进呈的表章语气也骄横傲慢了。昭宗从石门回宫后,在左、右神策军之外,还设置了安圣、捧宸、保宁、宣化等军,选补了几万人,让诸王统领他们。嗣延王李戒丕、嗣覃王李嗣周又自己招募了部下几千人。李茂贞认为昭宗这样做是想讨伐自己,语言中带有许多抱怨,朝廷与李茂贞之间的隔阂越来越深。李茂贞也布置了军队,扬言要赶往朝廷倾诉自己的冤屈,长安的士人、百姓争相逃到山谷去躲藏。昭宗命令通王李滋及李嗣周、李戒丕分别率领军队护卫京师长安一带,李戒丕在三桥驻军。于是李茂贞向昭宗上表说:"延王无缘无故发动军队讨伐臣下我,我现在率领军队前往京师请罪。"昭宗急忙派使者到河东向李克用告急。六月,李茂贞率兵进逼京师长安一带,覃王李嗣周在娄馆与他交战,结果官军大败。

秋季七月,李茂贞进逼京师长安。延王李戒丕说:"现在关中的藩镇没有一个是可以依靠的,不如自鄜州渡过黄河,到太原去,臣下我请求先到太原去通知他们一下。"辛卯(十二日),

诏幸鄜州。壬辰，上出至渭北。韩建遣其子从允表请幸华州，上不许。以建为京畿都指挥、安抚制置及开通四面道路、催促诸道纲运等使。而建奉表相继，上及从官亦惮远去，癸巳，至富平，遣宣徽使元公讯召建，面议去留。甲午，建诣富平见上，顿首涕泣言："方今藩臣跋扈者，非止茂贞。陛下若去宗庙园陵，远巡边鄙，臣恐车驾济河，无复还期。今华州兵力虽微，控带关辅，亦足自固。臣积聚训厉，十五年矣，西距长安不远，愿陛下临之，以图兴复。"上乃从之。乙未，宿下邽；丙申，至华州，以府署为行宫。建视事于龙兴寺。茂贞遂入长安，自中和以来所葺宫室、市肆，燔烧俱尽。

乙巳，以中书侍郎、同平章事崔胤同平章事，充武安节度使。上以胤崔昭纬之党也，故出之。

丙午，以翰林学士承旨、尚书左丞陆扆为户部侍郎、同平章事。扆，陕人也。

宰相畏韩建，不敢专决政事。八月丙辰，诏建关议朝政，建上表固辞，乃止。韩建移檄诸道，令共输资粮诣行在。李克用闻之，叹曰："去岁从余言，岂有今日之患！"又曰："韩建天下痴物，为贼臣弱帝室，是不为李茂贞所擒，则为朱全忠所虏耳！"因奏将与邻道发兵入援。

昭宗下诏要前往鄜州。壬辰（十三日），昭宗从长安出发到了渭北。韩建派他的儿子韩从允向昭宗上表请求昭宗到华州去，昭宗没有应允。朝廷任命韩建为京畿都指挥使、安抚制置及开通四面道路、催促诸道纲运等使。但韩建上呈的表章接二连三地送来，昭宗及跟随来的朝廷官员也怕到远处去，癸巳（十四日），昭宗等到了富平，派遣宣徽使元公讯征召韩建前来面商去留问题。甲午（十五日），韩建到达富平朝见昭宗，顿首痛哭说："眼下藩镇大臣骄横跋扈的不止李茂贞一人。陛下如果离开宗庙园陵，到边远地区去巡幸，臣下我担心陛下渡过黄河，再也没有返回的时候了。现在我华州的兵力虽然不强，但控制了关辅一带，也还足以自卫。臣下我积聚财物、训练军队已经十五年了，离西边的长安不远，希望陛下光临华州，以图复兴。"昭宗就听从了他的意见。乙未（十六日），昭宗等在下邽县住宿；丙申（十七日），到达了华州，把韩建的府署作为皇帝的行宫。韩建搬到龙兴寺办理事务。昭宗离开长安后，李茂贞就进入了长安，自中和年间以来所修葺的宫室、街市被全部烧毁。

乙巳（二十六日），朝廷任命中书侍郎、同平章事崔胤为同平章事，充任武安节度使。因为崔胤是崔昭纬的同党，所以昭宗把他调出朝廷。

丙午（二十七日），朝廷任命翰林学士承旨、尚书左丞陆扆为户部侍郎、同平章事。陆扆是陕州人。

朝廷宰相们害怕韩建，对政事不敢做出决断。八月丙辰（初八），昭宗下诏命令韩建入朝商议政事，韩建上表坚决辞谢，昭宗也就不再召他。韩建向各道发布檄文，命令各道都向昭宗所在的华州输送钱粮。李克用听到这一消息后感叹道："去年皇上如果听从我的话，怎么会有今天的祸患！"又说："韩建是天下的傻瓜，做过贼臣，削弱帝室，这样的人不是被李茂贞擒拿，就是被朱全忠掳获！"于是李克用向朝廷奏报将与相邻各道发兵前来救援。

上愤天下之乱,思得奇杰之士不次用之。国子博士朱朴自言:"得为宰相,月馀可致太平。"上以为然。乙丑,以朴为左谏议大夫、同平章事。朴为人庸鄙迂僻,无他长。制出,中外大惊。丙寅,加韩建兼中书令。

九月,崔胤出镇湖南,韩建之志也。胤密求援于朱全忠,且教之营东都宫阙,表迎车驾。全忠与河南尹张全义表请上迁都洛阳,全忠仍请以兵二万迎车驾,且言崔胤忠臣,不宜出外。韩建惧,复奏召胤为相,遣使谕全忠以且宜安静,全忠乃止。乙未,复以胤为中书侍郎、同平章事。以翰林学士承旨、兵部侍郎崔远同平章事。远,琎弟玙之孙也。

丁酉,贬中书侍郎、同平章事陆扆为硖州刺史。崔胤恨扆代己,诬扆,云党于李茂贞而贬之。己亥,以朱朴兼户部,凡军旅财赋之事,上一以委之。以孙偓为凤翔四面行营都统,又以前定难节度使李思谏为静难节度使,兼副都统。冬十月壬子,加孙偓行营节度招讨处置等使。丁巳,以韩建知京兆尹兼把截使。戊午,李茂贞上表请罪,愿得自新,仍献助修宫室钱,韩建复佐佑之,竟不出师。

四年春正月甲申,韩建奏:"防城将张行思等告睦、济、韶、通、彭、韩、仪、陈八王谋杀臣,劫车驾幸河中。"建恶诸王典兵,故使行思等告之。上大惊,召建谕之,建称疾不

昭宗对天下大乱愤愤不平，想得到奇异超群的人才加以破格任用。国子博士朱朴自称："我如果当宰相，一个多月就可使天下太平。"昭宗信以为真。乙丑（十七日），任命朱朴为左谏议大夫、同平章事。朱朴为人庸俗鄙陋、迂腐乖僻，并无其他长处。昭宗任命朱朴的制令一出，朝廷内外大吃一惊。丙寅（十八日），朝廷加封韩建兼任中书令一职。

　　九月，崔胤出长安到湖南去就职，他这次的外调是韩建的意思。崔胤暗中向朱全忠求援，而且唆使朱全忠营造东都洛阳的宫殿，上表迎接昭宗到洛阳去。于是朱全忠与河南尹张全义上表请求昭宗迁都洛阳，朱全忠还请求带二万士兵去迎接昭宗，而且说崔胤是忠臣，不应该调出中央到外地任职。韩建害怕了，又向昭宗上奏请求再把崔胤召回担任宰相，派遣使者告谕朱全忠暂且应该安静，朱全忠也就中止了行动。乙未（十七日），朝廷再次任命崔胤为中书侍郎、同平章事。又任命翰林学士承旨、兵部侍郎崔远为同平章事。崔远是崔珙之弟崔玙的孙子。

　　丁酉（十九日），中书侍郎、同平章事陆扆被贬为硖州刺史。崔胤对陆扆代替自己的职务颇为怨恨，诬陷他与李茂贞勾结，使陆扆被贬职。己亥（二十一日），朝廷命令朱朴兼管户部，凡是军事费用和国家财赋等事，昭宗全都交给他办理。朝廷任命孙偓为凤翔四面行营都统，又任命以前的定难节度使李思谏担任静难节度使兼凤翔四面行营副都统。冬季十月壬子（初五）这天，朝廷加封孙偓为行营节度招讨处置等使。丁巳（初十）这天，朝廷任命韩建担任京兆尹兼把截使。戊午（十一日），李茂贞向昭宗上表请罪，希望得到改过自新的机会，还进献帮助修缮京师长安宫殿的钱财，韩建又出面帮他说话，最终朝廷没有出兵讨伐李茂贞。

　　四年（897）春季正月甲申（初八），韩建向昭宗上奏说："防城将张行思等控告睦、济、韶、通、彭、韩、仪、陈八王阴谋刺杀我，劫持陛下到河中去。"韩建憎恨诸王掌管军队，所以唆使张行思等控告他们。昭宗大惊，宣召韩建特向他说明，韩建借口生病不

入。令诸王诣建自陈,建表称:"诸王忽诣臣理所,不测事端。臣详酌事体,不应与诸王相见。"又称:"诸王当自避嫌疑,不可轻为举措。陛下若以友爱含容,请依旧制,令归十六宅,妙选师傅,教以诗书,不令典兵预政。"且曰:"乞散彼乌合之兵,用光麟趾之化。"建虑上不从,仍引麾下精兵围行宫,表疏连上。上不得已,是夕,诏诸王所领军士并纵归田里,诸王勒归十六宅,其甲兵并委韩建收掌。建又奏:"陛下选贤任能,足清祸乱,何必别置殿后四军!显有厚有薄之恩,乖无偏无党之道。且所聚皆坊市无赖奸猾之徒,平居犹思祸变,临难必不为用,而使之张弓挟刃,密迩皇舆,臣窃寒心,乞皆罢遣。"诏亦从之。于是殿后四军二万馀人悉散,天子之亲军尽矣。捧日都头李筠,石门扈从功第一,建复奏斩于大云桥。建又奏:"玄宗之末,永王璘暂出江南,遂谋不轨。代宗时吐蕃入寇,光启中朱玫乱常,皆援立宗支以系人望。今诸王衔命四方者,乞皆召还。"又奏:"诸方士出入禁庭,眩惑圣听,宜皆禁止,无得入宫。"诏悉从之。建既幽诸王于别第,知上意不悦,乃奏请立德王为太子,欲以解之。丁亥,诏立德王祐为皇太子,仍更名裕。

己亥,罢孙偓凤翔四面行营节度等使,以副都统李思谏为宁塞节度使。

去。昭宗又命令诸王到韩建那里去把事情说清,韩建向昭宗上表称:"诸王忽然到我的府里,事情难以预测。臣下我仔细斟酌了这件事情,我不能与诸王相见。"又称:"诸王应该自动避开嫌疑,不可轻举妄动。陛下如果爱护宽容他们,请按照朝廷旧制,命诸王返回十六宅,精心挑选老师,教以诗书,而不是让他们主管军队参与朝政。"并且说:"请求解散诸王手下的乌合之众,用来光大《诗经·麟之趾》所颂扬的那种宗室子弟的教化。"韩建担心昭宗不听从他的意见,还率领部下精兵包围昭宗的行宫,接二连三向朝廷递上奏疏。昭宗不得已,在这天夜晚下诏命令把诸王所统领的军士统统散遣回家,又勒令诸王返回十六宅,他们原有的盔甲军械全部交给韩建接收掌管。韩建又向昭宗呈上奏章说:"陛下选拔任用贤能之士,足以清除祸乱,何必另外设置殿后四军!使皇恩显得对人有厚有薄,这与不偏倚、不徇私的王道相背离。况且殿后四军聚集的都是坊市无赖奸狯之徒,平时安居时还想惹祸生变,遇到急难之事一定不会为朝廷效力,但现在让他们带刀弄弓,就在皇上的车驾周围,臣下我私下为陛下担惊受怕,请求把殿后四军全部解散。"昭宗颁下诏书,依从了韩建的意见。于是殿后四军二万多人全部被遣散,天子的亲军全没了。捧日都头李筠,在石门追随护卫昭宗,功劳可称第一,又被韩建上奏朝廷后在大云桥斩杀。韩建又向昭宗上呈奏章说:"玄宗末年,永王李璘暂调到江南,马上就图谋不轨。代宗时吐蕃入侵,光启年间朱玫作乱,都用拥立皇室支系的办法来笼络人心。眼下诸王中奉命在各地的,请求陛下把他们全都召回。"又奏称:"各种方士在禁庭进进出出,迷惑陛下,应该一律禁止,不许他们进宫。"昭宗下诏书,全都依从了韩建的意见。韩建既已把诸王幽禁起来,知道昭宗很不高兴,于是上奏昭宗请立德王李祐为太子,想以此来缓和矛盾。丁亥(十一日),昭宗下诏立德王李祐为皇太子,还改名为李裕。

己亥(二十三日),朝廷罢免了孙偓的凤翔四面行营节度使等职务,任命副都统李思谏为宁塞节度使。

二月乙亥，门下侍郎、同平章事孙偓罢守本官，中书侍郎、同平章事朱朴罢为秘书监。朴既秉政，所言皆不效，外议沸腾。太子詹事马道殷以天文，将作监许岩士以医得幸于上，韩建诬二人以罪而杀之，且言偓、朴与二人交通，故罢相。

夏六月，李茂贞表王建攻东川，连兵累岁，不听诏命。甲寅，贬建南州刺史。乙卯，以茂贞为西川节度使；以覃王嗣周为凤翔节度使。覃王赴镇，李茂贞不受代，围覃王于奉天。秋七月，韩建移书李茂贞，茂贞解奉天之围，覃王归华州。

八月，上欲幸奉天亲讨李茂贞，令宰相议之，宰相切谏，乃止。

延王戒丕还自晋阳，韩建奏："自陛下即位以来，与近辅交恶，皆因诸王典兵，凶徒乐祸，致銮舆不安。比者臣奏罢兵权，实虑不测之变。今闻延王、覃王尚苞阴计，愿陛下圣断不疑，制于未乱，则社稷之福。"上曰："何至于是！"数日不报。建乃与知枢密刘季述矫制发兵围十六宅，诸王被发，或缘垣，或登屋，或升木，呼曰："宅家救儿！"建拥通、仪、睦、济、韶、彭、韩、陈、覃、延、丹十一王至石堤谷，尽杀之，以谋反闻。

贬礼部尚书孙偓为南州司马。秘书监朱朴先贬饔州司马，再贬郴州司户。

九月，以彰义节度使张琏为凤翔西北行营招讨使，以

二月乙亥（三十日），朝廷罢免孙偓门下侍郎、同平章事职务，仍任本职；罢免朱朴的中书侍郎、同平章事职务，贬为秘书监。朱朴主持政务以后，他的主张都没有见效，朝外人士议论纷纷。太子詹事马道殷由于通晓天文，将作监许岩士由于懂得医道而得到昭宗的宠幸，韩建便诬陷二人有罪而杀了他们，并且说孙偓、朱朴与他俩交结往来，所以朝廷罢免了孙偓、朱朴的宰相职务。

夏季六月，李茂贞向昭宗呈上表章称王建进攻东川，连年兴兵，不听诏命。甲寅（初十）这天，朝廷把王建贬为南州刺史。乙卯（十一日），朝廷任命李茂贞为西川节度使，覃王李嗣周为凤翔节度使。覃王李嗣周前往凤翔就任，原凤翔节度使李茂贞不接受覃王的替代，把覃王围在奉天。秋季七月，韩建写信给李茂贞，李茂贞解除了对奉天的包围，覃王李嗣周返回华州。

八月，昭宗想亲自到奉天去讨伐李茂贞，命令宰相商议此事，宰相们极力劝阻，昭宗打消了亲征李茂贞的念头。

延王李戒丕从晋阳回到华州，韩建呈上奏书称：“自从陛下即位以来，朝廷与京师附近的藩镇关系恶化，这都是由于诸王掌管军队，逞凶之徒幸灾乐祸，致使陛下流迁不安。近来臣下我向朝廷奏请罢免诸王的兵权，实在是担心会有不可预测的变乱。现在听说延王、覃王还在酝酿阴谋诡计，希望陛下毫不迟疑地决断，在还没有发生变乱以前就制住他们，那可就是大唐天下的福气了。”昭宗说：“怎么会到这种地步！”几天都没有答复。韩建就与知枢密刘季述假借昭宗的制令发兵包围了诸王居住的十六宅，诸王披头散发，有的攀上墙头，有的登上屋顶，有的爬上树枝，大声呼救道：“皇上快来救我！”韩建把通、仪、睦、济、韶、彭、韩、陈、覃、延、丹十一王挟持到石堤谷，全部杀掉，然后向昭宗报告说诸王谋反因而处死。

朝廷把礼部尚书孙偓贬为南州司马。秘书监朱朴已先被贬为夔州司马，又被贬为彬州司户。

九月，朝廷任命彰义节度使张璉为凤翔西北行营招讨使，去

讨李茂贞。复以王建为西川节度使、同平章事。削夺新西川节度使李茂贞官爵,复姓名宋文通。

右拾遗张道古上疏,称:"国家有五危、二乱。昔汉文帝即位未几,明习国家事。今陛下登极已十年,而曾不知为君驭臣之道。太宗内安中原,外开四夷,海表之国,莫不入臣。今先朝封域日蹙几尽。臣虽微贱,窃伤陛下朝廷社稷始为奸臣所弄,终为贼臣所有也!"上怒,贬道古施州司户。仍下诏罪状道古,宣示谏官。道古,青州人也。

光化元年春正月,上下诏罪己息兵,复李茂贞姓名官爵,应诸道讨凤翔兵皆罢之。

李茂贞、韩建皆致书于李克用,言大驾出幸累年,乞修和好,同奖王室,兼乞丁匠助修宫室,克用许之。

初,王建攻东川,顾彦晖求救于李茂贞,茂贞命将出兵救之,不暇东逼乘舆,诈称改过,与韩建共翼戴天子。又闻朱全忠营洛阳宫,累表迎车驾,茂贞、韩建惧,请修复宫阙,奉上归长安。诏以韩建为修宫阙使。诸道皆助钱及工材,建使都将蔡敬思督其役。既成,二月,建自往视之。

复以李茂贞为凤翔节度使。

秋八月庚戌,改华州为兴德府。已未,车驾发华州,壬戌,至长安。甲子,赦天下,改元。

讨伐李茂贞。又任命王建为西川节度使、同平章事。革除刚任命的西川节度使李茂贞的官职爵位,恢复他原来的姓名宋文通。

右拾遗张道古呈上奏疏称:"现在国家有五大危机、二大祸乱。从前汉文帝即位不久,就明了熟习国家事务。现在陛下登上皇位已经十年了,却还不知道作为国君驾驭臣下的方法。太宗时对内安定中原,对外拓展四方的疆土,四边的国家,没有不向朝廷称臣归附的。现在先朝留下的疆土日益缩小,几乎丧尽。臣下我虽然是低微下贱之人,私下为陛下朝廷社稷开始被奸臣捉弄,最终被乱臣贼子篡夺而伤感!"昭宗大怒,把张道古贬为施州司户。还下诏数落张道古的罪状,向朝中谏官宣示。张道古是青州人。

光化元年(898)春季正月,昭宗颁下诏书检讨自己的过失,下令停止作战,恢复李茂贞的姓名、官爵,把各道响应诏令到凤翔讨伐李茂贞的兵马都撤去。

李茂贞、韩建都给李克用写信,信上说昭宗出巡在外多年,希望双方讲和修好,共同辅助大唐王室,同时还请李克用派工匠帮助修缮长安的宫室,李克用同意了。

先前,王建进攻东川,东川节度使顾彦晖向李茂贞求救,李茂贞派部将出兵救援他,无暇向东逼迫昭宗,假称改正错误,与韩建共同辅助拥戴天子。又听说朱全忠营建东都洛阳的宫室,还一再上表要迎昭宗到他那里去,李茂贞、韩建很害怕,请求修复长安的宫殿,护送昭宗回长安。昭宗下诏任命韩建为修宫阙使。各道都援助工程所需的钱财和工料,韩建派他的都将蔡敬思监督修复长安宫殿的工程。宫殿修复完工后,这年二月韩建亲自到那里去视察了一番。

朝廷重新任命李茂贞为凤翔节度使。

秋季八月庚戌(十三日),朝廷把华州改为兴德府。己未(二十二日),昭宗从华州出发,壬戌(二十五日),到达了京师长安。甲子(二十七日),朝廷下诏宣布大赦天下,改年号为光化。

杨行密据淮南

　　唐僖宗中和二年。初，淮南节度使高骈好神仙，有方士吕用之坐妖党亡命归骈，骈厚待之，补以军职。用之，鄱阳茶商之子也，久客广陵，熟其人情，炉鼎之暇，颇言公私利病，骈益奇之，稍加信任。骈旧将梁缵、陈珙、冯绥、董瑾、俞公楚、姚归礼素为骈所厚，用之欲专权，浸以计去之，骈遂夺缵兵，族珙家，绥、瑾、公楚、归礼咸见疏。

　　用之又引其党张守一、诸葛殷共蛊惑骈。守一本沧、景村民，以术干骈，无所遇，贫困甚，用之谓曰："但与吾同心，勿忧不富贵。"遂荐于骈，骈宠待埒于用之。殷始自鄱阳来，用之先言于骈曰："玉皇以公职事繁重，辍左右尊神一人佐公为理，公善遇之，欲其久留，亦可縻以人间重职。"明日，殷谒见，诡辩风生，骈以为神，补盐铁剧职。骈严洁，甥侄辈未尝得接坐。

杨行密据淮南

唐僖宗中和二年(882)。先前,淮南节度使高骈喜好神仙,有个方士叫吕用之的,因为犯了参与妖党之罪而投奔高骈,高骈对待他很优厚,给他补授了军职。吕用之是鄱阳茶商的儿子,在广陵长久寄居,熟悉当地的市井风情,在炼丹的空闲时间,常常谈到公家及私人的利害得失,高骈对他更加感到惊奇,逐渐予以信任。高骈的旧将梁缵、陈珙、冯绶、董瑾、俞公楚、姚归礼平时一直受到高骈的厚待,吕用之想专权,就想办法慢慢地排斥他们,于是高骈夺去了梁缵的兵权,诛灭了陈珙的家族,冯绶、董瑾、俞公楚、姚归礼也都被高骈疏远。

吕用之又引荐了他的党羽张守一、诸葛殷共同蛊惑高骈。张守一本来是沧州、景州一带的村民,想用道术来求得高骈的重视,但不被知遇,非常贫困,吕用之对他说:"只要你与我同心协力,就不必忧虑不富贵。"于是把张守一推荐给高骈,高骈对张守一的宠待几乎与吕用之差不多。诸葛殷从鄱阳一带刚来到广陵,吕用之预先去对高骈说:"因为您职事繁重,玉皇挑选了左右尊神一人来辅佐您处理事务,您要好好对待他,您如果想要他长久留下来,也可以给他一个人间的重要职务。"第二天,诸葛殷去拜见高骈,满口鬼话,诡辩连篇,高骈认为他是神仙,给他补授了专管盐铁的要职。高骈十分讲究清洁,他的外甥、侄儿们从未和他坐在一起过。

殷病风疽，搔扪不替手，脓血满爪，骈独与之同席促膝，传杯器而食。左右以为言，骈曰："神仙以此试人耳！"骈有畜犬，闻其腥秽，多来近之。骈怪之，殷笑曰："殷尝于玉皇前见之，别来数百年，犹相识。"骈与郑畋有隙，用之谓骈曰："宰相有遣剑客来刺公者，今夕至矣！"骈大惧，问计安出。用之曰："张先生尝学斯术，可以御之。"骈请于守一，守一许诺。乃使骈衣妇人之服，潜于他室，而守一代居骈寝榻中，夜掷铜器于阶，令铿然有声，又密以囊盛彘血，洒于庭宇，如格斗之状。及旦，笑谓骈曰："几落奴手！"骈泣谢曰："先生于骈，乃更生之惠也！"厚酬以金宝。有萧胜者，赂用之，求盐城监，骈有难色，用之曰："用之非为胜也，近得上仙书云，有宝剑在盐城井中，须一灵官取之。以胜上仙左右之人，欲使取剑耳。"骈乃许之。胜至监数月，函一铜匕首以献，用之见，稽首曰："此北帝所佩，得之，则百里之内五兵不能犯。"骈乃饰以珠玉，常置座隅。用之自谓磻溪真君，谓守一乃赤松子，殷乃葛将军，胜乃秦穆公之婿也。

用之又刻青石为奇字云："玉皇授白云先生高骈。"密令左右置道院香案。骈得之，惊喜。用之曰："玉皇以公焚修功著，将补真官，计鸾鹤不日当降此际。用之等谪限亦满，必得陪幢节，同归上清耳！"是后，骈于道院庭中刻木鹤，时著羽服跨之，日夕斋醮，炼金烧丹，费以巨万计。

诸葛殷患有风疽病，一直用手去搔抓，手爪上满是脓血，高骈偏偏与他同席促膝而坐，传换杯盘吃喝。高骈的左右为此劝说了几句，高骈说："神仙是用这个来试试我啊！"高骈养了些良犬，嗅到诸葛殷身上发出的脓腥臭味，大多来靠近他。高骈感到奇怪，诸葛殷笑着说道："我曾在玉皇跟前见过它们，一别数百年，它们还认识我。"高骈与郑畋有矛盾，吕用之对高骈说："宰相中有人派出一个行刺你的剑客，今天傍晚就要到了！"高骈非常害怕，问有什么对付的办法。吕用之说："张先生曾学过这方面的法术，可以对付刺客。"高骈向张守一请救，张守一应允。于是就让高骈穿上女人的衣服，躲藏在其他房室里，而张守一代高骈躺在他的寝榻上，夜里把铜器掷在台阶上，使它发出重重的碰撞声响，又暗中把装在袋子里的猪血泼洒在庭堂上，做出有一场格斗的样子。到天亮时，张守一笑着对高骈说："刺客几乎落入我的手中！"高骈流泪道谢说："先生对我高骈，有再生的恩惠啊！"用丰厚的金银宝物酬谢他。有个叫萧胜的人，向吕用之行贿，通过吕用之向高骈求取盐城监的官职，高骈面有难色，吕用之说："我吕用之不是为了萧胜一人求官，最近我得到上仙仙书，说盐城井中有把宝剑，需要一个天界灵官去取出。我因为萧胜是上仙左右的人，所以为他求取盐城监的官职，实际上是要他去取剑。"高骈就应允了。萧胜到盐城监任上数月后，用盒子装了一把铜匕首献给高骈，吕用之见了匕首，行稽首礼说："这是北帝的佩剑，得到它，百里之内什么兵器都不能来侵犯。"于是高骈用珠玉来装饰它，经常放在座位的一边。吕用之自称是磻溪真君，说张守一是赤松子，诸葛殷是葛将军，萧胜是秦穆公的女婿。

　　吕用之又在青石上刻奇字"玉皇授白云先生高骈"，密令手下人放在道院的香案上。高骈得到后又惊又喜。吕用之说："由于您焚香修道功德显著，玉皇将让您补任真官，预计鸾鸟仙鹤不几天就会降临这里。我等神仙下凡的期限也满了，必定可以陪您一起回上清宫了！"从此，高骈在道院的庭院里雕刻了木鹤，常穿着羽服骑在上面，日夜斋戒，炼金烧丹，费用以巨万计。

用之微时,依止江阳后土庙,举动祷祈。及得志,白骈崇大其庙,极江南工材之选,每军旅大事,以少牢祷之。用之又言神仙好楼居,说骈作迎仙楼,费十五万缗,又作延和阁,高八丈。

用之每对骈呵叱风雨,仰揖空际,云有神仙过云表,骈辄随而拜之。然常厚赂骈左右,使伺骈动静,共为欺罔,骈不之寤。左右小有异议者,辄为用之陷死不旋踵,但潜抚膺鸣指,口不敢言。骈倚用之如左右手,公私大小之事皆决于用之,退贤进不肖,淫刑滥赏,骈之政事于是大坏矣。

用之知上下怨愤,恐有窃发,请置巡察使,骈即以用之领之,募险狯者百馀人,纵横间巷间,谓之"察子",民间呵妻詈子,靡不知之。用之欲夺人资财,掠人妇女,辄诬以叛逆,榜掠取服,杀其人而取之,所破灭者数百家,道路以目,将吏士民虽家居,皆重足屏气。

用之又欲以兵威胁制诸将,请选募诸军骁勇之士二万人,号左、右莫邪都。骈即以张守一及用之为左、右莫邪军使,署置将吏如帅府,器械精利,衣装华洁,每出入,导从近千人。

用之侍妾百馀人,自奉奢靡,用度不足,辄留三司纲输其家。用之犹虑人泄其奸谋,乃言于骈曰:"神仙不难致,

吕用之卑微的时候,栖身在江阳的后土庙,一举一动都祈祷。待到得志以后,劝说高骈扩修这座后土庙,尽力选择江南最好的工匠和材料,用来建庙,每次有军事大事,即用猪羊祭祀祷告。吕用之又言称神仙喜欢居住在楼阁上,劝说高骈营造迎仙楼,费用高达钱十五万缗,又建筑了延和阁,高达八丈。

吕用之常常当着高骈的面呼风唤雨,向着天空仰拜作揖,说是有神仙踏云而过,高骈就跟着他下拜。吕用之常用丰厚的钱财贿赂高骈的左右,让他们察看高骈的动静,一起欺骗迷惑高骈,高骈对他们的做法没有察觉。高骈的左右稍有提出异议的,就被吕用之随即诬陷致死,人们只好暗中抚胸弹指,不敢说话。高骈倚重吕用之如同左右手,不管是公事、私事、大事、小事,都由吕用之决定。吕用之斥退贤人,进用不肖之徒,滥用刑罚,随意奖赏,高骈的政事于是遭受极大败坏。

吕用之自己也了解淮南军府上下对他十分怨愤,担心有人暗中揭发,于是请高骈设置巡察使,高骈就任命吕用之兼任这一职务,在社会上招募阴险狡猾之徒一百多人,纵横于各个街头坊间,称为"察子",百姓家呵骂妻子儿女,察子也无不知晓。吕用之要夺取他人的钱财,抢掠他人的妇女,就用叛逆罪诬陷他人,屈打成招,把人杀掉后再抢夺他的钱财或妇女,因此而家破人亡的有几百家,百姓敢怒不敢言,在路上遇见也只能相互注视表达意思。将吏士民虽然住在家中,也都不敢轻易动弹,连大气也不敢喘一下。

吕用之又想以军队威力胁迫、制服淮南诸将,求得高骈同意在诸军中选拔募集了骁勇之士二万人,号称左、右莫邪都。高骈随即任命张守一及吕用之为左、右莫邪军使,可以和节度使府一样任命设置将吏,兵器精良锐利,军服华丽整洁,他俩每次进出,都有前呼后拥的侍卫近千人。

吕用之有侍妾一百多人,生活奢侈糜烂,自己的俸禄不够花费时就把三司运送给朝廷的财赋运到自己家中。吕用之还担心有人会泄露他的奸谋,于是就对高骈说:"要使神仙来到并不难,

但怅学道者不能绝俗累，故不肯降临耳！"骈乃悉去姬妾，谢绝人事，宾客、将吏皆不得见；有不得已见之者，皆先令沐浴斋被，然后见，拜起才毕，已复引出。由是用之得专行威福，无所忌惮，境内不复知有骈矣。

三年春三月，以淮南押牙合肥杨行愍为庐州刺史。行愍本庐州牙将，勇敢，屡有战功，都将忌之，白刺史郎幼复遣使出戍于外。行愍过辞，都将以甘言悦之，问其所须，行愍曰："正须汝头耳！"遂起斩之，并将诸营，自称八营都知兵马使。幼复不能制，荐于高骈，请以自代。骈以行愍为淮南押牙，知庐州事，朝廷因而命之。

初，吕用之因左骁雄军使俞公楚得见高骈，用之横甚，或以咎公楚，公楚数戒用之少自敛，无相累，用之衔之。右骁雄军使姚归礼，气直敢言，尤疾用之所为，时面数其罪，常欲手刃之。癸未夜，用之与其党会倡家，归礼潜使人爇其室，杀貌类者数人，用之易服得免。明旦，穷治其事，获纵火者，皆骁雄之卒，用之于是日夜谮二将于骈。未几，骈使二将将骁雄卒三千袭贼于慎县，用之密以语行愍云："公楚、归礼欲袭庐州。"行愍发兵掩之，二将不为备，举军尽殪。以二将谋乱告骈，骈不知用之谋，厚赏行愍。

只恨学道的人不能断绝世俗的拖累,由此神仙不肯降临!"高骈于是把自己的姬妾全部赶跑,谢绝人间事务,他的宾客、将吏都见不到他;有不得不见的人,高骈都先让他们沐浴斋戒,然后才见,来客刚刚下拜起身,就被打发出去了。因此,吕用之得以独断专行,作威作福,毫无顾忌,以致淮南境内不再知道有高骈这个人了。

三年(883)春季三月,朝廷任命淮南押牙合肥人杨行愍为庐州刺史。杨行愍原来是庐州牙将,勇猛果敢,多次立下战功,都将忌妒他,向庐州刺史郎幼复建议把杨行愍派到外地去驻防。杨行愍到都将那里辞行,都将说好话取悦他,问他还需要什么东西,杨行愍说:"只需要你的人头罢了!"接着起身把都将斩杀,兼并和统领各座军营,自称八营都知兵马使。郎幼复见自己无法控制杨行愍,就向高骈推荐,请求让他接替自己的职务。高骈任命杨行愍为淮南押牙,掌管庐州事务,朝廷随后任命杨行愍为庐州刺史。

先前,吕用之通过左骁雄军使俞公楚的引荐才见到了高骈,吕用之过于横行霸道,有人因此责怪俞公楚,俞公楚多次劝诫吕用之稍微收敛一点,不要牵累到他,吕用之对俞公楚怀恨在心。右骁雄军使姚归礼性格直爽,敢于说话,特别痛恨吕用之的所作所为,有时当面指责吕用之的罪过,常常想亲手宰了他。癸未(十七日)晚上,吕用之和他的党羽在娼家聚会,姚归礼暗中派人焚烧吕用之的房间,杀了好几个相貌与吕用之相似的人,吕用之换了衣服才得以幸免。第二天清晨,吕用之竭尽全力追查昨晚的事,抓获了纵火的人,都是骁雄军的士兵,于是吕用之在当天晚上向高骈诬陷俞公楚、姚归礼二将。没过多少时间,高骈派俞公楚、姚归礼率领骁雄军卒三千人到慎县袭击盗贼,吕用之秘密地告诉杨行愍,说:"俞公楚、姚归礼是要去袭击庐州。"杨行愍发兵袭击俞公楚、姚归礼,俞公楚、姚归礼猝不及防,全军覆灭。杨行愍用俞公楚、姚归礼二将谋反的罪名向高骈禀告,高骈不知道这是吕用之的阴谋,重重地奖赏了杨行愍。

　　四年春三月，高骈从子左骁卫大将军渜，疏吕用之罪状二十馀幅，密以呈骈，且泣曰："用之内则假神仙之说，蛊惑尊听；外则盗节制之权，残贼百姓。将佐惧死，莫之敢言。岁月浸深，羽翼将成，苟不除之，恐高氏奕代勋庸，一朝扫地矣！"因呜咽不自胜。骈曰："汝醉邪！"命扶出。明日，以渜状示用之，用之曰："四十郎尝以空乏见告，未获遵命，故有此憾。"因出渜手书数幅呈之。骈甚惭，遂禁渜出入，后月馀，以渜知舒州事。

　　群盗陈儒攻舒州，渜求救于庐州。杨行愍力不能救，谋于其将李神福，神福请不用寸刃而逐之。乃多赍旗帜，间道入舒州，顷之，引舒州兵建庐州旗帜而出，指画地形，若布大陈状，贼惧，宵遁。神福，洺州人也。久之，群盗吴迥、李本复攻舒州，渜不能守，弃城走，骈使人就杀之。杨行愍遣其将合肥陶雅、清流张训等将兵击吴迥、李本，擒斩之，以雅摄舒州刺史。秦宗权遣其弟将兵寇庐州，据舒城，杨行愍遣其将合肥田頵击走之。

　　光启二年夏四月壬子，朱玫奉襄王煴权监军国事，承制封拜。五月，以和州刺史吕用之为岭南东道节度使。用之建牙开幕，一与骈同，凡骈之腹心及将校能任事者，皆逼以从己，诸所施为，不复咨禀。骈颇疑之，阴欲夺其权，而根蒂已固，无如之何。用之知之，甚惧，访于其党前度支巡

四年(884)春季三月,高骈的侄子左骁卫大将军高渼写了二十多张控告吕用之罪状的状纸,秘密地呈交给高骈,而且还哭着说:"吕用之在内假借神仙之说蛊惑您的视听,在外盗用节度使的权柄残害百姓。淮南的将佐都怕被处死,没人敢说话。随着时间的推移,吕用之的羽翼将要长成,如果不除掉他,恐怕高家世世代代立下的功业,将要毁于一旦!"说着情不自禁地呜咽起来。高骈对他说:"你喝醉了吧!"命侍从把他搀扶出去。第二天,高骈把高渼的诉状拿给吕用之看,吕用之说:"高渼曾因财用拮据请求接济,没有得到应允,因此对我有仇恨。"随手拿出高渼手写的几封信交给高骈。高骈看后十分惭愧,于是禁止高渼进出,一个多月后,命高渼外出掌管舒州事务。

　　以陈儒为首的群盗进攻舒州,高渼向庐州的杨行愍求救。杨行愍觉得自己的力量不足以救援,就与自己的部将李神福商议,李神福自请不动刀枪就赶跑盗贼。得到杨行愍的同意后,李神福就带了很多旗帜,从偏僻的小路进入舒州,没多久,李神福带领舒州兵马打着庐州旗帜出城,对着地形指点比画,就像布置很大阵式的样子,盗贼害怕了,乘夜间逃跑了。李神福是洺州人。过了很久,以吴迥、李本为首的一伙盗贼又来进攻舒州,高渼守不住了,扔下舒州城跑了,高骈派人追杀了高渼。杨行愍派遣他的部将合肥人陶雅、清流人张训等率兵攻击吴迥、李本,把他们活捉后杀掉了,任命陶雅为代理舒州刺史。秦宗权派他的弟弟率兵进犯庐州,占据了舒城,杨行愍派他的部将合肥人田頵把他打跑了。

　　光启二年(886)夏季四月壬子(初三)这天,朱玫尊奉襄王李煴暂行监管军国大事,按照皇帝授权封官拜爵。五月,任命和州刺史吕用之为岭南东道节度使。吕用之设置的军府幕属,都与高骈相同,凡是高骈的亲信及将校能办事的,都逼迫他们顺从自己,各种行动,不再禀告。高骈对此十分怀疑,暗中想夺回吕用之的权力,但吕用之的根基已稳固,不能拿他怎么样。吕用之知道高骈对自己起了疑心,很害怕,便去征询他的党羽前任度支巡

官郑杞、前知庐州事董瑾,杞曰:"此固为晚矣。"用之问策安出,杞曰:"曹孟德有言:'宁我负人,无人负我。'"明日,与瑾共为书一缄授用之,其语秘,人莫有知者。

冬十二月,寿州刺史张翱遣其将魏虔将万人寇庐州,庐州刺史杨行愍遣其将田頵、李神福、张训拒之,败虔于褚城。滁州刺史许勍袭舒州,刺史陶雅奔庐州。高骈命行愍更名行密。

三年夏四月,高骈闻秦宗权将寇淮南,遣左厢都知兵马使毕师铎将百骑屯高邮。时吕用之用事,宿将多为所诛,师铎自以黄巢降将,常自危。师铎有美妾,用之欲见之,师铎不许,用之因师铎出,窃往见之,师铎惭怒,出其妾,由是有隙。师铎将如高邮,用之待之加厚,师铎益疑惧,谓祸在旦夕。师铎子娶高邮镇遏使张神剑女,师铎密与之谋,神剑以为无是事。神剑名雄,人以其善用剑,故谓之"神剑"。时府中藉藉,亦以为师铎且受诛,其母使人语之曰:"设有是事,汝自努力前去,勿以老母、弱子为累!"师铎疑未决。

会骈子四十三郎者素恶用之,欲使师铎帅外镇将吏共疏用之罪恶,闻于其父,密使人绐之曰:"用之比来频启令公,欲因此相图,已有委曲在张尚书所,宜备之!"师铎问神剑曰:"昨夜使司有文书,翁胡不言?"神剑不寤,曰:"无之。"师铎内不自安,归营,谋于腹心,皆劝师铎起兵诛用

官郑杞和前任知庐州事董瑾的意见，郑杞说："现在的确已经晚了。"吕用之问有什么对付的办法，郑杞说："曹孟德说过：'宁可我去负别人，而不能让别人来负我。'"第二天，郑杞与董瑾共同写了一封信给吕用之，信中所谈十分机密，旁人都不知道。

　　冬季十二月，寿州刺史张翱派遣他的部将魏虔率领一万兵卒前去进犯庐州，庐州刺史杨行愍派遣他的部将田頵、李神福、张训率领军队抵抗，他们在褚城打败了魏虔。滁州刺史许勍袭击舒州，舒州刺史陶雅逃奔到了庐州。高骈命令杨行愍改名为杨行密。

　　三年（887）夏季四月，高骈听说秦宗权将要进犯淮南，派遣部下左厢都知兵马使毕师铎率领一百骑兵驻扎在高邮。当时吕用之当权，高骈手下的旧将多数已被诛杀，毕师铎因为是从黄巢那里投奔过来的降将，常常为自己的安危担忧。毕师铎有个美貌的姬妾，吕用之想看一看，毕师铎不准许，吕用之趁毕师铎外出，偷偷前去看毕师铎的美妾，毕师铎羞惭恼怒，把那个美妾休掉了，由此和吕用之结下仇怨。毕师铎将到高邮去，吕用之待他比以前优厚了，毕师铎更加疑虑害怕，认为大祸就要临头了。毕师铎的儿子娶高邮镇遏使张神剑的女儿为妻，毕师铎与张神剑秘密商议，张神剑认为吕用之不会加害于毕师铎。张神剑原名雄，人们因为他善于用剑，所以就称他为"神剑"。当时军府中议论纷纷，也都认为毕师铎将被诛杀，毕师铎的母亲派人对毕师铎说："如果真有这样的事，你自己要赶快离开，不要因为老母、弱子牵累了你！"毕师铎还是犹豫不决。

　　适逢高骈的儿子四十三郎一向憎恨吕用之，想要毕师铎率领在外镇守的将领官吏一起向高骈上告吕用之的罪恶，秘密派人欺骗毕师铎说："近来吕用之一再诱导我父亲，想以此来谋害你，已有机密文书在张神剑处，应当做好准备！"毕师铎问张神剑说："昨天晚上淮南节度使司送来文书，你怎么不对我说呢？"张神剑不清楚怎么回事，说："没有文书送来啊。"毕师铎内心很不安，回到兵营和亲信商议，他的亲信都劝毕师铎起兵诛杀吕用

之，师铎曰："用之数年以来，人怨鬼怒，安知天不假手于我诛之邪！淮宁军使郑汉章，我乡人，昔归顺时副将也，素切齿于用之，闻吾谋，必喜。"乃夜与百骑潜诣汉章，汉章大喜，悉发镇兵及驱居民合千馀人从师铎至高邮。师铎诘张神剑以所得委曲，神剑惊曰："无有。"师铎声色浸厉，神剑奋曰："公何见事之暗！用之奸恶，天地所不容。况近者重赂权贵得岭南节度，复不行，或云谋窃据此土，使其得志，吾辈岂能握刀头事此妖物邪！要刱此数贼以谢淮海，何必多言！"汉章喜，遽命取酒，割臂血沥酒，共饮之。乙巳，众推师铎为行营使，为文告天地，移书淮南境内，言诛用之及张守一、诸葛殷之意。以汉章为行营副使，神剑为都指挥使。

神剑以师铎成败未可知，请以所部留高邮，曰："一则为公声援，二则供给粮饷。"师铎不悦，汉章曰："张尚书谋亦善，苟终始同心，事捷之日，子女玉帛相与共之，今日岂可复相违！"师铎乃许之。戊申，师铎、汉章发高邮。庚戌，诇骑以白高骈，吕用之匿之。

毕师铎兵奄至广陵城下，城中惊扰。壬子，吕用之引麾下劲兵，诱以重赏，出城力战。师铎兵少却，用之始得断桥塞门为守备。是日，骈登延和阁，闻喧噪声，左右以师铎之变告。骈惊，急召用之诘之，用之徐对曰："师铎之众思

之，毕师铎说："多年以来，吕用之惹得人人怨恨，鬼神愤怒，怎么知道苍天不要借我的手去杀他呢？淮宁军使郑汉章是我同乡，当初归顺时是我的副将，一向痛恨吕用之，如果知道我讨伐吕用之的谋划，一定会高兴的。"于是在晚上带了一百骑兵前往郑汉章处，郑汉章听后大喜，调发本镇全部兵马及驻地居民共一千多人跟从毕师铎到了高邮。毕师铎向张神剑索要那封秘密文书，张神剑吃惊地说："没有。"毕师铎的声色逐渐变得严厉起来，张神剑激奋地说："您观察事情怎么这样糊涂！吕用之奸诈凶恶，被天地所不容。何况近来用重金贿赂当朝权贵获得了岭南东道节度使的官职，又不去赴任，有人说吕用之是想夺取淮南的地盘，假使他的目的得逞的话，我们这些人怎么能手握着刀把却为这个妖魔鬼怪做事呢？我们要把这几个贼人千刀万剐，以报答淮海一带的百姓，还有什么可说的！"郑汉章听后很高兴，立即命令手下人拿酒来，与张神剑割破手臂让血滴到酒中，一起把酒喝了。乙巳（初二）这天，大家推举毕师铎为行营使，起草文告祭告天地，向淮南境内发布檄文，说是要杀掉吕用之及张守一、诸葛殷。毕师铎任命郑汉章为行营副使，张神剑为都指挥使。

因为毕师铎此行的成败难以预料，张神剑请求率本部人马留在高邮，说："我留在高邮一则做你的声援，二则可以给你供给粮饷。"毕师铎对此不高兴，郑汉章说："张尚书的想法还是不错的，如果你们始终同心同德，事成以后，获得的女子宝玉丝帛共同分享，现在怎么可以闹矛盾！"于是毕师铎同意张神剑留守高邮。戊申（初五），毕师铎、郑汉章从高邮出发了。庚戌（初七），侦察骑兵把这事报告高骈，但被吕用之拦下瞒了起来。

毕师铎的兵马忽然到了广陵城下，城中惊恐混乱。壬子（初九）这天，吕用之亲率部下精锐部队，以丰厚的奖赏为诱饵，出城与毕师铎大战。毕师铎的人马稍稍退却，吕用之才得以砍断门桥堵塞城门来防守。这天，高骈登上延和阁，听到嘈杂喧叫的声音，他的左右告诉他毕师铎发动了变乱。高骈吃了一惊，急忙把吕用之召来责问，吕用之慢慢地回答说："毕师铎的人马想要

归,为门卫所遏,适已随宜区处,计寻退散。傥或不已,正烦玄女一力士耳,愿令公勿忧!"骈曰:"近者觉君之妄多矣,君善为之,勿使吾为周侍中!"言毕,惨沮久之,用之惭懅而退。

师铎退屯山光寺,以广陵城坚兵多,甚有悔色。癸丑,遣其属孙约与其子诣宣州,乞师于观察使秦彦,且许以克城之日迎彦为帅。会师铎馆客毕慕颜自城中逃出,言"众心离散,用之忧窘,若坚守之,不日当溃"。师铎乃悦。是日未明,骈召用之,问以事本末,用之始以实对,骈曰:"吾不欲复出兵相攻,君可选一温信大将,以我手札谕之,若其未从,当别处分。"用之退,念诸将皆仇敌,往必不利于己,甲寅,遣其所部讨击副使许戡,赍骈之委曲,及用之誓状并酒肴出劳师铎。师铎始亦望骈旧将劳问,得以具陈用之奸恶,披泄积愤,见戡至,大骂曰:"梁缵、韩问何在,乃使此秽物来!"戡未及发言,已牵出斩之。乙卯,师铎射书入城,用之不发,即焚之。

丁巳,用之以甲士百人入见骈于延和阁下,骈大惊,匿于寝室,久而后出,曰:"节度使所居,无故以兵入,欲反邪!"命左右驱出。用之大惧,出子城南门,举策指之曰:"吾不可复入此!"自是高、吕始判矣。

回来,被把守城门的卫兵阻拦住了,刚才已经做了适当的处置,估计不久就会撤退散去。倘若毕师铎的人马还不肯退去,只要烦劳天上玄女的一个力士就行了,希望您不要担忧!"高骈说:"近来我觉得你有很多事是诬妄的,你要好自为之,不要让我做周侍中那样的人!"说完惨然沮丧了好长时间,吕用之羞愧地退了下去。

毕师铎的部队退守山光寺,由于广陵城防守坚固兵力众多,毕师铎显得特别懊悔。癸丑(初十),毕师铎派遣他的属将孙约与他的儿子前往宣州,请求观察使秦彦出兵支援,还许诺攻克广陵城后迎接秦彦做统帅。恰逢毕师铎的馆客毕慕颜从城中逃了出来,对毕师铎说:"城中人心离散,吕用之忧愁困窘,如果在这里坚守,吕用之的人马不用几天就会溃散。"毕师铎听了很高兴。这天天还没亮,高骈召吕用之问他事情的前后经过,吕用之这才把事情的真相告诉了高骈,高骈说:"我不想再出兵攻打了,你可以挑选一名脾气温和、讲究信义的大将,用我的亲笔信去劝告毕师铎,如果他不听从,那就应该另作处理了。"吕用之退下,考虑到各个将领都和他结仇为敌,派他们去的话肯定对自己不利,甲寅(十一日),派遣他的部将讨击副使许戡携带高骈的手札及吕用之的誓词以及美酒佳肴出城慰劳毕师铎。毕师铎原本也希望高骈的旧将出来犒劳慰问,可以详细陈说吕用之的奸恶罪行,发泄积压在心里的怨愤,见是许戡来到,大骂说:"梁缵、韩问到哪里去了? 竟派这混账东西来!"许戡还来不及说话,已被拉出去斩杀。乙卯(十二日),毕师铎用箭把信射进广陵城,吕用之没有打开,当即烧掉了。

丁巳(十四日),吕用之带领披着战甲的一百士兵到延和阁去见高骈,高骈大为吃惊,躲在卧室里,过了很久才出来,说道:"这里是节度使居住的地方,你无故带兵进来,是想谋反吗?"命令左右侍从把吕用之等赶出去。吕用之十分害怕,从内城南门出来,举着马鞭指着广陵内城说道:"我再也不能进入这里了!"从此,高骈与吕用之分道扬镳。

是夜，骈召其从子前左金吾卫将军杰密议军事。戊午，署杰都牢城使，泣而勉之，以亲信五百人给之。用之命诸将大索城中丁壮，无问朝士、书生，悉以白刃驱缚登城，令分立城上，自旦至暮，不得休息。又恐其与外寇通，数易其地，家人饷之，莫知所在。由是城中人亦恨师铎入城之晚也。

骈遣大将石锷以师铎幼子及其母书并骈委曲至扬子谕师铎，师铎遽遣其子还，曰："令公但斩吕、张以示师铎，师铎不敢负恩，愿以妻子为质。"骈恐用之屠其家，收师铎母妻子置使院。

辛酉，秦彦遣其将秦稠将兵三千至扬子助师铎。壬戌，宣州军攻南门，不克；癸亥，又攻罗城东南隅，城几陷者数四。甲子，罗城西南隅守者焚战格以应师铎，师铎入城以内其众。用之帅其众千人力战于三桥北，师铎垂败，会高杰以牢城兵自子城出，欲擒用之以授师铎，用之乃开参佐门北走。骈召梁缵以昭义军百馀人保子城。乙丑，师铎纵兵大掠。骈不得已，命彻备，与师铎相见于延和阁下，交拜如宾主之仪，署师铎节度副使、行军司马，仍承制加左仆射，郑汉章等各迁官有差。

左莫邪都虞候申及，本徐州健将，入见骈，说之曰："师铎逆党不多，诸门尚未有守者，请令公及此选元从三十人，夜自教场门出，比师铎觉之，追不及矣。然后发诸镇兵，还

这天夜里，高骈召他的侄子前左金吾卫将军高杰秘密商议军事。戊午（十五日），高骈任命高杰为都牢城使，流着眼泪勉励他，还把亲信兵士五百人拨给他指挥。吕用之命令各位将领大举搜索广陵城中的少壮男子，不管是朝士还是书生，都用雪亮的刀刃驱赶、捆绑着登上城墙，命令他们分站在城墙的各个方位，从清晨到晚上，不许休息。又担心这些丁壮与城外的毕师铎通气，多次变换他们的场地，家里人给他们送饭，不知道他们在什么地方。因此，广陵城内的人也恨不得毕师铎早日入城。

高骈派大将石锷带着毕师铎的幼子和他母亲的信，还有高骈的手札到扬子告谕毕师铎，毕师铎立即送他的儿子回到广陵城说道："令公只要斩杀吕用之、张守一给我看，我绝不敢有负你的恩情，愿意把我的妻室孩子当人质。"高骈担心吕用之屠杀毕师铎的家属，就把他的母亲和妻儿安置在节度使司的院内。

辛酉（十八日），秦彦派遣他的部将秦稠率领三千兵马到扬子援助毕师铎。壬戌（十九日），秦彦派来的宣州军攻打广陵城的南门，没有攻破；癸亥（二十日），又攻打罗城的东南角，有好几次险些攻破。甲子（二十一日），罗城西南角的防守部队烧掉了防守木栅来迎接毕师铎，毕师铎入城后收容了这支部队。吕用之率领部下一千人马在三桥北与毕师铎大战，毕师铎眼看就要战败，恰好高杰率牢城兵从广陵内城杀出，想捉住吕用之交给毕师铎，于是吕用之只好打开参佐门向北逃走。高骈召梁缵率昭义军士兵一百多人保卫广陵内城。乙丑（二十二日），毕师铎放纵士兵大肆抢掠。高骈不得已，命令撤除防备，在延和阁下会见毕师铎，相见的礼仪只像主人与客人那样，高骈任命毕师铎为节度副使、行军司马，同时按照皇帝授权加封为左仆射，郑汉章等人的官职也有不同等级的升迁。

左莫邪都虞候申及，原本是徐州的健将，他进城去拜见高骈，劝说道："毕师铎等叛逆之徒并不多，广陵城各城门还没有守备，请您趁机选择自始即相随从的人三十名趁夜从教场门出城，等到毕师铎察觉，追赶也来不及了。然后再调发各镇部队，回头

取府城,此转祸为福也。若一二日事定,浸恐艰难,及亦不得在左右矣。"言之,且泣,骈犹豫不听。及恐语泄,遂窜匿,会张雄至东塘,及往归之。

丙寅,师铎果分兵守诸门,搜捕用之亲党,悉诛之。师铎入居使院,秦稠以宣军千人分守使宅及诸仓库。丁卯,骈牒请解所任,以师铎兼判府事。

师铎遣孙约至宣城,趣秦彦过江。或说师铎曰:"仆射向者举兵,盖以用之辈奸邪暴横,高令公坐自聋瞽,不能区理,故顺众心为一方去害。今用之既败,军府廓然,仆射宜复奉高公而佐之,但总其兵权以号令,谁敢不服!用之乃淮南一叛将耳,移书所在,立可枭擒。如此,则外有推奉之名,内得兼并之实,虽朝廷闻之,亦无亏臣节。使高公聪明,必知内愧;如其不悛,乃机上肉耳,奈何以此功业付之他人,岂惟受制于人,终恐自相鱼肉!前日秦稠先守仓库,其相疑已可见。且秦司空为节度使,庐州、寿州其肯为之下乎!仆见战攻之端未有穷已,岂惟淮南之人肝脑涂地,窃恐仆射功名成败未可知也!不若及今亟止秦司空勿使过江,彼若粗识安危,必不敢轻进。就使他日责我以负约,犹不失为高氏忠臣也。"师铎大以为不然,明日,以告郑汉章,汉章曰:"此智士也!"散求之,其人畏祸,竟不复出。

攻取广陵城,这样可以转祸为福。如果在这一二天中事态稳定,局势会更加艰难,我申及也不能留在您的身边了。"申及边说边哭,高骈犹豫不决,没有听从申及的劝告。申及担心他对高骈说的话泄露出去,就逃走躲藏起来了,恰逢张雄来到东塘,申及就去投靠了他。

丙寅(二十三日),毕师铎果然分派军队把守广陵城各城门,搜索逮捕吕用之的亲信党羽,把他们全都杀掉。毕师铎住进了高骈的节度使司院署,秦稠派宣州兵一千人分别把守节度使官衙及各个仓库。丁卯(二十四日),高骈向朝廷呈上公文请求解除他的职务,以毕师铎兼掌淮南节度使司事宜。

毕师铎派遣孙约到宣城,敦促秦彦渡过长江。有人劝毕师铎说:"仆射你日前兴兵,大抵是因为吕用之等人奸邪暴横,高骈自困耳聋眼瞎,不能区分事理,所以你顺应人心,为一方驱除祸害。现在吕用之既然已经败了,节度使府已廓然一清,仆射你应该再尊奉高公而辅佐他,自己只控制他的兵权发号施令,这样谁敢不服从?吕用之不过是淮南的一个叛将罢了,把缉捕他的公文传到他的所在地,立即可以擒杀他。这样在外界有拥戴高骈的美名,在内获得兼并高骈权力的实惠,即便朝廷知道了,也没有亏负做臣子的节操。如果高公聪明的话,必定会感到内疚;如果他不改过自新,也不过是菜板上的肉罢了,你怎能把这样的功业交付给他人,这样不仅要受制于他人,只怕最终还会变成别人的美餐!前些日子秦稠抢先守住仓库,他对你的猜疑已显而易见。而且秦彦如果做节度使,庐州的杨行密、寿州的张翱肯对他俯首帖耳吗?我感到战端至今尚未结束,哪里仅仅是淮南的人民会惨遭战祸,恐怕仆射你的功名是成是败还难以预料呢!不如现在赶快阻止秦彦,不要让他过江,他如果还知道一点安危事理,必定不敢轻易进发。即使日后秦彦责备我们背弃了先前的约定,我们还算是高氏的忠臣啊。"毕师铎听后很不以为然,次日,毕师铎把这件事告诉了郑汉章,郑汉章说:"这是个富有智慧的人!"四处寻找他,这个人害怕惹祸,竟然再也没露过面。

戊辰，骈迁家出居南第，师铎以甲士百人为卫，其实囚之也。是日，宣军以所求未获，焚进奉两楼数十间，宝货悉为煨烬。己巳，师铎于府厅视事，凡官吏非有兵权者皆如故，复迁骈于东第。自城陷，诸军大掠，昼夜不已，至是，师铎始以先锋使唐宏为静街使，禁止之。

骈先为盐铁使，积年不贡奉，货财在扬州者，填委如山。骈作郊天、御楼六军立仗仪服，及大殿元会、内署行幸供张器用，皆刻镂金玉、蟠龙蹙凤数十万事，悉为乱兵所掠，归于闾阎，张陈寝处其中。

庚午，获诸葛殷，杖杀之，弃尸道旁，怨家抉其目，断其舌，众以瓦石投之，须臾成冢。吕用之之败也，其党郑杞首归师铎，师铎署杞知海陵监事。杞至海陵，阴记高霸得失，闻于师铎。霸获其书，杖杞背，断手足，刳目截舌，然后斩之。

辛未，高骈密以金遗守者，毕师铎闻之，壬午，复迎骈入道院，收高氏子弟甥侄十馀人同幽之。

毕师铎之攻广陵也，吕用之诈为高骈牒，署庐州刺史杨行密行军司马，追兵入援。庐江人袁袭说行密曰："高公昏惑，用之奸邪，师铎悖逆，凶德参会，而求兵于我，此天以

戊辰(二十五日),高骈把家从节度使司府迁到广陵城南宅第居住,毕师铎派了披甲士兵一百人负责守卫,其实是把高骈囚禁起来。这天,秦稠手下的宣州军士兵因为索求未能如愿,放火焚烧进奉两楼的数十个房间,珍宝财货全都被烧毁。己巳(二十六日),毕师铎在广陵城的淮南节度使府办理事务,凡是没有兵权的官吏的官职,还同以前一样,又把高骈迁到城东的宅第。自从毕师铎攻破广陵城后,各路部队大肆抢掠,日夜不停,到这时,毕师铎才委任他的先锋使唐宏为静街使,禁止军队的抢掠行为。

高骈原先曾担任过朝廷的盐铁转运使,多年不向朝廷进贡,留在扬州的财宝货物,堆积得像座山似的。高骈制作的郊外祭天、登楼发布赦令时让六军持用的仪仗和礼服,以及在大殿上召见群臣、在内署行幸姬妾所陈设的各种器具用品,都是用黄金白玉精心雕刻的,上面有盘曲的蟠龙、屈缩的凤凰,总共有几十万件,全都被乱兵抢掠去了,散落到民间的里巷人家,放在卧室里当摆设。

庚午(二十七日),捕获了诸葛殷,用棍棒打死了他,把尸体扔弃在路旁,诸葛殷的怨家对头挖出他的眼睛,割断他的舌头,大家又用碎瓦乱石投向诸葛殷的尸体,没多久就堆成了小山。吕用之失势时,他的党羽郑杞首先投奔毕师铎,毕师铎任命郑杞掌管海陵监事。郑杞到了海陵后,暗中记下高霸的言行得失,向毕师铎报告。高霸截获了郑杞的书信,用木棍痛击郑杞的背部,砍断他的手脚,挖出眼睛割断舌头,然后将他处斩。

辛未(二十八日),高骈用黄金秘密收买看守他的士兵,毕师铎闻知了这件事,壬午这天,毕师铎又把高骈迎入道院,拘捕高氏的儿子兄弟外甥侄子十几个人,都集中幽禁起来。

毕师铎攻打广陵时,吕用之假借高骈的名义发布公文,任命庐州刺史杨行密为行军司马,让他带兵来广陵救援。庐江人袁袭劝杨行密说:"高骈昏庸糊涂,吕用之奸诈邪恶,毕师铎倒行逆施,真是凶恶德行的大杂烩,现在求我们出兵救援,这是天要

淮南授明公也,趣赴之。"行密乃悉发庐州兵,复借兵于和州刺史孙端,合数千人赴之,五月,至天长。郑汉章之从师铎也,留其妻守淮口,用之帅众攻之,旬日不克,汉章引兵救之。用之闻行密至天长,引兵归之。

张神剑求货于毕师铎,师铎报以俟秦司空之命,神剑怒,亦以其众归杨行密;及海陵镇遏使高霸、曲溪人刘金、盱眙人贾令威悉以其众属焉。行密众至万七千人,张神剑运高邮粮以给之。

甲午,秦彦将宣歙兵三万馀人,乘竹筏沿江而下,赵晖邀击于上元,杀溺殆半。丙申,彦入广陵,自称权知淮南节度事,仍以毕师铎为行军司马,补池州刺史赵锽为宣歙观察使。戊戌,杨行密帅诸军抵广陵城下,为八寨以守之,秦彦闭城自守。

六月戊午,秦彦遣毕师铎、秦稠将兵八千出城,西击杨行密,稠败死,士卒死者什七八。城中乏食,樵采路绝,宣州军始食人。

秋八月,秦彦以前苏州刺史张雄兵强,冀得其用,以仆射告身授雄,以尚书告身三通授裨将冯弘铎等。广陵人竞以金玉珠缯诣雄军贸食,通犀带一得米五升,锦衾一得糠五升。雄军既富,不复肯战,未几,复助杨行密。

丁卯,彦悉出城中兵万二千人,遣毕师铎、郑汉章将之,陈于城西,延袤数里,军势甚盛。行密安卧帐中,曰:

把淮南授给您啊,您应该赶快到广陵去。"杨行密于是带着庐州全部人马出发,还向和州刺史孙端借兵,合起来有几千人,开赴广陵,五月,杨行密的部队到达天长。当初郑汉章跟随毕师铎讨伐吕用之时,留下他的妻子守卫淮口,吕用之带兵攻打淮口,费了十天没能攻克,郑汉章带兵前来救援。吕用之听说杨行密到了天长,便带兵去归附他。

张神剑向毕师铎求取财物,毕师铎回答说要等待秦司空的命令,张神剑很愤怒,也带领他的人马投奔了杨行密;接着海陵镇遏使高霸、曲溪人刘金、盱眙人贾令威率领他们的全部人马归属了杨行密。杨行密的部队已达到一万七千人,张神剑把高邮的粮食运来供给杨行密的部队食用。

甲午(二十一日),秦彦率领宣歙兵三万多人乘着竹筏沿长江向下游进发,赵晖在上元拦截阻击,杀死或溺毙的士兵将近一半。丙申(二十三日),秦彦进入广陵城,自称暂时代理淮南节度使事务,同时委任毕师铎为行军司马,补授池州刺史赵锽为宣歙观察使。戊戌(二十五日),杨行密率领各路部队抵达广陵城下,安设八个军寨守卫,秦彦关闭城门自保。

六月戊午(十六日),秦彦派遣毕师铎、秦稠率领八千士兵出城向西攻击杨行密,秦稠战败身死,士兵战死的十有七八。广陵城中缺乏食粮,打柴采集的路也断绝了,秦彦部下的宣州兵开始食人充饥。

秋季八月,秦彦鉴于前苏州刺史张雄的兵力强大,希望能为己所用,便把仆射的委任状授予张雄,又把尚书委任状三份授予张雄的裨将冯弘铎等人。广陵人竞相用黄金、玉器、珠宝、绸缎到张雄军中交换粮食,一条通犀带换得稻米五升,一条绸缎被子换得粗糠五升。张雄军既已富足,就不再肯作战,没过多久,又去帮助杨行密了。

丁卯(二十六日),秦彦把广陵城内的一万二千兵马全部调派出去,派遣毕师铎、郑汉章率领他们,到广陵城西布阵,军阵绵延几里地,军势很是盛大。杨行密安详地躺在军帐里,说道:

"贼近告我。"牙将李宗礼曰:"众寡不敌,宜坚壁自守,徐图还师。"李涛怒曰:"吾以顺讨逆,何论众寡,大军至此,去将安归!涛愿将所部为前锋,保为公破之!"涛,赵州人也。行密乃积金帛刍米于一寨,使羸弱守之,多伏精兵于其旁,自将千馀人冲其陈。兵始交,行密阳不胜而走,广陵兵追之,入空寨,争取金帛刍米,伏兵四起,广陵众乱,行密纵兵击之,俘斩殆尽,积尸十里,沟渎皆满,师铎、汉章单骑仅免。自是秦彦不复言出师矣。

九月,高骈在道院,秦彦供给甚薄,左右无食,至然木像、煮革带食之,有相啖者。彦与毕师铎出师屡败,疑骈为厌胜,外围益急,恐骈党有为内应者。有妖尼王奉仙言于彦曰:"扬州分野极灾,必有一大人死,自此喜矣。"甲戌,命其将刘匡时杀骈,并子弟甥侄无少长皆死,同坎瘗之。乙亥,杨行密闻之,帅士卒缟素向城大哭三日。

冬十月,秦彦遣郑汉章将步骑五千出击张神剑、高霸寨,破之,神剑奔高邮,霸奔海陵。

杨行密围广陵且半年,秦彦、毕师铎大小数十战,多不利。城中无食,米斗直钱五十缗,草根木实皆尽,以堇泥为饼食之,饿死者太半。宣军掠人诣肆卖之,驱缚屠割如羊豕,

"贼军靠近时再报告我。"手下牙将李宗礼说:"敌我双方力量悬殊,难以对付,应该加固壁垒守卫自己,再慢慢地图谋撤回军队。"李涛愤怒地说:"我们顺应纲常讨伐逆贼,讲什么兵力多少,大军已经开到这里,离开的话能到哪里去呢?我李涛愿意带领本部人马充当前锋,保证为您去破贼军!"李涛是赵州人。杨行密于是就把金钱、布帛、小麦、大米聚积到一个营寨,派瘦弱士兵看守,在它四周埋伏许多精兵,自己带着一千多人冲击广陵兵的军阵。双方刚交战,杨行密伪装不能取胜而逃跑,广陵兵紧追其后,进入了空无一人的营寨,争抢那些金钱、布帛、小麦、大米,这时杨行密埋伏下的精兵从四面袭击广陵兵,广陵兵阵脚大乱,杨行密指挥军队攻打,俘获或斩杀,几乎把广陵兵全部消灭,地上尸体绵延十里地,连那些沟渠都填满了,毕师铎、陈汉章只身骑马逃走。从此以后秦彦再也不提出兵的事了。

九月,高骈被幽禁在道院里,秦彦供应的食物特别少,高骈的左右侍从没有吃的东西,以致用道院内的木质偶像烧煮皮带来充饥,还出现了人吃人的现象。秦彦与毕师铎出战,屡战屡败,就怀疑是高骈用厌胜之术诅咒他们,广陵城外的围攻越来越紧迫,秦彦担心高骈党羽中有做杨行密内应的人。有个行妖术的尼姑叫王奉仙的对秦彦说:"扬州从天上的星象看有大灾大难,一定要有一个大人物死去,才会转忧为喜。"甲戌(初四)这天,秦彦命令部将刘匡时斩杀高骈,连同高骈的儿子兄弟外甥侄子不论年龄大小全都处死了,埋在同一个大坑里。乙亥(初五)这天,杨行密得知高骈被害,率领军中将士穿上丧服向广陵城大哭了三天。

冬季十月,秦彦派遣郑汉章率领步兵和骑兵五千人出击张神剑、高霸的营寨,取得了胜利,张神剑逃奔高邮,高霸逃奔海陵。

杨行密围攻广陵将近半年了,秦彦、毕师铎与他打了几十次大仗小仗,大多失利。城中没有粮食,一斗米值钱五十缗,草根和花木的果实都吃完了,就用黏土做饼充饥,多半人被饿死。宣州兵抢掠百姓到店铺出卖,驱赶、捆绑、屠杀、宰割就像对待羊猪似的,

讫无一声,积骸流血,满于坊市。彦、师铎无如之何,颦蹙而已。外围益急,彦、师铎忧懑,殆无生意,相对抱膝,终日悄然。行密亦以城久不下,欲引还。己巳夜,大风雨,吕用之部将张审威帅麾下士三百,晨,伏于西壕,俟守者易代,潜登城,启关纳其众,守者皆不斗而溃。先是,彦、师铎信重尼奉仙,虽战陈日时,赏罚轻重,皆取决焉。至是复咨于奉仙曰:“何以取济?”奉仙曰:“走为上策!”乃自开化门出奔东塘。行密帅诸军合万五千人入城,以梁缵不尽节于高氏,为秦、毕用,斩于戟门之外;韩问闻之,赴井死。以高骈从孙愈摄副使,使改殡骈及其族。城中遗民才数百家,饥羸非复人状,行密辇西寨米以赈之。行密自称淮南留后。

秦宗权遣其弟宗衡将兵万人渡淮,与杨行密争扬州,以孙儒为副,张佶、刘建锋、马殷及宗权族弟彦晖皆从。十一月辛未,抵广陵城西,据行密故寨,行密辎重之未入城者,为蔡人所得。秦彦、毕师铎至东塘,张雄不纳,将渡江趣宣州。宗衡召之,乃引兵还,与宗衡合。

未几,宗权召宗衡还蔡,拒朱全忠。孙儒知宗权势不能久,称疾不行。宗衡屡促之,儒怒,甲戌,与宗衡饮酒,座中手刃之,传首于全忠。宗衡将安仁义降于行密。仁义,

直到没有一点声音,城内坊市满是堆积的尸体和流淌的鲜血。秦彦、毕师铎对此没有办法,只能愁眉苦脸而已。广陵城外的围攻更加紧急,秦彦、毕师铎忧愤满腹,几乎没有一点生气,整天抱膝相对,不发一言。杨行密也因为许久攻不下广陵城,想要带兵返回。己巳(二十九日)夜里,风雨大作,吕用之部将张审威率领手下士卒三百人在早晨埋伏在广陵城西壕沟内,等到城内守卫的士卒换班,就登上城墙打开城门把他的人马放进城中,守城士兵未经一战就逃散了。在此之前,秦彦、毕师铎相信、看重尼姑王奉仙,即便是作战的阵容与时间,奖赏惩罚的多少,都由王奉仙来决断。到这时,秦彦、毕师铎又询问王奉仙说:"怎样才能挽救局面呢?"王奉仙说:"走为上策!"秦彦、毕师铎于是从开化门出城,奔往东塘。杨行密率领各路人马总共一万五千人开进广陵城,因为梁缵对高氏未能效忠尽职,后来又被秦彦、毕师铎任用,杨行密在戟门之外杀死了他;韩问听说这件事后,投井自杀了。杨行密任命高骈胞弟的孙子高愈代理淮南节度副使,让他重新安葬高骈及其家属。广陵城劫后馀生的百姓只有几百家,一个个饥饿瘦弱得不成人样,杨行密从西寨运来粮食赈济这些百姓。杨行密自称淮南留后。

秦宗权派他的弟弟秦宗衡率一万士兵渡过淮水,与杨行密争夺扬州,委派孙儒为副将,张佶、刘建锋、马殷以及秦宗权的族弟秦彦晖也都跟随来了。十一月辛未(初二)这天,秦宗衡的人马抵达了广陵城西,占据了杨行密以前设置的营寨,杨行密军没有运进城的器物、粮草都被蔡州军队缴获。秦彦、毕师铎跑到东塘,张雄拒不接纳,就想渡过长江前往宣州。这时秦宗衡召揽他们,于是秦彦、毕师铎带兵返回,与秦宗衡联合起来。

没过多久,秦宗权又召秦宗衡返回蔡州,以抵抗朱全忠。孙儒知道秦宗权的权势不会太长久,便以有病为托词不肯随行。秦宗衡多次催促他,孙儒很是恼怒,甲戌(初五)这天,孙儒与秦宗衡一起饮酒,亲手把秦宗衡斩杀在座位上,还把他的头颅送到了朱全忠那里。秦宗衡的部将安仁义向杨行密投降了。安仁义

本沙陀将也,行密悉以骑兵委之,列于田頵之上。儒分兵掠邻州,未几,众至数万,以城下乏食,与彦、师铎袭高邮。

辛巳,高邮镇遏使张神剑帅麾下二百人逃归扬州;丙戌,孙儒屠高邮。戊子,高邮残兵七百人溃围而至,杨行密虑其为变,分隶诸将,一夕尽坑之,明日,杀神剑于其第。杨行密恐孙儒乘胜取海陵,壬寅,命镇遏使高霸帅其兵民悉归府城,曰:“有违命者,族之。”于是数万户弃资产、焚庐舍,挈老幼迁于广陵。戊戌,霸与弟睢、部将余绕山、前常州刺史丁从实至广陵,行密出郭迎之,与霸、睢约为兄弟,置其将卒于法云寺。

朝廷以淮南久乱,闰月,以朱全忠兼淮南节度使、东南面招讨使。

杨行密欲遣高霸屯天长以拒孙儒,袁袭曰:“霸,高氏旧将,常挟两端,我胜则来,不胜则叛。今处之天长,是自绝其归路也,不如杀之。”己酉,行密伏甲执霸及丁从实、余绕山,皆杀之。又遣千骑掩杀其党于法云寺,死者数千人。是日,大雪,寺外数坊地皆赤。高睢出走,明日获而杀之。

吕用之之在天长也,绐杨行密曰:“用之有银五万铤,埋于所居,克城之日,愿备麾下一醉之资。”庚戌,行密阅士卒,顾用之曰:“仆射许此曹银,何食言邪!”因牵下械系,命田頵鞫之,云:“与郑杞、董瑾谋因中元夜,邀高骈至其第

本是沙陀族军的将领，杨行密把全部骑兵交给他率领，并把他的地位列在田頵的前面。孙儒分派兵马抢掠相邻各州，不久，部众达到几万人，因为广陵城一带缺乏粮食，他与秦彦、毕师铎去袭击高邮。

辛巳（十二日），高邮镇遏使张神剑率领部下二百人出逃归附扬州；丙戌（十七日），孙儒对高邮进行了大屠杀。戊子（十九日），高邮的残馀部队七百人冲破包围到了广陵，杨行密担心他们发生变乱，把他们分拨给诸将统领，一个晚上把他们全活埋了，第二天，在家里杀了张神剑。杨行密担心孙儒乘胜攻取海陵，壬寅这天，命令镇遏使高霸率领他的部队百姓全部迁进广陵城内，并说："有违抗命令的，灭族。"于是有几万户百姓丢弃了资财家产，焚烧了住房田舍，扶老携幼迁入了广陵城。戊戌（二十九日），高霸与他的弟弟高暟、部将余绕山、前常州刺史丁从实到了广陵，杨行密到城外迎接他们，还与高霸、高暟结拜为兄弟，把他们带来的将士安顿在法云寺。

由于淮南一带长久战乱，在闰十一月，朝廷任命朱全忠兼任淮南节度使、东南面招讨使。

杨行密打算派高霸驻守天长抗拒孙儒，袁袭对他说："高霸是高骈的旧将，常常反复无常，我们胜他就来归附，我们败他就反叛。现在安排他到天长去，这是要断绝他的归路啊，不如杀了他。"己酉（初十），杨行密埋伏甲士捉住了高霸以及丁从实、余绕山，把他们全杀了。又派一千骑兵在法云寺袭杀了高霸的部下，死了几千人。这天天下大雪，法云寺外好几处坊市的地面都被鲜血染红了。高暟逃了出来，第二天又被杨行密捉住杀死。

吕用之在天长时，欺骗杨行密说："我有银子五万铤，埋在住所的地下，等到攻克广陵城那一天，我愿意用来作庆功喝酒的资财。"庚戌（十一日）这一天，杨行密检阅士卒，回头对吕用之说："仆射你曾向这些人许诺给银子，怎么不履行诺言呢？"于是把他拉下戴上刑具，命令田頵审讯他，吕用之说："我与郑杞、董瑾共同谋划，趁七月十五日道家的中元日夜晚邀请高骈到他的住所

建黄箓斋,乘其入静,缢杀之,声言上升。因令莫邪都帅诸军推用之为节度使。"是日,腰斩用之,怨家刲裂立尽,并诛其族党。军士发其中堂,得桐人,书骈姓名于胸,桎梏而钉之。袁袭言于行密曰:"广陵饥弊已甚,蔡贼复来,民必重困,不如避之。"甲寅,行密遣和州将延陵宗以其众二千人归和州,乙卯,又命指挥使蔡俦将兵千人,辎重数千两,归于庐州。

朱全忠遣内客将张廷范致朝命于杨行密,以行密为淮南节度副使,又以宣武行军司马李璠为淮南留后,遣牙将郭言将兵千人送之。

文德元年春正月甲寅,孙儒杀秦彦、毕师铎、郑汉章。彦等之归秦宗衡也,其众犹二千馀人,其后稍稍为儒所夺,裨将唐宏知其必及祸,恐并死,乃诬告彦等潜召汴军。儒杀彦等,以宏为马军使。

张守一与吕用之同归杨行密,复为诸将合仙丹,又欲干军府之政,行密怒而杀之。

张廷范至广陵,杨行密厚礼之,及闻李璠来为留后,怒,有不受之色。廷范密使人白全忠,宜自以大军赴镇,全忠从之。至宋州,廷范自广陵逃来,曰:"行密未可图也。"甲子,李璠至,言徐军遮道,全忠乃止。二月,朱全忠奏以杨行密为淮南留后。

夏四月壬午,孙儒袭扬州,克之,杨行密出走,儒自称淮南节度使。行密将奔海陵,袁袭劝归庐州,再为进取之计,从之。

摆设黄箓斋,乘着高骈入静时,把他勒死,对外就扬言高骈升天了。随后让莫邪都率诸军推举我吕用之为淮南节度使。"当天,腰斩了吕用之,他的仇家立刻把他的尸体分割完,还把吕用之的家族、党羽杀光。士兵们打开吕用之的厅堂,发现一个桐木做的人像,胸部写着高骈的姓名,手脚戴着镣铐,身上钉着钉子。袁袭对杨行密说:"广陵城饥荒已非常严重,如果蔡州兵再来进攻,老百姓必定更加困苦,不如避开。"甲寅(十五日),杨行密派遣和州将领延陵宗带他的二千兵众返回和州,乙卯(十六日),杨行密又命令指挥使蔡俦率领一千士兵,带着几千辆车的器物粮草,返回庐州。

朱全忠派遣内客将张廷范向杨行密传达朝廷的指令,任命杨行密为淮南节度副使,又任命宣武行军司马李璠为淮南留后,还派牙将郭言率领一千士兵护送他赴任。

文德元年(888)春季正月甲寅(十六日)这天,孙儒杀了秦彦、毕师铎、郑汉章。秦彦等人归附秦宗衡时,他们手下的人马还有二千多人,后来被孙儒一点一点地吞并,秦彦的禅将唐宏知道他一定会遭到大祸,担心一起送死,就诬告秦彦等人暗中召汴州军来。孙儒杀了秦彦等人,任命唐宏为马军使。

张守一与吕用之一起归附杨行密,又为各位将领合制仙丹,又想干预节度使司的政务,杨行密恼怒,把他杀了。

张廷范到了广陵,杨行密用厚礼接待他,等到听说李璠来做淮南留后,很恼怒,显出不奉命的脸色。张廷范秘密派人告诉朱全忠,应该亲率大军赶赴广陵,朱全忠听从了他的意见。朱全忠到达宋州时,张廷范从广陵逃了回来,对朱全忠说:"杨行密不能谋取。"甲子(二十六日),李璠也赶到了,说有徐州兵拦住道路,朱全忠就停止了行动。二月,朱全忠向朝廷奏请任命杨行密为淮南留后。

夏季四月壬午(十五日),孙儒袭击并攻克了扬州,杨行密出走,孙儒自称淮南节度使。杨行密准备投奔海陵,袁袭劝他返回庐州,再作进退的打算,杨行密听从了这个意见。

秋八月，杨行密畏孙儒之逼，欲轻兵袭洪州，袁袭曰："锺传定江西已久，兵强食足，未易图也。赵锽新得宣州，怙乱残暴，众心不附。公宜卑辞厚币，说和州孙端、上元张雄使自采石济江侵其境，彼必来逆战，公自铜官济江会之，破锽必矣。"行密从之，使蔡俦守庐州，帅诸将济自糁潭。

孙端、张雄为赵锽所败，锽将苏塘、漆朗将兵二万屯曷山。袁袭曰："公引兵急趋曷山，坚壁自守，彼求战不得，谓我畏怯，因其怠，可破也。"行密从之。塘等大败，遂围宣州。锽兄乾之自池州帅众救宣州，行密使其将陶雅击乾之于九华，破之。乾之奔江西，以雅为池州制置使。

昭宗龙纪元年夏五月甲辰，润州制置使阮结卒，钱镠以静江都将成及代之。

六月，杨行密围宣州，城中食尽，人相啖，指挥使周进思据城逐赵锽，锽将奔广陵，田頵追擒之。未几，城中执进思以降。行密入宣州，诸将争取金帛，徐温独据米囷，为粥以食饿者。温，朐山人也。锽将宿松周本，勇冠军中，行密获而释之，以为裨将。锽既败，左右皆散，惟李德诚从锽不去，行密以宗女妻之。德诚，西华人也。行密表言于朝，诏以行密为宣歙观察使。

朱全忠与赵锽有旧，遣使求之。行密谋于袁袭，袭曰："不若斩首以遗之。"行密从之。未几，袭卒，行密哭之曰：

秋季八月，杨行密生怕孙儒逼迫，想派轻便部队袭击洪州，袁袭说：“锺传平定江西已经很久了，军队强大粮食充足，不容易谋取。赵锽刚刚占据宣州，乘乱取利凶狠残暴，大家心中都不归附他。您应该以十分恭谦的语言和丰厚的钱物，劝说和州的孙端、上元的张雄，让他们从采石渡过长江侵入宣州境内，赵锽一定会来迎战，您从铜官渡江与他们会合，赵锽一定会被打败。”杨行密听从了袁袭的建议，派蔡俦守卫庐州，自己率领诸将从糁潭渡过了长江。

孙端、张雄被赵锽打败，赵锽的部将苏塘、漆朗率领二万士兵驻扎在曷山。袁袭说：“您带兵急速赶赴曷山，在那里设营坚守，对方来挑战不要理他，他们会认为我们害怕、胆小，趁他们松懈的机会，可以击破他们。”杨行密同意了这个意见。苏塘等人被杨行密打得大败，杨行密顺势包围了宣州。赵锽的哥哥赵乾之从池州率领人马来救援宣州，杨行密派遣他的部将陶雅在九华山拦击，打败了赵乾之。赵乾之逃奔江西，杨行密任命陶雅担任池州制置使。

唐昭宗龙纪元年（889）夏季五月甲辰（十三日），润州制置使阮结死去，钱镠委派静江都将成及代替阮结担任润州制置使。

六月，杨行密包围了宣州，宣州城中粮食吃光了，靠吃人肉充饥，指挥使周进思占据宣州城驱逐了赵锽，赵锽将要逃奔广陵，被田頵追上擒获。没过多久，城中人捉住周进思向杨行密投降。杨行密进入宣州城，手下诸将争相夺取金玉丝帛，只有徐温占据粮仓，熬粥给饥饿的人吃。徐温是朐山人。赵锽部将宿松人周本，勇猛在军中堪称第一，杨行密抓住他后又放了他，还任命他为裨将。赵锽失败后，他的左右都逃散了，只有李德诚追随他没有离去，杨行密把同宗女嫁给了他。李德诚是西华人。杨行密向朝廷呈上奏表，昭宗下诏任命他为宣歙观察使。

朱全忠与赵锽早有交情，派使者来向杨行密索要赵锽。杨行密同袁袭商议，袁袭说：“不如砍了赵锽脑袋送给朱全忠。”杨行密依从了袁袭的建议。没过多久，袁袭死了，杨行密哭着说：

“天不欲成吾大功邪？何为折吾股肱也！吾好宽而袭每劝我以杀，此其所以不寿与！”孙儒遣兵攻庐州，蔡俦以州降之。

冬十月，以给事中杜儒休为苏州刺史。钱镠不悦，以知州事沈粲为制置指挥使。杨行密遣马步都虞候田頵等攻常州。十一月，田頵攻常州，为地道入城。中宵，旌旗甲兵出于制置使杜稜之寝室，遂虏之，以兵三万戍常州。

十二月戊寅，孙儒自广陵引兵渡江。壬午，逐田頵，取常州，以刘建锋守之。儒还广陵，建锋又逐戍及，取润州。

大顺元年春正月，汴将庞师古等众号十万，渡淮，声言救行密，攻下天长，壬子，下高邮。二月，庞师古引兵深入淮南，己巳，与孙儒战于陵亭，师古兵败而还。

杨行密遣其将马敬言将兵五千，乘虚袭据润州。李友将兵二万屯青城，将攻常州。安仁义、刘威、田頵败刘建锋于武进，敬言、仁义、頵屯润州。友，合肥人；威，慎县人也。

三月，赐宣歙军号宁国，以杨行密为节度使。

夏六月，孙儒求好于朱全忠，全忠表为淮南节度使。未几，全忠杀其使者，复为仇敌。

秋八月丙寅，孙儒攻润州。

苏州刺史杜儒休到官，钱镠使沈粲害之。会杨行密将李友拔苏州，粲奔孙儒。

九月，杨行密以其将张行周为常州制置使。闰月，孙儒遣刘建锋攻拔常州，杀行周，遂围苏州。冬十二月己丑，孙儒拔苏州，杀李友。安仁义等闻之，焚润州庐舍，夜遁。儒使沈粲守苏州，又遣其将归传道守润州。

"天意不想让我成就大的功业吗？为何要折损我的得力助手！我喜好宽厚，但袁袭常常劝我杀人，这大概是他不长寿的原因吧！"孙儒派遣部队攻打庐州，庐州守将蔡俦献城投降。

冬季十月，朝廷任命给事中杜儒休为苏州刺史。钱镠对此很反感，委任主持苏州事务的沈粲为制置指挥使。杨行密派遣马步都虞候田颢等进攻常州。十一月，田颢攻打常州，挖凿地道进入常州城。半夜，田颢的旌旗甲兵出现在制置使杜棱的寝室，于是抓住了杜棱，田颢用三万军队守卫常州。

十二月戊寅（二十一日），孙儒从广陵带兵渡过长江。壬午（二十五日），驱逐了田颢，攻取了常州，孙儒派刘建锋守卫常州。孙儒返回广陵，刘建锋又赶跑了成及，取得了润州。

大顺元年（890）春季正月，汴州将领庞师古带领一支号称十万的部队渡过淮河，扬言要救援杨行密，攻下了天长县，壬子（二十五日），攻下高邮县。二月，庞师古带兵深入淮南，己巳（十三日），庞师古与孙儒在陵亭交战，庞师古兵败返回。

杨行密派遣部将马敬言率兵五千，乘虚袭击并占据了润州。李友率兵二万驻扎在青城，准备进攻常州。安仁义、刘威、田颢在武进打败了刘建锋，马敬言、安仁义、田颢驻扎在润州。李友是合肥人，刘威是慎县人。

三月，朝廷下诏赐宣歙军名号为宁国军，以杨行密为节度使。

夏季六月，孙儒向朱全忠求和，朱全忠上表请求任命孙儒为淮南节度使。不久，朱全忠杀了孙儒的使者，两人又成了仇敌。

秋季八月丙寅（十三日），孙儒攻打润州。

苏州刺史杜儒休到任，钱镠唆使沈粲害死了他。恰逢杨行密的部将李友攻克了苏州，沈粲投奔孙儒。

九月，杨行密任命他的部将张行周为常州制置使。闰九月，孙儒派遣刘建锋攻打并占据了常州，杀了张行周，顺势包围了苏州。冬季十二月己丑这天，孙儒攻下苏州，杀死李友。安仁义等人听说后，烧掉润州的房舍，半夜逃走。孙儒派沈粲留守苏州，又派部将归传道守卫润州。

二年春正月,孙儒尽举淮、蔡之兵济江,癸酉,自润州转战而南,田頵、安仁义屡败退,杨行密城戍皆望风奔溃。儒将李从立奄至宣州东溪,行密守备尚未固,众心危惧,夜,使其将合肥台濛将五百人屯溪西,濛使士卒传呼,往返数四,从立以为大众继至,遽引去。儒前军至溧水,行密使都指挥使李神福拒之。神福阳退以示怯,儒军不设备,神福夜帅精兵袭之,俘斩千人。

夏四月,杨行密遣其将刘威、朱延寿将兵三万击孙儒于黄池,威等大败。延寿,舒城人也。

孙儒军于黄池,五月,大水,诸营皆没,乃还扬州,使其将康暀据和州,安景思据滁州。杨行密遣其将李神福攻和、滁,康暀降,安景思走。

秋七月,朱全忠遣使与杨行密约共攻孙儒。儒恃其兵强,欲先灭行密,后敌全忠,移牒藩镇,数行密、全忠之罪,且曰:"俟平宣、汴,当引兵入朝,除君侧之恶。"于是悉焚扬州庐舍,尽驱丁壮及妇女渡江,杀老弱以充食。行密将张训、李德诚潜入扬州,灭馀火,得谷数十万斛以赈饥民。泗州刺史张谏贷数万斛以给军,训以行密之命馈之,谏由是德行密。乙未,孙儒自苏州出屯广德,杨行密引兵拒之。儒围其寨,行密将上蔡李简帅百馀人力战,破寨,拔行密出之。

二年(891)春季正月,孙儒调发了淮南、蔡州全部军队渡过长江,癸酉(二十二日),从润州辗转作战向南开进,田頵、安仁义屡屡败退,杨行密的守城士兵都望风而逃。孙儒部将李从立突然杀到宣州的东溪,杨行密守城防备还未坚固,大家人心惶惶。夜里,杨行密派遣部将合肥人台濛率军五百驻扎在溪西,台濛命令士兵轮流呼喊,往返多次,李从立以为杨行密的大军相继赶到,急忙带兵退去。孙儒的先头部队到达溧水,杨行密派都指挥使李神福抵抗。李神福伴装后退,显示出害怕胆怯的样子,孙儒军便不再设防,李神福在半夜率领精兵袭击孙儒军,俘虏、斩杀了一千人。

夏季四月,杨行密派遣部将刘威、朱延寿率领三万人马在黄池袭击孙儒部队,刘威等人被孙儒部队打得大败。朱延寿是舒城人。

孙儒的部队在黄池驻扎,五月,发大水,各个军营都被淹没,于是就返回扬州,孙儒命令部将康暀占据和州,安景思占据滁州。杨行密派他的部将李神福进攻和州、滁州,康暀出降,安景思逃走。

秋季七月,朱全忠派使者与杨行密约定共同攻打孙儒。孙儒依仗他的军力强大,想先消灭杨行密,再与朱全忠对抗,他向各藩镇传送檄文,历数杨行密、朱全忠的罪状,而且说:"等我平定了宣州的杨行密和汴州的朱全忠,会带兵进入京师,清除君旁的恶臣。"于是把扬州城的房屋全都焚毁,把所有少壮男人和妇人驱赶过江,把年老体弱的人杀了当食物。杨行密的部将张训、李德诚偷偷进入扬州城,扑灭馀火,得到谷粮几十万斛,用来赈济饥民。泗州刺史张谏借贷粮食几万斛供应自己手下的军队,张训说奉杨行密的命令送给张谏,张谏因此对杨行密有了好感。乙未(十八日),孙儒从苏州出发到广德县驻扎,杨行密带兵抵抗。孙儒包围了杨行密的营寨,杨行密的部将上蔡人李简率领一百多人竭力奋战,攻破了对杨行密营寨的包围,把杨行密救出来后逃走。

冬十二月，孙儒焚掠苏、常，引兵逼宣州，钱镠复遣兵据苏州。儒屡破杨行密之兵，旌旗辎重亘百馀里。行密求救于钱镠，镠以兵食助之。

景福元年春正月，杨行密谓诸将曰："孙儒之众十倍于我，吾战数不利，欲退保铜官，如何？"刘威、李神福曰："儒扫地远来，利在速战。宜屯据险要，坚壁清野以老其师，时出轻骑抄其馈饷，夺其俘掠。彼前不得战，退无资粮，可坐擒也！"戴友规曰："儒与我相持数年，胜负略相当。今悉众致死于我，我若望风弃城，正堕其计。淮南士民从公渡江及自儒军来降者甚众，公宜遣将先护送归淮南，使复生业；儒军闻淮南安堵，皆有思归之心，人心既摇，安得不败。"行密悦，从之。友规，庐州人也。

二月，孙儒围宣州。初，刘建锋为孙儒守常州，将兵从儒击杨行密，甘露镇使陈可言帅部兵千人据常州。行密将张训引兵奄至城下，可言仓猝出迎，训手刃杀之，遂取常州。行密别将又取润州。

夏五月，杨行密屡败孙儒兵，破其广德营，张训屯安吉，断其粮道。儒食尽，士卒大疫，遣其将刘建锋、马殷分兵掠诸县。六月，行密闻儒疾疟，戊寅，纵兵击之。会大雨、晦冥，儒军大败，安仁义破儒五十馀寨，田頵擒儒于陈，斩之，传首京师，儒众多降于行密。

冬季十二月，孙儒焚烧、抢掠苏州、常州，带兵进逼宣州，钱镠又派兵占据了苏州。孙儒屡次攻破杨行密的军队，他的军队的旌旗和器械粮草绵延一百多里。杨行密向钱镠请求援助，钱镠提供了军器粮食。

景福元年（892）春季正月，杨行密对手下诸将说："孙儒的兵众是我军的十倍，我军作战多次失利，我想退到铜官保守，怎么样？"刘威、李神福说："孙儒破釜沉舟远道而来，速战速决对他有利。我们应当占据险要地形，坚壁固守，转移粮草，以使他的部队疲累，时常派出轻便骑兵抄掠他的粮饷，夺取他掳掠的物品。使他向前没有作战的机会，后退没有资财粮草，擒获孙儒就指日可待了！"戴友规说："孙儒和我军相持了几个年头，彼此胜负大致相当。现在孙儒带了全部人马与我们拼命，我们如果放弃城池望风而逃，正落入孙儒的圈套。淮南的士子百姓跟从您渡过长江以及从孙儒军中来归降的很多，您应当派将领护送他们返回淮南，让他们像以前那样谋生立业；孙儒军中士兵听说淮南安定，都会生出返回家乡的念头，人心既然已经动摇，怎么会不败呢？"杨行密听后高兴了，依从了他们的意见。戴友规是庐州人。

二月，孙儒包围了宣州。起初，刘建锋为孙儒守卫常州，率兵跟随孙儒攻打杨行密，甘露镇使陈可言率领部下一千人占据常州。杨行密部将张训带兵忽然来到常州城下，陈可言仓促出城迎战，被张训亲手斩杀了，张训的部队顺势占领了常州。杨行密的另外一名将领又占领了润州。

夏季五月，杨行密多次击败孙儒的部队，攻破了他的广德营，张训在安吉驻扎，切断了孙儒的运粮道路。孙儒部队的粮食吃光了，士兵中流行瘟疫，孙儒派部将刘建锋、马殷分别带兵到各县抢掠。六月，杨行密得到了孙儒患疟疾的消息，戊寅（初六），杨行密派兵攻打孙儒军。这天正好下大雨，天昏地暗，孙儒军大败，安仁义击破孙儒军五十多座营寨，田頵在阵地上捉住了孙儒，杀了他，把他的头颅传送到京师长安，孙儒的部众大部分向杨行密投降了。

丁酉,杨行密帅众归扬州。秋七月丙辰,至广陵,表田頵守宣州,安仁义守润州。先是,扬州富庶甲天下,时人称扬一、益二,及经秦、毕、孙、杨兵火之馀,江、淮之间,东西千里扫地尽矣。

秋八月,以杨行密为淮南节度使、同平章事,以田頵知宣州留后,安仁义为润州刺史。孙儒降兵多蔡人,行密遣其尤勇健者五千人,厚其廪赐,以皂衣蒙甲,号"黑云都",每战,使之先登陷陈,四邻畏之。

行密以用度不足,欲以茶盐易民布帛,掌书记舒城高勖曰:"兵火之馀,十室九空,又渔利以困之,将复离叛。不若悉我所有易邻道所无,足以给军,选贤守令劝课农桑,数年之间,仓库自实。"行密从之。田頵闻之曰:"贤者之言,其利远哉!"行密驰射武伎,皆非所长,而宽简有智略,善抚御将士,与同甘苦,推心待物,无所猜忌。尝早出,从者断马鞯,取其金,行密知而不问,他日,复早出如故,人服其度量。

淮南被兵六年,士民转徙几尽。行密初至,赐与将吏,帛不过数尺,钱不过数百。而能以勤俭足用,非公宴,未尝举乐。招抚流散,轻徭薄敛,未及数年,公私富庶,几复承平之旧。

冬十一月,庐州刺史蔡俦发杨行密父祖墓,与舒州刺史倪章连兵,遣使送印于朱全忠以求救。全忠恶其反覆,纳其印,不救,且牒报行密,行密谢之。行密遣行营都指挥

丁酉(二十五日)，杨行密率领大队人马返回扬州。秋季七月丙辰(十四日)，杨行密回到广陵，向朝廷上表请求让田頵守宣州，安仁义守润州。在此以前，扬州的富庶天下第一，当时有"扬州第一，益州第二"的说法，等经过了秦彦、毕师铎、孙儒、杨行密等人的战火之后，江、淮之间，东西千里的富庶景象一扫而空。

秋季八月，朝廷任命杨行密为淮南节度使、同平章事，以田頵主持宣州留后事宜，安仁义为润州刺史。孙儒那里投降过来的兵士大多是蔡州人，杨行密抽调出其中特别勇健的五千人，给予丰厚的俸饷和奖赏，用黑色外衣蒙上盔甲，号称"黑云都"，每逢作战，就派他们冲锋陷阵，周围邻近各地都害怕他们。

由于费用缺乏，杨行密想用茶叶和食盐换取民间的布帛，掌书记舒城人高勖说："战乱刚过，百姓十室九空，又要谋求利益使他们困苦，百姓将再叛离我们。不如用我们拥有的东西，到相邻各道去换回我们没有的东西，这样就可以供给军队了。再选拔贤能的地方长官，劝勉、督促百姓从事农桑种植，几年时间，仓库自会充实。"杨行密听从了他的意见。田頵听到这事后说："贤明人士的话，带来的利益会很久远啊！"杨行密骑马、射箭、武艺都没有什么专长，但宽厚、简练又有智谋胆略，善于安抚从军将士，与他们同甘共苦，待人推心置腹，不猜疑顾忌。曾有一天早晨他外出，随从弄断马鞭，取走金饰，杨行密知道也不追问，后来还像以前一样在早晨出去，人人都佩服他的度量。

淮南遭受战乱长达六年，士子百姓几乎都辗转迁走了。杨行密初到这里时，奖赏将领官吏，布帛不过数尺，钱币不过几百。但能靠勤俭节约保证军中供应，除非因公摆设宴席，未曾歌舞奏乐。招揽安抚流散的百姓，减轻徭役少征赋税，不过几年，淮南的官府和百姓都富庶起来，几乎恢复到以前太平盛世的状况。

冬季十一月，庐州刺史蔡俦挖开杨行密祖父、父亲的坟墓，与舒州刺史倪章联合，派使者向朱全忠送上官印求救。朱全忠厌恶他反复无常，收下了官印，却不去救援，还给杨行密送去公文通报这一消息，杨行密对此表示感谢。杨行密派行营都指挥

使李神福将兵讨俦。

二年夏四月,李神福围庐州。甲午,杨行密自将诣庐州,田颓自宣州引兵会之。秋七月丁亥,杨行密克庐州,斩蔡俦。左右请发俦父母冢,行密曰:"俦以此得罪,吾何为效之!"八月丙辰,杨行密遣田颓将宣州兵二万攻歙州,歙州刺史裴枢城守,久不下。时诸将为刺史者多贪暴,独池州团练使陶雅宽厚得民,歙人曰:"得陶雅为刺史,请听命。"行密即以雅为歙州刺史,歙人纳之。雅尽礼见枢,送之还朝。枢,遵庆之曾孙也。冬十月,舒州刺史倪章弃城走,杨行密以李神福为舒州刺史。

乾宁元年春三月,黄州刺史吴讨举州降杨行密。夏五月,武昌节度使杜洪攻黄州,杨行密遣行营都指挥使朱延寿等救之。冬十二月,吴讨畏杜洪之逼,纳印请代于杨行密,行密以先锋指挥使瞿章权知黄州。

二年春正月,杨行密表朱全忠罪恶,请会易定、兖、郓、河东兵讨之。

三月,杨行密浮淮至泗州,防御使台濛盛饰供帐,行密不悦。既行,濛于卧内得补绽衣,驰使归之。行密笑曰:"吾少贫贱,不敢忘本。"濛甚惭。行密攻濠州,拔之,执刺史张璲。丁亥,行密围寿州。夏四月,杨行密围寿州,不克,将还。庚寅,其将朱延寿请试往更攻,一鼓拔之,执刺史江从勖。行密以延寿权知寿州团练使。未几,汴兵数万

使李神福率领部队讨伐蔡俦。

二年（893）夏季四月，李神福包围了庐州。甲午（二十六日），杨行密亲自率领军队前往庐州，田頵从宣州带兵与杨行密会合。秋季七月丁亥（二十一日），杨行密攻克了庐州，杀死蔡俦。杨行密的左右请求挖开蔡俦父母的坟墓，杨行密说："蔡俦就是因为挖墓犯下罪行，我怎么可以去效仿他呢？"八月丙辰（二十一日），杨行密派遣田頵率领二万宣州士兵去攻打歙州，歙州刺史裴枢据城守卫，很久攻不下。当时杨行密手下诸将做刺史的大多贪婪强暴，只有池州团练使陶雅宽厚待人，很得人心，歙州人士说："如果让陶雅来做我们的刺史，我们愿意听从命令。"杨行密立即任命陶雅为歙州刺史，歙州人接纳了他。陶雅用周到的礼节拜见了裴枢，送他归返朝廷。裴枢是裴遵庆的曾孙。冬季十月，舒州刺史倪章弃城逃跑，杨行密任命手下部将李神福为舒州刺史。

乾宁元年（894）春季三月，黄州刺史吴讨献出黄州向杨行密投降。夏季五月，武昌节度使杜洪进攻黄州，杨行密派遣行营都指挥使朱延寿等人前去救援。冬季十二月，吴讨害怕杜洪的逼攻，交出官印请杨行密派人代理，杨行密任命先锋指挥使瞿章主管黄州事务。

二年（895）春季正月，杨行密向朝廷上表列举朱全忠的罪恶，请求会同易定、兖州、郓州、河东的军队一起讨伐朱全忠。

三月，杨行密乘船沿淮河到达泗州，泗州防御使台濛大力装饰供杨行密住的营帐，杨行密不高兴。杨行密走后，台濛在杨行密的卧室内得到一件带补丁的衣服，派人快马送还给杨行密。杨行密笑着说："我小时候贫穷低贱，现在不敢忘本。"台濛听后十分惭愧。杨行密进攻并占领了濠州，捉住了濠州刺史张璲。丁亥（三十日），杨行密包围了寿州。夏季四月，杨行密围攻寿州未能攻克，想要返回。庚寅（初三）这天，杨行密部将朱延寿请求再次前去攻打试试，结果一鼓作气攻下了，捉住了寿州刺史江从勖。杨行密任命朱延寿暂任寿州团练使。没过多久，几万汴州兵

攻寿州，州兵少，吏民恟惧。延寿制，军中每旗二十五骑。命黑云队长李厚将十旗击汴兵，不胜。延寿将斩之，厚称众寡不敌，愿益兵更往，不胜则死。都押牙汝阳柴再用亦为之请，乃益以五旗。厚殊死战，再用助之，延寿悉众乘之，汴兵败走。厚，蔡州人也。行密又遣兵袭涟水，拔之。

三年夏五月，淮南将朱延寿奄至蕲州，围其城。大将贾公铎方猎，不得还，伏兵林中，命勇士二人衣羊皮夜入延寿所掠羊群，潜入城，约夜半开门举火为应，复衣皮返命。公铎如期引兵至城南，门中火举，力战，突围而入。延寿惊曰："吾常恐其溃围而出，反溃围而入，如此，城安可猝拔！"乃白行密，求军中与公铎有旧者持誓书金帛往说之，许以婚。寿州团练副使柴再用请行，临城与语，为陈利害。数日，公铎及刺史冯敬章请降。以敬章为左都押牙，公铎为右监门卫将军。延寿进拔光州，杀刺史刘存。

四年春二月，诏以杨行密为江南诸道行营都统，以讨武昌节度使杜洪。夏四月，杜洪为杨行密所攻，求救于朱全忠，全忠遣其将聂金掠泗州，朱友恭攻黄州。行密遣右黑云都指挥使马珣等救黄州。黄州刺史瞿章闻友恭至，弃城，拥众南保武昌寨。五月辛巳，朱友恭为浮梁于樊港，进攻武昌寨，壬午，拔之，执瞿章，遂取黄州。马珣等皆败走。

来攻打寿州，寿州的兵力少，城中官吏百姓人心惶惶。朱延寿规定，军中以二十五个骑兵编为一旗。命令黑云队长李厚率领十旗进击汴州兵，没能取胜。朱延寿将要斩杀李厚，李厚说这次是寡不敌众，希望增添人马再去作战，再不胜就甘愿一死。都押牙汝阳人柴再用也为李厚说情，朱延寿就增拨五旗给李厚。李厚拼死奋战，柴再用出兵相助，朱延寿也带领全部人马随后赶到，汴州兵大败逃走。李厚是蔡州人。杨行密又派兵袭击涟水，攻克下来。

三年（896）夏季五月，淮南将领朱延寿突然到达蕲州，包围了该城。蕲州大将贾公铎正在城外打猎，不能回城。贾公铎在树林中设置伏兵，命令二位勇士披上羊皮，夜里潜入朱延寿掠夺来的羊群中，偷偷入城，与城中人约定半夜打开城门，举火为信号，又穿上羊皮返回复命。贾公铎准时带兵到了蕲州城南，城门中间火把高举，贾公铎极力奋战，突围进了蕲州城。朱延寿吃惊地说："我常常担心贾公铎会冲破包围逃走，现在反而冲破包围进城，这样的话，蕲州城怎么可能迅速攻下！"于是报告杨行密，请求派军中与贾公铎早有交情的人带着誓书和金帛前去劝说，并许诺与贾公铎结成姻亲。寿州团练副使柴再用请求前去，在蕲州城下与贾公铎对话，向贾公铎陈说利害关系。过了几天，贾公铎与蕲州刺史冯敬章请求投降。杨行密任命冯敬章为左都押牙，贾公铎为右监门卫将军。朱延寿进而攻下了光州，杀死光州刺史刘存。

四年（897）春季二月，昭宗下诏任命杨行密为江南诸道行营都统，去讨伐武昌节度使杜洪。夏季四月，杜洪被杨行密进攻，向朱全忠求救，朱全忠派他的将领聂金掠扰泗州，朱友恭攻打黄州。杨行密派遣右黑云都指挥使马珣等援救黄州。黄州刺史瞿章听说朱友恭到来，放弃黄州城，带着部众向南退到武昌寨保守。五月辛巳（初七），朱友恭在樊港搭浮桥，进攻武昌寨，壬午（初八）这天，攻克了武昌寨，捉住了瞿章，顺势攻占了黄州。马珣等都战败逃走。

　　朱全忠既得兖、郓，甲兵益盛，秋九月，乃大举击杨行密，遣庞师古以徐、宿、宋、滑之兵七万壁清口，将趣扬州；葛从周以兖、郓、曹、濮之兵壁安丰，将趣寿州；全忠自将屯宿州；淮南震恐。

　　杨行密与朱瑾将兵三万拒汴军于楚州，别将张训自涟水引兵会之，行密以为前锋。庞师古营于清口，或曰："营地污下，不可久处。"不听。师古恃众轻敌，居常弈棋。朱瑾壅淮上流，欲灌之，或以告师古，师古以为惑众，斩之。十一月癸酉，瑾与淮南将侯瓒，将五千骑潜渡淮，用汴人旗帜，自北来趣其中军，张训逾栅而入。士卒苍黄拒战，淮水大至，汴军骇乱。行密引大军济淮，与瑾等夹攻之，汴军大败，斩师古及将士首万馀级，馀众皆溃。葛从周屯于寿州西北，寿州团练使朱延寿击破之，退屯濠州，闻师古败，奔还。行密、瑾、延寿乘胜追之，及于渒水。从周半济，淮南兵击之，杀溺殆尽，从周走免。遏后都指挥使牛存节弃马步斗，诸军稍得济淮，凡四日不食，会大雪，汴卒缘道冻馁死，还者不满千人。全忠闻败，亦奔还。行密遗全忠书曰："庞师古、葛从周，非敌也，公宜自来淮上决战。"

　　行密大会诸将，谓行军副使李承嗣曰："始吾欲先趣寿州，副使云不如先向清口，师古败，从周自走，今果如所料。"赏之钱万缗，表承嗣领镇海节度使。行密待承嗣及史俨甚厚，第舍、姬妾，咸选其尤者赐之，故二人为行密尽力，

朱全忠攻取兖州、郓州以后，军队更加强盛，秋季九月，朱全忠就大举进攻杨行密，派庞师古带领徐州、宿州、宋州、滑州的七万兵马在清口设营，准备进军扬州；葛从周带领兖州、郓州、曹州、濮州的人马在安丰扎寨，准备进军寿州；朱全忠亲自率军驻扎宿州；淮南军民十分震惊恐慌。

　　杨行密与朱瑾率领三万人马在楚州抵抗朱全忠，别将张训从涟水带兵前来会合，杨行密委任他做前锋。庞师古在清口设立军营，有人说："这个营地地势低下，不能长处驻扎。"庞师古拒不听从。庞师古倚仗人多而轻敌，常常在军营里下棋。朱瑾堵塞淮河上游的水流，想要淹攻庞师古军，有人把这事告诉庞师古，庞师古认为他迷惑军心，把他杀了。十一月癸酉（初二）这天，朱瑾与淮南将领侯瓒率领五千骑兵偷偷渡过淮河，打着汴州兵的旗帜，从北面进攻庞师古的中军，张训越过栅栏冲入军营。庞师古的士卒仓皇抵抗，这时淮水滚滚涌来，汴州兵惊慌失措一片混乱。杨行密率领大军渡过淮水，与朱瑾等夹攻庞师古军，汴州军大败，庞师古及将士一万多人被杀，其馀人马纷纷溃逃。葛从周在寿州西北扎营，寿州团练使朱延寿攻破了葛从周军，葛从周退到濠州驻扎，听说庞师古战败，便逃了回去。杨行密、朱瑾、朱延寿乘胜追击，一直追到淠水。葛从周的部队渡到一半，被淮南兵攻击，几乎全部人马都被斩杀或淹死，葛从周逃走免于一死。過后都指挥使牛存节丢弃战马徒步格斗，各军才有一些渡过淮河，连续四天士兵没有进食，又碰到天下大雪，汴州兵因饥饿冷冻死在逃跑的路上，返回的还不满一千人。朱全忠听说前方大败，也逃奔返回。杨行密给朱全忠送去书信说："庞师古、葛从周实在不是对手，您应该亲自到淮河边上与我决战。"

　　杨行密大会诸将，对行军副使李承嗣说："我原本想先前往寿州，副使你说不如先去清口，打败庞师古，葛从周自然会撤走，现在果然像你预料的那样。"奖赏他一万缗钱，还上表请求让李承嗣兼任镇海节度使。杨行密对待李承嗣及史俨十分优厚，住宅、姬妾都挑选最好的送给他们，所以这二人为杨行密竭尽全力，

屡立功,竟卒于淮南。行密由是遂保据江、淮之间,全忠不能与之争。

光化元年春正月,两浙、江西、武昌、淄青各遣使诣阙,请以朱全忠为都统,讨杨行密,诏不许。

二年春正月,杨行密与朱瑾将兵数万攻徐州,军于吕梁,朱全忠遣骑将张归厚救之。朱全忠自将救徐州,杨行密闻之,引兵去。汴人追及之于下邳,杀千馀人。全忠行至辉州,淮南兵已退,乃还。

三年,加杨行密兼侍中。

天复二年春三月,上以金吾将军李俨为江、淮宣谕使,书御札赐杨行密,拜行密东面行营都统、中书令、吴王,以讨朱全忠。以朱瑾为平卢节度使,冯弘铎为武宁节度使,朱延寿为奉国节度使。加武安节度使马殷同平章事。淮南、宣歙、湖南等道立功将士,听用都统牒承制迁补,然后表闻。俨,张濬之子也,赐姓李。

武宁节度使冯弘铎介居宣、扬之间,常不自安。然恃楼船之强,不事两道。宁国节度使田頵欲图之,募弘铎人造战舰,工人曰:“冯公远求坚木,故其船堪久用,今此无之。”頵曰:“第为之,吾止须一用耳。”弘铎将冯晖、颜建说弘铎先击頵,弘铎从之,帅众南上,声言攻洪州,实袭宣州也。杨行密使人止之,不从。六月辛巳,頵帅舟师逆击于葛山,大破之。

冯弘铎收馀众沿江将入海,杨行密恐其为后患,遣使犒军,且说之曰:“公徒众犹盛,胡为自弃于沧海之外!吾府虽小,足以容公之众,使将吏各得其所,如何?”弘铎左右

屡立战功，最终死在淮南。经过这场大仗，杨行密得以占据长江、淮河之间地带，朱全忠也不能与他争夺。

光化元年（898）春季正月，两浙、江西、武昌、淄青各派使者去朝廷，请求任命朱全忠为都统，讨伐杨行密，昭宗下诏不准许。

二年（899）春季正月，杨行密与朱瑾率领几万兵马进攻徐州，在吕梁驻扎，朱全忠派遣手下骑将张归厚救援徐州。朱全忠本人也亲自率军救徐州，杨行密得知这一消息，带兵离去。汴州兵追击杨行密到下邳，杀死一千多人。朱全忠行军到辉州，淮南兵已撤退，他也返回。

三年（900），朝廷加封杨行密兼任侍中。

天复二年（902）春季三月，昭宗任命金吾将军李俨为江、淮宣谕使，写下御札赐给杨行密，拜杨行密为东面行营都统、中书令、吴王，去讨伐朱全忠。任命朱瑾为平卢节度使，冯弘铎为武宁节度使，朱延寿为奉国节度使。加封武安节度使马殷为同平章事。淮南、宣歙、湖南等道立功将士，听任杨行密用都统牒文按照皇帝授权迁升补官，然后再向朝廷上表报告。李俨是张濬的儿子，皇帝赐他姓李。

武宁节度使冯弘铎居于宣州、扬州之间，自己常感到不安宁。但又依恃楼船强大，不侍奉宣州田頵和扬州杨行密。宁国节度使田頵想要谋取他，招募冯弘铎的人为他造战舰，造船工匠说："冯公到很远的地方去搜求坚木，所以他的船经久耐用，现在这里没有这样的坚木。"田頵说："只管做好了，我只需用它一次。"冯弘铎的将领冯晖、颜建劝冯弘铎抢先攻击田頵，冯弘铎听从了这个建议，率领手下人马南上，声称要攻打洪州，实际上是要袭击宣州。杨行密派人制止冯弘铎，他拒不听从。六月辛巳（初七）这天，田頵率领水军在葛山迎战冯弘铎，把他打得大败。

冯弘铎收集剩馀兵力沿长江将入东海，杨行密担心他成为后患，派使者去犒劳他的军队，并且劝他说："你的徒众还有不少，为什么要自弃于沧海之外呢？我淮南军府虽小，足以容纳你的部众，使你的将吏各自得到妥善的安置，怎么样？"冯弘铎的左右

皆恸哭听命。弘铎至东塘,行密自乘轻舟迎之,从者十馀人,常服,不持兵,升弘铎舟,慰谕之,举军感悦。署弘铎淮南节度副使,馆给甚厚。

初,弘铎遣牙将丹徒尚公迺诣行密求润州,行密不许。公迺大言曰:“公不见听,但恐不敌楼船耳。”至是,行密谓公迺曰:“颇记求润州时否?”公迺谢曰:“将吏各为其主,但恨无成耳。”行密笑曰:“尔事杨叟如冯公,无忧矣!”行密以李神福为昇州刺史。

杨行密发兵讨朱全忠,以副使李承嗣权知淮南军府事。军吏欲以巨舰运粮,都知兵马使徐温曰:“运路久不行,葭苇堙塞,请用小艇,庶几易通。”军至宿州,会久雨,重载不能进,士有饥色,而小艇先至,行密由是奇温,始与议军事。行密攻宿州,久不克,竟以粮运不继引还。

冬十月,李俨至扬州,杨行密始建制敕院,每有封拜,辄以告俨,于紫极宫玄宗像前陈制书,再拜然后下。

三年春正月,杨行密承制加朱瑾东面诸道行营副都统、同平章事,以昇州刺史李神福为淮南行军司马、鄂岳行营招讨使,舒州团练使刘存副之,将兵击杜洪。洪将骆殷戍永兴,弃城走,县民方诏据城降。神福曰:“永兴大县,馈运所仰,已得鄂之半矣。”

三月,淮南将李神福围鄂州,望城中积获,谓监军尹建峰曰:“今夕为公焚之。”建峰未之信。时杜洪求救于朱全忠,神福遣部将秦皋乘轻舟至滠口,举火炬于树杪,洪以为救兵至,果焚获以应之。

都失声痛哭，表示听命。冯弘铎到东塘，杨行密亲自乘快船迎接他，跟随杨行密的十几个人，穿着平常服装，不带兵器，登上冯弘铎的船向他告谕、慰问，冯弘铎全军感动喜悦。杨行密任命冯弘铎为淮南节度副使，食宿供应非常优厚。

当初，冯弘铎派遣牙将丹徒人尚公迺前往杨行密处要求得到润州，杨行密没有允许。尚公迺傲慢地说："你不听从，只怕不是楼船的对手吧？"到这时候，杨行密对尚公迺说："还记得你来索求润州时的事吗？"尚公迺道歉说："做将吏的各为其主子做事，只遗憾没有成功罢了。"杨行密笑着说："你为我能像为冯公那样做事，我就没有忧虑了！"杨行密任命李神福为昇州刺史。

杨行密发兵讨伐朱全忠，委派副使李承嗣代他主持淮南节度使府的事务。军吏想用大船运送粮食，都知兵马使徐温说："运粮水路很久没有通行，芦苇堵塞，请用小艇运输，也许容易通行。"部队行至宿州，赶上降大雨，重载大船不能前进，兵士吃不饱，但小艇先到了，杨行密由此认为徐温是个奇才，开始与他商议军事。杨行密攻打宿州，好久也没攻克，最后因为粮食供应不上而退兵。

冬季十月，朝廷派来的江、淮宣谕使李俨到达了扬州，杨行密始建制敕院，每次有封官拜爵的事，就告诉李俨，在紫极宫玄宗像前陈列制书，拜了又拜然后下达。

三年（903）春季正月，杨行密秉承制命加封朱瑾为东面诸道行营副都统、同平章事，任命昇州刺史李神福为淮南行军司马、鄂岳行营招讨使，舒州团练使刘存做他的副手，率领部队进攻杜洪。杜洪部将骆殷在永兴守卫，这时丢弃城池逃走，县中百姓方诏占城出降。李神福说："永兴是个大县，是运送军需粮草的依靠，得到这里就已经得到鄂州的一半了。"

三月，淮南将领李神福围攻鄂州，看见城中堆积荻草，对监军尹建峰说："今天晚上为你把它烧了。"尹建峰不相信他的话。当时杜洪向朱全忠求救，李神福派遣部将秦皋乘坐轻舟到滠口，在树梢上举起火炬，杜洪以为救兵到了，果然点着荻草接应。

夏四月,杜洪求救于朱全忠,全忠遣其将韩勍将万人屯滠口,遣使语荆南节度使成汭、武安节度使马殷、武贞节度使雷彦威,令出兵救洪。汭畏全忠之强,且欲侵江、淮之地以自广,发舟师十万,沿江东下。汭作巨舰,三年而成,制度如府署,谓之"和州载",其馀谓之"齐山""截海""劈浪"之类甚众。掌书记李珽谏曰:"今每舰载甲士千人,稻米倍之,缓急不可动也。吴兵剽轻,难与角逐,武陵、长沙,皆吾仇也,岂得不为反顾之虑乎!不若遣骁将屯巴陵,大军与之对岸,坚壁勿战,不过一月,吴兵食尽自遁,鄂围解矣。"汭不听。珽,憕之五世孙也。

五月,成汭行未至鄂州,马殷遣大将许德勋将舟师万馀人,雷彦威遣其将欧阳思将舟师三千馀人会于荆江口,乘虚袭江陵,庚戌,陷之,尽掠其人及货财而去。将士亡其家,皆无斗志。李神福闻其将至,自乘轻舟前觇之,谓诸将曰:"彼战舰虽多而不相属,易制也,当急击之!"壬子,神福遣其将秦裴、杨戎将众数千逆击汭于君山,大破之,因风纵火,焚其舰,士卒皆溃,汭赴水死,获其战舰二百艘。韩勍闻之,亦引兵去。

初,宁国节度使田頵破冯弘铎,诣广陵谢杨行密,因求池、歙为巡属,行密不许。行密左右下及狱吏,皆求赂于頵,頵怒曰:"吏知吾将下狱邪!"及还,指广陵南门曰:"吾不可复入此矣!"頵兵强财富,好攻取,行密既定淮南,欲保境息民,每抑止之,頵不从。及解释钱镠,頵尤恨之,阴有

夏季四月，杜洪向朱全忠求救，朱全忠派遣他的部将韩勋率领一万人马在滠口驻扎，还派使者去告诉荆南节度使成汭、武安节度使马殷、武贞节度使雷彦威，命令他们出兵援救杜洪。成汭害怕朱全忠的强大，而且他自己也想侵占江、淮之地来扩大势力，就派出十万水军沿江东下。成汭制造的巨舰，三年才完工，按照府署的规制制作，称为"和州载"，其馀兵舰称为"齐山""截海""劈浪"之类的很多。掌书记李珽劝谏说："现在每艘兵舰上乘坐甲士一千人，带的稻米还多了一倍，遇到紧急情况，就不能动弹。吴兵敏捷轻快，难以对付，武陵雷彦威、长沙马殷都是我们的仇敌，怎么能不考虑后顾之忧呢？不如派遣骁勇将领驻守巴陵，大军与他们隔岸对峙，坚守不出战，不过一个月，吴兵粮食吃光后自然会逃走，鄂州之围也就解除了。"成汭没有听从这一意见。李珽是李憕的五世孙。

五月，成汭部队还没有开到鄂州，马殷派遣大将许德勋率领水军一万多人，雷彦威派部将欧阳思率水军三千多人，双方在荆江口会师，乘虚袭击江陵，庚戌（初十）这天，攻陷了江陵，把人口及财物掠光后离去。成汭的将士家破人亡，都失去了斗志。李神福听说成汭的部队将要到达，亲自乘轻舟前去察看，他对手下诸将说："他们的战舰虽然很多，但彼此缺乏联系，容易制服，应当急速出兵攻击敌舰！"壬子（十二日），李神福派遣他的部将秦裴、杨戎率领几千士兵在君山迎击成汭，把他打得大败，趁风势放火焚烧他的战舰，成汭的士兵纷纷逃散，成汭也投水而死，缴获成汭的战舰有二百艘。韩勋听说此事，也退兵离去了。

先前，宁国节度使田頵攻破了冯弘铎，前往广陵城告谢杨行密，顺便要求把池州、歙州作为他的属地，杨行密没有同意。杨行密左右的人直至狱吏都向田頵索要财物，田頵愤怒地说："狱吏知道我将要入狱了！"等到回去的时候，他指着广陵城南门说："我不能再入此城了！"田頵兵力强财富多，喜好攻战劫取，杨行密平定淮南以后，想要保境安民，经常对田頵加以限制，田頵不服从。等到杨行密与钱镠尽释前嫌，田頵更加恨他，暗中滋生了

叛志。李神福言于行密曰："颢必反，宜早图之。"行密曰：
"颢有大功，反状未露，今杀之，诸将人人自危矣！"颢有良
将曰康儒，与颢谋议多不合，行密知之，擢儒为庐州刺史。
颢以儒为贰于己，族之。儒曰："吾死，田公亡无日矣！"颢
遂与润州团练使安仁义同举兵，仁义悉焚东塘战舰。

颢遣二使诈为商人，诣寿州约奉国节度使朱延寿，行
密将尚公迺遇之，曰："非商人也。"杀一人，得其书，以告行
密。行密召李神福于鄂州，神福恐杜洪邀之，宣言奉命攻
荆南，勒兵具舟楫；及暮，遂沿江东下，始告将士以讨田颢。

己丑，安仁义袭常州，常州刺史李遇逆战，极口骂仁
义，仁义曰："彼敢辱我，必有备。"乃引去。壬辰，行密以王
茂章为润州行营招讨使，击仁义，不克，使徐温将兵会之。
温易其衣服旗帜，皆如茂章兵，仁义不知益兵，复出战，温
奋击，破之。

行密夫人，朱延寿之姊也。行密狎侮延寿，延寿怨怒，
阴与田颢通谋。颢遣前进士杜荀鹤至寿州，与延寿相结；
又遣至大梁告朱全忠，全忠大喜，遣兵屯宿州以应之。荀
鹤，池州人也。

九月，朱延寿谋颇泄，杨行密诈为目疾，对延寿使者多
错乱所见，或触柱仆地。谓夫人曰："吾不幸失明，诸子皆
幼，军府事当悉以授三舅。"夫人屡以书报延寿。行密又自
遣召之，阴令徐温为之备。延寿至广陵，行密迎及寝门，执
而杀之。部兵惊扰，徐温谕之，皆听命，遂斩延寿兄弟，黜
朱夫人。

背叛杨行密的想法。李神福对杨行密说："田頵必定会反叛，应当早日图谋他。"杨行密说："田頵立有大功，谋反的迹象还没露出，现在杀他，诸将就要人人自危了！"田頵有个良将叫康儒，与田頵议事大多意见不合，杨行密知道了这个情况，提升康儒为庐州刺史。田頵因为康儒对自己有贰心，把他全族都杀了。康儒说："我死，田公的死期没几天了！"田頵于是就与润州团练使安仁义一起起兵，安仁义把杨行密在东塘的战舰全部烧毁。

田頵派出二位使者装成商人，去寿州与奉国节度使朱延寿联系，杨行密部将尚公迺遇到他们，说："他们不是商人。"杀一人，得到了田頵的书信，把这情况告诉了杨行密。杨行密在鄂州召回李神福，李神福担心杜洪拦击他，扬言要奉命攻打荆南，整军备船；到黄昏时，就沿着长江东下，这才告诉手下将士是讨伐田頵。

己丑（八月二十二日），安仁义袭击常州，常州刺史李遇迎战，破口大骂安仁义，安仁义说："他敢污辱我，必定有了准备。"于是带兵返回。壬辰（八月二十五日），杨行密任命王茂章为润州行营招讨使，进击安仁义，未能攻克，杨行密又派徐温率兵与王茂章会合。徐温换了部队的衣服、旗帜，都像王茂章兵一样，安仁义不知道对方增兵了，再次出战，徐温奋力出击，攻破了他。

杨行密的夫人是朱延寿的姐姐。杨行密轻慢侮辱朱延寿，朱延寿怨恨恼怒，暗中与田頵串通同谋。田頵派遣前进士杜荀鹤至寿州，与朱延寿相交结；又派人到大梁告诉朱全忠，朱全忠大喜，派出部队驻扎宿州作为应援。杜荀鹤是池州人。

九月，朱延寿的谋划逐渐泄露，杨行密假称自己得了眼病，在朱延寿使者面前经常认错人，或者撞着柱子跌倒在地。杨行密对夫人说："我不幸失明，几个儿子都幼小，军府的事情应当全都交付三舅处理。"夫人多次送信告诉朱延寿。杨行密又亲自派使者召朱延寿，暗中命令徐温做好准备。朱延寿到广陵，杨行密把他迎到卧室门口，把他捉住杀了。朱延寿的部下士兵惊慌失措乱作一团，徐温告谕他们，那些士兵全都表示听从命令，于是斩杀了朱延寿的兄弟，废黜朱夫人。

初，延寿赴召，其妻王氏谓曰："君此行吉凶未可知，愿日发一使以安我！"一日，使不至，王氏曰："事可知矣！"部分僮仆，授兵阖门，捕骑至，乃集家人，聚宝货，发百燎焚府舍，曰："妾誓不以皎然之躯为仇人所辱。"赴火而死。延寿用法严，好以寡击众，尝遣二百人与汴兵战，有一人应留者，请行，延寿以违命，立斩之。

田頵袭昇州，得李神福妻子，善遇之。神福自鄂州东下，頵遣使谓之曰："公见机，与公分地而王，不然，妻子无遗！"神福曰："吾以卒伍事吴王，今为上将，义不以妻子易其志。頵有老母，不顾而反，三纲且不知，乌足与言乎！"斩使者而进，士卒皆感励。頵遣其将王坛、汪建将水军逆战。丁未，神福至吉阳矶，与坛、建遇，坛、建执其子承鼎示之，神福命左右射之。神福谓诸将曰："彼众我寡，当以奇取胜。"及暮，合战，神福阳败，引舟溯流而上，坛、建追之，神福复还，顺流击之。坛、建楼船大列火炬，神福令军中曰："望火炬辄击之。"坛、建军皆灭火，旗帜交杂，神福因风纵火，焚其舰，坛、建大败，士卒焚溺死者甚众。戊申，又战于皖口，坛、建仅以身免。获徐绾，行密以槛车载之，遗钱镠，镠剖其心以祭高渭。

頵闻坛、建败，自将水军逆战。神福曰："贼弃城来，此天亡也！"临江坚壁不战，遣使告行密，请发步兵断其归路。行密遣涟水制置使台濛将兵应之。王茂章攻润州，久未

先前,朱延寿应杨行密的召唤前去广陵,他的妻子王氏对他说:"你此行,吉凶难以预料,希望每天派回一个使者给我报平安!"一天,朱延寿的使者没有到,王氏说:"事情可以知道怎么样了!"于是分派家中仆僮,发给武器,紧闭大门。杨行密派来抓人的骑兵来到,王氏就召集家人,把珍宝财物集中在一起,点燃很多火炬焚烧府舍,王氏说:"我誓死不让贞洁的身躯被仇人玷辱。"于是投火而死。朱延寿执法严厉,喜爱以少击众,曾经派遣二百人与汴州兵作战,有一个人应该留下,却请求同行,朱延寿认为他违抗命令,把他立即斩杀。

　　田頵袭击昇州,俘获了李神福的妻子和儿女,待他们很好。李神福从鄂州东下,田頵派使者对他说:"您见机行事,愿与您分地称王,不然的话,您的妻儿活不下来!"李神福说:"我是卒伍出身,为吴王做事,现在身为上将,按道义说不能因为妻儿改变我的志向。田頵也有老母,却不顾她而反叛,连君为臣纲、父为子纲、夫为妻纲尚且不知道,那里值得和他讲论!"斩杀田頵使者,率军推进,士卒都感奋激励。田頵派他的部将王坛、汪建率领水军迎战。丁未(初十),李神福到达吉阳矶,与王坛、汪建遭遇,王坛、汪建抓他的儿子承鼎给他看,李神福命令左右用箭射他。李神福对诸将说:"敌众我寡,应当出奇取胜。"到了傍晚,双方交战,李神福假装失败,乘船逆流而上,王坛、汪建追击,李神福又返回来,顺流攻击。王坛、汪建的楼船排列了大量火炬,李神福命令军中说:"看见火炬就攻击。"王坛、汪建军全部熄灭火炬,旗帜交错杂乱,李神福趁着风力放火,焚毁敌方战舰,王坛、汪建大败,士卒烧死或溺死的特别多。戊申(十一日),双方又在皖口交战,只有王坛、汪建免于一死。李神福捉住徐绾,杨行密用槛车载送他,交给了钱镠,钱镠挖出徐绾的心脏来祭奠高渭。

　　田頵听说王坛、汪建战败,亲自率领水军迎战。李神福说:"叛贼弃城而来,这是上天要他灭亡啊!"于是在江边设营坚守不战,派遣使者告诉杨行密,请求派步兵拦断田頵的归路。杨行密派涟水制置使台濛率兵前去接应。王茂章进攻润州,很久没有

下，行密命茂章引兵会濛击颛。

田颛闻台濛将至，自将步骑逆战，留其将郭行悰以精兵二万及王坛、汪建水军屯芜湖，以拒李神福。觇者言："濛营寨褊小，才容二千人。"颛易之，不召外兵。濛入颛境，番陈而进，军中笑其怯，濛曰："颛宿将多谋，不可不备。"冬十月戊辰，与颛遇于广德，濛先以杨行密书遍赐颛将，皆下马拜受。濛因其挫伏，纵兵击之，颛兵遂败。又战于黄池，兵交，濛伪走，颛追之，遇伏，大败，奔还宣州城守，濛引兵围之。颛亟召芜湖兵还，不得入。郭行悰、王坛、汪建及当涂、广德诸戍皆帅其众降。行密以台濛已破田颛，命王茂章复引兵攻润州。

十一月乙亥，田颛帅死士数百出战，台濛阳退以示弱。颛兵逾濛而斗，濛急击之。颛不胜，还走城，桥陷坠马，斩之。其众犹战，以颛首示之，乃溃，濛遂克宣州。

初，行密与颛同闾里，少相善，约为兄弟，及颛首至广陵，行密视之泣下。赦其母殷氏，行密与诸子皆以子孙礼事之。

行密以李神福为宁国节度使，神福以杜洪未平，固让不拜。宣州长史合肥骆知祥善治金谷，观察牙推沈文昌为文精敏，尝为颛草檄骂行密，行密以知祥为淮南支计官，文昌为节度牙推。文昌，湖州人也。

初，颛每战不胜，辄欲杀钱传璙，其母及宣州都虞候郭师从常保护之。师从，合肥人，颛之妇弟也。颛败，传璙归杭州，钱镠以师从为镇东都虞候。

攻下,杨行密命令王茂章带兵会同台濛攻击田頵。

田頵听说台濛将要到了,亲自率领步兵骑兵迎战,留下部将郭行悰带精兵二万及王坛、汪建的水军驻扎在芜湖,抵抗李神福。前去侦察的人说:"台濛的营寨狭小,才容得下二千人。"田頵于是轻视台濛,不召集其他部队。台濛进入田頵的地界,在军中轮番设阵推进,军中有人讥笑他怯懦,台濛说:"田頵是久经沙场的老将,足智多谋,不能不防。"冬季十月戊辰(初二)这天,与田頵在广德遭遇,台濛先把杨行密的书信遍赐给田頵诸将,诸将都下马叩拜接受。台濛趁田頵军士气受挫低下,发兵攻击,田頵军于是被打败。又在黄池交战,一交手,台濛假装逃跑,田頵追击,遇到台濛军伏击而大败,逃回宣州城防守,台濛带兵包围了宣州。田頵紧急召唤芜湖兵回来,但进不了城。郭行悰、王坛、汪建及当涂、广德守军将领都率领部众出降。杨行密因台濛已打败了田頵,就命令王茂章带兵再进攻润州的安仁义。

十二月乙亥(初九)这一天,田頵率领几百敢死队员出战,台濛假装退走来示弱。田頵兵越过城濠出斗,台濛急速反击。田頵失利,跑回城内,因城桥陷落坠下马来,被杀。他的部众仍然作战,台濛把田頵的首级拿给他们看,于是溃散,台濛顺势攻克了宣州。

当初,杨行密与田頵是同乡,小时候就相好,结为兄弟,等到田頵的首级送到广陵,杨行密看后流下眼泪。杨行密赦免了田頵的母亲殷氏,和他的儿子们都以子孙之礼侍她。

杨行密任命李神福为宁国节度使,李神福因杜洪还没平定,坚决辞让,不肯受命。宣州长史合肥人骆知祥擅长治理钱粮,观察牙推沈文昌写文章精彩快速,曾经为田頵起草檄文痛骂杨行密,杨行密任命骆知祥为淮南支计官,沈文昌为节度牙推。沈文昌是湖州人。

先前,田頵每次作战失利,就想杀钱传瓘,他的母亲及宣州都虞候郭师从经常加以保护。郭师从是合肥人,是田頵妻子的弟弟。田頵败后,钱传瓘回到杭州,钱镠以郭师从为镇东都虞候。

天祐元年春三月，以淮南行军司马李神福为鄂岳招讨使，复将兵击杜洪。朱全忠遣使请舍鄂岳，复修旧好，行密报曰："俟天子还长安，然后罢兵修好。"

秋八月，淮南将李神福攻鄂州未下，会疾病，还广陵，杨行密以舒州团练使泌阳刘存代为招讨使。神福寻卒。宣州观察使台濛卒，以其子渥为宣州观察使。

昭宣帝天祐二年，润州团练使安仁义勇决得士心，故淮南将王茂章攻之，逾年不克。杨行密使谓之曰："汝之功吾不忘也，能束身自归，当以汝为行军副使，但不掌兵耳。"仁义不从。茂章为地道入城，遂克之。仁义举族登楼，众不敢逼。先是攻城诸将见仁义辄骂之，惟李德诚不然，至是仁义召德诚登楼，谓曰："汝有礼，吾今以为汝功。"且以爱妾赠之。乃掷弓于地。德诚掖之而下，并其子斩于广陵市。

二月，朱全忠遣其将曹延祚将兵与杜洪共守鄂州，庚子，淮南将刘存攻拔之，执洪、延祚及汴兵千馀人送广陵，悉诛之。行密以存为鄂岳观察使。

冬十一月庚辰，吴武忠王杨行密薨。将佐共请宣谕使李俨承制授杨渥淮南节度使、东南诸道行营都统，兼侍中、弘农郡王。

天祐元年(904)春季三月,杨行密任命淮南行军司马李神福为鄂岳招讨使,再率兵进攻杜洪。朱全忠派使者来请杨行密舍弃鄂岳,修复旧好,杨行密答复说:"等天子返回长安,然后停战修好。"

秋季八月,淮南将领李神福进攻鄂州,没有攻下,恰逢生病,返回广陵,杨行密委派舒州团练使泌阳人刘存代替李神福为招讨使。不久李神福病故。宣州观察使台濛去世,杨行密任命他的儿子台渥为宣州观察使。

昭宣帝天祐二年(905),润州团练使安仁义英勇果敢,深得军心,所以淮南将领王茂章进攻他一年多也未攻克。杨行密派使者对他说:"你立下的功劳,我是不会忘记的,如能自缚归顺,我自会让你担任行军副使,只是不掌兵权罢了。"安仁义没有依从。王茂章挖地道通进城内,于是攻克了润州城。安仁义带族人登上城楼,大家不敢逼近。在这以前,攻城诸将一见到安仁义就骂他,只有李德诚不这么做,到这时安仁义召李德诚登楼,对他说:"你对我有礼,现在我让你立下大功。"并且还把爱妾赠给他。安仁义于是把弓箭扔在地上。李德诚挟着安仁义下楼,把他连同他的儿子在广陵市口斩杀。

二月,朱全忠派他的部将曹延祚率兵与杜洪一起守卫鄂州,庚子(十一日),淮南将领刘存攻取鄂州,活捉了杜洪、曹延祚及汴州兵一千多人,送到广陵,全部诛杀。杨行密任命刘存为鄂岳观察使。

冬季十一月庚辰(二十六日),吴武忠王杨行密去世。杨行密手下将佐一起请宣谕使李俨秉承制命任命杨渥为淮南节度使、东南诸道行营都统,兼侍中、弘农郡王。

王建据蜀

唐僖宗广明元年春三月庚午,以左金吾大将军陈敬瑄为西川节度使。敬瑄,许州人,田令孜之兄也。初,崔安潜镇许昌,令孜为敬瑄求兵马使,安潜不许。敬瑄因令孜得隶左神策军,数岁,累迁至大将军。令孜见关东群盗日炽,阴为幸蜀之计,奏以敬瑄及其腹心左神策大将军杨师立、牛勖、罗元杲镇三川。上令四人击毬赌三川,敬瑄得第一筹,即以为西川节度使,代安潜。夏六月庚寅,陈敬瑄至成都。

中和三年秋七月,左骁卫上将军杨复光卒于河中。八都将鹿晏弘等各以其众散去,王建、韩建、张造、晋晖、李师泰各帅其众与之俱。田令孜密遣人以厚利诱之,二建帅众数千逃奔行在。令孜皆养为假子,赐与巨万,拜诸卫将军,使各将其众,号随驾五都。

光启元年秋九月戊申,以陈敬瑄为三川及峡内诸军都指挥制置等使。

二年夏四月,田令孜荐枢密使杨复恭为左神策中尉、观军容使,自除西川监军使,往依陈敬瑄。复恭斥令孜之党,出王建为利州刺史。

王建据蜀

　　唐僖宗广明元年(880)春季三月庚午(十七日),朝廷任命左金吾大将军陈敬瑄为西川节度使。陈敬瑄是许州人,田令孜的哥哥。当初,崔安潜镇守许昌,田令孜为陈敬瑄谋求兵马使的职位,崔安潜没有答应。陈敬瑄通过田令孜的关系得到左神策军的军籍,经过几年,多次升迁做了大将军。田令孜见关东群盗势力日盛,暗中有了劫驾入蜀的打算,向僖宗奏请让陈敬瑄及其心腹左神策大将军杨师立、牛勖、罗元杲镇守三川。僖宗令四人击球赌三川,陈敬瑄得第一筹,僖宗当即任命他为西川节度使,代替崔安潜。夏季六月庚寅(初八),陈敬瑄到了成都。

　　中和三年(883)秋季七月,左骁卫上将军杨复光在河中去世。八都将鹿晏弘等人各带自己部众散去,王建、韩建、张造、晋晖、李师泰各率部下人马与他一同离开。田令孜秘密派人用厚礼引诱王建等人,王建、韩建率领部众几千人逃奔到成都僖宗那里。田令孜把他们都收为养子,赠给巨万钱财,拜授他们卫将军的官职,让他们各自统领他们的人马,号称随驾五都。

　　光启元年(885)秋季九月戊申(二十八日),僖宗任命陈敬瑄为三川及峡内诸军都指挥制置等使。

　　二年(886)夏季四月,田令孜推荐枢密使杨复恭为左神策中尉、观军容使,自己担任西川监军使,前去依附陈敬瑄。杨复恭排斥田令孜的党羽,把王建调出担任利州刺史。

三年春三月，山南西道节度使杨守亮忌利州刺史王建骁勇，屡召之。建惧，不往。前龙州司仓周庠说建曰："唐祚将终，藩镇互相吞噬，皆无雄才远略，不能戡济多难。公勇而有谋，得士卒心，立大功者非公而谁！然葭萌四战之地，难以久安。阆州地僻人富，杨茂实，陈、田之腹心，不修职贡，若表其罪，兴兵讨之，可一战而擒也。"建从之，召募溪洞酋豪，有众八千，沿嘉陵江而下，袭阆州，逐其刺史杨茂实而据之，自称防御使，招纳亡命，军势益盛，守亮不能制。部将张虔裕说建曰："公乘天子微弱，专据方州，若唐室复兴，公无种矣。宜遣使奉表天子，仗大义以行师，蔑不济矣。"部将綦毋谏复说建养士爱民，以观天下之变，建皆从之。

初，建与东川节度使顾彦朗俱在神策军，同讨贼。建既据阆州，彦朗畏其侵暴，数遣使问遗，馈以军食，建由是不犯东川。

陈敬瑄恶顾彦朗与王建相亲，恐其合兵图己，冬十一月谋于田令孜，令孜曰："建，吾子也，不为杨兴元所容，故作贼耳。今折简召之，可致麾下。"乃遣使以书召之，建大喜，诣梓州见彦朗曰："十军阿父见召，当往省之。因见陈太师，求一大州，若得之，私愿足矣！"乃留其家于梓州，帅麾下精兵二千，与从子宗铛、假子宗瑶、宗弼、宗侃、宗弁俱西。

三年（887）春季三月，山南西道节度使杨守亮对利州刺史王建的骁勇很是妒嫉，多次召王建前去。王建害怕，不去。前龙州司仓周庠劝导王建说："大唐的国运就要到头了，各个藩镇相互吞并，但都没有雄才远略，不能拯救这多灾多难的世道。您有勇有谋，能得士卒之心，能够立大功的，除了您还有谁呢？但葭萌是四面受敌之地，难以长久安宁。阆州地方偏僻百姓富有，刺史杨茂实是田令孜、陈敬瑄的心腹，不向朝廷供奉，如果向朝廷上表历数他的罪状，兴兵讨伐他，一战就可擒获他。"王建采纳了他的建议，召请募集溪洞酋长，聚合了八千人马，沿嘉陵江而下，袭击阆州，赶跑阆州刺史杨茂实，占据了他的地盘。王建自称防御使，招纳逃亡的罪犯，军势更加盛大，杨守亮也不能控制他。部将张虔裕劝王建说："您乘天子势力微弱，占据一方，如果唐室复兴，您就要遭受灭族之灾。您应该派使者去向天子呈上表章，尊奉天子仗大义来出动军队，没有不能成功的。"部将綦毋谏又劝王建蓄养人才，爱护百姓，静观天下的变化。这些意见，王建全都听从了。

　　当初，王建与东川节度使顾彦朗都在神策军任职，一同讨伐贼寇。王建占据阆州以后，顾彦朗害怕他侵扰施暴，多次派遣使者去慰问馈赠，还送上军需粮饷，因此王建就没有侵犯东川的地盘。

　　陈敬瑄厌恶顾彦朗与王建相互亲近，惧怕他们的军队联合起来图谋他，冬季十一月，陈敬瑄去与田令孜商议，田令孜说："王建是我的干儿子，由于杨兴元容不下他，因此他做了盗贼。现在我送封信去召他，他会来到你的手下做事的。"于是就派使者带了书信去召王建，王建大喜，到梓州会见顾彦朗说："神策十军观军容使、我的阿父召我去，我应当前去探望。顺便拜见陈太师，向他求得一个大州，如果能够求得，我的愿望也就满足了！"于是王建把家人留在梓州，自己率领部下二千精兵，与他的侄子王宗铴和养子王宗瑶、王宗弼、王宗侃、王宗弁一起西行去见田令孜。

　　建至鹿头关，西川参谋李乂谓敬瑄曰："王建，虎也，奈何延之入室？彼安肯为公下乎！"敬瑄悔，亟遣人止之，且增修守备。建怒，破关而进，败汉州刺史张顼于绵竹，遂拔汉州，进军学射山，又败西川将句惟立于蚕此，又拔德阳。敬瑄遣使让之，对曰："十军阿父召我来，及门而拒之，重为顾公所疑，退无归矣。"田令孜登楼慰谕之，建与诸将于清远桥上髡发罗拜，曰："今既无归，且辞阿父作贼矣！"顾彦朗以其弟彦晖为汉州刺史，发兵助建急攻成都，三日不克而退，还屯汉州。敬瑄告难于朝，诏遣中使和解之，又令李茂贞以书谕之，皆不从。

　　文德元年春三月，王建攻彭州，陈敬瑄救之，乃去。建大掠西川，十二州皆被其患。夏五月，陈敬瑄方与王建相攻，贡赋中绝。建以成都尚强，退无所掠，欲罢兵，周庠、綦毋谏以为不可，庠曰："邛州城堑完固，食支数年，可据之以为根本。"建曰："吾在军中久，观用兵者不倚天子之重，则众心易离。不若疏敬瑄之罪，表请朝廷，命大臣为帅而佐之，则功庶可成。"乃使庠草表，请讨敬瑄以赎罪，因求邛州。顾彦朗亦表请赦建罪，移敬瑄他镇以靖两川。

　　初，黄巢之乱，上为寿王，从僖宗幸蜀。时事出仓猝，诸王多徒行至山谷中，寿王疲乏，不能前，卧磻石上。田令孜自后至，趣之，王曰："足痛，幸军容给一马。"令孜曰："此

王建到了鹿头关，西川参谋李乂对陈敬瑄说："王建是头猛虎，怎么能引他入室呢？他哪里肯做你的下属！"陈敬瑄后悔了，立即派人让王建停止前进，而且加强了防备。王建很愤怒，攻破鹿头关向前进军，在绵竹大败汉州刺史张顼，顺势攻占了汉州，向学射山进军，又在蚕此打败了西川将领句惟立，攻克了德阳。陈敬瑄派遣使者指责王建，王建回答说："神策十军观军容使、我的阿父招我来，等我到了门口却又拒绝我，加上我被顾彦朗怀疑，没有退路了。"田令孜登楼慰问劝谕王建，王建与诸将在清远桥上一律剃光头下拜，说："现在既没个归宿，暂且只好向阿父你告辞，去做贼寇了！"顾彦朗让他的弟弟顾彦晖为汉州刺史，发兵援助王建猛攻成都，攻了三天没攻下，退兵回到汉州驻扎。陈敬瑄向朝廷报告王建攻打成都之事，僖宗下诏派宫中使者前去劝和，又命令李茂贞写信劝告他们，结果双方都没有听从。

　　文德元年(888)春季三月，王建进攻彭州，陈敬瑄救援彭州，王建就离开了。王建又到西川大肆抢掠，西川的十二州都遭受他的践踏。夏季五月，陈敬瑄因为正与王建相互攻打，所以中断了给朝廷交纳的贡赋。王建认为成都还很强大，后退也抢掠不到什么东西，就想停战撤军，周庠、綦毋谏认为这样不妥，周庠说："邛州的城墙与堑壕完整坚固，粮食可以供应几年，应当去占据它，作为立足之地。"王建说："我从军的时间很久，观察统领部队的人如果不依仗天子的倚重，人心就容易离散。现在不如向皇上上疏，陈述陈敬瑄的罪行，请朝廷任命朝中大臣为统帅，我们辅佐他，这样的话，大业也许可以成功。"于是王建就让周庠起草表文，向朝廷请求讨伐陈敬瑄来赎自己的罪过，顺便索求邛州。顾彦朗也向朝廷上表请求赦免王建之罪，并把陈敬瑄调往他镇，以使二川得到安宁。

　　当初黄巢作乱时，昭宗身为寿王，跟从僖宗仓慌逃向蜀地。当时事发仓促，诸王大多步行赶路，走到山谷中时，寿王疲劳乏力不能前进，躺在磻石上休息。田令孜从后面赶到，催促寿王快走，寿王说："我脚疼，军容你最好给我一匹马。"田令孜说："这里

深山，安得马！"以鞭抶王使前，王顾而不言，心衔之。及即位，遣人监西川军，令孜不奉诏。上方愤藩镇跋扈，欲以威制之。会得彦朗、建表，以令孜所恃者敬瑄耳，六月，以韦昭度兼中书令，充西川节度使，兼两川招抚制置等使，征敬瑄为龙武统军。

王建军新都，时绵竹土豪何义阳、安仁费师勰等所在拥兵自保，众或万人，少者千人，建遣王宗瑶说之，皆率众附于建，给其资粮，建军复振。

冬十月，陈敬瑄、田令孜闻韦昭度将至，治兵完城以拒之。

初，感义节度使杨晟既失兴、凤，走据文、龙、成、茂四州。王建攻西川，田令孜以晟己之故将，假威戎军节度使，使守彭州。王建攻彭州，陈敬瑄遣眉州刺史山行章将兵五万壁新繁以救之。

十二月丁亥，以韦昭度为行营招讨使，山南西道节度使杨守亮副之，东川节度使顾彦朗为行军司马；割邛、蜀、黎、雅置永平军，以王建为节度使，治邛州，充行营诸军都指挥使。戊子，削陈敬瑄官爵。

昭宗龙纪元年春正月戊申，王建大破山行章于新繁，杀获近万人，行章仅以身免。杨晟惧，徙屯三交，行章屯濛阳，与建相持。冬十二月甲子，王建败山行章及西川骑将宋行能于广都，行能奔还成都，行章退守眉州。壬申，行章请降于建。

大顺元年春正月壬寅，王建攻邛州，陈敬瑄遣其大将彭城杨儒将兵三千助刺史毛湘守之，湘出战，屡败。杨儒登城，见建兵盛，叹曰："唐祚尽矣，王公治众，严而不残，殆

是深山，哪里有马？"用鞭子抽打寿王让他前行，寿王回头看了他一眼，没有说话，心里忌恨他。等到即位后，昭宗派人监西川军，田令孜拒不奉诏。这时昭宗正对藩镇跋扈愤愤不平，想要用威势制裁他们。恰好收到顾彦朗、王建的上表，认为田令孜有恃无恐是因为依靠陈敬瑄。六月，昭宗任命韦昭度兼中书令，充任西川节度使兼两川招抚制置等使，征调陈敬瑄为龙武统军。

王建在新都驻军，当时绵竹土豪何义阳、安仁人费师勰等在当地统领兵马自保，部众有的达到万人，少的也有千人。王建派遣王宗瑶前去劝说他们，这些人都率领部众归附王建，还给王建供应资财粮食，王建的军队再度振作起来。

冬季十月，陈敬瑄、田令孜听说韦昭度将要到来，整治兵器修葺城墙，拒绝他入川赴任。

当初，感义节度使杨晟丢了兴州、凤州以后，移军占据了文、龙、成、茂四州。王建进攻西川，田令孜因为杨晟是自己的旧将，任命他为代理威戎军节度使，让他驻守彭州。王建进攻彭州，陈敬瑄派眉州刺史山行章率兵五万在新繁设营，以便救助杨晟。

十二月丁亥（二十四日），昭宗任命韦昭度为行营招讨使，山南西道节度使杨守亮为副使，东川节度使顾彦朗为行军司马；割出邛、蜀、黎、雅四州设置永平军，任命王建为节度使，治所设在邛州，王建还充任行营诸军都指挥使。戊子（二十五日），朝廷削去陈敬瑄的官职爵位。

昭宗龙纪元年（889）春季正月戊申（十六日），王建在新繁大败山行章，杀死俘获近万人，山行章仅得逃生。杨晟害怕，迁到三交驻扎，山行章在濛阳驻扎，与王建相持。冬季十二月甲子（初七），王建在广都打败山行章及西川骑将宋行能，宋行能逃回成都，山行章退守眉州。壬申（十五日），山行章向王建请求投降。

大顺元年（890）春季正月壬寅（十五日），王建进攻邛州，陈敬瑄派他的大将彭城人杨儒率三千士兵援助邛州刺史毛湘守卫，毛湘出战，多次被王建打败。杨儒登上城墙，见王建兵势盛大，叹口气说："大唐的气数已尽，王公治军严格而不残忍，也许

可以庇民乎!"遂帅所部出降。建养以为子,更其姓名曰王宗儒。乙巳,建留永平节度判官张琳为邛南招安使,引兵还成都。琳,许州人也。陈敬瑄分兵布寨于犀浦、郫、导江等县,发城中民户一丁,昼则穿重壕,采竹木,运砖石,夜则登城,击柝巡警,无休息。韦昭度营于唐桥,王建营于东闻门外。建事昭度甚谨。辛亥,简州将杜有迁执刺史员虔嵩降于建,建以有迁知州事。

夏四月乙丑,陈敬瑄遣蜀州刺史任从海将兵二万救邛州,战败,欲以蜀州降王建。敬瑄杀之,以徐公钑代为蜀州刺史。丙寅,嘉州刺史朱实举州降于建。丙子,僰道土豪文武坚执戎州刺史谢承恩降于建。

六月丁巳,茂州刺史李继昌帅众救成都,己未,王建击斩之。辛酉,资简都制置应援使谢从本杀雅州刺史张承简,举城降建。秋八月,王建退屯汉州。陈敬瑄括富民财以供军,置征督院,逼以桎梏棰楚,使各自占,凡有财者如匿赃、虚占,急征,咸不聊生。

九月,邛州刺史毛湘,本田令孜亲吏,王建攻之急,食尽,救兵不至。壬戌,湘谓都知兵马使任可知曰:"吾不忍负田军容,吏民何罪!尔可持吾头归王建。"乃沐浴以俟刃。可知斩湘及二子降于建,士民皆泣。甲戌,建持永平旌节入邛州,以节度判官张琳知留后。缮完城隍,抚安夷獠,经营蜀、雅。冬十月癸未朔,建引兵还成都,蜀州将李行周逐徐公钑,举城降建。

可以庇护老百姓吧!"于是率领本部人马出降。王建收杨儒为养子,把他的姓名更改为王宗儒。乙巳(十八日),王建留下永平节度判官张琳为邛南招安使,自己带兵回军成都。张琳是许州人。陈敬瑄分派部队在犀浦、郫、导江等县安营扎寨,征发城中百姓,每户出一丁,白天挖掘壕沟,采伐竹木,运送砖石,夜里登上城墙,击打木梆巡夜,没有休息的时候。韦昭度在唐桥安营,王建在东阊门外安营。王建侍奉韦昭度非常恭谨。辛亥(二十四日),简州将领杜有迁擒获简州刺史员虔嵩向王建投降,王建让杜有迁主持简州事务。

　　夏季四月乙丑(初十),陈敬瑄派遣蜀州刺史任从海率领二万人马救援邛州,战败,想要献出蜀州投降王建。陈敬瑄杀了任从海,任命徐公铢为蜀州刺史。丙寅(十一日),嘉州刺史朱实献出全州投降王建。丙子(二十一日),僰道土豪文武坚擒获戎州刺史谢承恩向王建投降。

　　六月丁巳(初三),茂州刺史李继昌率领部众援救成都,己未(初五),王建攻杀了李继昌。辛酉(初七)这天,资简都制置应援使谢从本杀死雅州刺史张承简,献出城池投降王建。秋季八月,王建退守汉州。陈敬瑄搜刮富民财产来供给军用,设置征督院,用拘捕和鞭打逼迫百姓,让他们自报家中资产数目,凡是有财产的如果隐藏、虚报,都急迫催征,百姓都没法过下去了。

　　九月,邛州刺史毛湘原本是田令孜的亲信官吏,王建攻打邛州很急迫,城中粮食用光,救援部队也没到达。壬戌(闰九月初九),毛湘对都知兵马使任可知说:"我不忍心有负于田军容,但城中吏民有什么罪? 你可以拿我的头颅去投奔王建。"于是他就沐浴等待挨刀。任可知杀了毛湘以及他的两个儿子,向王建投降,城内的士民都为此痛哭流泪。甲戌(闰九月二十一日),王建奉持永平节度使的旌节进邛州,任命节度判官张琳任邛州留后。修缮城壕,安抚夷獠部族,经营蜀州、雅州。冬季十月癸未是初一,这天王建带兵返回成都,蜀州将领李行周赶跑了徐公铢,献出州城向王建投降。

　　二年，韦昭度将诸道兵十馀万讨陈敬瑄，三年不能克，馈运不继，朝议欲息兵。春三月乙亥，制复敬瑄官爵，令顾彦朗、王建各帅众归镇。

　　夏四月，成都城中乏食，弃儿满路。民有潜入行营贩米入城者，逻者得之，以白韦昭度，昭度曰："满城饥甚，忍不救之！"释勿问。亦有白陈敬瑄者，敬瑄曰："吾恨无术以救饿者，彼能如是，勿禁也！"由是贩者浸多，然所致不过斗升，截筒，径寸半，深五分，量米而鬻之，每筒百馀钱，饿殍狼藉。军民强弱相陵，将吏斩之不能禁。乃更为酷法，或断腰，或斜劈，死者相继而为者不止，人耳目既熟，不以为惧。吏民日窘，多谋出降，敬瑄悉捕其族党杀之，惨毒备至。内外都指挥使、眉州刺史成都徐耕，性仁恕，所全活数千人。田令孜曰："公掌生杀而不刑一人，有异志邪？"耕惧，夜，取俘囚戮于市。

　　王建见罢兵制书，曰："大功垂成，奈何弃之！"谋于周庠，庠劝建请韦公还朝，独攻成都，克而有之。建表请："陈敬瑄、田令孜罪不可赦，愿毕命以图成功。"昭度无如之何，由是未能东还。建说昭度曰："今关东藩镇迭相吞噬，此腹心之疾也，相公宜早归庙堂，与天子谋之。敬瑄，疥癣耳，当以日月制之，责建，可办也！"昭度犹豫未决。庚子，建阴令东川将唐友通等擒昭度亲吏骆保于行府门，脔食之，云

二年(891),韦昭度率领各道部队十馀万人讨伐陈敬瑄,过了三年还没能取胜,军需粮草的运送跟不上,朝中大臣商议想停止进攻。春季三月乙亥(二十五日),昭宗下诏恢复陈敬瑄的官职与爵位,命令顾彦朗、王建各自率领部众返回本镇。

夏季四月,成都城中缺乏粮食,街道上满是被遗弃的婴儿。百姓中有人偷偷到行营去贩米进城,被巡逻兵抓获,报告给韦昭度,韦昭度说:"成都全城饥饿得很,怎么忍心不相救呢?"把贩米的人放掉而不追究。也有人把这情况报告陈敬瑄,陈敬瑄说:"我正恨自己没有办法拯救饥饿的人,他们能这样做,不要禁止!"因此,贩卖粮食的人逐渐增多,但这些人携带的粮食最多不过斗升之间。贩粮的人截竹成筒,竹筒的直径一寸半,深五分,量米出卖,每筒价格一百馀钱,饿死者的尸体横竖满地。城里军民强者欺负弱者,将吏斩杀正法后仍然不能禁止。于是改用酷法,有的拦腰砍断,有的斜着劈下,被杀死的人源源不断,但犯法者仍层出不穷,人们对严刑酷法听到、看到的多了,也不再惧怕。吏民的处境一天比一天窘迫,许多人想出城投降,陈敬瑄把这些人的家属朋友全抓起来杀掉,残忍恶毒到了极点。内外都指挥使、眉州刺史成都人徐耕性情仁厚宽恕,保全救活了几千人。田令孜说:"你掌握生杀之权,却不对一个人施刑,是不是有叛逆的打算?"徐耕害怕,夜里把停房和囚犯运到市口处斩。

王建接到了京师长安送来的停战制书,说:"大功将要告成,怎么能够舍弃!"他与周庠商议,周庠劝王建请韦昭度返回朝廷,独自去攻打成都,占领这座城市。王建向朝廷上表说:"陈敬瑄、田令孜的罪恶不能赦免,希望让我全力效命来求得成功。"韦昭度对他没有办法,因此不能折返长安。王建劝韦昭度说:"现在关东各个藩镇交相吞并,这是朝廷的心腹之患啊,相公你应该早点返回朝廷,与天子图谋此事。陈敬瑄不过是疥疮之患罢了,我会用一定时间来制服他,这事责成我办就行了!"韦昭度还是犹豫不决。庚子(二十一日),王建暗中命令东川将领唐友通等在行府门口抓起韦昭度的亲信官吏骆保,把他切成肉块吃掉,说

其盗军粮。昭度大惧，遽称疾，以印节授建，牒建知三使留后兼行营招讨使，即日东还。建送至新都，跪觞马前，泣拜而别。昭度甫出剑门，即以兵守之，不复内东军。昭度至京师，除东都留守。

建急攻成都，环城烽堠亘五十里。有狗屠王鹞，请诈得罪亡入城说之，使上下离心，建遣之。鹞入见陈敬瑄、田令孜，则言"建兵疲食尽，将遁矣"，出则鬻茶于市，阴为吏民称建英武，军势强盛。由是敬瑄等懈于守备，而众心危惧。建又遣其将京兆郑渥诈降以觇之，敬瑄以为将，使乘城，既而复以诈得归。建由是悉知城中虚实，以渥为亲从都指挥使，更姓名曰王宗渥。

秋八月，王建攻陈敬瑄益急，敬瑄出战辄败，巡内州县率为建所取。威戎节度使杨晟时馈之食，建以兵据新都，彭州道绝。敬瑄出，慰勉士卒，皆不应。辛丑，田令孜登城谓建曰："老夫向于公甚厚，何见困如是？"建曰："父子之恩岂敢忘！但朝廷命建讨不受代者，不得不然。傥太师改图，建复何求！"是夕，令孜自携西川印节诣建营授之，将士皆呼万岁。建泣谢，请为父子如初。壬寅，敬瑄开城迎建。癸卯，建入城，自称西川留后。

他盗窃了军粮。韦昭度大为恐慌，急忙声称有病，把印信符节交给了王建，发布牒文委任王建主持节度使、招抚使、制置使这三使留后事宜，同时让他兼任行营招讨使，当天就向东返回京师。王建把韦昭度送到了新都，在韦昭度的马前跪下敬酒，哭着拜谢告别。韦昭度刚刚出了剑门，王建就命令兵卒把守剑门，不再让东面的部队进入。韦昭度到达京师长安，朝廷任命他为东都留守。

王建猛攻成都，环绕成都城的烽墩、壕沟绵延五十里。有个宰狗的屠夫王鹞，向王建请求假装获罪逃亡，进城去游说，使成都上下离心离德，王建便派他前去。王鹞入城拜见陈敬瑄、田令孜，就说"王建人马疲惫、粮食用光，将要逃跑了"，出来后在市上卖茶，暗中对成都吏民称道王建英勇威武，军势强盛。陈敬瑄等人因此放松守备，而老百姓则人心惶惶。王建又派遣他的部将京兆人郑渥假装投降去侦察成都城中情况，陈敬瑄命郑渥为将，让他守城，不久郑渥又靠欺骗出城回营。王建因此了解了成都城中的详细情况，任命郑渥为亲从都指挥使，为他更改姓名为王宗渥。

秋季八月，王建进攻陈敬瑄更加猛烈，陈敬瑄出战就被打败，他辖管的州县全都被王建占取了。威戎节度使杨晟不时向陈敬瑄运送粮食，王建派部队占据了新都，切断了彭州通往成都的道路。陈敬瑄出来慰问、勉励士兵，士兵都没有反应。辛丑（二十四日）这一天，田令孜登上城墙对王建说："老夫以前对你一向很优厚，为什么要这样围困我？"王建说："你我的父子之恩，我怎么敢忘记！但是朝廷命令我讨伐不接受替代的人，我不得不这样做。假如太师你另作打算，我还有什么希求呢？"这天夜晚，田令孜亲自携带西川节度使的官印符节到达王建的军营交给他，军中将士全都呼喊万岁。王建流着眼泪感谢田令孜，请求恢复当初的父子关系。壬寅（二十五日）这一天，陈敬瑄打开城门迎接王建。癸卯（二十六日）这一天，王建进入成都城，自称西川留后。

初,陈敬瑄之拒朝命也,田令孜欲盗其军政,谓敬瑄曰:"三兄尊重,军务烦劳,不若尽以相付,日具记事咨呈,兄但高居自逸而已。"敬瑄素无智能,忻然许之。自是军事皆不由己,以至于亡。建表敬瑄子陶为雅州刺史,使随陶之官,明年罢归,寓居新津,以一县租赋赡之。

癸丑,建分遣士卒就食诸州。更文武坚姓名曰王宗阮,谢从本曰王宗本。陈敬瑄将佐有器干者,建皆礼而用之。

九月,东川节度使顾彦朗薨,军中推其弟彦晖知留后。

冬十月癸未,以永平节度使王建为西川节度使;甲申,废永平军。建既得西川,留心政事,容纳直言,好施乐士,用人各尽其才,谦恭俭素。然多忌好杀,诸将有功名者,多因事诛之。

十二月,以顾彦晖为东川节度使,遣中使宋道弼赐旌节。杨守亮使杨守厚囚道弼,夺其旌节,发兵攻梓州。癸卯,彦晖求救于王建;甲辰,建遣其将华洪、李简、王宗侃、王宗弼救东川。建密谓诸将曰:"尔等破贼,彦晖必犒师,汝曹于行营报宴,因而执之,无烦再举。"宗侃破守厚七寨,守厚走归绵州。彦晖具犒礼,诸将报宴,宗弼以建谋告之,彦晖乃以疾辞。

当初,陈敬瑄抗拒朝廷的命令时,田令孜想窃取他的军事大权,对陈敬瑄说:"三哥你尊贵庄重,军中事务繁琐辛劳,不如全都交给我来处理,我每天把事情记录下来向你呈报,兄长你只要高高在上悠闲自得就可以了。"陈敬瑄一向没什么智谋才能,就愉快地应允了。从这以后,陈敬瑄对军务都不能按照自己的主张行事,一直到败亡。王建向朝廷呈上表章请求任命陈敬瑄的儿子陈陶为雅州刺史,让陈敬瑄随同陈陶到雅州任所,第二年就贬黜了陈敬瑄,让他回到故里,到新津去居住,用一个县的租赋赡养他。

癸丑这天,王建派遣士兵分别到各州去就地解决粮饷供应。又把文武坚的姓名改为王宗阮,谢从本改为王宗本。陈敬瑄的将佐中有器量才干的,王建都以礼相待并使用他们。

九月,东川节度使顾彦朗去世,军中将士推举他的弟弟顾彦晖主持留后事宜。

冬季十月癸未(初六)这天,朝廷任命永平节度使王建为西川节度使;甲申(初七),朝廷取消了永平军。王建得到西川之地后,留心政务,容纳直言,喜好布施,乐于交结人才,用人各尽其才,待人谦虚恭敬,生活节俭朴素。但他性格多疑,喜欢杀人,诸将中立功出名的人,大多借故把他杀掉。

十二月,朝廷任命顾颜晖为东川节度使,派遣宫中使者宋道弼前去赐给顾彦晖东川节度使的旌节。杨守亮派遣杨守厚囚禁了宋道弼,夺取了他携带的旌节,发兵进攻梓州。癸卯(二十七日)这一天,顾彦晖向王建求救;甲辰(二十八日)这一天,王建派遣部将华洪、李简、王宗侃、王宗弼前去救援东川。王建秘密对诸将说:"你等打败了杨守厚,顾彦晖必定会来犒劳你们的部队,你们在军营中摆设答谢宴会,借机抓获他,就不必再动用部队了。"王宗侃攻破了杨守厚的七个营寨,杨守厚逃回绵州。顾彦晖准备了犒劳王建军队的礼物,各位将领也设宴答谢,王宗弼把王建的预谋告诉了顾彦晖,于是顾彦晖以有病为借口推辞没有赴宴。

景福元年，威戎节度使杨晟与杨守亮等约攻王建，二月丁丑，晟出兵掠新繁、汉州之境，使其将吕尧将兵二千会杨守厚攻梓州。建遣行营都指挥使李简击尧，斩之。辛丑，王建遣族子嘉州刺史宗裕、雅州刺史王宗侃、威信都指挥使华洪、茂州刺史王宗瑶将兵五万攻彭州，杨晟逆战而败，宗裕等围之。杨守亮遣其将符昭救晟，径趋成都，营三学山。建亟召华洪还。洪疾驱而至，后军尚未集，以数百人夜去昭营数里，多击更鼓。昭以为蜀军大至，引兵宵遁。

三月，左神策勇胜三都都指挥使杨子实、子迁、子钊，皆守亮之假子也，自渠州引兵救杨晟，知守亮必败，壬子，帅其众二万降于王建。

杨晟遗杨守贞、杨守忠、杨守厚书，使攻东川以解彭州之围，守贞等从之。神策督将窦行实戍梓州，守厚密诱之为内应，守厚至涪城，行实事泄，顾彦晖斩之。守厚遁去。守贞、守忠军至，无所归，盘桓绵、剑间，王建遣其将吉谏袭守厚，破之。癸亥，西川将李简邀守忠于钟阳，斩获三千馀人。夏四月，简又破守厚于铜铧，斩获三千馀人，降万五千人。守忠、守厚皆走。

秋七月，王建围彭州，久不下，民皆窜匿山谷。诸寨日出俘掠，谓之"淘虏"，都将先择其善者，馀则士卒分之，以是为常。有军士王先成者，新津人，本书生也，世乱，为兵，度诸将惟北寨王宗侃最贤，乃往说之曰："彭州本西川之巡属也，陈、田召杨晟，割四州以授之，伪署观察使，与之共拒朝命。今陈、田已平而晟犹据之，州民皆知西川乃其大府

景福元年(892)，威戎节度使杨晟与杨守亮等约定攻打王建，二月丁丑(初二)，杨晟出兵在新繁、汉州境内抢掠，又派部将吕荛率兵二千会同杨守厚攻打梓州。王建派遣行营都指挥使李简反击吕荛，杀了他。辛丑(二十六日)，王建派遣族子嘉州刺史王宗裕、雅州刺史王宗侃、威信都指挥使华洪、茂州刺史王宗瑶率兵五万攻打彭州，杨晟迎战战败，王宗裕等包围了他。杨守亮派遣部将符昭救援杨晟，直接进军成都，在三学山扎营。王建急忙把华洪召回来。华洪快速赶到，跟在后面的部队还来不及集结，就带几百人到符昭军营几里以外的地方频繁击打更鼓。符昭误以为王建的大部队到了，带领部队连夜逃跑。

　　三月，左神策勇胜三都都指挥使杨子实、杨子迁、杨子钊，都是杨守亮的义子，从渠州带兵救援杨晟，他们知道杨守亮必败，于壬子(初八)这天，率领部众二万投降了王建。

　　杨晟给杨守贞、杨守忠、杨守厚送去书信，让他们进攻东川，来解除王建部队对彭州的围困，杨守贞等听从照办。神策督将窦行实守卫梓州，杨守厚秘密引诱他当内应，杨守厚到达涪城，窦行实做内应事被泄露，顾彦晖杀了窦行实。杨守厚逃离。杨守贞、杨守忠的部队开到，失去了进军的目标，在绵州、剑州之间盘桓，王建派他的部将吉谏袭击杨守厚，击破了他。癸亥(十九日)，西川将领李简在钟阳截击杨守忠部，杀死了三千多人。夏季四月，李简在铜铧又打败了杨守厚，斩杀了三千多人，投降的有一万五千人。杨守忠、杨守厚都逃走了。

　　秋季七月，王建包围彭州，久攻不下，百姓都逃到山谷中躲藏。王建各营寨的将士每天出去抢掠，称这为"淘虏"，抢来的财物，将领先挑好的，其馀就让士兵瓜分，以此为常事。有个叫王先成的士兵，是新津人，原本是个书生，因世道乱参了军，揣测诸将中只有北寨的王宗侃最贤明，就去游说道："彭州本是西川的属地，陈敬瑄、田令孜为召杨晟割出四州给他，伪命他为观察使，与他共同抗拒朝廷的命令。现在陈敬瑄、田令孜已经平定，但杨晟还占据着彭州，彭州百姓都知道西川是领有该地的大府，

而司徒乃其主也，故大军始至，民不入城而入山谷避之，以俟招安。今军至累月，未闻招安之命，军士复从而掠之，与盗贼无异，夺其资财，驱其畜产，分其老弱妇女以为奴婢，使父子兄弟流离愁怨。其在山中者暴露于暑雨，残伤于蛇虎，孤危饥渴，无所归诉。彼始以杨晟非其主而不从，今司徒不加存恤，彼更思杨氏矣。"宗侃恻然，不觉屡移其床前问之，先成曰："又有甚于是者：今诸寨每旦出六七百人，入山淘虏，薄暮而返，曾无守备之意。赖城中无人耳，万一有智者为之画策，使乘虚奔突，先伏精兵千人于门内，登城望淘虏者稍远，出弓弩手、炮手各百人，攻寨之一面，随以役卒五百，负薪土填壕为道，然后出精兵奋击，且焚其寨；又于三面城下各出耀兵，诸寨咸自备御，无暇相救，城中得以益兵继出，如此，能无败乎！"宗侃矍然曰："此诚有之，将若之何？"先成请条列为状以白王建，宗侃即命先成草之，大指言："今所白之事，须四面通共，宗侃所司止于北面，或所白可从，乞以牙举施行。"事凡七条："其一，乞招安山中百姓。其二，乞禁诸寨军士及子弟无得一人辄出淘虏，仍表诸寨之旁七里内听樵牧，敢越表者斩。其三，乞置招安寨，中容数千人，以处所招百姓，宗侃请选所部将校谨干者为招安将，使将三十人昼夜执兵巡卫。其四，招安之事须委

而司徒王建是他们的长官，所以西川的大军到达这里之初，百姓不入城归附杨晟而到山谷中去躲避，等待西川的招安。现在西川的部队到这里几个月了，百姓没有听到招安的命令，相反还纵容士兵抢掠，与盗贼没有什么两样，他们掠夺百姓的资财，赶走百姓的牲畜，瓜分百姓中的老弱妇女作为奴婢，使父子兄弟骨肉分离、怨愁满腹。那些在山中的百姓，酷热暴雨之下没有遮掩，受到蛇虎的伤害，饥渴孤独，十分危险，没有地方可以归附、诉苦。他们开始认为杨晟不是主子而不跟随他，现在司徒对他们不加以安抚救济，他们就改变初衷思念杨晟了。"王宗侃听了以后动了恻隐之心，不由得把坐床一再移动，靠上前向王先成询问，王先成说："还有比这更危险的情况呢：现在各个营寨每天早晨出动六七百人，到山里去淘虏，傍晚才返回，不曾有守寨防备的意思。这全靠彭州城中无人都杨晟的忙罢了，万一城中有一个智者为他出谋划策，让他乘虚出击，预先把精兵一千人埋伏在城门内，登上城墙看到淘虏者逐渐走远，派出弓弩手、炮手各一百人，攻打营寨的一面，接着派役卒五百人身背柴草土石填满堑壕筑出道路，然后出动精锐部队奋力攻击，而且焚烧营寨，又从彭州另三面突然派出军队奋力攻打，我军各个营寨都自己忙着准备抵抗，没有功夫相互救援，彭州城得以增派部队陆续出城，这样的话，怎么能不败呢？"王宗侃惊慌地说："这种情况确实会发生，该怎么办呢？"王先成请王宗侃先把要说的话分条开列写成奏状禀告给王建，王宗侃当即命王先成起草，大意是说："今天所禀告的事，必须四面共同施行，我王宗侃只统管北面，或许我所禀告的可以依从，请求命令使牙检举来施行。"内容共有七条："其一，请求招抚山中百姓。其二，请求禁止诸营寨军士及子弟，一个也不得随便出去淘虏，在各营寨的周围立下石碑，说明方圆七里以内听凭打柴放牧，敢有超过石碑的斩杀。其三，请求设置招安寨，寨中容得下几千人，来安置招来的百姓。我王宗侃请求从所统将校中挑选办事谨慎干练的为招安将，命他带领三十人日夜手握武器巡逻护卫。其四，招安这件事，必须委派

一人总领，今榜帖既下，诸寨必各遣军士入山招安，百姓见之无不惊疑，如鼠见狸，谁肯来者！欲招之必有其术，愿降帖付宗侃专掌其事。其五，乞严勒四寨指挥使，悉索前日所虏彭州男女老幼集于营场，有父子、兄弟、夫妇自相认者即使相从，牒具人数，部送招安寨，有敢私匿一人者斩；仍乞勒府中诸营，亦令严索，有自军前先寄归者，量给资粮，悉部送归招安寨。其六，乞置九陇行县于招安寨中，以前南郑令王丕摄县令，设置曹局，抚理百姓，择其子弟之壮者，给帖使自入山招其亲戚，彼知司徒严禁侵掠，前日为军士所虏者，皆获安堵，必欢呼踊跃，相帅下山，如子归母，不日尽出。其七，彭州土地宜麻，百姓未入山时多沤藏者，宜令县令晓谕，各归田里，出所沤麻鬻之，以为资粮，必渐复业。”建得之大喜，即行之，悉如所申。明日，榜帖至，威令赫然，无敢犯者。三日，山中民竞出，赴招安寨如归市，寨不能容，斥而广之。浸有市井，又出麻鬻之。民见村落无抄暴之患，稍稍辞县令，复故业。月馀，招安寨皆空。

秋八月辛丑，李茂贞攻拔兴元，杨复恭、杨守亮、杨守信、杨守贞、杨守忠、满存奔阆州。

冬十二月壬午，王建遣其将华洪击杨守亮于阆州，破之。建遣节度押牙延陵郑顼使于朱全忠，全忠问剑阁，顼极言其险。全忠不信，顼曰：“苟不以闻，恐误公军机。”全忠大笑。

一个人总管。现在招安的布告发布下去后,各个营寨一定是分头派遣军士入山招抚百姓,百姓见了,没有不惊慌疑惧的,就像老鼠见了狸猫,还有谁肯来投奔呢? 要想招抚山中百姓,一定要有一套办法,希望颁下文告委任我来专管此事。其五,请求严格命令四面营寨的指挥使,把以前掳掠来的彭州男女老幼全都带到营寨的广场上集结,有父亲与儿子、哥哥与弟弟、丈夫与妻子自相认出的,就让他们相聚,在公文上注明人数,押送到招安寨,有敢私下隐藏一个人的立即处死;并请求勒令成都府中各个营寨,也要严格搜查,有以前从军事前沿送去的百姓,酌量给予资财粮食,全都押送到招安寨。其六,请求在招安寨中设置九陇行县,委任以前的南郑县令王玞代理九陇行县的县令,设置曹局,招抚安顿百姓,在百姓中挑选身强力壮的子弟,发给他们文告,让他们自己进山招回他们的亲戚。百姓知道司徒严禁军士侵扰掠夺百姓,以前被军士抢掳去的都安居乐业,必定会欢呼跳跃,相继走下山来,就像游子回到了母亲的怀抱,不用几天就会全部出山。其七,彭州的土地适宜种麻,百姓在没进山时把大量的麻沤藏起来,应让县令告诉百姓,各自回到故里,挖出藏匿的沤麻卖掉,换取资财粮食,这样必定会渐渐恢复旧业。"王建收到奏状大喜,当即施行,全部照办。第二天,王建的公告传下,威严的命令赫然在目,没人敢违反。第三天,躲藏在山中的百姓竞相出山,到招安寨就像赶集那样,招安寨容不下,就开辟地盘扩展寨子。逐渐有了集市,百姓又拿出麻出卖。百姓看见原来的村落没有被抢掠的祸患,逐渐向县令告辞,回到故乡重操旧业。一个多月时间,招安寨全都空了。

秋季八月辛丑(三十日),李茂贞攻克了兴元,杨复恭、杨守亮、杨守信、杨守贞、杨守忠、满存逃奔阆州。

冬季十二月壬午(十二日),王建派部将华洪在阆州攻击杨守亮,将他打败。派节度押牙延陵人郑顼出使到朱全忠处,朱全忠询问剑阁的情况,郑顼极力描述剑阁的险峻。朱全忠不信,郑顼说:"如果我不告诉你,恐怕要耽误你的军机。"朱全忠大笑。

二年春正月，东川留后顾彦晖既与王建有隙，李茂贞欲抚之使从己，奏请更赐彦晖节，诏以彦晖为东川节度使。茂贞又奏遣知兴元府事李继密救梓州，未几，建遣兵败东川、凤翔之兵于利州。彦晖求和，请与茂贞绝，乃许之。

二月甲戌，加西川节度使王建同平章事。王建屡请杀陈敬瑄、田令孜，朝廷不许。夏四月乙亥，建使人告敬瑄谋作乱，杀之新津。又告田令孜通凤翔书，下狱死。建使节度判官冯涓草表奏之，曰："开匣出虎，孔宣父不责他人；当路斩蛇，孙叔敖盖非利己。专杀不行于阃外，先机恐失于彀中。"涓，宿之孙也。

乾宁元年夏五月，王建攻彭州，城中人相食，彭州内外都指挥使赵章出降。王先成请筑龙尾道，属于女墙。丙子，西川兵登城，杨晟犹帅众力战，刀子都虞候王茂权斩之。获彭州马步使安师建，建欲使为将，师建泣谢曰："师建誓与杨司徒同生死，不忍复戴日月，惟速死为惠。"再三谕之，不从，乃杀之，礼葬而祭之。更赵章姓名曰王宗勉，王茂权名曰宗训，又更王钊名曰宗谨，李绾姓名曰王宗绾。

秋七月，绵州刺史杨守厚卒，其将常再荣举城降王建。

二年秋九月，王建遣简州刺史王宗瑶等将兵赴难，甲戌，军于绵州。时三镇犯阙。

冬十一月，雅州刺史王宗侃攻拔利州，执刺史李继颙，斩之。

二年（893）春季正月，东川留后顾彦晖与王建有了矛盾以后，李茂贞想要招抚他使他服从自己，向朝廷上奏请求再赐给顾彦晖旌节，昭宗诏命顾彦晖为东川节度使。李茂贞又上奏请求派遣主持兴元府事务的李继密救援梓州，没过多久，王建派兵在利州打败了东川、凤翔的军队。顾彦晖向王建求和，请求与李茂贞断绝来往，王建就允诺了。

二月甲戌（初五）这天，朝廷加封西川节度使王建为同平章事。王建多次要求斩杀陈敬瑄、田令孜，朝廷没有批准。夏季四月乙亥（初七）这天，王建唆使他人控告陈敬瑄想作乱，在新津杀了他。又指使人奏告田令孜与凤翔的李茂贞通信，把他囚禁狱中处死。王建让节度判官冯涓起草表文向朝廷上奏说："打开匣子放出老虎，孔子不责怪无关的人；路上斩蛇，孙叔敖不是为了利己。统兵在外的将军没有专杀大权，重要的机会就会在奸臣的圈套之中丧失。"冯涓是冯宿的孙子。

乾宁元年（894）夏季五月，王建进攻彭州，城中人吃人充饥，彭州内外都指挥使赵章出城投降。王先成请求在城墙外筑龙尾道，连到城上的短墙。丙子（十五日），西川兵登上彭州城墙，杨晟还率领部众奋勇战斗，刀子都虞候王茂权杀了他。王建军抓获了彭州马步使安师建，王建想让他当将军，安师建哭着辞谢说："我安师建发誓要与杨司徒同生死，不忍继续活着，只求快点杀了我。"王建再三劝告他，安师建还是不顺从，于是王建把他杀了，以礼安葬并祭奠他。王建把赵章的姓名改为王宗勉，王茂权改名王宗训，又改王钏的姓名为王宗谨，李绾的姓名为王宗绾。

秋季七月，绵州刺史杨守厚去世，他的部将常再荣献出绵州城，向王建投降。

二年（895）秋季九月，王建派遣简州刺史王宗瑶等率领部队前去为朝廷解难，甲戌（二十一日），王宗瑶等在绵州驻扎下来。当时三镇进犯长安。

冬季十一月，雅州刺史王宗侃攻占了利州，抓获了雅州刺史李继颙，把他杀了。

十二月甲申，阆州防御使李继雍、蓬州刺史费存、渠州刺史陈璠各帅所部兵奔王建。

王建奏东川节度使顾彦晖不发兵赴难，而掠夺辎重，遣泸州刺史马敬儒断峡路，请兴兵讨之。戊子，华洪大破东川兵于楸林，俘斩数万，拔楸林寨。

丙申，王建攻东川，别将王宗弼为东川兵所擒，顾彦晖畜以为子。戊戌，通州刺史李彦昭将部兵二千降于建。

三年春正月，西川将王宗瑶攻拔龙州，杀刺史田昉。闰月丁亥，果州刺史张雄降于王建。

夏五月丙戌，上遣中使诣梓州和解两川，王建虽奉诏还成都，然犹连兵未解。荆南节度使成汭与其将许存江略地，尽取滨江州县。武泰节度使王建肇弃黔州，收馀众保丰都。存又引兵西取渝、涪二州，汭以其将赵武为黔州留后，存为万州刺史。赵武数攻丰都，王建肇不能守，与存皆降于王建。建忌存勇略，欲杀之，掌书记高烛曰："公方总揽英雄以图霸业，彼穷来归我，奈何杀之！"建使戍蜀州，阴使知蜀州王宗绾察之。宗绾密言存忠勇谦厚，有良将才，建乃舍之，更其姓名曰王宗播。

秋八月癸丑，以王建为凤翔西面行营招讨使。

四年春二月戊午，王建遣邛州刺史华洪、彭州刺史王宗祐将兵五万攻东川，以戎州刺史王宗谨为凤翔西面行营先锋使，败凤翔将李继徽等于玄武。继徽本姓杨，名崇本，茂贞之假子也。

十二月甲申（初二）这天，阆州防御使李继雍、蓬州刺史费存、渠州刺史陈璠各自率领部下兵马投奔王建。

王建向朝廷奏报东川节度使顾彦晖不发兵为朝廷解难，却掠夺我的军器粮草，又派泸州刺史马敬儒截断峡路，请求发兵讨伐他。戊子（初六）这天，华洪在楸林大破东川兵，俘获或杀死的有几万人，攻占了楸林寨。

丙申（十四日），王建攻打东川，王建手下别将王宗弼被东川兵抓获，顾彦晖把他收养为义子。戊戌（十六日），通州刺史李彦昭率领本部兵马二千人向王建投降。

三年（896）春季正月，西川将领王宗夔攻占了龙州，杀死龙州刺史田昉。闰月丁亥（初五）这天，果州刺史张雄向王建投降。

夏季五月丙戌（初六），昭宗派遣宫中使者前往梓州劝说西川节度使王建和东川节度使顾彦晖和解，王建虽然奉诏命返回成都，但仍然攻战不休。荆南节度使成汭与他的部将许存沿着长江逆流而上掠夺地盘，把江边的州县全部夺占。武泰节度使王建肇放弃黔州，收集剩馀人马到丰都保守。许存又带领部队向西攻取渝州、涪州，成汭委任他的将领赵武为黔州留后，许存为万州刺史。赵武多次攻打丰都，王建肇拒守不住，与许存都向王建投降。王建顾忌许存有勇力、有谋略，想杀掉他，掌书记高烛说："您正在招集英雄人士来谋求称霸大业，他在处境艰难时来投奔我，怎么可以杀他呢？"王建让许存去守卫蜀州，暗中派主持蜀州事务的王宗绾监视他。王宗绾秘密向王建报告说，许存忠诚勇敢谦虚厚道，有良将之才，于是王建放过他，把他的姓名改为王宗播。

秋季八月癸丑（初五），朝廷任命王建为凤翔西面行营招讨使。

四年（897）春季二月戊午（十三日），王建派遣邛州刺史华洪、彭州刺史王宗祐率领五万人马进攻东川，任命戎州刺史王宗谨为凤翔西面行营先锋使，在玄武打败了凤翔将领李继徽等人。李继徽本姓杨，名崇本，是李茂贞的养子。

　　庚申，王建以决云都知兵马使王宗侃为应援开峡都指挥使，将兵八千趋渝州，决胜都知兵马使王宗阮为开江防送进奉使，将兵七千趋泸州。辛未，宗侃取渝州，降刺史牟崇厚。癸酉，宗阮拔泸州，斩刺史马敬儒，峡路始通。凤翔将李继昭救梓州，留偏将守剑门，西川将王宗播击擒之。

　　夏四月，以右谏议大夫李洵为两川宣谕使，和解王建及顾彦晖。

　　五月丙戌，王建以节度副使张琳守成都，自将兵五万攻东川。更华洪姓名曰王宗涤。

　　六月，李茂贞表王建攻东川，连兵累岁，不听诏命，甲寅，贬建南州刺史。乙卯，以茂贞为西川节度使。癸亥，王建克梓州南寨，执其将李继宁。丙寅，宣谕使李洵至梓州，己巳，见建于张杷寨，建指执旗者曰："战士之情，不可夺也。"

　　王建与顾彦晖五十馀战，九月癸酉朔，围梓州。蜀州刺史周德权言于建曰："公与彦晖争东川三年，士卒疲于矢石，百姓困于输挽。东川群盗多据州县，彦晖懦而无谋，欲为偷安之计，皆啖以厚利，恃其救援，故坚守不下。今若遣人谕贼帅以祸福，来者赏之以官，不服者威之以兵，则彼之所恃，反为我用矣。"建从之，彦晖势益孤。德权，许州人也。

　　复以王建为西川节度使、同平章事。

　　冬十月壬子，知遂州侯绍帅众二万，乙卯，知合州王仁威帅众千人，戊午，凤翔将李继溥以援兵二千，皆降于王

庚申(十五日),王建任命决云都知兵马使王宗侃为应援开峡都指挥使,率领八千士兵向渝州进军,决胜都知兵马使王宗阮为开江防送进奉使,率领七千士兵向泸州进军。辛未(二十六日),王宗侃攻占了渝州,渝州刺史牟崇厚投降。癸酉(二十八日),王宗阮攻克泸州,斩杀了泸州刺史马敬儒,峡路这才打开。凤翔将领李继昭救援梓州,留下偏将把守剑门,被西川将领王宗播进攻并抓获。

夏季四月,朝廷任命右谏议大夫李洵为两川宣谕使,劝导王建与顾彦晖和解。

五月丙戌(十二日),王建委派西川节度副使张琳把守成都,自己率领五万人马进攻东川。把华洪的姓名改为王宗涤。

六月,李茂贞向朝廷上表称王建进攻东川,用兵多年,不听诏令,甲寅(初十)这天,朝廷下令把王建贬为南州刺史。乙卯(十一日),朝廷任命李茂贞为西川节度使。癸亥(十九日),王建攻克了梓州南寨,抓获了守将李继宁。丙寅(二十二日),两川宣谕使李洵到达梓州,己巳(二十五日),李洵在张把寨会见王建,王建指着打旗帜的人说:"战士的意愿,不能剥夺。"

王建与顾彦晖打了五十多仗,九月癸酉是初一,这天王建包围了梓州。蜀州刺史周德权对王建说:"您与顾彦晖争夺东川已经三年,士兵对征战已感疲惫,百姓受运输军需物资的困扰。东川的州县大多被群盗占据,顾彦晖懦弱而没有谋略,想做偷安打算,对州县属官用丰厚的好处引诱他们,依靠他们的救援,所以能坚守住不被攻克。现在您如果派人向贼军头目说明祸福利弊,对前来归附的人赏赐官职,对拒不服从的人用兵力对他示威,这样顾彦晖依靠的势力,反而被我们所用了。"王建听从了这个意见,顾彦晖的势力越来越孤弱。周德权是许州人。

朝廷再次任命王建为西川节度使、同平章事。

冬季十月壬子(初十)这天,主持遂州事务的侯绍率领二万人马,乙卯(十三日)这天,主持合州事务的王仁威率领一千人马,戊午(十六日)这天,凤翔将领李继溥率领二千援兵,都降于王

建。建攻梓州益急。庚申，顾彦晖聚其宗族及假子共饮，遣王宗弼自归于建。酒酣，命其假子瑶杀己及同饮者，然后自杀。建入梓州，城中兵尚七万人，建命王宗绾分兵徇昌、普等州，以王宗涤为东川留后。

十二月壬戌，王建自梓州还，戊辰，至成都。

光化元年春正月，以兵部尚书刘崇望同平章事，充东川节度使。夏五月，朝廷闻王建已用王宗涤为东川留后，乃召刘崇望还，为兵部尚书，仍以宗涤为留后。秋九月己丑，东川留后王宗涤言于王建，以东川封疆五千里，文移往还，动逾数月，请分遂、合、泸、渝、昌五州别为一镇，建表言之。冬十月丁巳，以东川留后王宗涤为节度使。

三年春二月庚申，以西川节度使王建兼中书令。夏六月癸亥，加东川节度使王宗涤同平章事。秋七月甲寅，以西川节度使王建兼东川信武军两道都指挥制置等使。

天复元年春三月，东川节度使王宗涤以疾求代，王建表马步使王宗裕为留后。

闰六月，道士杜从法以妖妄诱昌、普、合三州民作乱，王建遣王宗黯将兵会东川、武信兵讨之。龙台镇使王宗侃等讨杜从法，平之。

二年春二月，西川兵至利州，昭武节度使李继忠弃镇奔凤翔，王建以剑州刺史王宗伟为利州制置使。

秋八月，西川军请假道于兴元，山南西道节度使李继密遣兵戍三泉以拒之。辛丑，西川前锋将王宗播攻之，

建。王建进攻梓州更加猛烈。庚申(十八日)这天,梓州城内的顾彦晖招集他的宗族以及养子一起饮酒,把王宗弼遣返回王建那里。酒喝到兴头上,顾彦晖命令养子顾瑶把自己以及同饮的人杀死,然后顾瑶自杀。王建进入梓州,城中还有七万兵力,王建命令王宗绾分兵前去攻掠昌州、普州等地,任命王宗涤为东川留后。

十二月壬戌(二十一日),王建从梓州返回,戊辰(二十七日),到达成都。

光化元年(898)春季正月,朝廷任命兵部尚书刘崇望为同平章事,充任东川节度使。夏季五月,朝廷听说王建已用王宗涤为东川留后,就把刘崇望召回,仍任兵部尚书,同时任命王宗涤为东川留后。秋季九月己丑(二十二日),东川留后王宗涤对王建说,由于东川的封土疆界有五千里,公文的往返,动不动就超过几个月,请分出遂、合、泸、渝、昌五州另外设置一镇,王建向朝廷上表讲了这件事。冬季十月丁巳(二十一日),朝廷任命东川留后王宗涤为东川节度使。

三年(900)春季二月庚申(初二)这天,朝廷任命西川节度使王建兼任中书令。夏季六月癸亥(初七),加封东川节度使王宗涤为同平章事。秋季七月甲寅(二十九日),朝廷任命西川节度使王建兼任东川信武军两道都指挥制置等使。

天复元年(901)春季三月,东川节度使王宗涤因病要求替代,王建向朝廷上表让马步使王宗裕为东川留后。

闰六月,道士杜从法用妖术诱骗昌州、普州、合州百姓作乱,王建派遣王宗黯率兵会同东川、武信兵前去讨伐。龙台镇使王宗侃等讨伐杜从法,平定了动乱。

二年(902)春季二月,西川的部队到达利州,昭武节度使李继忠丢弃驻地逃奔凤翔,王建任命剑州刺史王宗伟为利州制置使。

秋季八月,西川军请求在兴元借路,山南西道节度使李继密派兵驻守三泉抵抗。辛丑(二十八日),西川前锋将王宗播进攻,

不克,退保山寨。亲吏柳脩业谓宗播曰:"公举族归人,不为之死战,何以自保?"宗播令其众曰:"吾与汝曹决战,取功名,不尔,死于此。"遂破金牛、黑水、西县、褒城四寨。军校秦承厚攻西县,矢贯左目,达于右目,镞不出。王建自舐其创,脓溃镞出。王宗播攻马盘寨,继密战败,奔还汉中。西川军乘胜至城下,王宗涤帅众先登,遂克之,继密请降,迁于成都;得兵三万,骑五千。宗涤入屯汉中。王建曰:"继密残贼三辅。"以其降,不忍杀,复其姓名曰王万弘,不时召见。诸将陵易之,万弘终日纵酒,俳优辈亦加戏诮。万弘不胜忧愤,醉投池水而卒。

诏以王宗涤为山南西道节度使。宗涤有勇略,得众心,王建忌之。建作府门,绘以朱丹,蜀人谓之"画红楼",建以为宗涤姓名应之,王宗佶等疾其功,复构以飞语。建召宗涤至成都,诘责之,宗涤曰:"三蜀略平,大王听谗,杀功臣可矣。"建命亲随马军都指挥使唐道袭夜饮之酒,缢杀之,成都为之罢市,连营涕泣,如丧亲戚。建以指挥使王宗贺权兴元留后。道袭,阆州人也,始以舞童事建,后浸预谋画。

九月戊申,武定节度使李思敬以洋州降王建。冬十月,王建攻拔兴州,以军使王宗浩为兴州刺史。

三年夏四月,王建出兵攻秦、陇,乘李茂贞之弱也,遣判官韦庄入贡,亦修好于朱全忠。全忠遣押牙王殷报聘,建与之宴。殷言:"蜀甲兵诚多,但乏马耳。"建作色曰:"当

没有攻下,退兵保守山寨。亲信官吏柳脩业对王宗播说:"您全族都投奔了人家,不为人家拼死战斗,拿什么保全自己?"王宗播命令他的部众说:"我与你们对敌决战,取得功名,不然,就死在这里。"于是攻破金牛、黑水、西县、褒城四寨。军校秦承厚攻打西县,箭矢穿过左眼,达于右眼,箭镞取不出来。王建亲自舔他的伤口,脓水溃流,箭镞才取出来了。王宗播进攻马盘寨,李继密战败,逃回汉中。西川军乘胜追到汉中城下,王宗涤率领部众首先登上城墙,于是攻克了汉中,李继密请求投降,迁到成都;王宗涤得到步兵三万,骑兵五千。王宗涤进入汉中驻扎。王建说:"李继密残害三辅地区。"因为他投降,不忍心杀他,恢复李继密的原名为王万弘,经常召见。西川诸将欺侮轻视他,王万弘终日纵酒,那些戏子们也对他戏弄讥诮。王万弘十分忧愁怨愤,醉后投入水池而死。

昭宗下诏任命王宗涤为山南西道节度使。王宗涤有勇有谋,深得众心,王建顾忌他。王建营造节度使府大门,用朱丹色涂制,蜀人称它为"画红楼",王建认为这与王宗涤的原名华洪应和。王宗佶等人妒忌王宗涤的功劳,又制造流言蜚语。王建召王宗涤到成都,责问他,王宗涤说:"三蜀大致平定,大王听信谗言,已经可以杀功臣了。"王建命令亲随马军都指挥使唐道袭在夜里与王宗涤饮酒,把他勒死,成都为他而罢市,许多军士流下眼泪,像死了亲戚似的。王建任命指挥使王宗贺代理兴元留后事务。唐道袭是阆州人,开始作为舞童侍奉王建,后来逐渐参与谋划事务。

九月戊申(初五)这天,武定节度使李思敬献出洋州向王建投降。冬季十月,王建攻克了兴州,任命军使王宗浩为兴州刺史。

三年(903)夏季四月,王建乘李茂贞势弱之机,出兵进攻秦州、陇州。他派遣判官韦庄入朝进贡物品,也向朱全忠修好。朱全忠派遣押牙王殷来回访,王建设宴招待。王殷说:"蜀地的甲兵确实很多,只是缺乏马匹罢了。"王建变了脸色说:"我们这里

道江山险阻，骑兵无所施。然马亦不乏，押牙少留，当共阅之。"乃集诸州马，大阅于星宿山，官马八千，私马四千，部队甚整。殷叹服。建本骑将，故得蜀之后，于文、黎、维、茂州市胡马，十年之间，遂及兹数。

秋八月庚辰，加西川节度使、西平王王建守司徒，进爵蜀王。

天祐元年春二月，上遣间使以御札告难于王建，时朱全忠劫车驾还洛阳。建以邛州刺史王宗祐为北路行营指挥使，将兵会凤翔兵迎车驾，至兴平，遇汴兵，不得进而还。建始自用墨制除官云："俟车驾还长安表闻。"

王建赋敛重，人莫敢言。冯涓因建生日献颂，先美功德，后言生民之苦。建愧谢曰："如君忠谏，功业何忧！"赐之金帛。自是赋敛稍损。

二年冬十一月，昭宗之丧，朝廷遣告哀使司马卿宣谕王建，至是始入蜀境。西川掌书记韦庄为建谋，使武定节度使王宗绾谕卿曰："蜀之将士，世受唐恩，去岁闻乘舆东迁，凡上二十表，皆不报。寻有亡卒自汴来，闻先帝已罹朱全忠弑逆。蜀之将士方日夕枕戈，思为先帝报仇。不知今兹使来以何事宣谕？舍人宜自图进退。"卿乃还。

三年冬十月丙戌，王建始立行台于蜀，建东向舞蹈，号恸，称："自大驾东迁，制命不通，请权立行台，用李晟、郑畋故事，承制封拜。"仍以榜帖告谕所部藩镇州县。

道路险恶，高山江河阻隔，骑兵没有施展身手之处。但马匹也不算少，押牙稍留一会儿，可以共同检阅一番。”于是调集各州马匹，在星宿山举行大检阅，计有官府马匹八千，私人马匹四千，阵势十分严整。王殷叹服。王建原本是骑兵将领，所以取得蜀地以后，就在文州、黎州、维州、茂州购买胡族马匹，十年间，就达到了这一数目。

秋季八月庚辰（十三日），朝廷加封西川节度使、西平王王建守司徒，进爵为蜀王。

天祐元年（904）春季二月，昭宗派遣密使带着自己的亲笔御札向王建通报急难，这时朱全忠劫持天子回洛阳。王建任命邛州刺史王宗祐为北路行营指挥使，率兵会同凤翔部队迎接昭宗，到了兴平，遇到汴州兵，无法前进而返回。王建开始擅自用皇帝亲笔诏书的名义任用官员，说：“等到陛下返长安以后再上表奏报。”

王建征收的赋税很重，没有人敢议论。冯涓借王建生日的机会献上颂辞，先赞美他的功德，后又陈述百姓的困苦。王建惭愧道歉说：“都像你这样忠言直谏，建功立业还有什么担心的！”赏给冯涓金帛。从此以后，赋税稍有减少。

二年（905）冬季十一月，昭宗发丧时，朝廷派遣告哀使司马卿前去宣谕王建，到这时才进入蜀地。西川掌书记韦庄替王建谋划，派武定节度使王宗绾告诉司马卿说：“蜀地将士世代蒙受唐室恩惠，去年听说皇上东迁洛阳，共呈上了二十道表文，都没有回音。不久有逃出的兵士从汴州来，听说先帝已遭到朱全忠的杀害。蜀地将士正在日夜枕戈等待，想为先帝报仇。不知现在使者前来宣谕什么事？舍人你应当自己考虑去留。”司马卿于是返回。

三年（906）冬季十月丙戌（初六）这天，王建开始在蜀地设立行台，王建向东恭行舞蹈朝仪，放声大哭，言称：“自从先帝迁往东都洛阳，制命不能通达，请求暂立行台，效法李晟、郑畋的旧例，秉承制命封官拜爵。”还用榜帖通告所属藩镇州县。

后梁太祖开平元年秋九月,蜀王会将佐议称帝,皆曰:"大王虽忠于唐,唐已亡矣,此所谓'天与不取'者也!"冯涓独献议请以蜀王称制,曰:"朝兴则未爽称臣,贼在则不同为恶。"王不从,涓杜门不出。王用安抚副使、掌书记韦庄之谋,帅吏民哭三日。己亥,即皇帝位,国号大蜀。辛丑,以前东川节度使兼侍中王宗佶为中书令,韦庄为左散骑常侍、判中书门下事,阆州防御使唐道袭为内枢密使。庄,见素之孙也。

蜀主虽目不知书,好与书生谈论,粗晓其理。是时唐衣冠之族多避乱在蜀,蜀主礼而用之,使修举故事,故其典章文物有唐之遗风。

蜀主长子校书郎宗仁幼以疾废,立其次子秘书少监宗懿为遂王。

后梁太祖开平元年(907)秋季九月,蜀王王建集中将佐商议称帝,将佐都说:"大王虽然忠于唐室,但唐室已经灭亡了,这就是所说的'上天给予而不取'啊!"冯涓独自进献意见请以蜀王代行皇帝事,说:"这样唐室复兴不丧失臣节,贼子存在也没有同流合污。"蜀王王建不听从,冯涓闭门不出。蜀王采用安抚副使、掌书记韦庄的计谋,率领吏民大哭三天。己亥(二十五日),王建即皇帝位,国号大蜀。辛丑(二十七日),任命前东川节度使兼侍中王宗佶为中书令,韦庄为左散骑常侍、判中书门下事,阆州防御使唐道袭为内枢密使。韦庄是韦见素的孙子。

蜀主王建虽然目不识丁,但喜欢与书生谈论,粗略知道书中道理。当时唐朝的衣冠贵族大多到蜀地避乱,蜀主以礼相待,使用他们,让他们修明旧例,所以蜀地的典章礼乐制度有唐朝的遗风。

蜀主王建的长子校书郎王宗仁小时候因病残废,王建立他的次子秘书少监王宗懿为遂王。

卷第三十八

诸镇相攻

唐僖宗广明元年冬十一月,以忠武大将周岌为忠武节度使。初,薛能遣牙将上蔡秦宗权调发至蔡州,闻许州乱,托云赴难,选募蔡兵,遂逐刺史,据其城。及周岌为节度使,即以宗权为蔡州刺史。先是,秋九月,周岌逐节度使薛能自称留后,至是遂授以节度使。

中和元年秋八月,武宁节度使支详遣牙将时溥、陈璠将兵五千人入关讨黄巢。溥至东都,自知留后。溥送详归朝,璠杀之。诏以溥为武宁留后。溥表璠为宿州刺史。

忠武监军杨复光奏升蔡州为奉国军,以秦宗权为防御使。

秋九月,昭义十将成麟杀节度使高浔,引兵还据潞州。天井关戍将孟方立起兵攻麟,杀之。方立,邢州人也。

冬十二月,以感化留后时溥为节度使。

二年秋八月,魏博节度使韩简亦有兼并之志,自将兵三万攻河阳,败节度使诸葛爽于脩武。爽弃城走,简留兵

诸镇相攻

唐僖宗广明元年(880)冬季十一月,朝廷任命忠武大将周岌为忠武节度使。起初,薛能派遣自己的牙将上蔡县人秦宗权到所属州县调发钱粮,秦宗权到达蔡州时,听说许州发生叛乱,便借口要去解救许州的危难,在蔡州挑选募集兵士,然后驱逐了蔡州刺史,占据蔡州城。到这时,周岌被僖宗任命为节度使,当即也任命秦宗权为蔡州刺史。在此之前,秋季九月,周岌驱逐了节度使薛能,然后自称忠武军留后。至此,唐僖宗授任周岌为节度使。

中和元年(881)秋季八月,武宁军节度使支详派牙将时溥、陈璠率军五千人入关中讨伐黄巢。时溥到东都洛阳,自己宣称暂任武宁军留后。时溥派人送支详回朝廷,陈璠杀了支详。唐僖宗下诏,任时溥为武宁军留后。时溥上表推荐陈璠为宿州刺史。

忠武军监军杨复光上奏,提议将蔡州升为奉国军,任命秦宗权担任防御使。

秋季九月,昭义军担任十将之职的成麟斩杀了节度使高浔,带领军队回潞州据守。天井关的驻守将领孟方立起兵攻打成麟,把成麟杀死。孟方立是邢州人。

冬季十二月,唐僖宗任命感化军留后时溥为节度使。

二年(882)秋季八月,魏博镇节度使韩简也有兼并别人扩大地盘的意念,他亲自带领军队三万人攻打河阳府,在脩武县战败节度使诸葛爽。诸葛爽放弃河阳城逃跑,韩简留下一部分兵力

戍之，因掠邢、洺而还。

九月，黄巢所署同州防御使朱温杀其监军严实，举州降王重荣。王铎承制以温为同华节度使。

冬十月，韩简复引兵击郓州，节度使曹存实逆战，败死。天平都将下邑朱瑄收馀众，婴城拒守，简攻之不下。诏以瑄权知天平留后。

以朱温为右金吾大将军、河中行营招讨副使，赐名全忠。

十二月，以忻、代等州留后李克用为雁门节度使。事见《李克用归唐》。

孟方立既杀成麟，引兵归邢州。潞人请监军吴全勖知留后。是岁，王铎墨制以方立知邢州事，方立不受，遂迁昭义军于邢州，自称留后，表其将李殷锐为潞州刺史。

三年春正月，成德节度使常山忠穆王王景崇薨，军中立其子节度副使镕知留后事。时镕生十年矣。

以天平留后朱瑄为节度使。

初，光州刺史李罕之为秦宗权所攻，弃州奔项城，帅馀众归诸葛爽，爽以为怀州刺史。韩简攻郓州，半年，不能下。爽复袭取河阳，朱瑄请和，简乃舍之，引兵击河阳。爽遣罕之逆战于武陟，魏军大败而还。大将澶州刺史乐行达先归，据魏州，军中共立行达为留后，简为部下所杀。己未，以行达为魏博留后。

驻守河阳城,乘势在邢州、洺州抢掠财物,然后回魏博。

九月,黄巢所署置的同州防御使朱温杀了军中的监军严实,带领同州全部人马投降王重荣。王铎按照皇帝的授权任用朱温为同华军节度使。

冬季十月,韩简又一次出兵,攻打郓州,节度使曹存实迎战,战败身死。天平军都将下邑县人朱瑄收集残馀军队,据城守卫抵抗。韩简继续攻打郓州城,没有攻下。僖宗下诏,任命朱瑄暂任天平军留后。

僖宗封朱温为右金吾大将军、河中行营招讨副使,赐给朱温一个名字叫"全忠"。

十二月,僖宗任命忻州、代州等地留后李克用为雁门军节度使。事见《李克用归唐》。

孟方立杀掉成麟之后,带领军队回到邢州。潞州人请求让监军吴全勖担任潞州留后。这一年,王铎用皇帝亲笔诏书的名义命令孟方立主管邢州事务,孟方立不接受命令,他把昭义军迁往邢州,自己宣称为昭义军留后,并向朝廷上表举荐他的将领李殷锐担任潞州刺史。

三年(883)春季正月,成德军节度使、常山忠穆王王景崇死去,成德军拥立王景崇的儿子、成德军节度副使王镕主持留后事务。当时王镕十岁了。

僖宗任命天平军留后朱瑄为节度使。

起初,光州刺史李罕之由于受到秦宗权的攻打,放弃光州逃奔到项城县,又率领剩馀军队投归诸葛爽,诸葛爽任用李罕之为怀州刺史。韩简攻打郓州,持续攻打半年无法攻下。诸葛爽重新袭击并拿下河阳,朱瑄请求议和,韩简就放弃攻打郓州,领兵攻击河阳。诸葛爽派遣李罕之到武陟县迎战韩简,魏博军在这一仗中大败而还。魏博军中的大将澶州刺史乐行达抢先回到魏州,占据了魏州。魏博军中的将领共同拥立乐行达为魏博军留后,韩简被部下杀死。己未(二十一日),僖宗任命乐行达为魏博军留后。

以王镕为成德留后。

三月己丑，以河中行营招讨副使朱全忠为宣武节度使，俟克复长安令赴镇。夏六月，宣武节度使朱全忠帅所部数百人赴镇，秋七月丁卯，至汴州。

以成德留后王镕、魏博留后乐行达、天平留后朱瑄为本道节度使。

昭义节度使孟方立，以潞州地险人劲，屡篡主帅，欲渐弱之。九月乃迁治所于邢州，大将家及富室皆徙山东，潞人不悦。监军祁审诲因人心不安，使武乡镇使安居受潜以蜡丸乞师于李克用，请复军府于潞州。冬十月，克用遣其将贺公雅等赴之，为方立所败。又遣李克脩击之。克脩，克用弟也。辛亥，取潞州，杀其刺史李殷锐。是后克用每岁出兵争山东，三州之人半为俘馘，野无稼穑矣。

四年春正月，赐魏博节度使乐行达名彦祯。

周岌、时溥、朱全忠以黄巢兵尚强，共求救于河东节度使李克用。夏五月甲戌，李克用至汴州，营于城外。朱全忠固请入城，馆于上源驿。全忠就置酒，声乐、馔具皆精丰，礼貌甚恭。克用乘酒使气，语颇侵之，全忠不平。薄暮，罢酒，从者皆沾醉，宣武将杨彦洪密与全忠谋，连车树栅以塞衢路，发兵围驿而攻之，呼声动地。克用醉，不之

朝廷任命王镕为成德军留后。

三月己丑（二十三日），朝廷任命河中行营招讨副使朱全忠为宣武军节度使，让他等收复长安后再到军镇去。夏季六月，宣武军节度使朱全忠带领自己的部下数百人奔赴军镇，秋季七月丁卯（初三），他们到达汴州。

朝廷任命成德军留后王镕、魏博军留后乐行达、天平军留后朱瑄分别担任本道节度使。

昭义军节度使孟方立认为潞州地形险要、军卒刚强有力，多次篡夺军镇主帅的位置，打算慢慢削弱这里的力量。九月，孟方立就把昭义军镇的治所迁到邢州，把军中大将的家属和富户人家都迁移到山东，潞州人对此不高兴。军中的监军祁审诲利用人心不稳的时机，派遣武乡镇使安居受暗中用蜡丸密封的书信联络李克用，请求李克用派出军队，帮助他们在潞州恢复建立昭义军军府。冬季十月，李克用派遣自己的将领贺公雅等人领军奔赴潞州，被孟方立打败。李克用又派李克脩攻击潞州。李克脩是李克用的弟弟。辛亥（十八日），李克脩攻下潞州，杀死了潞州刺史李殷锐。自此以后，李克用每年都出兵争夺山东地盘，昭义军所辖管的邢州、洺州、磁州之内，有一半人被李克用俘虏斩杀，田野里看不见人种庄稼。

四年（884）春季正月，僖宗赐名魏博军节度使乐行达叫"彦祯"。

周岌、时溥、朱全忠都感到黄巢的兵力还很强大，于是共同向河东节度使李克用求救。夏季五月甲戌（十四日），李克用率军队到达汴州，在汴州城外安营驻扎。朱全忠坚持邀请李克用进入汴州城，住在城中上源驿宾馆。朱全忠在宾馆设置酒宴招待李克用，安排歌舞音乐陪酒，酒食都十分精美丰盛，在礼节上很恭敬。李克用乘着酒力耍威风，说了很多伤害人的话，朱全忠听了心中不服。将近傍晚，酒宴要结束了，李克用的随从人员全都喝得大醉了。宣武军将领杨彦洪与朱全忠一起密谋，把大车连接起来作为栅栏，堵住通道，然后发兵包围李克用住的宾馆，攻打李克用，呼喊的杀声惊天动地。李克用醉了，对这一切都不

闻。亲兵薛志勤、史敬思等十馀人格斗,侍者郭景铢灭烛,扶克用匿床下,以水沃其面,徐告以难,克用始张目援弓而起。志勤射汴人,死者数十。须臾,烟火四合,会大雨,震电,天地晦冥,志勤扶克用帅左右数人逾垣突围,乘电光而行。汴人把桥,力战得度,史敬思为后拒,战死。克用登尉氏门,缒城得出。监军陈景思等三百馀人,皆为汴人所杀。杨彦洪谓全忠曰:"胡人急则乘马,见乘马者则射之。"是夕,彦洪乘马适在全忠前,全忠射之,殪。

克用妻刘氏,多智略。左右先脱归者以汴人为变告,刘氏神色不动,立斩之,阴召大将约束,谋保军以还。比明,克用至,欲勒兵攻全忠,刘氏曰:"公比为国讨贼,救东诸侯之急,今汴人不道,乃谋害公,自当诉之朝廷。若擅举兵相攻,则天下孰能辨其曲直!且彼得以有辞矣。"克用从之,引兵去,但移书责全忠。全忠复书曰:"前夕之变,仆不之知,朝廷自遣使者与杨彦洪为谋,彦洪既伏其辜,惟公谅察。"

克用养子嗣源,年十七,从克用自上源出,矢石之间,独无所伤。嗣源本胡人,名邈佶烈,无姓。克用择军中

知道。他的随身亲兵薛志勤、史敬思等十几人格斗抵挡,侍从李克用的郭景铢扑灭烛光,把李克用扶起来藏到床下,然后用水泼他的脸,慢慢把危险情况报告给他听。李克用这才吃惊地瞪大眼睛,抓住弓一跃而起。薛志勤用箭射汴州方面的人,被他射死了数十人。片刻之间,烟火从四面蔓延而来,刚好碰上下大雨,雷鸣电闪,天昏地暗,薛志勤扶着李克用带领身边的数人翻出矮墙突围出馆,乘着闪电的光亮行走。汴州的军队把守渡桥,他们拼力奋战才得脱身渡过。史敬思在他们后面抵抗追兵掩护他们逃跑,自己战死。李克用他们逃到城墙边,登上尉氏门楼,用绳子拴着滑下城,这才得以脱险而出。随同李克用来的监军陈景思等三百多人,都被汴州军杀死。杨彦洪事先告诉朱全忠说:"异族胡人在紧急中就骑马,你见到骑马的人就射他。"这天晚上,杨彦洪自己骑马正好来到朱全忠的前面,朱全忠箭射骑马者,杨彦洪当场咽气而死。

李克用的妻子刘氏足智多谋。李克用带到汴州去的人中,有人先脱险逃回来,把汴州事变的消息报告刘氏。刘氏神情镇定,不动声色,立即杀掉逃回来的人,并封锁消息,暗中召集留守的大将,把他们控制起来,谋划着保全好这支军队以便安然返回。等到天亮时,李克用回到军中,打算指挥军队攻打朱全忠,刘氏劝阻说:"您接连为国家讨伐贼军,特来解救东边各路诸侯的危急,今天汴州朱全忠不仁道,居然谋害您,自然应当到朝廷去讲道理。您若擅自带兵攻打他们,那么天下人谁还能辨清这件事情的是非曲直?而且他们反而有话可说了。"李克用听从了刘氏的劝阻,领兵离开了,离开前只是送给朱全忠一封书信,责备他。朱全忠回信说:"昨天晚上的事变,我事先不知道。是朝廷直接派人来和杨彦洪谋划策动的。现在杨彦洪已经伏罪而死,只有请您明察谅解。"

李克用的养子李嗣源当时十七岁,跟从李克用从上源驿宾馆向外突围,冲杀在箭石之中,只有他一点也没有受伤。李嗣源本是胡人,名字叫邈佶烈,他没有姓。李克用在军中挑选了很多

骁勇者,多养为子。名回鹘张政之子曰存信,振武孙重进曰存进,许州王贤曰存贤,安敬思曰存孝,皆冒姓李氏。丙子,克用至许州故寨,求粮于周岌,岌辞以粮乏,乃自陕济河还晋阳。

夏六月,蔡州节度使秦宗权纵兵四出,侵噬邻道。天平节度使朱瑄,有众三万,从父弟瑾,勇冠军中。宣武节度使朱全忠为宗权所攻,势甚窘,求救于瑄,瑄遣瑾将兵救之,败宗权于合乡。全忠德之,与瑄约为兄弟。

秋七月,朱全忠击秦宗权,败宗权于溵水。

李克用至晋阳,大治甲兵,遣榆次镇将雁门李承嗣奉表诣行在,自陈“有破黄巢大功,为朱全忠所图,仅能自免,将佐以下从行者三百馀人,并牌印皆没不返。全忠仍榜东都、陕、孟,云臣已死,行营兵溃,令所在邀遮屠剿,勿令漏失。将士皆号泣冤诉,请复仇雠。臣以朝廷至公,当俟诏命,拊循抑止,复归本道。乞遣使按问,发兵诛讨。臣遣弟克勤将万骑在河中俟命”。时朝廷以大寇初平,方务姑息,得克用表,大恐,但遣中使赐优诏和解之。克用前后凡八表,称:“全忠妒功疾能,阴狡祸贼,异日必为国患。

骁勇善战的人将其收养作为自己的儿子。他给回鹘人张政的儿子取名叫存信，给养子振武县人孙重进取名叫存进，给养子许州人王贤取名叫存贤，给养子安敬思取名叫存孝，都冒充姓李。丙子（十六日），李克用到达许州过去的营寨，向周岌请求支援粮食，周岌推说自己的粮食缺乏拒绝了他，李克用就从陕州渡过黄河返回晋阳。

夏季六月，蔡州节度使秦宗权派出军队四方出击，向邻近各道侵吞抢劫。天平军节度使朱瑄统领的军队有三万人，他的叔伯弟弟朱瑾作战勇敢，在军中数第一。宣武军节度使朱全忠受到秦宗权的进攻，形势很紧迫，因而向朱瑄求救。朱瑄派遣朱瑾带领军队援救朱全忠，朱瑾在合乡县打败了秦宗权。朱全忠很感激朱瑄，与朱瑄相约结为兄弟。

秋季七月，朱全忠出兵攻击秦宗权，在溵水县战败了秦宗权。

李克用回到晋阳后，大规模修治铠甲和兵器，派榆次镇将领雁门县人李承嗣专程前往僖宗的临时驻所拜见僖宗，恭敬地上交表文。李克用在表中诉说："在国家讨伐黄巢的战争中，我有攻破黄巢的大功，但是却遭到朱全忠的暗算，仅仅自身幸免一死，跟从我同行的三百多人，自将佐以下直至朝廷授给我的牌印都丧失在朱全忠那里没有回来。朱全忠还在东都洛阳、陕州、孟州一带到处张贴文告，说我已经死了，说我的行营中兵士溃散，又命令各地军队在所在地区追击阻截屠杀消灭我们，不许漏掉一人。我们的将士都号呼哭泣诉说冤屈，请求报仇。我认为朝廷最能主持公正，应当等待皇上的诏命发落，我安抚并压制下面的将士，阻止他们报仇的军事行动，带领他们返回本道军事驻所。我现在请求朝廷派大臣来勘问调查追究，发兵讨伐诛灭他们。我派弟弟李克勤统领一万骑兵在河中府等待朝廷的命令。"当时朝廷因为黄巢巨寇刚刚平定，正打算休整一下，接到李克用的上表，十分害怕，只得派遣宦官向李克用颁赐诏书，褒奖李克用，劝导他们双方和解。李克用前后上表共八次，申称："朱全忠妒功忌能，是阴险狡猾的祸首贼臣，将来一定会成为国家的灾难。

惟乞下诏削其官爵，臣自帅本道兵讨之，不用度支粮饷。"上累遣杨复恭等谕指，称："吾深知卿冤，方事之殷，姑存大体。"克用终郁郁不平。时藩镇相攻者，朝廷不复为之辨曲直，由是互相吞噬，惟力是视，皆无所禀畏矣。

八月，李克用奏请割麟州隶河东，又奏请以弟克脩为昭义节度使，皆许之。由是昭义分为二镇。进克用爵陇西郡王。克用奏罢云蔚防御使，依旧隶河东，从之。

冬十二月，义昌节度使兼中书令王铎过魏州，魏博节度使乐彦祯之子从训，伏卒数百人于漳南高鸡泊，围而杀之。彦祯奏云"为盗所杀"，朝廷不能诘。

光启元年春正月，秦宗权寇颍、亳，朱全忠败之于焦夷。

三月，秦宗权称帝，置百官。诏以武宁节度使时溥为蔡州四面行营兵马都统以讨之。

卢龙节度使李可举、成德节度使王镕恶李克用之强，而义武节度使王处存与克用亲善，为侄郕娶克用女。又，河北诸镇，惟义武尚属朝廷。可举等恐其窥伺山东，终为己患，乃相与谋曰："易、定，燕、赵之馀也。"约共灭处存而分其地，又说云中节度使赫连铎使攻克用之背。

我只请求朝廷下诏书削夺朱全忠的官职爵号,我亲自统领本道的军队讨伐他,不需要国家发放粮食和军饷。"僖宗不断地派遣杨复恭等人劝导抚慰李克用,说:"我深知您的冤屈,当前的事务正多,您暂且以顾全大局为重吧!"李克用对此事始终郁郁不平,心中不服气。当时藩镇之间相互攻打,朝廷不再为他们分辨谁是谁非。由于这样,各藩镇之间相互吞并,只看谁的力量大,大家都不向朝廷请示报告,也无所畏惧了。

八月,李克用向朝廷上奏,请求把麟州割让给河东节度使管辖,又上奏请求朝廷任命他的弟弟李克脩为昭义军节度使,朝廷批准了这两项要求。由于这样,昭义军分成了两个军镇。僖宗又加封李克用爵号为陇西郡王。李克用上奏,要求罢免云蔚防御使,把云蔚防御使下辖的云州、蔚州以及朔州依旧划归河东节度使管辖,朝廷依从了他的要求。

冬季十二月,义昌军节度使兼中书令王铎经过魏州,魏博军节度使乐彦祯的儿子乐从训,在漳南县高鸡泊那里埋伏士卒数百人,包围了王铎,把王铎杀了。事后,乐彦祯向朝廷上奏说:"王铎被盗贼杀了。"朝廷不敢查问。

光启元年(885)春季正月,秦宗权侵犯颍州、亳州,朱全忠在焦夷县打败了秦宗权。

三月,秦宗权宣称自己为皇帝,设置百官。僖宗任命武宁军节度使时溥担任蔡州四面行营兵马都统,让他率领军队去讨伐秦宗权。

卢龙军节度使李可举和成德军节度使王镕都憎恨李克用的强大,而义武军节度使王处存和李克用关系亲密友好,王处存为自己的侄儿王郜迎娶李克用的女儿为妻。另外,黄河以北各藩镇中,只有王处存统辖的义武军仍然服从朝廷的管辖。李可举等人担心他觊觎山东一带,最终成为自己的祸害,于是相互谋划联合消灭王处存的义武军,然后瓜分他的地盘,并且说:"易州、定州,原本就是古代燕国、赵国剩下来的地方。"李可举等人又联络劝说云中军节度使赫连铎,让他领兵从背后攻打李克用。

可举遣其将李全忠将兵六万攻易州,镕遣将将兵攻无极。处存告急于克用,克用遣其将康君立等将兵救之。

夏五月,卢龙兵攻易州,裨将刘仁恭穴地入城,遂克之。仁恭,深州人也。李克用自将救无极,败成德兵。成德兵退保新城,克用复进击,大破之,拔新城。成德兵走,追至九门,斩首万馀级。

卢龙兵既得易州,骄怠,王处存夜遣卒三千蒙羊皮造城下,卢龙兵以为羊也,争出掠之,处存奋击,大破之,复取易州,李全忠走。李全忠既丧师,恐获罪,收馀众还袭幽州。六月,李可举窘急,举族登楼自焚死,全忠自为留后。

秦宗权陷东都。

秋七月,以李全忠为卢龙留后。

乙巳,右补阙常濬上疏,以为:"陛下姑息藩镇太甚,是非功过,骈首并足,致天下纷纷若此,犹未之寤,岂可不念骆谷之艰危,复怀西顾之计乎!宜复振典刑以威四方。"田令孜之党言于上曰:"此疏传于藩镇,岂不致其猜忿!"庚戌,贬濬万州司户,寻赐死。

秦宗权攻邻道二十馀州,陷之。唯陈州距蔡百馀里,兵力甚弱,刺史赵犨日与宗权战,宗权不能屈。诏以犨为蔡州节度使。犨德朱全忠之援,与全忠结婚,凡全忠所调发,无不立至。

李可举派遣自己的将领李全忠带领六万军队去攻打易州,王镕派遣将领带兵去攻打无极县。王处存向李克用报告紧急情况,请求援助。李克用派遣他的将领康君立等人带领军队去援救王处存。

夏季五月,卢龙兵攻打易州,副将刘仁恭挖地道攻入易州城,于是攻下易州。刘仁恭是深州人。李克用亲自领兵援救无极县,打败了成德兵。成德兵撤退到新城县坚守。李克用领兵再次进攻,大破成德兵,夺下新城县。成德兵逃跑,李克用追击到九门县,斩杀成德兵一万多。

卢龙兵既已占领易州,骄傲麻痹,王处存派遣士卒三千人蒙着羊皮夜晚攻到易州城下,卢龙兵误认为是羊群,争相出城抢夺,王处存指挥士兵奋击,大破卢龙兵,重新夺回易州,李全忠逃跑了。李全忠既然丧失军队,担心被治罪惩处,就收集剩余军队回头袭击幽州。六月,李可举的处境困难而且危急,就带领全族人登楼自焚而死,李全忠自己宣称担任卢龙军留后。

秦宗权攻陷东都洛阳。

秋季七月,朝廷任命李全忠为卢龙军留后。

乙巳(二十三日),右补阙常濬上疏批评朝政,认为:“皇上对藩镇的宽容姑息太过分了,是非功过不分,全都齐头并足,没有差别,致使天下这样混乱,而皇上对此仍然没有醒悟,难道不应该想一想骆谷的艰难和危险,还抱有向西逃亡蜀中的打算吗!应该重新振兴纲纪和刑法,树立朝廷的威严统治四方。”田令孜的同党在僖宗面前说:“这份奏疏如果流传到藩镇中去,难道不导致他们猜疑忿恨?”庚戌(二十八日),僖宗把常濬贬为万州司户,不久下令赐死。

秦宗权攻打邻近各道,攻下二十馀州。只有陈州和蔡州相距一百馀里,而且兵力很弱,陈州刺史赵犨每天都与秦宗权交战,秦宗权无法让他屈服。僖宗下诏书任命赵犨为蔡州节度使。赵犨感激朱全忠的援救,与朱全忠结为婚姻亲戚。凡是朱全忠向他调遣征发,他无不立刻送到。

冬十月癸丑，秦宗权败朱全忠于八角。

二年秋七月，秦宗权陷许州。

八月，卢龙节度使李全忠薨，以其子匡威为留后。

九月，李克脩攻孟方立。甲午，擒其将吕臻于焦冈，拔故镇、武安、临洺、邯郸、沙河。以大将安金俊为邢州刺史。冬十月，李克脩攻邢州，不克而还。

十二月，秦宗权遣孙儒将兵攻陷郑州，进陷河阳，儒自称留后。

天平牙将朱瑾逐泰宁节度使齐克让，自称留后，朝廷因以瑾为泰宁节度使。

三年，秦宗权自以兵力十倍于朱全忠，而数为全忠所败，耻之，欲悉力以攻汴州。全忠患兵少，二月，以诸军都指挥使朱珍为淄州刺史，募兵于东道，期以初夏而还。

夏四月，朱珍至淄青旬日，应募者万馀人，又袭青州，获马千匹。辛亥，还，至大梁，朱全忠喜曰："吾事济矣！"时蔡人方寇汴州，其将张晊屯北郊，秦贤屯板桥，各有众数万，列三十六寨，连延二十馀里。全忠谓诸将曰："彼蓄锐休兵，方来击我，未知朱珍之至，谓吾兵少，畏怯自守而已，宜出其不意，先击之。"乃自引兵攻秦贤寨，士卒踊跃争先。贤不为备，连拔四寨，斩万馀级，蔡人大惊，以为神。

全忠又使牙将新野郭言募兵于河阳、陕、虢，得万馀人而还。

冬季十月癸丑(初二),秦宗权在浚仪县八角镇打败朱全忠。

二年(886)秋季七月,秦宗权攻下许州。

八月,卢龙节度使李全忠死去,朝廷任命他的儿子李匡威为卢龙军留后。

九月,李克脩攻打孟方立。甲午(十八日),李克脩在焦冈擒获了孟方立的将领吕臻,攻下了故镇、武安、临洺、邯郸、沙河等县。朝廷任命大将安金俊为邢州刺史。冬季十月,李克脩攻打邢州,没有攻下就返回了。

十二月,秦宗权派遣孙儒带兵攻下了郑州,孙儒又进军攻下河阳城,孙儒自称为留后。

天平军牙将朱瑾驱逐了泰宁军节度使齐克让,自称为泰宁军留后,朝廷随后任命朱瑾为泰宁军节度使。

三年(887),秦宗权自认为兵力比朱全忠多十倍,却多次被朱全忠打败,这件事使他感到耻辱,便打算出动全部的兵力去攻打汴州。朱全忠担心兵力少,二月,他任用诸军都指挥使朱珍为淄州刺史,让他到东道去募集兵士,限定在初夏能招募好兵士返回。

夏季四月,朱珍到淄青境内十天,应募当兵士的人有一万多人,朱珍又袭击青州,获得战马一千匹。辛亥(初八),朱珍返回到大梁,朱全忠高兴地说:"我的事业成功了!"当时蔡州节度使的军队正在侵犯汴州,他的将领张旺屯兵在北郊,秦贤屯兵在板桥,各有军队数万人,列成三十六寨,营寨连接绵延二十多里。朱全忠对众将领说:"他们休整兵力,养精蓄锐,则来攻击我们,还不知道朱珍的到来,认为我方兵少,畏惧胆怯,只能自我防守而已。我们现在应当出其不意,先下手攻击他们。"于是朱全忠亲自领兵攻打秦贤的营寨,士卒在攻战中踊跃争先。秦贤没有防备,被朱全忠接连拔除四个营寨,斩杀一万多首级,蔡州军队大惊,认为是神兵降临。

朱全忠又派牙将新野县人郭言到河阳府、陕州、虢州招募兵士,得到一万多人而返回。

蔡将卢瑭屯于万胜,夹汴水而军,以绝汴州运路,朱全忠乘雾袭之,掩杀殆尽。于是蔡兵皆徙就张晊,屯于赤岗。全忠复就击之,杀二万馀人。蔡人大惧,或军中自相惊,全忠乃还大梁,养兵休士。

五月丙子,朱全忠出击张晊,大破之。秦宗权闻之,自郑州引精兵会之。

朱全忠求救于兖、郓,朱瑄、朱瑾皆引兵赴之,义成军亦至。辛巳,全忠以四镇兵攻秦宗权于边孝村,大破之,斩首二万馀级。宗权宵遁,全忠追之,至阳武桥而还。全忠深德朱瑄,兄事之。蔡人之守东都、河阳、许、汝、怀、郑、陕、虢者,闻宗权败,皆弃去。宗权发郑州,孙儒发河阳,皆屠灭其人,焚其庐舍而去。宗权之势自是稍衰。

秋八月,朱全忠欲兼兖、郓,而以朱瑄兄弟有功于己,攻之无名,乃诬瑄招诱宣武军士,移书诮让。瑄复书不逊,全忠遣其将朱珍、葛从周袭曹州,壬子,拔之,杀刺史丘弘礼。又攻濮州,与兖、郓兵战于刘桥,杀数万人,朱瑄、朱瑾仅以身免。全忠与兖、郓始有隙。

九月,朱珍攻濮州,朱瑄遣弟罕将步骑万人救之。辛卯,朱全忠逆击罕于范,擒斩之。冬十月丁未,朱珍拔濮州,刺史朱裕奔郓。珍进兵攻郓,瑄使裕诈遗珍书,约为内应。

蔡州军队中的将领卢瑭屯兵驻在万胜镇，夹汴水两岸摆下军阵，以此断绝朱全忠的水上运输，朱全忠乘着天下大雾袭击这支军队，把他们几乎全部掩杀歼灭。于是蔡州军队都转移靠拢张晊的营寨，屯兵驻扎在赤岗。朱全忠重新乘势攻击他们，杀死二万多人。蔡州军队大为恐惧，有的人在军中自相惊吓。朱全忠这才领兵返回大梁，养兵休息。

五月丙子（初三），朱全忠领兵出击张晊的营寨，大破张晊的军队。秦宗权听到后，亲自带领精兵从郑州赶来会合援助张晊。

朱全忠向兖州、郓州节度使请求援救，朱瑄、朱瑾都带领军队赶来增援，义成军也赶来援助。辛巳（初八），朱全忠集中四镇兵力在边孝村攻打秦宗权，大败秦宗权的军队，斩杀二万多首级。秦宗权深夜偷偷逃跑，朱全忠领兵追击，一直追至阳武桥才返回。朱全忠十分感激朱瑄来援救，把他当作兄长对待。蔡州军队中驻守东都洛阳、河阳府、许州、汝州、怀州、郑州、陕州、虢州各地的士兵，听说秦宗权失败，都弃城离去。秦宗权从郑州出发，孙儒从河阳府出发，都屠杀了那里的人民，焚烧了那里的房屋庐舍而后离开。秦宗权的势力从此渐渐衰弱。

秋季八月，朱全忠打算吞并兖州、郓州，然而认为朱瑄兄弟二人援救汴州有功，突然出兵攻打他们，师出无名。于是就诬陷朱瑄招降引诱宣武军的兵士，写信责骂朱瑄。朱瑄回信不恭敬，朱全忠就派遣自己的将领朱珍、葛从周出兵袭击曹州，壬子（十一日），攻下了曹州，杀死刺史丘弘礼。接着又攻打濮州，在刘桥与兖州、郓州兵交战，杀死朱氏兄弟的军队数万人，朱瑄、朱瑾仅仅保住自身没有战死。朱全忠从此与兖州的朱瑄、郓州的朱瑾结下了怨仇。

九月，朱珍出兵攻打濮州，朱瑄派他的弟弟朱罕率领步兵、骑兵共一万人援救濮州。辛卯（二十一日），朱全忠出兵在濮州的范县迎击朱罕，捉住并杀了朱罕。冬季十月丁未（初七），朱珍攻下濮州，濮州刺史朱裕逃奔到郓州。朱珍进兵攻打郓州，朱瑄指使朱裕给朱珍写了一封假信，相约作为朱珍攻打郓州的内应。

珍夜引兵赴之，瑄开门纳汴军，闭而杀之，死者数千人，汴军乃退。瑄乘胜复取曹州，以其属郭词为刺史。

初，宣武都指挥使朱珍与排陈斩斫使李唐宾，勇略、功名略相当，全忠每战，使二人偕，往无不捷，然二人素不相下。珍使迎其妻于大梁，不白全忠，全忠怒，追还其妻，杀守门者，使亲吏蒋玄晖召珍，以唐宾代总其众。馆驿巡官冯翊敬翔谏曰："朱珍未易轻取，恐其猜惧生变。"全忠悔，使人追止之。珍果自疑。十一月丙子夜，珍置酒召诸将。唐宾疑其有异图，斩关奔大梁，珍亦弃军单骑继至。全忠两惜其才，皆不罪，遣还濮州，因引兵归。全忠多权数，将佐莫测其所为，惟敬翔能逆知之，往往助其所不及。全忠大悦，自恨得翔晚，凡军机、民政悉以咨之。

己亥，秦宗权陷郑州。

朝廷以淮南久乱，闰月，以朱全忠兼淮南节度使、东南面招讨使。

朱全忠以宣武行军司马李璠为淮南留后，遣牙将郭言将兵千人送之。感化节度使时溥自以于全忠为先进，官为都统，顾不得淮南，而全忠得之，意甚恨望。全忠以书假道于溥，溥不许。璠至泗州，溥以兵袭之，郭言力战得免而还。徐、汴始构怨。

朱珍夜间领兵赶到郓州,朱瑄大开郓州城门,让朱珍带领的汴州军队入城,然后关闭城门再砍杀,杀死几千人,汴州军队于是撤退。朱瑄乘胜重新夺取曹州,任用他的部下郭词为曹州刺史。

当初,宣武军都指挥使朱珍和排阵斩斫使李唐宾二人的勇敢、智谋、战功、声名都大致相当,朱全忠每次出战,都让二人一同前往,无不获胜告捷,然而这二人一贯不肯屈居对方之下。朱珍派人到大梁迎接自己的妻子到濮州,事先没有告诉朱全忠,朱全忠对此恼怒,派人追还他的妻子,杀了守门人,然后派亲近官吏蒋玄晖到濮州召命朱珍回大梁,任用李唐宾代替朱珍统领他的军队。馆驿巡官冯翊县人敬翔劝阻朱全忠说:"朱珍不能轻易让人取代,恐怕他会猜疑畏惧而要发生变乱。"朱全忠听了有些后悔,派人追上蒋玄晖让他停下来。朱珍果然开始疑心。十一月丙子(初七)夜晚,朱珍设酒宴召请各位将领。李唐宾怀疑他有叛变的意图,劈城门出城逃奔大梁,朱珍也丢下军队单身一人骑马跟着赶到大梁。朱全忠爱惜他们二人的才能,都没有治罪,派他们回濮州,随后带领兵马返回。朱全忠权术多变,身边的将领官吏没有人能预测他的所作所为,只有敬翔能够事先有所估计,并能拾遗补阙,把他考虑不周的地方补充周全。朱全忠大喜,遗憾得到敬翔太晚了,所有军机要务、民政大事都和敬翔商量计议。

己亥(三十日),秦宗权攻下郑州。

朝廷鉴于淮南地区长久动乱不止,在闰十一月,任命朱全忠兼领淮南节度使、东南面招讨使。

朱全忠任用宣武军行军司马李璠为淮南留后,并派遣牙将郭言带领一千士兵护送李璠到任。感化军节度使时溥自认为资格在朱全忠之前,现在身为都统官衔,反而不能管辖淮南地带,而让朱全忠得到了这一职务,心中十分怨恨。朱全忠写信给时溥,说明李璠取道赴任要经过他的辖境,时溥不答应。李璠到达泗州,时溥出兵袭击李璠,护送李璠的郭言率军拼力死战,才得以免死返回。从此时溥和朱全忠开始结下怨仇。

　　十二月癸巳，秦宗权所署山南东道留后赵德諲陷荆南，节度使张瓌，留其将王建肇守城而去，遗民才数百家。

　　文德元年春正月，蔡将石璠将万馀人寇陈、亳，朱全忠遣朱珍、葛从周将数千骑击擒之。癸亥，以全忠为蔡州四面行营都统，代时溥，诸镇兵皆受全忠节度。

　　二月，魏博节度使乐彦祯，骄泰不法，发六州民筑罗城，方八十里，人苦其役。其子从训，尤凶险，既杀王铎，魏人皆恶之。从训聚亡命五百馀人为亲兵，谓之子将，牙兵疑之，藉藉不安。从训惧，易服逃出，止于近县，彦祯因以为相州刺史。从训遣人至魏运甲兵、金帛，交错于路，牙兵益疑。彦祯惧，请避位，居龙兴寺为僧，众推都将赵文玠知留后事。从训引兵三万至城下，文玠不出战，众复杀之，推牙将贵乡罗弘信知留后事。弘信引兵出，与从训战，败之。从训收馀众保内黄，魏人围之。先是，朱全忠将讨蔡州，遣押牙雷邺以银万两请籴于魏，牙兵既逐彦祯，杀邺于馆。从训既败，乃求救于全忠。

　　初，河阳节度使李罕之与河南尹张全义刻臂为盟，相得欢甚。罕之勇而无谋，性复贪暴，意轻全义，闻其勤俭力穑，笑曰："此田舍一夫耳！"全义闻之，不以为忤。罕之屡求谷帛，全义皆与之。而罕之征求无厌，河南不能给，小不如所欲，

十二月癸巳（二十五日），秦宗权所署置的山南东道留后赵德谭攻克荆南，荆南节度使张瓌留下他的将领王建肇守城，自己领兵离去。荆南城中遗留居民才数百家。

文德元年（888）春季正月，蔡州将领石璠率领军队一万多人侵犯陈州、亳州，朱全忠派朱珍、葛从周率领数千骑兵出击并擒获了石璠。癸亥（二十五日），朝廷任命朱全忠为蔡州四面行营都统，取代时溥，各藩镇兵马都要接受朱全忠指挥调遣。

二月，魏博节度使乐彦祯骄横不守法度，征发魏、博、贝、相、澶、卫六州民力，在魏州城外修筑环绕小城，方圆八十里，人们劳苦不堪。乐彦祯的儿子乐从训尤其凶狠险恶，自从杀了王铎之后，魏州人都憎恨他。乐从训聚集五百多名亡命徒作为自己的亲兵，称这支亲兵为"子将"，魏州牙兵对此有疑虑，喧闹不安。乐从训害怕，改换衣服乔装逃出，停留在附近的属县，乐彦祯就便任用乐从训为相州刺史。乐从训派人到魏州搬运铠甲兵器、金钱布帛，运送的人在路途交错不断，牙兵更加疑虑。乐彦祯害怕，请求离位，住在龙兴寺做和尚，大家推选都将赵文玠主持留后事务。乐从训领兵三万来到魏州城下，赵文玠不肯出战，大家又把他杀了，重新推举牙将贵乡县人罗弘信主持留后事务。罗弘信领兵出城与乐从训交战，打败了乐从训。乐从训收集馀下的军队退到内黄县保守，魏州兵包围了内黄县。此前，朱全忠将要讨伐蔡州，派押牙雷邺携带银两一万到魏州来购买粮食。牙兵驱逐乐彦祯之后，在馆舍中杀了雷邺。乐从训既已战败，于是向朱全忠求救。

当初，河阳节度使李罕之和河南尹张全义两个人刺臂结盟，彼此相处很投机，交往十分欢快。李罕之勇猛但没有谋略，性情又贪婪残暴，心中轻视张全义。他听说张全义勤恳节俭注重农耕，就讥笑他说："这人是田间的一个农夫罢了！"张全义听他这样说，并没有因此和他计较、发生冲撞。李罕之多次向张全义求索粮食和布帛，张全义都给了他。然而李罕之的索要没有满足的时候，河南已经无力供给，可是稍略不能满足李罕之的要求，

辄械河南主吏至河阳杖之,河南将佐皆愤怒。全义曰:"李太傅所求,奈何不与!"竭力奉之,状若畏之者,罕之益骄。罕之所部不耕稼,专以剽掠为资,啖人为粮,至是悉其众攻绛州,绛州刺史王友遇降之。进攻晋州,护国节度使王重盈密结全义以图之。全义潜发屯兵,夜,乘虚袭河阳,黎明,入三城,罕之逾垣步走,全义尽俘其家,遂兼领河阳节度使。罕之奔泽州,求救于李克用。

三月,朱全忠裹粮于宋州,将讨秦宗权。会乐从训来告急,乃移军屯滑州,遣都押牙李唐宾等将步骑三万攻蔡州,遣都指挥使朱珍等分兵救乐从训。自白马济河,下黎阳、临河、李固三镇,进至内黄,败魏军万馀人,获其将周儒等十人。

李克用以其将康君立为南面招讨使,督李存孝、薛阿檀、史俨、安金俊、安休休五将、骑七千,助李罕之攻河阳。张全义婴城自守,城中食尽,求救于朱全忠,以妻子为质。夏四月,朱全忠遣其将丁会、葛从周、牛存节将兵数万救河阳。李存孝令李罕之以步兵攻城,自帅骑兵逆战于温,河东军败,安休休惧罪,奔蔡州。汴人分兵欲断太行路,康君立等惧,引兵还。全忠表丁会为河阳留后,复以张全义为河南尹。会,寿春人;存节,博昌人也。全义德全忠出己,由是尽心附之,全忠每出战,全义主给其粮仗无乏。

他就锁拿河南的地方官吏带到河阳用棍棒拷打,河南将领和官吏都愤慨怨怒。张全义说:"李太傅所求取的东西,怎么能不给?"他仍竭力供给他,外表好像是很畏惧他的样子,李罕之因此更加骄横。李罕之所统领的部下不耕种庄稼,专门以打杀抢劫搜刮资财,以人肉为粮食。到这时,他带领全部军队攻打绛州,绛州刺史王友遇投降了他。李罕之又进兵攻打晋州,护国节度使王重盈秘密联结张全义图谋消灭李罕之。张全义暗暗调发驻军,夜间乘虚袭击河阳,天亮时,他的军队已进入河阳三座城,李罕之翻越矮墙徒步逃跑,张全义俘虏了他的全部家人,于是兼领河阳节度使。李罕之逃奔泽州,向李克用求救。

三月,朱全忠在宋州裹带粮食,将要攻打秦宗权。正赶上乐从训来报告紧急情况,请求援救。朱全忠于是把军队调往滑州驻扎,派遣都押牙李唐宾等人率领步兵、骑兵共计三万人马攻打蔡州,派遣都指挥使朱珍等人分出一部分军队去救乐从训。朱珍从白马津渡过黄河,接连攻下黎阳、临河、李固三个镇,接着进兵到达内黄县,战败魏州军队一万馀人,抓获了他们的将领周儒等十人。

李克用任用他的将领康君立为南面招讨使,督率李存孝、薛阿檀、史俨、安金俊、安休休五员将领,带领七千名骑兵去救助李罕之,攻打河阳。张全义据城自守,河阳城中粮食没有了,张全义向朱全忠求救,用自己的妻子儿子作为人质抵押。夏季四月,朱全忠派遣他的将领丁会、葛从周、牛存节率领数万人的军队去援救河阳。李存孝命令李罕之带领步兵去攻打河阳城,自己则统领骑兵到温县迎战,河东军被打败,安休休害怕被李克用治罪,于是投奔蔡州。朱全忠分派汴州来的援军准备前去截断太行山山道,康君立等人害怕,领兵返回。朱全忠上表推荐丁会为河阳留后,重新任用张全义为河南尹。丁会是寿春人,牛存节是博昌县人。张全义感激朱全忠救出自己,由此尽心尽意地归附朱全忠,朱全忠每次出战,张全义负责供给他粮食和兵器,没有缺乏过。

李罕之为泽州刺史,领河阳节度使。罕之留其子颀事克用,身还泽州,专以寇钞为事,自怀、孟、晋、绛数百里间,州无刺史,县无令长,田无麦禾,邑无烟火者,殆将十年。河中、绛州之间有摩云山,绝高,民保聚其上,寇盗莫能近,罕之攻拔之,时人谓之“李摩云”。

乐从训移军洹水,罗弘信遣其将程公信击从训,斩之,与父彦祯皆枭首军门。癸巳,遣使以厚币犒全忠军,请修好,全忠乃召军还。诏以罗弘信权知魏博留后。

加李克用兼侍中。五月己亥,加朱全忠兼侍中。

赵德諲既失荆南,且度秦宗权必败,壬寅,举山南东道来降,且自托于朱全忠。全忠表请以德諲自副,制以山南东道为忠义军,以德諲为节度使,充蔡州四面行营副都统。

朱全忠既得洛、孟,无西顾之忧,乃大发兵击秦宗权,大破宗权于蔡州之南,克北关门。宗权退守中州,全忠分诸将为二十八寨以环之。

六月,置佑国军于河南府,以张全义为节度使。

秋七月,李罕之引河东兵寇河阳,丁会击却之。
以权知魏博留后罗弘信为节度使。
八月戊辰,朱全忠拔蔡州南城。九月,朱全忠以馈运不继,且秦宗权残破不足忧,引兵还。丙申,遣朱珍将兵五

李罕之被李克用任为泽州刺史，兼任河阳节度使。李罕之留下自己的儿子李颀侍奉李克用，自己回到泽州，专门在外面侵扰抢劫，从怀州到孟州、晋州、绛州数百里之间，州府没有刺史，县没有县令县长，田野里没有谷麦庄稼，城镇没有做饭的烟火，这种现象大致持续近十年。在河中到绛州之间有一座摩云山，山高而且陡峭，当地人民聚集在山上，强盗寇贼没有人能够靠近这座山，李罕之进攻并攻下了这座山，当时人称他为"李摩云"。

乐从训带领军队转移到洹水县，罗弘信派遣自己的将领程公信追击乐从训，将乐从训斩首，与他的父亲乐彦祯一起，都把人头悬挂在军门示众。癸巳（二十六日），罗弘信派人带着丰厚的礼物犒赏朱全忠的军队，请求与他们和好，朱全忠于是召令自己的军队回营。朝廷下诏，任命罗弘信代理魏博军留后。

朝廷加封李克用兼任侍中。五月己亥（初三），朝廷加封朱全忠兼任侍中。

赵德谭既已丢失荆南，而且预计秦宗权最后必然失败，壬寅（初六），便率领山南东道全部人马投降朝廷，并且主动取得朱全忠的庇护。朱全忠向朝廷上表请求任用赵德谭作为自己的副将。朝廷下制书，宣布山南东道为忠义军，任命赵德谭为节度使，同时充任蔡州四面行营副都统。

朱全忠既已占领了洛州、孟州，西边的战事不再有忧虑，于是大规模发动军队攻击秦宗权，在蔡州之南大败秦宗权，攻下了蔡州的北关门。秦宗权撤退到中州据守，朱全忠分别派出各位将领带领军队围绕中州城建立二十八个营寨。

六月，朝廷在河南府建置佑国军，任命张全义为佑国军节度使。

秋季七月，李罕之带领河东兵侵犯河阳，丁会领兵把他击退。

朝廷任命代理魏博军留后罗弘信为节度使。

八月戊辰（初三），朱全忠攻下蔡州南城。九月，朱全忠因为粮食运输接应不上，而且认为秦宗权已经被打得衰残破败，不值得忧虑，便率军队返回。丙申（初二），朱全忠派朱珍带领军队五

千送楚州刺史刘瓒之官。冬十月,徐兵邀朱珍、刘瓒不听前。珍等击之,取沛、滕二县,斩获万计。

孟方立遣其将奚忠信将兵袭辽州,李克脩邀击,擒之。

十一月,时溥自将步骑七万屯吴康镇,朱珍与战,大破之。朱全忠又遣别将攻宿州,刺史张友降之。

丙申,秦宗权别将攻陷许州,执忠武留后王蕴,复取许州。

十二月,蔡将申丛执宗权,折其足而囚之,降于全忠。全忠表丛为蔡州留后。

昭宗龙纪元年春正月,汴将庞师古拔宿迁,军于吕梁,时溥逆战,大败,还保彭城。

壬子,蔡将郭璠杀申丛,送秦宗权于汴,告朱全忠,云丛谋复立宗权。全忠以璠为淮西留后。

二月,朱全忠送秦宗权至京师,斩于独柳。京兆尹孙揆监刑,宗权于槛车中引首谓揆曰:“尚书察宗权岂反者邪?但输忠不效耳。”观者皆笑。揆,逖之族孙也。

三月,加朱全忠兼中书令,进爵东平郡王。全忠既克蔡州,军势益盛。加奉国节度使赵德𬤇中书令。加蔡州节度使赵犨同平章事,充忠武节度使,以陈州为治所。

夏五月,李克用大发兵,遣李罕之、李存孝攻孟方立。六月,拔磁、洺二州。方立遣大将马溉、袁奉韬将兵数万拒之,

千人护送楚州刺史刘瓒到治所赴任。冬季十月,徐州节度使派兵拦击朱珍、刘瓒,不允许他们继续前进。朱珍等人出兵还击他们,夺下沛、滕二县,斩杀、俘虏一万多人。

孟方立派他的将领奚忠信带领军队袭击辽州,李克脩出兵截击,擒获了奚忠信。

十一月,徐州时溥亲自率领步兵、骑兵共七万人马驻扎吴康镇,朱珍出兵和他交战,把时溥的军队打得大败。朱全忠又派别部将领带兵攻打宿州,宿州刺史张友投降朱全忠。

丙申(初三),秦宗权派别部将领攻下许州,捉住忠武军留后王蕴,重新夺取了许州。

十二月,蔡州军中将领申丛捉住秦宗权,打断了他的脚,把他囚禁起来,然后向朱全忠投降。朱全忠向朝廷上表,推荐申丛担任蔡州留后。

唐昭宗龙纪元年(889)春季正月,汴州军中将领庞师古攻下宿迁县,然后在吕梁安营扎寨,时溥出兵迎战,被打得大败,退回彭城防守。

壬子(二十日),蔡州将领郭璠杀死申丛,把秦宗权送往汴州,向朱全忠报告,说申丛谋划重新扶立秦宗权。朱全忠任用郭璠为淮西留后。

二月,朱全忠把秦宗权送到京城,朝廷在独柳将秦宗权斩首。京兆尹孙揆负责监斩,秦宗权在囚车中伸头对孙揆说:"孙尚书看看我秦宗权难道是那种反叛的人吗?只是献纳忠心没能实现罢了。"观看的人们都笑了。孙揆是孙逖宗族中的孙辈。

三月,朝廷加拜朱全忠兼任中书令,为他进封爵号为东平郡王。朱全忠既已攻下蔡州,军队的势力更加强盛起来。朝廷加拜奉国军节度使赵德諲为中书令。朝廷加拜蔡州节度使赵犨为同平章事,充任忠武军节度使,把陈州作为忠武军治所。

夏季五月,李克用大规模出动了军队,派遣他的将领李罕之、李存孝领兵攻打孟方立。六月,他们攻下了磁、洺二州。孟方立派遣大将马溉、袁奉韬率领军队数万人抵抗李克用的军队,

战于琉璃陂，方立兵大败，二将皆为所擒，克用乘胜进攻邢州。方立性猜忌，诸将多怨，至是皆不为方立用，方立惭惧，饮药死。弟摄洺州刺史迁，素得士心，众奉之为留后，求援于朱全忠。全忠假道于魏博，罗弘信不许，全忠乃遣大将王虔裕将精甲数百，间道入邢州共守。

朱珍拔萧县，据之，与时溥相拒，朱全忠欲自往临之。珍命诸军皆葺马厩，李唐宾部将严郊独惰慢，军吏责之，唐宾怒，见珍诉之。珍亦怒，以唐宾为无礼，拔剑斩之，遣骑白全忠，云唐宾谋叛。淮南左司马敬翔，恐全忠乘怒，仓猝处置违宜，故留使者，逮夜，然后从容白之，全忠果大惊。翔因为画策，诈收唐宾妻子系狱，遣骑往慰抚，全忠从之，军中始安。秋七月，全忠如萧县，未至，珍出迎，命武士执之，责以专杀而诛之。诸将霍存等数十人叩头为之请，全忠怒，以床掷之，乃退。丁未，至萧县，以庞师古代珍为都指挥使。八月丙子，全忠进攻时溥壁，会大雨，引兵还。

大顺元年春正月，李克用急攻邢州，孟迁食竭力尽，执王虔裕及汴兵以降。克用以安金俊为邢洺团练使。

二月，李克用将兵攻云州防御使赫连铎，克其东城。铎求救于卢龙节度使李匡威，匡威将兵三万赴之。

双方在琉璃陂交战，孟方立的军队被打得大败，马溉、袁奉韬二将都被对方擒获。李克用乘胜进攻邢州。孟方立天性喜好猜疑忌妒别人，下面各将领大多怨恨他，到了现在战事危急的时候，大家都不愿为他出力。孟方立惭愧害怕，饮药自杀。孟方立的弟弟孟迁担任代理洺州刺史，平常赢得士卒的拥护，大家推举尊奉他为昭义军留后，然后向朱全忠请求援助。朱全忠出兵援助孟迁，援军要借路经过魏博镇，罗弘信不答应，朱全忠于是派大将王虔裕带领精兵数百人，从小道进入邢州与孟迁共同防守。

朱珍攻打并占据了萧县，与时溥军队对峙，朱全忠打算亲自到萧县来指挥。朱珍命令各军都修整马棚。李唐宾的部将严郊偏偏懒惰怠慢，军中官吏责备他，李唐宾发怒，去见朱珍诉说这件事。朱珍也发怒，认为李唐宾无理，拔剑斩了李唐宾，派遣骑兵把事情告诉朱全忠，说李唐宾谋反。淮南左司马敬翔担心朱全忠一怒之下，仓促处置有失妥善，特意留下朱珍派来送信的使者，直到夜晚，然后从容地把事情告诉朱全忠，朱全忠听后果然大惊。敬翔乘势帮助朱全忠出谋划策，假称收捕李唐宾的妻子、子女下狱，派遣骑兵到萧县前线安抚朱珍。朱全忠听从了敬翔的计策，军中才得以安定。秋季七月，朱全忠前往萧县，还未到达，朱珍出来迎接，朱全忠命令武士将朱珍拿下，责备他擅自杀人而应当处死。众将领中霍存等数十人向朱全忠叩头，请求宽恕朱珍，朱全忠发怒，随手用坐具掷向他们，他们这才退下。丁未（十七日），朱全忠到达萧县，任用庞师古代替朱珍为都指挥使。八月丙子（十七日），朱全忠指挥军队进攻时溥的营垒，恰逢大雨，朱全忠引兵回到萧县。

大顺元年（890）春季正月，李克用快速攻打邢州，孟迁粮食断绝兵力消耗完了，便捉住王虔裕及汴州兵投降李克用。李克用任用安金俊为邢洺二州团练使。

二月，李克用带兵攻打云州防御使赫连铎，攻下了他的东城。赫连铎向卢龙节度使李匡威求救，李匡威率军三万来援助。

丙子,邢洺团练使安金俊中流矢死,河东万胜军申信叛降于铎。会幽州军至,克用引还。

时溥求救于河东,李克用遣其将石君和将五百骑赴之。

李克用巡潞州,以供具不厚,怒昭义节度使李克脩,诟而笞之。克脩惭愤成疾,三月,薨。克用表其弟决胜军使克恭为昭义留后。

夏四月,宿州将张筠逐刺史张绍光,附于时溥,朱全忠帅诸军讨之。溥出兵掠砀山,全忠遣牙内都指挥使朱友裕击之,杀三千馀人,擒石君和。友裕,全忠之子也。

赫连铎、李匡威请讨李克用。朱全忠亦上言:"克用终为国患,今因其败,臣请帅汴、滑、孟三军,与河北三镇共除之。乞朝廷命大臣为统帅。"

初,张濬因杨复恭以进,复恭中废,更附田令孜而薄复恭。及复恭再用事,深恨之。上知濬与复恭有隙,特亲倚之。濬亦以功名为己任,每自比谢安、裴度。克用之讨黄巢屯河中也,濬为都统判官。克用薄其为人,闻其作相,私谓诏使曰:"张公好虚谈而无实用,倾覆之士也。主上采其名而用之,他日交乱天下,必是人也。"濬闻而衔之。上从容与濬论古今治乱,濬曰:"陛下英睿如此,而中外制于强臣,此臣日夜

丙子(二十日),邢洺团练使安金俊在战斗中身中流箭而死,河东军方面万胜军中申信叛变李克用投降赫连铎。恰逢幽州援军赶到,李克用就带领军队返回。

时溥向河东节度使请求援救,李克用派他的将领石君和率领骑兵五百骑兵前往救急。

李克用巡察潞州,认为潞州昭义军节度使李克脩供给他的酒食不丰厚,十分恼怒,便辱骂鞭打李克脩。李克脩惭愧愤恨以至生了重病,三月,李克脩死去。李克用上表推荐李克脩的弟弟李克恭担任昭义军留后,李克恭原是决胜军使。

夏季四月,宿州将领张筠赶走了宿州刺史张绍光,归附于时溥,朱全忠统领各路军队讨伐宿州。时溥出兵掳掠砀山县,朱全忠派遣牙内都指挥使朱友裕领兵出击时溥,杀死时溥军三千余人,并擒获了李克用派来援救时溥的将领石君和。朱友裕是朱全忠的儿子。

赫连铎、李匡威二人向朝廷请求讨伐李克用。朱全忠也向朝廷提议说:"李克用最终要成为国家的祸害,现在乘他失败,我请求统领汴州、滑州、孟州三军与河北三个藩镇的军队共同消灭他。请求朝廷任命大臣作为这次行动的统帅。"

当初,张濬通过杨复恭而升官,杨复恭中途失去势力,张濬便改为依附田令孜而冷淡了杨复恭。等到杨复恭重新受到重用后,心中非常忌恨张濬。昭宗皇帝明白张濬与杨复恭之间有嫌隙,便特别亲近并倚靠重视张濬。张濬也以建立功劳声名作为自己的大任,经常自比为历史上的名相谢安、裴度。李克用讨伐黄巢时,大军驻扎在河中,张濬当时是军中都统判官。李克用轻视张濬的人品,听说他当了宰相,便在私下里对传达皇帝诏令的使者说:"张公喜欢空谈而没有实际用处,是一个败毁颠覆国家的人。皇上听信他的虚名而重用他,将来搞乱天下的人,一定就是他。"张濬听到这些话,便内心怀恨李克用。昭宗皇帝从容地与张濬谈论古今治乱的历史经验,张濬说:"皇上如此英明智慧,而内外朝政大事都要受到藩镇强臣的控制,这是我日夜思虑

所痛心疾首也。"上问以当今所急,对曰:"莫若强兵以服天下。"上于是广募兵于京师,至十万人。

及全忠等请讨克用,上命三省、御史台四品以上议之,以为不可者什六七,杜让能、刘崇望亦以为不可。濬欲倚外势以挤杨复恭,乃曰:"先帝再幸山南,沙陀所为也。臣常虑其与河朔相表里,致朝廷不能制。今两河藩镇共请讨之,此千载一时。但乞陛下付臣兵柄,旬月可平。失今不取,后悔无及。"孔纬曰:"濬言是也。"复恭曰:"先朝播迁,虽藩镇跋扈,亦由居中之臣措置未得其宜。今宗庙甫安,不宜更造兵端。"上曰:"克用有兴复大功,今乘其危而攻之,天下其谓我何?"纬曰:"陛下所言,一时之体也;张濬所言,万世之利也。昨计用兵、馈运、犒赏之费,一二年间未至匮乏,在陛下断志行之耳。"上以二相言叶,俛俛从之,曰:"兹事今付卿二人,无贻朕羞!"

五月,诏削夺克用官爵、属籍,以濬为河东行营都招讨制置宣慰使,京兆尹孙揆副之,以镇国节度使韩建为都虞候兼供军粮料使,以朱全忠为南面招讨使,王镕为东面招讨使,李匡威为北面招讨使,赫连铎副之。

所感到痛心疾首的事情。"昭宗向他询问当今最急的事务应当抓什么,张濬回答说:"没有比建立朝廷自己的强兵来制服天下更重要紧急的事情了。"于是,昭宗在京师广泛招募兵士,直至有了十万人的军队。

等到朱全忠等人向朝廷请求讨伐李克用时,昭宗命令三省和御史台四品以上的官员一起来议论这件事情,认为不能兴兵攻打李克用的官员占十分之六七,宰相杜让能、刘崇望二人也认为不能兴兵。张濬打算依靠外地藩镇的势力来排挤杨复恭,便发言说:"先帝再次逃到山南,是当时的沙陀族人李克用起兵逼迫的结果。我常常忧虑他与河朔的藩镇互相勾结,内外呼应,导致朝廷不能控制。现在两河地区的藩镇都要求共同讨伐他,这真是千载难逢的一个好时机。只请求皇上交付给我统领兵马的大权,大约在一个月的时间内就可以平定。失去现在的机会不抓住,将来后悔都来不及了。"宰相孔纬说:"张濬说的话是对的。"杨复恭发言说:"先朝皇帝流亡迁徙,虽然与藩镇势力骄横跋扈有关,但位居中央的大臣制定对策、处理问题不妥善也是一个原因。现在国家刚刚安定,不适合再挑起兵争。"昭宗说:"李克用有平定黄巢兴复国家的大功,现在乘他危难的时候去攻打他,天下人将怎样评论我呢?"孔纬说:"皇上所说的话,属于一时间的体察念及;张濬所说的话,是对世世代代长久有利的。昨天我们计算了用兵所需要运送的物资、犒赏军队的费用,一二年间都不至于缺乏。现在的关键在于皇上要当机立断举兵讨伐了。"昭宗因张濬和孔纬两位宰相的说法一致,便依从了他们的意见,勉励说:"这件事情现在交付你们二人处理,不要给朕留下羞辱!"

五月,昭宗下诏,削夺李克用的官职、爵号,以及赐姓李氏的皇室属籍,任命张濬为河东行营都招讨、制置、宣慰使,京兆尹孙揆担任张濬的副手。任命镇国军节度使韩建为都虞候兼供军粮料使,任命朱全忠为南面招讨使,任命王镕为东面招讨使,任命李匡威为北面招讨使,任命赫连铎为北面招讨副使。

潘奏给事中牛徽为行营判官,徽曰:"国家以丧乱之
馀,欲为英武之举,横挑强寇,离诸侯心,吾见其颠沛也!"
遂以衰疾固辞。徽,僧孺之孙也。

李克恭骄恣不晓军事,潞人素乐李克脩之简俭,且死
非其罪,潞人怜之,由是将士离心。初,潞人叛孟氏,牙将
安居受等召河东兵以取潞州,及孟迁以邢、洺、磁州归李克
用,克用宠任之,以迁为军城都虞候,群从皆补右职,居受
等咸怨且惧。

昭义有精兵,号"后院将"。克用既得三州,将图河朔,
令李克恭选后院将尤骄勇者五百人送晋阳,潞人惜之。克
恭遣牙将李元审及小校冯霸部送晋阳,至铜鞮,霸劫其众
以叛,循山而南,至于沁水,众已三千人。李元审击之,为
霸所伤,归于潞。庚子,克恭就元审所馆视之,安居受帅其
党作乱,攻而焚之,克恭、元审皆死。众推居受为留后,附
于朱全忠。居受使召冯霸,不至。居受惧,出走,为野人所
杀。霸引兵入潞,自为留后。时朝廷方讨克用,闻克恭死,
朝臣皆贺。全忠遣河阳留后朱崇节将兵入潞州,权知留
后。克用遣康君立、李存孝将兵围之。

壬子,张潘帅诸军五十二都及邠、宁、鄜、夏杂虏合
五万人发京师,上御安喜楼饯之。潘屏左右言于上曰:

张濬上奏举荐给事中牛徽为行营判官,牛徽说:"国家处在丧亡动乱的残存之际,想要做出英明神武的壮举,无端去招惹强寇李克用,离间藩镇将领和朝廷之间的感情,我看国家又要动乱不安了!"牛徽于是以身体衰弱有病为理由坚决拒绝担任行营判官。牛徽是牛僧儒的孙子。

李克恭为人骄傲放肆,不懂得军事,潞州人平常喜欢李克脩简朴节俭的作风,而且认为他遭受不应有的罪过而死,所以潞州人都同情他。由于这些原因,将士们产生了背离的念头。起初,潞州人背叛孟方立时,牙将安居受等人召请河东节度使派兵帮助夺取潞州。等到孟迁献上邢州、洺州、磁州归降李克用时,李克用宠爱信任孟迁,任用孟迁担任军城都虞候,周围跟从他的人都被补受为要职,安居受等人对此都怨恨而且惧怕。

昭义军中有一支精兵号为"后院将"。李克用得到邢、洺、磁三州之后,准备进一步占领河朔地区,便命令李克恭从后院将中挑选最勇猛的五百名士兵送到晋阳来,潞州人很惋惜少了这五百人。李克恭派牙将李元审以及小校冯霸把他们成批送往晋阳,途中到达铜鞮县时,冯霸劫持这五百人叛变,沿山路向南逃,行至沁水县,跟随的队伍已经增加到三千人。李元审攻击他们,被冯霸打伤,返回潞州。庚子(十五日),李克恭到李元审的馆舍看望李元审的伤势,安居受统领他的同党发动叛乱,攻打李元审的馆舍,放火烧了馆舍,李克恭和李元审都在这次叛乱中身死。大家推举安居受为潞州留后,并且归附朱全忠。安居受派人召回冯霸,冯霸不回来。安居受害怕,离开潞州出逃,在途中被乡下人杀死。冯霸带领军队进入潞州,自己宣布为潞州留后。当时朝廷正在部署讨伐李克用,听说李克恭已死,朝廷的大臣们都表示庆贺。朱全忠派河阳留后朱崇节率领军队进入潞州,代理潞州留后事务。李克用派康君立和李存孝率领军队包围了潞州。

壬子(二十七日),张濬统领诸路军队五十二都,以及邠州、宁州、鄜州、夏州等地来的各种少数族兵,合计五万人从京师出发,昭宗到安喜楼设宴为他们饯行。张濬屏开左右,和昭宗说:

"俟臣先除外忧,然后为陛下除内患。"杨复恭窃听,闻之。两军中尉饯潏于长乐坂,复恭属潏酒,潏辞以醉,复恭戏之曰:"相公杖钺专征,作态邪?"潏曰:"俟平贼还,方见作态耳!"复恭益忌之。

癸丑,削夺李罕之官爵。六月,以孙揆为昭义节度使,充招讨副使。

张潏会宣武、镇国、静难、凤翔、保大、定难诸军于晋州。

秋七月,官军至阴地关,朱全忠遣骁将葛从周将千骑潜自壶关夜抵潞州,犯围入城。又遣别将李谠、李重胤、邓季筠将兵攻李罕之于泽州,又遣张全义、朱友裕军于泽州之北,为从周应援。季筠,下邑人也。全忠奏:臣已遣兵守潞州,请孙揆赴镇。张潏亦恐昭义遂为汴人所据,分兵二千,使揆将之趣潞州。

八月乙丑,揆发晋州,李存孝闻之,以三百骑伏于长子西谷中。揆建牙杖节,褒衣大盖,拥众而行。存孝突出,擒揆及赐旌节中使韩归范、牙兵五百馀人,追击馀众于刁黄岭,尽杀之。存孝械揆及归范,绁以素练,徇于潞州城下曰:"朝廷以孙尚书为潞帅,命韩天使赐旌节,葛仆射可速归大梁,令尚书视事。"遂绁以献于克用。克用囚之,既而

"等我先去扫除外面藩镇的忧患，然后再为皇上清除朝廷中的内患。"杨复恭偷听到了这些话。两军中尉在长安城东的长乐坂为张濬饯行，杨复恭向张濬劝酒，张濬推说已经喝醉了，杨复恭和他开玩笑说："张相公拿着皇上交给你的斧钺，专门指挥这次远征，现在是佯装故作姿态吗？"张濬说："等到平定贼军回来，才能看到我故作姿态。"杨复恭更加忌恨他。

癸丑（二十八日），朝廷宣布削除李罕之的官职爵位。六月，朝廷任命孙揆为昭义节度使，充任招讨副使。

张濬和宣武、镇国、静难、凤翔、保大、定难诸路节度使大军在晋州会师。

秋季七月，唐朝攻打李克用的官军到达汾州灵石县的阴地关，朱全忠派遣猛将葛从周率军一千骑兵暗暗从壶关向潞州进发，夜间抵达潞州城下，冲破李克用的包围圈进入潞州城内。朱全忠又派别部将领李谠、李重胤、邓季筠率领军队到泽州攻打李罕之，又派张全义、朱友裕率军到泽州北面驻扎，作为葛从周的应援。邓季筠是下邑县人。朱全忠向上奏报："我已经派兵守卫潞州，请命令孙揆到藩镇去赴任。"张濬也担心昭义军军镇会被朱全忠的军队占据控制，因而分出军队二千人，让孙揆率领二千人奔向潞州。

八月乙丑（十二日），孙揆从晋州出发，李存孝探听到这一消息，派三百骑兵在长子县西谷中埋伏。孙揆打着昭义节度使的建牙大旗，穿着宽大鲜亮的节度使官服，打着清凉伞，在兵马簇拥下前进。李存孝率领骑兵突然冲出，擒获孙揆，连同昭宗委派的赐旌节中使韩归范和牙兵五百馀人也被擒获。李存孝又追击其馀人马，追至刁黄岭，把其馀人马全部杀死。李存孝用械具锁住孙揆和韩归范，又用白绸带把二人捆绑起来，带到潞州城下示众，并向城内葛从周喊话说："朝廷任命孙揆尚书为潞州的节帅，命宦官韩归范专程来颁赐旌旗和符节，仆射葛从周可以马上返回大梁，让孙尚书进城就职主持事务。"于是，李存孝把孙揆和韩归范绑起来献给李克用。李克用把这二人囚禁了起来，之后

使人诱之,欲以为河东副使,揆曰:"吾天子大臣,兵败而死,分也,岂能复事镇使邪!"克用怒,命以锯锯之,锯不能入。揆骂曰:"死狗奴!锯人当用板夹,汝岂知邪!"乃以板夹之,至死,骂不绝声。

李罕之告急于李克用,克用遣存孝将五千骑救之。

九月壬寅,朱全忠军于河阳。汴军之初围泽州也,呼李罕之曰:"相公每恃河东,轻绝当道。今张相公围太原,葛仆射入潞府,旬日之间,沙陀无穴自藏,相公何路求生邪!"及李存孝至,选精骑五百,绕汴寨呼曰:"我,沙陀之求穴者也,欲得尔肉以饱士卒,可令肥者出斗!"汴将邓季筠,亦骁将也,引兵出战,存孝生擒之。是夕,李谠、李重胤收众遁去,存孝、罕之随而击之,至马牢山,大破之,斩获万计,追至怀州而还。存孝复引兵攻潞州,葛从周、朱崇节弃潞州而归。戊申,全忠庭责诸将桡败之罪,斩李谠、李重胤而还。

李克用以康君立为昭义留后,李存孝为汾州刺史。存孝自谓擒孙揆功大,当镇昭义,而君立得之,愤恚不食者数日,纵意刑杀,始有叛克用之志。

李匡威攻蔚州,虏其刺史邢善益,赫连铎引吐蕃、黠戛斯众数万攻遮虏军,杀其军使刘胡子。克用遣其将李存信击之,

又派人劝诱他们，打算任用孙揆为河东节度副使。孙揆说："我是天子任命的大臣，现在战败而死，是应该的。怎么能重新来侍奉你这个节度使呢！"李克用发怒，命人用锯子来锯孙揆，可是锯不进去。孙揆骂他们说："死狗奴！锯人应当用木板夹起来，你们难道不晓得吗？"于是用木板把孙揆夹住，一直到死，孙揆骂不绝声。

李罕之向李克用请求紧急援助，李克用派李存孝率领五千骑兵援救李罕之。

九月壬寅（十九日），朱全忠把军队开到河阳驻扎。朱全忠的汴州军队起初围攻泽州时，对李罕之呼喊说："你经常依仗河东节度使李克用，轻易和本道断绝往来。现在朝廷派宰相张濬围攻太原，仆射葛从周进入潞州帅府，十天之内，李克用的沙陀军便无藏身之地，你到哪里寻求活路呀？"等到李存孝的援军到达泽州，挑选了精锐骑兵五百名，环绕朱全忠的汴军营寨呼喊说："我们就是沙陀来寻找藏身之地的人，现在想取你们身上的肉来喂饱我的士兵，你们可让肥点的人出来决斗。"汴军将领邓季筠也是一员猛将，他领兵出战，李存孝活捉了他。这天晚上，李谠、李重胤带领全部军队偷偷逃走，李存孝、李罕之领兵尾随追击，追到马牢山，把李谠、李重胤二人的军队打得大败，斩杀、俘虏数以万计，最后一直追到怀州才返回。李存孝又率领军队攻打潞州，葛从周、朱崇节放弃潞州逃回来。戊申（二十五日），朱全忠当众论责各将领战败之罪，斩杀败将李谠、李重胤，然后领兵返回。

李克用任命康君立为昭义军留后，任命李存孝为汾州刺史。李存孝自认为擒获孙揆的功劳大，应当让他担任昭义军留后，现在反而让康君立得到这一官职，他愤愤不平，好几天不吃饭，对部下发泄，滥用刑罚，肆意杀人，并开始滋生背叛李克用的念头。

李匡威率领军队去攻打蔚州，俘虏了蔚州刺史邢善益。赫连铎勾引吐蕃、黜夏斯的军队攻打"遮虏平"军，杀了"遮虏平"军的军使刘胡子。李克用派遣他的将领李存信出击赫连铎，

不胜,更命李嗣源为存信之副,遂破之。克用以大军继其后,匡威、铎皆败走,获匡威之子武州刺史仁宗及铎之婿,俘斩万计。李嗣源性谨重廉俭,诸将相会,各自诧勇略,嗣源独默然,徐曰:"诸君喜以口击贼,嗣源但以手击贼耳。"众惭而止。

冬十月乙酉,朱全忠自河阳如滑州视事,遣使者请粮马及假道于魏以伐河东,罗弘信不许。又请于镇,镇人亦不许,全忠乃自黎阳济河击魏。

官军出阴地关,游兵至于汾州。李克用遣薛志勤、李承嗣将骑三千营于洪洞,李存孝将兵五千营于赵城。镇国节度使韩建以壮士三百夜袭存孝营,存孝知之,设伏以待之。建兵不利,静难、凤翔之兵不战而走。禁军自溃。河东兵乘胜逐北,抵晋州西门,张濬出战,又败,官军死者近三千人。静难、凤翔、保大、定难之军先渡河西归,濬独有禁军及宣武军合万人,与韩建闭城拒守,自是不敢复出。存孝引兵攻绛州,十一月,刺史张行恭弃城走。存孝进攻晋州,三日,与其众谋曰:"张濬宰相,俘之无益,天子禁兵,不宜加害。"乃退五十里而军。濬、建自含口遁去。存孝取晋、绛二州,大掠慈、隰之境。

先是,克用遣韩归范归朝,附表讼冤,言:"臣父子三代,受恩四朝,破庞勋,翦黄巢,黜襄王,存易定,致陛下今

没有战胜。李克用又任命李嗣源作为李存信的副将，于是打败了赫连铎。李克用率领大军跟随在后面增援，李匡威、赫连铎都战败逃跑，李克用抓获了李匡威的儿子武州刺史李仁宗和赫连铎的女婿，俘虏、斩杀数以万计。李嗣源性情谨慎、稳重、廉正、节俭，诸将相聚在一起，各自夸耀自己勇敢、有智略，唯独李嗣源保持沉默，他慢慢地说："诸位喜欢用嘴攻击贼军，我只用手来攻击贼军罢了。"大家听了都觉惭愧，便停止了自吹自擂。

冬季十月乙酉（初三），朱全忠从河阳前往滑州审理事务，派遣使者联络魏州的罗弘信，要求罗弘信供给粮食和马匹，并且说明大军要借道通过魏州，攻打河东军，可是罗弘信不答应。朱全忠又派人向镇州提出同样的要求，镇州方面也不答应。朱全忠于是就从黎阳渡过黄河，攻打魏州。

张濬统领的官军开出阴地关，前面的游击部队到达汾州。李克用派薛志勤、李承嗣率领骑兵三千在洪洞县扎寨，派李存孝领兵五千人在赵城县扎寨。镇国军节度使韩建命令三百名壮士夜间袭击李存孝的营寨，李存孝知道了这件事，设下伏兵等待他们到来。韩建出师不利，静难军、凤翔军的军队不战而逃，长安禁卫军自行溃散。李克用的河东兵乘胜追击，直抵晋州西城门，张濬出兵迎战，又被打败，官军死亡将近三千人。静难、凤翔、保大、定难各军都抢先渡过黄河向西返回，张濬身边只有禁卫军和宣武军合计一万人，他和韩建一起闭城坚守，从此不敢再出战。李存孝率领军队攻打绛州。十一月，绛州刺史张行恭弃城逃跑。李存孝领兵攻打晋州，进攻了三天，与他的部下商量说："张濬是宰相，俘虏他没有什么好处。天子的禁卫兵，不应当加害。"于是，李存孝率军后退五十里驻扎下来。张濬、韩建从含口逃跑。李存孝攻取了晋州、绛州，大肆在慈州、隰州境内抢掠了一番。

在这之前，李克用打发韩归范回朝廷，让他附带了一份书表，向朝廷诉讼冤屈，表文中写道："我家父子三代，承受了武宗、宣宗、懿宗、僖宗四朝皇帝的恩德，曾经打败了庞勋的叛逆军，翦灭了黄巢军，帮助废黜襄王李煴，保住易州、定州，使得皇上现

日冠通天之冠,佩白玉之玺,未必非臣之力也!若以攻云州为臣罪,则拓跋思恭之取鄜、延,朱全忠之侵徐、郓,何独不讨?赏彼诛此,臣岂无辞!且朝廷当阽危之时,则誉臣为韩、彭、伊、吕;及既安之后,则骂臣为戎、羯、胡、夷。今天下握兵立功之臣,独不惧陛下他日之骂乎!况臣果有大罪,六师征之,自有典刑,何必幸臣之弱而后取之邪!今张濬既出师,则固难束手,已集蕃、汉兵五十万,欲直抵蒲、潼,与濬格斗。若其不胜,甘从削夺。不然,方且轻骑叫阍,顿首丹陛,诉奸回于陛下之扆座,纳制敕于先帝之庙庭,然后自拘司败,恭俟铁质。”表至,濬已败,朝廷震恐。濬与韩建逾王屋至河阳,撤民屋为筏以济河,师徒失亡殆尽。

是役也,朝廷倚朱全忠及河朔三镇。及濬至晋州,全忠方连兵徐、郓,虽遣将攻泽州而身不至。行营乃求兵粮于镇、魏,镇、魏倚河东为扞蔽,皆不出兵。惟华、邠、凤翔、鄜、夏之兵会之。兵未交而孙揆被擒,幽、云俱败,杨复恭复从中沮之,故濬军望风自溃。

十二月辛丑,汴将丁会、葛从周击魏,渡河,取黎阳、临河,庞师古、霍存下淇门、卫县,朱全忠自以大军继之。

在头戴皇冠，身佩白玉玺印，这些不能说没有我的力量呀！如果因为攻打云州而认为我有罪，那么拓跋思恭夺取鄜州、延州，朱全忠侵略徐州、郓州，朝廷为何唯独不讨伐他们？你们任意地奖赏这个，诛杀那个，我难道没有话说！而且，每当朝廷处在危急的时候，就赞誉我是当今的韩信、彭越、伊尹、吕尚；等到局势安定之后，就骂我是戎族、羯族、胡人、夷人。现在天下握有兵权立有战功的人，难道就不害怕皇上将来辱骂他们吗？况且，如果我真的犯有大罪，朝廷出兵征讨我，自然有典章刑法可以处治我，何必趁我衰弱之后再来攻取呢？现在张濬已经出动军队，那我一定难以束手待擒。我已聚集了蕃、汉各族军队共计五十万，打算直抵蒲州、潼关，与张濬决一死战。如果我不能获胜，那就甘心情愿服从朝廷削夺我的官爵。不然的话，我将要轻骑入京叫开宫殿的大门，到皇帝的殿阶前叩头，在皇上的屏风宝座面前诉说奸恶的坏蛋，到先皇帝的庙堂里交纳先皇帝赐给我的制书、敕令，然后把自己捆绑起来到执法官那里，恭敬等候杀头受死。"李克用的章表到达朝廷的时候，张濬已经战败，朝廷十分震惊恐惧。张濬与韩建越过王屋山到达河阳，拆毁民屋，取木料做成木筏，用来渡黄河，他的军队失散丧亡几乎快光了。

这次战役，朝廷主要想依靠朱全忠的军队和河北三镇的力量，但等到张濬统领军队到达晋州后，朱全忠这才联合徐州、郓州的军队。朱全忠虽然派兵攻打泽州，但是却没有亲自抵临。张濬的行营只得向魏州、镇州要兵要粮食，而镇州、魏州主要依靠李克用的河东兵作为自己的屏障，因此都不出兵。只有华州、邠州、凤翔府、鄜州、夏州的军队来和张濬的军队会师。两军还没有交战，孙揆就被擒获，幽州的李匡威和云州的赫连铎都打了败仗，杨复恭又从朝廷上捣鬼，所以张濬的军队望风而逃，不战自溃。

十二月辛丑(二十日)，朱全忠汴州军队中的将领丁会、葛从周攻打魏州，他们渡过黄河，夺取了黎阳县、临河县，庞师古、霍存领兵攻下淇门县、卫县，朱全忠亲自率领大军跟在后面接应。

二年春正月,罗弘信军于内黄。丙辰,朱全忠击之,五战皆捷,至永定桥,斩首万馀级。弘信惧,遣使厚币请和。全忠命止焚掠,归其俘,还军河上。魏博自是服于汴。

庚申,制以太保、门下侍郎、同平章事孔纬为荆南节度使,中书侍郎、同平章事张濬为鄂岳观察使。以翰林学士承旨、兵部侍郎崔昭纬同平章事,御史中丞徐彦若为户部侍郎、同平章事。昭纬,慎由从子;彦若,商之子也。杨复恭使人劫孔纬于长乐坡,斩其旌节,资装俱尽,纬仅能自免。李克用复遣使上表曰:"张濬以陛下万代之业,邀自己一时之功,知臣与朱温深仇,私相连结。臣今身无官爵,名是罪人,不敢归陛下藩方,且欲于河中寄寓,进退行止,伏俟指麾。"诏再贬孔纬均州刺史,张濬连州刺史。赐克用诏,悉复其官爵,使归晋阳。二月,加李克用守中书令,复李罕之官爵,再贬张濬绣州司户。

三月,张濬至蓝田,逃奔华州依韩建,与孔纬密求救于朱全忠。全忠上表为纬、濬讼冤,朝廷不得已,并听自便。纬至商州而还,亦寓居华州。

夏四月,李克用大举击赫连铎,败其兵于河上,进围云州。秋七月,李克用急攻云州,赫连铎食尽,奔吐谷浑部,既而归于幽州。克用表大将石善友为大同防御使。

二年(891)春季正月，罗弘信领兵在内黄县驻扎。丙辰(初五)，朱全忠统领军队攻打罗弘信，交战五次都打了胜仗。两军杀到永定桥，朱全忠的军队斩杀罗弘信军一万多人。罗弘信害怕，派人向朱全忠送上丰厚的礼物要求讲和。朱全忠命令停止焚烧抢劫，向罗弘信归还俘虏，领军返回河阳驻扎。从此魏博军罗弘信屈服于汴州军朱全忠。

庚申(初九)，昭宗颁发制令，任命太保、门下侍郎、同平章事孔纬为荆南节度使，任命中书侍郎、同平章事张濬为鄂岳观察使。任命翰林学士承旨、兵部侍郎崔昭纬为同平章事，任命御史中丞徐彦若为户部侍郎、同平章事。崔昭纬是崔慎由的侄子，徐彦若是徐商的儿子。杨复恭派人在长乐坡拦劫孔纬，砍断了孔纬的节度使旌旗和符节，抢光了孔纬的资财和行装，孔纬仅仅留下一条性命，免于一死。李克用又派人向朝廷上表，说："张濬拿皇上万代相传的事业，来为自己谋取一时的功名。他明知道我和朱温之间有深仇，私下却和朱温互相勾结。我现在已无官职爵位，朝廷指名我是罪人，不敢再回皇上设置的藩镇，暂且打算在河中一带托身寄住，前进、后退、移动、停留，如何选择？我敬听朝廷的指挥。"昭宗下诏，再次将孔纬贬职为均州刺史，把张濬贬职为连州刺史。又向李克用颁赐诏书，恢复李克用原先的全部官爵，让李克用回晋阳。二月，昭宗加拜李克用为中书令，恢复李军之原有的官职爵位，并再次把张濬贬官为绣州司户。

三月，张濬到达蓝田县，然后逃奔到华州，依附韩建，并与孔纬暗中联系向朱全忠求救。朱全忠向朝廷上表，为孔纬和张濬申诉冤屈，朝廷不得已，答应朱全忠，允许孔纬、张濬自己选择去处。孔纬到达商州时就返回，也托身居住在华州。

夏季四月，李克用向赫连铎大规模地发动军事进攻，在黄河边打败了赫连铎的军队，然后进军围攻云州。秋季七月，李克用快速攻打云州，赫连铎的军中粮食断绝，于是逃奔吐谷浑部落，不久又归附幽州。李克用向朝廷上表，举荐大将石善友为大同防御使。

邢洺节度使李存孝劝李克用攻镇州，克用从之。八月，克用南巡泽潞，遂涉怀孟之境。

朱全忠遣其将丁会攻宿州，克其外城。冬十月壬午，宿州刺史张筠降于丁会。

李克用攻王镕，大破镇兵于龙尾岗，斩获万计，遂拔临城，攻元氏、柏乡，李匡威引幽州兵救之。克用大掠而还，军于邢州。

十一月，曹州都将郭铢杀刺史郭词，降于朱全忠。泰宁节度使朱瑾将万馀人攻单州。

乙丑，时溥将刘知俊帅众二千降于全忠。知俊，沛人，徐之骁将也，溥军自是不振。全忠以知俊为左右开道指挥使。

十二月乙酉，汴将丁会、张归霸与朱瑾战金乡，大破之，杀获殆尽，瑾单骑走免。

景福元年春正月，王镕、李匡威合兵十馀万攻尧山，李克用遣其将李嗣勋击之，大破幽、镇兵，斩获三万。

二月戊寅，朱全忠出兵击朱瑄，遣其子友裕将兵前行，军于斗门。甲申，朱全忠至卫南，朱瑄将步骑万人袭斗门，朱友裕弃营走，瑄据其营。全忠不知，乙酉，引兵趣斗门，至者皆为郓人所杀。全忠退军瓠河，丁亥，瑄击全忠，大破之，全忠走。张归厚于后力战，全忠仅免，副使李璠等皆死。朱全忠奏贬河阳节度使赵克裕，以佑国节度使张全义兼河阳节度使。朱全忠连年攻时溥，徐、泗、

邢洺节度使李存孝向李克用提议攻打镇州,李克用听从了。八月,李克用向南巡察泽潞地区,于是进入了怀盂地区境内。

朱全忠派他的将领丁会攻打宿州,攻下了宿州的外城。冬季十月壬午(初五),宿州刺史张筠向丁会投降。

李克用攻打镇州王镕,在临城县的龙尾岗大败镇州兵,斩杀、俘虏数以万计,顺势攻下了临城县,接着又进军攻打元氏县、柏乡县,李匡威带领幽州的军队来援救王镕。李克用领兵大肆抢劫一番就返回,在邢州驻扎。

十一月,曹州都将郭铢杀死曹州刺史郭词,向朱全忠投降。泰宁军节度使朱瑾率领军队一万多人攻打单州。

乙丑(十九日),时溥的将领刘知俊率领军队二千人投降朱全忠。刘知俊是沛县人,是徐州军中的一员猛将。时溥的军队从此一蹶不振。朱全忠任用刘知俊为左右开道指挥使。

十二月乙酉(初九),汴州军队的将领丁会、张归霸领兵和朱瑾在金乡县交战,朱瑾的军队被打得大败,所率领的军队被杀被俘,几乎损耗光了,朱瑾单身一人骑马逃跑,免于一死。

景福元年(892)春季正月,镇州的王镕和幽州的李匡威联合军队共计十万人攻打尧山县,李克用派他的将领李嗣勋攻击他们,大败幽州、镇州的军队,斩首并俘虏他们三万人。

二月戊寅(初三),朱全忠出兵攻打朱瑄,派他的儿子朱友裕率领军队提前出发,开到濮阳县的斗门城驻扎下来。甲申(初九),朱全忠到达卫州南面。朱瑄率领步兵骑兵共一万人马袭击斗门的朱友裕,朱友裕弃营逃跑,朱瑄占据该营。朱全忠事先不知道朱友裕已经逃跑,于乙酉(初十)领兵赶向斗门,先到达斗门的军队都被朱瑄率领的郓州军杀死。朱全忠率军撤退到濮阳县的瓠河镇,丁亥(十二日),朱瑄领军继续攻打朱全忠,大败朱全忠的军队,朱全忠逃跑。张归厚在后面拼力奋战掩护,朱全忠仅免身亡,他的副使李璠等人都在这次战斗中战死了。朱全忠向朝廷上奏,要求将河阳节度使赵克裕贬官,请求任用佑国军节度使张全义兼任河阳节度使。朱全忠连年发兵攻打时溥的军队,徐州、泗州、

濠三州民不得耕获,兖、郓、河东兵救之,皆无功,复值水灾,人死者什六七。溥困甚,请和于全忠,全忠曰:"必移镇乃可。"溥许之。全忠乃奏请移溥他镇,仍命大臣镇徐州。诏以门下侍郎、同平章事刘崇望同平章事,充感化节度使,以溥为太子太师。溥恐全忠诈而杀之,据城不奉诏,崇望及华阴而还。

忠义节度使赵德諲薨,子匡凝代之。

三月,李克用、王处存合兵攻王镕,癸丑,拔天长镇。戊午,镕与战于新市,大破之,杀获二万馀人。辛酉,克用退屯栾城。诏和解河东及镇、定、幽四镇。

夏四月,李匡威出兵侵云、代。壬寅,李克用始引兵还。

秋八月,李克用北巡至天宁军,闻李匡威、赫连铎将兵八万寇云州,遣其将李君庆发兵于晋阳。克用潜入新城,伏兵于神堆,擒吐谷浑逻骑三百,匡威等大惊。丙申,君庆以大军至,克用迁入云州。丁酉,出击匡威等,大破之。己亥,匡威等烧营而遁;追至天成军,斩获不可胜计。

九月,时溥迫监军奏称将士留己。冬十月,复以溥为侍中、感化节度。朱全忠奏请追溥新命,诏谕解之。

濠州三地的人民无法耕种田地和收获庄稼,兖州、郓州、河东节度使都派兵援救,都没有功效。又遇到水灾,这一带的人民死于天灾战祸达十分之六七。时溥的处境十分危困,便向朱全忠请求讲和,朱全忠说:"你必须答应调换一个藩镇,才能讲和。"时溥同意接受这个条件。朱全忠于是向朝廷上奏,请求将时溥调往别的藩镇任节度使,要求朝廷另派一名大臣到徐州来代替时溥。昭宗下诏,任命门下侍郎、同平章事刘崇望任同平章事,充任感化军节度使,封时溥为太子太师。时溥担心朱全忠欺骗谋杀自己,仍然占据徐州城不执行朝廷的命令,刘崇望走到华阴县时,听到这种情况,便又返回京城长安。

忠义军节度使赵德諲死去,他的儿子赵匡凝代替了他的职务。

三月,李克用和王处存联合出军攻打镇州的王镕,癸丑(初九),拿下天长镇。戊午(十四日),王镕出兵在九门县的新市与李克用交战,把李克用打得大败,斩杀、俘虏二万人。辛酉(十七日),李克用领军撤到栾城县驻扎。唐昭宗颁发诏书,劝导河东以及镇州、定州、幽州四个藩镇和解。

夏季四月,李匡威出兵侵犯云州、代州。壬寅(二十九日),李克用开始率军撤退返回本镇。

秋季八月,李克用在北方巡视,到达天宁军,听说李匡威、赫连铎率军八万人侵犯云州,就派他的将领李君庆率军从晋阳出发。李克用暗暗进入新城县,在云州城南的神堆设下伏兵,擒拿吐谷浑巡逻骑兵三百人。李匡威等人听说大为震惊。丙申(二十五日),李君庆率领大军赶到,李克用便把军队转移进入云州。丁酉(二十六日),李克用出兵攻击李匡威等军,大败他们的军队。己亥(二十八日),李匡威等人烧毁营寨逃跑,李克用指挥军队追击他们,追到天成军,斩杀、俘虏、缴获物资无法计算。

九月,时溥逼迫军中监军向朝廷上奏,说军中将士要求留任他。冬季十月,朝廷颁诏,仍然任用时溥为侍中、感化军节度使。朱全忠向朝廷上奏,请求朝廷,收回对时溥新的任命。昭宗下诏劝导朱全忠与时溥和解。

　　初,邢、洺、磁州留后李存孝,与李存信俱为李克用假子,不相睦。存信有宠于克用,存孝在邢州,欲立大功以胜之,乃建议取镇冀,存信从中沮之,不时听许。及王镕围尧山,存孝救之,不克。克用以存信为蕃、汉马步都指挥使,与存孝共击之。二人互相猜忌,逗留不进,克用更遣李嗣勋等击破之。存信还,谮存孝无心击贼,疑与之有私约。存孝闻之,自以有功于克用,而信任顾不及存信,愤怨,且惧及祸,乃潜结王镕及朱全忠,上表以三州自归于朝廷,乞赐旌节及会诸道兵讨克用;诏以存孝为邢、洺、磁节度使,不许会兵。

　　十一月,时溥濠州刺史张璲、泗州刺史张谏以州附于朱全忠。
　　乙未,朱全忠遣其子友裕将兵十万攻濮州,拔之,执其刺史邵伦,遂令友裕移兵击时溥。

　　二年春正月,时溥遣兵攻宿州,刺史郭言战死。
　　二月,李克用引兵围邢州,王镕遣牙将王藏海致书解之。克用怒,斩藏海,进兵击镕,败镇兵于平山。辛巳,攻天长镇,旬日不下。镕出兵三万救之,克用逆战于叱日岭下,大破之,斩首万馀级,馀众溃去。河东军无食,脯其尸而啖之。

　　时溥求救于朱瑾,朱全忠遣其将霍存将骑兵三千军曹州以备之。瑾将兵二万救徐州,存引兵赴之,与朱友裕合

当初,邢州、洺州、磁州留后李存孝与李存信都是李克用的养子,相互之间不和睦。李存信受到李克用的宠爱,李存孝在邢州,想要建立大功来超过李存信,于是建议攻取镇冀藩镇,李存信从中阻挠,李克用就没有即时听从他的建议。等到王镕围攻尧山县时,李存孝带兵援救,没有获胜。李克用任用李存信为蕃、汉马步都指挥使,与李存孝共同攻击王镕。李存信、李存孝二人互相猜忌,军队停留不动,李克用改派李嗣勋等人出兵攻打王镕军,并打败了他们。李存信返回,陷害李存孝根本不打算攻打贼军,怀疑他和王镕军暗中有勾结。李存孝听说这些情况,自认为对李克用有功劳,李克用对自己的信任却反而不如李存信,心中愤怒怨恨,而且害怕灾祸临身,于是暗中勾结王镕和朱全忠,向朝廷上表,把自己管辖的邢、洺、磁三州归于朝廷,请求朝廷赐给他节度使的旌旗符节,然后与诸道兵马会合征讨李克用。昭宗下诏任命李存孝为邢、洺、磁节度使,但不允许会合军队。

十一月,时溥的部下濠州刺史张璲、泗州刺史张谏分别献出濠州、泗州,归附于朱全忠。

乙未这天,朱全忠派自己的儿子朱友裕统领军队十万人攻打濮州,夺取了濮州,捉住了濮州刺史邵伦。朱全忠于是命令朱友裕调转军队攻打时溥。

二年(893)春季正月,时溥派兵攻打宿州,宿州刺史郭言战亡。

二月,李克用率军围攻邢州,王镕派牙将王藏海送信给李克用,劝他和解。李克用恼怒,斩杀送信的王藏海,进军攻打王镕,在平山县打败王镕的镇州兵。辛巳(十二日),李克用出兵攻打天长镇,十天没有攻下。王镕出兵三万援救天长镇,李克用在叱日岭下迎战王镕,大败王镕的军队,斩杀一万多人头,其余人马溃散逃去。河东军没有粮食了,就收集战场上被杀士卒的尸体,制成肉脯吃。

时溥向兖州的朱瑾求救,朱全忠派遣他的将领霍存率领骑兵三千人驻扎曹州,准备对付朱瑾的援军。朱瑾率领军队二万人援救徐州的时溥,霍存率领军队参战,与朱友裕的军队联合

击徐、兖兵于石佛山下,大破之,瑾遁归兖州。辛卯,徐兵复出,存战死。

李克用进下井陉,李存孝将兵救王镕,遂入镇州,与镕计事。镕又乞师于朱全忠,全忠方与时溥相攻,不能救,但遗克用书,言"邺下有十万精兵,抑而未进"。克用复书言:"彀实屯军邺下,颙望降临。必欲真决雌雄,愿角逐于常山之尾。"甲午,李匡威引兵救镕,败河东兵于元氏,克用引还邢州。镕犒匡威于藁城,辇金帛二十万以酬之。

朱友裕围彭城,时溥数出兵,友裕闭壁不战。朱瑾宵遁,友裕不追,都虞候朱友恭以书谮友裕于全忠,全忠怒,驿书下都指挥使庞师古,使代之将,且按其事。书误达于友裕,友裕大惧,以二千骑逃入山中,潜诣砀山,匿于伯父全昱之所。全忠夫人张氏闻之,使友裕单骑诣汴州见全忠。泣涕拜伏于庭,全忠命左右捽抑,将斩之,夫人趋就抱之,泣曰:"汝舍兵众,束身归罪,无异志明矣。"全忠悟而舍之,使权知许州。友恭,寿春人李彦威也,幼为全忠家僮,全忠养以为子。张夫人,砀山人,多智略,全忠敬惮之,虽军府事,时与之谋议。或将兵出,至中涂,夫人以为不可,遣一介召之,全忠立为之返。庞师古攻佛山寨,拔之。

进击徐州、兖州方面的军队，两军在石佛山下交战，朱瑾的军队被打得大败，朱瑾逃归兖州。辛卯（二十二日），徐州时溥再次出兵，霍存战死。

李克用进军攻下井陉县，李存孝率领军队前往援救王镕，于是进入镇州，与王镕共同计议大事。王镕又向朱全忠请求出兵援助，朱全忠正在与时溥交战，无力相助，只是给李克用写了一封信，说："邺下驻有我的十万精兵，我在抑制他们不准出兵进攻而已。"李克用回信，说："倘若军队真的屯驻在邺下，我盼望你率领大军降临。一定要想决一雌雄，请到常山脚下决战。"甲午（二十五日），李匡威率领军队援救王镕，在元氏县境内打败李克用的河东兵，李克用领军返回邢州。王镕在藁城县犒赏李匡威，运载金银布帛二十万赠给李匡威，作为酬谢。

朱友裕围攻彭城，时溥多次出兵挑战，朱友裕紧闭营垒不应战。朱瑾深夜偷偷逃跑，朱友裕不追赶，都虞候朱友恭写信给朱全忠说了朱友裕的坏话，朱全忠大怒，通过传递书信的驿站写信给都指挥使庞师古，让庞师古代替朱友裕指挥军队，并让庞师古查问这件事。朱全忠的书信被错误地送到朱友裕手中，朱友裕大为恐惧，率领二千骑兵逃入山中，暗自前往砀山县，藏在伯父朱全昱的家中。朱全忠的夫人张氏听说这件事，派人让朱友裕单身一人骑马到汴州来拜见朱全忠。朱友裕见到朱全忠拜伏庭上，涕泪俱下，朱全忠命令身边的人揪住他、按住他，准备杀掉他，夫人张氏快步上前，抱住朱友裕，哭着说："你丢开手下人马，单身束手回来认罪，没有别的图谋已经显而易见了！"朱全忠被提醒而明白了，便免除了对朱友裕的惩罚，让他代理许州事务。朱友恭，是寿春县人，原名李彦威。李彦威小时候在朱全忠家当家僮，被朱全忠收为养子。张夫人是砀山县人，有智慧有权略，朱全忠敬重而又惧怕她，即使是军府中的事务，也经常和她一起商量计议。有时朱全忠已经率领军队出发，行至中途，张夫人如果认为这次出征不适合，就派一个人追上去召请，朱全忠也立即接受召请而返回。庞师古出兵攻打佛山寨，夺取了这座山寨。

自是徐兵不敢出。

李匡威之救王镕也，将发幽州，家人会别。弟匡筹之妻美，匡威醉而淫之。三月，匡威自镇州还，至博野，匡筹据军府自称留后，以符追行营兵。匡威众溃归，但与亲近留深州，进退无所之，遣判官李抱真入奏，请归京师。京师屡更大乱，闻匡威来，坊市大恐，曰："金头王来图社稷。"士民或窜匿山谷。王镕德其以己故致失地，迎归镇州，为筑第，父事之。

夏四月，汴军攻徐州，累月不克。通事官张涛以书白朱全忠云："进兵时日非良，故无功。"全忠以为然。敬翔曰："今攻城累月，所费甚多，徐人已困，旦夕且下，使将士闻此言，则懈于攻取矣。"全忠乃焚其书。癸未，全忠自将如徐州。戊子，庞师古拔彭城，时溥举族登燕子楼自焚死。己丑，全忠入彭城，以宋州刺史张廷范知感化留后，奏乞朝廷除文臣为节度使。

李匡威在镇州，为王镕完城堑，缮甲兵，训士卒，视之如子。匡威以镕年少，且乐真定土风，潜谋夺之。李抱真自京师还，为之画策，阴以恩施悦其将士。王氏在镇久，

从此徐州军队不敢出战。

李匡威出兵援救王镕，将要从幽州出发，家里的亲属都会聚一起为他送别。李匡威的弟弟李匡筹，有一个美丽的妻子。送别那天，李匡威喝醉了，奸污了她。三月，李匡威从镇州返回，到达博野县的时候，李匡筹占据了李匡威的节度使军府，宣布自己是留后，拿出节度使的符印到博野县向李匡威追夺行营的军队。李匡威所率领的人马立即溃散投归幽州军府，李匡威只得与几名亲近人员留在深州，进退都没有去处，只好派身边留下的判官李抱真入京上奏，请求让他回京城。京城中的人多次遭受惨烈的战乱，听说李匡威要来，大街小巷中的人都大为恐慌，说："'金头王'要来抢皇帝的宝座了！"因此长安城中的士人百姓，有的人逃窜藏身到山谷中去。王镕认为李匡威是因为援救自己的原因才不幸失去了幽州，为了感激他，将他迎入镇州，为他修筑了府第，当作自己的父亲一样对待他。

夏季四月，朱全忠的汴州军攻打徐州，接连几个月攻不下来。通事官张涛写信告诉朱全忠说："进兵攻打所选择的时间不吉利，所以没有功效。"朱全忠认为说得对。敬翔说："现在攻打徐州城已经接连好几个月了，所开销的军费特别多，徐州军队已经困乏，早晚就要攻下，假使要让军中的将士听到'时机不好'这样的话，那就会懒得攻取徐州了。"朱全忠于是焚烧了通事官写来的书信。癸未（十五日），朱全忠亲自率军前往徐州前线。戊子（二十日），庞师古攻下彭城，时溥带领全族人登上徐州的燕子楼自焚而死。己丑（二十一日），朱全忠进入彭城，任命宋州刺史张廷范暂任感化军留后，然后上奏朝廷，请求委派文官担任这里的节度使。

李匡威住在镇州，帮王镕修筑好护城壕堑，打造铠甲兵器，训练士卒，对王镕如同儿子一般。李匡威因为王镕年纪轻，而且自己又喜欢镇州真定这一带的乡土风情，便在暗中图谋夺取王镕的位置。李抱真从京城返回，帮助李匡威出谋划策，暗中用恩惠收买王镕军中的将士，赢得他们欢心。王镕坐镇镇州已久，

镇人爱之,不徇匡威。匡威忌日,镕就第吊之,匡威素服衷甲,伏兵劫之,镕趋抱匡威曰:"镕为晋人所困,几亡矣,赖公以有今日。公欲得四州,此固镕之愿也,不若与公共归府,以位让公,则将士莫之拒矣。"匡威以为然,与镕骈马,陈兵入府。会大风雷雨,屋瓦皆震。匡威入东偏门,镇之亲军闭之,有屠者墨君和自缺垣跃出,拳殴匡威甲士,挟镕于马上,负之登屋。镇人既得镕,攻匡威,杀之,并其族党。镕时年十七,体疏瘦,为君和所挟,颈痛头偏者累日。李匡筹奏镕杀其兄,请举兵复冤。诏不许。

幽州将刘仁恭将兵戍蔚州,过期未代,士卒思归。会李匡筹立,戍卒奉仁恭为帅,还攻幽州,至居庸关,为府兵所败。仁恭奔河东,李克用厚待之。

六月,李匡筹出兵攻王镕之乐寿、武强,以报杀匡威之耻。

秋七月,王镕遣兵救邢州,李克用败之于平山。壬申,进击镇州。镕惧,请以兵粮二十万助攻邢州,克用许之。克用治兵于栾城,合镕兵三万进屯任县,李存信屯琉璃陂。

镇州人都爱戴他,因而不肯曲意听从李匡威的指使。在李匡威父母死亡的周年纪念日中,王镕前往李匡威的府第吊祭,李匡威身穿白色孝服,里面穿着铠甲,埋伏了兵士劫持王镕。王镕奔向李匡威,抱住李匡威说:"王镕被晋州兵围困,几乎灭亡了,依赖您才有今天。您要想得到镇州、冀州、赵州、深州这四州之地,这本来就是我王镕所乐意的。现在,不如与您一同回到军府中去,把位子让给您,那样将士们就没有人抗拒了。"李匡威认为他说的话很有道理,便与王镕并马而行,聚集军队进入军府。恰逢天刮大风,雷雨交加,屋瓦皆震动。李匡威进入东偏门时,镇州王镕的亲兵把门关闭起来,有一个屠夫名叫墨君和,从矮墙的缺口跳出来,用拳头殴打李匡威的披甲士兵,把王镕从马上挟下来,背着登上屋顶。镇州人既已救出王镕,便开始攻打李匡威,杀了李匡威,连同他的家族和同党也都杀了。王镕当时年龄十七岁,身体单薄瘦弱,被墨君和挟住后,颈脖疼痛,头也被挟偏了,好几天才恢复。李匡筹向朝廷上奏,说王镕杀了他的哥哥,请求带兵攻打王镕,为李匡威报仇。昭宗下诏不批准。

幽州将领刘仁恭率领军队戍守蔚州,已经超过规定的期限,幽州节度使仍然没有派遣别的军队来替换他们,戍守蔚州的士兵思念回归家乡。恰逢李匡筹在这时自己宣称担任节度使,蔚州的戍兵就推举刘仁恭为节帅,返回攻打幽州。他们打到居庸关的时候,被李匡筹派出的府兵打败。刘仁恭逃奔河东,李克用对待他很优厚。

六月,李匡筹出兵攻打王镕管辖的乐寿县和武强县,以报他们杀害他哥哥李匡威的耻辱。

秋季七月,王镕派兵援救邢州,李克用在平山县打败了王镕的援军。壬申(初六),李克用进军攻击镇州。王镕害怕,请求与李克用讲和,愿意向李克用提供军粮二十万石帮助进攻邢州,李克用答应了这个请求。李克用在栾城县训练军队,会合王镕派出的援军共计三万人,进军驻扎在任县,李存信领兵驻扎在琉璃陂。

八月，朱全忠命庞师古移兵攻兖州，与朱瑾战，屡破之。

九月，李存孝夜犯李存信营，虏奉诚军使孙考老。李克用自引兵攻邢州，掘堑筑垒环之。存孝时出兵突击堑垒不能成。河东牙将袁奉韬密使人谓存孝曰："大王惟俟堑成即归晋阳，尚书所惮者独大王耳，诸将非尚书敌也。大王若归，咫尺之堑，安能沮尚书之锋锐邪！"存孝以为然，按兵不出。旬日，堑垒成，飞走不能越，存孝由是遂穷。汴将邓季筠从克用攻邢州，轻骑逃归。朱全忠大喜，使将亲军。

十二月，汴将葛从周攻齐州刺史朱威，朱瑄、朱瑾引兵救之。

乾宁元年春正月，以李匡筹为卢龙节度使。

二月，朱全忠自将击朱瑄，军于鱼山。瑄与朱瑾合兵攻之，兖、郓兵大败，死者万馀人。

三月，邢州城中食尽。甲申，李存孝登城谓李克用曰："儿蒙王恩得富贵，苟非困于谗慝，安肯舍父子而从仇雠乎！愿一见王，死不恨！"克用使刘夫人视之。夫人引存孝出见克用，存孝泥首谢罪曰："儿粗立微劳，存信逼儿，失图至此！"克用叱之曰："汝遗朱全忠、王镕书，毁我万端，亦存信教汝乎！"因之，归于晋阳，车裂于牙门。存孝骁勇，克用军中皆莫及。常将骑兵为先锋，所向无敌，身被重铠，

八月，朱全忠命令庞师古转移军队攻打兖州的朱瑾，两军交战，庞师古多次打败朱瑾。

　　九月，李存孝夜晚出兵偷袭李存信的军营，俘虏了奉诚军的军使孙考老。李克用亲自统领军队攻打邢州李存孝，环绕邢州挖掘壕沟，修筑高垒。李存孝不断出兵突然袭击那些壕沟和高垒，使对方修不成。河东牙将袁奉韬秘密派人报告李存孝说："大王李克用只等城沟修成就返回晋阳，你所怕的只有大王一人，其馀诸将领都不是你的敌手。大王如果回去，几尺宽的城沟怎么能阻挡得了你的兵锋和锐气呢？"李存孝认为很有道理，便按兵不动。十天时间，壕沟高垒都修筑好了，连飞禽走兽都无法越过，李存孝由此而无计可施。汴州军中的将领邓季筠跟从李克用攻打邢州时，寻找机会轻装骑马逃回汴州。朱全忠见到邓季筠大喜，派他统领亲军。

　　十二月，汴州军队的将领葛从周出兵攻打齐州刺史朱威。朱瑄、朱瑾率领军队援救。

　　乾宁元年(894)春季正月，昭宗任命李匡筹为卢龙军节度使。

　　二月，朱全忠亲自率军攻击朱瑄，军队驻扎在鱼山县。朱瑄与朱瑾联合出兵攻打朱全忠，结果朱瑾的兖州兵和朱瑄的郓州兵都被打得大败，死亡人数一万多。

　　三月，邢州城中粮食断绝。甲申(二十一日)，李存孝登上城楼对李克用说："儿蒙受大王的恩德才有今天的富贵，倘若不是被邪恶的奸人逼迫，我怎么能够丢弃父子之情而去跟从仇敌呢！现在只愿见大王一面，死而无恨！"李克用派刘夫人出来看他。刘夫人带领李存孝出城来见李克用，李存孝跪在地上向李克用叩头认罪说："儿只是粗粗地立下一点小小功劳，是李存信逼我，我才错打主意，以至于到现在这一步。"李克用怒斥他说："你写信给朱全忠和王镕，大肆地毁谤我，难道也是李存信教你的吗？"于是把李存孝囚禁起来，带回晋阳，在牙门前将李存孝车裂处死。李存孝作战勇猛，在李克用军中没有人能和他相比。他经常率领骑兵作为先锋部队，所向无敌，身上披挂着重型铠甲，

腰弓髀槊,独舞铁楇陷阵,万人辟易。每以二马自随,马稍
乏,就陈中易之,出入如飞。克用惜其才,意临刑诸将必为
之请,因而释之。既而诸将疾其能,竟无一人言者。既死,
克用为之不视事者旬日,私恨诸将,而于李存信竟无所谴。
又有薛阿檀者,其勇与存孝相侔,诸将疾之,常不得志,密
与存孝通,存孝诛,恐事泄,遂自杀。自是克用兵势浸弱,
而朱全忠独盛矣。克用表马师素为邢洺节度使。

夏五月,朱瑄、朱瑾求救于河东,李克用遣骑将安福顺
及弟福庆、福迁督精骑五百假道于魏,渡河应之。

六月,李克用大破吐谷浑,杀赫连铎,擒白义诚。

秋八月,昭义节度使康君立诣晋阳谒李克用。克用会
诸将饮博,酒酣,克用语及李存孝,流涕不已。君立素与李
存信善,一言忤旨,克用拔剑斫之,因于马步司。九月庚申
朔,出之,君立已死。克用表云州刺史薛志诚为昭义留后。

冬十月,刘仁恭数因盖寓献策于李克用,愿得兵万人
取幽州。克用方攻邢州,分兵数千,欲纳仁恭于幽州,不
克。李匡筹益骄,数侵河东之境。克用怒,十一月,大举兵
攻匡筹,拔武州,进围新州。

十二月,李匡筹遣大将将步骑数万救新州。李克用选

腰间佩着弓箭,大腿上挎着长槊,独自一人挥舞着铁樋冲锋陷阵,万人不敢向前,都避开逃离他。每次外出,常带上二匹马随身而行,中途遇到坐下马稍微疲乏,他在阵中就改骑另一匹马,出入如飞。李克用爱惜李存孝的才能,原想在临动刑之前,诸将领一定会为他求情,到时乘势释放李存孝。后来诸将领都妒忌他的才能,竟然没有一个人肯出来为他求情。李存孝死后,李克用因为这件事不出来办理政务达十天之久,心中愤恨诸将领,但是对于李存信竟然没有一点谴责。另外还有一个叫薛阿檀的人,勇敢善战和李存孝不相上下,在军中也受到诸将领的妒忌,经常感到不得志,暗中与李存孝联系,李存孝被诛杀后,他担心事情泄露出来,于就自杀了。从此以后,李克用的兵势渐渐衰弱,而朱全忠却独自强盛起来。李克用上表,推荐马师素为邢洺节度使。

夏季五月,朱瑄、朱瑾向河东李克用求救,李克用派遣骑兵将领安福顺以及他弟弟安福庆、安福迁一同带领精锐骑兵五百人,借道经过魏州,渡过黄河来接应朱瑄、朱瑾。

六月,李克用大败吐谷浑军队,杀赫连铎,擒获白义诚。

秋季八月,昭义节度使康君立到晋阳拜见李克用。李克用会聚部下诸将领在一起饮酒尽兴,喝到微醉的时候,李克用说到李存孝,流涕不止。康君立一贯与李存信友好,不小心一句话冲撞了李克用,李克用拔剑砍向康君立,把他囚禁在马步司。九月庚申是初一,李克用命令把康君立放出来,康君立已经死了。李克用上表,推荐云州刺史薛志诚担任昭义军留后。

冬季十月,刘仁恭多次通过盖寓向李克用出谋献策,想要带领军队一万人去攻取幽州。当时李克用正在攻打邢州,便分出几千名士兵,想让刘仁恭进入幽州,可是刘仁恭并没有攻下幽州。李匡筹更加骄傲,好几次侵犯河东军的领地。李克用非常生气,十一月,大规模兴兵攻打幽州李匡筹,攻下了武州,进军围攻新州。

十二月,李匡筹派大将率步骑兵数万援救新州。李克用选

精兵逆战于段庄,大破之,斩首万馀级,生擒将校三百人。以练纻之,徇于城下。是夕,新州降。辛亥,进攻妫州。壬子,匡筹复发兵出居庸关,克用使精骑当其前以疲之,遣步将李存审自他道出其背夹击之,幽州兵大败,杀获万计。甲寅,李匡筹挈其族奔沧州,义昌节度使卢彦威利其辎重、妓妾,遣兵攻之于景城,杀之,尽俘其众。存审本姓符,宛丘人,克用养以为子。丙辰,克用进军幽州,其大将请降。匡筹素暗懦,初据军府,兄匡威闻之,谓诸将曰:"兄失弟得,不出吾家,亦复何恨!但惜匡筹才短,不能保守,得及二年,幸矣。"

二年春正月,幽州军民数万以麾盖歌鼓迎李克用入府舍。克用命李存审、刘仁恭将兵略定巡属。

癸未,朱全忠遣其将朱友恭围兖州,朱瑄自郓以兵粮救之。友恭设伏,败之于高梧,尽夺其饷,擒河东将安福顺、安福庆。

二月,李克用表刘仁恭为卢龙留后,留兵戍之。壬子,还晋阳。妫州人高思继兄弟,有武干,为燕人所服,克用皆以为都将,分掌幽州兵。部下士卒,皆山北之豪也,仁恭惮之。久之,河东兵戍幽州者暴横,思继兄弟以法裁之,所诛杀甚多。

精兵在段庄迎战李匡筹的援军,把他们打得大败,斩杀人头一万多颗,活捉将领校官三百人。李克用把活捉的俘虏用白绸带子捆绑着,带到新州城下示众。这天晚上,新州向李克用投降。辛亥(二十三日),李克用进军攻打妫州。壬子(二十四日),李匡筹又从居庸关发兵,李克用派精锐骑兵阻挡他的前锋部队,使他们疲劳,又派步兵将领李存审从别的道路绕到李匡筹军队的背后出击,前后夹攻,李匡筹的幽州兵被打得大败,被杀被俘的数以万计。甲寅(二十六日),李匡筹携带他的全族亲属逃奔沧州,义昌军节度使卢彦威贪图李匡筹运载的财物行李和妻妾歌妓,便派兵在景城县攻打李匡筹,杀了李匡筹,俘获了他的全部人马。李存审原来姓符,是宛丘县人,李克用收他为养子。丙辰(二十八日),李克用进军幽州,幽州的大将请求投降。李匡筹平常愚昧软弱,开始掌握节度使军府时,他的兄长李匡威听说后,就对身边的诸位将领说:"兄失弟得,仍然没有跑出我们家门,又有什么可抱怨的。只是可惜李匡筹才能不够,无力守住,能够占据两年时间,就值得庆幸了。"

二年(895)春季正月,幽州军民数万人,打着旗、唱着歌、擂着鼓迎接李克用进入幽州军府的府舍。李克用命令李存审、刘仁恭带兵巡视安定下属十几个州。

癸未(二十五日),朱全忠派他的将领朱友恭围攻兖州,朱瑄从郓州带来军队和粮食援救兖州朱瑾。朱友恭设置伏兵,在高梧县打败援军朱瑄,夺取全部粮饷,擒获了河东将领安福顺、安福庆。

二月,李克用上表,举荐刘仁恭担任卢龙军留后,留下一部分军队让刘仁恭戍守。壬子(二十四日),李克用率军返回晋阳。妫州人高思继兄弟都有军事才干,燕地一带的人都服从他们,李克用把他们兄弟全部任用为军中都将,让他们分别统领幽州的军队。他们的部下兵士都是幽州山北的豪杰壮士,刘仁恭惧怕他们。时间长了,河东兵留下戍守幽州的一部分兵士都很残暴蛮横,高思继兄弟全用军法制裁他们,受制裁被诛杀的人很多。

克用怒,以让仁恭,仁恭诉称高氏兄弟所为,克用俱杀之。仁恭欲收燕人心,复引其诸子置帐下,厚抚之。

三月,加王镕兼侍中。

夏六月辛卯,以前均州刺史孔纬、绣州司户张濬并为太子宾客。壬辰,以纬为吏部尚书,复其阶爵。癸巳,以张濬为兵部尚书、诸道租庸使。

九月,朱全忠自将击朱瑄,战于梁山,瑄败,走还郓。

冬十月,朱全忠遣都将葛从周击兖州,自以大军继之,癸卯,围兖州。

义武节度使王处存薨,军中推其子节度副使郜为留后。

十一月,齐州刺史朱琼举州降于朱全忠。琼,瑾之从父兄也。

朱瑄遣其将贺瓌、柳存及河东将何怀宝将兵万馀人袭曹州,以解兖州之围。瓌,濮阳人也。丁卯,全忠自中都引兵夜追之,比明,至钜野南,及之,屠杀殆尽,生擒瓌、存、怀宝,俘士卒三千馀人。是日晡后,大风沙尘晦冥,全忠曰:"此杀人未足耳!"下令所得之俘尽杀之。庚午,缚瓌等徇于兖州城下,谓朱瑾曰:"卿兄已败,何不早降!"朱瑾伪遣使请降于朱全忠,全忠自就延寿门下与瑾语。瑾曰:"欲送符印,愿使兄琼来领之。"辛巳,全忠使琼往,瑾立马桥上,伏骁果董怀进于桥下,琼至,怀进突出,擒之以入,须臾,

李克用很愤怒，因此事责备刘仁恭，刘仁恭说是高氏兄弟的所作所为，李克用就把高氏兄弟都杀了。刘仁恭想收拢燕地的人心，又把高氏兄弟的几个儿子安置在自己军中，优厚地安抚他们。

三月，朝廷加封王镕兼任侍中。

夏季六月辛卯（初五），朝廷任命前任均州刺史孔纬、绣州司户张濬二人一同为太子宾客。壬辰（初六），朝廷任命孔纬为吏部尚书，恢复他的官阶和爵位。癸巳（初七），朝廷任命张濬为兵部尚书、诸道租庸使。

九月，朱全忠亲自率领军队攻击朱瑄，在梁山县交战，朱瑄被战败，逃跑回郓州。

冬季十月，朱全忠派遣都将葛从周攻击兖州，亲自统领大军跟在后面接应他，癸卯（二十日），围攻兖州。

义武军节度使王处存死去，军中将领推举王处存的儿子节度副使王郜为义武军留后。

十一月，齐州刺史朱琼带领全州人投降朱全忠。朱琼是朱瑾的堂兄。

朱瑄派遣他的将领贺瑰、柳存以及河东将领何怀宝率领军队一万馀人袭击曹州，以此来解兖州的围困。贺瑰是濮阳县人。丁卯（十五日），朱全忠带领军队从中都出发，连夜追击贺瑰他们的军队，将近天亮时，追到钜野县南面，追上了贺瑰的军队，几乎把他们全部杀光，并活捉贺瑰、柳存、何怀宝三名将领，俘虏士卒三千馀人。这天太阳落山以后，刮起大风，沙尘弥漫，天色阴暗，朱全忠说："这是杀人还不够多的原因。"便下令把所抓到的俘虏兵全部杀光。庚午（十八日），朱全忠把贺瑰等人捆绑起来带到兖州城下示众，对朱瑾说："你的哥哥已被打败了，为何不早日投降？"朱瑾派出使者假装向朱全忠请求投降，朱全忠亲自到兖州城的延寿门下和朱瑾对话。朱瑾说："我打算送交节度使的符印，希望让我的哥哥朱琼来领取它。"辛巳（二十九日），朱全忠派朱琼前往，朱瑾骑马立在桥上，让骁果都尉董怀进埋伏在桥下。朱琼到达桥下，董怀进突然冲出，擒获朱琼带入城中，片刻之后，

掷首城外。全忠乃引兵还,以琼弟批为齐州防御使,杀柳存、何怀宝。闻贺瑰名,释而用之。

朱全忠之去兖州也,留葛从周将兵守之,朱瑾闭城不复出。从周将还,乃扬言:"天平、河东救兵至,引兵西北邀之。"夜半,潜归故寨。瑾以从周精兵悉出,果出兵攻寨。从周突出奋击,杀千馀人,擒其都将孙汉筠而还。

朱瑄、朱瑾屡为朱全忠所攻,民失耕稼,财力俱弊,告急于河东。李克用遣其大将史俨、李承嗣将数千骑假道于魏以救之。

三年春闰正月,李克用遣蕃、汉都指挥使李存信将万骑假道于魏以救兖、郓,军于莘县。朱全忠使人谓罗弘信曰:"克用志吞河朔,师还之日,贵道可忧。"存信戢众不严,侵暴魏人。弘信怒,发兵三万夜袭之。存信军溃,退保洺州,丧士卒什二三,委弃资粮、兵械万数。史俨、李承嗣之军隔绝,不得还。弘信自是与河东绝,专志于汴。全忠方图兖、郓,畏弘信议其后,弘信每有赠遗,全忠必对使者北向拜授之,曰:"六兄于予,倍年以长,固非诸邻之比。"弘信信之,全忠以是得专意东方。

二月,朱全忠荐兵部尚书张濬,上欲复相之。李克用表请发兵击全忠,且言:"濬朝为相,臣则夕至阙廷。"京师

把朱琼的首级掷出城外。朱全忠于是领兵回营,任用朱琼的弟弟朱毗为齐州防御使,杀死柳存、何怀宝,因为听说过贺瓌的名声,释放了贺瓌,留在军中任用。

朱全忠离开兖州时,留下葛从周领兵守在营寨中,朱瑾闭城不再出战。葛从周将要返回,便扬言说:"天平军、河东军的救兵已到,我们领兵向西北去拦截他们。"半夜时分,葛从周又领兵偷偷返回原来的营寨。朱瑾认为葛从周的精锐部队已经出发,果然出兵攻打他的营寨。葛从周突然从营寨中杀出,奋力攻击,杀死朱瑾军一千馀人,擒获朱瑾的都将孙汉筠而回。

朱瑄、朱瑾多次受到朱全忠的攻打,境内人民耕种失时,庄稼荒芜,资财困乏,便向河东请求援助。李克用派他的大将史俨、李承嗣带领几千骑兵,借道通过魏州罗弘信的辖境来援救朱瑾。

三年(896)春季闰正月,李克用派遣蕃、汉都指挥使李存信率领骑兵一万多人借道经过魏州来救助兖州、郓州,李存信的骑兵在莘县驻扎。朱全忠派人向罗弘信说:"李克用的野心是要吞并黄河以北的全部地盘,他的军队返回的时候,你们的安危就令人担忧了。"李存信管束士兵不严,军队经过时侵扰魏州人。罗弘信发怒,调动了三万军队,夜间袭击李存信的驻军。李存信的军队被击溃,退到洺州,据城保守,丧失了十分之二三的士兵,丢弃资财、粮食、兵器数以万计。史俨、李承嗣所率领的援军也被魏州军隔绝,无路返回。罗弘信从此与河东兵断绝了关系,一心一意地依附于汴州的朱全忠。朱全忠正在谋划着消灭兖州和郓州,害怕罗弘信计议攻打他的背后,罗弘信每向他赠送礼物的时候,朱全忠必定当着来使的面,面向北拜伏接受礼物,口上说着:"六兄对于我,是年龄大一倍的长辈,绝非其他相邻的各道节度使能够相比的。"罗弘信便相信他,朱全忠因此能够专心对付东方的朱瑄和朱瑾。

二月,朱全忠向朝廷推荐兵部尚书张濬,昭宗想重新让他当宰相。李克用上表,请求朝廷出兵攻打朱全忠,并且说:"张濬早晨担任宰相,我晚上就会到达宫门和殿堂上来算账。"京师

震惧，上下诏和解之。

三月，朱全忠遣庞师古将兵伐郓州，败郓兵于马颊，遂抵其城下。

夏四月，李克用击罗弘信，攻洹水，杀魏兵万馀，进攻魏州。

五月，李克用攻魏博，侵掠遍六州。朱全忠召葛从周于郓州，使将兵营洹水以救魏博，留庞师古攻郓州。六月，克用引兵击从周，汴人多凿坎于陈前，战方酣，克用之子铁林指挥使落落马遇坎而踬，汴人生擒之。克用自往救之，马亦踬，几为汴人所获。克用顾射汴将一人，毙之，乃得免。克用请修好以赎落落，全忠不许，以与罗弘信，使杀之。克用引军还。

葛从周自洹水引兵济河，屯于杨刘，复击郓，及兖、郓、河东之兵战于故乐亭，破之，兖、郓属城皆为汴人所据。屡求救于李克用，克用发兵赴之，为罗弘信所拒，不得前，兖、郓由是不振。

秋九月，河东将李存信攻临清，败汴将葛从周于宗城北，乘胜至魏州北门。冬十月，李克用自将攻魏州，败魏兵于白龙潭，追至观音门。朱全忠复遣葛从周救之，屯于洹水，全忠以大军继之，克用乃还。十一月，朱全忠还大梁，复遣葛从周东会庞师古攻郓州。

四年春正月，庞师古、葛从周并兵攻郓州，朱瑄兵少食尽，不复出战，但引水为深壕以自固。辛卯，师古等营于水

的人都震惊、恐惧，昭宗颁发诏书给李克用，从中帮助和解。

三月，朱全忠派庞师古带兵讨伐郓州，在马颊水一带打败了郓州军队，于是率领军队抵达郓州城下。

夏季四月，李克用出兵攻打罗弘信。在洹水县发动进攻，杀魏兵一万馀人，然后进军攻打魏州。

五月，李克用攻打魏博，把魏博镇下属魏州、博州、贝州、卫州、澶州、相州共六州都侵犯抢劫一遍。朱全忠把葛从周从郓州前线召回，命令他率军到洹水县去安营扎寨，援救魏博军镇，留下庞师古在东面攻打郓州。六月，李克用率领军队攻打葛从周，葛从周率领的汴州兵大多在阵地前挖了沟坎，两军交战正激烈，李克用的儿子铁林指挥使李落落骑的马遇到沟坎而被绊倒，汴州方面的人上来活捉了李落落。李克用亲自前来营救李落落，自己的马也被绊倒，险些被汴州的军队俘获。李克用回头射倒汴州军的将领一人，那人立即毙命，李克用这才脱身免于被抓获。李克用向汴州军请求和好，以便赎回儿子李落落，朱全忠不答应，把李落落交给罗弘信，让他杀死李落落。李克用领军返回。

葛从周从洹水县领兵渡过黄河，驻在杨刘，重新攻打郓州朱瑄，与兖州、郓州、河东兵在原乐亭县交战，大败对方，兖州、郓州下属的城镇都被汴州军队占据了。朱瑄、朱瑾不断向李克用请求援救，李克用派兵前往兖州、郓州前线，却被罗弘信军阻挡，无法前进，兖州、郓州军由此而一蹶不振。

秋季九月，河东将领李存信攻打临清县，在宗城县北打败汴州军将领葛从周，便乘胜追到魏州城北门。冬季十月，李克用亲自率军攻打魏州，在白龙潭打败魏州兵，一直追到观音门。朱全忠又派葛从周率军驻扎洹水县，援救魏州，朱全忠统领大军跟在后面接应。李克用于是领兵返回。十一月，朱全忠返回大梁，又派葛从周向东会合庞师古攻打郓州。

四年（897）春季正月，庞师古、葛从周两支军队联合攻打郓州，朱瑄这时兵力少，粮食也吃光了，不再出战，只是引水注入护城的壕沟，加固防守。辛卯（十五日），庞师古等率军在壕沟水的

西南,命为浮梁。辛巳,潜决壕水。丙申,浮梁成,师古夜
以中军先济。瑄闻之,弃城奔中都,葛从周逐之,野人执瑄
及妻子以献。朱全忠入郓州,以庞师古为天平留后。

　　朱瑾留大将康怀贞守兖州,与河东将史俨、李承嗣掠
徐州之境以给军食。全忠闻之,遣葛从周将兵袭兖州。怀
贞闻郓州已失守,汴兵奄至,遂降。二月戊申,从周入兖
州,获瑾妻子。朱瑾还,无所归,帅其众趋沂州,刺史尹处
宾不纳,走保海州,为汴兵所逼,与史俨、李承嗣拥州民渡
淮,奔杨行密。行密逆之于高邮,表瑾领武宁节度使。全
忠纳瑾之妻,引兵还,张夫人逆于封丘,全忠以得瑾妻告
之。夫人请见之,瑾妻拜,夫人答拜,且泣曰:"兖、郓与司
空同姓,约为兄弟,以小故恨望,起兵相攻,使吾姒辱于此。
他日汴州失守,吾亦如吾姒之今日乎!"全忠乃送瑾妻于佛
寺为尼,斩朱瑄于汴桥。于是郓、齐、曹、棣、兖、沂、密、徐、
宿、陈、许、郑、滑、濮皆入于全忠。惟王师范保淄青一道,
亦服于全忠。李存信在魏州,闻兖、郓皆陷,引兵还。

　　淮南旧善水战,不知骑射,及得河东、兖、郓兵,军声大
振。史俨、李承嗣皆河东骁将,李克用深惜之,遣使间道诣

西南面驻扎,命令兵士在水上架修浮桥。辛巳(初五),庞师古命令士兵暗暗地挖掘壕沟放水。丙申(二十日),壕沟上的浮桥修建完成,庞师古夜晚派中军先渡过去。朱瑄听说此事后,放弃州城逃奔中都县,葛从周率领军队追击他们,乡下农人抓住朱瑄和他的妻子、子女献给葛从周。朱全忠进入郓州,任命庞师古为天平军留后。

　　朱瑾留下大将康怀贞守卫兖州,自己率军与河东兵将领史俨、李承嗣一起出城到徐州境内抢劫物资粮食来供应军饷。朱全忠听说这一情况,派葛从周率军袭击兖州。康怀贞听说郓州已经失守,汴军突然杀来,于是投降了朱全忠。二月戊申(初三),葛从周进入兖州,俘获朱瑾的妻子、儿女。朱瑾返回,无处可归,便统领军队奔向沂州,沂州刺史尹处宾不肯接纳他们,他们只好奔向海州,在海州防守。汴州军队继续进逼海州,朱瑾只得与史俨、李承嗣一起驱赶海州百姓一道渡过淮水,投奔杨行密。杨行密在高邮县迎接他们,并向朝廷上表推荐朱瑾兼领武宁军节度使。朱全忠收纳朱瑾的妻子,带领军队返回。张夫人到封丘县迎接朱全忠,朱全忠把得到朱瑾妻子的事情告诉张夫人。张夫人请求与朱瑾的妻子相见,朱瑾的妻子向张夫人下拜,张夫人也回礼答谢,并且流着眼泪说:"兖州朱瑾、郓州朱瑄与司空朱全忠同姓'朱',曾经相互约为兄弟。现因为鸡毛小事,以致产生怨恨不满,互相起兵攻打,让我的嫂子受到现在这样的屈辱。将来有一天汴州失守,我也会像我的嫂子今天这样吧!"朱全忠于是把朱瑾的妻子送去佛寺当了尼姑,在汴桥斩杀朱瑄。至此,郓州、齐州、曹州、棣州、兖州、沂州、密州、徐州、宿州、陈州、许州、郑州、滑州、濮州都归于朱全忠的统辖范围。只有王师范保住淄青一个藩镇,他也服从朱全忠。李存信在魏州,听说兖州、郓州都被朱全忠攻陷,便领兵返回晋阳。

　　淮南军镇的军队原来只擅长水上作战,不会骑马射箭,等得到河东、兖州、郓州兵后,军队的声势大振。史俨、李承嗣都是河东军中的猛将,李克用十分痛惜他们,派人从小路前往淮南拜见

杨行密请之。行密许之,亦遣使诣克用修好。

初,李克用取幽州,表刘仁恭为节度使,留戍兵及腹心将十人典其机要,租赋供军之外,悉输晋阳。及上幸华州,克用征兵于仁恭,又遗成德节度使王镕、义武节度使王郜书,欲与之共定关中,奉天子还长安。仁恭辞以契丹入寇,须兵扞御,俟虏退,然后承命。克用屡趣之,使者相继,数月,兵不出。克用移书责之,仁恭抵书于地,慢骂,囚其使者,欲杀河东戍将,戍将遁逃获免。克用大怒,八月,自将击仁恭。

秋九月丁丑,李克用至安塞军,辛巳,攻之。幽州将单可及引骑兵至,克用方饮酒。前锋白:"贼至矣!"克用醉,曰:"仁恭何在?"对曰:"但见可及辈。"克用瞋目曰:"可及辈何足为敌!"亟命击之。是日大雾,不辨人物,幽州将杨师侃伏兵于木瓜涧,河东兵大败,失亡太半。会大风雨震电,幽州兵解去。克用醒而后知败,责大将李存信等曰:"吾以醉废事,汝曹何不力争!"

冬十月,刘仁恭奏称:"李克用无故称兵见讨,本道大破其党于木瓜涧,请自为统帅以讨克用。"诏不许。又遗朱全忠书。全忠奏加仁恭同平章事,朝廷从之。仁恭

杨行密,请求让史俨、李承嗣回来。杨行密同意了,并且派使者到李克用那里建立友好关系。

当初,李克用攻取幽州时,上表举荐刘仁恭为节度使,并留下一部分军队戍守幽州,还留下自己的心腹将领十人主管军中的机密大事,所收的租赋除了留下一部分供给军中开销外,其馀的全部输送到晋阳。等到昭宗避乱到达华州时,李克用向刘仁恭征调军队,又写信给成德节度使王镕和义武节度使王部,打算与他们一同兴兵平定关中的叛乱,奉护天子返回长安。刘仁恭推说契丹兵正在侵犯幽州,需要军队来防御抵抗,等到契丹族的军队退回以后再执行李克用的命令。李克用多次派人催促刘仁恭,使者往返幽州相继不断,几个月过去了,刘仁恭的军队仍然不出动。李克用送信谴责他,刘仁恭把信抛到地上,口中谩骂,并且拘禁了李克用派来的使者,想杀掉河东籍的留戍将领,那些戍将们偷偷逃跑,才免于被杀。李克用大怒,八月,亲自率军攻打刘仁恭。

秋季九月丁丑(初五),李克用率领军队到达安塞军,辛巳(初九),对幽州刘仁恭发起进攻。幽州将领单可及率领骑兵到达,李克用正在饮酒。前锋部队派人告诉他说:"贼军已到了!"李克用喝醉了,说:"刘仁恭在哪儿?"回答说:"只见到单可及一些人。"李克用怒视说:"单可及这些人哪够得上和我对阵!"当即命令攻击他们。这一天起大雾,人和物分辨不清楚,幽州将领杨师侃在木瓜涧设兵埋伏,河东兵被打得大败,人马失散伤亡一大半。又碰上大风大雨雷电交加,幽州兵便解围离去。李克用酒醒后知道自己打了败仗,谴责大将李存信等人说:"我因为喝醉了耽误了战事,你们为什么不拼力抗争!"

冬季十月,刘仁恭向朝廷上奏,称说:"李克用无缘无故地发动军队来讨伐我们,我们已经在木瓜涧把他的人马打退了。现在我请求朝廷批准,能够让我亲自担任统帅来讨伐李克用。"昭宗下诏不予批准。刘仁恭又派遣使者送信给朱全忠,朱全忠便向朝廷上奏,提议加封刘仁恭为同平章事,朝廷依从了他的意见。刘仁恭

又遣使谢克用,陈去就不自安之意。克用复书略曰:"今公
仗钺控兵,理民立法,擢士则欲其报德,选将则望彼酬恩,
己尚不然,人何足信!仆料猜防出于骨肉,嫌忌生于屏帷,
持干将而不敢授人,捧盟盘而何词著誓!"

　　光化元年春三月,义昌节度使卢彦威,性残虐,又不礼
于邻道。与卢龙节度使刘仁恭争盐利,仁恭遣其子守文将
兵袭沧州,彦威弃城,挈家奔魏州,罗弘信不纳,乃奔汴州。
仁恭遂取沧、景、德三州,以守文为义昌留后。仁恭兵势益
盛,自谓得天助,有并吞河朔之志,为守文请旌节,朝廷未
许。会中使至范阳,仁恭语之曰:"旌节吾自有之,但欲得
长安本色耳,何为累章见拒!为吾言之。"其悖慢如此。

　　朱全忠与刘仁恭修好,会魏博兵击李克用。夏四月丁
未,全忠至钜鹿城下,败河东兵万馀人,逐北至青山口。

　　丁卯,朱全忠遣葛从周分兵攻洺州,戊辰,拔之,斩刺
史邢善益。
　　五月,葛从周攻邢州,刺史马师素弃城走。辛未,磁州
刺史袁奉滔自到。全忠以从周为昭义留后,守邢、洺、磁三
州而还。

又派遣使者前去拜见李克用,向李克用道歉,并说明因自感不安全才同朱全忠联系的本意。李克用给刘仁恭回信,大略意思是说:"现在你手中拿着朝廷给你的统兵斧钺,控制着军队,治理民众自立法度,选拔官员就想要他们报答你的恩德,选拔将领就希望他们酬谢你的恩情。你自己尚且不能做到以德报德,对别人哪里能够太相信呢?我预料你对骨肉相连的人也会猜忌防备,对于屏风帷幄内的谋臣猛将也会嫌弃妒忌,手持利剑而不敢授给别人,捧着刺血结盟的盘子还能用什么言词来发誓呢?"

光化元年(898)春季三月,义昌军节度使卢彦威性格残忍暴虐,对相邻各个藩镇又不以礼相待。卢彦威与卢龙军节度使刘仁恭争夺盐利,刘仁恭派他的儿子刘守文率军袭击沧州,卢彦威丢弃州城携带家属投奔魏州,魏州罗弘信不肯接纳他,于是卢彦威便奔向汴州。刘仁恭于是夺取了沧州、景州、德州三地,任用刘守文为义昌军留后。刘仁恭的军事力量更加兴盛,自认为是获得老天的帮助,于是便产生吞并整个河北地区的野心。刘仁恭向朝廷请求授给刘守文节度使的旌旗和符节,朝廷没有批准。恰逢朝廷担任使者的宦官到达范阳,刘仁恭对他说:"旌旗符节我自己就有,只是想得到京城长安颁发的真东西而已,为什么我接连几次上章请求却遭到拒绝?你回去替我把事情说一说。"他悖逆傲慢已达到如此程度。

朱全忠和刘仁恭建立友好关系,恰逢魏博藩镇的军队攻击李克用。夏季四月丁未(初八),朱全忠到达钜鹿县城下,打败了李克用的河东兵一万余人,一直追击到青山口。

丁卯(二十八日),朱全忠分出一部分兵力,命葛从周率领去攻打洺州,戊辰(二十九日),斩杀洺州刺史邢善益。

五月,葛从周率军攻打邢州,邢州刺史马师素弃城逃跑。辛未(初三),磁州刺史袁奉滔自杀。朱全忠任用葛从周为昭义军留后,守卫邢州、洺州、磁州三地。朱全忠安排妥当以后返回汴州。

秋八月，上欲藩镇相与辑睦，以太子宾客张有孚为河东、汴州宣慰使，赐李克用、朱全忠诏，又令宰相与之书，使之和解。克用欲奉诏，而耻于先自屈，乃致书王镕，使通于全忠，全忠不从。

九月，魏博节度使罗弘信薨，军中推其子节度副使绍威知留后。

冬十月，李克用遣其将李嗣昭、周德威将步骑三万出青山，将复山东三州。壬寅，进攻邢州，葛从周出战，大破之。嗣昭等引兵退入青山，从周追之，将扼其归路。步兵自溃，嗣昭不能制。会横冲都将李嗣源以所部兵至，谓嗣昭曰："吾辈亦去，则势不可支矣，我试为公击之。"嗣昭曰："善！我请从公后。"嗣源乃解鞍厉镞，临高布陈，左右指画，邢人莫之测。嗣源直前奋击，嗣昭继之，从周乃退。德威，马邑人也。

以罗绍威知魏博留后。十一月，以魏博留后罗绍威为节度使。

十二月，昭义节度使薛志勤薨，旬日无帅，李罕之擅引泽州兵夜入潞州，据之，以状白克用，曰："薛铁山死，州民无主，虑不逞者为变，故罕之专命镇抚，取王裁旨。"克用怒，遣人让之。罕之遂遣其子颢请降于朱全忠，克用遣李嗣昭将兵讨之。

二年春正月，朱全忠表李罕之为昭义节度使。

秋季八月,昭宗皇帝希望各地藩镇能够友好和睦,任太子宾客张有孚担任河东、汴州宣慰使,向李克用、朱全忠二人赐诏书,又令朝廷宰相给他们写信,使他们二人能够和解。李克用准备执行昭宗的诏令,只是为自己先屈服感到耻辱,于是写信给王镕,让王镕帮助和朱全忠沟通。但是朱全忠不肯听从昭宗的诏令。

九月,魏博节度使罗弘信去世,军中众人推举他的儿子节度副使罗绍威主持留后事宜。

冬季十月,李克用派他的将领李嗣昭、周德威率领步兵、骑兵三万人马出兵青山,准备收回山东邢州、洺州、磁州。壬寅(初六),李嗣昭等进军攻打邢州,葛从周出兵迎战,大败敌军。李嗣昭等人领兵退回青山,葛从周追击他们,准备切断他们的归路。李嗣昭的步兵自行溃散,李嗣昭无法控制。恰逢横冲都将李嗣源带领自己所属的军队赶到,对嗣昭说:"如果我们这些人也离去,那么河东的局势就支撑不住了,让我来试一试为你攻打葛从周。"李嗣昭说:"好!我请求跟随在您的后面。"李嗣源于是解下马鞍,让战马休息,磨锐箭头,登上高处布置作战的阵势,左右指划,邢州方面的军队不知道他将如何攻打。李嗣源率军笔直向前冲锋,奋力进击,李嗣昭领兵紧跟在后面,葛从周见势便撤退了。周德威是马邑县人。

朝廷任命罗绍威主持魏博留后事务。十一月,任命魏博留后罗绍威为节度使。

十二月,昭义军节度使薛志勤死去。昭义军十天没有节帅统领,李罕之擅自率领泽州军队夜间攻入潞州,占据了潞州。李罕之把潞州的情况禀告李克用说:"薛铁山死了,潞州境内的百姓没有主帅,我担心那些不得意的人发生变乱,所以我专程来执行镇守安抚的使命,现在听取大王最后裁夺指示。"李克用发怒,派人责备李罕之。李罕之于是派他的儿子李颢向朱全忠请求投降,李克用派李嗣昭率领军队讨伐李罕之。

二年(899)春季正月,朱全忠向朝廷上表,推举李罕之为昭义军节度使。

　　刘仁恭发幽、沧等十二州兵十万,欲兼河朔。攻贝州,拔之,城中万馀户,尽屠之,投尸清水。由是诸城各坚守不下。仁恭进攻魏州,营于城北,魏博节度使罗绍威求救于朱全忠。三月,朱全忠遣其将李思安、张存敬将兵救魏博,屯于内黄。癸卯,全忠以中军军于滑州。刘仁恭谓其子守文曰:“汝勇十倍于思安,当先虏鼠辈,后擒绍威耳!”乃遣守文及其妹婿单可及将精兵五万击思安于内黄。丁未,思安使其将袁象先伏兵于清水之右,思安逆战于繁阳,阳不胜而却。守文逐之,及内黄之北,思安勒兵还战,伏兵发,夹击之。幽州兵大败,斩可及,杀获三万人,守文仅以身免。可及,幽州骁将,号“单无敌”,燕军失之丧气。思安,陈留人也。

　　时葛从周自邢州将精骑八百已入魏州。戊申,仁恭攻上水关、馆陶门,从周与宣义牙将贺德伦出战,顾门者曰:“前有大敌,不可返顾。”命阖其扉。从周等殊死战,仁恭复大败,擒其将薛突厥、王邻郎。明日,汴、魏乘胜合兵击仁恭,破其八寨,仁恭父子烧营而遁。汴、魏之人长驱追之,至临清,拥其众入永济渠,杀溺不可胜纪。镇人亦出兵邀击于东境,自魏至沧五百里间,僵尸相枕。仁恭自是不振,而全忠益横矣。德伦,河西胡人也。

刘仁恭调发幽州、沧州等十二州兵力十万人，打算兼并整个河北地区。他攻打贝州，很快攻取了贝州城，屠杀了城中全部居民一万馀户，尸体投入城外清水河中。由此以后，所有州城都坚守抵抗，不肯投降。刘仁恭进军攻打魏州，在魏州城北安营驻扎，魏博节度使罗绍威向朱全忠求救。三月，朱全忠派遣他的将领李思安、张存敬率领军队援救魏博，在内黄县驻扎。癸卯（初十），朱全忠率领中军在滑州驻扎。刘仁恭对他的儿子刘守文说："你的勇猛是李思安的十倍，应当首先去俘虏李思安这样的鼠辈，然后再去擒获罗绍威。"于是，派遣刘守文及他的妹婿单可及二人率领精兵五万人，前往内黄县攻击李思安。丁未（十四日），李思安派他的将领袁象先率军埋伏在清水河的右岸，李思安率领军队在繁阳县迎战，佯装不能取胜而后退。刘守文领兵追逐他们，等追到内黄县北面，李思安率领军队回头还击，预先埋伏的军队也杀出来，两面夹击刘守文。刘守文的幽州兵大败，单可及被斩，下面士兵被杀被俘达三万人，刘守文仅免于自身一死。单可及是幽州的一员猛将，外号"单无敌"，刘仁恭统领的燕地军队失去了单可及便觉丧了元气。李思安是陈留县人。

当时，葛从周率领精锐骑兵八百从邢州进入魏州。戊申（十五日），刘仁恭率军攻打魏州的上水关、馆陶门，葛从周与宣义军牙将贺德伦出兵迎战，葛从周等人领军出城后回头对看管城门的人说："前面有大敌进攻，不能让出战的人回首入城。"命令把城门关上。葛从周等率军拼死冲杀，刘仁恭的军队又被打得大败，其将领薛突厥、王邻郎被葛从周军抓获。第二天，汴州、魏州两方面的军队联合出兵攻击刘仁恭，攻破刘仁恭的八个营寨，刘仁恭父子烧毁军营逃跑。汴州、魏州的联军长驱直入追赶他们，追到临清县的时候，把刘仁恭的军队逼入永济渠，杀死淹死的人无法统计。镇州也出兵在镇州东面的深州、冀州一带阻击刘仁恭的逃兵，从魏州至沧州，五百里之间，僵卧的死尸沿途堆积。刘仁恭从此一蹶不振，而朱全忠的军队更加骄横。贺德伦是河西的胡人。

刘仁恭之攻魏州也,罗绍威遣使修好于河东,且求救。壬午,李克用遣李嗣昭将兵救之。会仁恭已为汴兵所败,绍威复与河东绝,嗣昭引还。

葛从周乘破幽州之势,自土门攻河东,拔承天军。别将氏叔琮自马岭入,拔辽州乐平,进军榆次。李克用遣内牙军副周德威击之。叔琮有骁将陈章,号"陈夜叉",为前锋,请于叔琮曰:"河东所恃者周杨五,请擒之,求一州为赏。"克用闻之,以戒德威,德威曰:"彼大言耳。"战于洞涡,德威微服往挑战,谓其属曰:"汝见陈夜叉即走。"章果逐之,德威奋铁树击之坠马,生擒以献。因击叔琮,大破之,斩首三千级。叔琮弃营走,德威追之,出石会关,又斩千馀级。从周亦引还。

丁巳,朱全忠遣河阳节度使丁会攻泽州,下之。

夏五月,李克用遣蕃、汉马步都指挥使李君庆将兵攻李罕之。己亥,围潞州。朱全忠出屯河阳,辛丑,遣其将张存敬救之。壬寅,又遣丁会将兵继之。大破河东兵,君庆解围去。克用诛君庆及其裨将伊审、李弘袭,以李嗣昭为蕃、汉马步都指挥使,代之攻潞州。

六月乙丑,李罕之疾亟。丁卯,全忠表罕之为河阳节度使,以丁会为昭义节度使。未几,又以其将张归霸守邢州,遣葛从周代会守潞州。

刘仁恭出兵攻打魏州的时候,魏州罗绍威派使者到河东与李克用建立友好关系,并向李克用请求援救。壬午这一天,李克用派李嗣昭率队援救魏州。恰逢刘仁恭已被汴州朱全忠的军队打败,罗绍威又与河东李克用断绝友好关系,李嗣昭率军返回。

葛从周乘着打败幽州刘仁恭的形势,从土门县出兵攻打河东李克用的军队,攻取了承天军。汴州军中的别部将领氏叔琮从马岭攻入,攻取了辽州的乐平县,进军驻扎在榆次县。李克用派遣内牙军副周德威出兵攻击氏叔琮。氏叔琮部下有一名猛将陈章,外号"陈夜叉",氏叔琮派陈章打前锋,陈章向氏叔琮请战说:"河东军中所依恃的人是周杨五,请让我去活捉他,给我一个州作为奖赏。"周杨五就是周德威。李克用听到这些,便以此告诫周德威小心,周德威说:"他是说大话罢了。"两军在洞涡县交战,周德威改穿便衣前往军前挑战,对他的部下说:"你看见陈夜叉就逃。"陈章果然追逐他们,周德威奋力用铁棰猛击陈章,陈章掉下马,周德威活捉陈章回营,献给李克用。李克用乘势攻击氏叔琮的军队,大败氏叔琮,斩首三千人。氏叔琮放弃营寨逃跑,周德威领兵追击他们,追出石会关,又斩首一千多人。葛从周也领军返回。

丁巳(二十四日),朱全忠派河阳节度使丁会出兵攻打泽州,攻取了泽州。

夏季五月,李克用派遣蕃、汉马步都指挥使李君庆率领军队攻打李罕之。己亥(初七),李君庆围攻潞州。朱全忠出兵驻扎在河阳。辛丑(初九),朱全忠派遣他的将领张存敬援救李罕之。壬寅(初十),朱全忠又令丁会率军随后接应。河东兵被打得大败,李君庆解除对潞州的围攻,率军离去。李克用诛杀败将李君庆以及他的副将伊审、李弘袭,任用李嗣昭为蕃、汉马步都指挥使,代替李君庆攻打潞州。

六月乙丑(初三),李罕之病重。丁卯(初五),朱全忠上表,推举李罕之为河阳节度使,任命丁会为昭义军节度使。不久,朱全忠又派他的将领张归霸守卫邢州,派葛从周代替丁会防守潞州。

丁丑,李罕之薨于怀州。

秋七月,朱全忠召葛从周于潞州,使贺德伦守之。八月丙寅,李嗣昭引兵至潞州城下,分兵攻泽州。己巳,汴将刘玘弃泽州走,河东兵进拔天井关,以李孝璋为泽州刺史。贺德伦闭城不出,李嗣昭日以铁骑环其城,捕刍牧者,附城三十里禾黍皆刈之。乙酉,德伦等弃城宵遁,趣壶关,河东将李存审伏兵邀击之,杀获甚众。葛从周以援兵至,闻德伦等已败,乃还。

三年夏四月,朱全忠遣葛从周帅兖、郓、滑、魏四镇兵十万击刘仁恭。五月,仁恭复遣使卑辞厚礼求援于河东,李克用遣周德威将五千骑出黄泽,攻邢、洺以救之。

六月,刘仁恭将幽州兵五万救沧州,营于乾宁军。葛从周将精兵逆战于老鸦堤,大破仁恭,斩首三万级,仁恭走保瓦桥。秋七月,李克用复遣都指挥使李嗣昭将兵五万攻邢、洺以救仁恭,败汴军于内丘。王镕遣使和解幽、汴,会久雨,朱全忠召从周还。

八月,李嗣昭又败汴军于沙门河,攻洺州。乙丑,朱全忠引兵救之,未至,嗣昭拔洺州,擒刺史朱绍宗。全忠命葛从周将兵击嗣昭。

九月,葛从周自邺县渡漳水,营于黄龙镇。朱全忠自将中军三万涉洺水置营。李嗣昭弃城走,从周设伏于青山口,邀击,大破之。

丁丑(十五日),李罕之在怀州死去。

秋季七月,朱全忠把葛从周从潞州召回,让贺德伦去防守潞州。八月丙寅(初五),李嗣昭领兵到达潞州城下,分出一部分兵力攻打泽州。己巳(初八),汴州军将领刘玘放弃泽州逃跑。河东兵进军攻取了天井关,任用李存璋为泽州刺史。贺德伦据守潞州,闭城不出战,李嗣昭每天派出骑兵环绕潞州城挑战,并且捕捉打草放牧的人,潞州城附近三十里范围内的稻谷庄稼全部割光。乙酉(二十四日),贺德伦等人放弃潞州城深夜逃跑,奔向壶关。河东军将领李存审埋伏军队阻击贺德伦,斩杀、俘虏了很多人。葛从周派援兵赶到,听说贺德伦等人已经被打败,便领兵回去了。

三年(900)夏季四月,朱全忠派遣葛从周统领兖州、郓州、滑州、魏州四个藩镇的军队共计十万人攻打刘仁恭。五月,刘仁恭派遣使者到河东用卑恭的言辞、丰厚的礼物向李克用请求援救,李克用派遣周德威率领骑兵五千人马从黄泽县出兵攻打邢州、洺州,援救刘仁恭。

六月,刘仁恭率领幽州兵五万援救沧州,在乾宁军安营扎寨。葛从周率领精兵五千人在老鸦堤迎战,把刘仁恭打得大败,斩杀三万人头,刘仁恭逃奔瓦桥防守。秋季七月,李克用又派都指挥使李嗣昭率领军队五万人攻打邢州、洺州,援救刘仁恭,在内丘县打败汴州军。王镕派使者为幽州的刘仁恭和汴州朱全忠进行调解,恰逢久雨不停,朱全忠召回葛从周军。

八月,李嗣昭又在沙门河打败汴州军,继续攻打洺州。乙丑(初十),朱全忠率领军队援救洺州,军队尚未到达洺州,李嗣昭已经攻取了洺州,活捉洺州刺史朱绍宗。朱全忠命令葛从周率领军队攻击李嗣昭。

九月,葛从周率军从邯县渡过了漳水河,在黄龙镇驻扎。朱全忠亲自率领中军三万人,渡过洺水河安营扎寨。李嗣昭放弃洺州城逃跑,葛从周在青山口设下伏兵,阻击李嗣昭,把李嗣昭打得大败。

　　朱全忠以王镕与李克用交通,移兵伐之,下临城,逾滹沱,攻镇州南门,焚其关城。全忠自至元氏,镕惧,遣判官周式诣全忠请和。全忠盛怒,谓式曰:"仆屡以书谕王公,竟不之听! 今兵已至此,期于无舍!"式曰:"镇州密迩太原,困于侵暴,四邻各自保,莫相救恤,王公与之连和,乃为百姓故也。今明公果能为人除害,则天下谁不听命,岂惟镇州! 明公为唐桓、文,当崇礼义以成霸业。若但穷威武,则镇州虽小,城坚食足,明公虽有十万之众,未易攻也! 况王氏秉旄五代,时推忠孝,人人欲为之死,庸可冀乎!"全忠笑揽式袂,延之帐中,曰:"与公戏耳!"乃遣客将开封刘捍入见镕,镕以其子节度副使昭祚及大将子弟为质,以文缯二十万犒军。全忠引还,以女妻昭祚。

　　成德判官张泽言于王镕曰:"河东,劲敌也,今虽有朱氏之援,譬如火发于家,安能俟远水乎! 彼幽、沧、易定,犹附河东,不若说朱公乘胜兼服之,使河北诸镇合而为一,则可以制河东矣。"镕复遣周式往说全忠。全忠喜,遣张存敬会魏博兵击刘仁恭。甲寅,拔瀛州。冬十月丙辰,拔景州,执刺史刘仁霸。辛酉,拔莫州。

　　张存敬攻刘仁恭,下二十城,将自瓦桥趣幽州,道淤不能进,乃引兵西攻易定。辛巳,拔祁州,杀刺史杨约。

朱全忠因为王镕与李克用互相联络勾结，调动军队讨伐王镕，攻取了临城县，越过了滹沱河，出兵攻打镇州南门，放火焚烧了关城。朱全忠亲自到达元氏县，王镕害怕，派判官周式前去拜见朱全忠，与朱全忠讲和。朱全忠大怒，对周式说："我多次写信劝导王镕，他不听我的话！现在大兵已经到此，一定不能舍弃！"周式说："镇州紧靠太原，一直处于被侵犯和残暴掳掠的困苦境地，四邻各自设法保全自己，没有人相互援救帮助，王公与李克用联合和好，是为了让百姓安定的缘故。现在您果真能为百姓除害，那么天下的人有谁不听从你的命令？哪里只是一个镇州！您是唐朝的齐桓公和晋文公，应当崇尚礼义，以便成就霸业，如果只是穷兵黩武，一味地征伐，那么镇州虽然小，但是城墙坚固，粮食充足，您虽然有十万大军，也不容易攻打！况且王镕接受朝廷的任命，执掌节度使兵权已经五代，时人都推崇他们忠孝，人人愿意为他们去死，怎么能够希望攻取呢？"朱全忠笑着拉起周式的衣袖，把他请进营帐之中说："和你开个玩笑罢了！"于是，朱全忠派掌管礼仪的客将开封人刘捍进入镇州城去会见王镕，王镕让自己的儿子节度副使王昭祚以及大将的子弟到朱全忠军中作为人质，赠送花绸布二十万给朱全忠犒赏军队。朱全忠领军返回，把自己的女儿许给王镕的儿子王昭祚为妻。

　　成德军判官张泽在王镕面前说："河东军，是我们的强敌，现在虽然有了朱全忠的援助，如同家中起火，怎么能等远地的水来扑灭呢？他们幽州、沧州、易定军仍然依附河东军，不如劝说朱全忠乘胜把他们都制服，让河北各藩镇联合为一体，那样就可以控制河东军了。"王镕又派周式前往劝说朱全忠。朱全忠很欢喜，派张存敬会同魏博兵攻击刘仁恭。甲寅（二十九日），攻取了瀛州。冬季十月丙辰（初二），张存敬又攻取了景州，捉住景州刺史刘仁霸。辛酉（初七），又攻取了莫州。

　　张存敬攻打刘仁恭，一连攻下二十城，准备从瓦桥奔向幽州，因为道路泥泞无法前进，于是领兵向西攻打易定军。辛巳（二十七日），攻取了祁州，杀祁州刺史杨约。

　　张存敬攻定州，义武节度使王郜遣后院都知兵马使王处直将兵数万拒之。处直请依城为栅，俟其师老而击之。孔目官梁汶曰："昔幽、镇兵三十万攻我，于时我军不满五千，一战败之。今存敬兵不过三万，我军十倍于昔，奈何示怯，欲依城自固乎！"郜乃遣处直逆战于沙河，易定兵大败，死者过半，馀众拥处直奔还。甲申，王郜弃城奔晋阳，军中推处直为留后。存敬进围定州，丙申，朱全忠至城下，处直登城呼曰："本道事朝廷尽忠，于公未尝相犯，何为见攻？"全忠曰："何故附河东？"对曰："吾兄与晋王同时立勋，封疆密迩，且昏姻也，修好往来，乃常理耳，请从兹改图。"全忠许之。乃归罪于梁汶而族之，以谢全忠，以缯帛十万犒师。全忠乃还，仍为处直表求节钺。处直，处存之母弟也。

　　刘仁恭遣其子守光将兵救定州，军于易水之上，全忠遣张存敬袭之，杀六万馀人。由是河北诸镇皆服于全忠。

　　先是，王郜告急于河东，李克用遣李嗣昭将步骑三万下太行，攻怀州，拔之，进攻河阳。河阳留后侯言不意其至，狼狈失据，嗣昭坏其羊马城。会佑国军将阎宝引兵救之，力战于壕外，河东兵乃退。宝，郓州人也。

张存敬率领军队攻打定州，义武军节度使王部派遣后院都知兵马使王处直率领军队数万进行抵抗。王处直请求背靠城池设立栅栏，等张存敬他们的军队疲劳了然后攻打他们。孔目官梁汶说："过去幽州、镇州联合军队三十万来攻打我们，当时我们的军队不满五千人，一战打败了对方。今天张存敬的军队不过才三万人，我军比过去多十倍，为什么还要显出怯懦害怕的样子而打算依城自己固守呢？"王部于是派王处直在沙河县迎战张存敬，易定兵被打得大败，死亡的人超过一半，馀下的军队簇拥保护着王处直逃奔回城。甲申（三十日），王部丢弃城池逃奔晋阳，义武军剩馀的将士推举王处直为留后。张存敬进军围攻定州，丙申那一天，朱全忠到达城下，王处直登城呼喊说："我们侍奉朝廷十分忠心，从未冒犯过您，为什么受到你们的攻击？"朱全忠说："你们为什么要依附河东？"王处直回答说："我的哥哥与晋王一同讨平黄巢建立了功勋，地盘彼此靠近，况且我们之间有婚姻亲戚关系，建立友好关系互相往来，这是常理。我现在请求从此改变主张。"朱全忠同意了他的请求。于是王处直把罪过全归在梁汶身上，杀了他全族，用来向朱全忠谢罪，赠绸布帛绢十万给朱全忠犒赏军队。朱全忠于是领军返回，同时为王处直向朝廷请求授予他节度使的符节斧钺。王处直是王处存的同母弟弟。

刘仁恭派遣他的儿子刘守光率领军队去援救定州，军队在易水边上安营驻扎。朱全忠派遣张存敬袭击刘守光，杀死刘守光的军队六万馀人。从此以后，河北各个藩镇都服从朱全忠的统治。

在此之前，王部向河东军请求紧急援救，李克用派遣李嗣昭率领步兵骑兵三万人马直下太行，攻打怀州，攻取了怀州，接着进军攻打河阳。河阳留后侯言没料到他们会来，狼狈惶恐，失去了主心骨，李嗣昭毁坏了河阳城的羊马城。恰逢佑国军的将领阎宝领兵来援救河阳，在城下壕沟外面拼力奋战，河东军于是撤退。阎宝是郓州人。

天复元年春正月，朱全忠既服河北，欲先取河中以制河东。己亥，召诸将谓曰："王珂驽材，恃太原自骄汰。吾今断长蛇之腰，诸君为我以一绳缚之！"庚子，遣张存敬将兵三万自汜水渡河出含山路以袭之，全忠以中军继其后。戊申，存敬至绛州。晋、绛不意其至，皆无守备。庚戌，绛州刺史陶建钊降之。壬子，晋州刺史张汉瑜降之。全忠遣其将侯言守晋州，何纲守绛州，屯兵二万以扼河东援兵之路。朝廷恐全忠西入关，急赐诏和解之，全忠不从。

珂遣间使告急于李克用，道路相继，克用以汴人先据晋、绛，兵不得进。珂妻遗克用书曰："儿旦暮为俘虏，大人何忍不救！"克用报曰："今贼兵塞晋、绛，众寡不敌，进则与汝两亡，不若与王郎举族归朝。"珂又遗李茂贞书，言："天子新返正，诏藩镇无得相攻，同奖王室。今朱公不顾诏命，首兴兵相加，其心可见。河中若亡，则同华、邠、岐俱不自保。天子神器拱手授人，其势必然矣。公宜亟帅关中诸镇兵，固守潼关，赴救河中。仆自知不武，愿于公西偏授一小镇，此地请公有之。关中安危，国祚修短，系公此举，愿审思之！"茂贞素无远图，不报。

天复元年(901)春季正月,朱全忠既已制服河北诸藩镇,便打算首先攻取河中,用来控制河东。己亥(十五日),朱全忠召集诸将对他们说:"王珂愚钝,依恃太原李克用是他的岳父,骄傲奢侈。我现在攻打河中,意在斩断长蛇之腰,诸君用一根绳子替我把他捆绑起来。"庚子(十六日),派遣张存敬率领军队三万人从汜水县渡黄河,由含山路出兵来袭击他,朱全忠率领中军随后增援。戊申(二十四日),张存敬到达绛州。晋州、绛州方面没有预料张存敬领兵来攻打,都没有防守准备。庚戌(二十六日),绛州刺史陶建钊向张存敬投降。壬子(二十八日),晋州刺史张汉瑜向张存敬投降。朱全忠派遣他的将领侯言守卫晋州,派何绹驻守绛州,驻扎军队二万,用来扼守河东援兵的通路。朝廷担心朱全忠领兵向西进入关中,紧急颁赐诏书进行调停,朱全忠不听从朝廷的诏令。

　　河中的王珂派遣秘密使者向李克用请求紧急援救,前后派出的密使在路上相继不断。李克用因为汴州军队事先占据了晋州、绛州,道路被阻隔,援军无法前进。王珂的妻子写信给李克用说:"儿女早晚就要被别人俘虏了,父亲大人怎么能忍心不救我们!"李克用回信说:"现在贼军堵塞了晋州、绛州,两边兵马众寡不相匹敌,我们进兵就和你们共同灭亡,你不如与王郎一同带领全家族归附朝廷。"王珂又写信给关中的李茂贞说:"天子刚刚恢复君位,颁赐了诏书,令各地藩镇不要相互攻打,共同辅佐王室江山。现在朱全忠无视皇上的诏命,带头兴兵攻打我们,他的用心可以想见。河中军镇如果灭亡了,那么同华、邠州、岐州就都不能自保平安。天子的权柄就要拱手送给朱全忠,这是必然的趋势。您最好率领关中地区各藩镇的兵马,坚守潼关,并派兵前来援救河中。我自知不是军事干将,愿意听从您派遣到西面一个偏僻地方,给我一个小军镇,河中这一带请归您所有。关中的平安和危亡,国运能否长久,全由您一举决定了,希望您审慎思考一下当前的局势。"李茂贞一向没有长远的打算,干脆不做答复。

二月甲寅朔,河东将李嗣昭攻泽州,拔之。

乙卯,张存敬引兵发晋州,己未,至河中,遂围之。王珂势穷,将奔京师,而人心离贰,会浮梁坏,流澌塞河,舟行甚难,珂挈其族数百人欲夜登舟,亲谕守城者,皆不应。牙将刘训曰:"今人情扰扰,若夜出涉河,必争舟纷乱,一夫作难,事不可知。不若且送款存敬,徐图向背。"珂从之。壬戌,珂植白幡于城隅,遣使以牌印请降于存敬。存敬请开城,珂曰:"吾于朱公有家世事分,请公退舍,俟朱公至,吾自以城授之。"存敬从之,且使走白全忠。

乙丑,全忠至洛阳,闻之喜,驰往赴之。戊辰,至虞乡,先哭于重荣之墓,尽哀,河中人皆悦。珂欲面缚牵羊出迎,全忠遽使止之曰:"太师舅之恩何可忘!若郎君如此,使仆异日何以见舅于九泉!"乃以常礼出迎,握手歔欷,联辔入城。全忠表张存敬为护国军留后,王珂举族迁于大梁。其后全忠遣珂入朝,遣人杀之于华州。全忠闻张夫人疾亟,遽自河中东归。李克用遣使以重币请修好于全忠。全忠虽遣使报之,而忿其书辞蹇傲,决欲攻之。

加幽州节度使刘仁恭、魏博节度使罗绍威并兼侍中。

二月甲寅这天是初一,河东军将领李嗣昭率军攻打泽州,泽州被他攻取。

乙卯(初二),张存敬率领军队从晋州出发,己未(初六),他的军队到达河中,于是便围攻河阳府城。河阳王珂已经处于穷途末路的境地,将要逃奔京师,然而人心离散,恰逢浮桥断坏,流冰涨满黄河,舟船航行非常困难,王珂带领他的家族数百人打算夜间登舟逃走,亲自告谕守城的将士,但都不答应。牙将刘训说:"现在人情纷乱,如果夜晚出城渡黄河,一定会争夺上船,引起混乱,有一个人从中作乱,事态就不可预料。不如暂且送条约给张存敬,表示投降,慢慢计议是归顺还是反抗。"王珂依从了刘训的意见。壬戌(初九),王珂在城角竖起了白旗,派遣使者把节度使的牌印送给张存敬,请求投降。张存敬请王珂打开城门,王珂提出要见朱全忠,说:"我和朱公具有家中世代共事的情分,请您退后三十里,等到朱公到来,我亲自把城交给他。"张存敬依从了王珂的要求,并且派人飞马报告朱全忠。

乙丑(十二日),朱全忠到达洛阳,听说此事后十分欢喜,便奔驰前往河中会见王珂。戊辰(十五日),朱全忠到了虞乡县,先到王重荣墓前哭奠,极尽哀伤,河中人见了都很满意。王珂想要反绑双手牵羊出城迎接,朱全忠急速派人阻止这样做,说:"太师舅父的恩情怎么能够忘记!如果你这样做,让我将来在九泉之下怎么去见舅父!"于是,王珂以平常的礼节出城迎接朱全忠,二人握手流泪,然后并马进入河阳城。朱全忠向朝廷上表,推举张存敬为护国军留后。王珂带领全家族人迁居到大梁。后来朱全忠派遣王珂进京朝见,在途中,派人在华州杀了王珂。朱全忠听说妻子张夫人病重,急忙从河中向东返回大梁。李克用派遣使者给朱全忠送去丰厚的礼品,请求建立友好关系,朱全忠虽然派遣使者答复了李克用,但是心中记恨李克用信中言辞傲慢,决心想攻打他。

朝廷下诏加拜幽州节度使刘仁恭、魏博节度使罗绍威都兼任侍中。

三月癸未朔,朱全忠至大梁。癸卯,遣宿州刺史氏叔琮等将兵五万攻李克用,入自太行,魏博都将张文恭入自磁州新口,葛从周以兖、郓兵会成德兵入自土门,洺州刺史张归厚入自马岭,义武节度使王处直入自飞狐,权知晋州侯言以慈、隰、晋、绛兵入自阴地。叔琮入天井关,进军昂车。辛亥,沁州刺史蔡训以城降。河东都将盖璋诣侯言降,即令权知沁州。壬子,叔琮拔泽州,刺史李存璋弃城走。叔琮进攻潞州,昭义节度使孟迁降之。河东屯将李审建、王周将步军一万、骑二千诣叔琮降,叔琮进趣晋阳。夏四月乙卯,叔琮出石会关,营于洞涡驿。张归厚引兵至辽州,丁巳,辽州刺史张鄂降。别将白奉国会成德兵自井陉入,己未,拔承天军,与叔琮烽火相应。

氏叔琮等引兵抵晋阳城下,数挑战,城中大恐。李克用登城备御,不遑饮食。时大雨积旬,城多颓坏,随加完备。河东将李嗣昭、李嗣源凿暗门,夜出攻汴垒,屡有杀获。李存进败汴军于洞涡。时汴军既众,刍粮不给,久雨,士卒疟利,全忠乃召兵还。五月,叔琮等自石会关归,诸道军亦退。河东将周德威、李嗣昭以精骑五千蹑之,杀获甚众。先是,汾州刺史李瑭举州附于汴军,克用遣其将李存审攻之,三日而拔,执瑭,斩之。氏叔琮过上党,孟迁挈族随之南徙。朱全忠遣丁会代守潞州。

三月癸未是初一，朱全忠到达大梁。癸卯（二十一日），朱全忠派遣宿州刺史氏叔琮等人率领军队五万人攻打李克用，从太行山进军，魏博军都将张文恭从磁州新口县进军，葛从周率领兖州、郓州军队会合成德军的军队从土门县进军，洺州刺史张归厚从马岭进军，义武军节度使王处直从飞狐进军，代理晋州刺史侯言，率领慈州、隰州、晋州、绛州的军队从阴地关进军。氏叔琮进入天井关后，向昂车县进军。辛亥（二十九日），沁州刺史蔡训献城投降。河东军都将盖璋向侯言投降，朱全忠随即命盖璋代理沁州刺史。壬子（三十日），氏叔琮攻取泽州，泽州刺史李存璋舍弃州城逃跑。氏叔琮进军攻打潞州，昭义军节度使孟迁向氏叔琮投降。河东军中的屯兵将领李审建、王周率领步兵一万人、骑兵二千前往氏叔琮军营投降，氏叔琮进军奔向晋阳。夏季四月乙卯（初三），氏叔琮率军开出石会关，在洞涡驿驻扎。张归厚率领军队到达辽州，丁巳（初五），辽州刺史张鄂投降。别部将领白奉国率军会同成德军的人马从井陉县进入辽州，己未（初七），攻取了承天军，与氏叔琮的军队用烽火狼烟传信，相互接应。

氏叔琮等人率领军队抵达晋阳城下，几次向城中守军挑战，城中军民大为恐慌。李克用登城布置防备守御，没有空闲喝水吃饭。当时连续下了将近十天的大雨，城墙多处倒塌毁坏，李克用派人随时修补完好。河东军将领李嗣昭、李嗣源从城内凿修暗门，夜晚出城攻打汴州军的营垒，多次夜袭，都杀死和俘虏一部分敌军。李存进率军在洞涡驿打败汴州军队。当时汴州方面的军队众多，粮食、马料供应不上，又长时间下雨，士卒生病患疟疾拉痢，朱全忠便把军队召回。五月，氏叔琮等人从石会关返回，各道军马也都退兵。河东军将领周德威、李嗣昭率领精锐骑兵五千随后跟踪追杀，杀死和俘虏的汴州军士兵很多。在此以前，汾州刺史李瑭率领全城军民向汴州军队投降，李克用派遣他的将领李存审率兵攻打汾州，三天时间汾州被李存审军攻取，李瑭被捉住斩首。氏叔琮的军队经过上党县，孟迁带领全家族随军向南迁移。朱全忠派遣丁会代替孟迁守卫潞州。

六月,李克用遣其将李嗣昭、周德威将兵出阴地关,攻隰州,刺史唐礼降之。进攻慈州,刺史张璠降之。

二年春正月,河东将李嗣昭、周德威攻慈、隰。朱全忠闻有河东兵,二月戊寅朔,旋军河中。李嗣昭等攻慈、隰,下之,进逼晋、绛。己丑,全忠遣兄子友宁将兵会晋州刺史氏叔琮击之。李嗣昭等袭取绛州,汴将康怀英复取之。嗣昭等屯蒲县,乙未,汴军十万营于蒲南,叔琮夜帅众断其归路而攻其垒,破之,杀获万馀人。己亥,全忠自河中赴之,乙巳,至晋州。

三月戊午,氏叔琮、朱友宁进攻李嗣昭、周德威营。时汴军横陈十里,而河东军不过数万,深入敌境,众心恟惧。德威出战而败,密令嗣昭以后军先去,德威寻引骑兵亦退。叔琮、友宁长驱乘之,河东军惊溃,擒克用子廷鸾,兵仗辎重委弃殆尽。朱全忠令叔琮、友宁乘胜遂攻河东。

李克用闻嗣昭等败,遣李存信以亲兵逆之,至清源,遇汴军,存信走还晋阳。汴军取慈、隰、汾三州。辛酉,汴军围晋阳,营于晋祠,攻其西门。周德威、李嗣昭收馀众依西山得还。城中兵未集,叔琮攻城甚急,每行围,褒衣博带,以示闲暇。

克用昼夜乘城,不得寝食。召诸将议走保云州,李嗣昭、李嗣源、周德威曰:“儿辈在此,必能固守。王勿为此谋

六月，李克用派遣他的将领李嗣昭、周德威率领军队开出阴地关，攻打隰州，隰州刺史唐礼投降李嗣昭。李嗣昭、周德威进军攻打慈州，慈州刺史张瓖也投降了。

二年（902）春季正月，河东军将领李嗣昭、周德威攻打慈州、隰州。朱全忠听说有河东军攻打慈州、隰州，便于二月戊寅初一这天，领军回河中。李嗣昭等人攻打慈州、隰州，二州皆被攻取，他们又领兵进逼晋州、绛州。己丑（十二日），朱全忠派遣他的侄子朱友宁率领军队会合晋州刺史氏叔琮的军队共同攻击李嗣昭等。李嗣昭等袭取绛州，汴军将领康怀英又夺回绛州。李嗣昭等驻扎在蒲县，乙未（十八日），汴军十万人马在蒲县南面驻扎，氏叔琮统领大军夜晚出兵，切断李嗣昭军队的归路并攻打他的营垒，把李嗣昭的军队打得大败，杀死俘虏一万余人。己亥（二十二日），朱全忠从河中奔赴蒲县，乙巳（二十八日），到达晋州。

三月戊午（二十日），氏叔琮、朱友宁进军攻打李嗣昭、周德威的营垒。当时汴军横列军阵十里，而河东军不过数万人，李嗣昭的军队深入敌军境内，众人心中害怕恐惧。周德威领兵出战而被打败，便密令李嗣昭率领后军先行离去，接着周德威也带领骑兵退走。氏叔琮、朱友宁长驱直入乘胜追逐，河东军惊恐溃败，李克用的儿子李廷鸾被活捉，河东军的兵器和物资几乎全部丢弃光了。朱全忠命令氏叔琮、朱友宁乘胜进攻河东军。

李克用听说李嗣昭等人已经战败，即派遣李存信率领亲兵前去迎战，李存信到达清源县，遇上汴军，又逃回晋阳。汴州军队攻取了慈州、隰州、汾州三地。辛酉（十五日），汴军围攻晋阳，在晋祠驻扎，然后出兵攻打晋阳城的西城门。周德威、李嗣昭收集剩余人马绕道沿着西山得以返回晋阳。晋阳城中的兵马尚未集中，城外氏叔琮攻打内紧外松，氏叔琮每次进行围攻时，都穿着宽大的袍带，表示优闲从容。

李克用白天黑夜都巡城，没有时间去睡觉吃饭。李克用召集诸位将领一起计议逃向云州据守，李嗣昭、李嗣源、周德威对李克用说："儿辈们在这里，必定能够固守。您不要做这种计划，

摇人心！"李存信曰："关东、河北皆受制于朱温，我兵寡地蹙，守此孤城，彼筑垒穿堑环之，以积久制我，我飞走无路，坐待困毙耳。今事势已急，不若且入北虏，徐图进取。"嗣昭力争之，克用不能决。刘夫人言于克用曰："存信，北川牧羊儿耳，安知远虑！王常笑王行瑜轻去其城，死于人手，今日反效之耶！且王昔居达靼，几不自免，赖朝廷多事，乃得复归。今一足出城，则祸变不测，塞外可得至耶！"克用乃止。居数日，溃兵复集，军府浸安。克用弟克宁为忻州刺史，闻汴寇至，中涂复还晋阳，曰："此城吾死所也，去将何之！"众心乃定。

壬戌，朱全忠还河中，遣朱友宁将兵西击李茂贞，军于兴平、武功之间。李嗣昭、李嗣源数将敢死士夜入氏叔琮营，斩首捕虏，汴军惊扰，备御不暇。会大疫，丁卯，叔琮引兵还。嗣昭与周德威将兵追之，及石会关，叔琮留数马及旌旗于高岗之巅。嗣昭等以为有伏兵，乃引去，复取慈、隰、汾三州。自是克用不敢与全忠争者累年。

克用以使引咨幕府曰："不贮军食，何以聚众？不置兵甲，何以克敌？不修城池，何以扞御？利害之间，请垂议度！"掌书记李袭吉献议，略曰："国富不在仓储，兵强不由众寡，人归有德，神固害盈。聚敛宁有盗臣，苛政如有猛虎，所以

造成人心动摇。"李存信说："关东、河北一带都受到朱温的控制，我军兵少，地方狭小，守着这一座孤城，他们修筑高垒，挖掘深沟环绕全城，长时间围困我们，我们插翅难飞，逃跑无路，坐着等待被困死罢了。现在事态很紧急了，不如暂且进入北边胡人地带，慢慢再谋划进取。"李嗣昭极力争辩，李克用无法做出最后决策。刘夫人对李克用说："李存信只是北川草原的一个放羊娃罢了，哪里懂得长远的谋划！你经常笑话王行瑜轻易离城逃去，死于他人之手，今天反要仿效他吗？况且，您过去居住在达靼，几乎不能免除自己的灾祸，幸亏朝廷处在多事之秋，才得以重新回来。现在一只脚出城，那么祸乱事变就难以预测，塞外能够去得了吗？"李克用于是停止了撤逃的考虑。过了几天，溃散的士卒重新聚集起来，李克用的军府渐渐安定。李克用的弟弟李克宁是忻州刺史，听说汴州贼军到来，中途重又回到晋阳，说："这座城是我战死的地方，我能到哪里去！"军心于是安定下来。

壬戌（十六日），朱全忠回河中，派遣朱友宁率领军队向西攻击李茂贞，这支军队驻扎在兴平县与武功县之间。李嗣昭、李嗣源几次率领敢死队夜袭氏叔琮的军营，斩杀敌军、捕捉俘虏，汴州军队惊恐纷乱，来不及防备抵抗。恰逢当地瘟疫流行，丁卯（二十一日），氏叔琮率领军队返回。李嗣昭与周德威率领军队追击，追到石会关，氏叔琮在高岗顶上留下几匹马及旌旗。李嗣源等人以为敌军设有埋伏，于是领兵退去，重新攻取慈州、隰州、汾州三地。从此，李克用连续好几年不敢与朱全忠争斗。

李克用下发节度使文书，向幕客、将领们咨询有关治理军府的对策，说："不贮备军粮，用什么来聚集兵马？不置办兵器铠甲，用什么打败敌人？不修筑城墙与护城壕沟，用什么防卫和抵御？利益与弊害之间，请大家思考议论！"府中掌书记李袭吉进献自己的意见，大意是说："国家富足不在于仓库中的储存有多少，军事力量强大不在于军队人数有多少。人民投归有德行的国君，神灵原本要给占有太多的人降下灾害。与其放纵官吏聚敛，不如容纳盗贼，苛刻的政治如同吃人的猛虎，所以周武王

鹿台将散,周武以兴;齐库既焚,晏婴入贺。"又曰:"伏以变法不若养人,改作宁如旧贯! 韩建蓄财无数,首事朱温;王珂变法如麻,一朝降贼;中山城非不峻,蔡上兵非不多;前事甚明,可以为戒。且霸国无贫主,强将无弱兵。伏愿大王崇德爱人,去奢省役,设险固境,训兵务农。定乱者选武臣,制理者选文吏,钱谷有句,刑法有律。诛赏由我,则下无威福之弊;近密多正,则人无潜谤之忧。顺天时而绝欺诈,敬鬼神而禁淫祀,则不求富而国富,不求安而自安。外破元凶,内康疲俗,名高五霸,道冠八元。至于率闾阎,定间架,增曲蘖,检田畴,开国建邦,恐未为切。"

克用亲军皆沙陀杂虏,喜侵暴良民,河东甚苦之。其子存勖以为言,克用曰:"此辈从吾攻战数十年,比者帑藏空虚,诸军卖马以自给。今四方诸侯皆重赏以募士,我若急之,则彼皆散去矣,吾安与同保此乎! 俟天下稍平,当更清治之耳。"存勖幼警敏,有勇略,克用为朱全忠所困,封疆日蹙,忧形于色。存勖进言曰:"物不极则不返,恶不极则不亡。

散发鹿台的钱财，周武王由此兴盛；齐国的仓库被焚烧以后，齐国的晏婴入朝庆贺。"又说："我认为改变法制不如教化养育百姓，重建新制不如仍行旧法。韩建在华州积蓄的钱财，数量多得无法统计，结果他最先去侍奉朱全忠，钱财全部被朱全忠攫取；王珂改变法制如同乱麻一样多，一个早晨投降了贼人；王郜守不住定州，并不是因为他的中山城不高；秦宗权被朱全忠俘虏，并不是他统领的蔡上兵不多。先前发生的这些事情很清楚，可以作为我们的鉴戒。况且，建立霸业的国家没有贫穷的君主，强将手下没有怯懦的士兵。我希望大王能够崇尚德治，爱护人民，去除奢侈，减省徭役，设置险要工事，加固边境防守，训练士兵，力劝农耕。挑选武将平定叛乱，选拔文臣治理政事，钱财粮谷进纳支出建立好账目，量刑执法依据律令办事。诛杀赏赐由自己决断，那样下面就没有作威作福的弊端；亲近的谋臣大多是正直之士，那样其他人就没有被陷害诽谤的忧虑。顺应天时而杜绝欺骗诬陷，敬奉鬼神而禁绝乱祭滥祀，那样的话，就会不求富裕而国家富裕，不求安定而辖区自行安定。对外攻打元凶首恶，对内矫正颓靡的习俗，这样可以让名声高过春秋五霸，道德位居上古八元之上。至于像计算民间街巷的财产，核定房屋的间架，增加酒税，勘查田亩之类，对于建国兴邦来说，恐怕不是迫切要办的事项。"

李克用的亲军都是沙陀族的胡人，喜欢侵犯暴虐良民百姓，河东地区的人民饱受其苦。李克用的儿子李存勖把这种现象指了出来，李克用表态说："这些人跟从我作战几十年了，近来库藏空虚，各军依靠卖马来维持自己的开销。现在四面八方的诸侯都在用重赏厚禄招募将士，我如果逼急了他们，那么他们都会离散而去了，我怎么能与你们共同保住这一份基业呢！等到天下渐渐平定的时候，我当然会再行清理整治这些事情的。"李存勖小时候就机警聪敏，有勇有智。李克用受到朱全忠的围困，疆界一天天缩小，忧虑的心情显露在脸上。李存勖向他进言说："事物不到极点就不会走向反面，罪恶不到极点坏人就不会灭亡。

朱氏恃其诈力,穷凶极暴,吞灭四邻,人怨神怒。今又攻逼乘舆,窥觎神器,此其极也,殆将毙矣!吾家代袭忠贞,势穷力屈,无所愧心。大人当遵养时晦以待其衰,奈何轻为沮丧,使群下失望乎!"克用悦,即命酒奏乐而罢。

朱全忠依仗奸诈和武力,穷凶极恶,侵吞消灭四邻,已经达到人怨神怒的地步。现在又陈兵进攻逼迫皇上,暗暗注视着皇帝宝座,这就是他的极点了,即将要灭亡了！我家世代保持忠贞的美德,现在尽管处境困难,力量受挫,却没有什么惭愧亏心的地方。父亲大人应遵循时势,休养身体,收藏锋芒,以便等待他走向衰弱,怎么能轻易为此而灰心丧气,让下面的人看了失望呢?"李克用转忧为喜,立即命令摆酒奏乐,尽兴而散。

朱温取淄青

唐昭宗天复三年春正月，平卢节度使王师范，颇好学，以忠义自许，为治有声迹。朱全忠围凤翔，韩全诲以诏书征藩镇兵入援乘舆，师范见之，泣下沾衿，曰："吾属为帝室藩屏，岂得坐视天子困辱如此？各拥强兵，但自卫乎！"会张濬自长水亦遗之书，劝举义兵。师范曰："张公言正会吾意，夫复何疑！虽力不足，当死生以之。"

时关东兵多从全忠在凤翔，师范分遣诸将诈为贡献及商贩，包束兵仗，载以小车，入汴、徐、兖、郓、齐、沂、河南、孟、滑、河中、陕、虢、华等州，期以同日俱发，讨全忠。适诸州者多事泄被擒，独行军司马刘郭取兖州。时泰宁节度使葛从周悉将其兵屯邢州，郭先遣人为贩油者入城，诇其虚实及兵所从入。丙午，郭将精兵五百夜自水窦入，比明，军城悉定，市人皆不知。郭据府舍，拜从周母，每旦省谒；待

朱温取淄青

　　唐昭宗天复三年（903）春季正月，平卢军节度使王师范，很爱学习，以忠诚仁义要求自己，治理政事有名声有实绩。朱全忠围攻凤翔，韩全诲用昭宗的诏书向藩镇征调兵力入京援救皇上的车驾，王师范见到诏书，哭泣流泪，泪湿衣襟，说："我等作为帝王宗室的屏障，怎么能坐视天子危困屈辱到这一步呢？我们各自拥有强大的兵力，只是自卫吗！"恰逢张濬从长水县也写信给王师范，劝他兴举正义之师。王师范说："张濬说的话正合我的心意，我还有什么疑虑呢？虽然力量不足，也应该不顾生死去做这件事！"

　　当时关东一带的兵马大多跟从朱全忠在围攻凤翔，王师范分别派遣各将领假装成向朝廷贡献物品的人和贩运的商旅，把兵器军仗包裹起来，装在小车中，进入汴、徐、兖、郓、齐、沂、河南、孟、滑、河中、陕、虢、华等州，约定好同一天全都发起进攻，讨伐朱全忠。到达各州的大多因为事情泄露而被抓获，唯独王师范的行军司马刘郭攻取了兖州。当时兖州泰宁军节度使葛从周率领全部兵力驻扎在邢州，刘郭先派人扮作卖油的人进入兖州城，刺探城中的虚实和士兵进城的路线。丙午（初四），刘郭率领精兵五百人在夜晚由水洞进入城中，将近天亮，泰宁军节度使主帅居住的牙城全部平定，街市上的人都不知道。刘郭占据了节度使府的馆舍，拜见葛从周的母亲，以后每天都去拜见看望她；对待

其妻子,甚有恩礼;子弟职掌、供亿如故。

是日,青州牙将张居厚帅壮士二百将小车至华州东城,知州事娄敬思疑其有异,剖视之。其徒大呼,杀敬思,攻西城。崔胤在华州,帅众拒之,不克,走至商州,追获之。

全忠留节度判官裴迪守大梁,师范遣走卒赍书至大梁,迪问以东方事,走卒色动。迪察其有变,屏人问之,走卒具以实告。迪不暇白全忠,亟请马步都指挥使朱友宁将兵万馀人东巡兖、郓。友宁召葛从周于邢州,共攻师范。全忠闻变,亦分兵先归,使友宁并将之。

王师范遣使以起兵告李克用,克用贻书褒赏之。河东监军张承业亦劝克用发兵救凤翔,克用攻晋州,闻车驾东归,乃罢。

三月戊午,朱全忠至大梁。王师范弟师鲁围齐州,朱友宁引兵击走之。师范遣兵益刘郡军,友宁击取之。由是兖州援绝,葛从周引兵围之。友宁进攻青州,戊辰,全忠引四镇及魏博兵十万继之。

夏四月,王师范求救于淮南。乙未,杨行密遣其将王茂章以步骑七千救之,又遣别将将兵数万攻宿州。全忠遣其将康怀英救宿州,淮南兵遁去。

葛从周的妻子儿女,都很有恩惠和礼貌;葛从周的子弟在府中担任的官职和主管的事务,以及对他们的物资供应都保持不变。

这一天,青州牙将张居厚率领壮士二百人推着小车到达华州东城,主持华州事务的娄敬思怀疑他们有些异常,打开小车上的东西要看。张居厚的部下便大呼大喊,上前杀死娄敬思,攻打西城。崔胤在华州,率领军队抵抗他们,他们不能攻下城,逃跑到商州,崔胤追赶抓获了他们。

朱全忠留下节度判官裴迪守卫大梁,王师范派遣军前送信的差役送信到达大梁,裴迪向差役询问东边一带的事情,差役被问得变了脸色。裴迪察觉出情况有变化,便让身边的人退下,询问这位差役,差役即把王师范举兵的情况一条条如实地说了。裴迪来不及禀告千里之外的朱全忠,急忙请求马步都指挥使朱友宁率领军队一万余人向东巡视兖州、郓州。朱友宁通知邢州的葛从周,共同攻打王师范。朱全忠听说背后东方有事变的消息,也分出一部分兵力先行返回,让朱友宁一并统领。

王师范派遣使者把起兵讨伐朱全忠的事情通报李克用,李克用回信称赞王师范。河东军中的监军张承业也劝说李克用出兵援救凤翔。李克用便进军攻打晋州,听说昭宗的车驾已经向东返回京城,于是收兵了。

三月戊午(十七日),朱全忠回到了大梁。王师范的弟弟王师鲁率领军队围攻齐州,朱友宁率领兵马攻打王师鲁并赶跑了王师鲁。王师范派遣军队到达兖州,增加刘郭的兵力,朱友宁攻击这支援军并消灭了他们。从此,兖州的外援便断绝了。葛从周率领军队围攻兖州。朱友宁进军攻打青州,戊辰(二十七日),朱全忠率领四个军镇的兵力以及魏博军的兵马共计十万随后增援接应。

夏季四月,王师范向淮南军请求援救。乙未(二十五日),杨行密派遣他的将领王茂章率领步兵、骑兵共七千人马援救王师范,又派别部将领率领军队数万人攻打宿州。朱全忠派他的将领康怀英援救宿州,淮南军逃跑了。

五月，朱友宁攻博昌，月馀不拔。朱全忠怒，遣客将刘捍往督之。捍至，友宁驱民丁十馀万，负木石，牵牛驴，诣城南筑土山，既至，并人畜木石排而筑之，冤号声闻数十里。俄而城陷，尽屠之。进拔临淄，抵青州城下，遣别将攻登、莱。

淮南将王茂章会王师范弟莱州刺史师诲攻密州，拔之，斩其刺史刘康乂，以淮海都游弈使张训为刺史。

六月乙亥，汴兵拔登州。师范帅登、莱兵拒朱友宁于石楼，为两栅。丙子，夜，友宁击登州栅，栅中告急，师范趣茂章出战，茂章按兵不动。友宁破登州栅，进攻莱州栅。比明，茂章度其兵已疲，乃与师范合兵出战，大破之。友宁旁自峻阜驰骑赴敌，马仆，青州将张土枭斩之，传首淮南。两镇兵逐北至米河，俘斩万计，魏博之兵殆尽。

全忠闻友宁死，自将兵二十万昼夜兼行赴之。秋七月壬子，至临朐，命诸将攻青州。王师范出战，汴兵大破之。王茂章闭垒示怯，伺汴兵稍懈，毁栅而出，驱驰疾战，战酣退坐，召诸将饮酒，已而复战。全忠登高望见之，问降者，知为茂章，叹曰："使吾得此人为将，天下不足平也！"至晡，

五月，朱友宁攻打博昌县，一个多月攻不下来。朱全忠发怒，派遣幕府中的客将刘捍前往督促。刘捍到达前线，朱友宁驱赶民工十几万人，扛木料抬石头，牵牛拉驴，到博昌县城的南面堆筑土山，到达地点之后，又命令连人带牲畜以及运来的木石全部搅在一起，筑成了土山，呼号喊冤的声音传到几十里路以外。不久，博昌县城被朱友宁攻取，城中的男女老少全部被屠杀。朱友宁接着进军攻取了临淄县，率军直抵青州城下，又派别部将领去攻打登州、莱州。

淮南军将领王茂章会同王师范的弟弟莱州刺史王师诲攻打密州，攻取了密州，斩杀了密州刺史刘康义，任用淮海军都游弈使张训为密州刺史。

六月乙亥（初六），汴州军队攻取了登州。王师范统领登州、莱州的军队在石楼县抵抗朱友宁，设置了两处营垒。丙子（初七）夜间，朱友宁率军攻打登州军的营垒，营中请求紧急援救，王师范催促王茂章出兵助战，王茂章按兵不动。朱友宁攻破了登州军的营垒后，接着进攻莱州军的营垒。将近天亮的时候，王茂章估量朱友宁的士兵已经疲乏，于是便和王师范的军队联合出战，把朱友宁的军队打得大败。朱友宁亲自沿高岗纵马直下向敌军杀去，不料战马倒下，青州军将领张土砍下他的脑袋，把他的脑袋传回淮南示众。王师范、王茂章率领两个军镇的部队追击朱友宁的败兵，一直追到米河县，俘虏斩杀数以万计，魏博军几乎被全部消灭光了。

朱全忠听说朱友宁战死，亲自率军二十万人，昼夜兼程奔往前线。秋季七月壬子（十四日），朱全忠到达临朐县，命令诸将攻打青州。王师范出兵迎战，被汴州军队打得大败。王茂章关闭营垒故意表示害怕，密切观察汴州军队斗志稍有松懈，便毁掉营垒冲杀而出，驱马奔驰速战，打得痛快了便退回来坐下，召集诸将领饮酒，饮完酒后又出战。朱全忠登上高地观战，望见王茂章，查问投降过来的人，知道是王茂章以后，感叹说："假使我能够得到这个人作为将领，天下就不够我平定了。"到了傍晚时分，

汴兵乃退。茂章度众寡不敌，是夕，引军还。全忠遣曹州刺史杨师厚追之，及于辅唐。茂章命先锋指挥使李虔裕将五百骑为殿，虔裕殊死战，师厚擒而杀之。师厚，颍州人也。

张训闻茂章去，谓诸将曰："汴人将至，何以御之？"诸将请焚城大掠而归。训曰："不可。"封府库，植旗帜于城上，遣羸弱居前，自以精兵殿其后而去。全忠遣左踏白指挥使王檀攻密州，既至，望旗帜，数日乃敢入城。见府库城邑皆完，遂不复追。训全军而还。全忠以檀为密州刺史。

八月戊辰朔，朱全忠留齐州刺史杨师厚攻青州，身归大梁。

杨师厚屯临朐，声言将之密州，留辎重于临朐。九月癸卯，王师范出兵攻临朐，师厚伏兵奋击，大破之，杀万馀人，获师范弟师克。明日，莱州兵五千救青州，师厚邀击之，杀获殆尽，遂徙寨抵其城下。

戊午，王师范遣副使李嗣业及弟师悦请降于杨师厚，曰："师范非敢背德，韩全海、李茂贞以朱书御札使之举兵，师范不敢违。"仍请以其弟师鲁为质。时朱全忠闻李茂贞、杨崇本将起兵逼京畿，恐其复劫天子西去，欲迎车驾都洛阳，乃受师范降，选诸将使守登、莱、淄、棣等州，即以师范权淄青留后。师范仍言先遣行军司马刘郭将兵五千据兖州，非其

汴州军就撤退了。王茂章估计两军众寡不相匹敌,这天夜晚,率领军队返回。朱全忠派遣曹州刺史杨师厚追击王茂章,追到了辅唐县。王茂章命令先锋指挥使李虔裕率领五百骑兵留在队伍后面掩护,李虔裕拼力死战,被杨师厚抓获斩杀。杨师厚是颍州人。

密州刺史张训听说王茂章离去,对诸将领说:"汴州军队将要到来,我们用什么抵御他们?"诸将领请求放火烧城,大抢一番以后撤兵返回。张训说:"不能那么做。"他封存了城中的府库,在城上树立旗帜,把老弱士兵放在队伍前面,自己率领精锐士兵走在队伍最后面,撤退离去。朱全忠派遣左踏白指挥使王檀攻打密州,王檀到达密州以后,望见旗帜,好几天后才敢入城,看见府库城池街市都很完好,于是不再追击张训。张训全军毫发无损地返回。朱全忠任命王檀为密州刺史。

八月戊辰这天是初一,朱全忠留下齐州刺史杨师厚攻打青州,只身返回大梁。

杨师厚驻扎在临朐县,扬言将要开到密州去,把随军运载的物资留在临朐县。九月癸卯(初六),王师范出兵攻打临朐县,杨师厚设置伏兵奋力攻击,把王师范的军队打得大败,杀死王师范的士兵一万余人,抓获了王师范的弟弟王师克。第二天,有莱州兵五千人援救青州,杨师厚拦截攻击这支援军,把这支援军几乎消灭光了,于是转移军队抵达青州城下。

戊午(二十一日),王师范派遣平卢军的节度副使李嗣业及弟弟王师悦向杨师厚请求投降,说:"不是我王师范胆敢背弃道德,而是韩全诲、李茂贞用皇帝朱笔写的信札来命令我起兵,我王师范不敢违抗圣旨。"还请求用他的弟弟王师鲁作为人质。当时朱全忠听说李茂贞、杨崇本将要起兵进逼京城地区,担心他们又要劫持天子西去,于是打算迎接皇上的车驾移都洛阳,便接受王师范的投降,挑选诸将领让他们分别守卫登州、莱州、淄州、棣州等地,当即任用王师范代理淄青留后事务。王师范又提出先前派遣行军司马刘郭率领军队五千人占据了兖州,并不是他

自专,愿释其罪,亦遣使语郭。

葛从周攻兖州,刘郭使从周母乘板舆登城,谓从周曰:"刘将军事我不异于汝,新妇辈皆安居,人各为其主,汝可察之。"从周歔欷而退,攻城为之缓。郭悉简妇人及民之老疾不足当敌者出之,独与少壮者同辛苦,分衣食,坚守以扞敌;号令整肃,兵不为暴,民皆安堵。久之,外援既绝,节度副使王彦温逾城出降,城上卒多从之,不可遏。郭遣人从容语彦温曰:"军士非素遣者,勿多与之俱。"又遣人徇于城上曰:"军士非素遣从副使而敢擅往者,族之!"士卒皆惶惑不敢出。敌人果疑彦温,斩之城下,由是众心益固。及王师范力屈,从周以祸福谕之,郭曰:"受王公命守此城,一旦见王公失势,不俟其命而降,非所以事上也。"及师范使者至,冬十月丁丑,始出降。从周为具赍装,送郭诣大梁。郭曰:"降将未受梁王宽释之命,安敢乘马衣裘乎!"乃素服乘驴至大梁。全忠赐之冠带,辞;请囚服入见,不许。全忠慰劳,饮之酒,辞以量小。全忠曰:"取兖州,量何大邪!"以为元从都押牙。是时四镇将吏皆功臣、旧人,郭一旦以降将居其上,诸将具军礼拜于庭,郭坐受自如,全忠益奇之。未几,表为保大留后。葛从周久病,全忠以康怀英为泰宁节度使代之。

擅自这样干的,希望免除他的罪过。王师范也派使者向刘郡说明这种情况。

葛从周攻打兖州,刘郡让葛从周的母亲坐平板轿登上城楼,让她对葛从周说:"刘将军侍奉我不差于你,你新婚的妻子她们都安居无恙。人人各为其主,你可以详察这件事情。"葛从周流泪感叹然后退回,攻城由此而放慢速度。刘郡把城中妇女以及老弱有病不能抵挡敌军的人全部挑选出来放他们出城,自己与城内军民中年轻力壮的人一起同甘共苦,共分衣食,坚守城池,抵御敌军。刘郡号令整齐严肃,士兵不做残暴的事情,百姓都很安定。日子长了,外面的援军断绝之后,节度副使王彦温翻越城墙出来投降,城上士卒大多要跟从他,不可遏止。刘郡派人从容地告诉王彦温说:"平日不是由你来调遣的军士,不要多带他们与你一同投降。"又派人到城上巡视说:"不是平日受副使调遣的军士,如果擅自跟从前往,全族诛灭!"士卒们都惶恐迷惑不敢出城。敌军果然怀疑王彦温,把王彦温拉到城下斩了。由此以后,城上的军心更加坚定。等到王师范兵力穷尽,葛从周用祸福利害劝导刘郡,刘郡说:"我受王师范的命令守卫这座城,一旦看到王师范失去势力,不等到他的命令而投降,这不是侍奉上级应有的态度。"等到王师范的使者到达兖州,冬季十月丁丑(十一日),刘郡出城投降。葛从周为刘郡置办了行装,送刘郡前往大梁。刘郡说:"我作为败军降将没有接到梁王宽大免罪的命令,怎么敢乘马穿袭衣呢!"于是刘郡穿着白色服装乘着毛驴到达大梁。朱全忠向他颁赐冠、带,刘郡拒绝,请求穿囚服进见,朱全忠不批准。朱全忠慰劳刘郡,请他喝酒,刘郡推辞说自己量小。朱全忠说:"攻取兖州的时候,你的'量'多么大呀?"朱全忠任用刘郡为元从都押牙。这时四个军镇的将吏都是有功之臣和有资格的旧人,刘郡一旦作为降将位居他们之上,诸将都按军礼在庭上拜见他,刘郡安坐接受他们拜见,态度自如,朱全忠更加惊奇。未隔多久,朱全忠向朝廷上表举荐他为保大军留后。葛从周长时间生病,朱全忠任用康怀英代替葛从周为泰宁军节度使。

　　昭宣帝天祐二年春正月庚午,朱全忠命李振知青州事,代王师范。

　　二月,李振至青州,王师范举族西迁,至濮阳,素服乘驴而进。至大梁,全忠客之。表李振为青州留后。

　　三月庚午,以王师范为河阳节度使。

唐哀帝天祐二年(905)春季正月庚午(十一日),朱全忠命令李振主持青州政务,代替王师范。

二月,李振到达青州,王师范带领全家族向西迁移,到濮阳县,穿着白色服装乘着毛驴前进。到达大梁,朱全忠像对客人那样对待他。朱全忠上表举荐李振为青州留后。

三月庚午(十一日),朝廷任命王师范为河阳节度使。

朱温篡唐 <small>崔胤诛宦官附</small>

唐昭宗光化三年春二月，以吏部尚书崔胤同平章事，充清海节度使。

司空、门下侍郎、同平章事王抟，明达有度量，时称良相。上素疾宦官枢密使宋道弼、景务脩专横，崔胤日与上谋去宦官，宦官知之。由是南、北司益相憎疾，各结藩镇为援以相倾夺。抟恐其致乱，从容言于上曰："人君当务明大体，无所偏私。宦官擅权之弊，谁不知之！顾其势未可猝除，宜俟多难渐平，以道消息。愿陛下言勿轻泄以速奸变。"胤闻之，潜抟于上曰："王抟奸邪，已为道弼辈外应。"上疑之。及胤罢相，意抟排己，愈恨之。及出镇广州，遗朱全忠书，具道抟语，令全忠表论之。全忠上言："胤不可离辅弼之地，抟与敕使相表里，同危社稷。"表连上不已。上虽察其情，迫于全忠，不得已，胤至湖南复召还。六月，以

朱温篡唐 崔胤诛宦官附

唐昭宗光化三年（900）春季二月，朝廷任命吏部尚书崔胤为同平章事，充任清海军节度使。

司空、门下侍郎、同平章事王抟，明智通达有度量，当时被称为良相。唐昭宗一贯憎恨宦官枢密使宋道弼、景务脩专权骄横，崔胤每天与昭宗在一起商量除掉宦官，宦官知道了他们的意图。于是南司朝官和北司宦官之间更加相互憎恶，各自交结藩镇力量作为自己的外援，互相倾轧争夺。王抟担心这样会导致变乱，就在昭宗面前说："国君应当注重大局，没有什么偏爱和私心。宦官专权的弊病，谁不知道？但是他们现在的势力还不能够迅速除掉，应当等到多种灾难渐渐平息后，再放出风声。希望皇上说的话不要轻易泄露在外，以防加速奸人变乱。"崔胤听说了这件事，便在昭宗面前诬陷王抟说："王抟奸诈邪恶，已经成为宋道弼的外应。"昭宗怀疑他的话。等到崔胤被罢免宰相，崔胤便认为是王抟在排挤自己，因而更加痛恨王抟。等到崔胤被贬出京师去广州藩镇上任时，就写信给朱全忠，把王抟当时说的话通盘说了出来，让朱全忠上表给朝廷评论这件事情。朱全忠便向朝廷上表说："崔胤不能离开宰相的位置，王抟与敕使勾结，互为表里，共同危害国家。"朱全忠接连不断地上表，没完没了，昭宗虽然看清了这当中的实际情况，但迫于朱全忠的威势，没有办法，当崔胤在途中行至湖南时，又下令召回他。六月，昭宗任命

胤为司空、门下侍郎、同平章事,抟罢为工部侍郎。以道弼监荆南军,务脩监青州军。戊辰,贬抟溪州刺史。己巳,又贬崖州司户,道弼长流骧州,务脩长流爱州。是日,皆赐自尽。抟死于蓝田驿,道弼、务脩死于霸桥驿。于是胤专制朝政,势震中外,宦官皆侧目,不胜其愤。

初,崔胤与上密谋尽诛宦官,及宋道弼、景务脩死,宦官益惧。上自华州还,忽忽不乐,多纵酒,喜怒不常,左右尤自危。于是左军中尉刘季述、右军中尉王仲先、枢密使王彦范、薛齐偓等阴相与谋曰:"主上轻佻多变诈,难奉事,专听任南司,吾辈终罹其祸。不若奉太子立之,尊主上为太上皇,引岐、华兵为援,控制诸藩,谁能害我哉!"

十一月,上猎苑中,因置酒,夜,醉归,手杀黄门、侍女数人。明旦,日加辰巳,宫门不开。季述诣中书白崔胤曰:"宫中必有变,我内臣也,得以便宜从事,请入视之。"乃帅禁军千人破门而入,访问,具得其状。出,谓胤曰:"主上所为如是,岂可理天下!废昏立明,自古有之,为社稷大计,非不顺也。"胤畏死,不敢违。庚寅,季述召百官,陈兵殿庭,作胤等连名状,请太子监国,以示之,使署名,胤及百官不得已皆署之。上在乞巧楼,季述、仲先伏将士千人于门外,与宣武进奏官程岩等十馀人入请对。季述、仲先甫登殿,

崔胤为司空、门下侍郎、同平章事，王抟被罢相，担任工部侍郎。昭宗任命宋道弼为荆南节度使的监军，景务脩为青州军的监军。戊辰（十二日），朝廷贬王抟为溪州刺史。己巳（十三日），又把王抟贬为崖州司户，宋道弼长期流放驩州，景务脩长期流放爱州。这一天，三人又都被赐令自杀。王抟死在蓝田驿，宋道弼、景务脩都死在霸桥驿。至此，崔胤执掌大权，专断朝政，威势震动内外，宦官都对他怒目而视，无比愤恨。

当初，崔胤与昭宗秘密策划把宦官势力全部除掉，等到宦官宋道弼、景务脩死后，宦官更加害怕。昭宗从华州返回京城长安后，变得精神不振，郁郁不乐，经常纵情饮酒，喜怒无常，在他身边侍奉的人尤感自危不安。于是，左军中尉刘季述、右军中尉王仲先、枢密使王彦范、薛齐偓等人暗中相互密商说："主上轻狂，善变多诈，难于侍奉，所有事务一味任凭南司朝官办理处断，我们这些人最后都要遭他们的祸害。不如把太子立为皇帝，把皇上尊为太上皇，联络岐州、华州的军队作为援助，控制各地藩镇，这样谁还能加害我们呢！"

十一月，昭宗在皇家的禁苑中打猎，顺便置办了酒宴，夜晚喝醉了回来，随手杀死宦官、侍女数人。第二天上午，太阳已经偏南，宫门还没打开。刘季述前往中书省告诉崔胤说："宫中一定有变乱。我是内宫的臣子，有权进宫根据情况斟酌处理，请求入宫看一看。"于是刘季述率领禁卫军一千人破门而入，察访询问，掌握了全部情况。刘季述出宫之后对崔胤说："皇上的所作所为到了这一步，怎么能治理天下！废黜昏君，另立明君，自古就有先例，这是为了国家前途大业考虑，不是叛逆。"崔胤怕死，不敢违抗刘季述。庚寅（初六），刘季述召集所有的官员，把军队带上宫殿，制作了一份联名状表，以崔胤等人的口气请求让太子出来监国。刘季述向在场的官员出示这份联名状，让大家签名。崔胤以及百官没有办法，都签上了姓名。昭宗当时正在乞巧楼，刘季述、王仲先在门外埋伏将士一千人，然后与宣武军的进奏官程岩等十馀人进楼请求奏对。刘季述、王仲先刚刚登上殿楼，

将士大呼,突入宣化门,至思政殿前,逢宫人,辄杀之。上见兵入,惊堕床下,起,将走,季述、仲先掖之令坐。宫人走白皇后,后趋至,拜请曰:"军容勿惊宅家,有事取军容商量。"季述等乃出百官状白上,曰:"陛下厌倦大宝,中外群情,愿太子监国,请陛下保颐东宫。"上曰:"昨与卿曹乐饮,不觉太过,何至于是!"对曰:"此非臣等所为,皆南司众情,不可遏也。愿陛下且之东宫,待事小定,复迎归大内耳。"后曰:"宅家趣依军容语!"即取传国宝以授季述,宦官扶上与后同辇,嫔御侍从者才十余人,适少阳院。季述以银杖画地数上曰:"某时某事,汝不从我言,其罪一也。"如此数十不止。乃手锁其门,熔铁锢之,遣左军副使李师虔将兵围之,上动静辄白季述,穴墙以通饮食。凡兵器针刀皆不得入,上求钱帛俱不得,求纸笔亦不与。时大寒,嫔御公主无衣衾,号哭闻于外。季述等矫诏令太子监国,迎太子入宫。辛卯,矫诏令太子嗣位,更名缜。以上为太上皇,皇后为太上皇后。甲午,太子即皇帝位,更名少阳院曰问安宫。

季述加百官爵秩,与将士皆受优赏,欲以求媚于众。杀睦王倚,凡宫人、左右、方士、僧、道为上所宠信者,皆榜杀之。每夜杀人,昼以十车载尸出,一车或止一两尸,欲以立威。将杀司天监胡秀林,秀林曰:"军容幽囚君父,

门外的将士就大声呼喊,闯入宣化门,到达思政殿前面,一路遇到宫人就杀。昭宗看到军队入宫,惊吓得摔到床座下,爬起来,将要逃跑,刘季述、王仲先等走进来按住他,让他坐下。宫人跑去告诉皇后,皇后急忙赶到,跪下请求说:"军容使不要惊吓皇上,有事情由军容使商量去办。"刘季述等人便拿出百官的联名状表告诉昭宗说:"陛下厌倦皇位,内外百官心愿一致,希望太子监国,代行管理国家事务。请陛下住到东宫去保养身体。"昭宗说:"昨天与大家在一起玩乐饮酒,不觉喝得太多了,怎么就能到了这个地步?"回答说:"这不是我们写的,都是南司众人的意愿,不可阻止啊!希望陛下暂且到东宫,等待事情稍有定局,再迎接皇上回到正宫中来吧!"皇后在一旁劝说:"皇上快点依从军容使的话。"随即拿出传国的玉玺交给刘季述,宦官扶着昭宗、皇后同乘一驾轿车,宫妃御女侍从者只有十馀人,一起前往少阳院。刘季述用银树画地,数落昭宗说:"某时某件事,你不听从我的话,这是一桩罪。"如此列出数十条罪状还不停止。于是,刘季述亲手锁上少阳院的大门,熔化门锁。然后派遣左军副使李师虔率领军队包围少阳院,昭宗有一举一动,就去禀报刘季述。他从墙上打一个洞向里面送饮食,所有兵器针刀都不准送入,昭宗要求给他钱帛,都得不到,要求给他一些纸笔,也不给。当时天气大寒,嫔御公主没有衣被,呼号哭喊之声传出院外。刘季述等人伪造诏书,命太子监理国家事务,把太子迎入正宫。辛卯(初七),又伪造昭宗的诏书,命令太子继承皇位,改名叫李缜。尊奉昭宗为太上皇,皇后为太上皇后。甲午(初十),太子李缜登皇帝位,把少阳院改名叫问安宫。

刘季述为百官晋升爵位,提高级别,对参与政变的将士都给优厚的赏赐,意欲讨好大家。刘季述杀了睦王李倚,凡是宫人、昭宗身边的人、方术之士、和尚、道士等人中,以前受到昭宗宠爱信任的人,都拷打并杀死。每夜都要杀死人,白天用十辆车子运载死尸出宫,一辆车上有的只有一两具尸体,他们想以此建立威权。在打算杀司天监胡秀林时,胡秀林说:"军容使囚禁了皇上,

更欲多杀无辜乎！"季述惮其言正而止。季述等欲杀崔胤，而惮朱全忠，但解其度支盐铁转运使而已。

崔胤密致书全忠，使兴兵图返正。左仆射致仕张濬在长水，见张全义于洛阳，劝之匡复。又与诸藩镇书劝之。

进士无棣李愚客游华州，上韩建书，略曰："仆每读书，见君臣父子之际，有伤教害义者，恨不得肆之市朝。明公居近关重镇，君父幽辱月馀，坐视凶逆而忘勤王之举，仆所未谕也。仆窃计中朝辅弼，虽有志而无权，外镇诸侯，虽有权而无志。惟明公忠义，社稷是依。往年车辂播迁，号泣奉迎，累岁供馈，再复庙朝，义感人心，至今歌咏。此时事势，尤异前日。明公地处要冲，位兼将相。自宫闱变故，已涉旬时，若不号令率先以图反正，迟疑未决，一朝山东侯伯唱义连衡，鼓行而西，明公求欲自安，其可得乎？此必然之势也。不如驰檄四方，谕以逆顺，军声一振，则元凶破胆，旬浃之间，二竖之首传于天下，计无便于此者。"建虽不能用，厚待之。愚坚辞而去。

朱全忠在定州行营，闻乱，丁未，南还。十二月戊辰，至大梁。季述遣其养子希度诣全忠，许以唐社稷输之，又遣供奉官李奉本以太上皇诰示全忠。全忠犹豫未决，会僚佐议之，或曰："朝廷大事，非藩镇所宜预知。"天平节度副使

还想要滥杀无辜吗?"刘季述畏惧其言之刚正而没有杀他。刘季述等人想杀崔胤,因为害怕朱全忠而住手,只是解除了崔胤的度支使、盐铁使、转运使等职务而已。

崔胤秘密写信给朱全忠,让他起兵帮助昭宗恢复皇位。左仆射张濬退位后住在长水县,他到洛阳去见张全义,劝说张全义为昭宗恢复君位,张濬又写信给各藩镇节度使,对他们进行劝说。

进士无棣县人李愚出外游学,寄居在华州,向华州节度使韩建上书,大意是说:"我每次读书,看到在父子君臣关系上,有伤害教化礼义的人,恨不得将他们杀死暴露在街市和朝堂上。您现在位居临近潼关的重要军镇,皇上被幽闭受屈辱已经一个多月了,坐视凶恶的叛逆者而忘记了发兵援救皇上的正义之举,我实在不理解。我私下猜测,朝内的辅佐大臣们虽然有志向而无实权,外面藩镇大将,虽然有权而没有志向。只有明公您忠诚仁义,是国家的依靠。往年皇上逃亡流离,您号呼哭泣迎接皇上住在华州,连续几年向皇上供给物资,重新复兴庙堂朝廷。正义之举,感动人心,至今受到人们的歌颂。现在的形势,尤其与过去不同。您地处军事要地,身兼将相二职。自从宫廷发生变乱,已经过了十天,如果不发号施令带头谋划恢复皇位的大业,迟疑不决,一旦山东地区的各镇将领突然发动起义,联合向西进军,您想求得自身的安定,难道能做得到吗?这是必然的情势。不如快马向四方传送檄文,说明宫中叛逆的真相,军队的呼声一起,元凶就要被吓破胆,十天半月的时间内,两个阉竖的头颅就会传示天下,没有比这更好的计策了。"韩建虽然不能采用李愚的意见,却给他优厚的待遇。李愚坚决推辞而去。

朱全忠身在定州行营,听说朝廷发生变乱,丁未(二十三日),向南返回。十二月戊辰(十四日),到达大梁。刘季述派遣他的养子刘希度前往朱全忠处,许诺给他唐朝皇位。接着,刘季述又派遣供奉官李奉本拿上太上皇的诰文给朱全忠看。朱全忠犹豫不决,于是召集官吏将领商议这件事情。有的人说:"朝廷内部的大事,不是藩镇将领应当干预了解的。"天平军节度副使

李振独曰:"王室有难,此霸者之资也。今公为唐桓、文,安危所属。季述一宦竖耳,乃敢囚废天子,公不能讨,何以复令诸侯!且幼立位定,则天下之权尽归宦官矣,是以太阿之柄授人也。"全忠大悟,即因希度、奉本,遣振如京师诇事。既还,又遣亲吏蒋玄晖如京师,与崔胤谋之,又召程岩赴大梁。

太子即位累旬,藩镇笺表多不至。王仲先性苛察,素知左、右军多积弊,及为中尉,钩校军中财谷,得隐没为奸者,痛捶之,急征所负,将士颇不安。有盐州雄毅军使孙德昭为左神策指挥使,自刘季述等废立,常愤惋不平。崔胤闻之,遣判官石戬与之游。德昭每酒酣必泣,戬知其诚,乃密以胤意说之曰:"自上皇幽闭,中外大臣至于行间士卒,孰不切齿!今反者独季述、仲先耳,公诚能诛此二人,迎上皇复位,则富贵穷一时,忠义流千古;苟狐疑不决,则功落他人之手矣!"德昭谢曰:"德昭小校,国家大事,安敢专之!苟相公有命,不敢爱死。"戬以白胤。胤割衣带,手书以授之。德昭复结右军清远都将董彦弼、周承诲,谋以除夜伏兵安福门外以俟之。

天复元年春正月乙酉朔,王仲先入朝,至安福门,孙德昭擒斩之,驰诣少阳院,叩门呼曰:"逆贼已诛,请陛下出劳

李振提出了不同的意见，说："王室现在有危难，这正是建立霸业的机会。现在您就是唐代的齐桓公、晋文公，国家的平安与危难由您来定夺。刘季述只是区区一个宦官罢了，竟敢囚禁并废黜天子，您如果不能讨伐他，将来用什么来号令诸侯！况且小皇帝已经确立，那么天下的大权全都归宦官来掌管了，这是将太阿利剑的剑柄交给人家了啊！"朱全忠大悟，立即囚禁了刘希度和李奉本，派遣李振前往京师长安刺探情况。李振回来后，朱全忠又派心腹蒋玄晖前往京师，与崔胤商量这件事情，又召程岩到大梁来。

太子登皇帝位数十天，各地藩镇应该奏进的笺表大多不到。王仲先性情苛刻，斤斤计较，向来知道左右军中有很多沿袭已久的弊病，等他当上中尉官，检查核对军中钱财粮谷数字，查出隐没作奸贪污的人，就痛加鞭笞，并紧急追回他们所亏欠的钱谷，将士们很不安。有一位盐州雄毅军使孙德昭，担任左神策指挥使，自从刘季述等人废黜昭宗另立小皇帝以后，常常愤怒惋惜，心中不平。崔胤听说这人后，就派判官石戬与孙德昭交游联系。孙德昭每次饮酒到微醉时，必定哭泣，石戬知道他是真诚的，便秘密地用崔胤的意图来劝说孙德昭，说："自从太上皇被幽禁以后，朝廷内外大臣直至军中行伍间的士卒，哪一个不切齿痛恨？现在谋反的人只有刘季述、王仲先罢了，您果真能够杀掉这二人，迎接太上皇恢复皇位，那么就会富贵穷极一时，忠义美名流传千古。倘若犹豫不能果断决定，那么功劳就落到他人手中了啊！"孙德昭表示感谢说："我只是一名小校，国家大事，怎么敢擅自专断！倘若崔相公有命令，我不敢身惜一死。"石戬把孙德昭的请求转告崔胤。崔胤割下衣带，亲笔书写了命令交给孙德昭。孙德昭又联合右军清远都将董彦弼、周承诲，策划在除夕之夜埋伏士兵在安福门外等候下手。

天复元年(901)春季正月乙酉是初一，王仲先入宫朝见，走到安福门的地方，孙德昭抓获了他并把他杀死了，然后骑马奔驰前往少阳院，敲门呼喊说："逆贼已经被杀死，请陛下出来慰劳

将士。"何后不信,曰:"果尔,以其首来!"德昭献其首,上乃与后毁扉而出。崔胤迎上御长乐门楼,帅百官称贺。周承诲擒刘季述、王彦范继至,方诘责,已为乱梃所毙。薛齐偓赴井死,出而斩之。灭四人之族,并诛其党二十馀人。宦官奉太子匿于左军,献传国宝。上曰:"裕幼弱,为凶竖所立,非其罪也。"命还东宫,黜为德王,复名裕。丙戌,以孙德昭同平章事,充静海节度使,赐姓名李继昭。

丁亥,崔胤进位司徒,胤固辞。上宠待胤益厚。

己丑,朱全忠闻季述等诛,折程岩足,械送京师,并刘希度、李奉本等皆斩于都市,由是益重李振。

庚寅,以周承诲为岭南西道节度使,赐姓名李继诲;董彦弼为宁远节度使,赐姓李,并同平章事;与李继昭俱留宿卫,十日乃出还家。赏赐倾府库,时人谓之"三使相"。癸巳,进朱全忠爵东平王。

丙午,敕:"近年宰臣延英奏事,枢密使侍侧,争论纷然。既出,又称上旨未允,复有改易,挠权乱政。自今并依大中旧制,俟宰臣奏事毕,方得升殿承受公事。"赐两军副使李师虔、徐彦孙自尽,皆刘季述之党也。

凤翔、彰义节度使李茂贞来朝,加茂贞守尚书令,兼侍中,进爵岐王。

将士。"何皇后不相信,说:"果真如此的话,把他的头拿来!"孙德昭献上王仲先的头,昭宗见了,便同皇后一起毁坏院门而出。崔胤迎接昭宗到长乐门楼,统领百官向昭宗表示庆贺。周承诲抓获了刘季述、王彦范后紧接着到达,昭宗正要责问他们,他们已被乱棒打死。薛齐偓投井而死,又被捞出来斩下头颅。随后诛灭了刘季述、王仲先、王彦范、薛齐偓四人的家族,并且杀了他们的同党二十馀人。宦官侍奉太子藏在左军中,献出了传国玺印。昭宗说:"李裕幼小软弱,是由凶残的宦竖所立,不是他的罪过。"命令让他返回东宫,降为德王,恢复原名李裕。丙戌(初二),昭宗任命孙德昭为同平章事,充任静海军节度使,赐给他姓名叫李继昭。

丁亥(初三),崔胤被晋升为司徒,崔胤坚决辞谢。昭宗对崔胤的宠信更深,待遇更厚。

己丑(初五),朱全忠听说刘季述等人已经被消灭,就把程岩的脚折断,戴上枷锁,送往京师长安,并将刘希度、李奉本等人都绑赴市中心斩首。从此,朱全忠更加器重李振。

庚寅(初六),朝廷任命周承诲为岭南西道节度使,昭宗赐给他姓名叫李继诲;又任命董彦弼为宁远军节度使,赐姓李,二人又都被封为同平章事,与李继昭都留在宫中值班警卫,十天才出宫回家一次。昭宗拿出国家府库所有的库藏物资赏赐他们,当时人称他们为"三使相"。癸巳(初九),昭宗晋升朱全忠的爵位为"东平王"。

丙午(二十二日),昭宗下达敕令:"近年来,宰相在延英殿陈奏政事,枢密使侍候在旁边,争论不休。出来后,又称说皇上有旨没有批准同意,又有改动变更皇上旨意的事情,扰乱朝政。自今以后宰相议事依照大中年间的旧制,等宰相奏事完毕,枢密使才能进殿接受公事。"昭宗下令让两军副使李师虔、徐彦孙自杀,他们都是刘季述的同党。

凤翔、彰义军节度使李茂贞进京朝见昭宗,昭宗加封李茂贞为守尚书令,兼任侍中,晋升爵位为"岐王"。

刘季述、王仲先既死，崔胤、陆扆上言："祸乱之兴，皆由中官典兵。乞令胤主左军，扆主右军，则诸侯不敢侵陵，王室尊矣。"上犹豫两日未决。李茂贞闻之，怒曰："崔胤夺军权未得，已欲翦灭诸侯！"上召李继昭、李继诲、李彦弼谋之，皆曰："臣等累世在军中，未闻书生为军主，若属南司，必多所变更，不若归之北司为便。"上乃谓胤、扆曰："将士意不欲属文臣，卿曹勿坚求。"于是以枢密使韩全诲、凤翔监军使张彦弘为左、右中尉。全诲，亦前凤翔监军也。又征前枢密使致仕严遵美为两军中尉、观军容处置使。遵美曰："一军犹不可为，况两军乎！"固辞不起。以袁易简、周敬容为枢密使。

李茂贞辞还镇。崔胤以宦官典兵，终为肘腋之患，欲以外兵制之，讽茂贞留兵三千于京师，充宿卫，以茂贞假子继筠将之。左谏议大夫万年韩偓以为不可，胤曰："兵自不肯去，非留之也。"偓曰："始者何为召之邪？"胤无以应。偓曰："留此兵则家国两危，不留则家国两安。"胤不从。

夏四月甲戌，上谒太庙。丁丑，赦天下，改元。

初，杨复恭为中尉，借度支卖曲之利一年以赡两军，自是不肯复归。至是，崔胤草赦，欲抑宦官，听酤者自造曲，但月输榷酤钱。两军先所造曲，趣令减价卖之，过七月无得复卖。

刘季述、王仲先死后，崔胤、陆扆向昭宗提议说："祸患变乱的兴起，都由于宦官掌握兵权的缘故。请求命令崔胤掌管左军，陆扆掌管右军，那样诸侯就不敢侵犯欺逼王室，王室的威权就受到尊重了。"昭宗对这件事犹豫了两天而没有决定。李茂贞听说了这件事，发怒说："崔胤夺军权没有得到，已经想要消灭诸侯了。"昭宗召集李继昭、李继诲、李彦弼商量这件事情，他们三人都说："我等接连几朝一直在军中，没有听说书生担任军中主将的。如果把军队划归南司管辖，一定有很多事项需要改变，不如让军队归北司统管比较便利。"昭宗便对崔胤、陆扆说："将士们的意思是不想归文臣管理，你们不要坚持强求。"于是，任命枢密使韩全诲、凤翔监军使张彦弘分别担任左右中尉。韩全诲也是前任凤翔监军使。朝廷又征用前任枢密使已退职的严遵美担任两军中尉、观军容处置使。严遵美说："一军的职务尚且不能担任，何况两军的重任呢！"他坚决推辞不接受。朝廷命袁易简、周敬容担任枢密使。

李茂贞辞别朝廷返回军镇。崔胤认为由宦官掌握军队，最后要成为身旁的祸患，想利用藩镇的军队来控制他们，便暗示李茂贞留三千兵住京师，充当值班警卫，由李茂贞的养子李继筠负责统领。左谏议大夫万年县人韩偓认为崔胤这样做不妥当，崔胤说："他们的军队自己不肯离去，不是我留下他们。"韩偓说："开始的时候，为什么要召他们进京呢？"崔胤无话可答。韩偓说："留下这支军队，则家与国两者都危险；不留这支军队，则家与国两者都平安。"崔胤不肯听从韩偓的意见。

夏季四月甲戌（二十二日），昭宗前往太庙祭拜。丁丑（二十五日），昭宗大赦天下罪犯，改换年号为天复。

当初，杨复恭担任神策军中尉，借用度支使司一年中卖酒曲的钱来供给左、右两军的开销，从此以后，不肯归还酒曲专卖权。到了这时候，崔胤起草赦令的时候，想要抑制宦官的势力，有意放宽了条例，听凭卖酒的人自己造曲，只要求每月交纳卖酒的税钱。两军先前所造酒曲，促令减价出卖，过了七月份不准再卖。

崔胤之罢两军卖曲也,并近镇亦禁之。李茂贞惜其利,表乞入朝论奏,韩全诲请许之。茂贞至京师,全诲深与相结。崔胤始惧,阴厚朱全忠益甚,与茂贞为仇敌矣。

　　上之返正也,中书舍人令狐涣、给事中韩偓皆预其谋,故擢为翰林学士,数召对,访以机密。涣,绹之子也。时上悉以军国事委崔胤,每奏事,上与之从容,或至然烛。宦官畏之侧目,事无大小皆咨胤而后行。胤志欲尽除之,韩偓屡谏曰:"事禁太甚。此辈亦不可全无,恐其党迫切,更生他变。"胤不从。六月丁卯,上独召偓,问曰:"敕使中为恶者如林,何以处之?"对曰:"东内之变,敕使谁非同恶!处之当在正旦,今已失其时矣。"上曰:"当是时,卿何不为崔胤言之?"对曰:"臣见陛下诏书云:'自刘季述等四家之外,其馀一无所问。'夫人主所重,莫大于信,既下此诏,则守之宜坚;若复戮一人,则人人惧死矣。然后来所去者已为不少,此其所以怏怏不安也。陛下不若择其尤无良者数人,明示其罪,置之于法,然后抚谕其馀曰:'吾恐尔曹谓吾心有所贮,自今可无疑矣。'乃择其忠厚者使为之长。其徒有善则奖之,有罪则惩之,咸自安矣。今此曹在公私者以万数,岂可尽诛邪!夫帝王之道,当以重厚镇之,

崔胤在停止宫中两军卖酒曲的时候,连同附近藩镇专卖酒曲的权利也禁断了。李茂贞为丢掉了卖酒曲的利益感到可惜,上表要求入京上朝论理,韩全诲请求朝廷批准李茂贞入京。李茂京到达京师,韩全诲与他深相交结。崔胤这才开始害怕,暗中更加厚待朱全忠,与李茂贞成了仇敌。

　　昭宗恢复皇位时,中书舍人令狐涣、给事中韩偓都参加谋划,所以被提拔为翰林学士。昭宗数次召见他们,听他们回答问题,向他们询问机密大事。令狐涣是令狐绹的儿子。当时昭宗把军国大事全部委托给崔胤,崔胤每次奏事,昭宗都从容地和他一起讨论,有时候直至天黑点燃蜡烛的时候。宦官十分害怕崔胤,见到他不敢正眼相看。事情不论大小,都要请示崔胤之后才去办理。崔胤立志要除掉全部宦官,韩偓多次劝阻说:"事情不要做得太过分。宦官也不可能完全没有,恐怕他们同党被逼得太急,会再生出其他的变故来。"崔胤不肯听从他的劝告。六月丁卯(十七日),昭宗单独召见韩偓,问他说:"宦官敕使当中,做坏事的人多如树林,用什么办法来处置他们?"韩偓回答说:"东宫那场变乱,敕使中哪一个人没有作恶!应当在正月初一杀死刘季述的那一天处置他们,现在已经失去时机了。"昭宗说:"在那时,你为什么不替崔胤说明这件事?"韩偓回答说:"我看见皇上当时下达的诏书,上面写有'自刘季述等四家之外,其馀人一律不问罪'。作为国家的君主,最重要的事情,就是讲求信誉。皇上既然已经下达这份诏书,那就应当坚决执守诏令,如果再杀一人,就会人人自危了。然而后来被除掉的人已经不少,这就是人心惶惶不安的原因。陛下不如挑选他们当中十分不善的几个人,明确公布他们的罪行,依法处治,然后安抚劝导其馀的人,告诉他们说,'我担心你们认为我怀恨在心,从今以后可以无需疑虑了'。随后选择他们当中忠厚的人,让他们担任头领,他们部众当中有做好事的就奖赏他,有犯罪的就惩治他,这样就全都各自安守本分了。现在这些宦官人数上万,有的在官府,有的在私家,怎么能够全部杀光呢!帝王之道,应当以重赏厚禄来安定他们,

公正御之,至于琐细机巧,此机生则彼机应矣,终不能成大功,所谓理丝而棼之者也。况今朝廷之权,散在四方;苟能先收此权,则事无不可为者矣。"上深以为然,曰:"此事终以属卿。"

闰六月,崔胤请上尽诛宦官,但以宫人掌内诸司事。宦官属耳,颇闻之,韩全海等涕泣求哀于上,上乃令胤,"有事封疏以闻,勿口奏"。宦官求美女知书者数人,内之宫中,阴令伺察其事,尽得胤密谋,上不之觉也。全海等大惧,每宴聚,流涕相诀别,日夜谋所以去胤之术。胤时领三司使,全海等教禁军对上喧噪,诉胤减损冬衣,上不得已,解胤盐铁使。

时朱全忠、李茂贞各有挟天子令诸侯之意,全忠欲上幸东都,茂贞欲上幸凤翔。胤知谋泄,事急,遗朱全忠书,称被密诏,令全忠以兵迎车驾,且言:"昨者返正,皆令公良图,而凤翔先入朝抄取其功。今不速来,必成罪人,岂惟功为他人所有,且见征讨矣!"全忠得书,秋七月甲寅,遽归大梁发兵。

八月甲申,上问韩偓曰:"闻陆扆不乐吾返正,正旦易服,乘小马出启夏门,有诸?"对曰:"返正之谋,独臣与崔胤辈数人知之,扆不知也。一旦忽闻宫中有变,人情能不惊骇!易服逃避,何妨有之!陛下责其为宰相无死难之志则可也,至于不乐返正,恐出于谗人之口,愿陛下察之!"上乃止。

以公正无私来驾驭他们，至于那些细小的机巧之术，这里用了，那里对付的方法也出来了，最终不能成就大功业，这就是人们常说的理丝反而更加纷乱啊！何况现在朝廷的权力分散在四方藩镇手中，倘若能够先收回这些权力，那就没有什么事情不能做成功的了。"昭宗认为韩偓说得对，对他说："这件事最终要交给你来办。"

闰六月，崔胤请求把宦官全部杀掉，只用宫人掌管宫内各司的事务。宦官对这些情况颇有所闻，韩全诲等人哭泣着向昭宗哀求，昭宗便命令崔胤，"有事情就写成奏疏，密封起来交给我，不要口说"。宦官找到识字的美女数人，送进宫中，暗中指使她们刺探侦察文书所说的事情，把崔胤上报昭宗的密谋全部刺探到手，而昭宗没察觉到。韩全诲等人十分恐惧，每次宴请相聚，都流泪诀别，日夜商量如何除去崔胤的办法。崔胤当时兼任户部、度支、盐铁三司使，韩全诲等人教唆禁卫军将士向昭宗喧哗吵闹，诉说崔胤减发了冬衣，昭宗没办法，解除了崔胤盐铁使的职务。

当时，朱全忠、李茂贞各自都有挟持天子号令诸侯的意图，朱全忠想要昭宗到东都洛阳来，李茂贞想要昭宗到凤翔去。崔胤知道自己的密谋已经泄露，事情紧急，便写信给朱全忠，称说接到密诏，命令朱全忠率领军队前来迎接昭宗的车驾，还向朱全忠说："日前恢复皇位，都是出自你的良策，而凤翔李茂贞抢先率军入京朝见，抢取了你的功劳。今天如不速来，必然要成为罪人，不仅功劳被别人抢走，而且要受到讨伐！"朱全忠得到崔胤的信，在秋季七月甲寅(初五)，就急速返回大梁发兵。

八月甲申(初五)，昭宗问韩偓说："听说陆扆不乐意我返居皇位，正月初一变换服装，乘小马出启夏门，有这回事吗？"韩偓回答说："恢复皇位的谋划，只有我和崔胤等几个人知道，陆扆不知道。一旦突然听说宫中有变故，人们能不惊骇吗？他换了衣服逃避，有什么妨碍呢？皇上责备他作为宰相没有拯救危难挺身而死的志向，是可以的，至于不高兴您返居皇位的说法，恐怕是小人的诬陷，希望陛下明察这件事。"昭宗便停止追查这件事。

　　韩全诲等惧诛，谋以兵制上，乃与李继昭、李继诲、李彦弼、李继筠深相结，继昭独不肯从。他日，上问韩偓："外间何所闻？"对曰："惟闻敕使忧惧，与功臣及继筠交结，将致不安，亦未知其果然不耳。"上曰："是不虚矣。比日继诲、彦弼辈语渐倔强，令人难耐。令狐涣欲令朕召崔胤及全诲等于内殿，置酒和解之，何如？"对曰："如此则彼凶悖益甚。"上曰："为之奈何？"对曰："独有显罪数人，速加窜逐，馀者许其自新，庶几可息。若一无所问，彼必知陛下心有所贮，益不自安，事终未了耳。"上曰："善！"既而宦官恃党援已成，稍不遵敕旨。上或出之使监军，或黜守诸陵，皆不行，上无如之何。

　　九月癸丑，上急召韩偓，谓曰："闻全忠欲来除君侧之恶，大是尽忠，然须令与茂贞共其功。若两帅交争，则事危矣。卿为我语崔胤，速飞书两镇，使相与合谋，则善矣。"壬戌，上又谓偓曰："继诲、彦弼辈骄横益甚，累日前与继筠同入，辄于殿东令小儿歌以侑酒，令人惊骇。"对曰："臣必知其然，兹事失之于初。当正旦立功之时，但应以官爵、田宅、金帛酬之，不应听其恣出入禁中。此辈素无知识，数求入对，或妄论朝政，或僭易荐人，稍有不从，则生怨望；况惟知嗜利，为敕使以厚利雇之，令其如此耳。崔胤本留卫兵，

韩全诲等人惧怕被杀,于是策划用武力控制昭宗,便和李继昭、李继诲、李彦弼、李继筠深相交结,唯独李继昭不肯听从。有一天,昭宗问韩偓:"你在外面听到了什么?"韩偓回答说:"只听说宦官们忧虑害怕,和有功之臣以及李继筠相互交结,将要招致不安,也不知道他们是否果真如此。"昭宗说:"这件事不假。近几天李继诲、李彦弼这些人说话渐渐强硬起来,叫人难以忍耐。令狐涣想要我召崔胤及韩全诲等到内殿来设酒宴为他们和解,你看如何?"韩偓回答说:"如果这样,那么他们就会更加凶恶狂悖。"昭宗说:"那该怎么办呢?"韩偓回答说:"只有一个办法,将他们当中罪过明显的几个人,从速加以驱逐,其余的人允许他们悔过自新,差不多就可以平息这件事了。如果一概不追问,他们必然知道皇上心中怀有旧恨,更加不能安心,事情最终没有了结啊!"昭宗说:"好!"这以后宦官依仗党援已经结成,渐渐地不遵从昭宗的命令。昭宗或者派他们出京去任监军使,或者降职罢职让他们去看守先皇帝的诸陵墓,他们都不肯去,昭宗无可奈何。

九月癸丑(初五),昭宗紧急召见韩偓,对他说:"听说朱全忠想来京城清除我身边的坏人,这是大忠,然而必须让他与李茂贞共立这一功劳。如果两帅互相争斗,那么事情就危险了。你替我告诉崔胤,赶快写信给这两个藩镇,让他们相互商量,那就好了。"壬戌(十四日),昭宗又对韩偓说:"李继诲、李彦弼这些人骄傲专横得更厉害,连续几天来,他们与李继筠同到宫中来,就在殿东令那些乐舞小儿唱歌,为他们饮酒助兴,叫人惊慌害怕。"韩偓回答说:"我知道他们一定会这样,这件事情错在当初。当正月初一他们立功的时候,只应该用官职爵位、田地房屋、金钱布帛来酬赏他们,不应该听凭他们随心所欲地进出皇上的内宫。这帮人一向没有知识,几次要求上朝参加议论大事,有时对朝政瞎说一气,有时候超越自己的权限改动举荐人选,稍有不依从他们的地方,就产生怨恨与不满。况且他们只知道贪财爱利,被宦官用厚利收买,指使他们这样做罢了。崔胤原来留下这批卫兵,

欲以制敕使也,今敕使、卫兵相与为一,将若之何!汴兵若来,必与岐兵斗于阙下,臣窃寒心。"上但愀然忧沮而已。

冬十月戊戌,朱全忠大举兵发大梁。

韩全诲闻朱全忠将至,丁酉,令李继筠、李彦弼等勒兵劫上,请幸凤翔,宫禁诸门皆增兵防守,人及文书出入搜阅甚严。上遣人密赐崔胤御札,言皆凄怆,末云:"我为宗社大计,势须西行,卿等但东行也。惆怅,惆怅!"

戊戌,上遣赵国夫人出语韩偓:"朝来彦弼辈无礼极甚,欲召卿对,其势未可。"且言:"上与皇后但涕泣相向。"自是,学士不复得对矣。

癸卯,全诲等令上入阁召百官,追寝正月丙午敕书,悉如咸通以来近例。是日,开延英,全诲等即侍侧,同议政事。

丁未,神策都指挥使李继筠遣部兵掠内库宝货、帐帷、法物,韩全诲遣人密送诸王、宫人先之凤翔。

戊申,朱全忠至河中,表请车驾幸东都,京城大骇,士民亡窜山谷。是日,百官皆不入朝,阙前寂无人。

十一月己酉朔,李继筠等勒兵阙下,禁人出入,诸军大掠。士民衣纸及布襦者,满街极目。韩建以幕僚司马邺知匡国留后。朱全忠引四镇兵七万趣同州,邺迎降。

是想用他们来抑制宦官的,现在宦官卫兵互相勾结为一体,对他们该怎么办呢?汴州军队如到京城来,一定要和岐王李茂贞的军队在宫门前争斗,我私下遗憾痛心。"昭宗只是忧虑沮丧,显出一副愁苦的样子而已。

冬季十月戊戌(二十日),朱全忠调动大军从大梁出发。

韩全诲听说朱全忠将要到来,丁酉(十九日),指使李继诲、李彦弼等人率领军队劫持昭宗,逼迫昭宗出京到凤翔,皇宫各道大门都增加兵力防守,人和文书出入皇宫,都要严加搜查。昭宗派人向崔胤送交亲笔书信,信中说的话都很凄楚悲凉,信的末尾写道:"我为了国家大局考虑,势必动身西行到凤翔,你等只管东行吧!惆怅!惆怅!"

戊戌(二十日),昭宗派遣赵国夫人出宫告诉韩偓说:"早上李彦弼那些人无礼之极,想召见你来议事,这种形势也不许可。"并且说:"皇上与皇后只是相对流泪哭泣。"从此,翰林学士无法面见昭宗应对议事了。

癸卯(二十五日),韩全诲等人挟持命令昭宗进内殿召见百官,追夺废除正月丙午(二十二日)颁布的敕书,全部恢复成通年间以来枢密使参与议事的近世惯例。当天,打开延英殿,韩全诲等人即侍候在旁边,和宰相同议政事。

丁未(二十九日),神策军都指挥使李继筠派遣自己统辖的兵士抢劫宫中内库的宝物财货、帷帐以及朝廷各种活动所需要的用品,韩全诲派人暗暗遣送各王子、宫人先行到凤翔。

戊申(三十日),朱全忠到达河中,上表请求昭宗的车驾巡视东都洛阳,京城长安闻讯大为惊惧,城中士民开始出城向山谷中逃窜。当天,朝廷百官都不入宫朝见,宫门前面空寂无人。

十一月己酉是初一,李继筠等人率领军队把守在宫门前面,禁止人出入,各支军队大肆抢劫。城中士民穿着纸片以及短布衣跑出来的,满街都是。韩建任用幕府中的官员司马邺担任匡国军留后。朱全忠率领四个军镇的军队共计七万人直奔同州,司马邺迎接朱全忠的军队并向朱全忠投降了。

韩全诲等以李继昭不与之同,遏绝不令见上。时崔胤居第在开化坊,继昭帅所部六千馀人及关东诸道兵在京师者共守卫之,百官及士民避乱者皆往依之。庚戌,上遣供奉官张绍孙召百官,崔胤等皆表辞不至。

壬子,韩全诲等陈兵殿前,言于上曰:"全忠以大兵逼京师,欲劫天子幸洛阳,求传禅。臣等请奉陛下幸凤翔,收兵拒之。"上不许,杖剑登乞巧楼。全诲等逼上下楼,上行才及寿春殿,李彦弼已于御院纵火。是日冬至,上独坐思政殿,翘一足,一足踏阑干,庭无群臣,旁无侍者。顷之,不得已,与皇后、妃嫔、诸王百馀人皆上马,恸哭声不绝,出门,回顾禁中,火已赫然。是夕,宿鄠县。

朱全忠遣司马邺入华州谓韩建曰:"公不早知过自归,又烦此军少留城下矣。"是日,全忠自故市引兵南渡渭,韩建遣节度副使李巨川请降,献银三万两助军,全忠乃西南趣赤水。

癸丑,李茂贞迎车驾于田家碨,上下马慰接之。甲寅,车驾至蝥屋,乙卯,留一日。

朱全忠至零口西,闻车驾西幸,与僚佐议,复引兵还赤水。左仆射致仕张濬说全忠曰:"韩建,茂贞之党,不先取之,必为后患。"全忠闻建有表劝天子幸凤翔,乃引兵逼其城。建单骑迎谒,全忠责之,对曰:"建目不知书,凡表章书檄,

韩全诲等人因为李继昭不肯与他们合伙,就阻止他,不让他去见昭宗。当时崔胤的住宅在长安城中开化坊,李继昭统领自己管辖的军队六千余人以及关东诸道留在京城的军队,共同守卫崔胤的住宅,百官及城中士民逃避变乱的人都前往开化坊依靠他们。庚戌(初二),昭宗派遣供奉官张绍孙召集百官,崔胤等人都上表推辞,没有到达。

壬子(初四),韩全诲等人把军队陈列在宫殿前,向昭宗说:"朱全忠调动大军进逼京师长安,想要劫持天子到洛阳,要您让出皇位给他。我等请求护送皇上到凤翔,收集兵马抵抗朱全忠。"昭宗不答应,拿着宝剑登上乞巧楼。韩全诲等人逼迫昭宗下楼,昭宗才走到寿春殿,李彦弼已经纵火焚烧天子和后妃居住的御院。这一天是冬至日,昭宗独自一人在思政殿上坐着,跷起一只脚,另一只脚踏在栏杆上,庭院中没有群臣,旁边没有侍候的人。过了一会儿,昭宗不得已,只好与皇后、妃嫔、诸王等共一百多人都上了马,恸哭声不断。昭宗一行出了宫门,回头看看宫中,火势已经腾天而起。这天晚上,昭宗一行在鄠县住宿。

朱全忠派司马邺进入华州对韩建说:"您如不早一点认识自己的过错主动归附的话,又要烦劳这支大军在您的城下逗留一下了。"这一天,朱全忠从故市县领兵向南渡过渭水,韩建派遣节度副使李巨川请求投降,并向朱全忠献银子三万两,赞助朱全忠的军队。朱全忠便转向西南前往赤水。

癸丑(初五),李茂贞在田家砲迎接昭宗的车驾,昭宗下马慰劳接见李茂贞。甲寅(初六),昭宗的车驾到达盩厔县,乙卯(初七),在盩厔县留住一天。

朱全忠到达零口镇西,听说昭宗的车驾已经西行,就与自己的僚佐一起商量,又率领军队返回了赤水。已经退休的左仆射张濬劝说朱全忠,说:"韩建,是李茂贞的同党,不先攻取他的话,一定会成为后患。"朱全忠听说韩建曾上表劝说昭宗到凤翔,便率领军队进逼他所在的华州城。韩建单骑出城迎接拜见朱全忠,朱全忠责问他,他回答说:"韩建目不识字,所有表章信件文告

皆李巨川所为。"全忠以巨川常为建画策,斩之军门。谓建曰:"公许人,可即往衣锦。"丁巳,以建为忠武节度使,理陈州,以兵援送之。以前商州刺史李存权知华州,徙忠武节度使赵珝为匡国节度使。车驾之在华州也,商贾辐凑,韩建重征之,二年,得钱九百万缗。至是,全忠尽取之。

是时京师无天子,行在无宰相,崔胤使太子太师卢渥等二百馀人列状请朱全忠西迎车驾,又使王溥至赤水见全忠计事。全忠复书曰:"进则惧胁君之谤,退则怀负国之惭,然不敢不勉。"戊午,全忠发赤水。辛酉,以兵部侍郎卢光启权句当中书事。车驾留岐山三日,壬戌,至凤翔。

朱全忠至长安,宰相帅百官班迎于长乐坡。明日行,复班辞于临皋驿。全忠赏李继昭之功,初令权知匡国留后,复留为两街制置使,赐与甚厚。继昭尽献其兵八千人。

全忠使判官李择、裴铸入奏事,称:"奉密诏及得崔胤书,令臣将兵入朝。"韩全海等矫诏答以:"朕避灾至此,非宦官所劫,密诏皆崔胤诈为之,卿宜敛兵归保土宇。"茂贞遣其将符道昭屯武功以拒全忠。癸亥,全忠将康怀贞击破之。

丁卯,以卢光启为右谏议大夫,参知机务。

都是李巨川办理的。"朱全忠因为李巨川经常为韩建出谋划策，就在军门前杀了李巨川。朱全忠对韩建说："您是许州人，立即衣锦还乡吧！"丁巳（初九），朱全忠任用韩建为忠武军节度使，让他在陈州驻守，派兵护送他赴任。朱全忠任用前任商州刺史李存权为华州刺史，调迁忠武军节度使赵珝为匡国军节度使。昭宗的车驾过去留在华州的时候，商贾聚集在这里，韩建向商贾征收重税，二年之中，得钱九百万缗。至此，朱全忠全部取走了这笔钱。

这时候，京师长安没有天子，皇帝离京驻扎在外地，身边没有宰相，崔胤指使太子太师卢渥等二百多官员联名向朱全忠送交状表，请求朱全忠向西迎接昭宗的车驾，崔胤又派王溥到赤水去拜见朱全忠，并与朱全忠计议行事。朱全忠回信说："我现在进军，就惧怕出现要挟国君的诽谤；退军，就怀有辜负国家的惭愧。然而不敢不勉励自己进取。"戊午（初十），朱全忠从赤水出发。辛酉（十三日），昭宗任命兵部侍郎卢光启代理中书省的事务。昭宗的车驾在岐山县留驻三天，壬戌（十四日），到达凤翔府。

朱全忠到达长安，宰相率领文武百官按照班次排列在长乐坡迎接朱全忠。第二天朱全忠继续前进，宰相又在临皋驿排班列队为他送行。朱全忠奖赏李继昭的功劳，起初任用李继昭担任匡国军留后，后又留他担任两街制置使，给他的赏赐很优厚。李继昭把自己统辖的八千兵全部献给朱全忠。

朱全忠派军中判官李择、裴铸到凤翔府向昭宗报告情况，称："奉领秘密诏令以及得到崔胤的信，命令我率领军队入京朝见。"韩全诲等人以昭宗的名义作假诏书答复朱全忠说："我避灾到达这里，不是宦官劫持我，秘密诏书都是崔胤欺骗你假造出来的。你最好收兵返回，保卫好土地疆宇。"李茂贞派他的将领符道昭率军驻扎武功县，抵抗朱全忠。癸亥（十五日），朱全忠的将领康怀贞出兵攻打并打败了符道昭的军队。

丁卯（十九日），昭宗任命卢光启为右谏议大夫，参与料理机务大事。

戊辰，朱全忠至凤翔，军于城东。李茂贞登城谓曰："天子避灾，非臣下无礼。谗人误公至此。"全忠报曰："韩全诲劫迁天子，今来问罪，迎扈还宫。岐王苟不预谋，何烦陈谕！"上屡诏全忠还镇，全忠乃拜表奉辞。辛未，移兵北趣邠州。

甲戌，制：守司空兼门下侍郎、同平章事崔胤责授工部尚书，户部侍郎、同平章事裴枢罢守本官。

乙亥，朱全忠攻邠州。丁丑，静难节度使李继徽请降，复姓名杨崇本。全忠质其妻于河中，令崇本镇邠州。

全忠之西入关也，韩全诲、李茂贞以诏命征兵河东，茂贞仍以书求援于李克用。克用遣李嗣昭将五千骑自沁州趣晋州，与汴兵战于平阳北，破之。乙亥，全忠发邠州，戊寅，次三原。十二月癸未，崔胤至三原见全忠，趣之迎驾。己丑，全忠遣朱友宁攻鄠屋，不下。戊戌，全忠自往督战，鄠屋降，屠之。全忠令崔胤帅百官及京城居民悉迁于华州。

朱全忠之入关也，戎昭节度使冯行袭遣副使鲁崇矩听命于全忠。韩全诲遣中使二十馀人分道征江、淮兵屯金州，以胁全忠，行袭尽杀中使，收其诏敕送全忠。又遣中使征兵于王建，朱全忠亦遣使乞师于建。建外修好于全忠，罪状李茂贞，而阴劝茂贞坚守，许之救援。以武信节度使王

戊辰（二十日），朱全忠到达凤翔府，在凤翔府城东驻扎。李茂贞登上城楼向朱全忠说："天子避灾到此，不是我做臣子的无礼。是说坏话的人误了你，让你来到这里。"朱全忠回答说："韩全诲劫持天子迁移，今天我来问罪，迎接并护送天子回宫。岐王如果没有参加谋划，为什么要麻烦你来解释说明！"昭宗多次下诏书让朱全忠返回军镇，朱全忠便上表表示听从命令。辛未（二十三日），朱全忠率军转移，向北奔赴邠州。

　　甲戌（二十六日），颁发制书，原守司空兼门下侍郎、同平章事崔胤受到责罚，改授为工部尚书，户部侍郎、同平章事裴枢罢免同平章事，只任本官户部侍郎职务。

　　乙亥（二十七日），朱全忠攻打邠州。丁丑（二十九日），静难军节度使李继徽请求投降，恢复原姓名为杨崇本。朱全忠把杨崇本的妻子送往河中作为人质，命令杨崇本镇守邠州。

　　朱全忠率军向西进入关中的时候，韩全诲、李茂贞以诏命向河东征调兵力。李茂贞还致书信给李克用，请求援救。李克用派李嗣昭率领五千骑兵从沁州奔赴晋州，在平阳县北边与汴州军队交战，打败了汴州军队。乙亥（二十七日），朱全忠从邠州出发，戊寅（三十日），在三原县驻扎下来。十二月癸未（初五），崔胤到达三原县会见朱全忠，催促他去迎接昭宗的车驾。己丑（十一日），朱全忠派遣朱友宁攻打蓝屋县，没有攻下。戊戌（二十日），朱全忠亲自前往督战，蓝屋县军队投降，被全部屠杀了。朱全忠让崔胤率领百官以及京城的居民全部迁移到华州。

　　朱全忠进入关中的时候，戎昭军节度使冯行袭派遣副使鲁崇矩听从朱全忠的命令。韩全诲派遣宦官二十馀人分道出使江淮一带征调军队，并把所征调的军队驻扎在金州，来威胁朱全忠。戎昭节度使冯行袭把这二十馀名宦官全部杀死，没收了他们手中的诏书敕令送交朱全忠。韩全诲又派遣宦官向王建征调军队，朱全忠也派人向王建请求派兵支援。王建表面和朱全忠建立友好关系，把罪状列在李茂贞头上，而在暗中却劝说李茂贞坚守凤翔府，答应他们一定派兵援救。王建任用武信军节度使王

宗佶、前东川节度使王宗涤等为扈驾指挥使,将兵五万,声言迎车驾,其实袭茂贞山南诸州。

二年春正月,朱全忠复屯三原,又移军武功。河东将攻慈、隰,以分全忠兵势。

丁卯,以给事中韦贻范为工部侍郎、同平章事。

丙子,以给事中严龟充岐、汴和协使,赐朱全忠姓李,与李茂贞为兄弟。全忠不从。

三月庚戌,上与李茂贞及宰相、学士、中尉、枢密宴。酒酣,茂贞及韩全诲亡去。上问韦贻范曰:"朕何以巡幸至此?"对曰:"臣在外不知。"固问之,不对。上曰:"卿何得于朕前妄语云不知?"又曰:"卿既以非道取宰相,当于公事如法。若有不可,必准故事。"怒目视之,微言曰:"此贼兼须杖之二十。"顾谓韩偓曰:"此辈亦称宰相!"贻范屡以大杯献上,上不即持,贻范举杯直及上颐。

夏四月丁酉,崔胤自华州诣河中,泣诉于朱全忠,恐李茂贞劫天子幸蜀,宜以时迎奉,势不可缓。全忠与之宴,胤亲执板,为全忠歌以侑酒。

五月,凤翔人闻朱全忠且来,皆惧。癸丑,城外居民皆迁入城。己未,全忠将精兵五万发河中,至东渭桥,遇霖雨,留旬日。

宗佶,前任东川节度使王宗涤等人担任护驾指挥使,率领军队五万,扬言说到凤翔府去迎接昭宗的车驾,实际上是出兵袭击李茂贞的山南诸州军队。

二年(902)春季正月,朱全忠又在三原县驻扎,接着又把军队转移到武功县。河东军将领攻打慈州、隰州,以分解朱全忠的兵势。

丁卯(二十日),朝廷任命给事中韦贻范为工部侍郎、同平章事。

丙子(二十九日),朝廷任命给事中严龟充任岐王李茂贞和汴州朱全忠之间的和协使,昭宗赐朱全忠姓李,让他和李茂贞结为兄弟,朱全忠不服从昭宗的诏命。

三月庚戌(初四),昭宗与李茂贞以及宰相、翰林学士、神策军中尉、枢密使一起饮宴。酒饮到微醉的时候,李茂贞及韩全诲离席而去。昭宗问韦贻范说:"我为何巡视到此?"韦贻范回答说:"我在外面,不知道。"昭宗坚持追问,韦贻范闭口不回答。昭宗说:"你怎么敢在我面前胡说不知道?"又说:"你既然用不正当的手段取得了宰相的位子,就应当按照法令制度办理公事。如果有办理得不妥当的,一定准照以往的惯例把你贬职问罪。"昭宗一边说着一边对韦贻范怒目而视,轻声地说:"这贼臣还需要打他二十棍。"昭宗又回头对韩偓说:"这种人也称宰相!"韦贻范接连用大杯劝昭宗饮酒,昭宗不立即接他的酒杯,韦贻范就举着酒杯直送到昭宗脸上。

夏季四月丁酉(二十一日),崔胤从华州前往河中,在朱全忠面前哭着诉说,担心李茂贞劫持天子到蜀中去,希望朱全忠最好及时迎接昭宗,形势不能迟缓。朱全忠和崔胤一起饮宴,崔胤亲自执板敲打节拍,为朱全忠唱歌,助酒兴。

五月,凤翔府的居民听说朱全忠的军队将要到来,都很害怕。癸丑(初八),城外居民都迁入城内。己未(十四日),朱全忠率领精兵五万从河中出发,到达东渭桥,遇到连绵阴雨,留在当地住了十天。

　　庚午,工部侍郎、平章事韦贻范遭母丧,宦官荐翰林学士姚洎为相。洎谋于韩偓,偓曰:"若图永久之利,则莫若未就为善。傥出上意,固无不可。且汴军旦夕合围,孤城难保,家族在东,可不虑乎!"洎乃移疾,上亦自不许。六月丙子,以中书舍人苏检为工部侍郎、同平章事。时韦贻范在草土,荐检及姚洎于李茂贞。上既不用洎,茂贞及宦官恐上自用人,协力荐检,遂用之。

　　丁丑,朱全忠军于虢县。甲申,李茂贞大出兵,自将之,与朱全忠战于虢县之北,大败而还,死者万馀人。丙戌,全忠遣其将孔勍出散关攻凤州,拔之。丁亥,全忠进军凤翔城下。全忠朝服向城而泣,曰:"臣但欲迎车驾还宫耳,不与岐王角胜也。"遂为五寨环之。

　　秋七月,韦贻范之为相也,多受人赂,许以官,既而以母丧罢去,日为债家所噪。亲吏刘延美,所负尤多,故汲汲于起复,日遣人诣两中尉、枢密及李茂贞求之。甲戌,命韩偓草贻范起复制,偓曰:"吾腕可断,此制不可草!"即上疏论贻范遭忧未数月,遽令起复,实骇物听,伤国体。学士院二中使怒曰:"学士勿以死为戏!"偓以疏授之,解衣而寝。二使不得已奏之。上即命罢草,仍赐敕褒赏之。八月乙亥朔,班定,无白麻可宣,宦官喧言韩侍郎不肯草麻,

庚午(二十五日)，工部侍郎、同平章事韦贻范的母亲死了，应该离职奔丧。宦官推荐翰林学士姚洎担任宰相。姚洎和韩偓商量，韩偓说："如果考虑长远的利益，那么不如不去就职为好。倘若出自皇上的意思，本来就没有什么不可以的，况且汴州的军队早晚要包围这座城，孤城难以保守，家族在东面，能不考虑吗？"姚洎便移交书文称说有病，昭宗也自然不让他当。六月丙子(初二)，昭宗任命中书舍人苏检为工部侍郎、同平章事。当时，韦贻范在家睡草地枕土块守丧，向李茂贞推荐苏检及姚洎，昭宗既已不用姚洎，李茂贞及宦官担心昭宗自己选拔任用别人，便协力推荐苏检，昭宗于是任用了苏检。

丁丑(初三)，朱全忠的军队在虢县驻扎。甲申(初十)，李茂贞大规模出兵，亲自率军，与朱全忠的军队在虢县之北交战，被朱全忠打得大败而回，死了一万余人。丙戌(十二日)，朱全忠派遣他的将领孔勍从散关出兵，攻打凤州，攻取了凤州。丁亥(十三日)，朱全忠进军到达凤翔府城下。朱全忠穿着朝廷的官服，面向凤翔城哭泣说："我只想迎接皇上的车驾回宫罢了，不想和岐王李茂贞角斗争胜啊！"于是环绕凤翔府城设立了五个营寨。

秋季七月，韦贻范任宰相的时候，经常接受别人的贿赂，答应给人家官职。不久因为母亲死了离位守丧，每天都有讨账的人上门吵闹喧哗。他的亲近官吏刘延美欠账最多，所以对于韦贻范的起用十分急切，每天派人前往两个中尉、枢密使以及李茂贞那里求情。甲戌这天，命令韩偓起草关于重新起用韦贻范的制书，韩偓说："我的手腕可断，这份制书我不写！"并立即写了一道奏疏，辩论说："韦贻范因母亲的丧事离官没几个月，忽然下令重新任用，这件事实在骇人听闻，有伤教化和国家的体统。"学士院中的两个宦官发怒说："学士不要把生死作为儿戏！"韩偓把自己写好的奏疏交给他们，然后脱衣服睡觉，两个宦官拿他没办法，回去禀报了这件事。昭宗立即命令停止起草制书，还颁赐敕令褒奖称赞韩偓。八月乙亥是初一，百官任用立班已定，没有白麻纸写成的制书可以宣布。宦官喧哗说，韩侍郎不肯起草制书，

闻者大骇。茂贞入见上曰:"陛下命相而学士不肯草麻,与反何异!"上曰:"卿辈存贻范,朕不之违;学士不草麻,朕亦不之违。况彼所陈,事理明白,若之何不从!"茂贞不悦而出,至中书,见苏检曰:"奸邪朋党,宛然如旧。"扼腕者久之。贻范犹经营不已,茂贞语人曰:"我实不知书生礼数,为贻范所误,会当于邠州安置。"贻范乃止,刘延美赴井死。

保大节度使李茂勋将兵屯三原,救李茂贞。朱全忠遣其将康怀英、孔勍击之,茂勋遁去。茂勋,茂贞之从弟也。

庚戌,李茂贞出兵夜袭奉天,虏汴将倪章、邵棠以归。乙未,茂贞大出兵,与全忠战,不胜。暮归,汴兵追之,几入西门。

己亥,再起复前户部侍郎、同平章事韦贻范,使姚洎草制。贻范不让,即表谢,明日视事。

九月乙巳,朱全忠以久雨,士卒病,召诸将议引兵归河中。亲从指挥使高季昌、左开道指挥使刘知俊曰:"天下英雄,窥此举一岁矣。今茂贞已困,奈何舍之去!"全忠患李茂贞坚壁不出,季昌请以谲计诱致之。募有能入城为谍者,骑士马景请行,曰:"此行必死,愿大王录其妻子。"全忠恻然止之,景不可。时全忠遣朱友伦发兵于大梁,明日将至,当出兵迓之。景请因此时给骏马杂众骑而出,全忠从之,命诸军皆秣马饱士。

听说的人都大惊失色。李茂贞入内面见昭宗说："皇上任命宰相而学士不肯起草制书，这和造反有什么不同？"昭宗说："你们推荐韦贻范，我没有违背你们；学士不起草制书，我也不违背学士。况且，他所辩论的问题，事理很明白，我为什么不依从！"李茂贞不高兴地走出来，到达中书省，看见苏检说："奸恶小人，一伙同党，还同过去一样。"握着手腕待了很长时间。韦贻范仍然不停地活动，李茂贞对人说："我实在不知道书生那套礼数，被韦贻范贻误了，应当把他安置到邠州。"韦贻范这才停止了筹谋钻营活动，刘延美投井而死。

保大军节度使李茂勋率领军队驻扎在三原县，援救李茂贞。朱全忠派遣将领康怀英、孔勍攻击李茂勋，李茂勋偷偷逃跑了。李茂勋是李茂贞的堂弟。

庚戌那一天，李茂贞在夜间出兵攻打奉天县，俘获汴州军将领倪章、邵棠，然后收兵返回。乙未（二十二日），李茂贞大举出兵与朱全忠交战，没有战胜。天黑返回时，汴州军追赶他们，险些闯入西城门。

己亥（二十六日），朝廷再次特地起用前任户部侍郎、同平章事韦贻范，让姚洎起草制书。韦贻范没有推辞，立即上表致谢，第二天就上任处理事务。

九月乙巳（初二），朱全忠因为长时间下雨，士卒生病，就召集各将领讨论商议，准备率领军队返回河中。亲从指挥使高季昌、左开道指挥使刘知俊说："天下英雄，观望我们这次西行接驾的举动，已经一年了。现在李茂贞已经陷入危困，我们为什么要丢下他而离去！"朱全忠怕李茂贞坚守壁垒不肯出兵，高季昌请求设诡计引诱他们出来。于是，选募有能力入城当间谍的人，骑士马景请求前去，说："这次去必然要死，希望大王收养我的妻子儿女。"朱全忠不觉悲伤怜悯，阻止他去，马景不同意。当时，朱全忠派遣朱友伦从大梁发兵，明天将要到来，应当出兵欢迎他们。马景提出，利用这一时机，给他一匹骏马夹杂在众骑兵当中出去，朱全忠依从他的要求，命令各军都喂饱马，让将士吃好。

丁未旦,偃旗帜潜伏,无得妄出,营中寂如无人。景与众骑偕出,忽跃马西去,诈为逃亡,入城告茂贞曰:"全忠举军遁矣,独留伤病者近万人守营,今夕亦去矣,请速击之!"于是茂贞开门,悉众攻全忠营。全忠鼓于中军,百营俱出,纵兵击之,又遣数百骑据其城门,凤翔军进退失据,自蹈藉,杀伤殆尽。茂贞自是丧气,始议与全忠连和,奉车驾还京,不复以诏书勒全忠还镇矣。全忠表季昌为宋州团练使。

辛亥,李茂贞尽出骑兵于邻州就刍粮。壬子,朱全忠穿蚰蜒壕围凤翔,设犬铺、铃架以绝内外。

冬十月戊寅夜,李茂贞假子彦询帅三团步兵奔于汴军。己卯,李彦韬继之。庚辰,朱全忠遣幕僚司马邺奉表入城。甲申,又遣使献熊白。自是献食物、缯帛相继。上皆先以示李茂贞,使启视之,茂贞亦不敢启。丙戌,复遣使请与茂贞议连和,民出城樵采者皆不抄掠。丁亥,全忠表请修宫阙及迎车驾。己丑,遣国子司业薛昌祚、内使王延缋赍诏赐全忠。

丁未（初四）天亮，朱全忠命令军队全部潜藏埋伏起来，旗帜全部放倒，所有人不准随便进出，军营中寂静无声，如同没有人一样。马景与众位骑兵并马而去，忽然跃马向西奔驰而去，假装逃亡，进入凤翔府城后报告李茂贞说："朱全忠已经带领全军偷偷地逃跑了，只留下伤病员将近一万人在守卫军营，今天夜晚也要离去。请迅速派兵去攻打他们！"于是，李茂贞打开城门，带领全部人马去攻打朱全忠的军营。朱全忠在中军击鼓发号，各营军队听到号令，同时出来攻打李茂贞的军队，朱全忠又派遣数百名骑兵占据了他们的城门，凤翔军前进后退都失去了依靠，自相践踏，伤亡惨重，几乎被全部消灭。李茂贞从此灰心丧气，这才开始商量与朱全忠联合讲和，同意奉送昭宗的车驾回京，不再用诏书命令朱全忠返回军镇了。朱全忠上表推荐高季昌为宋州团练使。

辛亥（初八），李茂贞派出全部骑兵到邻近州县，各自就地解决粮草问题。壬子（初九），朱全忠在凤翔城旁挖掘壕沟，壕沟像蚰蜒虫的行迹一样布满凤翔城四周；又在四面设置"犬铺"，以犬守铺，敌来则犬群吠；又绕城设置铃架，上面挂上响铃，敌人碰到铃架，铃声就鸣响。这样把凤翔城全部包围起来，断绝了城内与外面的联系。

冬季十月戊寅（初六）夜晚，李茂贞的养子李彦询率领三个团的步兵投奔汴州军队。己卯（初七），李彦韬也跟着逃奔朱全忠。庚辰（初八），朱全忠派遣幕府中幕僚司马邺拿着章表进入凤翔城。甲申（十二日），朱全忠又派使者向昭宗进献熊掌。从此朱全忠不断地向昭宗进献食物、绸缎布帛。昭宗都派人把朱全忠进献的物品先拿去给李茂贞看，让李茂贞打开检查，李茂贞也不敢打开。丙戌（十四日），朱全忠又派使者进城请求与李茂贞联合议和，城中居民出城打柴，朱全忠的军队不再抢夺。丁亥（十五日），朱全忠向昭宗上表请求修建宫殿，迎接车驾还京。己丑（十七日），昭宗派遣国子学司业薛昌祚、宫中内使王延续带诏书赐给朱全忠。

癸巳,茂贞复出兵击汴军城西寨,败还。全忠以绛袍衣降者,使招呼城中人,凤翔军夜缒去,及因樵采去不返者甚众。是后茂贞或遣兵出击汴军,多不为用,散还。茂贞疑上与全忠有密约,壬寅,更于御院北垣外增兵防卫。

十一月癸卯朔,保大节度使李茂勋帅其众万馀人救凤翔,屯于城北阪上,与城中举烽相应。

甲辰,上使赵国夫人诇学士院二使皆不在,亟召韩偓、姚洎,窃见之于土门外,执手相泣。洎请上速还,恐为他人所见,上遽去。

朱全忠遣其将孔勍、李晖将兵乘虚袭鄜、坊。壬子,拔坊州。甲寅,大雪,汴军冒之夕进,五鼓,抵鄜州城下。鄜人不为备,汴军入城,城中兵尚八千人,格斗至午,鄜人始败,擒留后李继璲。勍抚存李茂勋及将士之家,按堵无扰,命李晖权知军府事。茂勋闻之,引兵遁去。

汴军每夜鸣鼓角,城中地如动。攻城者诟城上人云“劫天子贼”,乘城者诟城下人云“夺天子贼”。是冬,大雪,城中食尽,冻馁死者不可胜计。或卧未死肉已为人所剐。市中卖人肉,斤直钱百,犬肉直五百。茂贞储偫亦竭,以犬彘供御膳。上鬻御衣及小皇子衣于市以充用,削渍松柹以饲御马。

丙子,户部侍郎、同平章事韦贻范薨。

癸巳（二十一日），李茂贞又出兵攻打汴州军队设在城西的营寨，战败回城。朱全忠给投降的人穿上绛红色的袍子，让他们召唤呼喊城中的人，凤翔军中的士兵夜晚用绳子悬挂在城墙上，顺着绳子滑下离去的很多，出城打柴不再返回的人也很多。此后，李茂贞有时候派兵出城攻击汴州方面的军队，士兵大多不再听从他的指挥，散乱回城。李茂贞怀疑昭宗与朱全忠之间有密约，壬寅（三十日），又在昭宗住宿的院子北墙外增加了军队防卫。

十一月癸卯是初一，保大军节度使李茂勋统领他的军队一万馀人援救凤翔，驻扎在城北山坡上，与凤翔城中的军队举烽火为号联络，相互接应。

甲辰（初二），昭宗派赵国夫人探听好学士院二使都不在的时候，急召韩偓、姚洎，在土门外偷偷会见，君臣拉着手相互哭泣。姚洎请昭宗快点回去，恐怕被别人发现了，昭宗急忙离去。

朱全忠派遣他的将领孔勍、李晖率领军队乘虚袭击鄜州、坊州。壬子（初十），朱全忠攻取了坊州。甲寅（十二日），天降大雪，汴州军队冒雪在夜晚进军，五更时分，抵达鄜州城下。鄜州军队没有防备他们，汴州军队进入鄜州城，城中尚有军队八千人。两军格斗到中午时分，鄜州军队才战败，汴军捉住了鄜州留后李继璘。孔勍安抚存问李茂勋以及他的将士的家室，安居如故，没有骚扰。朱全忠任命李晖代理鄜州军府事务。李茂勋听说这种情况，率领军队暗暗撤退。

汴州军队每天夜晚击鼓吹号角，城中好像地震一样。攻城的人骂城上的人是"劫天子贼"，城上的人骂城下的人是"夺天子贼"。这年冬天，下的雪很大，城中粮食吃光了，冻死饿死的人无法统计。有的人躺在那里还没断气，身上的肉已被割剥下来。市中卖人肉的，一斤人肉价钱一百，一斤狗肉价钱五百。李茂贞储备的食物也没有了，就用猪肉狗肉供给昭宗每天的饭菜。昭宗把自己的衣服以及小皇子的衣服拿到市上去卖掉，来补充日用品，削松木片泡在水中来喂自己的马。

丙子那一天，户部侍郎、同平章事韦贻范死去。

癸亥，朱全忠遣人薙城外草以困城中。甲子，李茂贞增兵守宫门，诸宦者自度不免，互相尤怨。

苏检数为韩偓经营入相，言于茂贞及中尉、枢密，且遣亲吏告偓，偓怒曰："公与韦公自贬所召归，旬月致位宰相，讫不能有所为，今朝夕不济，乃欲以此相污邪！"

十二月，李茂勋遣使请降于朱全忠，更名周彝。于是茂贞山南州镇皆入王建，关中州镇皆入全忠，坐守孤城。乃密谋诛宦官以自赎，遗全忠书曰："祸乱之兴，皆由全海。仆迎驾至此，以备他盗。公既志匡社稷，请公迎扈还宫，仆以弊甲凋兵，从公陈力。"全忠复书曰："仆举兵至此，正以乘舆播迁。公能协力，固所愿也。"

丁酉，上召李茂贞、苏检、李继诲、李彦弼、李继岌、李继远、李继忠食，议与朱全忠和，上曰："十六宅诸王以下，冻馁死者日有数人。在内诸王及公主、妃嫔，一日食粥，一日食汤饼，今亦竭矣。卿等意如何？"皆不对。上曰："速当和解耳！"凤翔兵十馀人遮韩全海于左银台门，喧骂曰："阖境涂炭，阖城馁死，正为军容辈数人耳！"全海叩头诉于茂贞，茂贞曰："卒辈何知！"命酌酒两杯，对饮而罢。又诉于上，上亦谕解之。李继昭谓全海曰："昔杨军容破杨守亮一族，今军容亦破继昭一族邪！"慢骂之，遂出降于全忠，复姓符，名道昭。

癸亥（二十一日），朱全忠派人把城外的草全部割光，加重城中的困境。甲子（二十二日），李茂贞增加军队防守宫门。各宦官自己猜测不能免祸，互相怨恨。

　　苏检几次为韩偓设法晋升为宰相，在李茂贞以及中尉、枢密使面前讲过，又派遣亲信官吏告诉韩偓。韩偓发怒说："您与韦贻范从降职贬官的地方被召回来，一个月之间就位至宰相，至今不能有所作为。现在的形势朝夕不保，还想用这个职位来污辱我吗！"

　　十二月，李茂勋派遣使者向朱全忠请求投降，自己改名叫周彝。于是，李茂贞所管辖山南地区所有州镇都归属王建，关中地区所有州镇都归入朱全忠手中，李茂贞坐守凤翔府孤城。于是密谋杀宦官，为自己赎罪。李茂贞写信给朱全忠说："这场祸乱的兴起，都是由于韩全诲。我迎接皇上的车驾到此，主要是防备其他的强盗。您既然有志向扶正国家，请您迎接皇上护送回宫，我带领破甲残兵跟从您效力。"朱全忠复信说："我率领军队到这里，正是因为皇上流亡迁移在这里。您能够和我协力合作，本来就是我希望的事。"

　　丁酉（二十五日），昭宗召集李茂贞、苏检、李继诲、李彦弼、李继岌、李继远、李继忠宴饮，商议与朱全忠和解的事。昭宗说："从我的各位兄弟开始，十六家亲王以下，冻死饿死的人，每天都有几人。我自己的各王子以及公主、妃嫔，一天喝粥，一天吃汤饼，现在也已经没了。你们打算怎么办？"大家都不回答。昭宗说："应当快点和解呀！"凤翔军中有十几名士兵在左银台门拦住韩全诲，大声喧嚷斥骂说："全境人遭受痛苦和灾难，全城人饿死，正是因为军容使这帮人中的几个人！"韩全诲向李茂贞叩头诉说此事，李茂贞说："士兵们知道什么！"命人斟上两杯酒来，与韩全诲对饮就作罢了。韩全诲又将这件事情告诉昭宗，昭宗也向他劝解了一番。李继昭对韩全诲说："从前杨军容毁掉了杨守亮一族，今天韩军容使也想毁掉李继昭一族吗！"李继昭痛骂韩全诲之后，便出城向朱全忠投降，恢复原来的姓名叫符道昭。

三年春正月甲辰,遣殿中侍御史崔构、供奉官郭遵海诣朱全忠营。丙午,李茂贞亦遣牙将郭启期往议和解。

戊申,李茂贞独见上,中尉韩全诲、张彦弘、枢密使袁易简、周敬容皆不得对。茂贞请诛全诲等,与朱全忠和解,奉车驾还京。上喜,即遣内养帅凤翔卒四十人收全诲等,斩之。以御食使第五可范为左军中尉,宣徽南院使仇承坦为右军中尉,王知古为上院枢密使,杨虔朗为下院枢密使。是夕,又斩李继筠、李继诲、李彦弼及内诸司使韦处廷等十六人。己酉,遣韩偓及赵国夫人诣全忠营,又遣使囊全诲等二十馀人首以示全忠,曰:“向来胁留车驾,惧罪离间,不欲协和,皆此曹也。今朕与茂贞决意诛之,卿可晓谕诸军以豁众愤。”辛亥,全忠遣观察判官李振奉表入谢。

全诲等已诛,而全忠围犹未解。茂贞疑崔胤教全忠欲必取凤翔,白上急召胤,令帅百官赴行在。凡四降诏,三赐朱书御札,言甚切至,悉复故官爵,胤竟称疾不至。茂贞惧,自致书于胤,辞甚卑逊。全忠亦以书召胤,且戏之曰:“吾未识天子,须公来辨其是非。”胤始来。

甲寅,凤翔始启城门。丙辰,全忠巡诸寨,至城北,有凤翔兵自北山下,全忠疑其逼己,遣兵击之,擒其将李继钦。上遣赵国夫人、冯翊夫人诣全忠营诘其故,全忠遣亲吏蒋玄晖奉表入奏。

三年（903）春季正月甲辰（初二），昭宗派遣殿中侍御史崔构、供奉官郭遵诲二人前往朱全忠营中联络。丙午（初四），李茂贞也派遣牙将郭启前往朱全忠营中商议和解的事情。

戊申（初六），李茂贞独自进宫见昭宗，中尉韩全诲、张彦弘、枢密使袁易简、周敬容都不能够参与奏对议事。李茂贞请求杀韩全诲等人与朱全忠和解，奉送昭宗的车驾还京。昭宗听了欢喜，立即派遣宦官率领凤翔军中的士卒四十人收捕韩全诲等人，并将他们斩首。昭宗任命御食使第五可范为左军中尉，任命宣徽南院使仇承坦为右军中尉，任命王知古为上院枢密使，任命杨虔朗为下院枢密使。当天晚上，又将李继筠、李继诲、李彦弼以及内诸司使韦处廷等十六人斩首。己酉（初七），昭宗派遣韩偓及赵国夫人前往朱全忠军营，又派使者把韩全诲等二十余人的人头全部用袋子装着送给朱全忠看，向朱全忠说："近来胁迫扣留皇上车驾，惧怕罪罚挑拨离间，不想协调和好的，都是这批人。现在我与李茂贞决意杀了他们，你可以通报所有的军队，以泄众愤。"辛亥（初九），朱全忠派遣观察判官李振带着自己的奏表，入城向昭宗谢罪。

韩全诲等人已斩杀，而朱全忠对凤翔的包围仍然没有解除。李茂贞怀疑崔胤教朱全忠一定要攻取凤翔府，便禀告昭宗紧急召见崔胤，命他统领百官到凤翔行宫来。前后一共下发四次诏书，三次赐给昭宗亲笔书写的红色书札，言辞恳切至极，全部让他们恢复原来的官位爵号，崔胤始终称说有病没有到凤翔。李茂贞害怕，亲自写信给崔胤，言辞很谦恭。朱全忠也写信给崔胤表示召请，并且在信中开玩笑说："我不认识天子，必须由您来辨别真假。"崔胤这才来到凤翔。

甲寅（十二日），凤翔府才打开城门。丙辰（十四日），朱全忠巡视各营寨，到达城北寨，有凤翔兵从北山下来，朱全忠怀疑他们进逼自己，便派兵攻击他们，抓获他们的将领李继钦。昭宗派赵国夫人、冯翊夫人前往朱全忠军营责问事情的缘故，朱全忠派遣亲近将吏蒋玄晖带着表文入城向昭宗禀报。

　　李茂贞请以其子侃尚平原公主，又欲以苏检女为景王祕妃以自固。平原，何后之女也，后意难之，上曰："且令我得出，何忧尔女！"后乃从之。壬戌，平原公主嫁李侃，纳景王妃苏氏。

　　时凤翔所诛宦官已七十二人，朱全忠又密令京兆搜捕致仕不从行者，诛九十人。

　　甲子，车驾出凤翔，幸全忠营。全忠素服待罪。命客省使宣释罪，去三仗，止报平安，以公服入谢。全忠见上，顿首流涕，上命韩偓扶起之。上亦泣，曰："宗庙社稷，赖卿再安；朕与宗族，赖卿再生。"亲解玉带以赐之。少休，即行。全忠单骑前导十许里，上辞之。全忠乃令朱友伦将兵扈从，自留部分后队，焚撤诸寨。友伦，存之子也。是夕，车驾宿岐山。丁卯，至兴平，崔胤始帅百官迎谒，复以胤为司空、门下侍郎、同平章事，领三司如故。己巳，入长安。

　　庚午，全忠、崔胤同对。胤奏："国初承平之时，宦官不典兵豫政。天宝以来，宦官浸盛。贞元之末，分羽林卫为左、右神策军以便卫从，始令宦官主之，以二千人为定制。自是参掌机密，夺百司权，上下弥缝，共为不法，大则构扇藩镇，倾危国家；小则卖官鬻狱，蠹害朝政。王室衰乱，职此之由。不剪其根，祸终不已。请悉罢内诸司使，

李茂贞向昭宗请求让自己的儿子李侃娶昭宗的平原公主，又想让苏检的女儿嫁给景王李祕，以巩固自己的地位。平原公主是何皇后的女儿，何皇后有些为难，昭宗说："暂且让我得以出去，何愁你的女儿！"何皇后便依从了李茂贞的请求。壬戌（二十日），昭宗将平原公主嫁给了李侃，并且娶了苏氏女儿做景王妃。

当时，凤翔府城中所杀的宦官已有七十二人，朱全忠又密令在京兆县搜捕已经辞官在家没有跟从昭宗同行的宦官九十二人，把他们全杀了。

甲子（二十二日），昭宗的车驾出凤翔府城，到达朱全忠的军营。朱全忠穿着白色服装等待问罪，昭宗命客省使宣布免罪，撤除三道戒严的警卫，只让左、右金吾将军中的一人通报平安，让朱全忠穿上官服进来谢恩。朱全忠见到昭宗，叩头流泪。昭宗命韩偓扶起朱全忠。昭宗也哭泣说："祖宗的庙堂、国土江山，依赖你再次安定；我与我的宗族，依赖你再次逢生。"昭宗亲自解下身上的玉带赐给朱全忠。稍微休息了一会，就起程了。朱全忠单独骑马在昭宗的车驾前面导行十馀里，昭宗和他辞别。朱全忠便命令朱友伦率军随从护送，自己留下部署后面的军队，焚烧拆除各营寨。朱友伦是朱存的儿子。当天晚上，昭宗的车驾住宿在岐山县。丁卯（二十五日），昭宗到达兴平县，崔胤这才率百官迎接拜见昭宗。昭宗又任命崔胤为司空、门下侍郎、同平章事，兼任三司使，仍和从前一样。己巳（十七日），昭宗进入长安。

庚午（二十八日），朱全忠、崔胤一起入宫奏对议政。崔胤奏："开国初期太平的岁月中，宦官不掌管军队，不参与政事。天宝年间以来宦官势力渐渐兴盛。贞元末年，把禁卫军羽林卫分为左、右两支神策军，以便跟从侍卫，开始让宦官掌管，当时规定神策军的人数为二千人。自此以后，宦官参与掌管机密大事，夺走了朝中各部门的权力，上上下下掩盖弥缝，共同做出许多不法的事情。大则挑拨煽动藩镇，颠覆危害国家；小则卖官枉法，败坏朝政。王室衰弱，祸乱频生，正是由于这个原因。现在不剪除宦官这条根，祸乱终究不能停止。请全部撤销内宫诸司使，

其事务尽归之省寺,诸道监军俱召还阙下。"上从之。是日,全忠以兵驱宦官第五可范已下数百人于内侍省,尽杀之,冤号之声,彻于内外。其出使外方者,诏所在收捕诛之,止留黄衣幼弱者三十人以备洒扫。又诏成德节度使王镕选进五十人充敕使,取其土风深厚,人性谨朴也。上愍可范等或无罪,为文祭之。自是宣传诏命,皆令宫人出入;其两军内外八镇兵悉属六军,以崔胤兼判六军十二卫事。

臣光曰:宦者用权,为国家患,其来久矣。盖以出入宫禁,人主自幼及长,与之亲狎,非如三公六卿,进见有时,可严惮也。其间复有性识儇利,语言辩给,善伺候颜色,承迎志趣,受命则无违忤之患,使令则有称惬之效。自非上智之主,烛知物情,虑患深远,侍奉之外,不任以事,则近者日亲,远者日疏。甘言悲辞之请有时而从,浸润肤受之诉有时而听。于是黜陟刑赏之政,潜移于近习而不自知,如饮醇酒,嗜其味而忘其醉也。黜陟刑赏之柄移而国家不危乱者,未之有也。

东汉之衰,宦官最名骄横,然皆假人主之权,依凭城社,以浊乱天下,未有能劫胁天子如制婴儿,废

把他们的事务全部归三省各寺主管,各道藩镇中的监军全都召回宫廷来。"昭宗依从了崔胤的主张。这一天,朱全忠派兵把宦官第五可范以下的数百人赶到内侍省,全部杀掉,冤喊呼号之声响彻宫廷内外。宦官中有出使外地的人,昭宗下诏给各地,命令就地收捕杀掉他们。宫中只留下穿黄衣的幼弱宦者三十人,负责洒扫。昭宗又下诏给成德军节度使王镕,命他挑选五十人充当传送文书的敕使,这是看中那个地方的民风淳朴厚重,人性谨慎纯朴。昭宗怜悯第五可范等人中,有的没有罪,写了诔文祭奠他们。从此宫中宣布、传达昭宗诏令的事都由宫人进出办理。宫中的两支禁卫军和这两军统领的内外八镇兵全部划归六军。任命崔胤兼管左右龙武、羽林、神策六军十二卫事务。

北宋史臣司马光评论说:宦官掌权,给国家带来祸害,这种现象由来已经很久了。大概是因为他们平常出入皇宫,皇帝自小到大,与他们生活在一起,彼此亲近狎昵,不像三公六卿文武大臣,觐见皇上有一定的时间,有威严震慑力。他们当中又有一些人性情乖巧伶俐,说话言语敏捷,善于察言观色,迎合皇上的志向兴趣,接受命令就没有违抗冲撞的担心,让他们出使就有称心如意的效果。如果不是极具智慧的国君,能够洞察明白事物的情理,考虑深远的危患,除了让他们侍奉服务之外,不再任用他们做别的事情,那么,近在皇帝身边的宦官就会一天天亲密起来,远在宫外的百官大臣就被一天天疏远。对于宦官甜言衷语的请求,皇上有时会依从;对于他们逐渐渗透的诉告,皇上有时会听取。于是,降职削爵、迁位升官、刑罚奖赏的国家政务,就无形中转移到宦官手中而不能自知,如同饮美酒一样,喜好它的美味而忘记了它能醉人。降削迁升、刑罚奖赏的大权转移到别人之手,国家不发生危险祸乱,这是历史上未曾有过的。

东汉衰弱的时候,宦官骄淫专横最知名,然而都是借国君的权力,依靠国家政权机构的掩护来搅乱天下,没有能够像唐代那样,宦官劫持胁迫天子如同控制婴儿,废除旧皇帝

置在手，东西出其意，使天子畏之若乘虎狼而挟蛇虺如唐世者也。所以然者非他，汉不握兵，唐握兵故也。

太宗鉴前世之弊，深抑宦官无得过四品。明皇始隳旧章，是崇是长，晚节令高力士省决章奏，乃至进退将相，时与之议，自太子王公皆畏事之，宦官自此炽矣。及中原板荡，肃宗收兵灵武，李辅国以东宫旧隶参豫军谋，宠过而骄，不复能制，遂至爱子慈父皆不能庇，以忧悸终。代宗践阼，仍遵覆辙，程元振、鱼朝恩相继用事，窃弄刑赏，壅蔽聪明，视天子如委裘，陵宰相如奴虏。是以来瑱入朝，遇谗赐死；吐蕃深侵郊甸，匿不以闻，致狼狈幸陕；李光弼危疑愤郁，以陨其生；郭子仪摈废家居，不保丘垄；仆固怀恩冤抑无诉，遂弃勋庸，更为叛乱。德宗初立，颇振纲纪，宦官稍绌。而返自兴元，猜忌诸将，以李晟、浑瑊为不可信，悉夺其兵，而以窦文场、霍仙鸣为中尉，使典宿卫，自是太阿之柄，落其掌握矣。宪宗末年，吐突承璀欲废嫡立庶，以成陈洪志之变。宝历狎昵群小，刘克明与苏佐明为逆，其后绛王及文、武、宣、懿、僖、昭六世，皆为宦官所立，势益骄横。王守澄、仇士良、田令孜、杨复恭、刘

另立新皇帝的大权掌握手中,往东往西迁移到哪里,出于他们的意志,致使天子畏惧他们,如同坐在虎狼身上而腋下挟着毒蛇一样。之所以出现如此情况,不是别的原因,而是因为东汉宦官不掌握兵权,唐代宦官掌握兵权的缘故。

唐太宗借鉴前代的弊病,严格抑制宦官,不准宦官的级别超过四品。唐玄宗开始毁坏旧的规章制度,对宦官尊崇重用,晚年让宦官高力士审阅处理下面的表章奏疏,以至于进用或罢免将军、宰相的大事,也经常和他商议。从太子到王公大臣都畏惧侍奉他,宦官的气焰自此炽烈了。等到中原地区动荡,肃宗皇帝在灵武登位,收聚兵力,李辅国作为肃宗皇帝原在东宫时的旧部下而参加讨论军政大事,受到宠爱太过分,因而骄横,不再能控制他。于是,肃宗连爱子、慈父都不能保护,以至忧虑心悸而死。唐代宗继位后,仍然重蹈肃宗皇帝的覆辙,程元振、鱼朝恩两个宦官相继受到重用,在暗中玩弄刑赏大权,堵塞蒙蔽皇帝的耳目,看待天子如同身上的皮衣,欺压宰相如同对待奴隶。由于这样,来填入京朝见皇帝,遇到陷害而被赐死;吐蕃深入中原侵犯到京城的郊野,他们仍然隐藏军情不告诉皇帝,导致皇帝狼狈地逃亡陕州;李光弼对此感到疑虑愤恨忧郁,以致丧生;郭子仪被摈弃、废官,闲居在家,连祖坟都保不住;仆固怀恩含冤受屈,被压制无处诉说,于是抛弃勋爵,转身进行叛乱。德宗初登皇位时,振兴法纪朝纲,很有作为,宦官渐渐被约束贬斥。但是德宗从兴元府返京以后,猜忌各位将领,认为李晟、浑瑊不值得信任,夺下他们全部兵权,而任命窦文场、霍仙鸣为中尉,让他们主管皇宫中值宿警卫,从此军权落入他们手中了。唐宪宗末年(820),吐突承璀想废掉嫡子,另立庶子,导致了陈洪志的变乱。宝历年间,敬宗皇帝与宦官亲近狎昵,刘克明、苏佐明进行叛逆,此后绛王以及文宗、武宗、宣宗、懿宗、僖宗、昭宗六代皇帝,都是由宦官所立,宦官的势力更加骄纵专横。王守澄、仇士良、田令孜、杨复恭、刘

季述、韩全诲为之魁杰，自称"定策国老"，目天子为门生，根深蒂固，疾成膏肓，不可救药矣！文宗深愤其然，志欲除之，以宋申锡之贤，犹不能有所为，反受其殃。况李训、郑注反覆小人，欲以一朝谲诈之谋，翦累世胶固之党，遂至涉血禁涂，积尸省户，公卿大臣，连颈就诛，阖门屠灭，天子阳喑纵酒，饮泣吞气，自比赧、献，不亦悲乎！以宣宗之严毅明察，犹闭目摇首，自谓畏之。况懿、僖之骄侈，苟声色毬猎足充其欲，则政事一以付之，呼之以父，固无怪矣。贼污宫阙，两幸梁、益，皆令孜所为也。昭宗不胜其耻，力欲清涤，而所任不得其人，所行不由其道。始则张濬覆军于平阳，增李克用跋扈之势；复恭亡命于山南，启宋文通不臣之心；终则兵交阙庭，矢及御衣，漂泊莎城，流寓华阴，幽辱东内，劫迁岐阳。崔昌遐无如之何，更召朱全忠以讨之。连兵围城，再罹寒暑，御膳不足于糗糒，王侯毙踣于饥寒，然后全诲就诛，乘舆东出，翦灭其党，靡有孑遗，而唐之庙社因以丘墟矣！然则宦者之祸，始于明皇，盛于肃、代，成于德宗，极于昭宗。《易》曰："履霜

季述、韩全诲是宦官的魁首豪杰，他们自称为"定策国老"，把天子看为门下学生。他们在宫廷中根深蒂固，病入膏肓，不可救药了！唐文宗十分愤慨这种宦官干预朝政的局面，立志要除掉他们，任用了宋申锡那样贤能的宰相，仍然不能有所作为，反而遭受宦官的祸殃。况且，像李训、郑注这些朝官都是反复无常的小人，想在一个早上用奸诈的阴谋，剪除连续几代胶粘固结起来的死党，于是导致血流成河，染满皇宫中的道路，积尸如山，堆满朝廷台省的大门。文武高级官员颈项相连，一个接一个被杀，满门被屠灭。天子假装哑巴，一味地饮酒哭泣，不敢说话，自比为周代末年的赧王、汉代末年的献帝，不也可悲吗！像唐宣宗那样严正坚毅、头脑清楚能够辨别是非的人，尚且闭目摇头，自己说害怕他们。何况像唐懿宗、唐僖宗那样骄淫奢侈的皇帝，只要歌舞美女马球射猎等各种享乐能满足他的欲望，那他就会将一切政事全部交给宦官，称呼他们为父亲，这本来就不奇怪了。贼寇玷污宫殿的大门，唐僖宗两次逃亡到梁州、益州，都是宦官田令孜做的事情。唐昭宗不能忍受这类耻辱，极力想要清除干净，但是他所任用的人不适当，采取的措施不得法。开始是张濬在平阳县全军覆没，反而增长了李克用飞扬跋扈的气焰；接着是杨复恭向山南逃命，为宋文通不守臣规的悖逆之心开启了端绪；最后是宫殿庭院中兵锋相交，箭头射中皇帝身上的衣服，唐昭宗被迫漂泊到莎城，流转到华阴居住，又被关闭在东宫受辱，直至被劫持迁移到岐阳。崔胤无可奈何，改为召请朱全忠来讨伐他们。朱全忠连续发兵包围凤翔城，昭宗再次遭受寒暑之苦，皇宫中饮食连粗粮都供应不上，王侯在饥饿寒冷中冻死饿倒。然后韩全诲被杀，昭宗才得以脱身东行，剪除了韩全诲的同党，一个不留，而唐朝的宗庙江山由此成了荒丘废墟了！既然如此，那么，就宦官祸乱而言，开始于唐玄宗，兴盛于唐肃宗、唐代宗，成就于唐德宗，登峰造极于唐昭宗。《易经》说："行走在秋霜上面，

坚冰至。"为国家者,防微杜渐,可不慎其始哉!此其为患,章章尤著者也。自馀伤贤害能,召乱致祸,卖官鬻狱,沮败师徒,蠹害烝民,不可遍举。

　　夫寺人之官,自三王之世,载于《诗》《礼》,所以谨闺闼之禁,通内外之言,安可无也?如巷伯之疾恶,寺人披之事君,郑众之辞赏,吕强之直谏,曹日昇之救患,马存亮之弭乱,杨复光之讨贼,严遵美之避权,张承业之竭忠,其中岂无贤才乎!顾人主不当与之谋议政事,进退士大夫,使有威福足以动人耳。果或有罪,小则刑之,大则诛之,无所宽赦。如此,虽使之专横,孰敢焉!岂可不察臧否,不择是非,欲草薙而禽狝之,能无乱乎!是以袁绍行之于前而董卓弱汉,崔昌遐袭之于后而朱氏篡唐,虽快一时之忿而国随以亡。是犹恶衣之垢而焚之,患木之蠹而伐之,其为害岂不益多哉!孔子曰:"人而不仁,疾之已甚,乱也。"斯之谓矣。

　　三年春二月壬申朔,诏:"比在凤翔府所官,一切停。"时宦官尽死,惟河东监军张承业、幽州监军张居翰、清海监军程匡柔、西川监军鱼全裎及致仕严遵美,为李克

就可以知道坚硬的冰冻季节将要到来了。"治理国家的人，应该防微杜渐，能不谨慎地对待事物的开端吗！以上这些，就是宦官祸乱最明显的事例。此外，像伤害贤能人物，招致祸乱灾难，卖官枉法，毁坏军队，毒害百姓，不能一一详细列举了。

寺人这种官职，早在夏禹、商汤、周文王三王时代就有，《诗》《礼》中有记载，当时是为了严控妇女闺房内室的丑闻，传达皇宫内外的话语，怎么可以没有呢？例如像巷伯那样疾恶如仇，像寺人披那样忠心侍奉国君，像郑众那样拒绝赏赐，像吕彊那样直言敢谏，像曹日昇那样为国家解救危难，像马存亮那样消除祸乱，像杨复光那样讨伐贼寇，像严遵美那样避开权位，像张承业那样竭尽忠贞，他们当中难道没有贤才吗！然而做国君的不应当和他们一起谋划商议国家的政事，不应当让他们掌握任用官吏的大权，使他们有作威作福的条件，以至足以耸动视听罢了。他们当中果真有人犯罪，小罪就按法对他们判刑，大罪就杀掉他，不要宽恕赦免。这样的话，即使允许他们专横跋扈，他们又有谁敢胡作非为！怎么能够不详察好坏，不辨别是非，想要像锄草那样把他们全部诛除，像打猎那样把他们一网打尽，那样能没有祸乱吗！所以，汉末袁绍在前面屠杀，而董卓就接着把汉室的力量削弱了；唐昭宗时崔胤继承袁绍的杀戮手段，而朱全忠就接着篡夺了唐朝江山。虽然痛快地发泄了一时的愤懑，而国家也随着灭亡了。这就好像讨厌衣服上的污垢而把衣服烧掉，担心树木上的蛀虫而砍倒树木一样，那样造成的损害不是更大吗！孔子说："人如果不仁慈，对一件事物痛恨过分，就要发生祸乱了。"说的就是这个道理啊！

三年(903)春季二月壬申是初一，昭宗颁发诏书："近期在凤翔府所任命的官员，全部停职。"当时宦官都死了，只有河东军中宦官监军张承业、幽州的宦官监军张居翰、清海军中的宦官监军程匡柔、西川军中的宦官监军鱼全禋，以及辞官的宦官严遵美，分别被李克

用、刘仁恭、杨行密、王建所匿得全，斩他囚以应诏。

甲戌，门下侍郎、同平章事陆扆责授沂王傅、分司。车驾还京师，赐诸道诏书，独凤翔无之。扆曰："茂贞罪虽大，然朝廷未与之绝。今独无诏书，示人不广。"崔胤怒，奏贬之。宫人宋柔等十一人皆韩全诲所献，及僧、道士与宦官亲厚者二十馀人，并送京兆杖杀。

上谓韩偓曰："崔胤虽尽忠，然比卿颇用机数。"对曰："凡为天下者，万国皆属之耳目，安可以机数欺之！莫若推诚直致，虽日计之不足，而岁计之有馀也。"

丙子，工部侍郎、同平章事苏检，吏部侍郎卢光启，并赐自尽。丁丑，以中书侍郎、同平章事王溥为太子宾客分司，皆崔胤所恶也。

戊寅，赐朱全忠号"回天再造竭忠守正功臣"，赐其僚佐敬翔等号"迎銮协赞功臣"，诸将朱友宁等号"迎銮果毅功臣"，都头以下号"四镇静难功臣"。

上议褒崇全忠，欲以皇子为诸道兵马元帅，以全忠副之。崔胤请以辉王祚为之，上曰："濮王长。"胤承全忠密旨，利祚冲幼，固请之。己卯，以祚为诸道兵马元帅。庚辰，加全忠守太尉，充副元帅，进爵梁王。以胤为司徒兼侍中。

用、刘仁恭、杨行密、王建隐藏，得以保全生命，他们当时斩杀了别的囚犯来应付朝廷的诏令。

甲戌（初三），门下侍郎、同平章事陆扆受到责罚，降为沂王的王傅，辅助沂王府分司事务。昭宗的车驾返回京师长安的时候，向各道颁赐了诏书，唯独没有颁赐给凤翔府。陆扆说："李茂贞的罪恶虽然大，然而朝廷没有和他断绝关系。现在唯独不向他颁赐诏书，让人看着胸怀不宽阔。"崔胤听说后发怒，向昭宗上奏，贬了陆扆的官。宫女宋柔等十一人都是韩全诲献进宫的，这批宫女以及与宦官关系亲密的僧侣、道士二十余人，一并送交京兆府用棍棒打死。

昭宗对韩偓说："崔胤虽然能尽献忠心，但是比你多用机巧权术。"韩偓回答说："凡是治理天下的人，全国的耳目都在看着你的所作所为，怎么能用机巧权术来欺人耳目呢！不如推心置腹直截了当地处理问题，那样，虽然按日计算，收获不算多，而按年计算，收获就有余了。"

丙子（初五），工部侍郎、同平章事苏检，吏部侍郎卢光启二人一并被昭宗赐令自杀。丁丑（初六），朝廷改任中书侍郎、同平章事王溥为太子宾客分司。这些被杀被降职的人，都是崔胤憎恨的人。

戊寅（初七），昭宗赐给朱全忠号为"回天再造竭忠守正功臣"，赐朱全忠的僚佐敬翔等人号为"迎銮协赞功臣"，赐朱全忠军中诸将朱友宁等人号为"迎銮果毅功臣"，赐朱全忠军中都头以下人号为"四镇静难功臣"。

昭宗和大臣一起议论如何嘉奖提高朱全忠的荣誉地位，想任用皇子为诸道兵马元帅，而让朱全忠来做副元帅。崔胤提议让辉王李祚来担任元帅，昭宗说："濮王年龄大一些更好。"崔胤接受了朱全忠的秘密旨意，认为辉王李祚年龄幼弱，对自己有利，坚持请求让李祚担任元帅。己卯（初八），昭宗任命李祚为诸道兵马元帅。庚辰（初九），昭宗加封朱全忠守太尉，充任诸道兵马副元帅，晋升爵位为"梁王"。昭宗任命崔胤为司徒兼侍中。

胤恃全忠之势,专权自恣,天子动静皆禀之。朝臣从上幸凤翔者,凡贬逐三十馀人。刑赏系其爱憎,中外畏之,重足一迹。

以敬翔守太府卿,朱友宁领宁远节度使。全忠表符道昭同平章事,充天雄节度使,遣兵援送之秦州,不得至而还。

初,翰林学士承旨韩偓之登进士第也,御史大夫赵崇知贡举。上返自凤翔,欲用偓为相,偓荐崇及兵部侍郎王赞自代。上欲从之,崔胤恶其分己权,使朱全忠入争之。全忠见上曰:“赵崇轻薄之魁,王赞无才用,韩偓何得妄荐为相!”上见全忠怒甚,不得已,癸未,贬偓濮州司马。上密与偓泣别,偓曰:“是人非复前来之比,臣得远贬及死乃幸耳,不忍见篡弑之辱!”

己丑,上令朱全忠与李茂贞书,取平原公主。茂贞不敢违,遽归之。

壬辰,以朱友裕为镇国节度使。乙未,全忠奏留步骑万人于故两军,以朱友伦为左军宿卫都指挥使。又以汴将张廷范为宫苑使,王殷为皇城使,蒋玄晖充街使。于是全忠之党布列遍于禁卫及京辅。

戊戌,全忠辞归镇,留宴寿春殿,又饯之于延喜楼。上临轩泣别,令于楼前上马。上又赐全忠诗,全忠亦和进。又赐

崔胤依仗朱全忠的威势，专权独断，肆意妄为，天子的行动举止都要向他禀告。朝廷大臣中跟随昭宗一起迁移到凤翔府的人，被他降职赶出京城的一共有三十余人。惩罚奖赏全都根据他的爱憎而定，喜爱的就奖赏，憎恨的就处罚，朝廷内外大臣都惧怕他，迭足而立，不敢稍有违离。

朝廷任命敬翔任守太府卿，朱友宁兼任宁远军节度使。朱全忠上表推荐符道昭担任同平章事，充任天雄军节度使，并派遣军队援送他到秦州赴任，结果因为无法通过李茂贞的防线而返回。

当初，翰林学士承旨韩偓登进士科的时候，御史大夫赵崇担任主考官。昭宗从凤翔府返回京城长安后，想要任用韩偓为宰相，韩偓推荐赵崇及兵部侍郎王赞代替自己。昭宗想要依从他的意见，崔胤忌恨他们分散自己的权力，让朱全忠争辩反对。朱全忠面见昭宗说："赵崇最为轻浮浅薄，王赞没有才能用处，韩偓怎么能够胡乱推荐他们当宰相！"昭宗见朱全忠怒气很大，不得已，癸未（十二日），把韩偓降职为濮州司马。昭宗秘密地和韩偓哭泣分别，韩偓说："朱全忠这个人不能再和从前相比了，我得以被贬到很远的地方任职直到老死，便是幸运啊！我不忍心看见他们篡权杀君的耻辱。"

己丑（十八日），昭宗让朱全忠写信给李茂贞，要接回平原公主。李茂贞不敢违抗，急忙将平原公主送回长安。

壬辰（二十一日），朝廷任命朱友裕为镇国军节度使。乙未（二十四日），朱全忠向昭宗上奏，留下步兵、骑兵一万人，补入原来左右神策两军内，任命朱友伦担任左军宿卫都指挥使。又任命汴军中的将领张廷范担任宫苑使，任命王殷为皇城使，任命蒋玄晖为充街使。于是，朱全忠的党羽到处安置，遍布宫苑、皇城宿防及京辅各地。

戊戌（二十七日），朱全忠辞别了昭宗返回大梁军镇，昭宗在寿春殿设宴挽留他，接着又在延喜楼设宴为他饯行。昭宗站立在楼前的长廊上哭着与朱全忠分别，并命他在楼前上马。昭宗又作诗赐给朱全忠，朱全忠也作诗相和进献昭宗。昭宗又赐

《杨柳枝辞》五首。百官班辞于长乐驿。崔胤独送至霸桥，自置饯席，夜二鼓，胤始还入城。上复召对，问以全忠安否，置酒奏乐，至四鼓乃罢。

李克用使者还晋阳，言崔胤之横，克用曰："胤为人臣，外倚贼势，内胁其君，既执朝政，又握兵权。权重则怨多，势侔则衅生，破家亡国，在眼中矣！"

夏五月，崔胤奏："左右龙武、羽林、神策等军名存实亡，侍卫单寡，请每军募步兵四将，每将二百五十人，骑兵一将百人，合六千六百人，选其壮健者，分番侍卫。"从之。令六军诸卫副使、京兆尹郑元规立格召募于市。

冬十月辛巳，宿卫都指挥使朱友伦与客击毬于左军，坠马而卒。全忠悲怒，疑崔胤故为之，凡与同戏者十馀人尽杀之，遣其兄子友谅代典宿卫。

初，崔胤假朱全忠兵力以诛宦官，全忠既破李茂贞，并吞关中，威震天下，遂有篡夺之志。胤惧，与全忠外虽亲厚，私心渐异，乃谓全忠曰："长安密迩茂贞，不可不为守御之备。六军十二卫，但有空名，请召募以实之，使公无西顾之忧。"全忠知其意，曲从之，阴使麾下壮士应募以察其变。胤不之知，与郑元规等缮治兵仗，日夜不息。及朱友伦死，全忠益疑胤，且欲迁天子都洛，恐胤立异。

天祐元年春正月，全忠密表司徒兼侍中、判六军十二卫事、充盐铁转运使、判度支崔胤专权乱国，离间君臣，

《杨柳枝辞》五首给朱全忠。百官按班次排列在长乐驿与朱全忠辞别。崔胤单独把朱全忠送到霸桥，亲自设置酒席为朱全忠饯别，直到深夜二更时分，崔胤才返回长安城。昭宗又召见崔胤入宫，询问朱全忠平安与否，并摆酒奏乐，直到四更时分才结束。

李克用的使者从长安返回晋阳，介绍崔胤在朝廷专横的情形，李克用说：“崔胤作为一名人臣，对外倚靠贼军的势力，对内胁迫国君，既已执掌朝政，又掌握兵权，权力越重，怨恨就多，势力和国君相等就会生祸端，他破家亡国的日子，就在眼前了。”

夏季五月，崔胤向昭宗上奏说：“左右龙武、羽林、神策等军，名存实亡，侍从保卫力量单薄。建议每军招募步兵将领四员，每员将领下面统领步兵二百五十人；招募骑兵将领一员，下统骑兵一百人，合计六千六百人，挑选其中身强力壮者轮流值班侍从护卫。”昭宗依从了崔胤的意见，然后下令让六军诸卫副使、京兆尹郑元规制定具体标准条例，在长安市中招募。

冬季十月辛巳（十五日），宿卫都指挥使朱友伦与客人在左军营地打马球，掉下马摔死了。朱全忠悲痛愤怒，怀疑崔胤有意害死朱友伦，凡是与朱友伦一同打马球的人全部杀掉，派他侄儿朱友谅代替朱友伦掌管皇宫宿卫军。

当初，崔胤借助于朱全忠的兵力来诛杀宦官，朱全忠既已战败李茂贞，吞并了关中地区，声威震动天下，于是便有了篡权夺位的意向。崔胤害怕，与朱全忠外表虽然亲密，关系深厚，内心中渐渐分离。于是，崔胤对朱全忠说：“长安紧密靠近李茂贞，不可不做防守抵御的准备。六军十二卫，只有空名，请招募新兵加以补充，这样可以让你没有西顾之忧。”朱全忠知道他的意图，表面上依从了，暗中指使部下的壮士到长安应募投军，借以观察他的变化。崔胤不知道这些情况，与郑元规等人打造兵器、军杖，日夜不息。等朱友伦死后，朱全忠更加怀疑崔胤，而且想把天子迁移到洛阳，在洛阳建都，以此防范崔胤耍弄新的花招。

天祐元年（904）春季正月，朱全忠密奏司徒兼侍中、判六军十二卫事、充盐铁使、转运使、判度支崔胤，专权乱国，离间君臣，

并其党刑部尚书兼京兆尹六军诸卫副使郑元规、威远军使陈班等，皆请诛之。乙巳，诏责授胤太子少傅分司，贬元规循州司户，班溱州司户。丙午，下诏罪状胤等，以裴枢判左三军事、充盐铁转运使，独孤损判右三军事、兼判度支。胤所募兵并纵遣之。以兵部尚书崔远为中书侍郎，翰林学士、左拾遗柳璨为右谏议大夫，并同平章事。璨，公绰之从孙也。戊申，朱全忠密令宿卫都指挥使朱友谅以兵围崔胤第，杀胤及郑元规、陈班并胤所亲厚者数人。

初，上在华州，朱全忠屡表请上迁都洛阳。上虽不许，全忠常令东都留守佑国节度使张全义缮修宫室。全忠之克邠州也，质静难军节度使杨崇本妻子于河中。崇本妻美，全忠私焉，既而归之。崇本怒，使谓李茂贞曰："唐室将灭，父何忍坐视之乎！"遂相与连兵侵逼京畿，复姓名为李继徽。

己酉，全忠引兵屯河中。丁巳，上御延喜楼，朱全忠遣牙将寇彦卿奉表，称邠、岐兵逼畿甸，请上迁都洛阳。及下楼，裴枢已得全忠移书，促百官东行。戊午，驱徙士民，号哭满路，骂曰："贼臣崔胤召朱温来倾覆社稷，使我曹流离至此！"老幼襁属，月馀不绝。

壬戌，车驾发长安，全忠以其将张廷范为御营使，毁长安宫室百司及民间庐舍，取其材，浮渭沿河而下，长安自是

他的同党刑部尚书兼京兆尹、六军诸卫副使郑元规、威远军使陈班等人也请一并处死。乙巳（初九），昭宗下诏责罚崔胤，改授崔胤太子少傅分司，把郑元规降职为循州司户，陈班降职为溱州司户。丙午（初十），昭宗下诏公布崔胤等人的罪状，任命裴枢掌管京城左龙武军、左羽林军、左神策军三军事务，充任盐铁、转运使，任命独孤损主管右龙武军、右羽林军、右神策军三军事务，兼管判度支事务。崔胤所招募的新兵全部放还遣散。任命兵部尚书崔远为中书侍郎，任命翰林学士、左拾遗柳璨为右谏议大夫，二人皆为同平章事。柳璨是柳公绰的从孙。戊申（十二日），朱全忠密令宿卫都指挥使朱友谅率领军队包围崔胤的住宅，杀死崔胤，又杀郑元规、陈班及崔胤的亲信人员共数人。

当初，昭宗在华州的时候，朱全忠曾经多次上表给昭宗，请求迁都洛阳。昭宗虽然不答应，但朱全忠经常指派东都留守、佑国军节度使张全义修建宫室。朱全忠攻克邠州的时候，把邠州静难军节度使杨崇本的妻子扣作人质，留在河中。杨崇本的妻子很美丽，朱全忠与她通奸，不久又把她归还给杨崇本。杨崇本愤怒，派使者对李茂贞说："唐朝的王室即将灭亡了，父亲怎么忍心坐视它灭亡呢？"于是两人相互联合，出兵侵犯进逼到京城附近地区。杨崇本又恢复姓名叫李继徽。

己酉（十三日），朱全忠率领军队驻扎河中。丁巳（二十一日），昭宗登临延喜楼，朱全忠派遣牙将寇彦卿捧着表章进见，称说："邠州、岐州的军队已经逼近京城附近了，请皇上迁都洛阳。"等到昭宗下楼，裴枢已经接到朱全忠提出迁都的文书，催促百官向东启程。戊午（二十二日），被驱赶迁徙的士人百姓，呼号哭喊声充满路途，他们骂道："贼臣崔胤召来朱温颠覆国家，使我们这些人颠沛流离到如此地步！"一路上老少妇幼以及襁褓中的婴儿，走了一个多月，人流还没有中断。

壬戌（二十六日），昭宗的车驾从长安出发，朱全忠任命他的将领张廷范为御营使，毁坏长安的宫殿、朝廷官署以及民间百姓的房屋，取出木材，抛入渭水河，沿着黄河顺流而下，长安城从此

遂丘墟矣。

全忠发河南、北诸镇丁匠数万,令张全义治东都宫室,江、浙、湖、岭诸镇附全忠者,皆输货财以助之。

甲子,车驾至华州,民夹道呼万岁。上泣谓曰:"勿呼万岁,朕不复为汝主矣!"馆于兴德宫,谓侍臣曰:"鄙语云:'纥干山头冻杀雀,何不飞去生处乐?'朕今漂泊,不知竟落何所!"因泣下沾襟,左右莫能仰视。

二月乙亥,车驾至陕,以东都宫室未成,驻留于陕。丙子,全忠自河中来朝,上延全忠入寝室见何后,后泣曰:"自今大家夫妇委身全忠矣!"

三月丁未,以朱全忠兼判左、右神策及六军诸卫事。癸丑,全忠置酒私第,邀上临幸。乙卯,全忠辞上,先赴洛阳督修宫室。上与之宴群臣,既罢,上独留全忠及忠武节度使韩建饮,皇后出,自捧玉卮以饮全忠,晋国夫人可证附上耳语。建蹑全忠足,全忠以为图己,不饮,阳醉而出。全忠奏以长安为佑国军,以韩建为佑国节度使,以郑州刺史刘知俊为匡国节度使。丁巳,上复遣间使以绢诏告急于王建、杨行密、李克用等,令纠帅藩镇以图匡复,曰:"朕至洛阳,则为所幽闭,诏敕皆出其手,朕意不得复通。"

夏四月辛巳,朱全忠奏洛阳宫室已成,请车驾早发,表章相继。上累遣宫人谕以皇后新产,未任就路,请俟十

就成为荒丘废墟了。

朱全忠从黄河南北诸镇征调民夫、工匠数万人,命令张全义建造东都宫殿,江、浙、湖、岭等地区内,归附朱全忠的各个藩镇,都输送钱财、物资到洛阳资助修建。

甲子(二十八日),昭宗的车驾到达华州,百姓上街夹道呼喊万岁。昭宗哭着对他们说:"不可呼喊万岁,我不再是你们的君主了!"昭宗当天住在华州兴德宫,他对身旁的侍臣说:"俗话说:'纥干山头上冻得要死的麻雀,为什么不飞到能够活的地方去快乐?'我今天漂泊到此,不知道最后落到什么地方!"昭宗说着哭泣起来,泪水沾湿衣襟,左右的人都不忍心抬头看昭宗。

二月乙亥(初十),昭宗的车驾到达陕州,因为东都洛阳的宫殿还没有建造好,便驻在陕州,暂停前进。丙子(十一日),朱全忠从河中来到陕州朝见昭宗,昭宗把朱全忠请入寝室,面见何皇后,何皇后哭着说:"从今以后我们夫妇托身给全忠你了。"

三月丁未(十二日),昭宗任命朱全忠兼管左、右神策军及六军诸卫事务。癸丑(十八日),朱全忠在自己家中摆酒,邀请昭宗前去赴宴。乙卯(二十日),朱全忠辞别昭宗,先行到洛阳督造宫殿。昭宗与他一起宴饮,群臣罢宴后散去,昭宗单独留下朱全忠及忠武军节度使韩建继续饮酒,皇后出来,亲自捧玉杯请朱全忠饮酒,晋国夫人可证贴近昭宗耳旁说话。韩建踩朱全忠的脚,朱全忠怀疑他们毒害自己,便不饮,假装酒醉而出。朱全忠向昭宗上奏,在长安设置佑国军,任命韩建为佑国军节度使,任命郑州刺史刘知俊为匡国军节度使。丁巳(二十二日),昭宗又派密使带着用绢帛写的诏书向王建、杨行密、李克用等人告急,命令他们纠集各藩镇,统领军队设法扶正国家,诏令说:"我到洛阳就要被他们关闭起来了,那时诏令赦书都出自他们的手中,我的旨意就无法传达了。"

夏季四月辛巳(十六日),朱全忠向昭宗上奏,说洛阳宫殿已经建成,请昭宗的车驾早日出发,连送几道表章。昭宗接连派宫人向朱全忠说明皇后刚刚生下婴儿,禁不住途中颠簸,请等到十

月东行。全忠疑上徘徊俟变，怒甚，谓牙将寇彦卿曰："汝速至陕，即日促官家发来！"闰月丁酉，车驾发陕。壬寅，全忠逆于新安。上之在陕也，司天监奏："星气有变，期在今秋，不利东行。"故上欲以十月幸洛。至是，全忠令医官许昭远告医官使阎祐之、司天监王墀、内都知韦周、晋国夫人可证等谋害元帅，悉收杀之。

癸卯，上憩于榖水。自崔胤之死，六军散亡俱尽，所馀击毬供奉、内园小儿共二百馀人，从上而东。全忠犹忌之，为设食于幄，尽缢杀之。豫选二百馀人大小相类者，衣其衣服，代之侍卫。上初不觉，累日乃寤。自是上之左右职掌使令皆全忠之人矣。

甲辰，车驾发榖水，入宫，御正殿，受朝贺。乙巳，御光政门，赦天下，改元。更命陕州曰兴唐府。诏讨李茂贞、杨崇本。戊申，敕内诸司惟留宣徽等九使外，馀皆停废，仍不以内夫人充使。以蒋玄晖为宣徽南院使兼枢密使，王殷为宣徽北院使兼皇城使，张廷范为金吾将军、充街使，以韦震为河南尹兼六军诸卫副使，又征武宁留后朱友恭为左龙武统军，保大节度使氏叔琮为右龙武统军，典宿卫。皆全忠之腹心也。

癸丑，以张全义为天平节度使。
乙卯，以全忠为护国、宣武、宣义、忠武四镇节度使。

月东行到洛阳。朱全忠怀疑昭宗有意徘徊，等待事变，怒气很大，对牙将寇彦卿说："你速到陕州，即日催促皇上出发前来！"闰四月丁酉(初三)，昭宗的车驾从陕州出发。壬寅(初八)，朱全忠到新安县迎接。昭宗在陕州的时候，司天监官员曾经向他奏报："星象云气有变化，时间在今年秋天，东行不吉利。"所以昭宗想在十月份到洛阳。到此时，朱全忠指使医官许昭远检举揭发医官使阎祐之、司天监王墀、内都知韦周、晋国夫人可证等人谋害元帅李祚，于是把这些人全部收捕斩杀。

癸卯(初九)，昭宗车驾停驻穀水边休息。自从崔胤死后，左右龙武、羽林、神策六军士卒都被遣散逃亡，已经没有人了，所余下的只是侍奉陪同昭宗打马球的人以及内园中的小儿共计二百余人，跟随昭宗东行奔赴洛阳。对昭宗身边的这些人，朱全忠仍然忌恨，在帷幄中为他们准备食物，把他们全部勒死了。朱全忠预先挑选了二百余人，身高相貌和他们相类似，穿着他们的衣服，替代他们侍奉护卫。昭宗开始没有察觉，连续几天后才发现。自此开始，昭宗身边管事的、出使的、传令的人都是朱全忠的人了。

甲辰(初十)，昭宗的车驾从穀水边出发，进入洛阳皇宫，驾临正殿，接受官员朝见庆贺。乙巳(十一日)，昭宗驾临光政门，赦免天下罪犯，改年号为天祐。昭宗改名陕州为兴唐府。昭宗下诏，命令讨伐李茂贞、杨崇本。戊申(十四日)，朝廷下敕，命宫内各司只留下宣徽院等九个部门的官员，其馀都撤除，同时不用内夫人充任各司使。朝廷任命蒋玄晖为宣徽南院使兼枢密院使，任命王殷为宣徽北院使兼皇城使，任命张廷范为金吾将军、充街使，任命韦震为河南尹兼六军诸卫副使，又征调武宁军留后朱友恭为左龙武军统军，保大军节度使氏叔琮为右龙武军统军，主管宫中值班宿卫。这批人都是朱全忠的心腹。

癸丑(十九日)，朝廷任命张全义为天平军节度使。

乙卯(二十一日)，朝廷任命朱全忠为护国军、宣武军、宣义军、忠武军四个军镇的节度使。

五月，帝宴朱全忠及百官于崇勋殿，既罢，复召全忠宴于内殿，全忠疑，不入。帝曰："全忠不欲来，可令敬翔来。"全忠擿翔使去，曰："翔亦醉矣。"辛未，全忠东还。乙亥，至大梁。

初，朱全忠自凤翔迎车驾还，见德王裕眉目疏秀，且年齿已壮，恶之，私谓崔胤曰："德王尝奸帝位，岂可复留！公何不言之！"胤言于帝。帝问全忠，全忠曰："陛下父子之间，臣安敢窃议，此崔胤卖臣耳。"帝自离长安，日忧不测，与皇后终日沈饮，或相对涕泣。全忠使枢密使蒋玄晖伺察帝，动静皆知之。帝从容谓玄晖曰："德王朕之爱子，全忠何故坚欲杀之？"因泣下，啮中指血流。玄晖具以语全忠，全忠愈不自安。

时李茂贞、杨崇本、李克用、刘仁恭、王建、杨行密、赵匡凝移檄往来，皆以兴复为辞。全忠方引兵西讨，以帝有英气，恐变生于中，欲立幼君，易谋禅代。乃遣判官李振至洛阳，与玄晖及左龙武统军朱友恭、右龙武统军氏叔琮等图之。

八月壬寅，帝在椒殿，玄晖选龙武牙官史太等百人夜叩宫门，言军前有急奏，欲面见帝。夫人裴贞一开门见兵，曰："急奏何以兵为？"史太杀之。玄晖问："至尊安在？"昭仪李渐荣临轩呼曰："宁杀我曹，勿伤大家！"帝方醉，遽起，单衣绕柱走，史太追而弑之。渐荣以身蔽帝，太亦杀之。又欲杀何后，后求哀于玄晖，乃释之。

五月，昭宗在崇勋殿宴请朱全忠及文武百官，宴会结束后，昭宗又在内殿设宴召请朱全忠。朱全忠怀疑昭宗有图谋，不进去。昭宗说："朱全忠不想来，可以让敬翔来。"朱全忠指使敬翔离去，回答昭宗说："敬翔也醉了。"辛未（初七），朱全忠东行返回。乙亥（十一日），朱全忠到达大梁。

当初，朱全忠从凤翔府迎接昭宗的车驾返回长安时，见到德王李裕眉清目秀，而且年龄已经长大，心中厌恶他，背后对崔胤说："德王曾经希图皇位，怎么能够再留下他！你为什么不向皇上说？"崔胤把朱全忠的话转告给昭宗。昭宗询问朱全忠，朱全忠说："陛下父子之间的事情，我怎么敢背后议论，这是崔胤出卖我罢了。"昭宗自从离开长安后，每天都担心有意外的事变发生，终日与皇后沉湎在饮酒中，有时候两人相对流泪哭泣。朱全忠指使枢密使蒋玄晖侦察昭宗活动，昭宗的一举一动，朱全忠都知道。昭宗从容地对蒋玄晖说："德王是我心爱的儿子，朱全忠为什么坚持要杀他？"随后哭泣落泪，把自己的中指咬出血。蒋玄晖把这些情况都禀告朱全忠，朱全忠心中更加不安。

当时，李茂贞、杨崇本、李克用、刘仁恭、王建、杨行密、赵匡凝相互往来传送檄文，都在说兴复王室。朱全忠正率领军队向西讨伐李茂贞、杨崇本，因为昭宗有英武气概，恐怕事变发生，想另立小皇帝，容易谋划禅位替代。于是派判官李振到洛阳，与蒋玄晖及左龙武军统军朱友恭、右龙武军统军氏叔琮等共同谋杀昭宗。

八月壬寅（十一日），昭宗在皇后殿中，蒋玄晖挑选龙武军牙官史太等一百人夜敲宫门，说军中有紧急事情禀奏，要面见皇上。夫人裴贞一开门看见兵器，说："奏事带兵器做什么？"史太把她杀了。蒋玄晖问："皇上在哪里？"昭仪李渐荣对着长廊大呼说："宁可杀掉我们，不要伤害皇上！"昭宗刚酒醉，闻声急起，穿着单衣绕着柱子逃跑，史太追上去杀了昭宗。李渐荣用身体庇护昭宗，史太也将她杀了。又要杀何皇后，何皇后哀求蒋玄晖，才放了她。

癸卯，蒋玄晖矫诏称李渐荣、裴贞一弑逆，宜立辉王祚为皇太子，更名柷，监军国事。又矫皇后令，太子于枢前即位。宫中恐惧，不敢出声哭。丙午，昭宣帝即位，时年十三。

冬十月，朱全忠闻朱友恭等弑昭宗，阳惊，号哭自投于地，曰："奴辈负我，令我受恶名于万代！"癸巳，至东都，伏梓宫恸哭流涕，又见帝自陈非己志，请讨贼。先是，护驾军士有掠米于市者，甲午，全忠奏朱友恭、氏叔琮不戢士卒，侵扰市肆，友恭贬崖州司户，复姓名李彦威，叔琮贬白州司户，寻皆赐自尽。彦威临刑大呼曰："卖我以塞天下之谤，如鬼神何！行事如此，望有后乎！"

丙申，天平节度使张全义来朝。丁酉，复以全忠为宣武、护国、宣义、天平节度使。以全义为河南尹兼忠武节度使、判六军诸卫事。乙巳，全忠辞赴镇，庚戌。至大梁。

昭宣帝天祐二年春二月戊戌，全忠使蒋玄晖邀昭宗诸子德王裕、棣王祤、虔王禊、沂王禋、遂王祎、景王祕、祁王祺、雅王禛、琼王祥，置酒九曲池，酒酣，悉缢杀之，投尸池中。

三月戊寅，以门下侍郎、同平章事独孤损同平章事，充静海节度使，以礼部侍郎河间张文蔚同平章事。甲申，以门下侍郎、同平章事裴枢为左仆射，崔远为右仆射，并罢政事。初，柳璨及第，不四年为宰相，性倾巧轻佻。时天子左右皆朱全忠腹心，璨曲意事之。同列裴枢、崔远、独孤损皆

癸卯(十二日),蒋玄晖伪造诏书,称说李渐荣、裴贞一叛逆,谋杀了皇上,应当立辉王李祚为皇太子,改名叫李柷,由李柷监督管理军国大事。又伪造皇后令,让皇太子李柷在昭宗灵柩前登皇帝位。宫中一片恐惧景象,没有人敢哭出声来。丙午(十五日),唐哀帝登皇帝位,当时年龄十三岁。

冬季十月,朱全忠听说朱友恭等人杀死昭宗,假装吃惊,哭着扑倒在地,说:"这些奴才背负我,让我千秋万代承受恶名!"癸巳(初三),朱全忠到达东都洛阳,伏在昭宗的灵柩上恸哭流涕。朱全忠又面见唐哀帝亲自诉说,杀死昭宗不是自己的主意,请求讨伐杀死昭宗的乱臣贼子。之前,护卫皇帝的军士中有人在街市上抢米,甲午(初四),朱全忠向哀帝上奏,说朱友恭、氏叔琮不管束士卒,让士卒侵扰街市店铺,将朱友恭贬职为崖州司户,恢复原名李彦威,将氏叔琮贬职为白州司户。不久,这二人都被赐令自杀。李彦威临自杀时,大声呼叫说:"出卖我来堵塞天下人的毁谤,拿鬼神怎么办!做出这样的事,还指望有后代吗?"

丙申(初六),天平军节度使张全义来朝见哀帝。丁酉(初七),又任朱全忠为宣武军、护国军、宣义军、天平军节度使。任张全义为河南府尹兼忠武军节度使,主管六军诸卫事务。乙巳(十五日),朱全忠辞别哀帝,奔赴军镇,庚戌(二十日),到达大梁。

唐哀帝天祐二年(905)春季二月戊戌(初九),朱全忠派蒋玄晖邀请昭宗诸子德王李裕、棣王李祤、虔王李禊、沂王李禋、遂王李祎、景王李祕、祁王李祺、雅王李禛、琼王李祥,在宫中九曲池摆酒聚宴,酒至微醉的时候,将他们全部勒死,尸体投入九曲池中。

三月戊寅(十九日),朝廷任命门下侍郎、同平章事独孤损为同平章事,充任静海军节度使,任命礼部侍郎河间县人张文蔚为同平章事。甲申(二十五日),朝廷任命门下侍郎、同平章事裴枢为左仆射,任命崔远为右仆射,二人都停止参与政事。当初,柳璨进士及第,不到四年时间升为宰相,天性乖巧轻佻。当时昭帝身边的人都是朱全忠的亲信人员。柳璨与他们周旋,想方设法侍奉他们。与他共事的其他几位宰相裴枢、崔远、独孤损都是

朝廷宿望，意轻之，璨以为憾。和王傅张廷范，本优人，有宠于全忠，奏以为太常卿。枢曰："廷范勋臣，幸有方镇，何籍乐卿！恐非元帅之旨。"持之不下。全忠闻之，谓宾佐曰："吾常以裴十四器识真纯，不入浮薄之党，观此议论，本态露矣。"璨因此并远、损谮于全忠，故三人皆罢。

夏五月乙丑，彗星长竟天。柳璨恃朱全忠之势，恣为威福。会有星变，占者曰："君臣俱灾，宜诛杀以应之。"璨因疏其素所不快者于全忠曰："此曹皆聚徒横议，怨望腹非，宜以之塞灾异。"李振亦言于全忠曰："朝廷所以不理，良由衣冠浮薄之徒紊乱纲纪。且王欲图大事，此曹皆朝廷之难制者也，不若尽去之。"全忠以为然。癸酉，贬独孤损为棣州刺史，裴枢为登州刺史，崔远为莱州刺史。乙亥，贬吏部尚书陆扆为濮州司户，工部尚书王溥为淄州司户。庚辰，贬太子太保致仕赵崇为曹州司户，兵部侍郎王赞为潍州司户。自馀或门胄高华，或科第自进，居三省台阁，以名检自处，声迹稍著者，皆指以为浮薄，贬逐无虚日，缙绅为之一空。辛巳，再贬裴枢为泷州司户，独孤损为琼州司户，崔远为白州司户。

六月戊子朔，敕裴枢、独孤损、崔远、陆扆、王溥、赵崇、王赞等并所在赐自尽。时全忠聚枢等及朝士贬官者三十馀人

朝廷中有重望的老臣，心中看不起他，柳璨因此怨恨他们。和王李福的师傅张廷范原是宫中伶人，受到朱全忠的宠信，柳璨上奏，举荐张廷范为太常卿。裴枢说："张廷范是一个有功之臣，有藩镇上的职务可以任用他，为什么要名列太常卿？这恐怕不是元帅的指示。"两种意见相持不下。朱全忠听说这些，对自己的宾客和僚佐们说："我常以为裴十四器量见识真诚纯朴，不属于轻浮浅薄的人。观看这一番议论，他的本来面目暴露了。"柳璨乘机在朱全忠面前诬陷裴枢连同崔远、独孤损，所以这三个人都被免了官。

夏季五月乙丑（初七），天上出现彗星，长度横贯天空。柳璨仗着朱全忠的势力，肆意作威作福。碰到天上异常星象出现，占卜者说："君臣都有灾难，应当杀死一些人来回应天意。"柳璨乘机向朱全忠上书，写出他平常不满的人，说："这些人都是聚众乱发议论的人，心中对朝廷怀有怨恨不满，最好用他们来堵塞消除灾祸。"李振也向朱全忠说："朝廷政务之所以无法治理，主要由于穿着官服的轻浮浅薄之人败坏法令制度。况且大王想要谋划大事，这批人都是朝廷上难以控制的人，不如把他们全部除掉。"朱全忠认为说得对。癸酉（十五日），朝廷将独孤损贬官为棣州刺史，将裴枢贬官为登州刺史，将崔远贬官为莱州刺史。乙亥（十七日），朝廷将吏部尚书陆扆贬官为濮州司户，工部尚书王溥贬官为淄州司户。庚辰（二十二日），朝廷将已经辞官的太子太保赵崇贬为曹州司户，将兵部侍郎王赞贬为潍州司户。除了这些人以外，有的人出身于豪门贵族，有的人出身科举及第，官居三省、御史台，能够以名节规范自己，声名政绩稍微显著的人，都被他们指为轻浮浅薄的人，被贬官驱赶出朝廷。他们没有一天不贬人，朝廷官员由此一空。辛巳（二十三日），朝廷再次将裴枢贬为泷州司户，将独孤损贬为琼州司户，将崔远贬为白州司户。

六月戊子这天是初一，朝廷颁下敕书，赐令裴枢、独孤损、崔远、陆扆、王溥、赵崇、王赞等人全部就地自杀。当时，朱全忠将裴枢等人以及朝廷中被贬官的那些人，共计三十余人，聚集

于白马驿，一夕尽杀之，投尸于河。初，李振屡举进士，竟不中第，故深疾搢绅之士。言于全忠曰："此辈常自谓清流，宜投之黄河，使为浊流！"全忠笑而从之。振每自汴至洛，朝臣必有窜逐者，时人谓之鸱枭。见朝士皆颐指气使，旁若无人。

全忠尝与僚佐及游客坐于大柳之下，全忠独言曰："此木宜为车毂。"众莫应。有游客数人起应曰："宜为车毂。"全忠勃然厉声曰："书生辈好顺口玩人，皆此类也！车毂须用夹榆，柳木岂可为之！"顾左右曰："尚何待！"左右数十人，捽言"宜为车毂"者，悉扑杀之。

冬十月丙戌朔，以朱全忠为诸道兵马元帅，别开幕府。是日，全忠部署将士，将归大梁，忽变计，欲乘胜击淮南。敬翔谏曰："今出师未逾月，平两大镇，辟地数千里，远近闻之，莫不震慑。此威望可惜，不若且归息兵，俟衅而动。"不听。

辛卯，朱全忠发襄州。壬辰，至枣阳，遇大雨。自申州抵光州，道险狭涂潦，人马疲乏，士卒尚未冬服，多逃亡。全忠使人谓光州刺史柴再用曰："下，我以汝为蔡州刺史；不下，且屠城！"再用严设守备，戎服登城，见全忠，拜伏甚恭，曰："光州城小兵弱，不足以辱王之威怒。王苟先下寿州，敢不从命。"全忠留其城东旬日而去。

到白马驿,一个晚上全部杀了,尸体抛入黄河。起初,李振多次被推荐投考进士科,最终没有考取进士,所以特别忌恨那些登科穿上官服的人。他向朱全忠说:"这些人常常自认为是清高名流,应当把他们投入黄河,让他们成为浊流。"朱全忠笑着听从了他的意见。李振每次从汴州到洛阳,朝廷官员必定有人被放逐出外地,当时人称他为凶猛的猫头鹰。他见到朝中的官员时都是颐指气使,旁若无人。

朱全忠曾经与自己的僚佐以及游客坐在大柳树下面,朱全忠自言自语说:"这棵柳树可做车毂。"他的僚佐没有人答话。有几个游客起身接话,说:"是能做车毂。"朱全忠勃然发怒,厉声说:"书生们总喜欢顺口附从,玩弄人,都和这样答话差不多!车毂需用榆木,柳木怎么能做车毂?"朱全忠看看左右的人说:"你们还等待什么?"左右数十人,奉命拉出了那几个说了"是能做车毂"的游客,全部打死。

冬季十月丙戌是初一,朝廷任命朱全忠为诸道兵马元帅,另外开设元帅幕府办事。这一天,朱全忠指挥安排将士,准备返回大梁,忽然又改变计划,想要乘胜攻击淮南军。敬翔劝阻他说:"现在出兵不超过一个月,已经平定了荆州、襄阳两大藩镇,扩大了数千里土地,远近听到这个消息,无不震惊恐惧。这个威望值得珍惜,不如暂且返回,养息兵马,等到有了出兵的事端再行动。"朱全忠不肯听从这个意见。

辛卯(初六),朱全忠从襄州出发。壬辰(初七),朱全忠到达枣阳县,遇到天下大雨。从申州抵达光州,道路艰险狭窄,途中满是烂泥积水,人马疲乏,士兵还没有换上冬天的棉衣,大多逃跑了。朱全忠派人对光州刺史柴再用说:"投降,我任用你为蔡州刺史;不投降,我将要屠杀全城人!"柴再用严密地设置防守戒备,穿着军装登上城楼,看见朱全忠,拜伏施礼,非常恭敬,说:"光州城小兵力弱,没有资格让大王发威动怒。大王如果先拿下寿州,我怎么敢不听从你的命令。"朱全忠在光州城东面停留了十天,然后离去。

戊申，朱全忠发光州，迷失道百馀里，又遇雨，比及寿州，寿人坚壁清野以待之。全忠欲围之，无林木可为栅，乃退屯正阳。

十一月丙辰，朱全忠渡淮而北，柴再用抄其后军，斩首三千级，获辎重万计。全忠悔之，躁忿尤甚。丁卯，至大梁。

先是，全忠急于传禅，密使蒋玄晖等谋之。玄晖与柳璨等议：以魏、晋以来皆先封大国，加九锡、殊礼，然后受禅，当次第行之。乃先除全忠诸道元帅，以示有渐，仍以刑部尚书裴迪为送告使，全忠大怒。宣徽副使王殷、赵殷衡疾玄晖权宠，欲得其处，因谮之于全忠曰："玄晖、璨等欲延唐祚，故逗留其事以须变。"玄晖闻之惧，自至寿春，具言其状。全忠曰："汝曹巧述闲事以沮我，借使我不受九锡，岂不能作天子邪！"玄晖曰："唐祚已尽，天命归王，愚智皆知之。玄晖与柳璨等非敢有背德，但以今兹晋、燕、岐、蜀皆吾劲敌，王遽受禅，彼心未服，不可不曲尽义理，然后取之，欲为王创万代之业耳。"全忠叱曰："奴果反矣！"玄晖惶遽辞归，与璨议行九锡。时天子将郊祀，百官既习仪，裴迪自大梁还，言全忠怒曰："柳璨、蒋玄晖等欲延唐祚，乃郊天也。"璨等惧。庚午，敕改用来年正月上辛。

戊申(二十三日),朱全忠从光州出发,途中迷失道路一百馀里,又遇下雨,等到达寿州,寿州军民已经坚壁清野,做好了准备,严阵以待。朱全忠想包围寿州城,但没有树林伐木修建营栅,便退兵驻扎正阳关。

十一月丙辰(初二),朱全忠渡过淮河向北开拔,柴再用袭击了他的后军,斩杀三千人,获得军用物资数以万计。朱全忠后悔这次出兵,非常暴躁愤怒。丁卯(十三日),朱全忠到达大梁。

在这以前,朱全忠急着要传位禅让做皇帝,秘密指使蒋玄晖等人为他谋划这件事。蒋玄晖和柳璨等人商议,认为魏、晋以来,都是先封大国,加赐九锡的特殊礼遇,然后受禅登位,应当依次序进行。于是,先授任朱全忠为诸道元帅,以表示这件事情有先后次序,还任命刑部尚书裴迪为送文告的专使,朱全忠大怒。宣徽副使王殷、赵殷衡忌恨蒋玄晖专权受宠,想得到他的位置,乘机在朱全忠面前诬陷说:"蒋玄晖、柳璨等人想延长唐朝国运,有意拖延禅让的事情来等待事变。"蒋玄晖听到这些,心中害怕,亲自赶到寿春,向朱全忠具体地说明情况。朱全忠说:"你们花言巧语尽说些无用的闲事来阻止我,假使我不接受加封九锡殊礼,难道不能做天子吗?"蒋玄晖说:"唐朝的国运已走到尽头,天命授给大王,无论是愚笨的人还是聪敏的人都知道这个形势。玄晖我和柳璨等人不敢背弃大王的恩德,只是因为当前还有河东军李克用、燕北的刘仁恭、关中岐州凤翔的李茂贞、蜀中成都府的王建,都是我们的劲敌,大王突然接受禅让登皇帝位,他们心中不服。不能不设法做到尽量符合义理,然后取代皇位,顺理成章。这样做是想为大王创造万代相传的基业罢了。"朱全忠叱骂说:"奴才果然造反了!"蒋玄晖惶恐地急忙辞别返回,与柳璨议行九锡之礼。当时,唐哀帝即将举行祭天的郊祀大典,百官练习大典的仪式之后,裴迪从大梁返回洛阳,转述朱全忠发怒的话:"柳璨、蒋玄晖等人想要延续唐朝的天下,才举行郊祀祭天的典礼。"柳璨等人害怕。庚午(十六日),发敕令,改为来年正月上旬辛日举行郊祀大典。

柳璨、蒋玄晖等议加朱全忠九锡，朝士多窃怀愤邑，礼部尚书苏循独扬言曰："梁王功业显大，历数有归，朝廷速宜揖让。"朝士无敢违者。辛巳，以全忠为相国，总百揆。以宣武、宣义、天平、护国、天雄、武顺、佑国、河阳、义武、昭义、保义、戎昭、武定、泰宁、平卢、忠武、匡国、镇国、武宁、忠义、荆南等二十一道为魏国，进封魏王，仍加九锡。全忠怒其稽缓，让不受。十二月戊子，命枢密使蒋玄晖赍手诏诣全忠谕指。癸巳，玄晖自大梁还，言全忠怒不解。甲午，柳璨奏称："人望归梁王，陛下释重负，今其时也。"即日遣璨诣大梁达传禅之意，全忠拒之。

初，璨陷害朝士过多，全忠亦恶之。璨与蒋玄晖、张廷范朝夕宴聚，深相结，为全忠谋禅代事。何太后泣遣宫人阿秋、阿虔达意玄晖，语以他日传禅之后，求子母生全。王殷、赵殷衡谮玄晖，云"与柳璨、张廷范于积善宫夜宴，对太后焚香为誓，期兴复唐祚"。全忠信之。乙未，收玄晖及丰德库使应顼、御厨使朱建武系河南狱，以王殷权知枢密，赵殷衡权判宣徽院事。全忠三表辞魏王、九锡之命。丁酉，诏许之，更以为天下兵马元帅，然全忠已修大梁府舍为宫阙矣。是日，斩蒋玄晖，杖杀应顼、朱建武。庚子，省枢密使及宣徽南院使，独置宣徽使一员，以王殷为之，赵殷衡为副使。辛丑，敕罢宫人宣传诏命及参随视朝。追削蒋玄晖为凶逆百姓，令河南揭尸于都门外，聚众焚之。

柳璨、蒋玄晖等人商议为朱全忠加赐九锡之礼，朝中官员大多暗怀愤恨忧郁，只有礼部尚书苏循扬言说："梁王功绩显著，事业宏大，天命将归属于他，朝廷应迅速将皇位拱手相让。"朝中官员没有敢违抗的人。辛巳（二十七日），朝廷任命朱全忠为相国，总管一切事务。把宣武、宣义、天平、护国、天雄、武顺、佑国、河阳、义武、昭义、保义、戎昭、武定、泰宁、平卢、忠武、匡国、镇国、武宁、忠义、荆南等二十一道划归魏国，进封魏王，还加封九锡。朱全忠恼怒这样做节奏缓慢，推让不接受。十二月戊子（初四），哀帝命令枢密使蒋玄晖带着亲笔写的诏书前往大梁向朱全忠说明旨意。癸巳（初九），蒋玄晖从大梁返回洛阳，说朱全忠怒气未消。甲午（初十），柳璨向哀帝上奏说："梁王已经是众望所归，皇上放下沉重的负担，现在是时候了。"当天，哀帝就派柳璨前往大梁，传达自己愿意禅让的意思，朱全忠拒绝接受。

当初，柳璨陷害朝廷官吏太多，朱全忠也厌恶他。柳璨与蒋玄晖、张廷范朝夕聚在一起饮宴，互相交结很深，共同为朱全忠谋划禅让代位的事情。何太后哭着派遣宫女阿秋、阿虔向蒋玄晖表达意愿，告诉他有一天让位之后，请求他保护他们母子的生命安全。王殷、赵殷衡诬陷蒋玄晖，说"蒋玄晖与柳璨、张廷范一起在积善宫夜晚设宴，对太后焚香发誓，约定兴复唐朝的国运"。朱全忠相信了这件事。乙未（十一日），朱全忠收捕蒋玄晖以及丰德库使应瑒、御厨使朱建武，关进河南府监狱，任用王殷代理枢密使，赵殷衡代理主持宣徽院事务。朱全忠三次上表辞让关于加封他为魏王、九锡之礼的诏命。丁酉（十三日），哀帝下诏批准了，改命朱全忠为天下兵马元帅，然而朱全忠已经开始修建大梁府的宫舍作为宫殿了。当天，朱全忠下令斩杀蒋玄晖，应瑒、朱建武被乱棒打死。庚子（十六日），撤销枢密使及宣徽南院使，只设置宣徽使一员。任命王殷担任宣徽使，赵殷衡为宣徽院副使。辛丑（十七日），颁敕令，停止让宫女宣布、传达诏令，不许宫人参加和随从皇上接受朝见。追夺削除蒋玄晖的官爵，定为凶逆百姓，令河南府把他的尸体暴露在东都洛阳城门外，聚众焚烧。

玄晖既死，王殷与赵殷衡又诬玄晖私侍何太后，令阿秋、阿虔通导往来。己酉，全忠密令殷、殷衡害太后于积善宫，敕追废太后为庶人，阿秋、阿虔皆于殿前扑杀。庚戌，以皇太后丧，废朝三日。辛亥，敕以宫禁内乱，罢来年正月上辛谒郊庙礼。

癸丑，守司空兼门下侍郎、同平章事柳璨贬登州刺史，太常卿张廷范贬莱州司户。甲寅，斩璨于上东门外，车裂廷范于都市。璨临刑呼曰："负国贼柳璨，死其宜矣！"

后梁太祖开平元年。初，梁王以河北诸镇皆服，惟幽、沧未下，故大举伐之，欲以坚诸镇之心。既而潞州内叛，王烧营而还，威望大沮。恐中外因此离心，欲速受禅以镇之。丁亥，王入馆于魏，有疾，卧府中。魏博节度使罗绍威恐王袭之，入见王曰："今四方称兵为王患者，皆以翼戴唐室为名，王不如早灭唐以绝人望。"王虽不许而心德之，乃亟归。壬寅，至大梁。甲辰，唐昭宣帝遣御史大夫薛贻矩至大梁劳王，贻矩请以臣礼见，王揖之升阶。贻矩曰："殿下功德在人，三灵改卜，皇帝方行舜、禹之事，臣安敢违！"乃北面拜舞于庭，王侧身避之。贻矩还，言于帝曰："元帅有受禅之意矣！"帝乃下诏，以二月禅位于梁。又遣宰相以书谕王，王辞。

蒋玄晖死后，王殷与赵殷衡又诬陷蒋玄晖与何太后通奸，令阿秋、阿虔两个宫女往来传信联络。己酉（二十五日），朱全忠密令王殷、赵殷衡在积善宫谋害了何太后，敕令追废何太后为平民，阿秋、阿虔都在殿前打死。庚戌（二十六日），因为皇太后的丧事，停止上朝三天。辛亥（二十七日），朝廷下敕宣布，因为皇宫出现内乱，停止来年正月上旬辛日拜祭庙堂和郊祀大典。

癸丑（二十九日），朝廷将守司空兼门下侍郎、同平章事柳璨贬官为登州刺史，将太常卿张廷范贬官为莱州司户。甲寅（三十日），在洛阳上东门外将柳璨斩首，将张廷范带到洛阳坊市上车裂处死。柳璨临斩首前大叫说："负国贼柳璨，死得应该啊！"

后梁太祖开平元年（907）。当初，梁王朱全忠认为河北地区大多数藩镇都已经服从他了，只有幽州的刘仁恭、沧州的刘守文还没有攻下，所以大举进军，讨伐他们，想以此来巩固各藩镇归服他的心愿。不久潞州军内发生叛乱，朱全忠烧毁营寨而还，威望大减。他害怕朝廷内外因此出现背离之心，想迅速接受禅让当皇帝来稳住局势。丁亥（初十），朱全忠进入魏州，住在馆舍中，因生病躺在府中。魏博节度使罗绍威害怕朱全忠袭击自己，便进入府中面见朱全忠说："现在四方举兵成为您的祸患的人，都以辅佐唐朝帝室为名义，大王不如早日消灭唐朝宗室，断绝人们的愿望。"朱全忠虽然口头上不接受而心中感激他，便急忙返回。壬寅（二十五日），朱全忠到达大梁。甲辰（二十七日），唐哀帝派御史大夫薛贻矩到大梁慰劳朱全忠。薛贻矩请求以君臣之礼与朱全忠相见，朱全忠向他拱手作揖，让他登阶进来。薛贻矩坚持说："您的功业道德都在人们心中，天、地、人三灵接受占卜，改选新的君主，皇上正在仿效古代舜帝向禹王禅让那样进行让位之事，我怎么敢违抗！"于是，他便面朝北在庭前像参拜皇上那样，向朱全忠行大礼，朱全忠侧着身子避开了他。薛贻矩回到洛阳，转告哀帝说："朱全忠有接受禅位的意思了！"哀帝便下诏书，决定二月份把皇帝位让给梁王朱全忠。哀帝又派宰相写信给朱全忠，向朱全忠说明自己的意思，朱全忠表示推辞。

二月，唐大臣共奏请昭宣帝逊位。壬子，诏宰相帅百官诣元帅府劝进，王遣使却之。于是朝臣、藩镇乃至湖南、岭南上笺劝进者相继。

三月庚寅，唐昭宣帝诏薛贻矩再诣大梁谕禅位之意，又诏礼部尚书苏循赍百官笺诣大梁。

甲辰，唐昭宣帝降御札禅位于梁。以摄中书令张文蔚为册礼使，礼部尚书苏循副之；摄侍中杨涉为押传国宝使，翰林学士张策副之；御史大夫薛贻矩为押金宝使，尚书左丞赵光逢副之。帅百官备法驾诣大梁。

杨涉子直史馆凝式言于涉曰："大人为唐宰相，而国家至此，不可谓之无过。况手持天子玺绶与人，虽保富贵，奈千载何！盍辞之！"涉大骇曰："汝灭吾族！"神色为之不宁者数日。

夏四月庚戌，梁王始御金祥殿，受百官称臣，下书称教令，自称曰寡人。辛亥，令诸笺、表、簿、籍皆去唐年号，但称月、日。丙辰，张文蔚等至大梁。

壬戌，梁王更名晃。王兄全昱闻王将即帝位，谓王曰："朱三，尔可作天子乎！"

甲子，张文蔚、杨涉乘辂自上源驿从册宝，诸司各备仪卫卤簿前导，百官从其后，至金祥殿前陈之。王被衮冕，即皇帝位。张文蔚、苏循奉册升殿进读，杨涉、张策、薛贻矩、赵光逢以次奉宝升殿，读已，降，帅百官舞蹈称贺。帝遂与文蔚等宴于玄德殿。帝举酒曰："朕辅政未久，此皆诸公

二月，唐朝大臣共同上奏，请哀帝让位。壬子（初五），哀帝下诏，命宰相统领百官前往元帅府劝朱全忠登皇帝位，朱全忠派使者到洛阳阻止了。于是，朝廷大臣、藩镇节帅乃至湖南、岭南地区都有人相继不断上表，劝朱全忠即位称帝。

三月庚寅（十三日），唐哀帝下诏，命令薛贻矩再次前往大梁向朱全忠说明禅让传位之意，又下诏命令礼部尚书苏循拿着百官的上表前往大梁。

甲辰（二十七日），哀帝颁下亲笔信札宣布让位给梁王朱全忠。任命代理中书令张文蔚为册礼使，礼部尚书苏循为册礼副使；任命代理侍中杨涉为押传国宝玺使，翰林学士张策作为他的副使；任命御史大夫薛贻矩为押金宝使，尚书左丞赵光逢作为他的副使。让他们率领百官，备好皇上用的车驾仪仗前往大梁。

杨涉的儿子直史馆杨凝式对杨涉说："父亲大人是唐朝的宰相，而国家到了这地步，不能说您没有罪过。何况由您亲手拿着天子的玺印绶带交给别人，虽然能保住富贵，对后世怎么交代呢！何不辞去这一使职！"杨涉听了十分害怕，说："你要灭我全族！"杨涉为此好几天神色不定。

夏季四月庚戌（初四），朱全忠开始登上金祥殿，接受百官称臣，下达文书称为"教令"，自家称呼为"寡人"。辛亥（初五），命令所有笺表文书簿籍都去掉唐朝的年号，只称月、日。丙辰（初十），张文蔚等人到达大梁。

壬戌（十六日），朱全忠改名为朱晃。朱全忠的哥哥朱全昱听说朱全忠将要登皇帝位，对朱全忠说："朱三，你能做天子吗？"

甲子（十八日），张文蔚、杨涉乘专车从上源驿馆出发，护从册文、玺宝，朝廷各司各自配备仪仗、卫队在前导引，百官跟随在后，到金祥殿前陈列上来。梁王朱全忠身披龙袍皇冠，登皇帝位。张文蔚、苏循捧着册文上殿宣读，杨涉、张策、薛贻矩、赵光逢依次捧着玺印、金宝上殿，宣读完了，张文蔚等人全部下殿，率领文武百官按朝仪称颂庆贺。后梁太祖朱晃于是和张文蔚等人在玄德殿聚宴。太祖举杯说："我辅政的时间不长，这都是你们

推戴之力。"文蔚等皆惭惧,俯伏不能对,独苏循、薛贻矩及刑部尚书张祎盛称帝功德宜应天顺人。帝复与宗戚饮博于宫中,酒酣,朱全昱忽以投琼击盆中迸散,睨帝曰:"朱三,汝本砀山一民也,从黄巢为盗,天子用汝为四镇节度使,富贵极矣,奈何一旦灭唐家三百年社稷,自称帝王!行当族灭,奚以博为!"帝不怿而罢。

乙丑,命有司告天地、宗庙、社稷。丁卯,遣使宣谕州、镇。戊辰,大赦,改元,国号大梁。奉唐昭宣帝为济阴王,皆如前代故事,唐中外旧臣官爵并如故。以汴州为开封府,命曰东都;以故东都为西都;废故西京,以京兆府为大安府,置佑国军于大安府;更名魏博曰天雄军。迁济阴王于曹州,栫之以棘,使甲士守之。

二年春二月癸亥,鸩杀济阴王于曹州,追谥曰唐哀皇帝。

推举拥戴的力量。"张文蔚等人都感到惭愧害怕,俯伏拜倒在地不能够回答,只有苏循、薛贻矩及刑部尚书张祎盛称太祖的功业道德,应当顺应天命顺从人心。太祖接着又和宗室亲戚在宫中一起饮宴戏博,酒饮到微醉时,朱全昱忽然用骰子投入盆中迸裂四散,斜视着太祖说:"朱三,你本是砀山一个普通平民,跟从黄巢做强盗,唐朝天子任用你为四镇节度使,富贵已到极点了,怎么突然灭了唐朝三百年的江山,自己称帝王! 这种行径应当灭族,还玩什么博戏!"太祖不高兴而散。

乙丑(十九日),太祖命令有关部门祭告天地、宗庙、社稷之神。丁卯(二十一日),太祖派遣使者分赴各州县、各藩镇宣布自己称帝的消息,安抚各地。戊辰(二十二日),太祖大赦天下罪犯,改用新年号开平,国号称"大梁"。太祖尊奉唐哀帝为济阴王,一切都按前代的方式来处理,唐朝朝廷内外的旧臣官爵依旧不变。太祖把汴州升为开封府,命名为"东都";把原来的东都洛阳改为"西都";撤掉原来长安的"西京"称号,把京兆府改名为"大安府",在大安府设置佑国军;把魏博军改名为"天雄军"。把济阴王迁到曹州安置,四周用荆棘圈围起来,派遣全副武装的士兵守卫他。

二年(908)春季二月癸亥(二十二日),太祖命令用毒酒将住在曹州的济阴王李柷毒死了,追定谥号为"唐哀皇帝"。

郢王篡弑

后梁太祖乾化二年,帝长子郴王友裕早卒。次假子博王友文,帝特爱之,常留守东都,兼建昌宫使。次郢王友珪,其母亳州营倡也,为左右控鹤都指挥使,无宠。次均王友贞,为东都马步都指挥使。

初,元贞张皇后严整多智,帝敬惮之。后殂,帝纵意声色,诸子虽在外,常征其妇入侍,帝往往乱之。友文妇王氏色美,帝尤宠之,虽未以友文为太子,帝意常属之。友珪心不平。友珪尝有过,帝挞之,友珪益不自安。帝疾甚,命王氏召友文于东都,欲与之诀,且付以后事。友珪妇张氏亦朝夕侍帝侧,知之,密告友珪曰:"大家以传国宝付王氏怀往东都,吾属死无日矣。"夫妇相泣。左右或说之曰:"事急计生,何不改图,时不可失!"

六月丁丑朔,帝命敬翔出友珪为莱州刺史,即令之官。已宣旨,未行敕。时左迁者多追赐死,友珪益恐。戊寅,

郢王篡弑

　　后梁太祖乾化二年（912），太祖长子郴王朱友裕死得早。次子博王朱友文是养子，太祖特别喜爱他，经常让他留守东都大梁，兼任建昌宫使。第三子郢王朱友珪，他的母亲是亳州的军妓。太祖让他担任左右控鹤军都指挥使，不受太祖宠爱。第四子均王朱友贞，任东都马步都指挥使。

　　起初，元贞张皇后严肃庄重有智慧，太祖敬重而又惧怕她。张皇后死去，太祖纵情歌舞女色，他的几个儿子虽然在外地任职，太祖常征召他们的妻子入宫侍奉，往往与儿媳妇通奸。朱友文的妻子王氏面貌姣美，太祖特别宠爱她，虽然没有立朱友文为太子，但是太祖的心意常常倾向他。朱友珪心中不平。朱友珪曾经犯有过错，太祖就鞭打他，朱友珪更加不能自安。太祖病重，命王氏把朱友文从东都大梁召回，想要与他做死前的诀别，而且要把后事托付给他。朱友珪的妻子张氏也早晚都侍候在太祖身旁，知道了这件事，便密告朱友珪说：“皇上把传国玺印交给王氏怀带前往东都，我们的死期没有几天了。”朱友珪夫妇相对哭泣。他们身边有人劝朱友珪说：“事急计生，你们何不另做打算，不可失去时机！”

　　六月丁丑是初一，太祖命敬翔把朱友珪调出洛阳，任莱州刺史，当即令他去赴任。已经宣布了决定，但是没有颁行敕文。当时被贬官的人大多被追令赐死，朱友珪更加害怕。戊寅（初二），

友珪易服微行入左龙虎军，见统军韩勍，以情告之。勍亦见功臣宿将多以小过被诛，惧不自保，遂相与合谋。勍以牙兵五百人从友珪杂控鹤士入，伏于禁中，中夜斩关入，至寝殿，侍疾者皆散走。帝惊起，问："反者为谁？"友珪曰："非他人也。"帝曰："我固疑此贼，恨不早杀之！汝悖逆如此，天地岂容汝乎！"友珪曰："老贼万段！"友珪仆夫冯廷谔刺帝腹，刀出于背。友珪自以败毡裹之，瘗于寝殿，秘不发丧。遣供奉官丁昭溥驰诣东都，命均王友贞杀友文。

己卯，矫诏称："博王友文谋逆，遣兵突入殿中，赖郢王友珪忠孝，将兵诛之，保全朕躬。然疾因震惊，弥致危殆，宜令友珪权主军国之务。"韩勍为友珪谋，多出府库金帛赐诸军及百官以取悦。辛巳，丁昭溥还，闻友文已死，乃发丧，宣遗制。友珪即皇帝位。

秋八月，郢王友珪既篡立，诸宿将多愤怒，虽曲加恩礼，终不悦。告哀使至河中，护国节度使冀王朱友谦泣曰："先帝数十年开创基业，前日变起宫掖，声闻甚恶，吾备位藩镇，心窃耻之。"友珪加友谦侍中、中书令，以诏书自辨，且征之。友谦谓使者曰："所立者为谁？先帝晏驾不以理，吾且至洛阳问罪，何以征为！"戊戌，以侍卫诸军使韩勍为

朱友珪改换常人服装隐藏身份外出，进入左龙虎军，会见左龙虎军统军韩勍，将实情告诉他。韩勍也看到许多有功之臣和过去的老将因为一些小小的过失而被杀，他也害怕不能保住自己的性命，于是便与朱友珪合伙谋划。韩勍派出自己的牙兵五百人夹杂在控鹤军的兵士中，跟从朱友珪入宫，埋伏在皇宫中。半夜他们斩断门锁，闯入到太祖住宿的宫殿，侍候太祖疾病的人都逃散了。太祖惊起，问："造反的人是谁？"朱友珪说："不是别人。"太祖说："我本来怀疑你这个贼子，只恨没有早点杀掉你！你如此反上叛逆，天地难道会容纳你吗？"朱友珪说："把你这老贼碎尸万段！"朱友珪的马夫冯廷谔上前刺太祖的肚子，刀刃从太祖背后穿出。朱友珪自用一个破毡把太祖尸体裹起来，埋在太祖住宿的宫殿中，不露风声，不发丧。朱友珪遣供奉官丁昭溥快马前往东都大梁，命令均王朱友贞杀死朱友文。

己卯（初三），朱友珪伪造诏书，向外宣称："博王朱友文谋反叛逆，派兵冲入皇宫，全赖郢王朱友珪忠孝，率领军队诛杀了朱友文，保全了我的性命。然而身患重病，因为受到震惊，愈发危险，应该让朱友珪暂时代理军国事务。"韩勍为朱友珪出主意，多多地拿出国家府库中的金银布帛赐赏各军以及文武百官，讨好他们。辛巳（初五），丁昭溥从东都大梁返回，朱友珪听说朱友文已被杀死，才开始公布太祖的丧事，宣布太祖的遗命。朱友珪登皇帝位。

秋季八月，郢王朱友珪篡夺了皇位以后，朝廷中的老将大多很愤怒，朱友珪虽然想方设法向他们施恩加赏，以礼相待，但他们始终不高兴。传达太祖死讯的告哀使到达河中，护国军节度使、冀王朱友谦流着眼泪说："先皇帝数十年才开创下基业，最近忽然事变发起在皇宫内院，名声传言很坏，我徒占藩镇之位，心中感到耻辱。"朱友珪为朱友谦加官为侍中、中书令，下诏书为自己辩解，而且征召他入京觐见。朱友谦对使者说："所立的人是哪一个？先帝死的时候不明不白，我将要到洛阳去向他问罪，征召我做什么！"戊戌（二十三日），朱友珪任命侍卫诸军使韩勍为

西面行营招讨使,督诸军讨之。友谦以河中附于晋以求救。九月丁未,以感化节度使康怀贞为河中都招讨使,更以韩勍副之。

友珪以兵部尚书知崇政院事敬翔,太祖腹心,恐其不利于己,欲解其内职,恐失人望,庚午,以翔为中书侍郎、同平章事。壬申,以户部尚书李振充崇政院使。翔多称疾不预事。

康怀贞等与忠武节度使牛存节合兵五万屯河中城西,攻之甚急。晋王遣其将李存审、李嗣肱、李嗣恩将兵救之,败梁军于胡壁。嗣恩,本骆氏子也。

朱友谦复告急于晋。冬十月,晋王自将自泽潞而西,遇康怀贞于解县,大破之,斩首千级,追至白径岭而还。梁兵解围,退保陕州。

均王乾化三年春正月癸亥,郢王友珪朝享太庙。甲子,祀圆丘,大赦,改元凤历。

郢王友珪既得志,遽为荒淫,内外愤怒,友珪虽啖以金缯,终莫之附。驸马都尉赵岩,犨之子,太祖之婿也。左龙虎统军、侍卫亲军都指挥使袁象先,太祖之甥也。岩奉使至大梁,均王友贞密与之谋诛友珪。岩曰:"此事成败,在招讨杨令公耳。得其一言谕禁军,吾事立办。"均王乃遣腹心马慎交之魏州说杨师厚曰:"郢王篡弑,人望属在大梁,公若因而成之,此不世之功也。"且许事成之日

西面行营招讨使,率领诸军前往河中去讨伐朱友谦。朱友谦将河中归附于晋,向晋请求援救。九月丁未(初三)这天,朱友珪任命感化军节度使康怀贞为河中都招讨使,改命韩勍做康怀贞的副使。

朱友珪因为兵部尚书、知崇政院事敬翔,原是太祖的心腹,担心他对自己不利,想解除他的知崇政院事的职务,又担心失去人心,便于庚午(二十六日),任命敬翔为中书侍郎、同平章事。壬申(二十八日),任命户部尚书李振充任崇政院使。敬翔经常称说有病,不参与政事。

康怀贞等人与忠武军节度使牛存节联合,共有兵力五万人,驻扎在河中城西,对河中城攻打很紧。晋王李存勖派遣他的将领李存审、李嗣肱、李嗣恩率领军队援救河中,在胡壁打败了后梁的军队。李嗣恩本是吐谷浑部骆氏的儿子。

朱友谦又向晋王请求紧急援救。冬季十月,晋王李存勖亲自率领军队从泽潞军镇出发向西推进,遇到康怀贞,在解县交战,大败康怀贞的军队,斩首一千,追击到白径岭然后返回。后梁的军队解除了对河中朱友谦的包围,撤退到陕州防守。

后梁均王乾化三年(913)春季正月癸亥(二十日),郢王朱友珪到太庙朝见列祖列宗的牌位,举行祭祀典礼。甲子(二十一日),朱友珪在圆丘祭天,宣布大赦天下,改年号为"凤历"。

郢王朱友珪得志以后,立即荒淫起来,朝廷内外官员很愤怒,朱友珪虽然向他们奖赏金银绸缎,引诱收买他们,但始终没有人附从他。驸马都尉赵岩是赵犨的儿子,是太祖的女婿。左龙虎军统军、侍卫亲军都指挥使袁象先,是太祖的外甥。赵岩奉命出使到大梁,均王朱友贞和他密谋诛杀朱友珪。赵岩说:"这件事情的成败,关键在于都招讨使杨师厚杨令公罢了。有他一句话明示禁军,我们的事情马上能办成。"均王朱友贞便派自己的心腹马慎交到魏州去劝说杨师厚,说:"郢王朱友珪篡夺皇位,杀死国君,如今众望归于大梁的均王朱友贞,您如果因势而帮助他成功,这可是头等的功劳啊!"朱友贞还答应他,事情成功时,

赐犒军钱五十万缗。师厚与将佐谋之,曰:"方郢王弑逆,吾不能即讨;今君臣之分已定,无故改图,可乎?"或曰:"郢王亲弑君父,贼也;均王举兵复仇,义也。奉义讨贼,何君臣之有! 彼若一朝破贼,公将何以自处乎?"师厚惊曰:"吾几误计。"乃遣其将王舜贤至洛阳,阴与袁象先谋,遣招讨马步都虞候谯人朱汉宾将兵屯滑州为外应。赵岩归洛阳,亦与象先密定计。

友珪治龙骧军溃乱者,搜捕其党,获者族之,经年不已。时龙骧军有戍大梁者,友珪征之,均王因使人激怒其众曰:"天子以怀州屯兵叛,追汝辈欲尽坑之。"其众皆惧,莫知所为。丙戌,均王奏龙骧军疑惧,未肯前发。戊子,龙骧将校见均王,泣请可生之路。王曰:"先帝与汝辈三十馀年征战,经营王业。今先帝尚为人所弑,汝辈安所逃死乎!"因出太祖像示之而泣曰:"汝能自趣洛阳雪仇耻,则转祸为福矣。"众皆踊跃呼万岁,请兵仗,王给之。

庚寅旦,袁象先等帅禁兵数千人突入宫中。友珪闻变,与妻张氏及冯廷谔趋北垣楼下,将逾城,自度不免,令廷谔先杀妻,后杀己,廷谔亦自到。诸军十馀万大掠都市,百司逃散,中书侍郎、同平章事杜晓、侍讲学士李珽皆为乱兵所杀,门下侍郎、同平章事于兢、宣政使李振被伤。至晡乃定。

赐钱五十万缗犒赏军队。杨师厚与将佐们商议这件事,说:"正当郢王朱友珪杀君叛逆的时候,我没有立即起兵讨伐他;现在君臣的名分已经确定,我无故改变态度要消灭他,这样做可以吗!"有人说:"郢王朱友珪亲手杀死国君父亲,属于贼子;均王朱友贞举兵报仇,是正义的。我们执行正义的命令讨伐贼人,有什么君臣关系可讲? 他们如果一旦打败了贼人朱友珪,您将何以自处呢!"杨师厚惊觉说:"我差点误了大事!"于是,派遣他的将领王舜贤到洛阳,暗中与袁象先策划,派遣招讨马步都虞候谯县人朱汉宾率领军队驻扎滑州作为外部应援。赵岩返回洛阳,也和袁象先密商制定了计策。

朱友珪惩治龙骧军中逃散作乱的人,搜捕他们的同党,抓获的人就全族杀掉,一年到头杀个不停。这时,龙骧军中有人戍守在大梁,朱友珪征召他们回洛阳,均王朱友贞乘机派人有意去激怒那些被征召的人,说:"天子因为怀州的驻军叛乱,追召你们回洛阳,想把你们全部坑杀掉。"那些人都感到害怕,不知道该怎么办。丙戌(十三日),均王朱友贞向朝廷上奏,说龙骧军怀疑惧怕,不肯出发前往洛阳。戊子(十五日),龙骧军将校去见均王朱友贞,哭着请求指点可以保全自己的活路。朱友贞说:"先帝和你们这些人一同征战三十馀年,筹划创建了帝王基业。现在先帝尚且被别人杀了,你们这些人怎么能逃脱一死呢?"朱友贞随后拿出太祖的像给大家看,流着泪说:"你们能够自己奔向洛阳去报仇雪耻,那就能转祸为福了。"龙骧军的将校们听了都跳跃欢呼万岁,请求朱友贞发给武器,朱友贞把武器发给他们。

庚寅(十七日)天亮时,袁象先等人率领皇宫禁卫军数千人冲入皇宫。朱友珪听说有变乱,和妻子张氏以及冯廷谔奔向北垣楼下,将要翻越城墙逃跑,自己思量不能免死,便令冯廷谔先杀妻子张氏,接着让他杀死自己,冯廷谔也自杀。诸路大军十馀万人在洛阳都市大肆掳掠,朝廷各部门的官员都逃散了,中书侍郎、同平章事杜晓、侍讲学士李珽都被乱兵杀死,门下侍郎、同平章事于兢、宣政使李振在乱杀中受伤。直到傍晚才安定下来。

象先、岩赟传国宝诣大梁迎均王,王曰:"大梁国家创业之地,何必洛阳!"乃即帝位于大梁,复称乾化三年,追废友珪为庶人,复博王友文官爵。

三月,帝遣使招抚朱友谦,友谦复称藩,奉梁年号。

袁象先、赵岩怀带传国玺印前往大梁迎接均王朱友贞,朱友贞说:"大梁是国家创业的基地,何必要到洛阳去!"于是,朱友贞便在大梁登皇帝位,恢复年号,称乾化三年(913)。追诏废除朱友珪的官爵,降为普通平民,恢复博王朱友文的官职爵位。

　　三月,后梁末帝朱友贞派遣使者招抚朱友谦,朱友谦又向朱友贞称臣,担任河中节度使,奉行梁朝年号。

李氏据凤翔　*岐蜀相攻附*

　　唐僖宗光启三年春正月，以扈跸都头李茂贞领武定节度使。茂贞，博野人，本姓宋，名文通，以功赐姓名。秋八月丙子，以李茂贞同平章事，充凤翔节度使。

　　文德元年夏五月，加凤翔节度使李茂贞检校侍中。

　　昭宗景福元年春正月，凤翔李茂贞等五节度请出军讨杨守亮。并见《藩镇之乱》。

　　光化二年秋九月，以凤翔节度使李茂贞为凤翔、彰义节度使。

　　天复元年春正月，凤翔、彰义节度使李茂贞来朝。加茂贞守尚书令，兼侍中，进爵岐王。

　　冬十一月，韩全诲等劫车驾幸凤翔，朱全忠西迎车驾，李茂贞出兵拒之。事见《朱温篡唐》。

　　二年秋九月癸亥，以茂贞为凤翔、静难、武定、昭武四镇节度使。

　　三年春正月，李茂贞请诛韩全诲等与朱全忠和解，迎车驾还京。事见《朱温篡唐》。

李氏据凤翔 岐蜀相攻附

唐僖宗光启三年(887)春季正月,朝廷任命扈跸都头李茂贞兼领武定军节度使。李茂贞是博野县人,原来姓宋,名文通,因为有功劳,皇上赐给他姓名。秋季八月丙子这一天,朝廷任命李茂贞同平章事,充任凤翔节度使。

文德元年(888)夏季五月,朝廷加官凤翔节度使李茂贞为检校侍中。

昭宗景福元年(892)春季正月,凤翔节度使李茂贞等五个藩镇的节度使共同向朝廷上奏,请求出军讨伐杨守亮。并见《藩镇之乱》。

光化二年(899)秋季九月,朝廷任命凤翔节度使李茂贞担任凤翔、彰义两个藩镇的节度使。

天复元年(901)春季正月,凤翔、彰义节度使李茂贞来京朝见昭宗。昭宗为李茂贞加官为守尚书令,兼任侍中,晋升爵位为岐王。

冬季十一月,韩全诲等人劫持昭宗的车驾到凤翔,朱全忠出兵向西迎接昭宗车驾返回京城长安,李茂贞出兵抵抗他。事见《朱温篡唐》。

二年(902)秋季九月癸亥(初十),朝廷任命李茂贞担任凤翔军、静难军、武定军、昭武军四个藩镇的节度使。

三年(903)春季正月,李茂贞向昭宗请求杀韩全诲等人,与朱全忠和解,迎接昭宗车驾返回京城长安。事见《朱温篡唐》。

夏五月,李茂贞畏朱全忠,自以官为尚书令,在全忠上,累表乞解去。诏复以茂贞为中书令。

天祐元年夏六月,朱全忠之迁车驾于洛阳也,李茂贞、王建、李继徽传檄合兵以讨朱全忠。全忠以镇国节度使朱友裕为行营都统,将步骑数万击之。命保大节度使刘郭弃鄜州,引兵屯同州。癸丑,全忠引兵自大梁西讨茂贞等。秋七月甲子,过东都入见。壬申,至河中。

西川诸将劝王建乘李茂贞之衰,攻取凤翔。建以问节度判官冯涓,涓曰:"兵者凶器,残民耗财,不可穷也。今梁、晋虎争,势不两立,若并而为一,举兵向蜀,虽诸葛亮复生,不能敌矣。凤翔,蜀之藩蔽,不若与之和亲,结为婚姻。无事则务农训兵,保固疆场,有事则觇其机事,观衅而动,可以万全。"建曰:"善!茂贞虽庸才,然有强悍之名,远近畏之,与全忠力争则不足,自守则有余,使为吾藩蔽,所利多矣。"乃与茂贞修好。丙子,茂贞遣判官赵锽如西川,为其侄天雄节度使继崇求婚,建以女妻之。茂贞数求货及甲兵于建,建皆与之。

昭宣帝天祐三年秋八月乙酉,李茂贞遣其子侃为质于西川,王建以侃知彭州。

后梁太祖开平元年春三月,唐昭宣帝禅位于梁。是时惟河东、凤翔、淮南称"天祐",西川称"天复"年号,馀皆禀

夏季五月,李茂贞畏惧朱全忠,自认为官居尚书令,位在朱全忠之上,接连上表给昭宗,请求免去自己尚书令的职务。昭宗下诏又任命李茂贞为中书令。

天祐元年(904)夏季六月,朱全忠把昭宗车驾迁向洛阳的时候,李茂贞、王建、李继徽传送檄文,联合出兵讨伐朱全忠。朱全忠任用镇国军节度使朱友裕为行营都统,率领步兵骑兵数万攻击他们。又命保大军节度使刘郭放弃鄜州,率领军队驻扎同州。癸丑(二十日),朱全忠率领军队从大梁出发,向西讨伐李茂贞等。秋季七月甲子(初二),朱全忠经过东都洛阳,入宫朝见昭宗。壬申(初十),朱全忠到达河中。

西川诸将领劝说王建要趁李茂贞势力衰弱的时候,攻取凤翔。王建询问节度判官冯涓此事是否可行,冯涓说:"战争是凶器,残害百姓,耗费钱财,没有尽头。现在大梁朱全忠、晋阳李克用两虎相争,势不两立,如果朱全忠和李克用两家联合,发兵攻蜀,即使诸葛亮复活,也无法抵挡住。凤翔是蜀地的屏障,不如与他们友好亲近,结为婚姻。太平无事,就加紧农业生产,训练军队,守好疆界,巩固边防;发生战争,就察看时机和要害问题,观望事端发展而后行动,就可以万无一失。"王建说:"好!李茂贞虽然是庸才,然而有强悍的名声流传在外,远近都畏惧他。他和朱全忠以武力争强,力量不足,但是保卫自己的力量是有馀的。假使让他作为我的屏障,利益很多啊!"于是,王建和李茂贞建立了友好关系。丙子(十四日),李茂贞派遣判官赵锽前往西川,为他的侄儿天雄军节度使李继崇求婚,王建把自己的女儿许配给李继崇为妻。李茂贞多次向王建求索财货及铠甲武器,王建都给了他。

唐哀帝天祐三年(906)秋季八月乙酉(初四),李茂贞派他的儿子李侃到西川做人质,王建任用李侃主管彭州事务。

后梁太祖开平元年(907)春季三月,唐哀帝把帝位让给梁王朱全忠。当时,只有河东、凤翔、淮南等藩镇沿用唐哀帝的"天祐"年号,西川藩镇沿用唐昭宗的"天复"年号,其馀地区都接受

梁正朔,称臣奉贡。蜀王与弘农王移檄诸道,云欲与晋王、岐王会兵兴复唐室,卒无应者。蜀王乃谋称帝,下教谕统内吏民,又遗晋王书云:"请各帝一方,俟朱温既平,乃访唐宗室立之,退归藩服。"晋王复书不许,曰:"誓于此生,靡敢失节。"

岐王治军甚宽,待士卒简易。有告部将符昭反者,岐王直诣其家,悉去左右,熟寝经宿而还。由是众心悦服,然御军无纪律。及闻唐亡,以兵赢地蹙,不敢称帝,但开岐王府,置百官,名其所居为宫殿,妻称皇后,将吏上书称笺表,鞭、扇、号令多拟帝者。

二年夏五月,蜀主遣将将兵会岐兵五万攻雍州,晋张承业亦将兵应之。六月壬寅,以刘知俊为西路行营都招讨使以拒之。丙辰,刘知俊及佑国节度使王重师大破岐兵于幕谷,晋、蜀兵皆引归。

秋九月戊子,岐王所署延州节度使胡敬璋寇上平关,刘知俊击破之。

冬十一月,保塞节度使胡敬璋卒,静难节度使李继徽以其将刘万子代镇延州。

三年春二月,保塞节度使刘万子暴虐失众心,且谋贰于梁,李继徽使延州牙将李延实图之。延实因万子葬胡敬璋攻而杀之,遂据延州。马军都指挥使河西高万兴与弟万金闻变,

后梁王朝的年号,向梁太祖称臣,上缴赋税。蜀王王建与淮南军弘农王杨渥传送檄文给各个藩镇,提出想与晋王李克用、岐王李茂贞会师共同兴复唐王室,最终没有响应他们的人。蜀王王建便谋划称帝,下教令告诉境内的官吏和百姓。王建又写信给晋王李克用,说:"请大家各在一方称帝,等到朱温被平定以后,便寻访唐朝李氏宗室的后代立为皇帝,大家退居藩镇的职位,服从唐王室。"李克用回信,表示不同意,说:"发誓这一生不敢失去臣节。"

岐王李茂贞治理军队很宽松,对待士兵平易坦率。有人告发他的部下将领符昭谋反,李茂贞直接前往符昭家中,把左右随从人员全部赶走,独自一人在符昭家中熟睡一夜,第二天才回来。由此,众人对他心悦诚服,然而他统领军队没有纪律约束。等到听说唐朝灭亡,他因为士兵老弱,地盘狭小,不敢独立称帝,只是开设了岐王府,设置百官,把他所居住的地方称为宫殿,妻子称为皇后,将领官吏向他上书,都称为笺、表,鸣鞭、打扇、发号施令一切都模仿皇帝的样式。

二年(908)夏季五月,蜀主王建派遣将领率领军队会合岐王李茂贞的军队,共计五万人马,攻打雍州,晋监军张承业也率领军队响应他们。六月壬寅(初三),梁太祖任命刘知俊为西路行营都招讨使率领军队抵抗他们。丙辰(十七日),刘知俊及佑国军节度使王重师在幕谷把岐王李茂贞的军队打得大败。晋、蜀的军队都撤退返回。

秋季九月戊子(二十日),岐王李茂贞在延州设置并任命的保塞军节度使胡敬璋侵犯上平关,刘知俊迎击并打退了胡敬璋。

冬季十一月,保塞节度使胡敬璋死去,静难军节度使李继徽任用他的将领刘万子替代胡敬璋驻守延州藩镇。

三年(909)春季二月,保塞军节度使刘万子为人残暴凶恶,失去众心,而且阴谋叛离李茂贞,投靠梁朝,静难军节度使李继徽让延州藩镇的牙将李延实设法除掉他。李延实乘刘万子安葬胡敬璋的时候攻击并杀死了刘万子,于是占据了延州。马军都指挥使河西人高万兴与他的弟弟高万金听到延州变乱的消息,

以其众数千人诣刘知俊降。岐王置翟州于鄜城，其守将亦降。

夏四月丙申朔，刘知俊移军攻延州，李延实婴城自守。知俊遣白水镇使刘儒分兵围坊州。刘知俊克延州，李延实降。岐王所署保大节度使李彦博、坊州刺史李彦昱皆弃城奔凤翔，鄜州都将严弘倚举城降。己未，以高万兴为保塞节度使，以绛州刺史牛存节为保大节度使。

五月丁卯，帝命刘知俊乘胜取邠州。知俊难之，辞以阙食，乃召还。

帝将伐河东，急征知俊入朝，欲以为河东西面行营都统，且以知俊有丹、延之功，厚赐之。知俊弟右保胜指挥使知浣从帝在洛阳，密使人语知俊云："入必死。"又白帝，请帅弟侄往迎知俊，帝许之。六月乙未朔，知俊奏称"为军民所留"，遂以同州附于岐。执监军及将佐之不从者，皆械送于岐。遣兵袭华州，逐刺史蔡敬思，以兵守潼关。

帝遣近臣谕刘知俊，知俊不报。诏削知俊官爵，以山南东道节度使杨师厚为西路行营招讨使，帅侍卫马步军都指挥使刘郡等讨之。郡至潼关，遂克之。

帝遣刘知俊侄嗣业持诏诣同州招谕知俊，知俊欲轻骑诣行在谢罪，弟知偃止之。杨师厚等至华州，知俊将聂赏开门降。知俊闻潼关不守，官军继至，苍黄失图。乙卯夜，

便率领他们的军队数千人前往投降朱晃的将领刘知俊。岐王李茂贞在鄜城设置翟州,留守翟州的将领也向梁朝投降了。

夏季四月丙申是初一,刘知俊转移军队攻打延州,李延实据城防御。刘知俊派遣白水镇使刘儒分出一部分兵力包围坊州。刘知俊攻克了延州,延州李延实投降刘知俊。岐王李茂贞任命的保大军节度使李彦博、坊州刺史李彦昱都放弃了自己驻守的城池,逃回凤翔。鄜州都将严弘倚带着全城的军民投降梁朝。己未(二十四日),后梁任命高万兴为保塞军节度使,任命绛州刺史牛存节为保大军节度使。

五月丁卯(初三),后梁太祖朱晃命令刘知俊乘胜攻取邠州。刘知俊感到难以攻取,借口军中缺少粮食,进行推辞,太祖便将他召回。

太祖准备讨伐河东李克用,紧急征召刘知俊入京朝见,想任命他为河东西面行营都统,并且因为刘知俊有攻取丹州、延州的功劳,要重赏他。刘知俊的弟弟右保胜指挥使刘知浣随从太祖在洛阳,刘知浣秘密派人告诉刘知俊,说"入京必死"。刘知浣又禀告太祖,请求让他率领刘佺前去迎接刘知俊,太祖批准了。六月乙未是初一,刘知俊向后梁上奏,称说当地军民挽留他,于是便把同州献给岐王李茂贞,自己也归于李茂贞。刘知俊把军中的监军以及不服从他的将领捆绑起来,锁送岐王李茂贞。刘知俊派兵袭击华州,赶走华州刺史蔡敬思,并让这支军队守卫潼关。

太祖派遣亲近官员前往劝导刘知俊,刘知俊不回答。太祖下诏,削夺刘知俊的官职爵位,调遣山南东道节度使杨师厚担任西路行营招讨使,让他率领侍卫马步军都指挥使刘郡等人讨伐刘知俊。刘郡到潼关,便攻克了潼关。

太祖派遣刘知俊的侄儿刘嗣业带着诏书前往同州,招降劝导刘知俊。刘知俊想轻骑前往太祖所在地当面向太祖认罪,他的弟弟刘知偃阻止了他。杨师厚等人马到达华州,刘知俊的将领聂赏打开城门投降了。刘知俊听说潼关没有守住,后梁的军队紧接着到来,紧张害怕到失去了主意。乙卯(二十一日)夜晚,

举族奔岐。杨师厚至长安，岐兵已据城，师厚以奇兵并南山急趋，自西门入，遂克之。庚申，以刘鄩权佑国留后。岐王厚礼刘知俊，以为中书令。地狭，无藩镇处之，但厚给俸禄而已。

岐王欲取灵州以处刘知俊，且以为牧马之地，使知俊自将兵攻之。朔方节度使韩逊遣使告急，诏镇国节度使康怀贞、感化节度使寇彦卿将兵攻邠宁以救之。怀贞等所向皆捷，克宁、衍二州，拔庆州南城，刺史李彦广出降。游兵侵掠至泾州之境，刘知俊闻之，十二月己丑，解灵州围，引兵还。帝急召怀贞等还，遣兵迎援于三原青谷。怀贞等还，至三水，知俊遣兵据险邀之，左龙骧军使寿张王彦璋力战，怀贞等乃得过。怀贞与裨将李德遇、许从实、王审权分道而行，皆与援兵不相值，至升平，刘知俊伏兵山口，怀贞大败，仅以身免，德遇等军皆没。岐王以知俊为彰义节度使，镇泾州。

四年，岐王屡求货于蜀，蜀主皆与之。又求巴、剑二州，蜀主曰："吾奉茂贞，勤亦至矣。若与之地，是弃民也，宁多与之货。"乃复以丝、茶、布、帛七万遗之。

乾化元年春正月，蜀主之女普慈公主嫁岐王从子秦州节度使继崇，公主遣宦者宋光嗣以绢书遗蜀主，言继崇骄矜嗜酒，求归成都，蜀主召公主归宁。辛亥，公主至成都，

刘知俊带领全家族人员逃奔岐王李茂贞。杨师厚到达长安，长安已经被岐王李茂贞的军队占据，杨师厚布置奇兵沿着南山快速行军，从长安西门攻入，于是攻下了长安。庚申（二十六日），太祖委任刘郏代理佑国军留后。岐王李茂贞以厚礼接待刘知俊，任命他为中书令。李茂贞因为自己的地盘狭小，没有藩镇来安排刘知俊，只是多给他俸禄而已。

李茂贞想攻取灵州来安置刘知俊，并且想把灵州作为自己的牧马之地，便让刘知俊亲自率领军队去攻打灵州。朔方军节度使韩逊派人向太祖请求紧急援助，太祖下诏，命镇国军节度使康怀贞、感化军节度使寇彦卿率领军队攻打邠州、宁州，以此援救韩逊。康怀贞出兵一路攻打，都取得了胜利，攻取了宁、衍二州，拿下了庆州南城，庆州刺史李彦广出城投降康怀贞。康怀贞的游击军队侵犯掳掠到达泾州境内，刘知俊听说后，便于十二月己丑（二十八日），解除了对灵州的包围，率领军队返回凤翔。太祖紧急召令康怀贞等人返回，并派兵到三原县青谷迎接增援。康怀贞率军返回，行进到古三水县，刘知俊派遣军队占据险要地点拦击康怀贞，左龙骧军使寿张县人王彦璋拼力冲杀掩护，康怀贞等人马才得以通过。康怀贞与副将李德遇、许从实、王审权率领军队分道而行，都没有遇上太祖增援的军队。康怀贞的军队到达升平县，刘知俊在山口设下伏兵，把康怀贞打得大败，仅仅保住自身没有死，李德遇等军队都被消灭。岐王李茂贞委任刘知俊为彰义军节度使，驻守泾州藩镇。

四年（910），岐王李茂贞多次向蜀主王建求索财货，王建每次都给他。李茂贞又向王建要求把巴、剑二州划给自己，王建说："我侍奉李茂贞，殷勤至极。如把土地给他，是抛弃百姓，宁可多给他一些财物。"于是，又赠给李茂贞七万丝、茶、布、帛。

乾化元年（911）春季正月，蜀主王建的女儿普慈公主嫁给岐王李茂贞的侄子秦州节度使李继崇，普慈公主用绢写信派宦官宋光嗣给王建，说李继崇骄横矜持，成天好酒，要求返回成都。蜀主王建召公主回家探亲。辛亥（二十六日），普慈公主到达成都，

蜀主留之，以宋光嗣为阁门南院使。岐王怒，始与蜀绝。光嗣，福州人也。

三月，岐王聚兵临蜀东鄙，蜀主谓群臣曰：“自茂贞为朱温所困，吾常振其乏绝，今乃负恩为寇，谁为吾击之？”兼中书令王宗侃请行，蜀主以宗侃为北路行营都统。司天少监赵温珪谏曰：“茂贞未犯边，诸将贪功深入，粮道阻远，恐非国家之利。”蜀主不听，以兼侍中王宗祐、太子少师王宗贺、山南节度使唐道袭为三招讨使，左金吾大将军王宗绍为宗祐之副，帅步骑十二万伐岐。壬辰，宗侃等发成都，旌旗数百里。夏四月乙卯朔，岐兵寇蜀兴元，道袭击却之。蜀主如利州。蜀诸将击岐兵，屡破之。秋七月，蜀主西还，留御营使昌王宗锷屯利州。

岐王使彰义节度使刘知俊、秦州节度使李继崇将兵击蜀，八月乙亥，王宗侃、王宗贺、唐道袭、王宗绍与之战于青泥岭，蜀兵大败，马步使王宗浩奔兴州，溺死于江，道袭奔兴元。先是，步军都指挥使王宗绾城西县，号安远军，宗侃、宗贺等收散兵走保之，知俊、继崇追围之。众议欲弃兴元，道袭曰：“无兴元则无安远，利州遂为敌境矣。吾必以死守之。”蜀主以昌王宗锷为应援招讨使，定戎团练使王宗播为四招讨马步都指挥使，将兵救安远军，壁于廉、让之间，与唐道袭合击岐兵，大破之于明珠曲。明日又战于鬼口，斩其成州刺史李彦琛。

蜀主王建把公主留下居住，任用宋光嗣为阁门南院使。岐王李茂贞发怒，开始与蜀主王建断绝友好关系。宋光嗣是福州人。

三月，岐王李茂贞聚集军队开到王建的东部边境，蜀主王建对群臣说："自从李茂贞受到朱温的围困，我经常在他物资缺乏、断绝的时候资助他，现在他忘恩负义，反而侵犯我们，你们有谁替我去攻击他？"兼任中书令王宗侃请求前往，王建任命他为北路行营都统。司天少监赵温珪劝阻说："李茂贞没有攻打边境，诸将领贪图功名，深入敌境，运粮道路艰难遥远，恐怕不是国家的利益所在。"蜀主王建不听从，任命兼侍中王宗祐、太子少师王宗贺、山南节度使唐道袭为三招讨使，任命左金吾大将军王宗绍为王宗祐的副使，让他们统率步兵、骑兵十二万人马讨伐岐王李茂贞。壬辰（初八），王宗侃等人率军从成都出发，旌旗辉映，队伍连绵数百里。夏季四月乙卯是初一，岐王李茂贞的军队侵犯蜀地兴元县，唐道袭领兵打退了他们。蜀主王建前往利州。蜀主王建的各将领攻打李茂贞的军队，接连不断把他们打败。秋季七月，蜀主王建向西返回成都，留下御营使、昌王王宗锈驻扎利州。

岐王李茂贞让彰义军节度使刘知俊、秦州节度使李继崇率领军队攻击蜀地，八月乙亥（二十四日），王宗侃、王宗贺、唐道袭、王宗绍率军和他在青泥岭交战，蜀军被打得大败，马步使王宗浩逃奔兴州，跌落江中淹死，唐道袭逃奔兴元县。在此之前，步军都指挥使王宗绾在西县修建县城，建号安远军，王宗侃、王宗贺等收聚溃散士兵，逃入西县城防守，刘知俊、李继崇追击围攻。在唐道袭军中，大家商议想放弃兴元县，唐道袭说："没有兴元县，就没有安远军，利州就成为敌人的境地了。我们一定要拼死守住这里。"蜀主王建委任昌王王宗锈为应援招讨使，调遣定戎团练使王宗播担任四招讨马步都指挥使，让他们率领军队援救安远军，在廉水乡和让水乡之间扎营，与唐道袭的军队联合出击岐王李茂贞的军队，在明珠曲把李茂贞的军队打得大败。第二天，双方又在兔口交战，蜀军斩杀了岐军成州刺史李彦琛。

冬十月，蜀主如利州，命太子监国。决云军虞候王琮败岐兵，执其将李彦太，俘斩三千五百级。乙卯，捉生将彭君集破岐二寨，俘斩三千级。王宗侃遣裨将林思谔自中巴间行至泥溪，见蜀主告急，蜀主命开道都指挥使王宗弼将兵救安远，及刘知俊战于斜谷，破之。

十一月，蜀王宗弼败岐兵于金牛，拔十六寨，俘斩六千馀级，擒其将郭存等。丙申，王宗锷、王宗播败岐兵于黄牛川，擒其将苏厚等。丁酉，蜀主自利州如兴元。援军既集，安远军望其旗，王宗侃等鼓噪而出，与援军夹攻岐兵，大破之，拔二十一寨，斩其将李廷志等。己亥，岐兵解围遁去。唐道袭先伏兵于斜谷邀击，又破之。庚子，蜀主西还。

二年冬十二月戊寅，蜀行营都指挥使王宗汾攻岐文州，拔之，守将李继夔走。

均王贞明元年夏五月，岐王遣彰义节度使刘知俊围邠州，霍彦威固守拒之。

秋八月乙未，蜀主以兼中书令王宗绾为北路行营都制置使，兼中书令王宗播为招讨使，攻秦州。兼中书令王宗瑶为东北面招讨使，同平章事王宗翰为副使，攻凤州。

冬十一月己巳，蜀王宗翰引兵出青泥岭，克固镇，与秦州将郭守谦战于泥阳川。蜀兵败，退保鹿台山。辛未，王宗绾等败秦州兵于金沙谷，擒其将李彦巢等，乘胜趣秦州。兴州刺史王宗铎克阶州，降其刺史李彦安。甲戌，王宗绾

冬季十月,蜀主王建前往利州,命令太子监察管理国事。决云军虞候王琮打败岐军,捉住岐军将领李彦太,俘虏斩杀岐军三千五百人。乙卯(初五),蜀军捉生将彭君集攻破岐军两个营寨,俘虏斩杀岐军三千人。王宗侃派遣副将林思谔从中巴由小路到达泥溪,拜见蜀主王建报告紧急军情,王建命令开道都指挥使王宗弼率领军队援救安远军,与刘知俊在斜谷交战,打败了刘知俊的军队。

十一月,蜀将王宗弼在金牛打败岐军,攻取岐军十六个营寨,俘虏斩杀岐军六千馀人,活捉岐军将领郭存等人。丙申(十六日),王宗锷、王宗播率军在黄牛川打败岐军,抓获岐军将领苏厚等人。丁酉(十七日),蜀主王建从利州前往兴元县。援军聚集之后,安远军看见援军的旗帜,王宗侃等将领率领军队擂鼓呐喊杀出来,与援军配合,内外夹攻岐军,把岐军打得大败,攻取岐军二十一个营寨,斩岐军将领李廷志等人。己亥(十九日),岐军解除对安远军的包围偷偷逃跑。唐道袭预先在斜谷埋伏军队拦击岐军,又打败了岐军。庚子(二十日),蜀主王建向西返回成都。

二年(912)冬季十二月戊寅(初五),蜀将行营都指挥使王宗汾攻打岐王李茂贞的领地文州,攻取了文州,守卫文州的将领李继夔逃跑。

后梁均王贞明元年(915)夏季五月,岐王李茂贞派遣彰义军节度使刘知俊围攻邠州,邠州守将霍彦威坚守抵御。

秋季八月乙未(初七),蜀主王建命兼中书令王宗绾担任北路行营都制置使,任命兼中书令王宗播担任招讨使,让他们攻打秦州。任命兼中书令王宗瑶担任东北面招讨使,任命同平章事王宗翰担任王宗瑶的副手,让他们攻打凤州。

冬季十一月己巳(十三日),蜀将王宗翰率军开出清泥岭,攻取固镇,与秦州将领郭守谦在泥阳川交战。蜀军战败,撤退到鹿台山坚守。辛未(十五日),蜀将王宗绾等军在金沙谷打败秦州军,抓获秦州将领李彦巢等人,乘胜进军秦州。兴州刺史王宗铎攻取阶州,阶州刺史李彦安投降。甲戌(十八日),蜀将王宗绾

克成州，擒其刺史李彦德。蜀军至上染坊，秦州节度使李继崇遣其子彦秀奉牌印迎降。宗绾入秦州，表排陈使王宗俦为留后。刘知俊攻霍彦威于邠州，半岁不克，闻秦州降蜀，知俊妻子皆迁成都。知俊解围还凤翔，终惧及祸，夜帅亲兵七十人，斩关而出，庚辰，奔于蜀军。王宗绾自河池、两当进兵，会王宗瑶攻凤州，癸未，克之。

蜀置武兴军于凤州，割文、兴二州隶之，以前利州团练使王宗鲁为节度使。

岐义胜节度使李彦韬知岐王衰弱，十二月，举耀、鼎二州降。

二年秋八月丙午，蜀主以王宗绾为东北面都招讨，集王宗翰、嘉王宗寿为第一、第二招讨，将兵十万出凤州；以王宗播为西北面都招讨，武信节度使刘知俊、天雄节度使王宗俦、匡国军使唐文裔为第一、第二、第三招讨，将兵十二万出秦州，以伐岐。

冬十月甲申，蜀王宗绾等出大散关，大破岐兵，俘斩万计，遂取宝鸡。己丑，王宗播等出故关，至陇州。丙寅，保胜节度使兼侍中李继岌畏岐王猜忌，帅其众二万，弃陇州奔于蜀军。蜀兵进攻陇州，以继岌为西北面行营第四招讨。刘知俊会王宗绍等围凤翔，岐兵不出。会大雪，蜀主召军还。复李继岌姓名曰桑弘志。

三年秋七月，蜀主以桑弘志为西北面第一招讨，王宗宏为东北面第二招讨，以兼中书令王宗侃为东北面都招讨，武信节度使刘知俊为西北面都招讨。

攻下成州,抓获成州刺史李彦德。蜀军到达上染坊,秦州节度使李继崇派遣儿子李彦秀捧着节度使的牌印迎接蜀军,投降。王宗绾进入秦州,向王建上表,推荐排阵使王宗俦为秦州留后。刘知俊率军在邠州攻打霍彦威,半年没有攻下,听说秦州投降蜀军,刘知俊的妻子、儿女都被迁往成都。刘知俊便解除对邠州的包围,返回凤翔,始终害怕大祸临头,便于夜晚率领亲信士兵七十人斩杀城门守将,开门出关,庚辰(二十四日),投奔蜀军。王宗绾从河池县、两当县进军,会同王宗瑶的军队攻打凤州,癸未(二十七日),凤州被蜀军攻占。

蜀主王建在凤州设置武兴军,把文州、兴州划归武兴军统辖,任命前任利州团练使王宗鲁为武兴军节度使。

岐王李茂贞的义胜军节度使李彦韬知道岐王李茂贞势力衰弱,十二月,带领耀、鼎二州军民投降。

二年(916)秋季八月丙午(二十四日),蜀主王建任命王宗绾为东北面都招讨,任命集王王宗翰、嘉王王宗寿为第一、第二招讨,让他们率军十万取道凤州;任命王宗播为西北面都招讨,武信军节度使刘知俊、天雄军节度使王宗俦、匡国军使唐文裔为第一、第二、第三招讨,让他们率军十二万取道秦州,两军共同讨伐岐王李茂贞。

冬季十月甲申(初二),蜀将王宗绾等军开出大散关,大败岐军,俘虏斩杀岐军数以万计,于是攻取了宝鸡县。己丑(初七),王宗播等人率领军队开出故关,到达陇州。丙寅那天,保胜军节度使兼侍中李继崇害怕岐王李茂贞的猜疑忌恨,便率领他的军队二万人,放弃陇州投奔蜀军。蜀军进攻陇州,任命李继崇担任西北面行营第四招讨。刘知俊会同王宗绍等率军围攻凤翔,岐军不出战。当时正逢天下大雪,蜀主王建召令蜀军撤退返回。恢复李继崇姓名叫桑弘志。

三年(917)秋季七月,蜀主王建任命桑弘志为西北面第一招讨,王宗宏为东北面第二招讨,任命兼中书令王宗侃为东北面都招讨,任命武信军节度使刘知俊为西北面都招讨。

四年夏四月,岐王复遣使求好于蜀。

五年春三月丙戌,蜀北路行营都招讨、武德节度使王宗播等自散关击岐,渡渭水,破岐将孟铁山,会大雨而还,分兵戍兴元、凤州及威武城。戊子,天雄节度使、同平章事王宗昱攻陇州,不克。

六年冬十一月戊子朔,蜀主以兼侍中王宗俦为山南节度使、西北面都招讨、行营安抚使,天雄节度使同平章事王宗昱、永宁军使王宗晏、左神勇军使王宗信为三招讨以副之,将兵伐岐,出故关,壁于咸宜,入良原。丁酉,王宗俦攻陇州,岐王自将万五千人屯汧阳。癸卯,蜀将陈彦威出散关,败岐兵于箭筈岭。蜀兵食尽,引还。宗昱屯秦州,宗俦屯上邽,宗晏、宗信屯威武城。

后唐庄宗同光元年冬十一月壬寅,岐王遣使致书,贺帝灭梁,以季父自居,辞礼甚倨。

二年春正月,岐王闻帝入洛,内不自安,遣其子行军司马、彰义节度使兼侍中继昭入贡,始上表称臣。帝以其前朝耆旧,与太祖比肩,特加优礼,每赐诏,但称岐王而不名。庚戌,加继昭兼中书令,遣还。

李继昭见唐甲兵之盛,归语岐王,岐王益惧。癸丑,表请正藩臣之礼,优诏不许。

四年(918)夏季四月，岐王李茂贞又派遣使者前往蜀中要求和好。

五年(919)春季三月丙戌(十八日)，蜀将北路行营都招讨、武德军节度使王宗播等率领军队从散关出击岐军，渡过渭水，打败岐军将领孟铁山，恰逢天下大雨，蜀将领军返回，分开兵力戍守兴元县、凤州以及威武城。戊子(二十日)，天雄军节度使、同平章事王宗昱攻打陇州，没有攻下。

六年(920)冬季十一月戊子这天是初一，蜀主王建任命兼侍中王宗俦担任山南节度使、西北面都招讨、行营安抚使，任命天雄军节度使、同平章事王宗昱、永宁军使王宗晏、左神勇军使王宗信分别担任第一、第二、第三招讨，辅助王宗俦，率领军队讨伐岐王李茂贞。他们率军开出故关，在咸宜修筑营垒，接着进入良原县。丁酉(初十)，王宗俦出兵攻打陇州，岐王李茂贞亲自率领军队一万五千人驻扎汧阳县。癸卯(十六日)，蜀将陈彦威率军出散关，在箭筈岭打败岐军。蜀军粮食吃完了，率军返回。王宗昱驻扎秦州，王宗俦驻扎上邽，王宗晏、王宗信驻扎威武城。

后唐庄宗同光元年(923)冬季十一月壬寅(初二)，岐王李茂贞派遣使者送信给后唐庄宗皇帝，信中祝贺庄宗消灭了梁朝，李茂贞以叔父自居，对庄宗的言辞和礼节很傲慢。

二年(924)春季正月，岐王李茂贞听说庄宗进入洛阳，内心感到不安，派遣他的儿子行军司马、彰义军节度使兼侍中李继晔入京上缴贡赋，这才开始上表给庄宗，向庄宗称臣。庄宗认为他是前朝唐僖宗、唐昭宗时期的旧臣老将，与太祖李克用是同辈人，特加优待礼遇，每次向他赐诏书时，只称他为岐王而不直接称呼他的名字。庚戌(十一日)，庄宗加封李继晔为兼中书令，派人送他返回凤翔府。

李继晔观看到后唐军队的强大，返回凤翔后告诉岐王李茂贞，李茂贞更加害怕。癸丑(十四日)，李茂贞向庄宗上表，请求按藩镇大臣的礼节向庄宗表示恭敬，理正君臣关系。庄宗下达一份褒奖他的诏书，表示不同意那样做。

二月辛巳,进岐王爵为秦王,仍不名不拜。

夏四月,秦忠敬王李茂贞卒,遗奏以其子继曮权知凤翔军府事。五月,以李继曮为凤翔节度使。

明宗天成元年春二月戊戌,李继曮至凤翔,监军使柴重厚不以符印与之,促令诣阙。

夏六月,李继曮至华州,闻洛中乱,复归凤翔,帝为之诛柴重厚。

秋九月壬午,赐李继曮名从曮。

长兴元年春二月乙卯,上祀圆丘,大赦,改元。凤翔节度使兼中书令李从曮入朝陪祀。三月壬申,制徙从曮为宣武节度使。

潞王清泰元年夏五月,帝之起凤翔也,悉取天平节度使李从曮家财甲兵以供军。将行,凤翔之民遮道请复以从曮镇凤翔,帝许之。至是,徙从曮为凤翔节度使。

后晋高祖天福三年,凤翔节度使李从曮厚文士而薄武人,爱农民而严士卒,由是将士怨之。会发兵戍西边,既出郊,作乱,突门入城,剽掠于市。从曮发帐下兵击之,乱兵败,东走,欲自诉于朝廷,至华州,镇国节度使太原张彦泽邀击,尽诛之。

二月辛巳(十三日),庄宗为岐王李茂贞进封爵位为秦王,仍然不称呼他的名字,不接受他跪拜。

夏季四月,秦忠敬王李茂贞死,死前留下给庄宗的奏表,要求任命他的儿子李继曤代理凤翔军府的事务。五月,庄宗任命李继曤为凤翔节度使。

后唐明宗天成元年(926)春季二月戊戌(初十),李继曤到达凤翔,监军使柴重厚不肯将节度使的符印交给李继曤,催促让他前往朝廷去。

夏季六月,李继曤到达华州,听说洛阳动乱,又回到凤翔府,明宗为他杀了柴重厚。

秋季九月壬午(二十八日),明宗赐给李继曤名为从曤。

长兴元年(930)春季二月乙卯(二十一日),明宗在圆丘祭天,宣布大赦,改用新年号长兴。凤翔节度使兼中书令李从曤入京朝见明宗,陪同祭天。三月壬申(初八),朝廷下制书,调迁李从曤为宣武节度使。

后唐潞王清泰元年(934)夏季五月,后唐末帝在凤翔起兵的时候,取出了天平军节度使李从曤的全部家财、铠甲、武器,供给军队。大军将要出发,凤翔的百姓拦在道路上,请求仍然任用李从曤镇守凤翔,末帝答应了他们的请求。到这时,末帝调遣李从曤为凤翔节度使。

后晋高祖天福三年(938),凤翔节度使李从曤对文人优厚,对武人淡薄,爱护农民,严格控制士兵的行为,因此将士们怨恨他。恰逢此时,李从曤发兵戍守西部边境,军队开出郊外之后,便发动叛乱,闯门入城,在街市上抢劫。李从曤发动帐下亲兵攻击他们,叛乱的军队被打败,向东逃跑,想要到朝廷上亲自诉说,他们逃到华州时,镇国军节度使太原人张彦泽率军阻击他们,把他们全部杀死了。

卷第三十九

钱氏据吴越 董昌僭逆附

唐僖宗乾符五年。王郢之乱，临安人董昌以土团讨贼有功，补石镜镇将。是岁曹师雄寇掠二浙，杭州募诸县乡兵各千人以讨之，昌与钱塘刘孟安、阮结、富阳闻人宇、盐官徐及、新城杜稜、馀杭凌文举、临平曹信各为之都将，号杭州八都，昌为之长。其后宇卒，钱塘人成及代之。临安人钱镠以骁勇事昌，以功为石镜都知兵马使。乾符二年，浙西狼山镇遏使王郢等六十九人有战功，节度使赵隐赏以职名而不给衣粮，郢等论诉不获，遂劫库兵作乱。

六年冬十月，黄巢之抵潭州也，荆南节度使王铎留其将守江陵，自帅众趣襄阳。铎既去，刘汉宏大掠江陵，帅其众北归为群盗。汉宏，兖州人也。事见《黄巢之乱》。

广明元年夏五月，刘汉宏之党浸盛，侵掠宋、兖。甲子，征东方诸道兵讨之。六月，刘汉宏南掠申州。秋七月辛酉，刘汉宏请降。戊辰，以为宿州刺史。冬十一月，宿州刺史刘汉宏怨朝廷赏薄，甲寅，以汉宏为浙东观察使。

钱氏据吴越　董昌僭逆附

唐僖宗乾符五年(878)。王郢作乱时,临安人董昌率当地团丁讨伐叛贼,立有战功,递补为石镜镇守将。这一年,曹师雄进犯抢掠两浙地区,杭州向各县招募乡兵各一千人来讨伐他,董昌与钱塘人刘孟安、阮结、富阳人闻人宇、盐官人徐及、新城人杜稜、馀杭人凌文举、临平人曹信各自率士团应征,任都将,号称杭州八都,而董昌居首位。后来闻人宇去世,钱塘人成及代替他。临安人钱镠以骁悍勇敢著称,在董昌手下任事,因立功而成为石镜镇的都知兵马使。乾符二年,浙西狼山镇遏使王郢等六十九人有战功,节度使赵隐赏给他们官衔而不供给衣食,王郢等人投诉而得不到解决,于是抢劫军库兵器作乱。

六年(879)冬季十月,黄巢抵达潭州时,荆南节度使王铎留下他的部将守卫江陵,自己率领部队奔赴襄阳。王铎走后,刘汉宏大肆抢掠江陵,带领他的人马回北边当强盗。刘汉宏是兖州人。事见《黄巢之乱》。

广明元年(880)夏季五月,刘汉宏匪帮势力逐渐强大起来,侵扰劫掠宋、兖两州。甲子(十一日),朝廷征调东方各道军队去讨伐他。六月,刘汉宏带兵向南侵掠申州。秋季七月辛酉(初九),刘汉宏请求投降。戊辰(十六日),朝廷任命他为宿州刺史。冬季十一月,宿州刺史刘汉宏怨朝廷给他的赏赐太轻薄,甲寅(初四),朝廷任命他为浙东观察使。

中和元年秋九月，淮南节度使高骈召石镜镇将董昌至广陵，欲与之俱击黄巢。昌将钱镠说昌曰："观高公无讨贼心，不若以扞御乡里为辞而去之。"昌从之，骈听昌还。会杭州刺史路审中将之官，行到嘉兴，昌自石镜引兵入据杭州，审中惧而还。昌自称杭州都押牙、知州事，遣将吏请于镇海节度使周宝。宝不能制，表为杭州刺史。

二年秋八月，浙东观察使刘汉宏遣弟汉宥及马步军都虞候辛约将兵二万营于西陵，谋兼并浙西，杭州刺史董昌遣都知兵马使钱镠拒之。壬子，镠乘雾夜济江，袭其营，大破之，所杀殆尽，汉宥、辛约皆走。

冬十月，刘汉宏又遣登高镇将王镇将兵七万屯西陵，钱镠复夜济江袭击，大破之，斩获万计，得汉宏补诸将官伪敕二百馀通。镇奔诸暨。

三年。刘汉宏分兵屯黄岭、岩下、贞女三镇，钱镠将八都兵自富春击之，破黄岭，擒岩下镇将史弁、贞女镇将杨元宗。汉宏以精兵屯诸暨，镠又击破之，汉宏走。

冬十月，刘汉宏将十馀万众出西陵，将击董昌。戊午，钱镠济江逆战，大破之，汉宏易服持鲙刀而遁。己未，汉宏收馀众四万复战，镠又破之，斩其弟汉容及将辛约。

四年春三月，婺州人王镇执刺史黄碣，降于钱镠。刘汉宏遣其将娄赉杀镇而代之。浦阳镇将蒋瓌召镠兵共攻婺州，擒赉而还。碣，闽人也。

中和元年(881)秋季九月,淮南节度使高骈召石镜镇守将董昌到广陵,想与他一起进攻黄巢。董昌的部将钱镠劝说董昌:"我看高公没有讨贼的心意,不如以捍卫家乡为借口回去。"董昌听从了钱镠的意见,高骈听任他还乡。正值杭州刺史路审中将赴任,走到嘉兴,董昌从石镜镇带兵进入杭州,路审中感到害怕而退还。于是董昌自称杭州都押牙、知州事,派手下的官吏向镇海节度使周宝请求任职。周宝没有能力制止,上表举荐他担任杭州刺史。

二年(882)秋季八月,浙东观察使刘汉宏派弟弟刘汉宥和马步军都虞候辛约率兵二万驻扎在西陵,企图兼并浙西,杭州刺史董昌派都知兵马使钱镠抵抗他们。壬子(十三日),钱镠夜里乘着大雾渡江,袭击刘汉宥与辛约的军营,把他们打得大败,敌营士兵几乎全被杀死,刘汉宥、辛约都逃跑了。

冬季十月,刘汉宏又派登高镇的守将王镇率兵七万屯驻在西陵,钱镠又在夜间渡江袭击,把他们打得大败,杀伤俘获其士兵数以万计,并缴获刘汉宏签署的伪将领官职委任状二百馀份。王镇逃往诸暨。

三年(883)。刘汉宏分兵驻守黄岭、岩下、贞女三镇,钱镠率领杭州八都兵从富春出击,攻克黄岭镇,擒获岩下镇守将史弁和贞女镇守将杨元宗。刘汉宏以精锐的部队驻守诸暨,钱镠又打败他,刘汉宏逃跑。

冬季十月,刘汉宏率十几万人马从西陵出发将去进攻董昌。戊午(二十五日),钱镠渡江迎战,大破刘氏部队,刘汉宏换了服装手拿菜刀装成伙夫逃跑。己未(二十六日),刘汉宏招集馀部四万人再次出战,钱镠又打败他,并杀死他的弟弟刘汉容和部将辛约。

四年(884)春季三月,婺州人王镇捉住州刺史黄碣,向钱镠投降。刘汉宏派部将娄赉杀死王镇而取代他婺州刺史的职位。浦阳镇守将蒋瓌召请钱镠的部队一起进攻婺州,擒拿娄赉而还军。黄碣是闽地人。

光启二年冬十月,董昌谓钱镠曰:"汝能取越州,吾以杭州授汝。"镠曰:"然,不取终为后患。"遂将兵自诸暨趋平水,凿山开道五百里,出曹娥埭,浙东将鲍君福帅众降之。镠与浙东军战,屡破之,进屯丰山。十一月丙戌,钱镠克越州,刘汉宏奔台州。十二月,台州刺史杜雄诱刘汉宏,执送董昌,斩之。昌徙镇越州,自称知浙东军府事,以钱镠知杭州事。

三年春正月辛巳,以董昌为浙东观察使,钱镠为杭州刺史。

三月,镇海节度使周宝募亲军千人,号后楼兵,禀给倍于镇海军。镇海军皆怨,而后楼兵浸骄不可制。宝溺于声色,不亲政事,筑罗城二十馀里,建东第,人苦其役。宝与僚属宴后楼,有言镇海军怨望者,宝曰:"乱则杀之!"度支催勘使薛朗以其言告所善镇海军将刘浩,戒之使戢士卒,浩曰:"惟反可以免死耳!"是夕,宝醉,方寝,浩帅其党作乱,攻府舍而焚之。宝惊起,徒跣叩芙蓉门呼后楼兵,后楼兵亦反矣。宝帅家人步走出青阳门,遂奔常州,依刺史丁从实。浩杀诸僚佐,癸巳,迎薛朗入府,推为留后。

初,周宝闻淮南六合镇遏使徐约兵精,诱之使击苏州。夏四月甲辰朔,约逐苏州刺史张雄,帅其众逃入海。

五月,钱镠遣东安都将杜棱、浙江都将阮结、静江都将成及将兵讨薛朗。六月,杜棱等败薛朗将李君暀于阳羡。冬十月,杜棱等拔常州,丁从实奔海陵。

钱镠奉周宝归杭州,属橐鞬具部将礼郊迎之。十二月乙未,周宝卒于杭州。

光启二年(886)冬季十月,董昌对钱镠说:"你如果能攻取越州,我就把杭州刺史的官职授给你。"钱镠说:"好吧。不攻占越州,它始终会成为我军的后患。"于是率兵从诸暨向平水挺进,凿山开路五百里,由曹娥埭出击,浙东将领鲍君福率领部队前来投降。钱镠与浙东的守军交战,多次打败他们,进驻丰山。十一月丙戌(十一日),钱镠攻克越州,刘汉宏逃往台州。十二月,台州刺史杜雄诱擒刘汉宏,押送给董昌,将他斩首。董昌移守越州,自称知浙东军府事,让钱镠来统管杭州事宜。

三年(887)春季正月辛巳(初七),朝廷任命董昌为浙东观察使,钱镠为杭州刺史。

三月,镇海节度使周宝招募亲兵一千人,号称后楼兵,给他们的供应是镇海军的两倍。镇海部队的官兵们都心怀怨恨,而后楼兵逐渐骄横起来,不能控制。周宝沉溺于声色,不理政事,修筑外城二十馀里,建造府第,人们都苦于沉重的劳役。周宝与下属官吏在后楼宴饮,有人说起镇海军心怀怨恨,周宝说:"他们要是造反就把他们杀了!"度支催勘使薛朗把这话告诉跟自己友好的镇海军将领刘浩,告诫他要约束好士兵,刘浩说:"只有造反才能免死了!"这天晚上,周宝喝醉了,正在睡觉,刘浩率领同伙作乱,进攻镇海官署并放火焚烧。周宝惊醒起床,光着脚去敲芙蓉门叫后楼兵,而后楼兵也造反了。周宝带着家人徒步走出青阳门,于是逃往常州,依附常州刺史丁从实。刘浩杀了镇海官署的属官,癸巳(十九日),迎接薛朗入府衙,推举他为节度留后。

当初,周宝听说淮南六合的镇遏使徐约的部队精锐,于是引诱他去进攻苏州。夏季四月甲辰这天是初一,徐约驱逐苏州刺史张雄,张雄带领自己的军队逃往海上。

五月,钱镠派东安的都将杜棱、浙江都将阮结、静江都将成及率兵讨伐薛朗。六月,杜棱等人在阳羡打败薛朗的将领李君暀。冬季十月,杜棱等人攻取了常州,丁从实逃往海陵。

钱镠请周宝回杭州,给他配备衣甲武器鞍马,用部将的礼节在杭州城郊迎接他。十二月乙未(二十七日),周宝死于杭州。

钱镠以杜稜为常州制置使。命阮结等进攻润州,丙申,克之,刘浩走,擒薛朗以归。

文德元年春正月丙寅,钱镠斩薛朗,剖其心以祭周宝。以阮结为润州制置使。

秋九月,钱镠遣其从弟铢将兵攻徐约于苏州。

昭宗龙纪元年春三月丙申,钱铢拔苏州,徐约亡入海而死。钱镠以海昌都将沈粲权知苏州。

夏五月,润州刺史阮结卒,钱镠以成及代之。钱镠与杨行密争苏、润事见《杨行密据淮南》。

景福元年夏四月乙酉,置武胜军于杭州,以钱镠为防御使。

二年闰五月,以武胜军防御使钱镠为苏、杭观察使。秋七月,钱镠发民夫二十万及十三都军士筑杭州罗城,周七十里。九月丁卯,以钱镠为镇海节度使。

乾宁元年夏五月,加镇海节度使钱镠同平章事。

威胜节度使董昌为政苛虐,于常赋之外,加敛数倍,以充贡献及中外馈遗,每旬发一纲,金万两,银五千铤,越绫万五千匹,他物称是,用卒五百人,或遇雨雪风水违程则皆死。贡奉为天下最,由是朝廷以为忠,宠命相继,官至司徒、同平章事,爵陇西郡王。

昌建生祠于越州,制度悉如禹庙,命民间祷赛者,无得之禹庙,皆之生祠。昌求为越王,朝廷未之许,昌不悦曰:"朝廷欲负我矣,我累年贡献无算而惜一越王邪!"有谄之者曰:"王为越王,曷若为越帝!"于是民间讹言时世将变,竞相帅填门喧噪,请昌为帝。昌大喜,遣人谢之曰:"天时

钱镠任杜稜为常州制置使。命令阮结等人进攻润州,丙申(二十八日),润州被攻克,刘浩逃走,阮结军擒获薛朗而还军。

文德元年(888)春季正月丙寅(二十八日),钱镠斩杀薛朗,挖出他的心来祭奠周宝。任命阮结为润州制置使。

秋季九月,钱镠派他的堂弟钱铢率兵到苏州进攻徐约。

唐昭宗龙纪元年(889)春季三月丙申(初五),钱铢攻取苏州,徐约逃往海上而死。钱镠任命海昌的都将沈粲代理苏州的政事。

夏季五月,润州刺史阮结去世,钱镠派成及去代替他。钱镠与杨行密争夺苏州、润州的事情,见于《杨行密据淮南》。

景福元年(892)夏季四月乙酉(十二日),朝廷在杭州设置武胜军,任钱镠为防御使。

二年(893)闰五月,朝廷任命武胜军防御使钱镠为苏、杭观察使。秋季七月,钱镠征发民夫二十万和十三都的士兵修筑杭州外城,周围七十里。九月丁卯(初二),朝廷任命钱镠为镇海节度使。

乾宁元年(894)夏季五月,加封镇海节度使钱镠为同平章事。

威胜节度使董昌执政非常残暴,在常规的赋税之外,加收数倍,用来作为向朝廷的进贡和朝廷上下的赠送物品,每十天发运一批,黄金万两,白银五千铤,越州出产的绫缎五千匹,其他财物的数量也跟这差不多,派五百士兵押运,有时遇到下雨、下雪、刮风或发洪水而误了日期,押送的士兵便被全部处死。他贡献奉送给朝廷的金帛财物数量居全国的首位,因此朝廷认为他忠心,奖赏诏命连接不断,官职也迁升到司徒、同平章事,获得陇西郡王的爵位。

董昌在越州给自己建生时祠庙,规模制度全都仿照禹庙,命令民间有祈祷求神的不准到禹庙,都要到他的生祠。他要求朝廷封他为越王,朝廷未批准,他不高兴地说:"朝廷要辜负我了,我历年来进贡的财物数也数不清,可朝廷却吝惜一个越王的爵位!"有向他献媚的人说:"大王要当越王,哪比得上当越帝!"于是民间流言说时世将要变化,成群结队争相堵在他官署门前,纷纷请求董昌称帝。董昌非常高兴,派人到门前辞谢说:"天数时运

未至，时至我自为之。”其僚佐吴瑶、都虞候李畅之等皆劝成之，吏民献谣谶符瑞者不可胜纪，其始赏之以钱数百缗，既而献者日多，稍减至五百、三百而已。昌曰：“谶云‘兔子上金床’，此谓我也。我生太岁在卯，明年复在卯，二月卯日卯时，吾称帝之秋也。”

二年春正月，董昌将称帝，集将佐议之。节度副使黄碣曰：“今唐室虽微，天人未厌。齐桓、晋文皆翼戴周室以成霸业。大王兴于畎亩，受朝廷厚恩，位至将相，富贵极矣，奈何一旦忽为族灭之计乎！碣宁死为忠臣，不生为叛逆！”昌怒，以为惑众，斩之，投其首于厕中，骂之曰：“奴贼负我！好圣明时三公不能待，而先求死也。”并杀其家八十口，同坎瘗之。又问会稽令吴镣，对曰：“大王不为真诸侯以传子孙，乃欲假天子以取灭亡邪！”昌亦族诛之。又谓山阴令张逊曰：“汝有能政，吾深知之，俟吾为帝，命汝知御史台。”逊曰：“大王起石镜镇，建节浙东，荣贵近二十年，何苦效李锜、刘阐之所为乎！浙东僻处海隅，巡属虽有六州，大王若称帝，彼必不从，徒守孤城，为天下笑耳！”昌又杀之。谓人曰：“无此三人者，则人莫我违矣。”

二月辛卯，昌被衮冕登子城门楼，即皇帝位。悉陈瑞物于庭以示众。先是，咸通末，吴、越间讹言山中有大鸟，四目三足，声云“罗平天册”，见者有殃，民间多画像以祀之，及昌将僭号，曰：“此吾鸑鷟也。”乃自称大越罗平国，改元顺天，署城楼曰天册之楼，令群下谓己曰圣人。以前

未到，时运到了我自然是要当的。"他的幕僚吴瑶、都虞候李畅之等人都劝他称帝，属吏和百姓向他献歌谣和谶语、讲符瑞的，多得数不清，开始时他给这些人赏钱数百缗，后来呈献的人一天比一天多起来，赏钱逐渐减至五百、三百文而已。董昌说："谶语说：'兔子上金床'，这说的就是我。我出生那年太岁在卯，明年又是太岁在卯的年份了，明年二月卯日卯时就是我称帝的时候了。"

二年（895）春季正月，董昌将要称帝，召集手下将领僚佐来商议此事。节度副使黄碣说："现在唐王室虽然衰微，但天下人还未背弃它。齐桓公、晋文公都是辅弼拥戴周室来成就霸业的。大王崛起于平民，受朝廷的厚恩，官位已做到将相，富贵到极点了，为什么一下子忽然要做这种灭族的打算呢？我宁可死了当忠臣，也不活着去当叛逆！"董昌大怒，认为他蛊惑手下，杀了他，把他的头丢到厕所里，还骂道："奴贼要背叛我！圣明时节好端端的三公你不等着当，而先要求死。"还杀掉他家八十口人，埋在同一个坑里。董昌又问会稽县令吴镣，吴镣回答说："大王不当真的诸侯以传位子孙，竟然要当假天子以自取灭亡吗？"董昌也把他全族人杀绝。董昌又对山阴县令张逊说："你有处理政事的能力，我非常清楚，等我当了皇帝，就任命你主管御史台。"张逊说："大王发命于石镜镇，执持符节于浙东，享受尊荣富贵近二十年，何苦效法李锜、刘闢的行为呢！浙东远处海边，管辖范围虽有六州，但大王如果要称帝的话，他们肯定不顺从，那时大王只能徒守孤城，被天下人耻笑了！"董昌又把他杀死。董昌对大家说："没了这三个人，人们也就不会违逆我的旨意了。"

二月辛卯（初三），董昌穿戴上皇帝的冠服，登上内城的门楼上，即皇帝位。他把祥瑞之物全都陈列在庭中，向众人展示。在此以前，咸通末年时，吴、越一带流传说山中有大鸟，四只眼睛三只脚，叫出的声音是"罗平天册"，见到这个大鸟的人就会遭殃，于是民间纷纷画它的图像来拜祭。到董昌要僭越称帝时，就说："这是我的凤凰。"于是自称国号为大越罗平国，改年号为顺天，给城楼署名叫天册之楼，命令手下人称自己为圣人。任命前

杭州刺史李邈、前婺州刺史蒋瓌、两浙盐铁副使杜逞、前屯田郎中李瑜为相，又以吴瑶等皆为翰林学士，李畅之等皆为大将军。

昌移书钱镠，告以权即罗平国位，以镠为两浙都指挥使。镠遗昌书曰："与其闭门作天子，与九族、百姓俱陷涂炭，岂若开门作节度使，终身富贵邪！及今悛悔，尚可及也！"昌不听，镠乃将兵三万诣越州城下，至迎恩门见昌，再拜言曰："大王位兼将相，奈何舍安就危！镠将兵此来，以俟大王改过耳。若天子命将出师，纵大王不自惜，乡里士民何罪，随大王灭族乎！"昌惧，致犒军钱二百万，执首谋者吴瑶及巫觋数人送于镠，且请待罪天子。镠引兵还，以状闻。

夏四月，朝廷以董昌有贡输之勤，今日所为，类得心疾，诏释其罪，纵归田里。钱镠表董昌僭逆，不可赦，请以本道兵讨之。杨行密遣使诣钱镠，言董昌已改过，宜释之。亦遣使诣昌，使趣朝贡。五月，诏削董昌官爵，委钱镠讨之。六月庚寅，以钱镠为浙东招讨使。镠复发兵击董昌。

秋九月，董昌求救于杨行密，行密遣泗州防御使台濛攻苏州以救之，且表昌引咎，愿修职贡，请复官爵。又遗钱镠书，称："昌狂疾自立，已畏兵谏，执送同恶，不当复伐之。"

冬十月，杨行密遣宁国节度使田頵、润州团练使安仁义攻杭州镇戍以救董昌，昌使湖州将徐淑会淮南将魏约共围嘉兴。钱镠遣武勇都指挥使顾全武救嘉兴，破乌墩、光福二寨。淮南将柯厚破苏州水栅。全武，馀姚人也。

杭州刺史李邈、前婺州刺史蒋瓌、两浙盐铁副使杜逞、前屯田郎中李瑜为宰相，又任命吴瑶等都为翰林学士，李畅之等都为大将军。

董昌寄信给钱镠，把暂即罗平国帝位的事告诉他，并任钱镠为两浙都指挥使。钱镠给董昌回信说："与其关起门来做天子，与自己的九族、百姓一起陷于灭绝的境地，不如打开门来当节度使，终身富贵呢！趁现在悔悟，还来得及。"董昌不听他的规劝。钱镠于是率兵三万到越州城下，到迎恩门见董昌，向他拜了两次，说："大王身兼将相的职位，为什么要抛弃安逸而走向危殆呢？我带兵来这里，等待大王改过而已。如果天子命令大将出兵来征讨，纵使您不顾惜自己，而乡里的士民有什么罪，要跟着大王来灭族呢？"董昌害怕起来，送给钱镠二百万钱犒劳他的部队，把为首策划的吴瑶和几个巫婆巫师捆起来送到钱镠的军中，并且请求等待天子的处罚。钱镠带兵回去，把情况报告朝廷。

夏季四月，朝廷鉴于董昌有贡献大量财物的功劳，认为他今天的举动好像是得了疯病，昭宗下诏书赦免他的罪，放他回故里。钱镠上表说董昌僭越造反，不可赦免，请求用本道的军队去讨伐他。杨行密派使者到钱镠处，说董昌已知罪悔过，应当赦免他。又派使者到董昌处，催他向朝廷进贡。五月，昭宗下诏书撤销董昌的官职和爵位，命钱镠征讨他。六月庚寅（初四），朝廷任命钱镠为浙东招讨使。钱镠再次出兵进攻董昌。

秋季九月，董昌向杨行密求救，杨行密派泗州防御使台濛进攻苏州来援救董昌，并且上表朝廷说董昌已经认罪，愿意修明职守向朝廷进贡，请求恢复他的官职和爵位。还派人送信给钱镠，说："董昌得了疯病才自立为帝，他已经害怕你的兵谏，把同党捉送给你，不应再讨伐他了。"

冬季十月，杨行密派宁国节度使田頵、润州团练使安仁义进攻杭州的守军来援救董昌，董昌派湖州将领徐淑会同淮南将领魏约一起包围嘉兴。钱镠派武勇都指挥使顾全武援救嘉兴，攻克乌墩、光福二寨。淮南将领柯厚攻破苏州水道上设立的栅栏。顾全武是馀姚人。

十二月,加镇海节度使钱镠兼侍中。

三年春正月辛未,安仁义以舟师至湖州,欲渡江应董昌,钱镠遣武勇都指挥使顾全武、都知兵马使许再思守西陵,仁义不能渡。昌遣其将汤臼守石城,袁邠守馀姚。

二月戊辰,顾全武、许再思败汤臼于石城。上用杨行密之请,赦董昌,复其官爵,钱镠不从。

三月己酉,顾全武等攻馀姚,明州刺史黄晟遣兵助之。董昌遣其将徐章救馀姚,全武击擒之。

夏四月,淮南兵与镇海兵战于皇天荡,镇海兵不利,杨行密遂围苏州。

董昌使人觇钱镠兵,有言其强盛者辄怒斩之,言兵疲食尽则赏之。戊寅,袁邠以馀姚降于镠。顾全武、许再思进兵至越州城下,五月,昌出战而败,婴城自守,全武等围之。昌始惧,去帝号,复称节度使。

癸未,苏州常熟镇使陆郢以州城应杨行密,虏刺史成及。钱镠闻苏州陷,急召顾全武,使趋西陵备行密。全武曰:“越州贼之根本,奈何垂克而弃之!请先取越州,后复苏州。”镠从之。

甲午夜,顾全武急攻越州,乙未旦,克其外郭,董昌犹据牙城拒之。戊戌,镠遣昌故将骆团给昌云:“奉诏,令大王致仕归临安。”昌乃送牌印,出居清道坊。己亥,全武遣武勇都监使吴璋以舟载昌如杭州,至小江南,斩之,并其家三百馀人,宰相李邈、蒋瓌以下百馀人。昌在围城中,贪吝日甚,

十二月，朝廷加封镇海节度使钱镠兼任侍中。

三年（896）春季正月辛未（十九日），安仁义带水军到湖州，想渡过长江接应董昌，钱镠派武勇都指挥使顾全武、都知兵马使许再思据守西陵，安仁义无法渡江。董昌派他的部将汤白据守石城，袁邠据守馀姚。

二月戊辰（十七日），顾全武、许再思在石城打败汤白。昭宗按杨行密的请求，赦免董昌，恢复他的官职和爵位，钱镠不答应。

三月己酉（二十八日），顾全武等人攻打馀姚，明州刺史黄晟派兵助战。董昌派部将徐章援救馀姚，顾全武攻打徐章并把他擒获。

夏季四月，杨行密的淮南兵与钱镠的镇海兵交战于皇天荡，镇海兵失利，杨行密于是包围了苏州。

董昌派人侦察钱镠的部队，有回来说钱镠军队强盛的人，董昌就发怒，将其斩杀，有说钱军兵士疲惫不堪而没粮食的，就奖赏。戊寅（二十七日），袁邠献出馀姚向钱镠投降。顾全武、许再思进军直抵越州城下，五月，董昌率军出战被打败，只好据城自守，顾全武等部便包围了越州城。董昌开始害怕，放弃帝号，重新称作节度使。

癸未（初三），苏州的常熟镇使陆郢献苏州城响应杨行密，俘虏了州刺史成及。钱镠得知苏州沦陷，赶紧征调顾全武，让他赶往西陵防备杨行密。顾全武说："越州是逆贼的基地，为什么在就要攻下来的时候放弃它？请让我先攻取越州，然后再去收复苏州。"钱镠听从了他的提议。

甲午（十四日）夜里，顾全武紧急进攻越州城，乙未（十五日）清晨，攻下越州外城，董昌仍据守牙城来抵抗。戊戌（十九日），钱镠派董昌原来的部将骆团骗董昌说："奉皇上的诏书，命大王退职回临安。"董昌这才交出牌印，离开牙城居住在清道坊。己亥（二十日），顾全武派武勇都监使吴璋用船载董昌前往杭州，到小江南边，把他杀了，还杀了他家三百馀人和他所封的宰相李邈、蒋瓌以下百馀人。董昌身处被围的越州城时，一天比一天贪婪吝啬，

口率民间钱帛，减战士粮。及城破，库有金帛杂货五百间，仓有粮三百万斛。钱镠传昌首于京师，散金帛以赏将士，开仓以赈贫乏。

八月，加钱镠兼中书令。甲寅，以门下侍郎王抟充威胜节度使。冬十月，钱镠令两浙吏民上表，请以镠兼领浙东。朝廷不得已，复以王抟为吏部尚书、同平章事，以镠为镇海、威胜两军节度使。丙子，更名威胜，曰镇东军。

十一月，淮南将安仁义攻婺州。

四年春正月，钱镠使行军司马杜稜救婺州。安仁义移兵攻睦州，不克而还。

夏四月辛亥，钱镠遣顾全武等将兵三千自海道救嘉兴，己未，至城下，击淮南兵，大破之。癸亥，两浙将顾全武等破淮南十八营，虏淮南将士魏约等三千人。淮南将田頵屯驿亭埭，两浙兵乘胜逐之。甲戌，頵自湖州奔还，两浙兵追败之，頵众死者千馀人。

六月己酉，钱镠如越州，受镇东节钺。秋七月庚戌，钱镠还杭州，遣顾全武取苏州；乙未，拔松江，戊戌，拔无锡，辛丑，拔常熟、华亭。

九月，湖州刺史李彦徽欲以州附于杨行密，其众不从。彦徽奔广陵，都指挥使沈攸以州归钱镠。

光化元年春正月，钱镠请徙镇海军于杭州，从之。

三月，淮南将周本救苏州，两浙将顾全武击破之。淮南将秦裴以兵三千人拔昆山而戍之。秋九月，顾全武攻苏州，城中及援兵食皆尽，甲申，淮南所署苏州刺史台濛弃城

按人口征收民间的钱帛，削减战士的口粮。等到城池被攻破，有堆积着金帛杂物的仓库五百间，仓中有粮食三百万斛。钱镠用驿车把董昌的首级送到京师，散发金帛来赏赐将士，开粮仓赈济贫困的百姓。

八月，朝廷加封钱镠兼中书令。甲寅（初六），任命门下侍郎王抟为威胜节度使。冬季十月，钱镠令浙东、浙西官民上表朝廷请求让他兼管浙东。朝廷不得已，又任王抟为吏部尚书、同平章事，任命钱镠为镇海、威胜两军节度使。丙子（二十九日），改威胜军为镇东军。

十一月，淮南的将领安仁义进攻婺州。

四年（897）春季正月，钱镠派行军司马杜稜援救婺州。安仁义移军转攻睦州，攻不下而撤兵返回。

夏季四月辛亥（初六），钱镠派顾全武等率兵三千由海路出发援救嘉兴，己未（十四日），抵达嘉兴城下，进攻淮南兵，并把他们打得大败。癸亥（十八日），两浙将领顾全武等部打败淮南军十八营，俘虏淮南将士魏约等三千人。淮南将领田頵驻守在驿亭埭，两浙兵乘胜进攻把他赶走。甲戌（二十九日），田頵部从湖州跑回来，两浙兵追击并把他打败，田頵的兵众死亡千余人。

六月己酉（初五），钱镠到越州，接受镇东节度使的符节和斧钺。秋季七月庚戌这天，钱镠返回杭州，派顾全武去收复苏州。乙未（二十二日），顾全武攻占了松江，戊戌（二十五日），攻克无锡，辛丑（二十八），攻克常熟、华亭。

九月，湖州刺史李彦徽想献湖州依附杨行密，他的部下不答应。李彦徽逃奔广陵，都指挥使沈攸献上湖州归附钱镠。

光化元年（898）春季正月，钱镠向朝廷请求将镇海军官署迁往杭州，朝廷答应了。

三月，淮南将领周本援救苏州，两浙将领顾全武打败了他。淮南将领秦裴带领三千兵马攻占了昆山并驻守在那里。秋季九月，顾全武进攻苏州城，苏州城内以及前来增援的淮南兵粮食都吃尽，甲申（十七日），淮南所任命的苏州刺史台濛放弃苏州城

走,援兵亦遁。全武克苏州,追败周本等于望亭。独秦裴守昆山不下,全武帅万馀人攻之。裴屡出战,使病者被甲执矛,壮者彀弓弩,全武每为之却。全武檄裴令降。全武尝为僧,裴封函纳款,全武喜,召诸将发函,乃佛经一卷,全武大惭,曰:“裴不忧死,何暇戏予!”益兵攻城,引水灌之,城坏,食尽,裴乃降。钱镠设千人馔以待之,及出,羸兵不满百人。镠怒曰:“单弱如此,何敢久为旅拒!”对曰:“裴义不负杨公,今力屈而降耳,非心降也。”镠善其言。顾全武亦劝镠宥之,镠从之。时人称全武长者。

冬闰十月,钱镠以其将曹圭为苏州制置使,遣王球攻婺州。

十一月,衢州刺史陈岌请降于杨行密,钱镠使顾全武讨之。十二月,杨行密遣成及等归两浙以易魏约等,钱镠许之。

二年。婺州刺史王坛为两浙所围,求救于宣歙观察使田頵,夏四月,頵遣行营都指挥使康儒等救之。五月庚戌,康儒等败两浙兵于龙丘,擒其将王球,遂取婺州。

三年春正月,宣州将康儒攻睦州,钱镠使其从弟铢拒之。秋八月,宣州将康儒食尽,自清溪遁归。

天复元年夏五月己酉,加镇海、镇东节度使钱镠守侍中。

秋八月,或告杨行密云:“钱镠为盗所杀。”行密遣步军都指挥使李神福等将兵取杭州,两浙将顾全武等列八寨

逃跑,来援救的淮南兵也逃跑了。顾全武攻克苏州,追击周本等部并在望亭把他打败。唯独秦裴据守的昆山还没有攻下,顾全武率万馀人进攻昆山。秦裴多次出击,让伤病的人穿甲衣持长矛,健壮的人张满弓弩迎战,顾全武每次都被打退。顾全武传檄文让秦裴投降。顾全武曾当过和尚,秦裴密封一个信匣送给顾全武,好像要投诚,顾全武大为高兴,召集众将打开信匣一看,却是一卷佛经。顾全武大为羞愧地说:"秦裴不怕死,还有工夫来戏弄我!"于是增兵攻城,引水灌城墙,城墙崩坏,粮食吃尽,秦裴才投降。钱镠摆设了足够一千人食用的饭菜等秦裴的士兵出城,到他们出城时,只见羸弱的士兵不够一百人。钱镠怒气冲冲地说:"这么势单力弱,为什么竟敢长久抗拒我军!"秦裴说:"我守义不背负杨公,现在是力竭才投降而已,不是心里想投降的。"钱镠欣赏他的话。顾全武也劝钱镠宽恕秦裴,钱镠同意了。当时的人都称赞顾全武是忠厚长者。

冬季闰十月,钱镠任他的部将曹圭为苏州制置使,派王球进攻婺州。

十一月,衢州刺史陈岌向杨行密请降,钱镠派顾全武去讨伐他。十二月,杨行密遣返成及等被俘的人回两浙,以交换被对方俘虏的魏约等人,钱镠同意了。

二年(899)。婺州刺史王坛被两浙兵所包围,向宣歙观察使田頵求救,夏季四月,田頵派行营都指挥使康儒等前去援救王坛。五月庚戌(十八日),康儒等在龙丘打败两浙兵,擒获其将领王球,于是攻占了婺州。

三年(900)春季正月,宣州将领康儒进攻睦州,钱镠派他堂弟钱铢去抵抗。秋季八月,宣州将领康儒的部队粮食吃尽,从清溪撤走。

天复元年(901)夏季五月己酉(二十八日),朝廷加封镇海、镇东节度使钱镠为待中。

秋季八月,有人对杨行密说:"钱镠被强盗所杀。"杨行密派步军都指挥使李神福等率军攻杭州,两浙将领顾金武等布设八寨士兵

以拒之。冬十月，李神福与顾全武相拒久之，神福获杭俘，使出入卧内。神福谓诸将曰："杭兵尚强，我师且当夜还。"杭俘走告全武，神福命勿追。暮遣羸兵先行，神福为殿，使行营都将吕师造伏兵青山下。全武素轻神福，出兵追之，神福、师造夹击，大破之，斩首五千级，生擒全武。钱镠闻之，惊泣曰："丧我良将！"神福进攻临安，两浙将秦昶帅众三千降之。

十二月，李神福知钱镠定不死，而临安城坚，久攻不拔，欲归，恐为镠所邀，乃遣人守卫镠祖考丘垄，禁樵采，又使顾全武通家信。镠遣使谢之。神福于要路多张旗帜为虚寨，镠以为淮南兵大至，遂请和。神福受其犒赂而还。

二年夏四月，杨行密遣顾全武归杭州以易秦裴，钱镠大喜，遣裴还。

五月，镇海、镇东节度使彭城王钱镠进爵越王。

初，孙儒死，其士卒多奔浙西，钱镠爱其骁悍，以为中军，号武勇都。行军司马杜稜谏曰："狼子野心，他日必为深患。请以土人代之。"不从。镠如衣锦军，命武勇右都指挥使徐绾帅众治沟洫，镇海节度副使成及闻士卒怨言，白镠请罢役，不从。秋八月丙戌，镠临飨诸将，绾谋杀镠于座，不果，称疾先出。镠怪之，丁亥，命绾将所部先还杭州。及外城，纵兵焚掠。武勇左都指挥使许再思以迎候兵与之合，进逼牙城，镠子传瑛与三城都指挥使马绰等闭门拒之。牙将潘长击绾，绾退屯龙兴寺。镠还，及龙泉，闻变，疾

来抵抗。冬季十月，李神福跟顾全武相持已久，神福擒获杭州兵俘房，让他在自己睡觉的军营中出入。李神福对众将领说："杭州兵还很强盛，我军应半夜撤军。"杭州俘房逃出去告诉顾全武，李神福令自己的部下不去追他。傍晚李神福派老弱的士兵先开行撤走，自己断后，派行营都将吕师造带兵埋伏在青山下。顾全武历来轻视李神福，于是出兵追击，李神福、吕师造发兵夹击，把顾全武打得大败，斩首级五千，生擒顾全武。钱镠听到消息，吃惊地流着泪说："我失去了一员良将！"李神福进攻临安，两浙将领秦昶率三千士兵向他投降。

十二月，李神福知道钱镠肯定没有死，而临安城坚固，久攻不克，想撤军，又怕被钱镠拦击，于是派人守卫钱镠的祖坟，禁止人们在周围打柴，又让顾全武与家人通信，钱镠派使者向他致谢。李神福在险要的道路上多插旗帜假装军寨，钱镠以为淮南大军来到，于是求和。李神福接受钱镠犒赏军队的财物而退兵。

二年（902）夏季四月，杨行密把顾全武遣还杭州，用他交换秦裴，钱镠大喜，放秦裴回去。

五月，镇海、镇东节度使、彭城王钱镠进升爵位为越王。

当初，孙儒死的时候，他部下的士兵大多投奔浙西，钱镠喜欢他们的剽悍勇猛，把他们编为中军，号称武勇都。行军司马杜稜劝谏钱镠道："这些人藏着狼子野心，日后一定会成为心腹大患。请用当地士兵来代替他们作中军。"钱镠不听。钱镠到衣锦军去，命武勇右都指挥使徐绾带领部队整治河道，镇海节度副使成及听到士兵们有怨言，告诉钱镠请求停工，钱镠不听。秋季八月丙戌（十三日），钱镠亲自去宴请诸位将领，徐绾企图在酒席上杀死钱镠，未能实现，于是称病先离席。钱镠感到奇怪，丁亥（十四日），命令徐绾率领部下先回杭州。徐绾带兵回到杭州外城，放纵士兵烧杀抢掠。武勇左都指挥使许再思率领迎接等候的士兵跟他会合，一起进逼牙城，钱镠的儿子钱传瑛与三城都指挥使马绰等人关闭城门抵抗。牙将潘长率兵出击徐绾，徐绾退守在龙兴寺。钱镠回杭州，走到龙泉时听说发生了事变，快马

驱至城北,使成及建镠旗鼓与绾战。镠微服乘小舟夜抵牙城东北隅,逾城而入。直更卒凭鼓而寐,镠亲斩之,城中始知镠至。武安都指挥使杜建徽自新城入援,徐绾聚木将焚北门,建徽悉焚之。建徽,稜之子也。湖州刺史高彦闻难,遣其子渭将兵入援,至灵隐山,绾伏兵击杀之。

初,镠筑杭州罗城,谓僚佐曰:"十步一楼,可以为固矣。"掌书记馀杭罗隐曰:"楼不若皆内向。"至是人以隐言为验。

九月,或劝钱镠渡江东保越州,以避徐、许之难。杜建徽按剑叱之曰:"事或不济,同死于此,岂可复东渡乎!"

镠恐徐绾等据越州,遣大将顾全武将兵戍之。全武曰:"越州不足往,不若之广陵。"镠曰:"何故?"对曰:"闻绾等谋召田頵,田頵至,淮南助之,不可敌也。"建徽曰:"孙儒之难,王尝有德于杨公,今往告之,宜有以相报。"镠命全武告急于杨行密,全武曰:"徒往无益,请得王子为质。"镠命其子传璙微服为全武仆,与偕之广陵,且求婚于行密。过润州,团练使安仁义爱传璙清丽,将以十仆易之,全武夜半赂阍者逃去。

绾等果召田頵,頵引兵赴之,先遣亲吏何饶谓镠曰:"请大王东如越州,空府廨以相待,无为杀士卒!"镠报曰:"军中叛乱,何方无之! 公为节帅,乃助贼为逆。战则亟战,又何大言!"頵筑垒绝往来之道,镠患之,募能夺其地者赏以州。衢州制置使陈璋将卒三百出城奋击,遂夺其地,

赶到杭州城北,派成及竖起钱镠的旗鼓跟徐绾交战。钱镠改穿平民的服装坐小船在夜里到达牙城的东北角,越城而入。守夜的士兵倚在更鼓上睡觉,钱镠亲手把他杀了,牙城中的人这才知道钱镠驾到。武安都指挥使杜建徽从新城发兵到杭州援救,徐绾堆起木头准备焚烧北城门,杜建徽把他准备的木头全烧光。杜建徽是杜棱的儿子。湖州刺史高彦听说杭州城有难,派他儿子高渭率兵去援救,高渭率军进至灵隐山,被徐绾埋伏的部队出击杀死。

当初,钱镠修筑杭州外城时,对左右官佐说:"十步建一楼,可以说很稳固了。"掌管文书的馀杭人罗隐说:"城楼稳固比不上人们心向着你稳固。"到这时,人们认为罗隐的话应验了。

九月,有人劝钱镠渡过江东去保守越州,以躲避徐绾、许再思发动的兵变。杜建徽手按利剑骂他说:"事情如果挽救不了,大家就一起死在这里,哪能再东渡逃避呢?"

钱镠怕徐绾等人占据越州,于是派大将顾全武率兵去驻守。顾全武说:"越州不值得去,不如到广陵去。"钱镠问:"为什么?"回答说:"听说徐绾等企图叫田頵来,田頵一到,率领淮南兵帮助徐绾,我们就无法抵挡了。"杜建徽说:"孙儒发难时,大王对杨公曾有帮助之恩,现在去告诉他,他应当有所报答。"钱镠命顾全武向杨行密告急,顾全武说:"空着手去于事无补,请大王派儿子去当人质。"钱镠命他的儿子钱传璙穿常人服装扮作顾全武的仆人,一起到广陵去,并且向杨行密求婚。顾全武一行经过润州,团练使安仁义喜欢钱传璙长相清俊秀丽,要用十个仆人来换他,顾全武一行半夜贿赂看门人逃出来。

徐绾等果然召请田頵,田頵带兵到杭州,先派亲信官员何饶对钱镠说:"请大王往东到越州去,空出府署来等待我,不必杀戮士卒!"钱镠回答他:"军中叛乱,哪里不会发生!您身为国家手持符节的统帅,竟然要帮助贼子造反!要战就快战,为什么要说大话!"田頵修筑堡垒断绝往来的道路,钱镠为此而担忧,招募有能夺下田頵驻兵地盘者,就把一个州赏给他。衢州制置使陈璋率领士兵三百人出城奋勇进击,于是夺取了田頵占据的地盘,

镠即以为衢州刺史。

顾全武至广陵，说杨行密曰："使田頵得志，必为王患。王召頵还，钱王请以其子传璙为质，且求婚。"行密许之，以女妻传璙。

冬十一月，田頵急攻杭州，仍具舟将自西陵渡江，钱镠遣其将盛造、朱郁拒破之。

十二月，杨行密使人召田頵曰："不还，吾且使人代镇宣州。"庚辰，頵将还，征犒军钱二十万缗于钱镠，且求镠子为质，将妻以女。镠谓诸子："孰能为田氏婿者？"莫对。镠欲遣幼子传球，传球不可。镠怒，将杀之。次子传璀请行，吴夫人泣曰："奈何置儿虎口！"传璀曰："纾国家之难，安敢爱身！"再拜而出，镠泣送之。传璀从数人缒北门而下。頵与徐绾、许再思同归宣州。镠夺传球内牙兵印。

越州客军指挥使张洪以徐绾之党自疑，帅步兵三百奔衢州，刺史陈璋纳之。温州将丁章逐刺史朱敖，敖奔福州。章据温州，田頵遣使招之，道出衢州，陈璋听其往还，钱镠由是恨璋。

三年秋七月，睦州刺史陈询叛钱镠，举兵攻兰溪，镠遣指挥使方永珍击之。武安都指挥使杜建徽与询连姻，镠疑之，建徽不言。会询亲吏来奔，得建徽与询书，皆劝戒之辞，镠乃悦。建徽从兄建思谮建徽私蓄兵仗，谋作乱。镠使人索之，建徽方食，使者直入卧内，建徽不顾，镠以是益亲重之。

冬十月，田頵叛杨行密，行密求兵于钱镠。镠遣方永珍屯润州，从弟镒屯宣州，又遣指挥使杨习攻睦州。田頵之叛事见《杨行密据淮南》。

钱镠立即委任他为衢州刺史。

顾全武到广陵，劝说杨行密："倘若让田頵得志，肯定会成为大王您的祸患。大王召田頵回来，钱王请求以自己的儿子为人质，并且向您求婚。"杨行密答应了，把自己的女儿许配给钱传璙。

冬季十一月，田頵猛烈进攻杭州，还准备了船只将从西陵渡江，钱镠派部将盛造、朱郁去抵抗并打败他们。

十二月，杨行密派人召田頵还军，说："你不回来，我将要派人代替你镇守宣州了。"庚辰（初八），田頵打算撤军，向钱镠征收慰劳军队的钱二十万缗，还要求钱镠派儿子作人质，准备把女儿嫁给他。钱镠对儿子们说："你们谁能做田家的女婿？"大家不出声。钱镠想派小儿子传球去，传球不答应，钱镠大怒，想要杀他。二儿子传璙请求前去，钱镠的吴氏夫人哭着说："为什么把我儿子放进虎口！"传璙说："为了解救国家的危难，我哪里敢爱惜自身！"向钱镠拜了两拜，钱镠流着泪送他走。传璙跟着几个人在北门用绳索坠下去。田頵与徐绾、许再思一起返回宣州。钱镠把传球的内牙兵印撤回来。

越州外籍部队指挥使张洪因自己是徐绾的同党而心存疑惧，率步兵三百投奔衢州，州刺史陈璋收留了他。温州将领丁章赶走了刺史朱敖，朱敖跑到福州。丁章占据温州，田頵派使者招徕他，使者从衢州经过，陈璋听任他来往，钱镠因此怨恨陈璋。

三年（903）秋季七月，睦州刺史陈询背叛钱镠，率兵进攻兰溪，钱镠派指挥使方永珍攻打他。武安都指挥使杜建徽与陈询为亲家，钱镠怀疑他，杜建徽不出声辩解。正好陈询亲信的官员前来投奔，从他身上得到杜建徽写给陈询的信件，都是劝戒的话，钱镠才高兴起来。杜建徽的堂兄杜建思诬陷杜建徽私藏兵器仪仗，企图造反。钱镠派人去搜索，杜建徽正在吃饭，搜索的人径直进入他的卧室，杜建徽看也不看，钱镠因此更加亲近和信任他。

冬季十月，田頵背叛杨行密，杨行密向钱镠请求援兵。钱镠派方永珍驻守润州，堂弟钱镒驻守宣州，又派指挥使杨习进攻睦州。田頵叛变的事见《杨行密据淮南》。

十一月，田頵败，钱传璟归杭州。

天祐元年春三月，杨行密遣钱传璙及其妇并顾全武归钱塘。

夏四月，镇海、镇东节度使越王钱镠求封吴越王，朝廷不许。朱全忠为之言于执政，乃更封吴王。

冬十一月，钱镠潜遣衢州罗城使叶让杀刺史陈璋，事泄，十二月，璋斩让而叛，降于杨行密。

昭宣帝天祐二年春正月，两浙兵围陈询于睦州，杨行密遣西南招讨使陶雅将兵救之。军中夜惊，士卒多逾垒亡去，左右及裨将韩球奔告之，雅安卧不应，须臾自定，亡者皆还。钱镠遣其从弟镒及指挥使顾全武、王球御之，为雅所败，虏镒及球以归。

夏四月，淮南将陶雅会衢、睦兵攻婺州，钱镠遣其弟镖将兵救之。秋八月，钱镠遣方永珍救婺州。九月，淮南将陶雅、陈璋拔婺州，执刺史沈夏以归。杨行密以雅为江南都招讨使、歙婺衢睦观察使，以璋为衢婺副招讨使。璋攻暨阳，两浙将方习败之。习进攻婺州。十二月，陈询不能守睦州，奔于广陵，淮南招讨使陶雅入据其城。

三年春正月，陶雅引兵还歙州，钱镠复取睦州。庚辰，钱镠如睦州。

陈璋闻陶雅归歙，自婺州退保衢州。两浙将方永珍等取婺州，进攻衢州。秋八月，两浙围衢州，衢州刺史陈璋告急于淮南，杨渥遣左厢马步都虞候周本将兵迎璋。本至衢州，浙人解围，陈于城下，璋帅众归于本，两浙兵取衢州。吕师造曰："浙人近我而不动，轻我也，请击之。"本曰："吾受命

十一月,田頵兵败,钱传璙回到杭州。

天祐元年(904)春季三月,杨行密将钱传璙和他的妻子还有顾全武遣还钱塘。

夏季四月,镇海、镇东节度使越王钱镠请求朝廷封自己为吴越王,朝廷不答应。朱全忠替他向宰相请求,才改封为吴王。

冬季十一月,钱镠暗中派遣衢州守卫外城的将领叶让去杀刺史陈璋,事情泄露了,十二月,陈璋杀死叶让而叛变,投降于杨行密。

唐昭宣帝天祐二年(905)春季正月,两浙兵在睦州围攻陈询,杨行密派西南诏讨使陶雅带兵去援救。陶雅军营中夜里产生了惊乱,士兵们多爬过营垒逃跑,陶雅左右的人和副将韩球跑去告诉他,他安然躺着不理睬,一会儿,部队自然安静下来,逃亡的人全都回来了。钱镠派他堂弟钱镒和指挥使顾全武、王球去抵抗陶雅,被陶雅打败,俘虏了钱镒和王球,然后撤兵。

夏季四月,淮南将陶雅会同衢州、睦州的部队进攻婺州,钱镠派他弟弟钱镖带兵去救援。秋季八月,钱镠派方永珍援救婺州。九月,淮南将领陶雅、陈璋攻陷婺州,抓获刺史沈夏而回军。杨行密任陶雅为江南都招讨使、歙、婺、衢、睦州观察使,任陈璋为衢、婺副招讨使。陈璋进攻暨阳,两浙兵将领方习去败他。方习进攻婺州。十二月,陈询守不住睦州,逃往广陵,淮南招讨使陶雅占据州城。

三年(906)春季正月,陶雅带军返回歙州,钱镠再次占领睦州。庚辰(二十六日),钱镠前往睦州。

陈璋听说陶雅回了歙州,于是从婺州退军据守衢州。两浙将领方永珍等人攻占了婺州,并进攻衢州。秋季八月,两浙兵围攻衢州,衢州刺史陈璋向淮南告急,杨渥派遣左厢马步都虞候周本率兵去迎接陈璋。周本抵达衢州后,两浙兵撤除了对衢州的包围,在城下排成阵势,陈璋带领部队投奔周本,两浙兵于是攻下了衢州。吕师造说:"两浙兵离我们这么近而没什么行动,这是轻视我们,请让我去攻击他们。"周本说:"我接受的命令是

迎陈使君,今至矣,何为复战? 彼必有以待我也。"遂引兵还。本为之殿,浙人蹑之,本中道设伏,大破之。

冬十二月乙酉,钱镠表荐行军司马王景仁,诏以景仁领宁国节度使。是岁,吴杨渥怒宣州观察使王茂章,以兵袭之,茂章奔两浙,更名景仁。

后梁武帝开平元年春三月,镇海、镇东节度使吴王钱镠遣其子传璙、传瓘讨卢佶于温州。夏四月,卢佶闻钱传璙等将至,将水军拒之于青澳。钱传瓘曰:"佶之精兵尽在于此,不可与战。"乃自安固舍舟,间道袭温州。戊午,温州溃,擒佶斩之。吴王镠以都监使吴璋为温州制置使,命传璙等移兵讨卢约于处州。

镇海节度判官罗隐说吴王镠举兵讨梁,曰:"纵无成功,犹可退保杭、越,自为东帝,奈何交臂事贼,为终古之羞乎!"镠始以隐为不遇于唐,必有怨心,及闻其言,虽不能用,心甚义之。

五月己卯,以吴王钱镠为吴越王。

卢约以处州降吴越。

秋八月辛亥,以吴越王镠兼淮南节度使,充本道招讨制置使。

二年秋八月,吴越王钱镠遣宁国节度使王景仁奉表诣大梁,陈取淮南之策。淮南遣周本、吕师造击吴越,九月,围苏州。吴越将张仁保攻常州之东洲,拔之。淮南陈璋帅柴再用等复取东洲。

三年夏四月,淮南兵围苏州,推洞屋攻城,吴越将临海孙琰置轮于竿首,垂絙投锥以揭之,攻者尽露,炮至则张网

迎接陈使君,现在他来了,为什么还要开战? 对方一定有所准备在等着我们。"于是带兵回来。周本断后,两浙兵尾随而至,周本在半路埋伏部队把两浙兵打得大败。

冬季十二月乙酉(初七),钱镠上表朝廷举荐行军司马王景仁,昭宣帝下诏任王景仁为宁国节度使。这一年,吴地的杨渥恼怒宣州观察使王茂章,派兵袭击他,王茂章逃到两浙,改名景仁。

后梁太祖开平元年(907)春季三月,镇海、镇东节度使吴王钱镠派儿子传璙、传瓘到温州进讨卢佶。夏季四月,卢佶听到钱传璙等人要来,带水军到青澳抵抗。钱传瓘说:"卢佶的精兵全在这里,不可跟他交战。"于是在安固停船,抄小路袭击温州。戊午(十二日),温州军溃败,两浙兵擒获卢佶并杀了他。吴王钱镠任命都监使吴璋为温州制置使,命令钱传璙等移军处州进讨卢约。

镇海节制判官罗隐劝吴王钱镠出兵讨伐梁国,说:"即使不能成功,还可退回来保守杭、越,自称东帝,为什么丧失良机,替贼臣卖命,成为千古的羞耻呢?"起初钱镠以为罗隐在唐得不到重用,肯定心怀怨恨,到听他说这番话,虽不能按他说的办,但心里觉得他是有节义的人。

五月己卯(初三),后梁朝廷以吴王钱镠为吴越王。

卢约献处州投降吴越。

秋季八月辛亥(初六),后梁朝廷任吴越王钱镠兼淮南节度使,并充本道招讨制置使。

二年(908)秋季八月,吴越王钱镠派宁国节度使王景仁到大梁呈上表章,陈述攻取淮南的策略。淮南派周本、吕师造攻吴越,九月,包围苏州。吴越将领张仁保进攻常州的东洲,并占领了它。淮南将领陈璋率领柴再用等部又夺回了东洲。

三年(909)夏季四月,淮南兵围攻苏州城,用牛皮蒙着圆木架、人躲在里面推着向前攻城,吴越将领临海人孙琰在城上架起长竿伸出城外,竿端安装滑轮,用绳索穿过滑轮吊着铁锥,等敌人的牛皮木架推近,就把铁锥放下去,把牛皮揭去,使躲在里面的人全部暴露在箭石之下。敌人的炮石打过来,城上就张开网

以拒之,淮南人不能克。吴越王镠遣牙内指挥使钱镖、行军副使杜建徽等将兵救之。苏州有水通城中,淮南张网缀铃悬水中,鱼鳖过皆知之。吴越游弈都虞候司马福欲潜行入城,故以竿触网,敌闻铃声举网,福因得过,凡居水中三日,乃得入城。由是城中号令与援兵相应,敌以为神。

吴越王镠尝游府园,见园卒陆仁章树艺有智而志之。及苏州被围,使仁章通信入城,果得报而返。镠以诸孙畜之,累迁两府军粮都监使,卒获其用。仁章,睦州人也。

辛亥,吴越兵内外合击淮南兵,大破之,擒其将何朗等三十馀人,夺战舰二百艘。周本夜遁,又追败之于皇天荡。锺泰章将精兵二百为殿,多树旗帜于菰蒋中,追兵不敢进而还。

冬十月,湖州刺史高澧叛附淮南,举兵焚义和临平镇,吴越王镠命指挥使钱镖讨之。

四年春二月,高澧求救于吴,吴常州刺史李简等将兵应之,湖州将盛师友、沈行思闭城不内。澧帅麾下五千人奔吴。三月癸巳,吴越王镠巡湖州,以钱镖为刺史。

秋八月,吴越王镠筑捍海石塘,广杭州城,大修台馆。由是钱塘富庶盛于东南。

乾化元年。湖州刺史钱镖酗酒杀人,恐吴越王镠罪之。冬十月辛亥朔,杀都监潘长、推官锺安德,奔于吴。

二年秋七月甲寅,加吴越王镠尚父。

来抵挡,淮南兵攻不下城。吴越王钱镠派牙内指挥使钱镖、行军副使杜建徽等率兵去援救苏州。苏州有水道通城中,淮南兵在水道里张着网,网上挂着铃,水中有鱼鳖游过,岸上的人都知道。吴越的游弈都虞候司马福想从水中潜入城里,故意用竹竿触动水中的网,敌人听到铃声把网拉起来,司马福随后就游过去,他在水中潜留了三天才得以入城。从此,城中的号令跟城外的援兵相呼应,敌人以为神奇。

吴越王钱镠曾经在府中的园苑里游玩,见园丁陆仁章种树的手艺好而且人很聪明,心里记住他。到苏州被围时,派他入城通信,果然得到城中的答复而回来。钱镠把他当作孙子辈来收养,逐渐升为两府军粮都监使,终于发挥了他的才能。陆仁章是睦州人。

辛亥(十六日),吴越兵内外合击淮南兵,把他们打得大败,俘虏了他们的将领何朗等三十余人,缴获战船二百艘。周本连夜逃跑,又在皇天荡被两浙兵追击并打败,锺泰章率精兵二百断后,在菰草丛中插上许多旗帜,两浙追兵不敢前进而还军。

冬季十月,湖州刺史高澧叛变投靠淮南,带兵焚烧义和的临平镇,吴越王钱镠命指挥使钱镖征讨他。

四年(910)春季二月,高澧向吴求救,吴属常州刺史李简等带兵接应他,湖州将领盛师友、沈行思关闭城门不接纳。高澧率部下五千人投奔吴。三月癸巳(初三),吴越王钱镠巡视湖州,任钱镖为刺史。

秋季八月,吴越王钱镠修筑抵御海潮的石塘,扩建杭州城,大修楼台馆所。从此钱塘地区物产丰富,百姓富庶,在东南方首屈一指。

乾化元年(911)。湖州刺史钱镖酗酒杀人,怕吴越王钱镠惩处他。冬季十月辛亥这天是初一,钱镖杀死湖州都监潘长、推官锺安德,投奔吴王。

二年(912)秋季七月甲寅(初九),后梁太祖加封吴越王钱镠为尚父。

均王乾化三年春三月,吴行营招讨使李涛帅众二万出千秋岭,攻吴越衣锦军。吴越王镠以其子湖州刺史传瓘为北面应援都指挥使以救之,睦州刺史传璙为招讨收复都指挥使,将水军攻吴东洲以分其兵势。夏四月,千秋岭道险狭,钱传瓘使人伐木以断吴军之后而击之,吴军大败,虏李涛及士卒三千馀人以归。

五月,吴遣宣州副指挥使花虔将兵会广德镇遏使涡信屯广德,将复寇衣锦军,吴越钱传瓘就攻之。六月,吴越钱传瓘拔广德,虏花虔、涡信以归。

九月,吴越王镠遣其子传瓘、传璙及大同节度使传瑛攻吴常州,营于潘葑。徐温曰:"浙人轻而怯。"帅诸将倍道赴之。至无锡,黑云都将陈祐言于温曰:"彼谓吾远来罢倦,未能战,请以所部乘其无备击之。"乃自他道出敌后,温以大军当其前,夹攻之,吴越大败,斩获甚众。

贞明二年夏五月,吴越王镠遣浙西安抚判官皮光业自建、汀、虔、郴、潭、岳、荆南道入贡。秋七月,上嘉吴越王镠贡献之勤,壬戌,加镠诸道兵马元帅。朝议多言:"镠之入贡利于市易,不宜过以名器假之。"翰林学士窦梦徵执麻以泣,坐贬蓬莱尉。

三年冬十月己亥,加吴越王镠天下兵马元帅。

四年春三月,吴越王镠初立元帅府,置官属。

五年春三月,诏吴越王镠大举讨淮南。镠以节度副大使传瓘为诸军都指挥使,帅战舰五百艘自东洲击吴,吴遣舒州刺史彭彦章及裨将陈汾拒之。四月,钱传瓘与彭彦章遇,

后梁均王乾化三年(913)春季三月,吴王的行营招讨使李涛率兵两万从千秋岭出发进攻吴越的衣锦军。吴越王钱镠任命他的儿子湖州刺史钱传瓘为北面应援都指挥使去援救衣锦军,睦州刺史钱传璙为招讨收复都指挥使,率领水军进攻吴的东洲,分散吴军的兵力。夏季四月,因千秋岭道路狭窄险阻,钱传瓘让人砍下大树堵在路上以截断吴军的退路,然后对吴军发动进攻,吴军大败,钱传瓘俘虏了李涛及士兵三千馀人班师回军。

五月,吴派宣州副指挥使花虔率兵会同广德镇遏使涡信驻守在广德,准备再次进攻衣锦军,吴越钱传瓘顺势进攻他们。六月,吴越钱传瓘攻克了广德,俘虏了花虔、涡信而回军。

九月,吴越王钱镠派儿子传瓘、传璙及大同节度使传瑛进攻吴的常州,在潘葑扎营。徐温说:"两浙人轻浮而胆怯。"率领诸位将领兼程奔赴常州。抵达无锡后,黑云都将陈祐对徐温说:"对方认为我们远道而来一定非常疲惫,不能马上作战,请让我部乘对方没有准备而袭击它。"于是从另一条道路抄出敌人背后,而徐温则从大军正面来夹攻吴越兵,吴越兵大败,吴军杀死和俘获敌人很多。

贞明二年(916)夏季五月,吴越王钱镠派浙西安抚判官皮光业从建、汀、虔、郴、潭、岳州和荆南道向后梁朝廷进贡。秋季七月,后梁均王嘉赏吴越王钱镠勤于进贡,壬戌(初九),加封钱镠为诸道兵马元帅。朝廷上的议论大都说:"钱镠入贡是为了跟中原做买卖,不应过多授给他权力。"翰林学士窦梦徵手拿白麻纸诏书哭泣,被处罪贬为蓬莱县尉。

三年(917)冬季十月己亥(二十三日),加封吴越王钱镠为天下兵马元帅。

四年(918)春季三月,吴越王钱镠开始建立元帅府署,设置官属。

五年(919)春季三月,后梁均王下诏让吴越王钱镠大规模出兵讨伐淮南。钱镠任节度副大使钱传瓘为诸军都指挥使,率领战舰五百艘从东洲进击吴,吴派遣舒州刺史彭彦章及其副将陈汾抵抗吴越兵的进攻。四月,钱传瓘与彭彦章的舰队相遇,

传瓘命每船皆载灰、豆及沙,乙巳,战于狼山江。吴船乘风而进,传瓘引舟避之,既过,自后随之。吴回船与战,传瓘使顺风扬灰,吴人不能开目。及船舷相接,传瓘使散沙于己船,而散豆于吴船,豆为战血所渍,吴人践之皆僵仆。传瓘因纵火焚吴船,吴兵大败。彦章战甚力,兵尽,继之以木,身被数十创,陈汾按兵不救,彦章知不免,遂自杀。传瓘俘吴裨将七十人,斩首千馀级,焚战舰四百艘。吴人诛汾,籍没家资,以其半赐彦章家,禀其妻子终身。

秋七月,吴越王镠遣钱传瓘将兵三万攻吴常州,吴都招讨使徐温帅诸将拒之,右雄武统军陈璋以水军下海门出其后。壬申,战于无锡。会温病热,不能治军,吴越攻中军,飞矢雨集,镇海节度判官陈彦谦迁中军旗鼓于左,取貌类温者,擐甲胄,号令军事,温得少息。俄倾,疾稍间,出拒之。时久旱草枯,吴人乘风纵火,吴越兵乱,遂大败,杀其将何逢、吴建,斩首万级。传瓘遁去,追至山南,复败之。陈璋败吴越于香湾。

温募生获叛将陈绍者赏钱百万,指挥使崔彦章获之。绍勇而多谋,温复使之典兵。

初,衣锦之役,吴马军指挥曹筠叛奔吴越,徐温赦其妻子,厚遇之,遣间使告之曰:"使汝不得志而去,吾之过也,汝无以妻子为念。"及是役,筠复奔吴。温自数昔日不用筠言者三,而不问筠去来之罪,归其田宅,复其军职。筠内愧而卒。

钱传璙命令每只船上都装载灰土、豆子和沙子,乙巳(初八),双方在狼山江面交战。吴军战船乘风前进,钱传璙收拢战船避开锋芒,等它们过去了,再从后面追上去。吴军战船驶回来与吴越军交战,钱传璙命士兵们顺风扬灰,使吴军士兵睁不开眼。等到双方的船舷相接时,钱传璙让士兵把沙撒在自己的船上,而把豆子撒在吴军船上。豆子被士兵的血所浸渍,吴军踩上去都滑倒在地。钱传璙于是放火烧吴军船只,吴军大败。彭彦章作战非常努力,武器没有了,拿起木棒继续战斗,全身受伤数十处。陈汾按兵不去救援,彭彦章知道无法逃脱,于是自杀。钱传璙俘获吴军副将七十人,斩杀吴军士兵千余人,焚烧战舰四百艘。吴人斩杀陈汾,抄没了他的家产,把其中一半赐给彭彦章家,官府终生赡养他的妻子儿女。

秋季七月,吴越王钱镠派钱传璙率军三万进攻吴的常州,吴都招讨使徐温率部将前去抵抗,右雄武统军陈璋率水军顺流下海门抄出吴越军背后。壬申(初七),双方战于无锡。赶上徐温发热病,不能指挥部队,吴越军进攻吴兵的中军,飞箭像下雨一样,镇海节度判官陈彦谦把中军的旗帜和战鼓移向左边,找一个相貌像徐温的人穿起甲胄,发号令指挥,徐温才得以略微调息。不一会儿,他的病稍有好转,又出来指挥部队抵抗。当时长期干旱,草木干枯,吴军顺风放火,吴越军混乱而被打得大败,吴军杀了吴越军的将领何逢、吴建,斩杀吴越士兵一万人。钱传璙逃跑,吴军追击到狼山南,又打败他们。陈璋也在香湾打败吴越军。

徐温悬赏能生俘叛将陈绍的赏钱一百万,指挥使崔彦章俘获了陈绍。陈绍勇猛而有计谋,徐温仍然让他带兵。

当初,衣锦军之战时,吴属马军指挥曹筠叛变投降吴越,徐温赦免他的妻子儿女,优厚地对待他们,还私下派密使告诉曹筠说:"使你不得志而离开,这是我的过错,你不用挂念妻子儿女。"到这次战斗,曹筠又投奔吴军。徐温检讨自己以前不听从曹筠劝告的三件事,而不处罚曹筠投敌的罪过,归还他的土地宅院,恢复他在军队中的职务。曹筠内心惭愧而死。

知诰请帅步卒二千，易吴越旗帜铠仗，蹑败卒而东，袭取苏州。温曰："尔策固善，然吾且求息兵，未暇如汝言也。"诸将皆以为吴越所恃者舟楫，今大旱，水道涸，此天亡之时也，宜尽步骑之势，一举灭之。温叹曰："天下离乱久矣，民困已甚，钱公亦未易可轻。若连兵不解，方为诸君之忧。今战胜以惧之，戢兵以怀之，使两地之民各安其业，君臣高枕，岂不乐哉！多杀何为？"遂引还。

吴越王镠见何逢马，悲不自胜，故将士心附之。宠姬郑氏父犯法当死，左右为之请，镠曰："岂可以一妇人乱我法。"出其女而斩之。镠自少在军中，夜未尝寐，倦极则就圆木小枕，或枕大铃，寐熟辄欹而寤，名曰"警枕"。置粉盘于卧内，有所记则书盘中，比老不倦。或寝方酣，外有白事者，令侍女振纸即寤。时弹铜丸于楼墙之外，以警直更者。尝微行，夜叩北城门，吏不肯启关，曰："虽大王来亦不可启。"乃自他门入。明日，召北门吏，厚赐之。

秋八月，吴徐温遣使以吴王书解归无锡之俘于吴越，吴越王镠亦遣使请和于吴。自是吴国休兵息民，三十馀州民乐业者二十馀年。吴王及徐温屡遗吴越王镠书，劝镠自王其国，镠不从。

龙德元年春三月，吴人归吴越王镠从弟龙武统军镒于钱塘，镠亦归吴将李涛于广陵。徐温以涛为右雄武统军，镠以镒为镇海节度副使。

徐知诰请求率步兵两千，换上吴越军的旗帜、铠甲仪仗，跟在吴越败兵后面往东去袭击夺取苏州。徐温说："你的计策固然很好，但我想暂时让部队休息，没有馀暇按你的话去做。"众将领都认为吴越兵所倚仗的是水军，现在大旱，水道枯竭，这是老天让吴越灭亡的时机，应倾尽步骑兵之力一举攻灭吴越。徐温叹息说："天下受战乱已经很久了，百姓们十分困苦，钱公也没那么容易被轻视。如果连年战争不止，才是诸位所要担心的。现在战胜敌人使他们害怕，又停战使他们感恩戴德，让两地的百姓各安其业，君臣都能高枕无忧，不也很快乐吗！为何要杀那么多人呢！"于是带兵回吴。

　　吴越王钱镠见到何逢的马，悲痛得不能自已，所以将士们的心都归附于他。他的宠姬郑氏的父亲犯法应当处死，左右的人都替郑姬的父亲求情，钱镠说："怎么能够因为一个妇人而扰乱了我的法度？"于是把郑姬赶出宫廷而把郑父杀了。钱镠从小就生活在军队中，夜里不曾睡觉，非常困乏的时候就靠着圆木小枕或枕着大铃睡觉，一睡熟就向旁边倾侧而醒来，他称这些枕是"警枕"。还把内装白粉的盘子放在卧室内，想记下什么就写在盘子中，到老都不懈怠。有时睡得正熟，外面有报告事情的人，让侍女抖动纸张就能立即醒来。时常把铜丸弹出楼墙之外来警醒守夜的人。曾经便服出行，夜里敲北城门，守门小吏不肯开门，说："即使是大王来了也不能开。"于是从其他门进城。第二天，召见并重赏守北门的小官吏。

　　秋季八月，吴国徐温派使者拿着吴王的信把在无锡之战中俘获的吴越士兵还给吴越，吴越王钱镠也派使者向吴国请和。从此吴国让士兵和百姓休息，三十馀州的百姓安居乐业二十馀年。吴王和徐温屡次给吴越王钱镠送信，劝他自己立国称王，钱镠不听。

　　龙德元年（921）春季三月，吴人把吴越王钱镠的堂弟龙武统军钱镒放回钱塘，钱镠也把吴国将领李涛放回广陵。徐温任李涛为右雄武统军，钱镠任钱镒为镇海节度副使。

　　后唐庄宗同光元年春二月，梁主遣兵部侍郎崔协等册命吴越王镠为吴越国王。丁卯，镠始建国，仪卫名称多如天子之制，谓所居曰宫殿，府署曰朝廷，教令下统内曰制敕，将吏皆称臣，惟不改元，表疏首称吴越国而不言军。以清海节度使兼侍中传瓘为镇海、镇东留后，总军府事。置百官，有丞相、侍郎、郎中、员外郎、客省等使。

　　冬十二月，吴越王镠以行军司马杜建徽为左丞相。

　　二年冬十月，吴越王镠复修本朝职贡，壬午，帝因梁官爵而命之。镠厚贡献，并赂权要，求金印、玉册，赐诏不名、称国王。有司言：“故事惟天子用玉册，王公皆用竹册。又，非四夷无封国王者。”帝皆曲从镠意。

　　三年秋八月丁亥，遣吏部侍郎李德休等赐吴越国王玉册、金印、红袍御衣。

　　闰十二月，吴越王镠遣使者沈瑶致书，以受玉册、封吴越国王告于吴。吴人以其国名与己同，不受书，遣瑶还。仍戒境上无得通吴越使者及商旅。

　　明宗天成元年春三月，吴越王镠有疾，如衣锦军，命镇海、镇东节度使留后传瓘监国。吴徐温遣使来问疾，左右劝镠勿见，镠曰：“温阴狡，此名问疾，实使之觇我也。”强出见之。温果聚兵欲袭吴越，闻镠疾瘳而止。镠寻还钱塘。是岁，吴越王镠以中国丧乱，朝命不通，改元宝正。其后复通中国，乃讳而不称。

后唐庄宗同光元年(923)春季二月,梁主派兵部侍郎崔协等册封吴越王钱镠为吴越国王。丁卯(二十二日),钱镠开始建立国号,仪仗卫队、名称多按天子的制度,称居住的地方为宫殿,府署称为朝廷,对境内发布命令称制敕,文武官员称臣,只是不改年号,上表章的开头自称吴越国而不称军。任清海节度使兼侍中钱传瓘为镇海、镇东留后,总管军府事务。设置百官,有丞相、侍郎、郎中、员外郎、客省使等主管官员。

冬季十二月,吴越王钱镠任命行军司马杜建徽为左丞相。

二年(924)冬季十月,吴越王钱镠恢复对后唐朝廷的进贡,壬午(十七日),后唐庄宗按后梁时吴越王的官爵来任命他。钱镠进贡的财物丰厚,并且贿赂朝中的权要人物,向后唐朝廷要求给予金印、玉册,皇帝赐诏不称吴越王的姓名而称国王。有关部门的官员说:"按以前的规矩,只有天子才用玉册,王和公都用竹册。另外,不是四边的异族,没有封为国王的。"后唐庄宗都违背旧例满足钱镠的要求。

三年(925)秋季八月丁亥(二十七日),朝廷派吏部侍郎李德休等赐给吴越国王玉册、金印、红袍御衣。

闰十二月,吴越王钱镠派使者沈瑫送信给吴王,告诉他自己接受玉册、被封为吴越国王的事。吴国因吴越的国名跟自己的国名相同,不接受钱镠的信,让沈瑫回去。还告诫边境不得让吴越的使者和商客通过。

后唐明宗天成元年(926)春季三月,吴越王钱镠生病,到衣锦军,命镇海、镇东节度使留后钱传瓘代理国政。吴国徐温派使者来问候吴越王的病情,钱镠左右的人劝他不接见吴国的使者。钱镠说:"徐温阴险狡猾,这次前来,名义上是来探病,实际上是想侦察我的情况。"钱镠勉强出来接见吴使者。徐温果然集合了部队想袭击吴越,听说钱镠的病好了而停止出兵。不久,钱镠回钱塘。这一年,吴越王钱镠因中原战乱,朝廷的命令无法下达,改年号为宝正。后来恢复了与中原的联系,才隐讳而不称自己的年号。

三年秋八月,吴越王镠欲立中子传瓘为嗣,谓诸子曰:"各言汝功,吾择多者而立之。"传瓘兄传璹、传璙、传璟皆推传瓘,乃奏请以两镇授传瓘。闰月丁未,诏以传瓘为镇海、镇东节度使。

四年。吴越王镠居其国好自大,朝廷使者曲意奉之则赠遗丰厚,不然则礼遇疏薄。尝遗安重诲书,辞礼颇倨。帝遣供奉官乌昭遇、韩玫使吴越,昭遇与玫有隙,使还,玫奏:"昭遇见镠,称臣拜舞,谓镠为殿下,及私以国事告镠。"安重诲奏赐昭遇死。秋九月癸巳,制镠以太师致仕,自馀官爵皆削之,凡吴越进奏官、使者、纲吏,令所在系治之。镠令子传瓘等上表讼冤,皆不省。

长兴元年冬十月,钱镠因朝廷册闽王使者裴羽还,附表引咎,其子传瓘及将佐屡为镠上表自诉。癸卯,敕听两浙纲使自便。

二年春三月乙酉,复以钱镠为天下兵马都元帅、尚父、吴越国王,遣监门上将军张篯往谕旨,以向日致仕,安重诲矫制也。

三年春三月,吴越武肃王钱镠寝疾,谓将吏曰:"吾疾必不起,诸儿皆愚懦,谁可为帅者?"众泣曰:"两镇令公仁孝有功,孰不爱戴!"镠乃悉出印钥授传瓘,曰:"将吏推尔,宜善守之。"又曰:"子孙善事中国,勿以易姓废事大之礼。"庚戌卒,年八十一。

传瓘与兄弟同帷行丧,内牙指挥使陆仁章曰:"令公嗣先王霸业,将吏旦暮趋谒,当与诸公子异处。"乃命主者更设一帷,扶传瓘居之,告将吏曰:"自今惟谒令公,禁诸公子

三年(928)秋季八月,吴越王钱镠想立排行居中的儿子钱传瓘继承自己的王位,对诸位儿子说:"你们各自谈谈自己的功劳,我要选功劳多的立为后嗣。"传瓘的哥哥传璙、传璟、传璟都推立传瓘功劳多,于是向朝廷上奏请求把两镇授给钱传瓘来统辖。闰八月丁未(初五),朝廷下诏任命钱传瓘为镇海、镇东节度使。

四年(929)。吴越王钱镠在国中喜欢自高自大,朝廷的使者对他曲意奉承的就送给厚礼,不然就礼节疏、待遇薄。曾给安重诲写信,语言礼节都很倨傲。明宗派供奉官乌昭遇、韩玫出使吴越国,乌昭遇与韩玫有矛盾,出使回朝,韩玫上奏:"乌昭遇见钱镠称臣跪拜,称钱镠为殿下,还私下把国家的事务告诉他。"安重诲上奏朝廷赐乌昭遇自杀。秋季九月癸巳(二十七日),明宗下令让钱镠以太师的身份退休,其馀的官职爵位一概免除,凡吴越进奏官、使者、纲吏,命所在的地方政府把这些人抓起来治罪。钱镠让儿子钱传瓘等上表诉冤,朝廷都不理睬。

长兴元年(930)冬季十月,钱镠趁着朝廷册立闽王的使者裴羽回朝,托他带上表章认错,钱镠的儿子钱传瓘及将佐们屡次替钱镠上表陈述。癸卯(十三日),明宗下令,两浙的纲吏听随吴越安排。

二年(931)春季三月乙酉(二十七日),又任命钱镠为天下兵马都元帅、尚父、吴越国王,派监门上将军张篯前往吴越宣布明宗的旨意,说以前让钱镠退休,是安重诲假传圣旨。

三年(932)春季三月,吴越武肃王钱镠病重,他对文武官员们说:"我的病一定不能痊愈,儿子们愚蠢懦弱,谁可以当统帅呢?"大家都流泪说:"两镇令公仁孝有功劳,谁不爱戴!"钱镠于是把金印和钥匙全交给钱传瓘,说:"将吏们都推重你,你要好好守住国家。"又说:"子孙们要恭敬地对待中原,不要因换了皇帝而废弃尊奉朝廷的礼节。"庚戌(二十八日),钱镠去世,享年八十一岁。

钱传瓘与兄弟们同在幄帐中行丧,内牙指挥使陆仁章说:"令公您继承先王的霸业,将吏们整天要上前禀报国事,应当与各位公子分开。"于是命主持丧事的人另设一幄,挽扶钱传瓘进去居处,告诉将吏们说:"从今以后有事只准禀告令公,禁止各位公子的

从者无得妄入。"昼夜警卫,未尝休息。镠末年左右皆附传瓘,独仁章数以事犯之。至是,传瓘劳之,仁章曰:"先王在位,仁章不知事令公,今日尽节,犹事先王也。"传瓘嘉叹久之。

传瓘既袭位,更名元瓘,兄弟名"传"者皆更为"元"。以遗命去国仪,用藩镇法,除民田荒绝者租税。命处州刺史曹仲达权知政事。置择能院,掌选举殿最,以浙西营田副使沈崧领之。

内牙指挥使富阳刘仁杞及陆仁章久用事,仁章性刚,仁杞好毁短人,皆为众所恶。一日,诸将共诣府门请诛之,元瓘使从子仁俊谕之曰:"二将事先王久,吾方图其功,汝曹乃欲逞私憾而杀之,可乎?吾为汝王,汝当禀吾命;不然,吾当归临安以避贤路!"众惧而退。乃以仁章为衢州刺史,仁杞为湖州刺史。中外有上书告讦者,元瓘皆置不问,由是将吏辑睦。

秋七月己丑,加镇海、镇东节度使钱元瓘守中书令。

四年秋七月丁亥,赐钱元瓘爵吴王。元瓘于兄弟甚厚,其兄中吴、建武节度使元璙自苏州入见,元瓘以家人礼事之,奉觞为寿,曰:"此兄之位也,而小子居之,兄之赐也。"元璙曰:"先王择贤而立之,君臣位定,元璙知忠顺而已。"因相与对泣。

潞王清泰元年春正月甲午,以镇海、镇东节度使吴王元瓘为吴越王。

后晋高祖天福二年春二月,吴越王元瓘之弟顺化节度使、同平章事元㺷获罪于元瓘,废为庶人。初,吴越王

随从随便进入这里。"并且日夜警卫,未曾休息。钱镠末年,身边的人都依附钱传瓘,只有陆仁章多次因事忤逆他。到这时,钱传瓘抚慰他,陆仁章说:"先王在位时,我不知道事奉令公,今日尽臣子之节,就像事奉先王一样。"钱传瓘称许赞叹了好久。

钱传瓘继位以后,改名为元瓘,兄弟以"传"为名的都改为"元"字。遵循钱镠的遗令而放弃国王的仪礼,采用藩镇的规制,免除田地荒芜没有收成的百姓的租税。任命处州刺史曹仲达暂管政事。设置择能院,掌管选举和考核官吏的优劣,让浙西营田副使沈崧负责此事。

内牙指挥使富阳人刘仁杞与陆仁章长期任职主管政事,陆仁章性情刚直,刘仁杞喜欢贬低人,两人都为众人所厌恶。一天,众将领一起到府门请求杀这两人,钱元瓘派侄子钱仁俊劝解他们说:"两位将军长期事奉先王,我正要考虑表彰他们的功绩,你们竟要为了逞自己的私怨而杀他们,可以吗?我是你们的主子,你们应当听从我的命令;不然的话,我就应当回临安去,把王位让给贤能的人。"众将领害怕而退出去。于是任陆仁章为衢州刺史,刘仁杞为湖州刺史。朝廷内外有人上书告发别人的,钱元瓘都扣压起来不追问,因此将吏们和睦相处。

秋季七月己丑(初九),朝廷加封镇海、镇东节度使钱元瓘兼中书令。

四年(933)秋季七月丁亥(十三日),朝廷赐钱元瓘吴王爵位。钱元瓘对兄弟非常亲厚,他哥哥中吴、建武节度使钱元璙从苏州来见他,钱元瓘以家礼对待他,举酒杯为他祝寿说:"这本是哥哥你的王位,而小弟坐上了,这是哥哥的恩赐。"钱元璙说:"先王选择贤能的人而立嗣君,君臣的名位已定,我只知道忠顺而已。"于是兄弟相对而流泪。

后梁潞王清泰元年(934)春季正月甲午(二十三日),朝廷任命镇海、镇东节度使吴王钱元瓘为吴越王。

后晋高祖天福二年(937)春季二月,吴越王钱元瓘的弟弟顺化节度使、同平章事钱元玼被钱元瓘降罪,贬为平民。当初,吴越王

镠少子元球数有军功,镠赐之兵仗。及吴越王元瓘立,元球为土客马步军都指挥使、静江节度使兼中书令,恃恩骄横,增置兵仗至数千,国人多附之。元瓘忌之,使人讽元球请输兵仗,出判温州,元球不从。铜官庙吏告元球遣亲信祷神,求主吴越江山,又为蜡丸从水窦出入,与兄元珦谋议。三月戊午,元瓘遣使者召元球宴宫中,既至,左右称元球有刃坠于怀袖,即格杀之,并杀元珦。元瓘欲按诸将吏与元珦、元球交通者,其子仁俊谏曰:"昔光武克王郎,曹公破袁绍,皆焚其书疏以安反侧,今宜效之。"元瓘从之。

夏四月,吴越王元瓘复建国,如同光故事。丙申,赦境内,立其子弘僔为世子。以曹仲达、沈崧、皮光业为丞相,镇海节度判官林鼎掌教令。

十一月戊辰,诏加吴越王元瓘天下兵马副元帅,进封吴越国王。

四年秋八月己酉,以吴越王元瓘为天下兵马元帅。

冬十月,吴越恭穆夫人马氏卒。夫人,雄武军节度使绰之女也。初,武肃王镠禁中外畜声妓,文穆王元瓘年三十馀无子,夫人为之请于镠,镠喜曰:"吾家祭祀,汝实主之。"乃听元瓘纳妾鹿氏,生弘僔、弘倧;许氏,生弘佐;吴氏,生弘俶;众妾,生弘偓、弘亿、弘仪、弘偓、弘仰、弘信。夫人抚视,慈爱如一。常置银鹿于帐前,坐诸儿于上而弄之。

五年夏四月甲子,吴越孝献世子弘僔卒。

钱镠的小儿子钱元球多次建立军功,钱镠赐给他军队仪仗。等到吴越王钱元瓘继位,钱元球为土客马步军都指挥使、静江节度使兼中书令,他倚仗先王的恩典非常骄横,增设军队仪仗至数千人,吴越国中许多人亲附他。钱元瓘顾忌他,派人示意他自动把军队仪仗交出来,到温州任职,钱元球不听从。掌管铜官庙的官吏告发钱元球派亲信向神祈祷,求神保佑钱元球主宰吴越江山,又用蜡丸藏信件从水沟中递送,跟他哥哥钱元珦互通计谋。三月戊午(初五),钱元瓘派使者召钱元球入宫中赴宴,钱元球入宫后,钱元瓘身边的人说钱元球身上带着刀从衣袖中掉下来,当场把他杀死,同时也把钱元珦杀死。钱元瓘想追查众将领与钱元珦、钱元球相勾结的,他侄子钱仁俊劝谏他说:"以前汉光武打败王郎,曹公孟德破袁绍,都把缴获的书信奏疏烧掉来安定心怀疑惧的臣下之心,现在应该效法他们。"钱元瓘听从了。

夏季四月,吴越王钱元瓘恢复吴越国的建制,一切都按同光年间的旧例。丙申(十四日),钱元瓘在境内宣布大赦,立其子钱弘僔为世子。任曹仲达、沈崧、皮光业为丞相,让镇海节度判官林鼎执掌政教诏令。

十一月戊辰(十九日),后晋高祖下诏书加封吴越王钱元瓘为天下兵马副元帅,晋封为吴越国王。

四年(939)秋季八月己酉(十一日),朝廷任命吴越王钱元瓘为天下兵马元帅。

冬季十月,吴越恭穆夫人马氏去世。马夫人是雄武军节度使马绰的女儿。当初,武肃王钱镠禁止内外的官员收养歌妓,文穆王钱元瓘三十多岁还没儿子,马夫人向钱镠请求为他纳妾,钱镠高兴地说:"我家的祭祀,就由你来主持。"于是听任钱元瓘娶鹿氏为妾,生弘僔、弘倧;妾许氏生弘佐;妾吴氏生弘俶;其他众妾生弘僎、弘亿、弘仪、弘偓、弘仰、弘信。马夫人抚养对待他们都一样慈爱。常把银鹿放在帐前,把孩子们放在鹿背上逗着玩。

五年(940)夏季四月甲子(二十九日),吴越孝献世子弘僔去世。

冬十月丁酉，加吴越王元瓘天下兵马都元帅、尚书令。

六年秋七月，吴越府署火，宫室、府库几尽。吴越王元瓘惊惧，发狂疾。

八月，吴越文穆王元瓘寝疾，察内都监使章德安忠厚，能断大事，欲属以后事，语之曰："弘佐尚少，当择宗人长者立之。"德安曰："弘佐虽少，群下伏其英敏，愿王勿以为念。"王曰："汝善辅之，吾无忧矣。"德安，处州人也。辛亥，元瓘卒。

初，内牙指挥使戴恽为元瓘所亲任，悉以军事委之。元瓘养子弘侑乳母，恽妻之亲也，或告恽谋立弘侑。德安秘不发丧，与诸将谋，伏甲士于幕下。壬子，恽入府，执而杀之，废弘侑为庶人，复姓孙，幽之明州。是日，将吏以元瓘遗命，承制以镇海、镇东节度副大使弘佐为节度使，时年十四。九月庚申，弘佐即王位，命丞相曹仲达摄政。军中言赐与不均，举仗不受，诸将不能制。仲达亲谕之，皆释仗而拜。

弘佐温恭，好书，礼士，躬勤政务，发摘奸伏，人不能欺。民有献嘉禾者，弘佐问仓吏："今蓄积几何？"对曰："十年。"王曰："然则军食足矣，可以宽吾民。"乃命复其境内税三年。

齐王开运二年冬十一月乙卯，吴越王弘佐诛内都监使杜昭达，己未，诛内牙上统军使明州刺史阚璠。昭达，建徽之孙也，与璠皆好货。钱塘富人程昭悦以货结二人，得侍弘佐左右。昭悦为人狡佞，王悦之，宠待逾于旧将，璠不能

冬季十月丁酉(初五),朝廷加封吴越王元瓘为天下兵马都元帅、尚书令。

六年(941)秋季七月,吴越府署失火,宫室和官府仓库几乎被烧光。吴越王钱元瓘受惊而害怕,精神错乱。

八月,吴越文穆王钱元瓘病重,察内都监使章德安为人忠厚,能决断大事,钱元瓘想把后事托付给他,对他说:"弘佐年纪还小,应当选宗族中年长的人立为王。"章德安说:"弘佐年纪虽小,但大臣们都叹服他俊伟敏慧,希望大王不要担心。"钱元瓘说:"你好好地辅佐他,我不用担心了。"章德安是处州人。辛亥(二十四日),元瓘去世。

当初,内牙指挥使戴恽为钱元瓘所亲近信任,把军事都交给他来处理。元瓘的养子弘侑的乳母是戴恽妻子的亲戚。有人告发戴恽企图立弘侑为王。钱元瓘死后,章德安封锁消息不发讣告,与众将领策划,在府中幕后埋伏甲士。壬子(二十五日),戴恽进入府中,被捉住杀掉,弘侑被废为平民,恢复孙姓,幽禁在明州。这天,将吏们根据钱元瓘的遗命,按照旧例以镇海、镇东节度副大使弘佐为节度使,当时他十四岁。九月庚申(初三),弘佐即王位,命丞相曹仲达摄理国政。军队中说赏赐不均,士兵们举着兵器不接受赏赐,将领们控制不住。曹仲达亲自前去劝解,士兵们都放下武器而下拜。

钱弘佐温良谦恭,喜欢读书,对士人有礼,勤于政务,能洞悉奸隐之情,人们骗不了他。百姓有献上瑞禾的,弘佐问管粮仓的官吏:"现在粮仓储备有多少?"回答说:"有十年的储备。"钱弘佐说:"这样军粮足够了,可以对我的百姓宽松一些了。"于是免除境内三年的租税。

后晋齐王开运二年(945)冬季十一月乙卯(二十二日),吴越王钱弘佐杀了内都监使杜昭达,己未(二十六日),诛杀内牙上统军使、明州刺史阚璠。昭达是杜建徽的孙子,与阚璠一样都贪图钱财。钱塘富人程昭悦用财物结交他们二人,得以在弘佐身边侍候。程昭悦为人狡诈奸佞,吴越王喜欢他,对他的宠幸超过旧将领,阚璠心中不

平。昭悦知之,诣璠顿首谢罪,璠责让久之,乃曰:"吾始者决欲杀汝,今既悔过,吾亦释然。"昭悦惧,谋去璠。璠专而愎,国人恶之者众,王亦恶之。昭悦欲出璠于外,恐璠觉之,私谓右统军使胡进思曰:"今欲除公及璠各为本州,使璠不疑,可乎?"进思许之,乃以璠为明州刺史,进思为湖州刺史。璠怒曰:"出我于外,是弃我也。"进思曰:"老兵得大州,幸矣,不行何为!"璠乃受命。既而复以他故留进思。内外马步都统军使钱仁俊母,杜昭达之姑也。昭悦因谮璠、昭达谋奉仁俊作乱,下狱锻炼成之。璠、昭达既诛,夺仁俊官,幽于东府。于是昭悦治阚、杜之党,凡权任与己侔,意所忌者,诛放百馀人,国人畏之侧目。胡进思重厚寡言,昭悦以为戆,故独存之。昭悦收仁俊故吏慎温其,使证仁俊之罪,拷掠备至,温其坚守不屈。弘佐嘉之,擢为国官。温其,衢州人也。

十二月,加弘佐东南面兵马都元帅。

后汉高祖天福十二年。吴越内都监程昭悦,多聚宾客,畜兵器,二月己卯,吴越王弘佐斩之,释钱仁俊之囚。

夏六月,忠献王弘佐卒,遗令以弘倧为镇海、镇东节度使。丙寅,弘倧袭位。秋七月,吴越王弘倧以其弟弘俶同参相府事。八月,制以钱弘倧为镇海镇东节度使兼中书令、吴越王。

十一月,吴越王弘倧大阅水军,赏赐倍于旧。胡进思固谏,弘倧怒,投笔水中曰:"吾之财与士卒共之,奚多少之限邪!"

平。程昭悦知道后，到阚璠处叩头谢罪，阚璠斥责他很久，才说："我之前决心想杀你，现在你既然已经悔过，我也就打消这个念头了。"程昭悦害怕，想除掉阚璠。阚璠专横而刚愎自用，吴越国中厌恶他的人很多，吴越王也厌恶他。程昭悦想把阚璠调去外面任职，又怕阚璠觉察出来，于是私下对右统军使胡进思说："现在想把你跟阚璠各调本州，让阚璠不怀疑，可以吗？"胡进思答应了。于是任阚璠为明州刺史，胡进思为湖州刺史。阚璠发怒说："把我调到外面，是舍弃我。"胡进思说："老兵能在大州任职，算是幸运的了，不去干什么呢？"阚璠这才接受任命。不久，又以其他借口把胡进思留在朝中。内外马步都统军使钱仁俊的母亲是杜昭达的姑母。程昭悦于是诬陷阚璠、杜昭达图谋拥戴钱仁俊造反，把他们抓到狱中，罗织罪状定案。阚璠和杜昭达被杀后，削去钱仁俊的职务，把他囚禁在东府。于是，程昭悦开始处置阚璠、杜昭达的同党，凡权力、地位与自己相当、而心中有所顾忌的，杀掉和流放了百馀人，国内的人害怕他，不敢正眼看他。胡进思为人凝重寡言，程昭悦以为他戆直，所以唯独留下了他。程昭悦收捕了钱仁俊的旧吏慎温其，逼他指证钱仁俊的罪过，酷刑都用尽了，慎温其坚决不屈从。钱弘佐嘉许他，提拔他为吴越国的官员。慎温其是衢州人。

十二月，朝廷加封钱弘佐为东南面兵马都元帅。

后汉高祖天福十二年（947）。吴越内都监程昭悦广为招聚宾客，收藏兵器，二月己卯（二十三日），吴越王钱弘佐杀了他，把钱仁俊放出来。

夏季六月，忠献王钱弘佐去世，遗令以钱弘倧为镇海、镇东节度使。丙寅（十三日），钱弘倧即位。秋季七月，吴越王钱弘倧任弟弟钱弘俶为同参相府事。八月，朝廷下令任钱弘倧为镇海、镇东节度使，兼中书令、吴越王。

十一月，吴越王钱弘倧大规模检阅水军，对士兵的赏赐是以前的两倍。胡进思坚决地劝谏，钱弘倧大怒，把笔投入水中说："我的财物跟士卒们一起享用，赏赐为什么要有多少的限制呢！"

吴越王弘倧性刚严，愤忠献王弘佐时容养诸将，政非己出，及袭位，诛杭、越侮法吏三人。

内牙统军使胡进思恃迎立功，干预政事，弘倧恶之，欲授以一州，进思不可。进思有所谋议，弘倧数面折之。进思还家，设忠献王位，被发恸哭。民有杀牛者，吏按之，引人所市肉近千斤。弘倧问进思："牛大者肉几何？"对曰："不过三百斤。"弘倧曰："然则吏妄也。"命按其罪，进思拜贺其明。弘倧曰："公何能知其详？"进思踟蹰对曰："臣昔未从军，亦尝从事于此。"进思以弘倧为知其素业，故辱之，益恨怒。进思建议遣李孺赟归福州，及孺赟叛，弘倧责之，进思愈不自安。

弘倧与内牙指挥使何承训谋逐进思，又谋于内都监使水丘昭券，昭券以为进思党盛难制，不如容之，弘倧犹豫未决。承训恐事泄，反以谋告进思。

十二月庚戌晦，弘倧夜宴将吏，进思疑其图己，与其党谋作乱，帅亲兵百人戎服执兵入见于天策堂，曰："老奴无罪，王何故图之？"弘倧叱之不退，左右持兵者皆愤怒。弘倧猝愕不暇发言，趋入义和院。进思锁其门，矫称王命，告中外云："猝得风疾，传位于同参相府事弘俶。"进思因帅诸将迎弘俶于私第，且召丞相元德昭。德昭至，立于帘外不拜，曰："俟见新君。"进思亟出褰帘，德昭乃拜。

吴越王钱弘倧性情刚毅严切,他不满忠献王钱弘佐时对诸位将领的优容,政事处置不能由自己决定。于是到他即位时,杀了杭州、越州违法的官员三名。

内牙统军使胡进思倚仗自己有迎立国王的功劳,干预吴越王对政事的处理,钱弘倧厌恶他,想派他到外州去任职,胡进思不答应。胡进思提出的计策和建议,弘倧多次当面反驳。胡进思回到家里,摆上忠献王的神位,披头散发大声号哭。百姓有私宰生牛出售的,官吏捉住他审问,牵连出买肉人,一共买了近千斤肉。钱弘倧问胡进思:"牛大的,肉有多少斤?"回答说:"不超过三百斤。"钱弘倧说:"那这就是办案官员的虚妄了。"命令将审理私杀生牛案的官员治罪,胡进思向钱弘倧下拜,称贺他圣明。钱弘倧问:"您怎么那么清楚一头牛的肉有多少?"胡进思局促不安地说:"我未参军以前,也曾卖过牛肉。"胡进思以为弘倧知道他以前的职业,故意侮辱他,于是更加忌恨弘倧。胡进思建议派李孺赟回福州,到李孺赟叛变时,钱弘倧斥责胡进思,胡进思越发自感不安。

钱弘倧与内牙指挥使何承训策划驱逐胡进思,又与内都监使水丘昭券商议。水丘昭券认为胡进思的同党势力大,难以控制,不如优容他,钱弘倧犹豫之中未能做出决定。何承训怕事情泄露,反而把钱弘倧的打算告诉胡进思。

十二月庚戌是三十日,钱弘倧在夜里设宴招待文武官员,胡进思疑心是要对自己下手,于是与他的同党作乱,率领亲兵一百人,穿军服拿武器闯入天策堂面见钱弘倧说:"老奴没有罪,大王为什么要除掉我?"钱弘倧呵斥他,他也不退出去,他身边拿武器的人都很愤怒。钱弘倧在仓促惊愕之间来不及讲话,跑入义和院。胡进思把院门锁上,假传吴越王的命令,对全国宣布:"吴越王突然间疯癫,传位给同参相府事钱弘俶。"胡进思随后率众将领到钱弘俶的私第去迎接他,并且召丞相元德昭来见。元德昭到后,站在帘外不跪拜,说:"我等着拜见新君主。"胡进思赶快走到门口,把帘子掀起,元德昭于是下拜。

进思称弘倧之命，承制授弘俶镇海、镇东节度使兼侍中。弘俶曰："能全吾兄，乃敢承命。不然，当避贤路。"进思许之，弘俶始视事。进思杀水丘昭券及进侍鹿光铉。光铉，弘倧之舅也。进思之妻曰："他人犹可杀，昭券，君子也，奈何害之！"

乾祐元年春正月壬戌，吴越王弘俶迁故王弘倧于衣锦军私第，遣匡武都头薛温将亲兵卫之，潜戒之曰："若有非常处分，皆非吾意，当以死拒之。"

二月，吴越内牙指挥使何承训复请诛胡进思及其党。吴越王弘俶恶其反覆，且惧召祸，乙未，执承训，斩之。进思屡请杀废王弘倧以绝后患，弘俶不许。进思诈以王命密令薛温害之，温曰："仆受命之日，不闻此言，不敢妄发。"进思乃夜遣其党方安等二人逾垣而入，弘倧阖户拒之，大呼求救。温闻之，率众而入，毙安等于庭中，入告弘俶。弘俶大惊，曰："全吾兄，汝之力也。"弘俶畏忌进思，曲意下之。进思亦内忧惧，未几，疽发背卒。弘倧由是获全。

八月乙未，以钱弘俶为吴越国王。
隐帝乾祐二年夏五月，吴越内牙都指挥使钭滔，胡进思之党也，或告其谋叛，辞连丞相弘亿。吴越王弘俶不欲穷治，贬滔于处州。秋七月，吴越王弘俶以丞相弘亿判明州。

冬十月壬午，加吴越王弘俶尚书令。吴越王弘俶募民能垦荒田者，勿收其税，由是境内无弃田。或请纠民遗丁以增赋，仍自掌其事，弘俶杖之国门，国人皆悦。

胡进思假借钱弘倧的命令，按照旧例任命钱弘俶为镇海、镇东节度使兼侍中。钱弘俶说："能保全我哥哥的性命，我才敢接受任命，不然的话，我就让开进贤之路。"胡进思答应了他，钱弘俶才出来主持政事。胡进思杀了水丘昭券及进侍鹿光铉。鹿光铉是钱弘倧的舅舅。胡进思的妻子说："其他人还可以杀，昭券是正人君子，为什么要杀害他呢！"

乾祐元年（948）春季正月壬戌（十二日），吴越王钱弘俶把故王钱弘倧迁居到衣锦军的私人府第中，派匡武都头薛温带领亲兵守卫，私下告诫他："如果有人说奉命要对故王作特别处置，那都不是我的旨意，你要以死来抵抗他。"

二月，吴越内牙指挥使何承训又请求诛杀胡进思及其同党。吴越王钱弘俶厌恶他反复无常，而且也害怕惹祸，乙未（十五日），把何承训捉来杀了。胡进思屡次请求杀废王钱弘倧来断绝后患，钱弘俶不答应。胡进思诈称吴越王的命令，密令薛温杀害钱弘倧，薛温说："我接受大王命令时，没有听到这样的话，不敢擅自行动。"胡进思就在夜里派他的同党方安等二人翻墙入府中，钱弘倧关门抵抗，大喊救命。薛温听见了，率领卫兵冲进去，把方安等人杀死在庭中，并回去将情况报告钱弘俶。钱弘俶大惊说："保全我哥哥，这是你的功劳。"钱弘俶畏忌胡进思，曲意顺从他。胡进思也心怀忧惧，不久背疽发作而死。钱弘倧因此保全了性命。

八月乙未（十九日），后汉朝廷任命钱弘俶为吴越国王。

后汉隐帝乾祐二年（949）夏季五月，吴越内牙都指挥使钭滔，是胡进思的党羽，有人告发他企图作乱，事情牵连到丞相钱弘亿。吴越王钱弘俶不想彻底追究，于是把钭滔贬到处州。秋季七月，吴越王钱弘俶命丞相钱弘亿出外掌理明州。

冬季十月壬午（十三日），后汉朝廷加封吴越王钱弘俶为尚书令。吴越王钱弘俶招募能开垦荒田的百姓，不收他们的田税，于是境内没有荒废的田地。有人提议检查百姓漏报的丁口来增加赋税，还自请主管其事，钱弘俶在城门口公开对他处以杖刑，百姓们都很高兴。

三年冬十月丁未,以吴越王弘俶为诸道兵马元帅。

后周太祖广顺元年夏四月,吴越王弘俶徙废王弘倧居东府,为筑宫室,治园圃娱悦之,岁时供馈甚厚。

显德元年秋七月丁丑,加吴越王钱弘俶天下兵马都元帅。

世宗显德二年十二月,吴越王弘俶遣元帅府判官陈彦禧入贡,帝以诏谕弘俶,使出兵击唐。

三年春二月,吴越王弘俶遣兵屯境上以俟周命。苏州营田指挥使陈满言于丞相吴程曰:"周师南征,唐举国惊扰,常州无备,易取也。"会唐主有诏抚安江阴吏民,满告程云:"周诏书已至。"程为之言于弘俶,请亟发兵从其策。丞相元德昭曰:"唐大国,未可轻也。若我入唐境而周师不至,谁与并力,能无危乎!请姑俟之。"程固争,以为时不可失,弘俶卒从程议。癸未,遣程督衢州刺史鲍脩让、中直都指挥使罗晟趣常州。程谓将士曰:"元丞相不欲出师。"将士怒,流言欲击德昭。弘俶匿德昭于府中,令捕言者,叹曰:"方出师而士卒欲击丞相,不祥甚哉!"

癸巳,吴越王弘俶遣上直都指挥使路彦铢攻宣州,罗晟帅战舰屯江阴。唐静海制置使姚彦洪帅兵民万人奔吴越。

三年(950)冬季十月丁未(十三日),后汉朝廷任命吴越王弘俶为诸道兵马元帅。

　　后周太祖广顺元年(951)夏季四月,吴越王钱弘俶将废王钱弘倧迁居东府,给他建筑宫室和修整园苑,使他愉快,按时供应的财物非常丰厚。

　　显德元年(954)秋季七月丁丑(初五),后周朝廷加封吴越王钱弘俶为天下兵马都元帅。

　　后周世宗显德二年(955)十二月,吴越王钱弘俶派元帅府判官陈彦禧入朝进贡,世宗下诏书让钱弘俶出兵进攻南唐。

　　三年(956)春季二月,吴越王钱弘俶派兵屯驻在边境等待后周朝廷的命令。苏州营田指挥使陈满对丞相吴程说:"周国军队南征,南唐全国惊扰,常州没有防备,容易攻取。"正好南唐国王有诏书去安抚江阴的官民,陈满告诉吴程说:"周国的诏书已经到了。"吴程把陈满的话告诉钱弘俶,请他赶快按陈满的计策出兵。丞相元德昭说:"唐是大国,不可轻视。如果我军进入唐境内而后周的军队不来,谁跟我们合力作战,能没有危险吗?请暂且等待吧。"吴程坚决争取出兵,认为时机不可失,钱弘俶最终听从了吴程的意见。癸未(二十日),派吴程督领衢州刺史鲍脩让、中直都指挥使罗晟出兵常州。吴程对将士们说:"元丞相不想出兵。"将士们发怒,扬言说要打元德昭。钱弘俶把元德昭藏在自己府中,命令逮捕扬言要打元德昭的人,叹息说:"刚要出兵而士卒要打丞相,太不吉利了!"

　　癸巳(三十日),吴越王钱弘俶派遣上直都指挥使路彦铢进攻宣州,罗晟率战舰屯驻江阴。南唐静海制置使姚彦洪率领士兵百姓一万人投奔吴越。

王氏据闽中

唐僖宗中和元年秋八月,寿州屠者王绪与妹夫刘行全聚众五百,盗据本州,月馀,复陷光州,自称将军,有众万馀人。蔡州节度使秦宗权表为光州刺史。固始县佐王潮及弟审邽、审知皆以材气知名,绪以潮为军正,使典资粮,阅士卒,信用之。

四年。初,黄巢转掠福建,建州人陈岩聚众数千保乡里,号九龙军,福建观察使郑镒奏为团练副使。泉州刺史、左厢都虞候李连有罪,亡入溪洞,合众击福州,岩击败之。镒畏岩之逼,表岩自代,冬十二月壬寅,以岩为福建观察使。岩为治有威惠,闽人安之。

光启元年春正月,秦宗权责租赋于光州刺史王绪,绪不能给,宗权怒,发兵击之。绪惧,悉举光、寿二州兵五千人,驱吏民渡江,以刘行全为前锋,转掠江、洪、虔州,是月,陷汀、漳二州,然皆不能守也。

秋八月,王绪至漳州,以道险粮少,令军中"无得以老弱自随,犯者斩"。唯王潮兄弟扶其母董氏崎岖从军,绪

王氏据闽中

唐僖宗中和元年（881）秋季八月，寿州屠户王绪与他妹夫刘行全聚众五百人当强盗，占据了寿州，一个多月后，又攻陷光州，自称将军，有部众一万馀人。蔡州节度使秦宗权上表请授任王绪为光州刺史。固始县的佐吏王潮和弟弟王审邽、王审知都以才气闻名，王绪任命王潮为军正，让他管理军资粮饷，巡阅士卒，很信任他。

四年（884）。当初，黄巢移军劫掠福建，建州人陈岩聚众数千人保卫家乡，号称"九龙军"，福建观察使郑镒向朝廷上奏任他为团练副使。泉州刺史、左厢都虞候李连犯法，逃入蛮部溪洞中，纠合徒众进攻福州，陈岩打败了他。郑镒害怕陈岩的威逼，上表朝廷，让陈岩代替自己担任观察使，冬季十二月壬寅（十六日），朝廷任命陈岩为福建观察使。陈岩治理福建，恩威并施，福建百姓都较为安定。

光启元年（885）春季正月，秦宗权催令光州刺史王绪上缴租赋，王绪交不出。秦宗权发怒，出兵进攻他。王绪害怕，率领光、寿两州的士兵五千人，驱赶官民渡过长江，让刘行全打前锋，辗转劫掠江、洪、虔三州，当月，攻陷了汀、漳二州，但都不能固守。

秋季八月，王绪抵达漳州，因为道路险阻粮食少，于是命令军队中"不能携带老弱家属跟随，违反命令的处斩"。只有王潮几兄弟搀扶着母亲董氏在崎岖的山路上跟随部队前进，王绪

召潮等责之曰："军皆有法，未有无法之军。汝违吾令而不诛，是无法也。"三子曰："人皆有母，未有无母之人，将军奈何使人弃其母！"绪怒，命斩其母。三子曰："潮等事母如事将军，既杀其母，安用其子！请先母死。"将士皆为之请，乃舍之。

有望气者谓绪曰："军中有王者气。"于是绪见将卒有勇略逾己及气质魁岸者皆杀之。刘行全亦死，众皆自危，曰："行全亲也，且军锋之冠，犹不免，况吾属乎！"行至南安，王潮说其前锋将曰："吾属违坟墓，捐妻子，羁旅外乡为群盗，岂所欲哉！乃为绪所迫胁故也。今绪猜刻不仁，妄杀无辜，军中孑孑者受诛且尽，子须眉若神，骑射绝伦，又为前锋，吾窃为子危之！"前锋将执潮手泣，问计安出，潮为之谋，伏壮士数十人于篁竹中，伺绪至，挺剑大呼跃出，就马上擒之，反缚以徇，军中皆呼万岁。潮推前锋将为主，前锋将曰："吾属今日不为鱼肉，皆王君力也。天以王君为主，谁敢先之！"相推让数四，卒奉潮为将军。绪叹曰："此子在吾网中不能杀，岂非天哉！"

潮引兵将还光州，约其属，所过秋豪无犯。行及沙县，泉州人张延鲁等以刺史廖彦若贪暴，帅耆老奉牛酒遮道，请潮留为州将，潮乃引兵围泉州。

二年秋八月，王潮拔泉州，杀廖彦若。潮闻福建观察使陈岩威名，不敢犯福州境，遣使降之，岩表潮为泉州刺史。潮沈勇有智略，既得泉州，招怀离散，均赋缮兵，吏民

召来王潮等人责备他们说:"军队都有法度,没有无法度的军队。你违反我的命令,不杀你的话,就是没有法度。"王潮三兄弟说:"人都有母亲,没有无母亲的人。将军为什么让人抛弃自己的母亲呢?"王绪发怒,下令杀他们的母亲。王潮三兄弟说:"我们服侍母亲就像事奉将军一样,既然要杀母亲,怎能任用她的儿子? 请在处死母亲之前先把我们杀死。"将士们都为他们求情,于是放了他们。

有望气的人对王绪说:"军队中有称王者的气象。"于是王绪见到那些勇猛有谋略而超过自己的将士,或者是气度魁伟的人,全都杀死。刘行全也死了,军中人人自危,说:"行全是他的亲戚,又是军队的先锋,尚且免不了被杀,何况我们呢!"部队到达南安,王潮劝军中的先锋将领说:"我们这些人抛弃了祖墓和妻子儿女,奔波于外乡,成为强盗,这哪是我们情愿的呢? 只是受王绪威逼挟持罢了。现在他猜忌不仁,妄杀无辜,军中出众的人快被杀尽了。您的胡须眉眼长得像神一样,骑马射箭没人能比,又身为先锋,我私下替你担忧!"先锋将领拉着王潮的手哭着问怎么办,王潮为他谋划,他就带数十名壮士埋伏在竹林中,等王绪到来时,挥剑大叫着跳出来,在马上把王绪捉住,并把他反绑起来游行示众,全军将士都高呼万岁。王潮推举先锋将领当统帅,先锋将领说:"我们今天能够不被当作鱼肉来宰割,都是王君的功劳。老天爷要让王君当主帅,谁敢僭越上位呢!"互相推让了多次,最终拥戴王潮当将军。王绪叹息说:"这小子在我的罗网中而不能把他给杀了,这不是天意吗!"

王潮带领部队准备回光州,他约束部队,经过的地方秋毫无犯。行军到沙县,泉州人张延鲁等因州刺史廖彦若贪婪暴虐,就带领当地的长老拦路献上牛酒,请求王潮留下来当州将,王潮于是带兵包围泉州。

二年(886)秋季八月,王潮攻克了泉州,杀死廖彦若。王潮听说福建观察使陈岩的威名,不敢进犯福州,派使者向陈岩请求投降,陈岩向朝廷上表委任王潮为泉州刺史。王潮沉毅勇敢有谋略,占领泉州后,招徕流散的百姓,均平赋税整治兵备,官民们都

悦服。幽王绪于别馆,绪惭,自杀。

昭宗大顺二年。福建观察使陈岩疾病,遣使以书召泉州刺史王潮,欲授以军政,未至而岩卒。岩妻弟都将范晖讽将士推己为留后,发兵拒潮。

景福元年。范晖骄侈失众心,王潮以从弟彦复为都统,弟审知为都监,将兵攻福州。民自请输米饷军,平湖洞及滨海蛮夷皆以兵船助之。

二年。王彦复、王审知攻福州,久不下。范晖求救于威胜节度董昌,昌与陈岩婚姻,发温、台、婺州兵五千救之。彦复、审知以城坚,援兵且至,士卒死伤多,白王潮,欲罢兵更图后举,潮不许。请潮自临行营,潮报曰:"兵尽添兵,将尽添将,兵将俱尽,吾当自来。"彦复、审知惧,亲犯矢石急攻之。五月,城中食尽,晖知不能守,夜,以印授监军,弃城走,援兵亦还。庚子,彦复等入城。辛丑,晖亡抵沿海都,为将士所杀。潮入福州,自称留后,素服葬陈岩,以女妻其子延晦,厚抚其家。汀、建二州降,岭海间群盗二十馀辈皆降溃。

冬十月戊戌,以泉州刺史王潮为福建观察使。

乾宁三年秋九月庚辰,升福州为威武军,以观察使王潮为节度使。

四年。威武节度使王潮弟审知为观察副使,有过,潮犹加捶挞,审知无怨色。潮寝疾,舍其子延兴、延虹、延丰、延休,命审知知军府事。十二月丁未,潮薨。审知以让其兄泉州刺史审邽,审邽以审知有功,辞不受。审知自称福建留后,表于朝廷。

心悦诚服。王潮把王绪幽禁在泉州的客舍中,王绪羞惭而自杀。

唐昭宗大顺二年(890)。福建观察使陈岩病重,派使者送信征召泉州刺史王潮,想把军政大权交给他,使者还没到泉州陈岩就去世了。陈岩的妻弟都将范晖示意将士们推举自己为观察留后,出兵阻止王潮入福州。

景福元年(892)。范晖骄横奢侈不得人心,王潮任命堂弟王彦复为都统,弟弟王审知为都监,率兵攻打福州。百姓们自动送米来馈饷部队,平湖洞及沿海的蛮夷部落都出兵船来助战。

二年(893)。王彦复、王审知进攻福州,久攻不下。范晖向威胜节度使董昌求救,董昌与陈岩是姻亲,于是派温、台、婺三州军队五千人前去援救。王彦复、王审知因福州城墙坚固而敌人援兵将要到来,自己的士卒死伤很多,于是报告王潮,想撤兵改期再来攻打,王潮不答应。他们请求王潮亲临前线,王潮回答说:"兵没了添兵,将没了添将,等到兵将都没了,我自然要去。"王彦复、王审知害怕起来,亲自冲锋猛烈攻城。五月,福州城中粮食没了,范晖知道守不住,夜里把印绶交给监军,自己弃城逃跑,来救援的军队也撤回去了。庚子(初二),王彦复等入城。辛丑(初三),范晖逃到沿海的市镇,被将士们杀死。王潮进入福州,自称观察留后,穿丧服安葬陈岩,把女儿嫁给陈岩的儿子陈延晦,优厚地抚恤他家。汀、建二州向王潮投降,山里到沿海的盗贼二十馀股都来投降或者溃散了。

冬季十月戊戌(初四),朝廷任命泉州刺史王潮为福建观察使。

乾宁三年(896)秋季九月庚辰(初二),朝廷将福州升为威武军,任命观察使王潮为节度使。

四年(897)。威武节度使王潮的弟弟王审知任观察副使,他有过错,王潮仍然对他处以刑罚,王审知丝毫没有不满。王潮病重,舍去他的儿子延兴、延虹、延丰、延休,而任王审知为知军府事。十二月丁未(初六),王潮去世。王审知让位于他的兄长泉州刺史王审邽,王审邽认为王审知有功劳,推辞不接受。王审知自称为福建留后,上表于朝廷。

光化元年春三月己丑,以王审知充威武留后。冬十月癸卯,以威武留后王审知为节度使。

三年春二月壬申,加威武节度使王审知同平章事。

后梁太祖开平元年夏五月己卯,以王审知兼侍中。

三年夏四月庚子,以王审知为闽王。
均王贞明六年。初,闽王审知承制加其从子泉州刺史延彬领平卢节度使。延彬治泉州十七年,吏民安之。会得白鹿及紫芝,僧浩源以为王者之符,延彬由是骄纵,密遣使浮海入贡,求为泉州节度使。事觉,审知诛浩源及其党,黜延彬归私第。

后唐庄宗同光三年夏五月,闽王审知寝疾,命其子节度副使延翰权知军府事。冬十二月辛未,闽忠懿王审知卒,子延翰自称威武留后。汀州民陈本聚众三万围汀州,延翰遣右军都监柳邕等将兵二万讨之。

明宗天成元年春正月,闽人破陈本,斩之。
三月辛酉,以威武节度副使王延翰为威武节度使。夏五月甲戌,加王延翰同平章事。
冬十月,威武节度使、同平章事王延翰,骄淫残暴,己丑,自称大闽国王。立宫殿,置百官,威仪文物皆仿天子之制,群下称之曰殿下。赦境内,追尊其父审知曰昭武王。

闽王延翰蔑弃兄弟,袭位才逾月,出其弟延钧为泉州刺史。延翰多取民女以充后庭,采择不已。延钧上书极谏,延翰怒,由是有隙。父审知养子延禀为建州刺史,延翰

光化元年(898)春季三月己丑(二十日),朝廷任命王审知充任威武留后。冬季十月癸卯(初七),朝廷任命威武留后王审知为节度使。

三年(900)春季二月壬申(十四日),朝廷加封威武节度使王审知为同平章事。

后梁太祖开平元年(907)夏季五月己卯(初三),朝廷任命王审知兼侍中。

三年(909)夏季四月庚子(初四),朝廷封王审知为闽王。

后梁均王贞明六年(920)。当初,闽王王审知按旧例封他侄子泉州刺史王延彬兼领平卢节度使。王延彬治理泉州十七年,官民安然无事。正好当时有人在泉州获得白鹿和紫色灵芝,和尚浩源认为这是王者的符瑞,王延彬因此而骄横放纵起来,秘密派使者由海道向朝廷进贡,请求任泉州节度使。事情泄露,王审知杀了浩源及其同党,罢免了王延彬,让他返回府第。

后唐庄宗同光三年(925)夏季五月,闽王王审知病重,任命他的儿子节度副使王延翰代理军府事务。冬季十二月辛未(十二日),闽忠懿王王审知去世,他儿子王延翰自称威武留后。汀州平民陈本聚众三万人围攻汀州,王延翰派右军都监柳邕等人率兵二万去征讨他。

后唐明宗天成元年(926)春季正月,闽人打败陈本并杀死了他。

三月辛酉(初五),朝廷任命威武节度副使王延翰为威武节度使。夏季五月甲戌(十九日),朝廷加封王延翰为同平章事。

冬季十月,威武节度使、同平章事王延翰骄淫残暴,己丑(初六),自称为大闽国王。建筑宫殿,设置百官,使用的礼节仪式、典章器物都仿效天子的制度,群臣称他为殿下。大赦境内,追尊他的父亲王审知谥号为昭武王。

闽王王延翰蔑视并抛弃自己的兄弟,继位才一个月,便调遣他的弟弟王延钧出任泉州刺史。王延钧广搜民间美女填充后宫,不停地选取。王延钧上书极力规劝他,延翰发怒,从此二人之间有矛盾。王延翰父亲王审知的养子王延禀为建州刺史,王延翰

与书使之采择,延禀复书不逊,亦有隙。十二月,延禀、延钧合兵袭福州。延禀顺流先至,福州指挥使陈陶帅众拒之,兵败,陶自杀。是夜,延禀帅壮士百馀人趣西门,梯城而入,执守门者,发库取兵仗。及寝门,延翰惊匿别室。辛卯旦,延禀执之,暴其罪恶,且称延翰与妻崔氏共弑先王,告谕吏民,斩于紫宸门外。是日,延钧至城南,延禀开门纳之,推延钧为威武留后。

二年春正月戊辰,王延禀还建州,王延钧送之,将别,谓延钧曰:"善守先人基业,勿烦老兄再下!"延钧逊谢甚恭而色变。

夏五月癸丑,以威武留后王延钧为本道节度使、守中书令、琅邪王。

三年秋七月戊辰,以威武节度使王延钧为闽王。

冬十二月,闽王延钧度民二万为僧,由是闽中多僧。

四年冬十二月,奉国节度使、知建州王延禀称疾,退居里第,请以建州授其子继雄。庚子,诏以继雄为建州刺史。

长兴二年夏四月,闽奉国节度使兼中书令王延禀闻闽王延钧有疾,以次子继昇知建州留后,帅建州刺史继雄将水军袭福州。癸卯,延禀攻西门,继雄攻东门;延钧遣楼船指挥使王仁达将水军拒之。仁达伏甲舟中,伪立白帜请降,继雄喜,屏左右,登仁达舟慰抚之。仁达斩继雄,枭首于西门。延禀方纵火攻城,见之,恸哭,仁达因纵兵击之,众

写信给他，让他为自己选取民女，王延禀回信措辞不恭敬，二人也有矛盾。十二月，王延禀、王延钧合兵袭击福州。王延禀沿建溪顺流而下率先到达，福州指挥使陈陶率兵抵抗，兵败，陈陶自杀。当夜，王延禀率壮士百馀人奔向西门，架梯入城，捉住守门的人，打开武库取走武器。攻到王延翰的寝门前，王延翰惊醒，躲到其他房间。辛卯（初八）清晨，王延禀抓住王延翰，公布他的罪恶，并且说王延翰跟他老婆崔氏一同杀死先王，然后通告官民，在紫宸门外斩杀了王延翰。当天，王延钧抵达城南，王延禀开门迎接他入城，并推举他为威武留后。

二年（927）春季正月戊辰（十六日），王延禀返回建州，王延钧给他送行，将要分别的时候，王延禀对王延钧说："好好守住先人的基业，不要劳烦我再来了！"王延钧十分恭敬地致谢，脸色都变了。

夏季五月癸丑（初三），朝廷任命威武留后王延钧为本道节度使、守中书令、琅邪王。

三年（928）秋季七月戊辰（二十五日），朝廷封威武节度使王延钧为闽王。

冬季十二月，闽王王延钧剃度两万百姓为僧人，从此闽中的僧人越来越多。

四年（929）冬季十二月，奉国节度使、知建州王延禀自称有病，退居家中，请求把建州交给他儿子王继雄管辖。庚子（初五），后唐明宗下诏任王继雄为建州刺史。

长兴二年（931）夏季四月，闽国的奉国节度使兼中书令王延禀听说闽王王延钧有病，于是以次子王继昇暂任建州留后，率建州刺史王继雄带水军袭击福州。癸卯（十五日），王延禀进攻西门，王继雄进攻东门，王延钧派楼船指挥使王仁达率水军抵抗。王仁达让甲士埋伏在船中，假装竖起白旗请求投降，王继雄非常高兴，屏退随从卫兵，登上王仁达的船去慰问。王仁达斩杀王继雄，把他的头割下来挂在福州城西门。王延禀正要放火攻城，见到儿子的首级，放声大哭，王仁达乘机发兵进攻他，王延禀的军队

溃,左右以斛舁延禀而走,甲辰,追擒之。延钧见之曰:"果烦老兄再下!"延禀惭不能对。延钧因于别室,遣使者如建州招抚其党,其党杀使者,奉继昇及弟继伦奔吴越。仁达,延钧从子也。

五月,闽王延钧斩王延禀于市,复其姓名曰周彦琛。遣其弟都教练使延政如建州抚慰吏民。

六月,闽王延钧好神仙之术,道士陈守元、巫者徐彦林与盛韬共诱之作宝皇宫,极土木之盛,以守元为宫主。

冬十二月,闽陈守元等称宝皇之命,谓闽王延钧曰:"苟能避位受道,当为天子六十年。"延钧信之,丙子,命其子节度副使继鹏权军府事。延钧避位受箓,道名玄锡。

三年春三月甲辰,闽王延钧复位。

夏六月,闽王延钧谓陈守元曰:"为我问宝皇,既为六十年天子,后当何如?"明日,守元入白:"昨夕奏章,得宝皇旨,当为大罗仙主。"徐彦等亦曰:"北庙崇顺王尝见宝皇,其言与守元同。"延钧益自负,始谋称帝。表朝廷云:"钱镠卒,请以臣为吴越王。马殷卒,请以臣为尚书令。"朝廷不报,自是职贡遂绝。

四年春正月,闽人有言真封宅龙见者,闽王延钧更命其宅曰龙跃宫。遂诣宝皇宫受册,备仪卫,入府,即皇帝位,国号大闽,大赦,改元龙启,更名璘。追尊父祖,立五庙。以其僚属李敏为左仆射、门下侍郎,其子节度副使继鹏为右仆射、中书侍郎,并同平章事;以亲吏吴勖为枢密使。唐册礼使裴杰、程侃适至海门,闽主以杰为如京使,侃固求北还,不许。闽主自以国小地僻,常谨事四邻,由是境

溃败，他的亲随用大斛抬着他逃跑，甲辰（十七日），被追上擒获了。王延钧见到王延禀说："果然劳烦老兄再次来到！"王延禀羞愧得无话可说。王延钧把他囚禁在别的房舍，派使者到建州招抚他的同党，他的同党杀死使者，奉持王继昇及其弟王继伦投奔吴越。王仁达是王延钧的侄子。

五月，闽王王延钧在市中斩杀王延禀，恢复他的姓名为周彦深。王延钧派弟弟都教练使王延政到建州安抚慰问官民。

六月，闽王王延钧喜好神仙的法术，道士陈守元、巫师徐彦林与盛韬共同诱劝他修筑宝皇宫，极尽土木工程的隆盛，让陈守元当宫主。

冬季十二月，闽国陈守元等人托称宝皇的命令，对闽王延钧说："如果能舍弃王位接受道戒，可以当六十年天子。"王延钧听信于他，丙子（二十三日），任命他儿子节度副使王继鹏代理军府事。王延钧离开王位接受符箓，取道名叫玄锡。

三年（932）春季三月甲辰（二十二日），闽王延钧复位。

夏季六月，闽王王延钧对陈守光说："替我询问宝皇，当了六十年天子以后，又会怎么样？"第二天，守元入宫对他说："昨晚上奏章，得到宝皇的仙旨，说大王会成为大罗仙主。"徐彦等人也说："北庙崇顺王曾谒见宝皇，他说的话同守元说的相同。"王延钧更加自负，开始谋划称帝。上表朝廷说："钱镠死了，请让我当吴越王。马殷死了，请让我当尚书令。"朝廷不答复他，从此断绝应进的朝贡。

四年（933）春季正月，闽地有人说真封宅有龙出现，闽王王延钧命令把这所宅第改名为龙跃宫。于是到宝皇宫接受册命，布列全副仪卫返回王府，即皇帝位，国号大闽，宣布大赦天下，改年号为龙启，自己改名为璘。追尊父亲、祖父的谥号，建立五庙。任命他的僚属李敏为左仆射、门下侍郎，任他儿子节度副使王继鹏为右仆射、中书侍郎，二人均为同平章事；任命亲信官吏吴勖为枢密使。后唐的册礼使裴杰、程侃刚好到达海门，闽主王璘封裴杰为如京使，程侃坚决要回北方，王璘不准许。闽主王璘自己知道国土小，地方偏僻，长期谨慎地与邻国相处，因此境

内差安。

夏四月，闽主璘立子继鹏为福王，充宝皇宫使。五月，闽地震，闽主璘避位修道，命福王继鹏权总万机。初，闽王审知性节俭，府舍皆庳陋。至是，大作宫殿，极土木之盛。

秋七月戊子，闽主璘复位。初，福建中军使薛文杰，性巧佞，璘喜奢侈，文杰以聚敛求媚。璘以为国计使，亲任之。文杰阴求富民之罪，籍没其财，被榜捶者胸背分受，仍以铜斗火熨之。建州土豪吴光入朝，文杰利其财，求其罪，将治之。光怨怒，帅其众且万人叛奔吴。

九月，闽内枢密使薛文杰说闽王抑挫诸宗室。从子继图不胜忿，谋反，坐诛，连坐者千馀人。

闽主好鬼神，巫盛韬等皆有宠。薛文杰言于闽主曰："陛下左右多奸臣，非质诸鬼神，不能知也。盛韬善视鬼，宜使察之。"闽主从之。文杰恶枢密吴勖，勖有疾，文杰省之，曰："主上以公久疾，欲罢公近密，仆言公但小苦头痛耳，将愈矣。主上或遣使来问，慎勿以他疾对也。"勖许诺。明日，文杰使韬言于闽主曰："适见北庙崇顺王讯吴勖谋反，以铜钉钉其脑，金椎击之。"闽主以告文杰，文杰曰："未可信也，宜遣使问之。"果以头痛对，即收下狱，遣文杰及狱吏杂治之，勖自诬服，并其妻子诛之。由是国人益怒。

吴光请兵于吴，吴信州刺史蒋延徽不俟朝命，引兵会光攻建州，闽主遣使求救于吴越。

十一月，闽主尊鲁国夫人黄氏为皇太后。

内也还安定。

夏季四月,闽主王璘立儿子王继鹏为福王,充任宝皇宫使。五月,闽中地震,闽主王璘离开皇位修道,命福王继鹏代理国务。当初,闽主王审知性情节俭,府第官舍都低矮简陋。到这时,闽主大筑宫殿,极尽土木建筑的隆盛。

秋季七月戊子(十四日),闽主王璘复位。当初,福建中军使薛文杰性情乖巧邪佞,王璘喜好奢侈,薛文杰就聚敛财物向他献媚。王璘任命薛文杰为国计使,亲近宠信他。薛文杰暗地里探听有钱人家的罪过,然后抄没这些人家的财产,被施以酷刑的人胸背两面都要挨棍棒的殴打,还要被铜熨斗烫。建州土豪吴光入朝,薛文杰想要占有他的财产,于是罗织他的罪名,准备惩处他。吴光怨恨,率领部众近万人叛逃到吴国。

九月,闽国内枢密使薛文杰劝闽主压制削夺各宗室的权力。王璘的侄子王继图非常愤怒,谋反,被杀死,牵连获罪的有一千余人。

闽主喜欢鬼神之事,巫师盛韬等人都受宠信。薛文杰对闽主说:"陛下身边有很多奸臣,不询问鬼神无法知道。盛韬精于视鬼,应让他去察看一下。"闽主听从这个建议。薛文杰厌恶枢密使吴勖,吴勖有病,薛文杰去探望他,说:"主上因您久病,想罢免您的枢密之职,我说您只是稍为头痛而已,将要痊愈。主上如果派使者来问候的话,千万别说生其他病。"吴勖答应了他。第二天,薛文杰让盛韬对闽主说:"刚才见到北庙崇顺王审问吴勖谋反的事,用铜钉钉吴勖的脑袋,用金锤来敲击。"闽主把这些话告诉薛文杰,薛文杰说:"这话还不能相信,应派使者去看望一下吴勖。"吴勖果然说是头痛,立即被收捕下狱,派薛文杰和狱吏联合审讯,吴勖含冤服罪,连同妻子儿女一起被杀。因此国中百姓更加愤怒。

吴光向吴国请求派兵,吴国信州刺史蒋延徽不等朝廷下令就带兵会同吴光进攻建州。闽主派遣使者向吴越求救。

十一月,闽主尊称鲁国夫人黄氏为皇太后。

十二月，闽主改福州为长乐府。亲从都指挥使王仁达有擒王延禀之功，性慷慨，言事无所避，闽主恶之。尝私谓左右曰："仁达智有馀，吾犹能御之，非少主臣也。"至是，竟诬以叛，族诛之。

潞王清泰元年春正月，吴蒋延徽败闽兵于浦城，遂围建州。闽主璘遣上军使张彦柔、骠骑大将军王延宗将兵万人救建州。延宗军及中途，士卒不进，曰："不得薛文杰，不能讨贼。"延宗驰使以闻，国人震恐。太后及福王继鹏泣谓璘曰："文杰盗弄国权，枉害无辜，上下怨怒久矣。今吴兵深入，士卒不进，社稷一旦倾覆，留文杰何益！"文杰亦在侧，互陈利害。璘曰："吾无如卿何，卿自为谋。"文杰出，继鹏伺之于启圣门外，以笏击之仆地，槛车送军前，市人争持瓦砾击之。文杰善术数，自云过三日则无患。部送者闻之，倍道兼行，二日而至，士卒见之踊跃，脔食之。闽主亟遣赦之，不及。初，文杰以古制槛车疏阔，更为之，形如木匦，攒以铁铓，内向，动辄触之。车成，文杰首自入焉。并诛盛韬。

蒋延徽攻建州垂克，徐知诰以延徽吴太祖之婿，与临川王濛素善，恐其克建州奉濛以图兴复，遣使召之。延徽亦闻闽兵及吴越兵将至，引兵归。闽人追击，败之，士卒死亡甚众，归罪于都虞候张重进，斩之。知诰贬延徽为右威卫将军，遣使求好于闽。

二年春正月，闽主立淑妃陈氏为皇后。初，闽主两娶刘氏，皆士族，美而无宠。陈后，本闽太祖侍婢金凤也，陋而淫，闽主嬖之，以其族人守恩、匡胜为殿使。

十二月，闽主改福州为长乐府。亲从都指挥使王仁达有捉拿王延禀的功劳，性情慷慨，谈论事情无所畏避，闽主厌恶他。曾私下对左右的人说："王仁达智谋有馀，我还能驾驭他，但他不是少主的臣子。"到这时，终究诬陷他叛乱，把他全族的人都杀了。

后梁潞王清泰元年（934）春季正月，吴将蒋延徽在浦城打败闽兵，于是包围建州。闽主王璘派上军使张彦柔、骠骑大将军王延宗率领一万士兵去援救建州。王延宗行军至中途，士兵们不前进，说："不得到薛文杰，不能前去讨贼。"王延宗派使者快马回报，国中百姓震惊恐惧。太后及福王薛继鹏哭着对王璘说："薛文杰盗弄国家权柄，冤枉陷害无辜，朝中上下怨恨很久了。现在吴兵深入境内，士兵们不前进，社稷一旦倾覆，留着薛文杰有什么用！"薛文杰也在王璘的旁边，双方互相陈说利害所在。王璘对薛文杰说："我不会把您怎么样，您好自为之吧。"薛文杰出来，王继鹏在启圣门外等着，用朝笏把他打倒在地，用槛车送到出征的士兵前，街上的人争着拿瓦片掷击他。薛文杰精于术数，自己说过了三天就没事了。押送的人听了，兼程赶路，两天就到达了。士兵们看见后欢呼雀跃，割他的肉来吃。闽主赶紧派使者赦免他，但已经来不及了。当初，薛文杰认为古代制造的槛车太宽松，便重新制作，像木柜一样，里面还钉着尖口向内的铁钉，人一动就会刺到身上。槛车制成后，薛文杰第一个进槛车。同时还诛杀了盛韬。

蒋延徽将要攻克建州，徐知诰因蒋延徽是吴太祖的女婿，与临川王杨濛素来友善，怕他攻克建州后拥立杨濛以恢复杨氏的权势，于是派使者召他回军。蒋延徽也听说闽兵及吴越兵将要来到，于是带兵返回。闽兵追击，打败蒋延徽，蒋延徽部下死亡的特别多，他把罪责就推到都虞候张重进身上，把他杀了。徐知诰贬降蒋延徽为右威卫将军，派使者到闽国谋求友好关系。

二年（935）春季正月，闽主立淑妃陈氏为皇后。当初，闽主娶了两个刘氏女子，都是士族，二人都长得很漂亮，但不得宠。陈后原是闽太祖的侍婢金凤，丑陋而淫荡，闽主宠爱她，任用她的族人陈守恩、陈匡胜为殿使。

　　夏六月，闽福王继鹏私于宫人李春燕，继鹏请之于陈后，后白闽主而赐之。

　　初，闽主有幸臣曰归守明，出入卧内，闽主晚年得风疾，陈后与守明及百工院使李可殷私通，国人皆恶之，莫敢言。可殷尝谮皇城使李倣于闽主，后族陈匡胜无礼于福王继鹏，倣及继鹏皆恨之。闽主疾甚，继鹏有喜色。倣以闽主为必不起，冬十月己卯，使壮士数人持白梃击李可殷，杀之，中外震惊。庚辰，闽主疾少间，陈后诉之。闽主力疾视朝，诘可殷死状，倣惧而出，俄顷，引部兵鼓噪入宫。闽主闻变，匿于九龙帐下，乱兵刺之而出。闽主宛转未绝，宫人不忍其苦，为绝之。倣与继鹏杀陈后、陈守恩、陈匡胜、归守明及继鹏弟继韬。继韬素与继鹏相恶故也。辛巳，继鹏称皇太后令监国，是日，即皇帝位，更名昶。谥其父曰齐肃明孝皇帝，庙号惠宗。既而自称权知福建节度事，遣使奉表于唐，大赦境内，立李春燕为贤妃。

　　初，闽惠宗娶汉主女清远公主，使宦者闽清林延遇置邸于番禺，专掌国信。汉主赐以大第，禀赐甚厚，数问以闽事。延遇不对，退，谓人曰："去闽语闽，去越语越，处人宫禁，可如是乎！"汉主闻而贤之，以为内常侍，使钩校诸司事。延遇闻惠宗遇弑，求归，不许，素服向其国三日哭。

　　闽皇城使、判六军诸卫李倣专制朝政，阴养死士，闽主昶与拱宸指挥使林延皓等图之。延皓等诈亲附倣，倣待之不疑。

夏季六月,闽国福王王继鹏与宫女李春燕私通,王继鹏向陈后请求要把李春燕赐给他,陈后禀告闽主把李春燕赐给了王继鹏。

　　当初,闽主有宠幸的臣子叫归守明,能出入闽主卧室。闽主晚年患了风病,陈后与归守明及百工院使李可殷私通,国中人都厌恶他们,但不敢揭发。李可殷曾在闽主面前讲皇城使李倣的坏话,皇后族人陈匡胜对福王王继鹏无礼,李倣和王继鹏都恨他们。闽主病重,王继鹏面有喜色。李倣以为闽主的病肯定好不了,冬季十月己卯(十八日),派壮士数十人手持木棍击打李可殷,把他打死了,朝中内外震动惊骇。庚辰(十九日),闽主的病稍好一点,陈皇后把事情告诉他。闽主勉强拖着病体上朝处理朝政,责问李可殷的死因,李倣害怕而出宫,一会儿,带领自己的部下擂鼓呐喊冲入宫中。闽主听到有变乱,躲在九龙帐下,乱兵们用刀刺他将他赶出来。闽主在地上滚来滚去还没有死,宫女不忍心让他受苦,使他断了气。李倣与王继鹏杀死陈皇后、陈守恩、陈匡胜、归守明及王继鹏的弟弟王继韬。这是因为王继韬历来与王继鹏不和的缘故。辛巳(二十日),王继鹏假借皇太后的命令监国,当天就即皇帝位,改名为昶。给他父亲的谥号为齐肃明孝皇帝,庙号称惠宗。不久自称代理福建节度事,派使者向后唐朝廷呈递表章,大赦境内,立李春燕为贤妃。

　　当初,闽惠宗娶汉主女儿清远公主,派宦官闽清人林延遇在番禺建造府邸,专门负责两国间的文书来往。汉主赐给他一座大府第,供应赏赐非常丰厚,多次向他打听闽中的事情。林延遇不回答,回来对人说:“离开闽就议论闽的事,离开越就议论越的事,居住在人家的宫禁中,就可以这样吗?”汉主听说后,认为他是贤者,委任他当内常侍,让他检查宫内各机构的事情。林延遇听说惠宗被杀,请求回国,汉主不答应,他穿上丧服朝向本国所在的方向哭了三天。

　　闽国的皇城使、判六军诸卫李倣专权把持朝政,暗中蓄养亡命之徒,闽主王昶与拱宸指挥使林延皓等人策划除掉他。林延皓等人假装依附于李倣,李倣对待这些人一点儿也不疑心。

十一月壬子，傲入朝，延皓等伏卫士数百于内殿，执斩之，枭首朝门。傲部兵千馀持白梃攻应天门，不克，焚启圣门，夺傲首奔吴越。诏暴傲弑君及杀继韬等罪，告谕中外。以建王继严权判六军诸卫，以六军判官永泰叶翘为内宣徽使、参政事。

翘博学质直，闽惠宗擢为福王友，昶以师傅礼待之，多所裨益，宫中谓之"国翁"。昶既嗣位，骄纵，不与翘议国事。一旦，昶方视事，翘衣道士服过庭中趋出，昶召还，拜之，曰："军国事殷，久不接对，孤之过也。"翘顿首曰："老臣辅导无状，致陛下即位以来无一善可称，愿乞骸骨。"昶曰："先帝以孤属公，政令不善，公当极言，奈何弃孤去！"厚赐金帛，慰谕令复位。昶元妃梁国夫人李氏，同平章事敏之女，昶嬖李春燕，待夫人甚薄。翘谏曰："夫人先帝之甥，聘之以礼，奈何以新爱而弃之！"昶不悦，由是疏之。未几，复上书言事，昶批其纸尾曰："一叶随风落御沟。"遂放归永泰，以寿终。

十二月，闽主赐洞真先生陈守元号"天师"，信重之，乃至更易将相，刑罚，选举，皆与之议。守元受赂请托，言无不从，其门如市。

后晋高祖天福元年春三月，闽主昶改元通文，立贤妃李氏为皇后，尊皇太后曰太皇太后。

二年夏四月，闽主作紫微宫，饰以水晶，土木之盛倍于宝皇宫。又遣使散诣诸州，伺人隐慝。

十一月壬子(二十一日),李倣入宫朝见,林延皓等人在内殿中埋伏了数百名卫士,抓住李倣并杀了他,把头砍下来挂在朝门上示众。李倣属下一千余名士兵手持着棍棒进攻应天门,攻不进去,就焚烧启圣门,把李倣的头抢回来投奔吴越。闽主下诏公布李倣弑君和诛杀王继韬等罪状,通告中外。任命建王王继严暂时兼管六军各禁卫部队,任命六军判官永泰人叶翘为内宣徽使、参政事。

叶翘博学,为人质朴正直,闽惠宗提拔他为福王的宾友,王昶用师傅的礼节对待他,他对闽主多有帮助,宫中的人称他为"国翁"。王昶继位以后,骄横放纵,不再跟叶翘商议国事。一天早上,王昶正处理政事,叶翘穿着道士的服装从庭中经过向外走去,王昶把他叫回来,向他下拜,说:"军队和国家的事情繁多,很久没召见您,这是孤的过错。"叶翘叩头说:"老臣辅佐陛下没有成绩,致使陛下即位以来,无一善政可以称道。希望能让我归老乡下。"王昶说:"先帝把我嘱托给您,政令不完善,您应当尽量告诉我,怎么能离我而去呢?"于是赐给他丰厚的金钱布帛,劝慰他仍任旧职。王昶的原配妃子梁国夫人李氏,是同平章事李敏的女儿,王昶宠爱李春燕,对待李夫人很淡漠。叶翘规劝他说:"夫人是先帝的外甥女,按礼制聘娶的,为什么要因为有新宠而抛弃她呢!"王昶不听,因此而疏远他。不久,叶翘又上书谈论政事,王昶在他所上的奏疏下面批上字说:"一叶随风落御沟。"于是把他放逐回永泰,叶翘尽享天年而死。

十二月,闽主赐洞真先生陈守元尊号为"天师",信任且重用他,乃至更换将相、施行刑罚、进行选举都跟他商议。陈守元收受贿赂、接受请托,向闽主进言,王昶无不听从,他府第的大门口好像街市一样。

后晋高祖天福元年(936)春季三月,闽主王昶改年号为通文,立贤妃李氏为皇后,尊奉皇太后为太皇太后。

二年(937)夏季四月,闽主营筑紫微宫,用水晶来装饰,土木建筑的富丽豪华,又超过宝皇宫一倍。又派使者分散到各州,侦探人们的隐私。

夏六月，方士言于闽主，云有白龙夜见螺峰，闽主作白龙寺。时百役繁兴，用度不足，闽主谓吏部侍郎、判三司候官蔡守蒙曰："闻有司除官皆受赂，有诸？"对曰："浮言无足信也。"闽主曰："朕知之久矣，今以委卿，择贤而授，不肖及罔冒者勿拒，第令纳赂，籍而献之。"守蒙素廉，以为不可。闽主怒，守蒙惧而从之。自是除官但以货多寡为差。闽主又以空名堂牒使医工陈究卖官于外，专务聚敛，无有盈厌。又诏民有隐年者杖背，隐口者死，逃亡者族。果菜鸡豚，皆重征之。

冬十月，闽主命其弟威武节度使继恭上表告嗣位于晋，且请置邸于都下。

三年冬十一月丙午，以闽主昶为闽国王，以左散骑常侍卢损为册礼使，赐昶赭袍。戊申，以威武节度使王继恭为临海郡王。闽主闻之，遣进奏官林恩白执政，以既袭帝号，辞册命及使者。闽谏议大夫黄讽以闽主淫暴，与妻子辞诀入谏。闽主欲杖之，讽曰："臣若迷国不忠，死亦无怨；直谏被杖，臣不受也。"闽主怒，黜为民。

四年春二月，卢损至福州，闽主称疾不见，命弟继恭主之。遣其礼部员外郎郑元弼奉继恭表随损入贡。闽主不礼于损，有士人林省邹私谓损曰："吾主不事其君，不爱其亲，不恤其民，不敬其神，不睦其邻，不礼其宾，其能久乎！余将僧服而北逃，会当相见上国耳。"

闽主忌其叔父前建州刺史延武、户部尚书延望才名，巫者林兴与延武有怨，托鬼神语云："延武、延望将为变。"闽主不复诘，使兴帅壮士就第杀之，并其五子。

夏季六月，方士对闽主说，有白龙夜里出现在螺峰，闽主建白龙寺。当时各种劳役纷纷兴起，国家财用不足，闽主对吏部侍郎、判三司候官人蔡守蒙说："听说主管部门授任官职时都要收受贿赂，有这事吗？"回答说："没根据的话不足听信。"闽主说："我知道很久了，现在就把这事交给您，选择贤能的人来授官，那些不肖的和虚妄、贪婪的也别阻拦他，尽管让他们接受贿赂，然后把财物没收上交朝廷。"蔡守蒙历来廉正，认为不能这样做。闽主发怒，蔡守蒙害怕而屈从他。从此，授官只依据财物的多少分等级。闽主又用空白的官府委任状让皇宫中的医生陈究在外面卖官，专门从事聚敛，没有满足的时候。又下诏百姓有隐瞒年龄的就杖背，隐瞒人口的处死，逃亡的灭族。果、菜、鸡、豚，都收取重税。

冬季十月，闽王命他弟弟威武节度使王继恭上表后晋朝廷告诉自己继位的事，并请求在后晋都城建置府第。

三年（938）冬季十一月丙午（初三），朝廷封闽主王昶为闽国王，派左散骑常侍卢损为册礼使，赐给王昶赭色王袍。戊申（初五），封威武节度使王继恭为临海郡王。闽主知道后，派进奏官林恩对后晋宰相说，既然承袭了帝号，就不需要册命和使者了。闽谏议大夫黄讽因闽主荒淫残暴，与家人诀别而入朝劝谏。闽主想杖责他，黄讽说："我如果是误国不忠心，死了也没有怨言；因为直言劝谏而受杖刑，我不接受。"闽主发怒，将他贬为平民。

四年（939）春季二月，卢损到了福州，闽主称病不见他，令弟弟王继恭主持接待。派礼部员外郎郑元弼带着王继恭的表章，跟随卢损入朝进贡。闽主对卢损不以礼接待，有读书人叫林省邹的私下对卢损说："我们的主上不事奉君主，不爱护亲人，不顾惜百姓，不敬重神明，不和睦邻境，不礼待上宾，他的王位能长久吗？我将穿僧服往北逃去，大概能在上国与您相见吧。"

闽主顾忌他叔父、前建州刺史王延武和户部尚书王延望的才能名气，巫师林兴与王延武有仇，借鬼神的话，说："王延武、王延望将要作乱。"闽主不再诘问，让林兴率壮士前往他们的府中把他们杀了，并且连同他们的五个儿子也一起杀掉。

闽主用陈守元言,作三清殿于禁中,以黄金数千斤铸宝皇大帝、天尊、老君像,昼夜作乐,焚香祷祀,求神丹。政无大小,皆林兴传宝皇命决之。

闽判六军诸卫建王继严得士心,闽主忌之,六月,罢其兵柄,更名继裕。以弟继镛判六军,去"诸卫"字。

林兴诈觉,流泉州。望气者言宫中有灾,乙未,闽主徙居长春宫。

初,闽惠宗以太祖元从为拱宸、控鹤都,及康宗立,更募壮士二千人为腹心,号"宸卫都",禄赐皆厚于二都。或言二都怨望,将作乱,闽主欲分隶漳、泉二州,二都益怒。闽主好为长夜之饮,强群臣酒,醉则令左右伺其过失。从弟继隆醉失礼,斩之。屡以猜怒诛宗室。叔父左仆射、同平章事延羲阳为狂愚以避祸,闽主赐以道士服,置武夷山中,寻复召还,幽于私第。

闽主数侮拱宸、控鹤军使永泰朱文进、光山连重遇,二人怨之。会北宫火,求贼不获。闽主命重遇将内外营兵扫除馀烬,日役万人,士卒甚苦之。又疑重遇知纵火之谋,欲诛之,内学士陈郯私告重遇。辛巳夜,重遇入直,帅二都兵焚长春宫以攻闽主,使人迎延羲于瓦砾中,呼万岁,复召外营兵共攻闽主。独宸卫都拒战,闽主乃与李后如宸卫都。比明,乱兵焚宸卫都,宸卫都战败,馀众千馀人奉闽主及李后出北关,至梧桐岭,众稍逃散。延羲使兄子前汀州刺史继业将兵追之,及于村舍。闽主素善射,引弓杀数人。俄而

闽主听从陈守元的提议,在宫中筑三清殿,用数千斤黄金铸造宝皇大帝、天尊、太上老君的塑像,日夜奏乐,烧香祭祀祈祷求神丹。政事不论大小,都由林兴传达宝皇的命令来决定。

闽判六军诸卫建王王继严深得士人之心,闽主顾忌他。六月,撤销他的军职,将他改名为继裕。任命弟弟王继镛代领六军,并去掉"诸卫"两字。

林兴的诡诈被发觉,流放到泉州。望气的说宫中有灾难,乙未(二十五日),闽主移居长春宫。

当初,闽惠宗把原来追随太祖的亲兵编为拱宸、控鹤两都,等到康宗王昶即位,改募壮士二千人作为自己的心腹卫兵,称为"宸卫都",俸禄、赏赐都比二都优厚。有人说二都的士卒怨恨,将要作乱,闽主就想把二都士兵分散到漳、泉两州去受节制,二都士兵更加愤怒。闽主喜欢通夜宴饮,强逼臣下们喝酒,臣子醉了,就让自己身边的人去侦伺他的过失。闽主的堂弟王继隆因酒醉失礼,闽主把他杀了。他多次因为猜忌发怒而诛杀宗室。他叔父左仆射、同平章事王延羲假装疯颠痴呆来躲避灾祸,闽主赐给他道士服,把他安置在武夷山中,不久又把他召回来,幽禁在家中。

闽主多次侮辱拱宸、控鹤两都的军使永泰人朱文进和光山人连重遇,两人都心怀怨恨。正赶上北宫失火,捉不到放火的贼,闽主命令连重遇带领内外营的士兵打扫火灾之后的灰烬,每天役使万人,士卒们深以为苦。闽主又怀疑连重遇知道纵火的计划,想杀他,内学士陈郯私下告诉了连重遇。辛巳(十二日)这天夜里,连重遇入宫值班,率两都士兵焚烧长春宫来进攻闽主,派人在瓦砾中迎接王延羲,呼叫万岁,又召外营兵一起进攻闽主。只有宸卫都的士兵在抵抗,闽主于是和李后跑到宸卫都。到天亮,叛乱的士兵放火烧宸卫都,宸卫都士兵战败,只剩下一千馀人,护卫着闽主和李后从北关逃出去,到梧桐岭时,士兵们逐渐逃散了。王延羲派侄子、前汀州刺史王继业率兵追击,到村舍里追上了闽主。闽主平时擅长射箭,拉弓射死了几个人。不久

追兵云集，闽主知不免，投弓谓继业曰："卿臣节安在！"继业曰："君无君德，臣安有臣节！新君，叔父也，旧君，昆弟也，孰亲孰疏？"闽主不复言。继业与之俱还，至陀庄，饮以酒，醉而缢之，并李后及诸子、王继恭皆死。宸卫馀众奔吴越。

延羲自称威武节度使、闽国王，更名曦，改元永隆，赦系囚，颁赉中外。以宸卫弑闽主赴于邻国，谥闽主曰圣神英睿文明广武应道大弘孝皇帝，庙号康宗。遣商人间道奉表称藩于晋；然其在国，置百官皆如天子之制，以太子太傅致仕李真为司空兼中书侍郎、同平章事。

连重遇之攻康宗也，陈守元在宫中，易服色将逃，兵人杀之。重遇执蔡守蒙，数以卖官之罪而斩之。闽王曦既立，遣使诛林兴于泉州。

冬十月庚戌，闽主康宗所遣使者郑元弼至大梁。康宗遗执政书曰："闽国一从兴运，久历年华，见北辰之帝座频移，致东海之风帆多阻。"又求用敌国礼致书往来。帝怒其不逊，壬子，诏却其贡物及福、建诸州纲运，并令元弼及进奏官林恩部送速归。兵部员外郎李知损上言："王昶僭慢，宜执留使者，籍没其货。"乃下元弼、恩狱。

十二月，闽王作新宫，徙居之。

五年春正月，帝引见闽使郑元弼等。元弼曰："王昶蛮夷之君，不知礼义，陛下得其善言不足喜，恶言不足怒。臣将命无状，愿伏铁锧以赎昶罪。"帝怜之，辛未，诏释元弼等。

大批追兵到来,闽主知道逃脱不了,把弓丢到地上对王继业说:"你做臣子的节义在哪里?"王继业说:"做君主的没有君主的德行,做臣子的哪会有臣子的节义呢! 新的君主是叔父,旧的君主是兄弟,分得清哪个亲哪个疏?"闽主不再说话。王继业与他一起回来,到陀庄,让他喝酒,喝醉了才把他勒死,连同李后和他的各位儿子以及王继恭都被杀死。宸卫都剩下的士兵投奔吴越去了。

王延羲自称威武节度使、闽国王,改名为曦,改年号为永隆,赦免囚徒,对朝中内外颁发赏赐。向邻国发讣告说宸卫都士兵杀害了闽主,给闽主王昶定谥号为圣神英睿文明广武应道大弘孝皇帝,庙号为康宗。派商人走偏僻近道送表章给后晋朝廷自称为藩国;但在国内建置百官都仿照天子的制度,任命退休的太子太傅李真为司空兼中书侍郎、同平章事。

连重遇攻击康宗时,陈守元在宫中,他换了服装要逃跑,被士兵杀死了。连重遇捉住蔡守蒙,历数他卖官的罪恶而把他杀了。闽国王曦登位以后,派使者到泉州杀了林兴。

冬季十月庚戌(十三日),闽主康宗所派出的使者郑元弼抵达大梁。康宗送给朝廷宰相的信中说:"闽国自从应天运兴起以后,经历了长久的岁月,只见北极星的帝座频频移动,能到达东海的风帆多受阻隔。"他又要求用对等国家的礼节互通书信往来。后晋高祖恨他不恭敬,壬子(十五日),下诏不接受他的贡物和福州各州的纲运进贡,并且命令尽快将郑元弼和进奏官林恩押送回闽国。兵部员外郎李知损上奏说:"王昶僭越名分而傲慢,应当扣留他的使者,没收他的财物。"于是把郑元弼和林恩投进牢狱。

十二月,闽王修筑新宫,迁居其中。

五年(940)春季正月,后晋高祖接见闽国使者郑元弼等人。郑元弼说:"王昶是蛮夷的君主,不懂礼义,陛下听到他的好话不值得高兴,听到他的恶言也不值得发怒。我奉出使的命令,而办事不得体,愿意接受斧斩腰斩之刑来赎王昶的罪过。"高祖怜悯他,辛未(初五),下诏释放郑元弼等人。

　　闽王曦既立，骄淫苛虐，猜忌宗族，多寻旧怨。其弟建州刺史延政数以书谏之，曦怒，复书骂之。遣亲吏业翘监建州军，教练使杜汉崇监南镇军，二人争捃延政阴事告于曦，由是兄弟积相猜恨。一日，翘与延政议事不叶，翘诃之曰："公反邪！"延政怒，欲斩翘，翘奔南镇。延政发兵就攻之，败其戍兵。翘、汉崇奔福州西鄙，戍兵皆溃。

　　二月，曦遣统军使潘师逵、吴行真将兵四万击延政。师逵军于建州城西，行真军于城南，皆阻水置营，焚城外庐舍。延政求救于吴越，壬戌，吴越王元瓘遣宁国节度使、同平章事仰仁诠、内都监使薛万忠将兵四万救之。丞相林鼎谏，不听。三月戊辰，师逵分兵三千，遣都军使蔡弘裔将之出战，延政遣其将林汉彻等败之于茶山，斩首千馀级。

　　丁丑，王延政募敢死士千馀人，夜涉水，潜入潘师逵垒，因风纵火，城上鼓噪以应之。战棹都头建安陈诲杀师逵，其众皆溃。戊寅，引兵欲攻吴行真寨，建人未涉水，行真及将士弃营走，死者万人。延政乘胜取永平、顺昌二城。自是建州之兵始盛。

　　夏四月，吴越仰仁诠等兵至建州，王延政以福州兵已败去，奉牛酒犒之，请班师。仁诠等不从，营于城之西北。延政惧，复遣使乞师于闽王。闽王以泉州刺史王继业为行营都统，将兵二万救之。且移书责吴越，遣轻兵绝吴越粮道。会久雨，吴越军食尽，五月，延政遣兵出击，大破之，俘斩以万计。癸未，仁诠等夜遁。

闽王王曦即位以后,骄横淫逸、苛刻暴虐,猜忌宗族,经常寻找旧恨加以报复。他的弟弟建州刺史王延政多次写信规劝他,王曦大怒,回信骂王延政。派亲信官吏业翘监督建州军,教练使杜汉崇监督南镇军,两人争相搜集王延政的阴私向王曦报告,从此兄弟之间互相猜忌怨恨。一天,业翘与王延政商议事情意见不统一,业翘呵斥王延政:"你想造反吗?"王延政大怒,要斩杀业翘,业翘逃奔南镇。王延政立即出兵进攻他,打败他率领的驻军。业翘和杜汉崇逃回福州西郊,驻军都溃散了。

　　二月,王曦派统军使潘师逵、吴行真率兵四万进攻王延政。师逵的部队驻扎在建州城西,吴行真的军队驻扎在城南,都隔着河设置营地,烧光了城外的民房。王延政向吴越请求援助,壬戌(二十六日),吴越王钱元瓘派宁国节度使、同平章事仰仁诠、内都监使薛万忠率领四万士兵援救王延政。丞相林鼎劝阻,王曦不听。三月戊辰(初二),潘师逵分兵三千派都军使蔡弘裔带领出战,王延政派部将林汉彻等带兵在茶山打败蔡弘裔的部队,斩杀一千多人。

　　丁丑(十一日),王延政招募敢死勇士千余人,夜里过河潜入潘师逵的营垒,趁风放火,城上的士兵擂鼓呐喊呼应他们。战棹都头建安人陈诲杀了潘师逵,潘师逵剩下的部众全部溃散。戊寅(十二日),建州方面准备出兵攻打吴行真的营寨,建州兵还未过河,吴行真和他的部下就弃营而逃,死去的有一万人。王延政乘胜攻取了永平、顺昌二城。从此以后,建州兵开始强盛起来。

　　夏季四月,吴越的仰仁诠等部抵达建州,王延政因福州兵已败退,献上牛酒来犒劳吴越的部队,请他们班师。仰仁诠等不答应,在建州城西北扎营。王延政害怕起来,又派人向闽王请求援军。闽王派泉州刺史王继业担任行营都统,率领二万兵去援救。并且写信去责备吴越,又派轻装部队断绝吴越部队运粮的道路。碰上长期下雨,吴越军粮食吃完了,五月,王延政派兵出击,把吴越兵打得大败,俘虏斩杀其士兵数以万计。癸未(十八日),仰仁诠等人连夜逃跑。

唐主遣客省使尚全恭如闽，和闽王曦及王延政。六月，延政遣牙将及女奴持誓书及香炉至福州，与曦盟于宣陵，然兄弟相猜恨犹如故。

闽王曦因商人奉表自理，十一月甲申，以曦为威武节度使，兼中书令，封闽国王。

六年春正月，王延政城建州，周二十里，请于闽王曦，欲以建州为威武军，自为节度使。曦以威武军福州也，乃以建州为镇安军，以延政为节度使，封富沙王。延政改镇安曰镇武而称之。

夏四月，闽王曦以其子亚澄同平章事、判六军诸卫。曦疑其弟汀州刺史延喜与延政通谋，遣将军许仁钦以兵三千如汀州，执延喜以归。

夏六月，闽王曦闻王延政以书招泉州刺史王继业，召继业还，赐死于郊外，杀其子于泉州。初，继业为汀州刺史，司徒兼门下侍郎、同平章事杨沂丰为士曹参军，与之亲善。或告沂丰与继业同谋，沂丰方侍宴，即收下狱，明日斩之，夷其族。沂丰，涉之从弟也，时年八十馀，国人哀之。自是宗族勋旧相继被诛，人不自保。谏议大夫黄峻舁榇诣朝堂极谏，曦曰："老物狂发矣！"贬漳州司户。

曦淫侈无度，资用不给，谋于国计使南安陈匡范，匡范请日进万金。曦悦，加匡范礼部侍郎，匡范增算商贾数倍。曦宴群臣，举酒属匡范曰："明珠美玉，求之可得；如匡范人中之宝，不可得也。"未几，商贾之算不能足日进，贷诸省务钱以足之，恐事觉，忧悸而卒，曦祭赠甚厚。诸省务以匡范贷帖闻，曦大怒，斫棺，断其尸弃水中，以连江人黄绍颇

南唐国主派客省使尚全恭到闽国,让闽王王曦与王延政讲和。六月,王延政派牙将及女奴带宣誓的文书和香炉到福州,与王曦在宣陵盟誓,但兄弟间互相猜忌和仇恨仍像以前一样。

闽王王曦通过商人呈表给后晋朝廷为自己辩白,十一月甲申(二十三日),后晋任王曦为威武节度使,兼中书令,封为闽国王。

六年(941)春季正月,王延政营筑建州城,周围二十里,请示闽王王曦,想以建州为威武军,自任节度使。王曦因福州称威武军,于是把建州划为镇安军,任命王延政为节度使,封他为富沙王。王延政把镇安改称镇武以为军镇之名。

夏季四月,闽王王曦任命儿子王亚澄为同平章事、兼管六军各皇宫卫队。王曦怀疑弟弟、汀州刺史王延喜与王延政串通,于是派将军许仁钦率兵三千到汀州,把王延喜抓回来。

夏季六月,闽王王曦听说王延政写信拉拢泉州刺史王继业,于是召回王继业,在郊外赐他自杀,并在泉州杀了他的儿子。当初,王继业为汀州刺史,司徒兼门下侍郎、同平章事杨沂丰为士曹参军,跟他亲善。有人举告杨沂丰与王继业同谋,杨沂丰正在陪侍酒宴,立即被捕下狱,第二天就将他斩首,并诛灭全族。杨沂丰是杨涉的堂弟,当时年纪已八十多岁,国中百姓为他伤心。从此以后,宗族、旧功臣相继被杀,人人自危。谏议大夫黄峻抬着棺木到朝堂拼死劝谏,王曦说:"老东西发疯了!"于是把他贬为漳州司户。

王曦奢侈没有节制,资财用度接不上,跟国计使南安人陈匡范商议,陈匡范提出可以日进万金。王曦高兴,晋升陈匡范为礼部侍郎,陈匡范对商贾增加数倍的税收。王曦设宴招待群臣,把酒递给陈匡范说:"明珠美玉可以找到,像陈匡范这样的人中之宝则不可得到。"不久,增加商贾的税收也无法凑够日收万金之数,于是向各衙门的贸易机构贷款来凑数,害怕事情泄露,忧惧而死,王曦吊祭和赠给他家属的财物,非常优厚。各衙门贸易机构拿着陈匡范贷款的凭据来向王曦报告,王曦大怒,把他的棺材砸烂,把他的尸体斩断丢进水中。用连江人黄绍颇

代为国计使。绍颇请："令欲仕者,自非荫补,皆听输钱即授之,以资望高下及州县户口多寡定其直,自百缗至千缗。"从之。

秋七月,闽主曦自称大闽皇,领威武节度使,与王延政治兵相攻,互有胜负,福、建之间,暴骨如莽。镇武节度判官晋江潘承祐屡请息兵修好,延政不从。闽主使者至,延政大陈甲卒以示之,对使者语甚悖慢。承祐长跪切谏,延政怒,顾左右曰:"判官之肉可食乎!"承祐不顾,声色愈厉。

闽主曦恶泉州刺史王继严得众心,罢归,鸩杀之。

九月,闽主曦以其子琅邪王亚澄为威武节度使、兼中书令,改号长乐王。

冬十月,闽主曦即皇帝位,王延政自称兵马元帅。闽同平章事李敏卒。

七年春正月,闽主曦立皇后李氏,同平章事真之女也,嗜酒刚愎,曦宠而惮之。

三月,闽主曦立长乐王亚澄为闽王。

夏六月,闽富沙王延政围汀州,闽主曦发漳、泉兵五千救之。又遣其将林守亮入尤溪,大明宫使黄敬忠屯尤口,欲乘虚袭建州,国计使黄绍颇将步卒八千为二军声援。秋七月,闽富沙王延政攻汀州,四十二战,不克而归。其将包洪实、陈望,将水军以御福州之师。丁酉,遇于尤口,黄敬忠将战,占者言时刻未利,按兵不动。洪实等引兵登岸,水陆夹攻之,杀敬忠,俘斩二千级,林守亮、黄绍颇皆遁归。

八月,闽主曦遣使以手诏及金器九百、钱万缗、将吏敕告六百四十通,求和于富沙王延政,延政不受。

代替他任国计使。黄绍颇提议："想当官而无荫补资格的人,都听任他们交钱就授以官职,朝中的官位根据资望的高低,州县的官位根据户口多少来确定价钱,从一百缗到一千缗。"王曦听从他的建议。

秋季七月,闽主王曦自称大闽皇,兼任威武节度使,整顿军队跟王延政互相进攻,各有胜负。福州、建州之间,尸骨暴露像野草一样繁多。镇武节度判官晋江人潘承祐屡次请求罢战和好,王延政不答应。闽主的使者到来,王延政排列大批穿甲胄的士兵向他示威,对使者说话也非常忤逆傲慢。潘承祐长时间跪着恳切地劝谏他,王延政发怒,环视左右的人说:"判官的肉也是可以吃的吧?"潘承祐不顾一切,劝谏的态度愈加严厉。

闽主王曦厌恶泉州刺史王继严得到众人拥戴,于是把他罢免回家,并用毒酒毒杀了他。

九月,闽主王曦任命他的儿子琅邪王王亚澄为威武节度使、兼中书令,并改封号为长乐王。

冬季十月,闽主王曦即皇帝位,王延政则自称为兵马元帅。闽国同平章事李敏去世。

七年(942)春季正月,闽主王曦立李氏为皇后,她是同平章事李真的女儿,嗜酒而又刚愎,王曦宠爱她而又惧怕她。

三月,闽主王曦立长乐王王亚澄为闽王。

夏季六月,闽富沙王王延政围攻汀州,闽主调漳州、泉州的五千士兵去援救。又派部将林守亮进抵尤溪,大明宫使黄敬忠屯兵尤口,想乘虚袭击建州,国计使黄绍颇带领步兵八千作为这两支军队的声援。秋季七月,闽富沙王王延政进攻汀州,交战四十二次,没有攻克而撤军回来。他的将领包洪实、陈望率水军来抵御福州的部队。丁酉(十五日),建州兵与福州兵在尤口相遇,黄敬忠准备出战,占卦的人说时辰不吉利,于是按兵不动。包洪实等人带兵登岸,水陆夹攻福州兵,杀死黄敬忠,俘虏斩杀敌人二千,林守亮、黄绍颇都逃归福州。

八月,闽主王曦派使者带着他的亲笔诏书及金器九百、钱一万缗、将吏委任状六百四十通向富沙王王延政求和,王延政不接受。

丙寅,闽主曦宴群臣于九龙殿。从子继柔不能饮,强之。继柔私减其酒,曦怒,并客将斩之。

闽主曦以同平章事候官余廷英为泉州刺史。廷英贪秽,掠人女子,诈称受诏采择以备后宫。事觉,曦遣御史按之。廷英惧,诣福州自归,曦诘责,将以属吏。廷英退,献买宴钱万缗。曦悦,明日召见,谓曰:"宴已买矣,皇后贡物安在?"廷英复献钱于李后,乃遣归泉州。自是诸州皆别贡皇后物。未几,复召廷英为相。

闽盐铁使、右仆射李仁遇,敏之子,闽主曦之甥也,年少,美姿容,得幸于曦。十二月,以仁遇为左仆射兼中书侍郎,翰林学士、吏部侍郎李光准为中书侍郎兼户部尚书,并同平章事。

曦荒淫无度,尝夜宴,光准醉忤旨,命执送都市斩之。吏不敢杀,系狱中。明日,视朝,召复其位。是夕,又宴,收翰林学士周维岳下狱。吏拂榻待之,曰:"相公昨夜宿此,尚书勿忧。"醒而释之。他日,又宴,侍臣皆以醉去,独维岳在。曦曰:"维岳身甚小,何饮酒之多?"左右或曰:"酒有别肠,不必长大。"曦欣然,命捽维岳下殿,欲剖视其酒肠。或曰:"杀维岳,无人复能侍陛下剧饮者。"乃舍之。

齐王天福八年春二月,闽富沙王延政称帝于建州,国号大殷,大赦,改元天德。以将乐县为镛州,延平镇为镡州。立皇后张氏。以节度判官潘承祐为吏部尚书,节度巡官建阳杨思恭为兵部尚书。未几,以承祐同平章事,思恭

丙寅(十五日),闽主王曦在九龙殿宴请群臣。他的侄子王继柔不胜酒力,王曦强逼他喝。王继柔暗中把酒减少,王曦大怒,将他连同客将都斩杀了。

闽主王曦任命同平章事候官人余廷英为泉州刺史。余廷英贪婪淫秽,抢人家的女儿,诈称奉诏书选民女充备后宫。事情被揭发,王曦派御史去审理此事。余廷英害怕,回福州向王曦自首,王曦责问他,准备把他交给有关官吏来处理。余廷英回去,向王曦献上采办酒宴的钱一万缗。王曦高兴起来,第二天召见余廷英,对他说:"酒宴已经采办了,给皇后的贡物在哪里?"余廷英又献钱给李后,于是王曦放他回泉州。从此,各州都要另外向皇后进贡财物。没过多久,王曦又召余廷英回来当宰相。

闽国盐铁使、右仆射李仁遇是李敏的儿子,也是王曦的外甥,年轻而长相俊美,受到王曦的宠爱。十二月,任命李仁遇为左仆射兼中书侍郎,任翰林学士、吏部侍郎李光准为中书侍郎兼户部尚书,两人都封同平章事。

王曦荒淫无度,曾经设夜宴,李光准喝醉了,忤逆王曦的旨意,王曦命人把他抓起来押到街市上斩首。有关的官吏不敢杀,把李光准关在狱中。第二天,王曦上朝理事,又召李光准回来恢复他的职位。当天晚上,又设宴,收捕翰林学士周维岳入狱。狱吏打扫床席招待周维岳,说:"相公昨夜就睡在这里,尚书不用担心。"王曦醒来又把他放了。又一天,王曦又设宴,陪他喝酒的人都因醉而离去,只有周维岳还在。王曦问:"周维岳个子很小,为什么能喝那么多酒?"王曦身边有人说:"酒有另外的肠子装,不一定个子高大才能喝。"王曦高兴,命人把周维岳摔倒在宫殿下,想剖开他的肚子看看他的酒肠。有的人说:"杀了周维岳,没人再能陪陛下痛饮了。"这才放了他。

后晋齐王天福八年(943)春季二月,闽国富沙王王延政在建州称帝,国号大殷,大赦,改年号为天德。改将乐县为镛州,延平镇为镡州。立张氏为皇后。任节度判官潘承祐为吏部尚书,节度巡官建阳人杨思恭为兵部尚书。不久,任潘承祐为同平章事,把思恭

迁仆射,录军国事。延政服赭袍视事,然牙参及接邻国使者,犹如藩镇礼。殷国小民贫,军旅不息。杨思恭以善聚敛得幸,增田亩山泽之税,至于鱼盐蔬果,无不倍征,国人谓之"杨剥皮"。

三月,闽主曦纳金吾使尚保殷之女,立为贤妃。妃有殊色,曦嬖之。醉中,妃所欲杀则杀之,所欲宥则宥之。

殷将陈望等攻闽福州,入其西郛,既而败归。

夏五月,殷吏部尚书、同平章事潘承祐上书陈十事,大指言:"兄弟相攻,逆伤天理,一也。赋敛烦重,力役无节,二也。发民为兵,羁旅愁怨,三也。杨思恭夺人衣食,使归怨于上,群臣莫敢言,四也。疆土狭隘,多置州县,增吏困民,五也。除道裹粮,将攻临汀,曾不忧金陵、钱塘承虚相袭,六也。括高赀户,财多者补官,逋负者被刑,七也。延平诸津,征果、菜、鱼、米,获利至微,敛怨甚大,八也。与唐、吴越为邻,即位以来,未尝通使,九也。宫室台榭,崇饰无度,十也。"殷王延政大怒,削承祐官爵,勒归私第。

初,闽主曦侍康宗宴,会新罗献宝剑,康宗举以示同平章事王倓曰:"此何所施?"倓对曰:"斩为臣不忠者。"时曦已蓄异志,凛然变色。至是宴群臣,复有献剑者,曦命发倓冢,斩其尸。校书郎陈光逸谓其友曰:"主上失德,亡无日矣,吾欲死谏。"其友止之,不从,上书陈曦大恶五十事。曦怒,

迁为仆射,执掌军国之事。王延政穿赤色的帝服上朝理政,但在军府接受参见和接待邻国的使者时,还是按藩镇的礼节。殷国地盘狭小,百姓贫穷,战争不断。杨恩恭因善于聚敛财物而受宠任,他增加田亩山泽的租税,直至鱼、盐、蔬菜、果子无不加倍征税,国中的人叫他"杨剥皮"。

三月,闽主王曦迎娶金吾使尚保殷的女儿,把她立为贤妃。她很漂亮,王曦宠爱她。王曦喝醉时,她想杀谁,王曦就杀谁;她想免谁的罪,王曦就赦免谁的罪。

殷国将领陈望等人进攻闽国福州,攻入西外城,不久败退而回军。

夏季五月,殷国吏部尚书、同平章事潘承祐上书陈述十件事,大意说:"兄弟之间互相攻伐,伤天害理,这是第一;赋敛财物名目繁多而且沉重,征发力役没有节制,这是第二;征发百姓当兵,因长期奔波在外而忧愁怨恨,这是第三;杨思恭夺人的衣食,使百姓的怨恨集中于陛下,而群臣都不敢出声,这是第四;疆土狭窄,却设置很多州县,增加了官吏而使百姓困苦,这是第五;修整道路,裹带粮食,准备进攻临汀,竟然不担心金陵、钱塘方面乘虚袭击,这是第六;搜刮富有的民户,财产多的就补官,逃欠的就受刑,这是第七;延平各渡口,征收果、菜、鱼、米之税,获利很少,而招致的怨恨很大,这是第八;与南唐、吴越为邻国,而陛下即位以来,未尝跟他们互通使者,这是第九;宫、室、台、榭,大肆修筑而无节度,这是第十。"殷王王延政大怒,撤销潘承祐的官职和爵位,勒令他回家。

当初,闽主王曦侍奉康宗王昶宴饮,正赶上新罗国来献宝剑,康宗举剑问同平章事王倓说:"这是用来干什么的?"王倓说:"用来斩杀不忠心的臣子。"当时王曦已心怀异志,听了之后吓得脸色都变了。到这时,设宴招待群臣,又有献剑的人,王曦命令挖掘王倓的坟,斩断他的尸体。校书郎陈光逸对他的朋友说:"主上没有德行,用不了多久就会灭亡,我打算冒死劝谏。"他的朋友阻止他,他不听从,上书陈述王曦大恶五十条。王曦大怒,

命卫士鞭之数百，不死，以绳系其颈，悬诸庭树，久之乃绝。

闽主曦嫁其女，取班簿阅视之，朝士有不贺者十二人，皆杖之于朝堂。以御史中丞刘赞不举劾，亦将杖之，赞义不受辱，欲自杀。谏议大夫郑元弼谏曰："古者刑不上大夫。中丞仪刑百僚，岂宜加之棰楚！"曦正色曰："卿欲效魏徵邪？"元弼曰："臣以陛下为唐太宗，故敢效魏徵。"曦怒稍解，乃释赞，赞竟以忧卒。

开运元年春正月，唐主遣使遗闽主曦及殷主延政书，责以兄弟寻戈。曦复书，引周公诛管、蔡，唐太宗诛建成、元吉为比。延政复书，斥唐主夺杨氏国。唐主怒，遂与殷绝。

闽拱宸都指挥使朱文进、阁门使连重遇，既弑康宗，常惧国人之讨，相与结婚以自固。闽主曦果于诛杀，尝游西园，因醉杀控鹤指挥使魏从朗。从朗，朱、连之党也。又尝酒酣诵白居易诗"惟有人心相对间，咫尺之情不能料"，因举酒属二人。二人起，流涕再拜，曰："臣子事君父，安有他志！"曦不应，二人大惧。

李后妒尚贤妃之宠，欲弑曦而立其子亚澄，使人告二人曰："主上殊不平于二公，奈何？"会后父李真有疾，乙酉，曦如真第问疾。文进、重遇使拱宸马步使钱达弑曦于马上，召百官集朝堂，告之曰："太祖昭武皇帝，光启闽国，今子孙淫虐，荒坠厥绪。天厌王氏，宜更择有德者立之。"众莫敢言。重遇乃推文进升殿，被衮冕，帅群臣北面再拜称臣。文进自称闽主，悉收王氏宗族延喜以下少长五十馀人，

命令卫士鞭打他数百下，打不死，用绳索捆住他的脖颈，把他吊在庭中的树上，过了很久才断气。

闽主王曦嫁女儿，索取记载将吏朝见的名册来看，有在朝当官而不献贺礼的十二人，都把他们拉到朝堂上施行廷杖。认为御史中丞刘赞不举报弹劾这些人，也要打他，刘赞坚持节义而不肯受侮辱，想要自杀。谏议大夫郑元弼劝谏说："古代，刑罚不加于大夫。中丞是对百官执法的，怎能对他加以棰杖酷刑呢？"王曦严厉地说："你想效法魏徵吗？"郑元弼说："我把陛下当作唐太宗，所以才敢效法魏徵。"王曦的怒气逐渐消去，于是释放刘赞，刘赞最后因忧郁而死。

开运元年（945）春季正月，唐主派使者给闽主王曦和殷主王延政送信，责备他们兄弟之间兴动干戈。王曦回信，援引周公诛杀管叔、蔡叔，唐太宗杀李建成、李元吉的事例来比附。王延政回信，斥责唐主篡夺杨氏的国家。唐主大怒，于是与殷绝交。

闽国的拱宸都指挥使朱文进、阖门使连重遇杀了康宗以后，经常害怕国中的人惩罚他们，于是互相结为姻亲来保护自己。闽主王曦杀人果断，曾游西园，乘醉酒而杀控鹤指挥使魏从朗。魏从朗是朱文进、连重遇的同党。又曾在喝酒喝到痛快时，吟诵白居易的诗句"惟有人心相对间，咫尺之情不能料"，顺势举杯向朱、连二人劝酒。二人站起来，哭着向王曦拜了两拜，说："我们作为臣子事奉君父，哪有异志？"王曦不理睬，两人大为恐惧。

李后嫉妒尚贤妃受宠，想杀了王曦而立他的儿子王亚澄为王，派人对朱、连二人说："主上怀恨你俩，心中怒气难平，怎么办？"正好李后父亲李真有病，乙酉（十三日），王曦到李真府第探病。朱文进、连重遇派拱宸马步使钱达在马上杀了王曦，召百官集中在朝堂，告诉他们说："太祖昭武皇帝英明创建闽国，现在他的子孙荒淫暴虐，使他先祖的国运荒废堕落。皇天厌弃王氏，应改选有德的人立他为王。"大家不敢说话，连重遇于是推举朱文进登上宝殿，给他穿上国王的冠服，率领群臣向北拜了两拜，自称臣子。朱文进自称闽主，收捕王氏宗族王延喜以下老少五十馀人，

皆杀之。葬闽主曦,谥曰睿文广武明圣元德隆道大孝皇帝,庙号景宗。以重遇总六军。礼部尚书、判三司郑元弼抗辞不屈,黜归田里,将奔建州,文进杀之。文进下令,出宫人,罢营造,以反曦之政。

殷主延政统军使吴成义将兵讨文进,不克。

文进加枢密使鲍思润同平章事,以羽林统军使黄绍颇为泉州刺史,左军使程文纬为漳州刺史。汀州刺史同安许文稹,举郡降之。

夏四月,朱文进遣使如唐,唐主囚其使,将伐之,会天暑疾疫而止。

秋八月,朱文进自称威武留后,权知闽国事,遣使奉表称藩于晋。癸丑,以文进为威武节度使,知闽国事。

冬十月,殷主延政遣其将陈敬佺以兵三千屯尤溪及古田,卢进以兵二千屯长溪。

泉州散员指挥使桃林留从效谓同列王忠顺、董思安、张汉思曰:“朱文进屠灭王氏,遣腹心分据诸州。吾属世受王氏恩,而交臂事贼,一旦富沙王克福州,吾属死有馀愧!”众以为然。十一月,从效等各引军中所善壮士,夜饮于从效之家,从效绐之曰:“富沙王已平福州,密旨令吾属讨黄绍颇。吾观诸君状貌,皆非久处贫贱者。从吾言,富贵可图;不然,祸且至矣。”众皆踊跃,操白梃,逾垣而入,执绍颇,斩之。从效持州印诣王继勋第,请主军府。从效自称平贼统军使,函绍颇首,遣副兵马使临淮陈洪进赍诣建州。

洪进至尤溪,福州戍兵数千遮道。洪进绐之曰:“义师已诛朱福州,吾倍道逆嗣君于建州,尔辈尚守此何为乎?”

全都杀死。埋葬闽主王曦，给他加谥号为睿文广武明圣元德隆道大孝皇帝，庙号称为景宗。任命连重遇总领六军。礼部尚书、判三司郑元弼抗命不屈服，被罢官回乡，他准备逃到建州去，朱文进把他杀了。朱文进下令放宫女出宫，停止宫室的营造，以此一反王曦当政时的行为。

　　殷主王延政的统军使吴成义率兵征讨朱文进，没有取胜。

　　朱文进加封枢密使鲍思润为同平章事，任命羽林统军使黄绍颇为泉州刺史，左军使程文纬为漳州刺史。汀州刺史同安人许文稹献上州郡投降。

　　夏季四月，朱文进派使者到南唐，唐主拘留了他的使者，准备讨伐他，正遇上天热、疫病流行才停止。

　　秋季八月，朱文进自称威武留后，暂时管理闽国的事务，派遣使者呈奉奏表向后晋称藩。癸丑（十三日），后晋朝廷任命朱文进为威武节度使，管理闽国政事。

　　冬季十月，殷主王延政派将领陈敬佺带领三千士兵屯驻在尤溪和古田，派卢进率兵二千屯驻在长溪。

　　泉州散员指挥使桃林人留从效对同列为官的王忠顺、董思安、张汉思说："朱文进屠灭王氏，派心腹分头据守各州。我们世代蒙受王氏的恩典，而现在却拱手事奉贼子，一旦富沙王攻陷福州，我们死有馀愧。"大家认为他说得对。十一月，留从效等各自率领军中与自己友善的壮士，半夜到留从效家喝酒，留从效骗他们说："富沙王已平定福州，秘密传旨命我们讨伐黄绍颇。我看诸位的相貌，都不是长久居于贫贱之辈。听从我的话，富贵可得，不然，大祸将会临头。"众人都踊跃激昂，手操白木棍，翻墙进入泉州府署，抓住黄绍颇，把他杀了。留从效拿州府的印章到王继勋的府第中，请他主持军府的政事。留从效自称平贼统军使，把黄绍颇的首级装在匣中，派副兵马使临淮人陈洪进送到建州。

　　陈洪进到达尤溪，福州方面的数千名守军拦在路上。陈洪进哄骗他们说："起义的部队已经杀了朱文进，我正在加倍赶路前往建州迎接君王的继承人，你们还戍守在这里干什么呢？"

以绍颇首示之,众遂溃,大将数人从洪进诣建州。延政以继勋为侍中、泉州刺史,从效、忠顺、思安、洪进皆为都指挥使。漳州将程谟闻之,立杀刺史程文纬,立王继成权州事。继勋、继成,皆延政从子也,朱文进之灭王氏,二人以疏远获全。

汀州刺史许文稹,奉表请降于殷。

十二月癸丑,加朱文进同平章事,封闽国王。

朱文进闻黄绍颇死,大惧,以重赏募兵二万,遣统军使林守谅、内客省使李廷锷将之攻泉州,钲鼓相闻五百里。殷主延政遣大将军杜进将兵二万救泉州,留从效开门与福州兵战,大破之,斩守谅,执廷锷。延政遣统军使吴成义帅战舰千艘攻福州,朱文进遣子弟为质于吴越以求救。

初,唐翰林待诏臧循,与枢密副使查文徽同乡里,循常为贾人,习福建山川,为文徽画取建州之策。文徽表请用兵击王延政,国人多以为不可。唐主以文徽为江西安抚使,循行境上,觇其可否;文徽至信州,奏言攻之必克。唐主以洪州营屯都虞候边镐为行营招讨诸军都虞候,将兵从文徽伐殷。文徽自建阳进屯盖竹,闻泉、漳、汀三州皆降于殷。殷将张汉真自镛州将兵八千将至,文徽惧,退保建阳。臧循屯邵武,邵武民导殷兵袭破循军,执循送建州,斩之。

闰月,殷吴成义闻有唐兵,诈使人告福州吏民曰:"唐助我讨贼臣,大兵今至矣。"福人益惧。乙未,朱文进遣同平章事李光准等奉国宝于殷。

他拿出黄绍颇的首级给大家看,这些兵众便溃散了,几名大将跟从陈洪进到建州。王延政任命王继勋为侍中、泉州刺史,留从效、王忠顺、董思安、陈洪进都担任都指挥使。漳州将领程谟听说后,立即杀死刺史程文纬,拥立王继成代理州中事务。王继勋、王继成都是王延政的侄子,朱文进杀王氏的时候,他俩因为关系疏远而得以保全性命。

汀州刺史许文稹,向殷国呈表章请求降顺。

十二月癸丑(十五日),后晋朝廷加封朱文进为同平章事,封他为闽国王。

朱文进听说黄绍颇死了,大为恐惧,用重赏招募了两万士兵,派遣统军使林守谅、内客省使李廷锷率领他们去进攻泉州,一路上战鼓之声相闻,绵延五百里。殷主王延政派遣大将军杜进率兵两万前去援救泉州,留从效打开城门与福州兵交战,把他们打得大败,斩杀了林守谅,俘虏了李廷锷。王延政派统军使吴成义率战舰千艘进攻福州,朱文进送子弟到吴越当人质,向吴越求救。

当初,南唐翰林待诏臧循与枢密副使查文徽是同乡,臧循曾是商人,熟知福建的山水地理,为查文徽筹划攻取建州的计策。查文徽上表请求发兵进攻王延政,国中的人大多认为不行。唐主任命查文徽为江西安抚使,沿边境巡视,侦察一下可否出兵。查文徽到达信州,上奏说进攻一定可以胜利。唐主任命洪州营屯都虞候边镐为行营招讨诸军都虞候,率军跟随查文徽讨伐殷国。查文徽从建阳进驻盖竹,听说泉、漳、汀三州都投降了殷国。殷国将领张汉真从镛州率八千士兵将要到来,查文徽害怕,退守建阳。臧循屯兵在邵武,邵武的百姓给殷国部队带路袭击打败臧循的部队,把臧循抓送到建州,并杀了他。

闰月,殷国吴成义听说南唐出兵,于是派人骗福州的官民说:"唐帮助我们讨伐贼臣,大军现在到了。"福州人更加害怕。乙未(二十一日),朱文进派同平章事李光准等人把传国玉玺奉送给殷。

丁酉，福州南廊承旨林仁翰谓其徒曰："吾曹世事王氏，今受制贼臣，富沙王至，何面见之！"帅其徒三十人被甲趣连重遇第，重遇方严兵自卫，三十人者望之，稍稍遁去。仁翰执槊直前刺重遇，杀之，斩其首以示众曰："富沙王且至，汝辈族矣！今重遇已死，何不亟取文进以赎罪！"众踊跃从之，遂斩文进，迎吴成义入城，函二首送建州。

二年春正月，闽之故臣共迎殷主延政，请归福州，改国号曰闽。延政以方有唐兵，未暇徙都，以从子门下侍郎、同平章事继昌都督南都内外诸军事，镇福州，以飞捷指挥使黄仁讽为镇遏使，将兵卫之。

林仁翰至福州，闽主赏之甚薄，仁翰未尝自言其功。

发南都侍卫及两军甲士万五千人，诣建州以拒唐。

二月，唐查文徽表求益兵，唐主以天威都虞候何敬洙为建州行营招讨马步都指挥使，将军祖全恩为应援使，姚凤为都监，将兵数千会攻建州，自崇安进屯赤岭。闽主延政遣仆射杨思恭、统军使陈望将兵万人拒之，列栅水南，旬馀不战，唐人不敢逼。思恭以延政之命督望战，望曰："江、淮兵精，其将习武事。国之安危，系此一举，不可不万全而后动。"思恭怒曰："唐兵深侵，陛下寝不交睫，委之将军。今唐兵不出数千，将军拥众万馀，不乘其未定而击之，有如唐兵惧而自退，将军何面目见陛下乎！"望不得已，引兵涉水与唐战。全恩等以大兵当其前，使奇兵出其后，大破之。望死，思恭仅以身免。延政大惧，婴城自守，召董思安、王忠顺，使将泉州兵五千诣建州，分守要害。

丁酉(二十九日),福州南廊承旨林仁翰对他的部属说:"我们世代事奉王氏,现在受贼臣节制,富沙王来到时,我们有什么脸面去见他?"于是率领部属三十人穿着甲衣直奔连重遇的府第,连重遇正带兵严密自卫,三十个人望见如此情状,陆续逃跑。林仁翰手执长矛冲上前直刺连重遇,把他杀死,砍下他的头示众说:"富沙王就要来啦,你们要被灭族的!现在连重遇已死,你们为何不赶快去抓朱文进来赎罪?"人们踊跃跟随他,于是斩杀了朱文进,迎接吴成义入城,把连重遇、朱文进的头装在匣中送到建州。

二年(945)春季正月,闽国旧臣一起迎接殷主王延政,请他返回福州,改国号叫闽。王延政因为唐兵正在入侵,顾不上迁都,让侄子门下侍郎、同平章事王继昌担任都督南都内外诸军事,镇守福州,任命飞捷指挥使黄仁讽为镇遏使,率兵护卫。

林仁翰回到福州,闽主对他赏赐很少,林仁翰也不曾自己谈论自己的功劳。

闽主征调福州的侍卫部队和两军甲士一万五千人到建州抵抗唐兵。

二月,南唐查文徽上表请求增兵,唐主任命天威都虞候何敬洙为建州行营招讨马步都指挥使,任命将军祖全恩为应援使,姚凤为都监,率兵几千会合进攻建州,从崇安出发进驻赤岭。闽主王延政派仆射杨思恭、统军使陈望率一万士兵前去抵抗,在河流南边建起栅栏,十馀日不出战,唐军也不敢进逼。杨思恭传达王延政的命令,督促陈望出战,陈望说:"江、淮的部队精锐,他们的将领熟悉军事。国家的安危在此一举,不可不保证万无一失而后出兵。"杨思恭发怒说:"唐军深入国土,陛下睡不安稳,把军队交给将军。现在唐兵不过数千人,将军拥兵一万多人,不趁敌人立足未稳而进攻,倘若唐兵害怕而自己撤退,将军有何面目去见陛下呢?"陈望不得已,带兵渡河与唐兵交战。祖全恩因大部队正对着闽军,于是派奇兵抄到它的后面,把闽军打得大败。陈望战死,杨恩恭仅能只身逃脱。王延政大为恐惧,据城自守,征召董思安、王忠顺率领泉州兵五千前往建州,分别据守要害地方。

初,光州人李仁达,仕闽为元从指挥使,十五年不迁职。闽主曦之世,叛奔建州,闽主延政以为将。及朱文进弑曦,复叛奔福州,陈取建州之策。文进恶其反覆,黜居福清。浦城人陈继珣,亦叛闽主延政奔福州,为曦画策取建州,曦以为著作郎。及延政得福州,二人皆不自安。

王继昌暗弱嗜酒,不恤将士,将士多怨。仁达潜入福州,与继珣说黄仁讽曰:"今唐兵乘胜,建州孤危。富沙王不能保建州,安能保福州!昔王潮兄弟,光山布衣耳,取福建如反掌。况吾辈乘此机会,自图富贵,何患不如彼乎!"仁讽然之。是夕,仁达等引甲士突入府舍,杀继昌及吴成义。

仁达欲自立,恐众心未服,以雪峰寺僧卓岩明素为众所重,乃言:"此僧目重瞳子,手垂过膝,真天子也。"相与迎之。三月己亥,立以为帝,解去衲衣,被以衮冕,帅将吏北面拜之。然犹称天福十年,遣使奉表称藩于晋。

延政闻之,族黄仁讽家,命统军使张汉真将水军五千,会漳、泉兵讨岩明。

夏四月,闽张汉真至福州,攻其东关。黄仁讽闻其家夷灭,开门力战,大破闽兵,执汉真,入城,斩之。

卓岩明无他方略,但于殿上噀水散豆,作诸法事而已。又遣使迎其父于莆田,尊为太上皇。

李仁达既立岩明,自判六军诸卫事,使黄仁讽屯西门,陈继珣屯北门。仁讽从容谓继珣曰:"人之所以为人,以有忠、信、仁、义也。吾顷尝有功于富沙,中间叛之,非忠也;人以从子托我而与人杀之,非信也;属者与建兵战,所杀皆乡曲故人,非仁也;弃妻子,使人鱼肉之,非义也。此身十

当初，光州人李仁达在闽充当元从指挥使，十五年没有升官。闽主王曦当政时，他叛逃到建州，闽主王延政任他为将军。等到朱文进杀了王曦后，他又叛逃回福州，陈述攻取建州的计策。朱文进厌恶他反复无常，把他贬职并安置在福清。浦城人陈继珣也背叛闽主王延政投奔福州，替王曦谋划攻取建州，王曦任他为著作郎。等到王延政取得福州，二人都心怀疑惧。

　　王继昌愚昧软弱而嗜酒，不顾惜将士，将士们大多心怀怨恨。李仁达偷偷进入福州，与陈继珣劝说黄仁讽说："现在唐兵乘胜进军，建州孤立而危殆。富沙王不能保住建州，又怎能保住福州！以前，王潮兄弟都是光山的平民而已，他们攻取福州易如反掌。何况我们趁这个时机来自己谋取富贵，何必担心不如王潮他们呢！"黄仁讽认为他们说得对。当晚，李仁达等人带领穿铠甲的士兵突击冲入府署，杀死王继昌和吴成义。

　　李仁达想拥众自立，又害怕将士们不服，因为雪峰寺和尚卓岩明历来为众人推重，于是说："这个和尚有双瞳孔，手长过膝，是真命天子。"于是相约去迎接他。三月己亥（初三），立和尚卓岩明为皇帝，脱去他的僧服，给他披上帝服、戴上皇冠，率将吏们向北朝他下拜。但仍称天福十年，以藩臣名义派使者向后晋呈上表章。

　　王延政听说此事，将黄仁讽满门抄斩，命令统军使张汉真率水军五千，与漳、泉两州部队会合征讨卓岩明。

　　夏季四月，闽将张汉真抵达福州，进攻东关，黄仁讽听说被灭族，打开城门拼力作战，大败闽兵，活捉张汉真回城，将他斩首。

　　卓岩明并没有什么方略，只是在殿上吐水撒豆，做各种法事而已。他又派人到莆田迎接他父亲到福州，尊为太上皇。

　　李仁达拥立卓岩明后，自己判领六军诸卫的事务，让黄仁讽驻守西门，陈继珣驻守北门。黄仁讽从容地对陈继珣说："人之所以为人，是因为懂得忠信仁义。我以前曾对富沙王有功，中途又背叛他，这是不忠；人家把侄子托付给我，而我跟别人一起把他杀了，这是不信；刚刚与建州兵作战，杀死的都是同乡的故人，这是不仁；抛弃妻子儿女，让人宰杀他们，这是不义。我这个人十

沉九浮,死有馀愧!"因拊膺恸哭。继珣曰:"大丈夫徇功名,何顾妻子!宜置此事,勿以取祸。"仁达闻之,使人告仁讽、继珣谋反,皆杀之。由是兵权尽归仁达。

五月丁巳,李仁达大阅战士,请卓岩明临视。仁达阴教军士突前登阶,刺杀岩明。仁达阳惊,狼狈而走;军士共执仁达,使居岩明之坐。仁达乃自称威武留后,用保大年号,奉表称藩于唐,亦遣使入贡于晋,并杀岩明之父。唐以仁达为威武节度使、同平章事,赐名弘义,编之属籍。弘义又遣使修好于吴越。

唐兵围建州,屡破泉州兵。许文稹败唐兵于汀州,执其将时厚卿。

秋七月,闽人或告福州援兵谋叛,闽主延政收其铠仗,遣还,伏兵于隘,尽杀之,死者八千馀人,脯其肉以归为食。

唐边镐拔镡州,查文徽之党魏岑、冯延己、延鲁以师出有功,皆踊跃赞成之。征求供亿,府库为之耗竭,洪、饶、抚、信之民尤苦之。

延政遣使奉表称臣于吴越,请为附庸以求救。

八月,唐兵围建州既久,建人离心。或谓董思安:"盍早择去就。"思安曰:"吾世事王氏,危而叛之,天下其谁容我!"众感其言,无叛者。丁亥,唐先锋桥道使上元王建封先登,遂克建州,闽主延政降。王忠顺战死,董思安整众奔泉州。

沉九浮,死了也惭愧不尽啊!"于是捶胸大哭。陈继珣说:"大丈夫献身功名,哪里顾得上妻子儿女! 应把这件事放下,不要因此自取祸患。"李仁达听说后,让人告发黄仁讽、陈继珣谋反,把他们都杀死。从此兵权全部归于李仁达。

五月丁巳(二十二日),李仁达大规模检阅部队,请卓岩明前来观看,李仁达暗地里让军士突然冲上台阶,刺杀卓岩明。李仁达假装吃惊害怕,仓皇逃走,军士们一起拉住他,要他坐在卓岩明的位置上。于是李仁达自称威武留后,奉用南唐保大年号,向南唐上奏表章称藩属,也派人向后晋进贡,他还杀了卓岩明的父亲。南唐任命李仁达为威武节度使、同平章事,赐给他名字弘义,将他编入南唐的宗室名册。李弘义又派使者与吴越建立友好关系。

唐兵包围建州,屡次攻破泉州部队。许文稹在汀州打败唐兵,俘虏唐将时厚卿。

秋季七月,闽人中有人告发福州的援兵想叛变,闽主王延政收缴了福州援兵的铠甲和武器,遣送他们回福州,事先在险隘之处埋伏人马,把他们全都杀死,被杀的有八千馀人,把他们的肉制成肉干拿回来吃。

唐将边镐攻取了镡州,查文徽的党羽魏岑、冯延己、冯延鲁因为部队出征打了胜仗,都踊跃赞成继续进军。因而向百姓征索财物以供军用,府库因此而消耗一空,洪、饶、抚、信四州的百姓深以为苦。

王延政派使者向吴越呈上表章称臣,请求作为吴越的藩属而向吴越求救。

八月,唐兵长久包围建州以后,建州人心离散。有人劝董思安:"何不趁早选择出路。"董思安说:"我世代事奉王氏,到他危殆时就叛变,天下有谁能容我?"大家都被他的话感动,没有叛变的人。丁亥(二十四日),南唐先锋桥道使上元人王建封率先冲上建州城,于是攻克建州,闽主王延政投降。王忠顺战死,董思安整顿部众逃奔泉州。

初，唐兵之来，建人苦王氏之乱与杨思恭之重敛，争伐木开道以迎之。及破建州，纵兵大掠，焚宫室庐舍俱尽。是夕，寒雨，冻死者相枕，建人失望。唐主以其有功，皆不问。

九月，许文稹以汀州，王继勋以泉州，王继成以漳州，皆降于唐。唐置永安军于建州。

冬十月，王延政至金陵，唐主以为羽林大将军，斩杨思恭以谢建人。以百胜节度使王崇文为永安节度使。崇文治以宽简，建人遂安。

三年春三月，唐泉州刺史王继勋致书修好于威武节度使李弘义。弘义以泉州故隶威武军，怒其抗礼，夏四月，遣弟弘通将兵万人伐之。

泉州都指挥使留从效谓刺史王继勋曰：“李弘通兵势甚盛，士卒以使君赏罚不当，莫肯力战，使君宜避位自省！”乃废继勋归私第，代领军府事，勒兵击李弘通，大破之。表闻于唐，唐主以从效为泉州刺史，召继勋还金陵，遣将将兵戍泉州，徙漳州刺史王继成为和州刺史，汀州刺史许文稹为蕲州刺史。

初，唐人既克建州，欲乘胜取福州，唐主不许。枢密使陈觉请自往说李弘义，必令入朝。宋齐丘荐觉才辩，可不烦寸刃，坐致弘义。唐主乃拜弘义母、妻皆为国夫人，四弟皆迁官，以觉为福州宣谕使，厚赐弘义金帛。弘义知其谋，见觉，辞色甚倨，待之疏薄。觉不敢言入朝事而还。

秋八月，唐陈觉自福州还，至剑州，耻无功，矫诏使侍卫官顾忠召弘义入朝，自称权福州军府事，擅发汀、建、抚、信州兵及戍卒，命建州监军使冯延鲁将之，趣福州迎弘义。

当初，唐兵到来时，建州人苦于王氏的作乱和杨思恭收取重税，争着砍木开路迎接唐兵。等到唐兵攻破建州，听任士兵大肆抢掠，宫室、民房被焚烧一空。当晚，天寒又下雨，百姓冻死的一个压一个，建州人大失所望。唐主因部队有功，这些完全不过问。

九月，许文稹献汀州，王继勋献泉州，王继成献漳州，都向南唐投降。南唐在建州设置永安军。

冬季十月，王延政到金陵，唐主任命他为羽林大将军，斩杀杨思恭向建州人谢罪。任命百胜节度使王崇文为永安节度使。王崇文处理政事宽宏简易，建州人于是安定下来。

三年(946)春季三月，南唐泉州刺史王继勋寄信给威武节度使李弘义，互建友好关系。李弘义认为泉州以前隶属威武军，因王继勋寄信用平等的礼节而大怒，夏季四月，派弟弟李弘通率兵万人去讨伐他。

泉州都指挥使留从效对刺史王继勋说："李弘通兵势很强盛，士卒们因为使君您赏罚不当，不肯出力作战，使君您应当让位自己反省！"于是把王继勋罢黜回家，留从效自己代领军府事，带兵进攻李弘通，把他打得大败。随后留从效向南唐上表奏报，唐主任留从效为泉州刺史，征召王继勋回金陵，派将领率军驻守泉州，并迁漳州刺史王继成为和州刺史，汀州刺史许文稹为蕲州刺史。

当初，唐人攻克建州以后，想乘胜攻取福州，唐主不允许。枢密使陈觉请求让自己前往说服李弘义，一定能让他入朝。宋齐丘也推荐陈觉才智机辩，可不用一寸刀刃，坐着就能收服李弘义。唐主于是拜封李弘义的母亲、妻室均为国夫人，四个弟弟也都给升官，任命陈觉为福州宣谕使，赐给李弘义丰厚的金帛。李弘义知道他们的企图，见到陈觉，语言态度非常倨傲，对待他很冷淡。陈觉不敢提入朝的事而自己返回。

秋季八月，南唐陈觉从福州回来，走到剑州，他耻于此行未能立功，就假传圣旨，让侍卫官顾忠宣召李弘义入朝，而自己则称代理福州军府事，擅自征调汀、建、抚、信四州的士兵和驻守的部队，命令建州监军使冯延鲁率领他们，前往福州迎接李弘义入朝。

延鲁先遗弘义书,谕以祸福。弘义复书请战,遣楼船指挥使杨崇保将州师拒之。觉以剑州刺史陈诲为缘江战棹指挥使,表:"福州孤危,且夕可克。"唐主以觉专命,甚怒。群臣多言:"兵已傅城下,不可中止,当发兵助之。"

丁丑,觉、延鲁败杨崇保于候官。戊寅,乘胜进攻福州西关。弘义出击,大破之,执唐左神威指挥使杨匡邺。唐主以永安节度使王崇文为东南面都招讨使,以漳泉安抚使、谏议大夫魏岑为东面监军使,延鲁为南面监军使,会兵攻福州,克其外郭。弘义固守第二城。

九月,李弘义自称威武留后,权知闽国事,更名弘达,奉表请命于晋。甲午,以弘达为威武节度使、同平章事,知闽国事。

辛丑,福州排阵使马捷引唐兵自马牧山拔寨而入,至善化门桥,都指挥使丁彦贞以兵百人拒之。弘达退保善化门,外城再重皆为唐兵所据。弘达更名达,遣使奉表称臣,乞师于吴越。

冬十月,唐漳州将林赞尧作乱,杀监军使周承义、剑州刺史陈诲。泉州刺史留从效举兵逐赞尧,以泉州裨将董思安权知漳州。唐主以思安为漳州刺史,思安辞以父名章,唐主改漳州为南州。命思安及留从效将州兵会攻福州。庚辰,围之。

福州使者至钱塘,吴越王弘佐召诸将谋之,皆曰:"道险远,难救。"惟内都监使临安水丘昭券以为当救。弘佐曰:"唇亡齿寒,吾为天下元帅,曾不能救邻道,将安用之!诸君但乐饱食安坐邪!"壬午,遣统军使张筠、赵承泰将兵三万,水陆救福州。先是募兵,久无应者,弘佐命纠之,曰:

冯延鲁先给弘义写信，说明祸福。李弘义回信请战，并派楼船指挥使杨崇保率福州部队前去抵抗。陈觉委任剑州刺史陈诲为缘江战棹指挥使，上表朝廷，说："福州孤立危殆，早晚之间即可攻取。"唐主因为陈觉独断专行，非常愤怒。群臣大多都说："已经兵临城下，不可中途停止，应当出兵去助战。"

丁丑（十九日），陈觉、冯延鲁在候官打败杨崇保。戊寅（二十日），乘胜进攻福州城西关。李弘义出战，大破唐军，捉住唐左神威指挥使杨匡邺。唐主任命永安节度使王崇文为东南面都招讨使，任命漳泉安抚使、谏议大夫魏岑为东面监军使，冯延鲁为南面监军使，合兵进攻福州，攻下了福州外城。李弘义坚守第二道城墙。

九月，李弘义自称威武留后，代掌闽国事，改名弘达，呈表听命于后晋。甲午（初七），后晋朝廷任命李弘达为威武节度使、同平章事，管理闽国政事。

辛丑（十四日），福州排阵使马捷带唐兵从马牧山攻下营寨抵临城下，到达善化门桥，都指挥使丁彦贞率兵百人抵抗。李弘达退守善化门，两重外城都被唐兵占领了。弘达改名达，派使者向吴越上表称臣，向吴越请求救兵。

冬季十月，南唐漳州将领林赞尧作乱，杀死监军使周承义、剑州刺史陈诲。泉州刺史留从效带兵驱逐了林赞尧，委派泉州副将董思安代管漳州。唐主任命董思安为漳州刺史，董思安以父亲名字叫"章"而推辞，唐主改漳州称南州。命令董思安及留从效率领两州部队合攻福州，庚辰（二十三日），他们包围了福州。

福州使者到达钱塘，吴越王钱弘佐召集众将领商议，将领们都说："道路险阻而且遥远，很难前去救援。"只有内都监使临安人水丘昭券认为应该救援。钱弘佐说："唇亡而齿寒，我身为天下的元帅，竟然不能救邻道，那还要我这个元帅干什么用呢？诸位只乐意吃饱饭安然而坐吗！"壬午（二十五日），派遣统军使张筠、赵承泰率领兵众三万人分别从水陆两路去援救福州。在此以前，招募士兵，很长时间都没有应募的，钱弘佐下令征集，说：

"纠而为兵者,粮赐减半。"明日,应募者云集。弘佐命昭券专掌用兵,昭券惮程昭悦,以用兵事让之。弘佐命昭悦掌应援馈运事,而以军谋委元德昭。德昭,元仔倡之子也。

弘佐议铸铁钱以益将士禄赐,其弟牙内都虞候弘亿谏曰:"铸铁钱有八害:新钱既行,旧钱皆流入邻国,一也;可用于吾国而不可用于他国,则商贾不行,百货不通,二也;铜禁至严,民犹盗铸,况家有铛釜,野有铧犁,犯法必多,三也;闽人铸铁钱而乱亡,不足为法,四也;国用幸丰而自示空乏,五也;禄赐有常而无故益之以启无厌之心,六也;法变而弊,不可遽复,七也;'钱'者国姓,易之不祥,八也。"弘佐乃止。

十一月己酉,吴越兵至福州,自晋浦南潜入州城。唐兵进据东武门,李达与吴越兵共御之,不利。自是内外断绝,城中益危。

唐主遣信州刺史王建封助攻福州。时王崇文虽为元帅,而陈觉、冯延鲁、魏岑争用事,留从效、王建封倔强不用命,各争功,进退不相应。由是将士皆解体,故攻城不克。

唐主以江州观察使杜昌业为吏部尚书,判省事。先是昌业自兵部尚书判省事,出江州,及还,阅簿籍,抚案叹曰:"未数年,而府库所耗者半,其能久乎!"

后汉高祖天福十二年春三月,吴越复发水军,遣其将

"凡是征集而来的士兵,发的粮食减少一半。"第二天,人们纷纷来应募。钱弘佐命水丘昭券专权掌管用兵的事,水丘昭券惧怕程昭悦,把用兵之事让给他。钱弘佐命令程昭悦掌管援兵和军资运输,而把谋划出兵作战的事交给元德昭掌管。元德昭是元仔倡的儿子。

钱弘佐提出铸铁钱来增加将士的俸禄和赏赐,他弟弟牙内都虞候钱弘亿劝阻说:"铸铁钱有八害:新钱流通以后,旧钱就都流入邻国,此其一;铁钱可在本国使用而不能在其他国家使用,这样商人的生意就做不成,百货就无法流通,此其二;禁止民间采铜的法令极为严厉,百姓还有盗铸铜钱的,况且现在每家都有铁锅器具,田野则有铁制的铧、犁,这样,因盗铸钱币而犯法的人肯定多,此其三;闽人铸行铁钱而导致国家混乱灭亡,他们的做法不足以仿效,此其四;国家的财用幸而丰足,但却自己显示空乏,此其五;俸禄和赏赐有常规,无缘无故增加,只会诱发贪得无厌的心理,此其六;法度改变一旦造成危害,就不能马上恢复过来,此其七;'钱'这是我们国家君主的姓,改了就不吉利了,此其八。"钱弘佐于是放弃了铸铁钱的计划。

十一月己酉(二十二日),吴越兵到达福州,从晋浦南面潜入福州城。唐兵进军占据了东武门,李达与吴越兵共同抵抗,作战不利。从此内外被隔绝,城中更加危急。

唐主派信州刺史王建封助攻福州。当时王崇文虽是元帅,但陈觉、冯延鲁、魏岑争着主事,留从效、王建封又强硬执拗不听从命令,互相争功,军队的进退互不照应。因此部队四分五裂,所以福州城攻不下来。

唐主任命江州观察使杜昌业为吏部尚书,兼管中央部门的事务。在此以前,杜昌业由兵部尚书兼管中央部门的事务,被调出去供职江州,等到回来上任,翻阅账册簿籍,拍案感叹道:"不到几年的时间,而府库的积累已经消耗了一半,国家还能长久维持下去吗!"

后汉高祖天福十二年(947)春季三月,吴越又出动水军,派将领

余安将之，自海道救福州。已亥，至白虾浦。海岸泥淖，须布竹簀乃可行，唐之诸军在城南者，聚而射之，簀不得施。冯延鲁曰："城所以不降，恃此救也。今相持不战，徒老我师，不若纵其登岸尽杀之，则城不攻自降矣。"裨将孟坚曰："浙兵至此已久，不能进退，求一战而死不可得。若听其登岸，彼必致死于我，其锋不可当，安能尽杀乎！"延鲁不听，曰："吾自击之。"吴越兵既登岸，大呼奋击，延鲁不能御，弃众而走，孟坚战死。吴越兵乘胜而进，城中兵亦出，夹击唐兵，大破之。唐城南诸军皆遁，吴越兵追之。王崇文以牙兵三百拒之，诸军陈于崇文之后，追者乃还。

或言："浙兵欲弃福州，拔李达之众归钱塘。"东南守将刘洪进等白王建封，请纵其尽出而取其城。留从效不欲福州之平，建封亦忿陈觉等专横，乃曰："吾军败矣，安能与人争城！"是夕，烧营而遁，城北诸军亦相顾而溃。冯延鲁引佩刀自刺，亲吏救之，不死。唐兵死者二万馀人，委弃军资器械数十万，府库为之耗竭。

余安引兵入福州，李达举所部授之。

留从效引兵还泉州，谓唐戍将曰："泉州与福州世为仇敌，南接岭海瘴疠之乡，地险土瘠。比年军旅屡兴，农桑废业，冬征夏敛，仅能自赡，岂劳大军久戍于此！"置酒饯之，戍将不得已引兵归。唐主不能制，加从效检校太傅。

张筠、余安皆还钱塘，吴越王弘佐遣东南安抚使鲍脩让将兵戍福州。

余安统率，从海路去援救福州。己亥（十四日），抵达白虾浦。海岸低洼泥泞，必须铺上竹垫子才能行走，南唐各路人马聚集在城南向他们射箭，竹垫子铺不开来。冯延鲁说："城内的人之所以不投降，是倚仗这些救兵。现在跟他们僵持着不交战，只会使我军疲惫，不如放他们上岸，全部把他们杀了，那样就不用进攻而城内的人自己就会投降了。"副将孟坚说："浙兵到达这里已经很久了，进退不得，想求一战而死都做不到。如果听任他们上岸，他们肯定拼死与我们作战，这样敌人的锐气就不可抵挡，哪能把他们全部杀掉呢？"冯延鲁不听劝阻，说："我自己去攻击他们！"吴越兵上岸后，大喊着奋勇冲锋，冯延鲁抵挡不住，抛下军队逃跑了，孟坚战死。吴越兵乘胜进攻，福州城内的部队也出击，两面夹攻把唐兵打得大败。南唐城南各路部队都逃跑了，吴越兵跟着追击。王崇文率牙兵三百来抵抗，各路人马在王崇文后面摆开阵势，吴越的追兵于是撤军。

有人说："浙兵想抛弃福州，把李达的部队拉向钱塘。"东南守将刘洪进等报告王建封，请把福州兵全部放走而占领福州城。留从效不想福州被平定，王建封也愤恨陈觉等人的专横，于是说："我军战败，哪能跟人家争夺城池呢？"当晚，他们烧掉军营而逃跑，城北各路人马也互相观望而溃逃。冯延鲁举佩刀自杀，被心腹之吏救下来，得以不死。唐兵死了两万余人，丢掉的军资、器械数十万，南唐国库财物为之消耗一空。

余安带兵进入福州城，李达把自己的部队全交给他统领。

留从效带兵回到泉州，对南唐的驻守将领说："泉州与福州世代是仇敌，是南边连接着山岭和大海的瘴疬之乡，地势险峻而土质贫瘠。连年战争频繁，农桑之业都荒废了，冬夏两季赋税的征敛，仅仅能自给，哪能劳驾得起大军长期驻守在这里！"设酒宴给他们饯行，驻守的唐将不得已，只好带兵回去。唐主无法控制，加封留从效为检校太傅。

张筠、余安都返回钱塘，吴越王钱弘佐派东南安抚使鲍脩让率军驻守福州。

　　唐主以矫诏败军,皆陈觉、冯延鲁之罪,夏四月壬申,诏赦诸将,议斩二人以谢中外。御史中丞江文蔚对仗弹冯延己、魏岑曰:"陛下践阼以来,所信任者,延己、延鲁、岑、觉四人而已,皆阴狡弄权,壅蔽聪明,排斥忠良,引用群小,谏争者逐,窃议者刑,上下相蒙,道路以目。今觉、延鲁虽伏辜,而延己、岑犹在。本根未殄,枝干复生,同罪异诛,人心疑惑。"又曰:"上之视听,惟在数人,虽日接群臣,终成孤立。"又曰:"在外者握兵,居中者当国。"又曰:"岑、觉、延鲁,更相违戾。彼前则我却,彼东则我西。天生五材,国之利器,一旦为小人忿争妄动之具。"又曰:"征讨之柄,在岑折简,帑藏取与,系岑一言。"唐主以文蔚所言为太过,怒,贬江州司士参军。械送觉、延鲁至金陵。宋齐丘以尝荐觉使福州,上表待罪。

　　诏流觉于蕲州,延鲁于舒州。知制诰会稽徐铉、史馆修撰韩熙载上疏曰:"觉、延鲁罪不容诛,但齐丘、延己为之陈请,故陛下赦之。擅兴者不罪,则疆场有生事者矣;丧师者获存,则行陈无效死者矣。请行显戮以重军威。"不从。

　　中书侍郎、同平章事冯延己罢为太弟少保,贬魏岑为太子洗马。

　　韩熙载屡言宋齐丘党与必为祸乱。齐丘奏熙载嗜酒猖狂,贬和州司士参军。

唐主认为假传诏令及军事失败都是陈觉、冯延鲁的罪过,夏季四月壬申(十七日),下诏赦免各位将领,提出斩杀陈觉、冯延鲁二人向朝廷内外谢罪。御史中丞江文蔚面对正殿所设仪仗弹劾冯延己、魏岑说:"陛下即位以来,所信任的就是冯延己、冯延鲁、魏岑、陈觉四人而已,而这四个人却都阴险狡诈,玩弄权术,蒙蔽陛下的视听,排斥忠良之士,任用一帮小人,朝廷上劝谏的被赶走,私下议论的受刑罚,上下互相欺骗,路上行人不敢交谈。现在陈觉、冯延鲁虽然被治罪,而冯延己、魏岑还在位。树根未铲除,枝干还会再生,罪恶相同而处罚不一,人们心中就会产生疑惑。"又说:"陛下所能见到、听到的,就出于这几个人,陛下虽然每天接见群臣,终究是被孤立的。"又说:"他们在朝廷外的掌握军队,在朝中的掌握着国政。"又说:"魏岑、陈觉、冯延鲁互相对立,为害国家,你要向前我就向后,你要向东我就向西。天生金、木、水、火、土五种物资,作为治国的工具,一时间却成了小人泄怒争胜、轻举妄动的工具。"又说:"出征讨伐的权柄,在于魏岑的一纸奏章;库藏财物的收支,在于魏岑的一句话。"唐主认为江文蔚说的话太过分,于是发起怒来,把他贬官为江州司士参军。把陈觉、冯延鲁戴上刑具押送到金陵。宋齐丘因曾经推荐陈觉出使福州,上表请罪。

唐主下诏把陈觉流放到蕲州,冯延鲁流放到舒州。知制诰会稽人徐铉、史馆修撰韩熙载上疏说:"陈觉、冯延鲁罪大恶极,处死尚嫌不足以惩其罪,只因为宋齐丘、冯延己替他们求情,所以陛下就赦免了他们。擅自兴兵的人不治罪,那么边境上就会有制造事端的人了;使军队败亡的人得以保全,那么战争中就不会有拼死作战的人了。请将他们公开处决,来重振军威。"唐主不听从。

中书侍郎、同平章事冯延己被免职为太弟少保,魏岑被贬为太子洗马。

韩熙载多次进言说宋丘齐结党营私,肯定会成为祸乱。宋齐丘劾奏韩熙载嗜酒狂放,韩熙载被贬为和州司士参军。

秋七月,李达以其弟通知福州留后,自诣钱塘见吴越王弘偬,弘偬承制加达兼侍中,更其名曰孺赟。既而孺赟悔惧,以金笋二十株及杂宝赂内牙统军使胡进思,求归福州。进思为之请,弘偬从之。

冬十二月,威武节度使李孺赟与吴越戍将鲍脩让不协,谋袭杀脩让,复以福州降唐。脩让觉之,引兵攻府第,是日杀孺赟,夷其族。

己酉,鲍脩让传李孺赟首至钱塘,吴越王弘偬以丞相山阴吴程知威武节度事。

是岁,唐主以羽林大将军王延政为安化节度使、鄱阳王,镇饶州。

秋季七月,李达任命他的弟弟李通为代理福州留后,亲自到钱塘拜见吴越王钱弘佐,钱弘佐按规制加封李达兼侍中,将他改名叫孺赟。不久,李孺赟后悔并且恐惧,拿金笋二十株和杂样宝物贿赂内牙统军使胡进思,请求回归福州。胡进思为他向钱弘佐请求,钱弘佐答应了。

冬季十二月,威武节度使李孺赟与吴越驻守福州的将领鲍脩让不和,企图袭击并斩杀鲍脩让,再拿福州投降南唐。鲍脩让觉察出他的企图,带兵进攻他的府第,当天便把李孺赟杀死了,诛灭了他的全族。

己酉(二十九日),鲍脩让用驿车把李孺赟的首级送到钱塘,吴越王钱弘佐任命丞相山阴人吴程管理威武节度的事务。

这一年,唐主任命羽林大将军王延政为安化节度使、鄱阳王,镇守饶州。

刘氏据广州

唐昭宗乾宁元年冬十二月，封州刺史刘谦卒，子隐居丧于贺江，土民百馀人谋乱，隐一夕尽诛之。岭南节度使刘崇龟召补右都押牙兼贺水镇使，未几，表为封州刺史。

二年秋七月，以薛王知柔为清海军节度使。

三年冬十二月，清海节度使薛王知柔行至湖南，广州牙将卢琚、谭弘玘据境拒之，使弘玘守端州。弘玘结封州刺史刘隐，许妻以女。隐伪许之，托言亲迎，伏甲舟中，夜入端州，斩弘玘，遂袭广州，斩琚，具军容迎知柔入视事。知柔表隐为行军司马。

光化元年冬十二月，韶州刺史曾衮举兵攻广州，州将王瓌帅战舰应之；清海行军司马刘隐一战破之。韶州将刘潼复据浈、洸，隐讨斩之。

三年秋九月，以太保、门下侍郎徐彦若充清海军节度使，代薛王知柔。

天复元年冬十二月，清海节度使徐彦若薨，遗表荐行军司马刘隐权留后。

刘氏据广州

唐昭宗乾宁元年（894）冬季十二月，封州刺史刘谦去世，儿子刘隐在贺江守丧，当地百馀人谋反，刘隐一夜之间把他们杀尽。岭南节度使刘崇龟召见并补授刘隐为右都押牙兼贺水镇使，没过多久，上表举荐他为封州刺史。

二年（895）秋季七月，朝廷任命薛王李知柔为清海军节度使。

三年（896）冬季十二月，清海节度使薛王李知柔赴任走到湖南，广州牙将卢琚、谭弘玘驻守在边境上阻止他入境，于是让谭弘玘据守端州。谭弘玘结纳封州刺史刘隐，许诺把自己的女儿嫁给刘隐为妻。刘隐假装答应，借口亲自去迎亲，在船上埋伏了甲士，半夜进入端州，斩杀谭弘玘，于是进袭广州，又杀了卢琚，整饬军容风纪迎接李知柔入广东执政。李知柔上表朝廷任命刘隐为行军司马。

光化元年（898）冬季十二月，韶州刺史曾衮率兵进攻广州，广州将领王瓌率领战舰接应曾衮，清海行军司马刘隐一战便将曾衮的人马打败。韶州将领刘潼又占据浈、洭地区，刘隐出兵征讨，杀了他。

三年（900）秋季九月，朝廷以太保、门下侍郎徐彦若充任清海军节度使，代替薛王李知柔。

天复元年（901）冬季十二月，清海节度使徐彦若去世，留下章表呈递朝廷，举荐行军司马刘隐代理节度留后。

二年。虔州刺史卢光稠攻岭南，陷韶州，使其子延昌守之，进围潮州。清海留后刘隐发兵击走之，乘胜进攻韶州。隐弟陟以为延昌有虔州之援，未可遽取。隐不从，遂围韶州。会江涨，馈运不继，光稠自虔州引兵救之。其将谭全播伏精兵万人于山谷，以羸弱挑战，大破隐于城南，隐奔还。全播悉以功让诸将，光稠益贤之。

天祐元年。初，清海节度使徐彦若遗表荐副使刘隐权留后，朝廷以兵部尚书崔远为清海节度使。远至江陵，闻岭南多盗，且畏隐不受代，不敢前，朝廷召远还。隐遣使以重赂结朱全忠，乃奏以隐为清海节度使。

昭宣帝天祐二年春三月，加清海节度使刘隐同平章事。

后梁太祖开平元年夏五月己卯，加刘隐兼侍中，仍以隐为大彭王。

二年冬十月辛酉，以刘隐为清海、静海节度使，以膳部郎中赵光裔、右补阙李殷衡充官告使，隐皆留之。光裔，光逢之弟；殷衡，德裕之孙也。

三年夏四月庚子，以刘隐为南平王。

乾化元年春三月，清海、静海节度使兼中书令、南平襄王刘隐病亟，表其弟节度副使岩权知留后。丁亥，卒，岩袭位。

夏五月甲辰，以清海留后刘岩为节度使。岩多延中国士人置于幕府，出为刺史，刺史无武人。

冬十二月癸亥，以静江行军司马姚彦章为宁远节度副使，权知容州，从楚王殷之请也。刘岩遣兵攻容州，殷遣都指挥

二年(902)。虔州刺史卢光稠进攻岭南,攻陷韶州,让他儿子卢延昌镇守在那里,然后他又进军包围潮州。清海留后刘隐出兵把他打退,并乘胜进攻韶州。刘隐的弟弟刘陟认为卢延昌有虔州作为后援,不能立即攻取。刘隐不听从他的意见,于是包围了韶州。正遇上江水上涨,军粮运输供应不上,卢光稠从虔州带兵来援救韶州。卢光稠的部将谭全播在山谷中埋伏一万精兵,派赢弱的士兵出去挑战,在韶州城南大败刘隐,刘隐逃回广州。谭全播把功劳全都让给各位将领,卢光稠更加认为他贤能。

天祐元年(904)。当初,清海节度使徐彦若留下章表上报朝廷推荐节度副使刘隐代理节度留后,朝廷任命兵部尚书崔远为清海节度使。崔远到达江陵,听说岭南盗贼很多,而且害怕刘隐不接受他来任职,因此不敢前往广东,朝廷征召崔远回朝。刘隐派人用厚礼结纳朱全忠,朱全忠于是上奏任刘隐为清海节度使。

唐昭宣帝天祐二年(905)春季三月,朝廷加授清海节度使刘隐为同平章事。

后梁太祖开平元年(907)夏季五月己卯(初三),太祖加授刘隐兼侍中,同时封他为大彭王。

二年(908)冬季十月辛酉(二十三日),任命刘隐为清海、静海节度使,派膳部郎中赵光裔、右补阙李殷衡充当官告使,刘隐把他俩都留下来。赵光裔是赵光逢的弟弟,殷衡是殷德裕的孙子。

三年(909)夏季四月庚子(初四),后梁封刘隐为南平王。

乾化元年(911)春季三月,清海、静海节度使兼中书令、南平襄王刘隐病情危急,上表朝廷让他弟弟节度副使刘岩暂代节度留后。丁亥(初三),刘隐去世,刘岩继位。

夏季五月甲辰(二十一日),后梁任命清海留后刘岩为节度使。刘岩大量延纳中原的读书人,把他们安排在幕府中,出任刺史,刺史中没有武夫。

冬季十二月癸亥(十三日),朝廷任命静江行军司马姚彦章为宁远节度副使,暂时主持容州的事务,这是接受楚王马殷的请求所做的安排。刘岩派遣军队前去进攻容州,马殷派遣都指挥

使许德勋以桂州兵救之。彦章不能守,乃迁容州士民及其府藏奔长沙,岩遂取容管及高州。

均王乾化三年冬十月,岭南节度使刘岩求婚于楚,楚王许以女妻之。

贞明元年秋八月,刘岩逆妇于楚,楚王殷遣永顺节度使存送之。

是岁,清海、建武节度使兼中书令刘岩,以吴越王镠为国王而己独为南平王,表求封南越王及加都统,帝不许。岩谓僚属曰:“今中国纷纷,孰为天子!安能梯航万里,远事伪庭乎!”自是贡使遂绝。

三年秋八月癸巳,清海、建武节度使刘岩即皇帝位于番禺,国号大越,大赦,改元乾亨。以梁使赵光裔为兵部尚书,节度副使杨洞潜为兵部侍郎,节度判官李殷衡为礼部侍郎,并同平章事。建三庙,追尊祖安仁曰太祖文皇帝,父谦曰代祖圣武皇帝,兄隐曰烈宗襄皇帝,以广州为兴王府。冬十月,越主岩遣客省使刘璩使于吴,告即位,且劝吴王称帝。

四年冬十一月,越主岩祀南郊,大赦,改国号曰汉。

五年春正月,汉主岩立越国夫人马氏为皇后,殷之女也。秋九月丙寅,诏削刘岩官爵,命吴越王镠讨之。镠虽受命,竟不行。

六年冬十二月,汉主岩遣使通好于蜀。

后唐庄宗同光三年。汉主闻帝灭梁而惧,遣宫苑使何词入贡,且觇中国强弱。二月甲申,词至魏。及还,言帝骄淫无政,不足畏也。汉主大悦,自是不复通中国。

冬十二月,有白龙见于汉宫,汉主改元白龙,更名曰龚。

使许德勋率桂州兵去援救。姚彦章无法坚守,于是把容州的士民和仓库的财物迁到长沙,刘岩于是攻取容管和高州。

后梁均王乾化三年(913)冬季十月,岭南节度使刘岩向楚求婚,楚王答应把女儿许配给他。

贞明元年(915)秋季八月,刘岩到楚地迎亲,楚王马殷派永顺节度使马存去护送。

这一年,清海、建武节度使兼中书令刘岩因为吴越王钱镠当了国王,而自己只是南平王,于是上表请求朝廷封自己为南越王并加授都统,后梁均王不答应。刘岩对自己的僚属说:"现在中原乱成一团,谁是天子? 我们怎能长途跋涉,远远地事奉伪朝呢!"从此不再向中原进贡和派遣使者。

三年(917)秋季八月癸巳(十六日),清海、建武节度使刘岩在番禺即皇帝位,国号称大越,在境内大赦,改年号为乾亨。任命后梁的使者赵光裔为兵部尚书,节度副使杨洞潜为兵部侍郎,节度判官李殷衡为礼部侍郎,这几人都为同平章事。建立三庙,追尊祖父刘安仁为太祖文皇帝,父亲刘谦为代祖圣武皇帝,兄长刘隐为烈宗襄皇帝,以广州为兴王府。冬季十月,越主刘岩派客省使刘瑭出使于吴,通报自己即位,并且劝吴王称帝。

四年(918)冬季十一月,越主刘岩在南郊祭天,大赦境内,改国号为汉。

五年(919)春季正月,汉主刘岩册立越国夫人马氏为皇后,马氏是马殷的女儿。秋季九月丙寅(初二),后梁下诏削夺刘岩的官爵,命令吴越王钱镠去征伐他。钱镠虽然接受了命令,最终没出兵。

六年(920)冬季十二月,汉主刘岩派使者与蜀友好往来。

后唐庄宗同光三年(925)。汉主听说庄宗灭掉后梁,心里害怕,派宫苑使何词入朝进贡,并且侦察中原的强弱。二月甲申(二十一日),何词到达魏都。回来后,告诉刘岩说庄宗骄横淫逸,不理政事,不值得害怕。汉主非常高兴,从此不再与中原来往。

冬季十二月,有白龙出现在汉宫,汉主改年号为白龙,自己改名为龑。

明宗天成三年春三月，楚大举水军击汉，围封州。汉主以《周易》筮之，遇《大有》，于是大赦，改元大有。命左右街使苏章将神弩三千、战舰百艘救封州。章至贺江，沉铁縆于水，两岸作巨轮挽縆，筑长堤以隐之，伏壮士于堤中。章以轻舟逆战，阳不利，楚人逐之，入堤中，挽轮举縆，楚舰不能进退，以强弩夹水射之，楚兵大败，解围遁去。汉主以章为封州团练使。

长兴元年秋九月，汉主遣其将梁克贞、李守鄘攻交州，拔之，执静海节度使曲承美以归，以其将李进守交州。

二年。爱州将杨廷艺养假子三千人，图复交州。汉交州守将李进知之，受其赂，不以闻。是岁，廷艺举兵围交州，汉主遣承旨程宝将兵救之，未至，城陷。进逃归，汉主杀之。宝围交州，廷艺出战，宝败死。

三年。汉主立其子耀枢为雍王，龟图为康王，弘度为宾王，弘熙为晋王，弘昌为越王，弘弼为齐王，弘雅为韶王，弘泽为镇王，弘操为万王，弘杲为循王，弘�为思王，弘邈为高王，弘简为同王，弘建为益王，弘济为辩王，弘道为贵王，弘昭为宜王，弘政为通王，弘益为定王。未几，徙弘度为秦王。

潞王清泰元年。汉主命判六军秦王弘度募宿卫兵千人，皆市井无赖子弟，弘度昵之。同平章事杨洞潜谏曰："秦王，国之冢嫡，宜亲端士。使之治军已过矣，况昵群小乎！"汉主曰："小儿教以戎事，过烦公忧。"终不戒弘度。洞潜出，

后唐明宗天成三年(928)春季三月,楚国大规模出动水军进攻南汉,包围封州。汉主用《周易》来占卦,占到《大有》卦,于是大赦境内,改年号为大有。命左右街使苏章率神弩军三千、战舰百艘援救封州。苏章到达贺江,把铁索沉在江中,两岸作巨轮用来牵绞铁索,再筑长堤遮住巨轮,在堤下埋伏壮士。苏章派轻快船只出战,假装败退,楚国水军追入两岸筑堤的江面中,苏章令士兵绞轮把沉在江中的铁索绞起,楚国的战舰进退不得,苏章让强弩兵在两岸夹射楚军,楚军大败,撤除对封州的包围而逃回去。汉主任命苏章为封州团练使。

长兴元年(930)秋季九月,汉主派部将梁克贞、李守鄘进攻交州,攻克交州,并捉获静海节度使曲承美回来,任命部将李进驻守交州。

二年(931)。爱州将领杨廷艺收养义子三千人,图谋夺回交州。南汉交州守将李进知道此事,收受了杨廷艺的贿赂,没有将事情上报汉主。这一年,杨廷艺率兵包围交州,汉主派承旨程宝率军去救援,程宝的救兵还未到,交州城已失陷。李进逃跑回来,汉主把他杀了。程宝率兵包围交州,杨廷艺带兵出击,程宝兵败而死。

三年(932)。汉主封立儿子刘耀枢为雍王,刘龟图为康王,刘弘度为宾王,刘弘熙为晋王,刘弘昌为越王,刘弘弼为齐王,刘弘雅为韶王,刘弘泽为镇王,刘弘操为万王,刘弘杲为循王,刘弘昑为思王,刘弘邈为高王,刘弘简为同王,刘弘建为益王,刘弘济为辩王,刘弘道为贵王,刘弘昭为宜王,刘弘政为通王,刘弘益为定王。不久,改封刘弘度为秦王。

后唐潞王清泰元年(934)。汉主命令判六军秦王刘弘度招募值夜守卫的警卫士卒一千人,招来的都是些市井无赖子弟,而刘弘度却亲昵他们。同平章事杨洞潜向南汉主进谏说:"秦王是国家的正统继位者,应亲近行为端正的士人。任他治理部队已经过分了,何况他竟然亲近成群的小人?"汉主说:"小儿子教他们治军之事,让您太担心了。"终究不约束刘弘度。杨洞潜出来,

见卫士掠商人金帛，商人不敢诉，叹曰："政乱如此，安用宰相！"因谢病归第，久之，不召，遂卒。

后晋高祖天福二年春三月，汉主以疾愈，大赦。

四年。汉门下侍郎、同平章事赵光裔言于汉主曰："自马后崩，未尝通使于楚，亲邻旧好，不可忘也。"因荐谏议大夫李纾可以将命，汉主从之。楚亦遣使报聘。光裔相汉二十馀年，府库完实，边境无虞。及卒，汉主复以其子翰林学士承旨、尚书左丞损为门下侍郎、同平章事。

五年。汉门下侍郎、同平章事赵损卒。以宁远节度使南昌王定保为中书侍郎、同平章事，不逾年亦卒。

六年冬十二月，汉主寝疾，有胡僧谓汉主名龑不利；汉主自造"龑"字名之，义取"飞龙在天"，读若俨。

七年。汉高祖寝疾，以其子秦王弘度、晋王弘熙皆骄恣，少子越王弘昌孝谨有智识，与右仆射兼西御院使王翱谋出弘度镇邕州，弘熙镇容州，而立弘昌。制命将行，会崇文使萧益入问疾，以其事访之。益曰："立嫡以长，违之必乱。"乃止。夏四月丁丑，高祖殂。高祖为人辨察，多权数，好自矜大，常谓中国天子为"洛州刺史"。岭南珍异所聚，每穷奢极丽，宫殿悉以金玉珠翠为饰。用刑惨酷，有灌鼻、割舌、支解、刳剔、炮炙、烹蒸之法；或聚毒蛇水中，以罪人投之，谓之水狱。同平章事杨洞潜谏，不听，末年尤猜忌，以士人多为子孙计，故专任宦官，由是其国中宦者大盛。

看见卫士抢掠商人的金帛,商人不敢上诉官府,叹息说:"政事乱成这样,还要宰相干什么?"于是称病辞谢朝政回家。过了很长时间,刘龚也不召他回朝任职,他便去世了。

后晋高祖天福二年(937)春季三月,汉主因病体痊愈而大赦境内。

四年(939)。南汉门下侍郎、同平章事赵光裔对汉主说:"自从马后去世以后,未尝跟楚互通使者,亲邻旧好是不可忘记的。"随后举荐谏议大夫李纾可以领命出使,汉主听从他的建议。楚也派使者来回访。光裔做南汉宰相二十馀年,府库财物充实,边境无事。到他死的时候,汉主又任命他的儿子翰林学士承旨、尚书左丞赵损为门下侍郎、同平章事。

五年(940)。汉门下侍郎、同平章事赵损去世。刘龚任命宁远节度使南昌人王定保为中书侍郎、同平章事,没过一年他也去世了。

六年(941)冬季十二月,汉主卧病,有胡僧说汉主名叫龚,不吉利,汉主就自造"龑"字来作己名,意义取其"飞龙在天",读为"俨"音。

七年(942)。南汉高祖卧病,认为他的儿子秦王刘弘度、晋王刘弘熙都骄横放纵,少子刘弘昌孝敬父母,行为慎重有才识,就与右仆射兼西御院使王翷商议,调刘弘度出去镇守邕州,刘弘熙出去镇守容州,而立刘弘昌为太子。将要发布诏书时,正好崇文使萧益入宫探病,刘龚拿这事问他。萧益说:"立继位人应当立年长的,违反了肯定会发生变乱。"于是原计划就停止了。夏季四月丁丑(二十四日),南汉高祖去世。高祖为人明察,多有权术计策,好矜夸自大,常称中国天子为"洛州刺史"。岭南是奇珍异物集中的地方,他经常穷奢极欲,宫殿全用金、玉、珠翠来装饰。用刑惨酷,酷刑有灌鼻、割舌、肢解肢体、剖腹、炮炙、烹蒸;有时把毒蛇放在水中,把犯罪的人投下去,称为"水狱"。同平章事杨洞潜劝谏,他不听。到了末年,他更加猜忌,认为士人多为自己的子孙打算,所以专门信任宦官,因此国中宦官越来越多。

秦王弘度即皇帝位,更名玢;以弘熙辅政,改元光天;尊母赵昭仪曰皇太妃。

秋八月,汉葬天皇大帝于康陵,庙号高祖。

齐王天福八年。汉殇帝骄奢,不亲政事。高祖在殡,作乐酣饮;夜与倡妇微行,倮男女而观之。左右忤意辄死,无敢谏者。惟越王弘昌及内常侍番禺吴怀恩屡谏,不听。常猜忌诸弟,每宴集,令宦者守门,群臣、宗室,皆露索,然后入。晋王弘熙欲图之,乃盛饰声伎,娱悦其意,以成其恶。汉主好手搏,弘熙令指挥使陈道庠引力士刘思潮、谭令禋、林少强、林少良、何昌廷等五人习手搏于晋府,汉主闻而悦之。

春三月丙戌,与诸王宴于长春宫,观手搏,至夕罢宴,汉主大醉。弘熙使道庠、思潮等掖汉主,因拉杀之,尽杀其左右。明旦,百官诸王莫敢入宫,越王弘昌帅诸弟临于寝殿,迎弘熙即皇帝位,更名晟,改元应乾。以弘昌为太尉兼中书令、诸道兵马都元帅,知政事;循王弘杲为副元帅,参预政事。陈道庠及刘思潮等皆受赏赐甚厚。

汉中宗既立,国中议论讻讻。循王弘杲请斩刘思潮等以谢中外,汉主不从。思潮等闻之,谮弘杲谋反,汉主令思潮等伺之。弘杲方宴客,思潮与谭令禋帅卫兵突入,斩弘杲。于是汉主谋尽诛诸弟,以越王弘昌贤而得众,尤忌之。雄武节度使齐王弘弼,自以居大镇,惧祸,求入朝,许之。

冬十月,汉主命诏王弘雅致仕。十一月丁亥,汉主祀南郊,大赦,改元乾和。

秦王刘弘度即皇帝位，改名为玢；任用刘弘熙来辅政，改年号为光天；尊奉母亲赵昭仪为皇太妃。

秋季八月，南汉朝廷葬天皇大帝于康陵，庙号为高祖。

后晋齐王天福八年（943）。南汉殇帝骄横奢侈，不理政事。高祖还在停丧未出葬时，他就开始痛饮作乐，夜里跟娼妓微服出行，让男女脱光衣服来观看。左右有谁忤逆他的旨意就被处死，没人敢劝谏他。只有越王刘弘昌以及内常侍番禺人吴怀恩屡次劝谏，他不听从。常常猜忌各位弟弟，每次集中宴会时，都令宦者守门，群臣和宗室的人要脱衣搜查以后才让进去。晋王刘弘熙想篡夺他的帝位，于是让歌妓盛装打扮，来取悦他，促成他的罪恶。汉主喜欢徒手搏斗，刘弘熙让指挥使陈道庠找来大力士刘思潮、谭令禋、林少强、林少良、何昌廷等五人在晋王府习练格斗，汉主听说后很高兴。

春季三月丙戌（初八），汉主与各位亲王在长春宫宴饮，观看徒手搏斗，到晚上宴会结束，汉主喝得大醉。刘弘熙让陈道庠、刘思潮等人拉着汉主，折断其颈部杀了他，还把他的随从全部杀死。第二天早上，百官和诸王都不敢入宫，越王刘弘昌率领弟弟们到寝殿迎接刘弘熙即皇帝位，更名叫晟，改年号为应乾。任命刘弘昌为太尉兼中书令、诸道兵马都元帅，主持政事，循王刘弘杲为副元帅，参预政事。陈道庠和刘思潮等人都受到非常优厚的赏赐。

汉中宗登位以后，国中议论纷纷。循王刘弘杲请求斩杀刘思潮等人向朝野谢罪，汉主不答应。刘思潮等人知道了，诽谤刘弘杲谋反，汉王命令刘思潮等人侦察刘弘杲的动静。刘弘杲正在设宴招待客人，刘思潮与谭令禋率卫兵冲进去，杀了刘弘杲。此时汉主打算把诸位弟弟全杀死，因为越王刘弘昌贤德而为众人拥戴，对他更加忌恨。雄武节度使齐王刘弘弼自认为身居大镇，害怕惹祸，请求入朝，汉主批准他。

冬季十月，汉主命韶王刘弘雅辞去官职。十一月丁亥（十三日），汉主在南郊祭天，大赦境内，改年号为乾和。

开运元年春三月，汉主命中书令、都元帅越王弘昌谒烈宗陵于海曲，至昌华宫，使盗杀之。汉以户部侍郎陈偓同平章事。夏六月乙巳，汉主幽齐王弘弼于私第。冬十月丙午，汉主毒杀镇王弘泽于邕州。

二年秋八月，汉主杀韶王弘雅。九月，汉主杀刘思潮、林少强、林少良、何昌廷。以左仆射王翱尝与高祖谋立弘昌，出为英州刺史，未至，赐死。内外皆惧不自保。

三年。汉刘思潮等既死，陈道庠内不自安。秋九月，特进邓伸遗之《汉纪》，道庠问其故，伸曰："憨獠，此书有诛韩信、醢彭越事，宜审读之。"汉主闻之，族道庠及伸。

后汉高祖天福十二年。南汉主恐诸弟与其子争国，杀齐王弘弼、贵王弘道、定王弘益、辩王弘济、同王弘简、益王弘建、恩王弘伟、宜王弘昭，尽杀其男，纳其女充后宫。作离宫千馀间，饰以珠宝。设镬汤、铁床、剥剔等刑，号"生地狱"。尝醉，戏以瓜置乐工之颈试剑，遂断其头。

乾祐元年秋八月，南汉主遣知制诰宣化锺允章求婚于楚，楚王希广不许。南汉主怒，问允章："马公复能经略南土乎？"对曰："马氏兄弟，方争亡于不暇，安能害我！"南汉主曰："然。希广懦而齐啬，其士卒忘战日久，此乃吾进取之秋也。"

冬十二月辛巳，南汉主以内常侍吴怀恩为开府仪同三司、西北面招讨使，将兵击楚，攻贺州。楚王希广遣决胜指挥使徐知新等将兵五千救之。未至，南汉人已拔贺州，凿大阱于城外，覆以竹箔，加土，下施机轴，自堑中穿穴通阱中。知新等至，引兵攻城，南汉遣人自穴中发机，楚兵悉

开运元年(944)春季三月,汉主命令中书令、都元帅越王刘弘昌到海曲拜祭烈宗陵,刘弘昌到昌华宫时,汉主派强盗把他杀死。南汉朝廷任命户部侍郎陈偓为同平章事。夏季六月乙巳(二十五日),汉主把齐王刘弘弼幽禁在家。冬季十月丙午(初十),汉王在邕州毒杀镇王刘弘泽。

　　二年(945)秋季八月,汉主杀死韶王刘弘雅。九月,汉主杀死刘思潮、林少强、林少良、何昌廷。因为左仆射王翷曾与高祖谋划立刘弘昌为太子,于是把他调到英州出任刺史,王翷还未到英州,汉主将他赐死。朝廷内外人人自危,怕保不住性命。

　　三年(946)。南汉刘思潮等人死了以后,陈道庠心中疑惧。秋季九月,特进邓伸送《汉纪》给陈道庠,陈道庠问是何原因,邓伸说:"你这蠢獠,这书里有杀韩信、把彭越剁成肉酱的事,应该仔细读读。"汉主听说后,诛灭陈道庠和邓伸的全族。

　　后汉高祖天福十二年(947)。南汉国主怕弟弟们跟他的儿子争帝位,于是杀了齐王刘弘弼、贵王刘弘道、定王刘弘益、辨王刘弘济、同王刘弘简、益王刘弘建、恩王刘弘伟、宜王刘弘昭,杀尽家中男子,将他们的女儿收进后宫。修筑离宫一千馀间,用珠宝来装饰。设置镬汤、铁床、刳剔等酷刑,称为"生地狱"。有次喝醉了,开玩笑把瓜放在乐工的脖子上试剑,于是砍掉乐工的脑袋。

　　乾祐元年(948)秋季八月,南汉国主派知制诰宣化人锺允章向楚求婚,楚王马希广不答应。南汉国主大怒,问锺允章:"马公还能打南方的主意吗?"锺允章回答说:"马氏兄弟之间正忙于生死搏斗,哪能对我们造成危害?"南汉国主说:"说得对。马希广懦弱而吝啬,他的士兵很久没打过仗了,这正是我们进取的时候。"

　　冬季十二月辛巳(初七),南汉主任命内常侍吴怀恩为开府仪同三司、西北面招讨使,率领士兵攻打楚国,进攻贺州。楚王希广派决胜指挥使徐知新等带兵五千援救贺州。救兵未到,南汉军已经攻下贺州,在城外挖了大陷阱,上面盖着竹箔,箔上又盖上土,陷阱下装上机关,从城堑中挖洞通向陷阱。徐知新等人到了贺州,带部队攻城,南汉派人在洞中拨弄机关,使楚兵全都

陷。南汉出兵从而击之,楚兵死者以千数。知新等遁归,希广斩之。南汉兵复陷昭州。

隐帝乾祐三年。南汉主以宫人卢琼仙、黄琼芝为女侍中,朝服冠带,参决政事。宗室勋旧,诛戮殆尽,惟宦官林延遇等用事。

后周太祖广顺元年冬十二月,南汉主遣内侍省丞潘崇彻、将军谢贯将兵攻郴州,唐边镐发兵救之。崇彻败唐兵于义章,遂取郴州。

三年秋九月,南汉主立其子继兴为卫王,璇兴为桂王,庆兴为荆王,保兴为祯王,崇兴为梅王。

南汉大赦。

显德元年夏四月,南汉主以高王弘邈为雄武节度使,镇邕州。弘邈以齐、镇二王相继死于邕州,固辞,求宿卫,不许。至镇,委政僚佐,日饮酒,祷鬼神。或上书诬弘邈谋作乱,戊午,南汉主遣甘泉宫使林延遇赐鸩杀之。

世宗显德二年夏六月戊午,南汉主杀祯州节度使通王弘政,于是高祖之诸子尽矣。

三年春三月,南汉甘泉宫使林延遇,阴险多计数,南汉主倚信之,诛灭诸弟,皆延遇之谋也。乙未卒,国人相贺。延遇病甚,荐内给事龚澄枢自代,南汉主即日擢澄枢知承宣院及内侍省。澄枢,番禺人也。

四年。南汉主闻唐屡败,忧形于色,遣使入贡于周,为湖南所闭。乃治战舰,修武备。既而纵酒酣饮,曰:"吾身得免,幸矣,何暇虑后世哉!"时世宗取淮南。

五年秋八月辛巳,南汉中宗殂,长子卫王继兴即帝位,更名铱,改元大宝。铱年十六,国事皆决于宦官玉清宫使

掉进陷阱里。南汉兵出城进攻,楚兵被杀的数以千计。徐知新等逃回去,马希广把他杀了。南汉兵又攻克昭州。

后汉隐帝乾祐三年(950)。南汉主任用宫女卢琼仙、黄琼芝为女侍中,穿戴朝官的服装,参预决定政事。宗室和旧功臣几乎被杀光了,只有宦官林延遇等人在掌权。

后周太祖广顺元年(951)冬季十二月,南汉主派内侍省丞潘崇彻、将军谢贯率兵进攻郴州,南唐边镐出兵援救。潘崇彻在义章打败唐兵,于是攻占郴州。

三年(953)秋季九月,南汉主立儿子刘继兴为卫王,刘璇兴为桂王,刘庆兴为荆王,刘保兴为祯王,刘崇兴为梅王。

南汉大赦境内。

显德元年(954)夏季四月,南汉主任高王刘弘邈为雄武节度使,镇守邕州。刘弘邈因齐、镇两王相继死在邕州,坚决推辞,请求留下守卫皇宫,南汉主不答应。刘弘邈到了镇所,把政事交给幕僚佐吏,自己天天喝酒,祈祷鬼神保佑。有人上书诬告刘弘邈谋图作乱,戊午(十五日),南汉主派甘泉宫使林延遇赐毒酒杀了刘弘邈。

后周世宗显德二年(955)夏季六月戊午(二十一日),南汉主杀祯州节度使通王刘弘政。到这时高祖的儿子们全死光了。

三年(956)春季三月,南汉甘泉宫使林延遇阴险多奸计,南汉主依赖和信任他,诛杀汉主的诸位弟弟,都是林延遇的计策。乙未(初二)这天,林延遇去世,国人互相庆贺。当林延遇病重时,他推荐内给事龚澄枢来代替自己,南汉主当天就提升龚澄枢管理承宣院和内侍省。龚澄枢是番禺人。

四年(957)。南汉主听说唐兵屡次失败,面露忧色,派使者向后周进贡,走到湖南就道路不通了。于是修治战舰,整饬武装防卫。不久又纵酒痛饮,说:“我自身能免于一死就很幸运了,哪有夫夫为后代担忧呢!”当时周世宗已攻取了淮南。

五年(958)秋季八月辛巳(初三)这天,南汉中宗刘晟去世,他的长子卫王刘继兴即皇帝位,改名为𬬮,改年号为大宝。刘𬬮年纪十六岁,国家大大小小的政务都取决于宦官玉清宫使

龚澄枢及女侍中卢琼仙等,台省官备位而已。冬十一月,南汉葬文武光明孝皇帝于昭陵,庙号中宗。

六年冬十一月,南汉主以中书舍人锺允章,藩府旧僚,擢为尚书右丞、参政事,甚委任之。允章请诛乱法者数人以正纲纪,南汉主不能从,宦官闻而恶之。南汉主将祀圜丘,前三日,允章帅礼官登坛,四顾指挥设神位。内侍监许彦真望之曰:"此谋反也!"即带剑登坛,允章叱之。彦真驰入宫,告允章欲于郊祀日作乱。南汉主曰:"朕待允章厚,岂有此邪!"玉清宫使龚澄枢、内侍监李托等共证之,以彦真言为然,乃收允章,系含章楼下,命宦者与礼部尚书薛用丕杂治之。用丕素与允章善,告以必不免。允章执用丕手泣曰:"老夫今日犹几上肉耳,分为仇人所烹。但恨邕、昌幼,不知吾冤,及其长也,公为我语之。"彦真闻之,骂曰:"反贼欲使其子报仇邪!"复白南汉主曰:"允章与二子共登坛,潜有所祷。"俱斩之。自是宦官益横。李托,封州人也。

辛亥,南汉主祀圜丘,大赦。未几,以龚澄枢为左龙虎观军容使、内太师,军国之事皆取决焉。凡群臣有才能及进士状头或僧道可与谈者,皆先下蚕室,然后得进,亦有自宫以求进者,亦有免死而宫者,由是宦者近二万人。贵显用事之人,大抵皆宦者也,谓士人为门外人,不得预事,卒以此亡国。

龚澄枢和女侍中卢琼仙等,中央各机构的官员只是虚设职位而已。冬季十一月,南汉把文武光明孝皇帝安葬在昭陵,庙号为中宗。

　　六年(959)冬季十一月,南汉主因中书舍人钟允章是自己做藩王时的旧属,把他提升为尚书右丞、参议政事,非常信任他。钟允章请求杀掉搞乱法度的几个人来整饬纲纪,南汉主不能听从,宦官听说后憎恨他。南汉主将在圜丘祭天,祭祀前三日,钟允章带礼仪官员登坛,四面察看,指挥他们摆设神位。内侍监许彦真望见后说:"这是谋反了!"立即带剑上坛,钟允章叱退他。许彦真快马入宫,诬告钟允章想在郊祀那天作乱。南汉主说:"我对待允章很好,哪会有这事呢?"玉清宫使龚澄枢、内侍监李托等共同证明,说许彦真的话是真的,于是收捕钟允章,把他关在含章楼下,命令宦者与礼部尚书薛用丕一起审讯他。薛用丕平时与钟允章友好,告诉他肯定不能免死了。钟允章抓着薛用丕的手哭着说:"老夫今天就好像案上的肉,就要被仇人分煮来吃了。心里只遗憾钟邕、钟昌还幼小,不知道我的冤屈,到他们长大时,请您替我告诉他们。"许彦真知道后,骂道:"反贼,想让他儿子报仇吗!"又报告南汉主说:"允章同他两个儿子一起登坛,私下有所祈祷。"于是把钟允章父子三人都杀死。从此,宦官更加横暴。李托是封州人。

　　辛亥(初五),南汉主在圜丘祭天,大赦境内。不久,任命龚澄枢为左龙虎观军容使、内太师,军国事务都取决于他。凡群臣有才能和进士排名第一的,或者和尚道士谈得来的,都先放到蚕室阉割以后才能任用,也有自行阉割以求进用的,还有免除死刑而用宫刑代替的,因此宦者接近两万人。尊贵显赫掌权的人,大抵都是宦官,士人被称为"门外人",不得参预政事,最终南汉也因此亡国。

高氏据荆南

唐昭宗天复二年秋九月,朱全忠表亲从指挥使高季昌为宋州团练使。季昌,硖石人,本朱友恭之仆夫也。

昭宣帝天祐三年冬十月,武贞节度使雷彦恭屡寇荆南,留后贺瑰闭城自守。朱全忠以为怯,以颍州防御使高季昌代之,又遣驾前指挥使倪可福将兵五千戍荆南以备吴、蜀,朗兵引去。

后梁太祖开平元年夏五月癸未,以权知荆南留后高季昌为节度使。荆南旧统八州,乾符以来,寇乱相继,诸州皆为邻道所据,独馀江陵。季昌到官,城邑残毁,户口凋耗。季昌安集流散,民皆复业。

六月,武贞节度使雷彦恭会楚兵攻江陵。事见《马氏据湖南》。

二年夏四月,淮南遣其将李厚将水军万五千趣荆南,高季昌逆战,败之于马头。

冬十月,依政进士梁震,唐末登第,至是归蜀。过江陵,高季昌爱其才识,留之,欲奏为判官。震耻之,欲去,恐及祸,乃曰:"震素不慕荣宦,明公不以震为愚,必欲使之参谋议,但以白衣侍樽俎可也,何必在幕府。"季昌许之。震

高氏据荆南

唐昭宗天复二年(902)秋季九月,朱全忠上表奏请封亲从指挥使高季昌为宋州团练使。高季昌是硖石人,原是朱友恭的仆役。

唐昭宣帝天祐三年(906)冬季十月,武贞节度使雷彦恭屡次进犯荆南,荆南留后贺瓌关闭城门自为固守。朱全忠认为他胆怯,用颍州防御使高季昌取代他,又派驾前指挥使倪可福率兵五千驻守荆南防备吴、蜀。朗州军队引兵退走。

后梁太祖开平元年(907)夏季五月癸未(初七),任命代理荆南留后高季昌为节度使。荆南原来统辖八个州,乾符以后,外地藩镇进犯和内乱相继发生,所统各州都被邻道占据,只剩江陵一州。高季昌到任时,城邑残破,户口耗损。高季昌安抚招集流亡之民,百姓都恢复旧业。

六月,武贞节度使雷彦恭会合楚兵进攻江陵。事见《马氏据湖南》。

二年(908)夏季四月,淮南派将领李厚率水军一万五千人直扑荆南,高季昌前往迎战,在马头把淮南兵打败。

冬季十月,依政人进士梁震,唐末考中进士,到这时要回蜀地老家。经过江陵时,高季昌喜爱他的才能见识,把他留下来,想上奏后梁朝廷封他为判官。梁震以当后梁官员为耻,想离开,又担心遭遇灾祸,于是说:"我历来不向往显赫的高官,明公如果不认为我愚蠢,一定要让我参预谋议,我就以平民身份侍候明公就是了,何必要在幕府任职呢?"高季昌答应了他。梁震

终身止称前进士，不受高氏辟署。季昌甚重之，以为谋主，呼曰先辈。

乾化二年闰五月，高季昌潜有据荆南之志，乃奏筑江陵外郭，增广之。

是岁，高季昌出兵，声言助梁伐晋，进攻襄州，山南东道节度使孔勍击败之。自是朝贡路绝。勍，兖州人也。

均王乾化三年秋八月，赐高季昌爵勃海王。九月，高季昌造战舰五百艘，治城堑，缮器械，为攻守之具。招聚亡命，交通吴、蜀，朝廷浸不能制。

四年春正月，高季昌以蜀夔、万、忠、涪四州旧隶荆南，兴兵取之，先以水军攻夔州。时镇江节度使兼侍中嘉王宗寿镇忠州，夔州刺史王成先请甲，宗寿但以白布袍给之。成先帅之逆战，季昌纵火船焚蜀浮桥，招讨副使张武举铁絙拒之，船不得进。会风反，荆南兵焚溺死者甚众。季昌乘战舰，蒙以牛革，飞石中之，折其尾，季昌易小舟而遁。荆南兵大败，俘斩五千级。成先密遣人奏宗寿不给甲之状，宗寿获之，召成先，斩之。

贞明三年。高季昌与孔勍修好，复通贡献。

五年夏五月，楚人攻荆南，高季昌求救于吴。吴命镇南节度使刘信等帅洪、吉、抚、信步兵自浏阳趣潭州，武昌节度使李简等帅水军攻复州。信等至潭州东境，楚兵释荆南引归。简等入复州，执其知州鲍唐。

龙德元年冬十二月，高季昌遣都指挥使倪可福以卒万人修江陵外郭，季昌行视，责功程之慢，杖之。季昌女为可福子知进妇，季昌谓其女曰："归语汝舅，吾欲威众办事

终身只自称前进士，不接受高季昌的征召任命。高季昌非常看重他，把他引为谋主，称他为先辈。

乾化二年(912)闰五月，高季昌私下产生占据荆南的志向，于是奏请修筑江陵外城，扩大它的规模。

这一年，高季昌出兵，声称帮助梁讨伐晋，进攻襄州，被山南东道节度使孔勍打败。从此，荆南向朝廷进贡的道路断绝了。孔勍是兖州人。

后梁均王乾化三年(913)秋季八月，朝廷赐给高季昌勃海王的爵位。九月，高季昌建造战舰五百艘，修理城池，缮治武器装备，作为攻守的工具。招集亡命之徒，与吴、蜀交结往来，朝廷渐渐不能控制他了。

四年(914)春季正月，高季昌因为蜀国的夔、万、忠、涪四州以前隶属于荆南，于是发兵去攻占，先用水军进攻夔州。当时，镇江节度使兼侍中嘉王王宗寿镇守忠州，夔州刺史王成先请求拨给他铠甲，但是王宗寿只拨给他白布战袍。王成先率兵迎战高季昌的部队，高季昌放火船焚烧了蜀国的浮桥，招讨副使张武牵起铁索阻拦，高季昌的船无法前进。正好风向反了，荆南兵被烧死淹死的非常多。高季昌乘战舰蒙着牛皮，被飞石击中，船尾断了，高季昌换乘小船逃跑。荆南兵大败，被俘杀五千人。王成先秘密派人向朝廷报告王宗寿不拨给铠甲的情况，被王宗寿截获，召见王成先，把他杀了。

贞明三年(917)。高季昌与孔勍和好，恢复了对朝廷的进贡。

五年(919)夏季五月，楚兵进攻荆南，高季昌向吴求救。吴命镇南节度使刘信等率洪、吉、抚、信四州的步兵从浏阳赶往潭州，武昌节度使李简等率水军进攻复州。刘信等抵达潭州东部边境，楚兵解除对荆州的包围而撤兵。李简等攻入复州，俘获知州鲍唐。

龙德元年(921)冬季十二月，高季昌派都指挥使倪可福带领一万士卒修筑江陵外城，高季昌出行视察，责备工程进展缓慢，杖打倪可福。高季昌的女儿是倪可福儿子倪知进的妻室，高季昌对他女儿说："回去对你公公说，我是想向众人示威使事情办好

耳。"以白金数百两遗之。

后唐庄宗同光元年。荆南节度使高季昌闻帝灭梁,避唐庙讳,更名季兴,欲自入朝,梁震曰:"唐有吞天下之志,严兵守险,犹恐不自保,况数千里入朝乎?且公朱氏旧将,安知彼不以仇敌相遇乎!"季兴不从。

十一月己未,加高季兴守中书令。时高季兴入朝,上待之甚厚。高季兴在洛阳,帝左右伶官求货无厌,季兴忿之。帝欲留季兴,郭崇韬谏曰:"陛下新得天下,诸侯不过遣子弟将佐入贡,惟高季兴身自入朝,当褒赏以劝来者。乃羁留不遣,弃信亏义,沮四海之心,非计也。"乃遣之。季兴倍道而去,至许州,谓左右曰:"此行有二失:来朝一失,纵我去一失。"过襄州,节度使孔勍留宴,中夜,斩关而去。十二月丁酉,至江陵,握梁震手曰:"不用君言,几不免虎口。"

二年春三月丙午,加高季兴兼尚书令,进封南平王。

三年冬十月,高季兴常欲取三峡,畏蜀峡路招讨使张武威名,不敢进。至是,乘唐兵势,使其子行军司马从诲权军府事,自将水军上峡取施州。张武以铁锁断江路,季兴遣勇士乘舟斫之。会风大起,舟缚于锁,不能进退,矢石交下,坏其战舰,季兴轻舟遁去。既而闻北路陷败,以夔、忠、万三州遣使诣魏王降。是岁,庄宗灭蜀。

而已。"赠送倪可福白金数百两。

后唐庄宗同光元年(923)。荆南节度使高季昌听说庄宗灭掉后梁,他为了避唐的庙讳,于是改名为高季兴,他打算亲自入朝,梁震说:"唐有吞并天下之心,就是紧急派兵坚守险要的地方,都还怕不能自保,况且要长途跋涉数千里去入朝呢!而且,您是朱氏的旧将,怎么知道他们不把您当仇敌看待呢?"高季兴没有听从他的意见。

十一月己未(十九日),后唐朝廷加授高季兴守中书令。当时高季兴入朝,庄宗待他非常优厚。高季兴在洛阳,庄宗左右的乐官不断向他索要财物,高季兴很愤怒。庄宗想把高季兴留下来,郭崇韬劝谏说:"陛下刚刚得到天下,诸侯不过派自己的子弟将佐入朝进贡,只有高季兴亲自入朝,应当表彰奖赏他来勉励后来的人。现在竟要羁留他,不放他回去,抛弃信用有亏大义,丧失掉天下的人心,这不是好办法。"于是就放他回去。高季兴兼程赶路,到许州,对左右随从说:"这次行动有两个失误:入朝是第一个失误,放我离开又是一个失误。"经过襄州,节度使孔勍留高季兴等人宴饮,半夜里,他们劈开城门离去。十二月丁酉(二十八日),高季兴回到江陵,他握着梁震的手说:"不听您的话,差点儿没逃出虎口。"

二年(924)春季三月丙午(初八),后唐朝廷加授高季兴兼尚书令,进封他为南平王。

三年(925)冬季十月,高季兴经常想攻取三峡,但因畏惧蜀国峡路招讨使张武的威名,不敢进攻。到这时,高季兴乘后唐攻打蜀地的兵势,派他儿子行军司马高从诲代理军府事务,自己率水军进入三峡夺取施州。张武用铁链拦住长江的水路,高季兴派勇士乘舟去砍断铁链。正好遇上大风,船被锁链缠住,进退不得,岸上的弓箭和石头交加而下,高季兴的战舰被毁坏,他只好乘坐轻快的小船逃跑。不久,张武听说北路兵败失陷,于是献出夔、忠、万三州,派使者向后唐的魏王李继岌那里投降。这一年,后唐庄宗灭蜀。

明宗天成元年夏四月，梁震荐前陵州判官贵平孙光宪于季兴，使掌书记。季兴大治战舰，欲攻楚，光宪谏曰："荆南乱离之后，赖公休息士民，始有生意。若又与楚国交恶，他国乘吾之弊，良可忧也。"季兴乃止。

六月，高季兴表求夔、忠、万三州为属郡，诏许之。

二年春二月，高季兴既得三州，请朝廷不除刺史，自以子弟为之，不许。及夔州刺史潘炕罢官，季兴辄遣兵突入州城，杀戍兵而据之。朝廷除奉圣指挥使西方邺为刺史，不受。又遣兵袭涪州，不克。魏王继岌遣押牙韩珙等部送蜀珍货金帛四十万，浮江而下，季兴杀珙等于峡口，尽掠取之。朝廷诘之，对曰："珙等舟行下峡，涉数千里，欲知覆溺之故，自宜按问水神。"帝怒，壬寅，制削夺季兴官爵，以山南东道节度使刘训为南面招讨使、知荆南行府事，忠武节度使夏鲁奇为副招讨使，将步骑四万讨之。东川节度使董璋充东南面招讨使，新夔州刺史西方邺副之，将蜀兵下峡，仍会湖南军三面进攻。

三月，刘训兵至荆南，楚王殷遣都指挥使许德勋等将水军屯岳州。高季兴坚壁不战，求救于吴，吴人遣水军援之。

江陵卑湿，复值久雨，粮道不继，将士疾疫，刘训亦寝疾。四月癸卯，帝遣枢密使孔循往视之，且审攻战之宜。五月，孔循至江陵，攻之不克，遣人入城说高季兴，季兴不逊。丙寅，遣使赐湖南行营夏衣万袭。丁卯，又遣使赐楚王

后唐明宗天成元年(926)夏季四月,梁震把前陵州判官贵平人孙光宪举荐给高季兴,让他掌管公文事务。高季兴大规模修造战舰,打算进攻楚。孙光宪劝谏说:"荆南遭受动乱之后,依赖您让士民休养生息,百姓才有了生机。如果又与楚国结仇,其他邻国就要乘机钻我们危急的空子,这实在值得担忧啊。"高季兴于是打消了攻楚的念头。

六月,高季兴上表朝廷请求把夔、忠、万三州划为荆南的属郡,明宗下诏答应了他。

二年(927)春季二月,高季兴得到三州以后,请求朝廷不派刺史,由自己派子弟去担任刺史,朝廷不答应。等到夔州刺史潘炕被罢官,高季兴立即派兵突击进入州城,杀死驻守的士兵而占据州城。朝廷任奉圣指挥使西方邺为刺史,高季兴拒不接纳。又派遣士兵袭击涪州,没有攻下来。魏王李继岌派押牙韩珙等成批护送蜀地的珍宝金帛财物四十万,沿长江而下,高季兴在峡口杀掉韩珙等人,把财物全都抢走。朝廷责备他,他回答说:"韩珙等人乘船下峡,在江中行驶数千里,要想知道他翻船淹死的原因,自应去审问水神。"明宗发怒,壬寅(二十一日),下诏罢免高季兴的官职和爵位,任命山南东道节度使刘训为南面招讨使、知荆南行府事,忠武节度使夏鲁奇为副招讨使,率领步兵骑兵四万人前去征讨他。东川节度使董璋充任东南面招讨使,新夔州刺史西方邺为招讨副使,率蜀兵下三峡,还会合湖南军,从三面进攻荆南。

三月,刘训的士兵到达荆南,楚王马殷派都指挥使许德勋等率水军屯驻岳州。高季兴坚守营垒不出战,向吴求救,吴派水军去援救他。

江陵地势低湿,又遇上长期下雨,军粮运输供应不上,将士中疾疫流行,刘训也病倒了。四月癸卯(二十三日),明宗派枢密使孔循前往巡视,并决定攻战的策略。五月,孔循到江陵,攻城攻不下,派人入城劝说高季兴,季兴出言不逊。丙寅(十六日),朝廷派使者赐湖南行营夏衣一万套。丁卯(十七日),又派使者赐给楚王

殷鞍马玉带,督馈粮于行营,竟不能得。庚午,诏刘训等引兵还。

楚王殷遣中军使史光宪入贡,帝赐之骏马十,美女二。过江陵,高季兴执光宪而夺之,且请举镇自附于吴。徐温曰:"为国者当务实效而去虚名。高氏事唐久矣,洛阳去江陵不远,唐人步骑袭之甚易,我以舟师溯流救之甚难。夫臣人而弗能救,使之危亡,能无愧乎!"乃受其贡物,辞其称臣,听其自附于唐。

六月,西方邺败荆南水军于峡中,复取夔、忠、万三州。秋七月丙寅,升夔州为宁江军,以西方邺为节度使。

癸酉,以与高季兴夔、忠、万三州为豆卢革、韦说之罪,皆赐死。

三年春三月,楚王殷如岳州,遣六军使袁诠、副使王环、监军马希瞻将水军击荆南,高季兴以水军逆战。至刘郎洑,希瞻夜匿战舰数十艘于港中,诘旦,两军合战,希瞻出战舰横击之,季兴大败,俘斩以千数,进逼江陵。季兴请和,归史光宪于楚。军还,楚王殷让环不遂取荆南,环曰:"江陵在中朝及吴、蜀之间,四战之地也,宜存之以为吾扞蔽。"殷悦。

夏六月辛巳,高季兴复请称藩于吴,吴进季兴爵秦王,帝诏楚王殷讨之。殷遣许德勋将兵攻荆南,以其子希范为监军,次沙头。季兴从子云猛指挥使从嗣单骑造楚壁,请与希范挑战决胜,副指挥使廖匡齐出与之斗,拉杀之。季兴惧,明日,请和,德勋还。匡齐,赣人也。

马殷鞍马、玉带,让他督促运输粮食给湖南行营,最终马殷没有服从命令。庚午(二十日),明宗下诏让刘训等带兵返回。

楚王马殷派中军使史光宪入朝进贡,明宗赐给他骏马十四、美女两人。经过江陵时,高季兴捉住史光宪,把骏马和美女抢走,还请求带领全镇归附于吴。徐温对吴主说:"治理国家应务求实效而抛弃虚名。高氏事奉唐已经很久了,洛阳离江陵不远,唐人的步骑兵袭击它非常容易,我们用水军溯流而上去救他们就非常困难。做人家的君主而不能救人家,让人家危亡,难道不惭愧吗?"于是吴人接受高季兴的贡物,而谢绝他称臣的要求,听随他依附后唐。

六月,西方邺在三峡中打败荆南的水军,又攻取了夔、忠、万三州。秋季七月丙寅(十七日),朝廷将夔州升为宁江军,任命西方邺为节度使。

癸酉(二十四日),朝廷认为把夔、忠、万三州交给高季兴是豆卢革、韦说的罪过,赐他们自杀。

三年(928)春季三月,楚王马殷到岳州,派六军使袁诠、副使王环、监军马希瞻率水军进攻荆南,高季兴用水军迎战。楚军到达刘郎洑,马希瞻夜里把战舰数十艘埋伏在港中。第二天清早,两军交战,马希瞻派出埋伏的战舰拦腰冲击,高季兴大败,被俘虏杀死的士卒数以千计,楚军进逼江陵。高季兴求和,放史光宪回楚。楚军回兵,楚王马殷责备王环不顺势攻取荆南,王环说:"江陵在中原与吴、蜀之间,是受四面攻打的地方,应当留着它作为我们的屏障。"马殷很高兴。

夏季六月辛巳(初八),高季兴又请求向吴称藩臣,吴晋升高季兴的爵位为秦王,明宗下诏让楚王马殷征讨高季兴。马殷派许德勋率兵攻打荆南,任命儿子马希范为监军,驻军沙头。高季兴的侄子云猛指挥使高从嗣单人匹马到楚军营前,向马希范提出挑战来一决胜负,副指挥使廖匡齐出营与他格斗,将他拉杀。高季兴听说之后害怕起来,第二天,向楚军求和,许德勋撤军。廖匡齐是赣县人。

　　秋九月辛巳,荆南败楚兵于白田,执楚岳州刺史李廷规,归于吴。

　　己亥,以武宁节度使房知温兼荆南行营招讨使,知荆南行府事;分遣中使发诸道兵赴襄阳,以讨高季兴。

　　冬十二月,荆南节度使高季兴寝疾,命其子行军司马、忠义节度使、同平章事从诲权知军府事。丙辰,季兴卒。吴主以从诲为荆南节度使兼侍中。

　　四年夏四月丙午,楚六军副使王环败荆南兵于石首。

　　高季兴之叛也,其子从诲切谏,不听。从诲既袭位,谓僚佐曰:"唐近而吴远,舍近臣远,非计也。"乃因楚王殷以谢罪于唐。又遗山南东道节度使安元信书,求保奏,复修职贡。丙申,元信以从诲书闻,帝许之。

　　六月庚申,高从诲自称前荆南行军司马、归州刺史,上表求内附。秋七月甲申,以从诲为荆南节度使兼侍中。己丑,罢荆南招讨使。

　　长兴元年春三月,高从诲遣使奉表诣吴,告以坟墓在中国,恐为唐所讨,吴兵援之不及,谢绝之。吴遣兵击之,不克。

　　三年春二月,赐高从诲爵勃海王。

　　潞王清泰元年春正月壬辰,以荆南节度使高从诲为南平王。

　　二年。荆南节度使高从诲,性明达,亲礼贤士,委任梁震,以兄事之,震常谓从诲为郎君。楚王希范好奢靡,游谈者共夸其盛。从诲谓僚佐曰:"如马王可谓大丈夫矣。"孙

秋季九月辛巳（初九），荆南兵在白田打败楚兵，抓住楚国岳州刺史李廷规，把他交给吴国。

己亥（二十七日），朝廷任命武宁节度使房知温兼荆南行营招讨使，管辖荆南行府的事务；另派宦官使者征发各道兵马奔赴襄阳，讨伐高季兴。

冬季十二月，荆南节度使高季兴卧病，命令他的儿子行军司马、忠义节度使、同平章事高从诲代管军府事务。丙辰（十五日），高季兴去世。吴主任命高从诲为荆南节度使兼侍中。

四年（929）夏季四月丙午（初七），楚国六军副使王环在石首打败荆南兵。

高季兴背叛朝廷时，他的儿子高从诲极力劝阻他，他不听。高从诲继承他的职位后，对僚属将佐们说："唐离我们近而吴离我们远，舍去近处而向远处称臣，这不是办法。"于是通过楚王马殷向唐谢罪。又给山南东道节度使安元信写信，求他向朝廷上奏来保全自己，仍像以前那样奉行职守和进贡。丙申（二十八日），安元信把高从诲的信上报给朝廷，后唐明宗同意了。

六月庚申（二十三日），高从诲自称前荆南行军司马、归州刺史，向后唐朝廷上表请求归附于唐。秋季七月甲申（十七日），朝廷任命高从诲为荆南节度使兼侍中。己丑（二十二日），朝廷撤销荆南招讨使。

长兴元年（930）春季三月，高从诲派使者奉表到吴，告诉吴人因自己祖宗坟墓在中原，恐怕被唐人进攻时，吴兵援救不及，所以要跟吴断绝以前的臣属关系。吴派兵进攻荆南，不能取胜。

三年（932）春季二月，朝廷赐给高从诲勃海王的爵位。

后唐潞王清泰元年（934）春季正月壬辰（二十一日），朝廷封授荆南节度使高从诲为南平王。

二年（935）。荆南节度使高从诲贤明通达，对贤士亲近有礼，信任梁震，把他当作兄长来对待，梁震时常称高从诲为郎君。楚王马希范喜好奢侈靡费，那些信口开河的人都夸楚国的华盛。高从诲对僚属们说："像马王那样，可以称得上是大丈夫了。"孙

光宪对曰："天子诸侯，礼有等差。彼乳臭子骄佚僭忲，取快一时，不为远虑，危亡无日，又足慕乎！"从诲久而悟，曰："公言是也。"他日，谓梁震曰："吾自念平生奉养，固已过矣。"乃捐去玩好，以经史自娱，省刑薄赋，境内以安。

梁震曰："先王待我如布衣交，以嗣王属我。今嗣王能自立，不坠其业，吾老矣，不复事人矣。"遂固请退居。从诲不能留，乃为之筑室于土洲。震披鹤氅，自称荆台隐士，每诣府，跨黄牛至听事。从诲时过其家，四时赐与甚厚。自是悉以政事属孙光宪。

臣光曰：孙光宪见微而能谏，高从诲闻善而能徙，梁震成功而能退，自古有国家者能如是，夫何亡国败家丧身之有。

后晋高祖天福六年。山南东道节度使安从进谋反，求援于荆南，高从诲遗从进书，谕以祸福，从进怒，反诬奏从诲。荆南行军司马王保义劝从诲具奏其状，且请发兵助朝廷讨之，从诲从之。

后汉高祖天福十二年春正月，荆南节度使高从诲遣使入贡于契丹，契丹遣使以马赐之。从诲亦遣使诣河东劝进。

夏六月，帝遣使告谕荆南。高从诲上表贺，且求郢州，帝不许。及加恩使至，拒而不受。

秋八月，高从诲闻杜重威叛，发水军数千袭襄州，山南东道节度使安审琦击却之。又寇郢州，刺史尹实大破之。乃绝汉，附于唐、蜀。

光宪回答说："天子和诸侯,礼仪制度有等级差别。那乳臭小子骄横奢侈,僭越名分,贪求一时快乐,没有长远考虑,危亡不会等很久,又值得美慕吗?"高从诲过了好久醒悟过来,说:"孙公您的话是对的。"又有一天,他对梁震说:"我自己想平生所受的供养,确实已经太过分了。"于是抛弃自己喜爱玩弄的东西,以研读经史为乐,减轻刑罚,减少赋税,境内得以安定。

梁震说："先王对待我如布衣之交,把嗣王托付给我。现在嗣王能够自立,不损毁先王的功业,我老了,不再事奉别人了。"于是坚决请求隐居。高从诲留不住他,于是为他在土洲建屋室。梁震身披鹤羽制成的外衣,自称荆台隐士,每次到府署去,都骑着黄牛上议事厅。高从诲时常到他家去,一年四季赐给他的财物很多。从此政事全部托付给孙光宪处理。

北宋史臣司马光评论说:孙光宪见到微小的过失而能劝谏,高从诲听到良言而能改过,梁震在功成之后而能隐退,自古以来管理国家的人如果都能这样,哪里还会有亡国败家丧身的事情呢?

后晋高祖天福六年(941)。山南东道节度使安从进谋反,向荆南请求援兵,高从诲给安从进去信,用祸福的道理来劝说他,安从进大怒,反而向朝廷诬告高从诲。荆南行军司马王保义力劝高从诲向朝廷报告情况,而且出兵援助朝廷讨伐安从进,高从诲听从了他的意见。

后汉高祖天福十二年(947)春季正月,荆南节度使高从诲派使者向契丹进贡,契丹派使者赐马给高从诲。高从诲也派使者到河东劝刘知远称帝。

夏季六月,后汉高祖派使者通告荆南。高从诲呈表章祝贺,并请求将郢州划给荆南,高祖不答应。等到加恩使到来时,高从诲拒绝接受恩典。

秋季八月,高从诲听说杜重威反叛,于是出动水军数千袭击襄州,山南东道节度使安审琦把他击退。高从诲又进犯郢州,被刺史尹实打得大败。于是跟后汉绝交,依附于南唐、蜀国。

初,荆南介居湖南、岭南、福建之间,地狭兵弱,自武信王季兴时,诸道入贡过其境者,多掠夺其货币。及诸道移书诘让,或加以兵,不得已复归之,曾不为愧。及从诲立,唐、晋、契丹、汉更据中原,南汉、闽、吴、蜀皆称帝,从诲利其赐予,所向称臣。诸国贱之,谓之"高无赖"。

乾祐元年夏六月,高从诲既与汉绝,北方商旅不至,境内贫乏,乃遣使上表谢罪,乞修职贡。诏遣使慰抚之。

冬十月,荆南节度使兼中书令南平文献王高从诲寝疾,以其子节度副使高保融判内外兵马事。癸卯,从诲卒,保融知留后。

十二月丁丑,以高保融为荆南节度使、同平章事。

隐帝乾祐二年冬十月丙戌,加荆南节度使高保融兼侍中。

当初，荆南处于湖南、岭南、福建之间，地方狭窄，兵力弱小，从武信王高季兴开始，各道入朝进贡而经过该境的，多被抢夺货物财产。等到各道去信责问，或者出兵攻打时，荆南人不得已，又把东西还给人家，竟一点也不羞愧。到高从诲继位，后唐、后晋、契丹、后汉相继占据中原，南汉、闽、吴、蜀都称帝，高从诲看上了别人赐给他的财物，向所有国家称臣。各国都鄙视他，称他为"高无赖"。

乾祐元年（948）夏季六月，高从诲与后汉朝廷绝交以后，北方的商人不到荆南，境内贫乏，于是派使者上表谢罪，乞求遵奉职守和进贡。后汉高祖下诏派使者去安抚他。

冬季十月，荆南节度使兼中书令、南平文献王高从诲卧病，委任儿子节度副使高保融代管境内外兵马事。癸卯（二十八日），高从诲去世，高保融任节度留后。

十二月丁丑（初三），朝廷任高保融为荆南节度使、同平章事。

后汉隐帝乾祐二年（949）冬季十月丙戌（十七日），朝廷加授荆南节度使高保融兼任侍中。

徐氏篡吴

　　唐昭宗乾宁二年。杨行密之拔濠州也,军士掠得徐州人李氏之子,生八年矣,行密养以为子,行密长子渥憎之。行密谓其将徐温曰:"此儿质状性识,颇异于人,吾度渥必不能容,今赐汝为子。"温名之曰知诰。知诰事温,勤孝过于诸子。尝得罪于温,温笞而逐之。及归,知诰迎拜于门。温问:"何故犹在此?"知诰泣对曰:"人子舍父母将何之!父怒而归母,人情之常也。"温以是益爱之,使掌家事,家人无违言。及长,喜书善射,识度英伟。行密常谓温曰:"知诰俊杰,诸将子皆不及也。"

　　天祐元年。杨行密以其子牙内诸军使渥为宣州观察使,右牙都指挥使徐温谓渥曰:"王寝疾而嫡嗣出藩,此必奸臣之谋。他日相召,非温使者及王令书,慎无亟来。"渥泣谢而行。

　　昭宣帝天祐二年。杨行密长子宣州观察使渥素无令誉,军府轻之。行密寝疾,命节度判官周隐召渥。隐性憃直,

徐氏篡吴

　　唐昭宗乾宁二年（895）。杨行密攻取濠州的时候，军士抢来一个徐州李姓人家的男孩，年纪八岁了，杨行密收养他做儿子，杨行密的长子杨渥憎恨他。杨行密对部将徐温说："这孩子资质、长相、性情、才识跟别人很不同，我想杨渥肯定不能容他，现在把他赐给你当儿子。"徐温给他起名知诰。徐知诰对徐温勤谨孝顺超过其他儿子。他曾得罪徐温，徐温鞭打他一顿，把他赶出家门。到徐温回家时，徐知诰在门口拜迎徐温，徐温问："为什么还在这里？"徐知诰流泪回答说："为人之子舍弃父母还能到哪里去？父亲发怒我就到母亲那里去，这是人之常情。"徐温因此更喜欢他，让他掌管家务，家人也不反对。等到他长大，喜欢读书，善于射箭，才识气度英挺伟岸。杨行密常对徐温说："知诰是俊杰，各位将领的儿子都赶不上他。"

　　天祐元年（904）。杨行密委派儿子牙内诸军使杨渥为宣州观察使，右牙都指挥使徐温对杨渥说："大王正在卧病，而嫡长子继位人出守外地，这肯定是奸臣的计谋。以后有召你回来的，不是我派出的使者和大王亲手写的命令，你千万不要赶回来。"杨渥流泪致谢上路。

　　唐昭宣帝天祐二年（905）。杨行密的长子宣州观察使杨渥一向没有好名声，节度使府的人都轻视他。杨行密卧病在床，命令节度判官周隐前去宣召杨渥回来。周隐愚笨而性格直爽，

对曰："宣州司徒轻易信谗，喜击毬饮酒，非保家之主。馀子皆幼，未能驾驭诸将。庐州刺史刘威，从王起细微，必不负王，不若使之权领军府，俟诸子长以授之。"行密不应。左、右牙指挥使徐温、张颢言于行密曰："王平生出万死，冒矢石，为子孙立基业，安可使他人有之。"行密曰："吾死瞑目矣。"隐，舒州人也。

他日，将佐问疾，行密目留幕僚严可求。众出，可求曰："王若不讳，如军府何？"行密曰："吾命周隐召渥，今忍死待之。"可求与徐温诣隐，隐未出，见牒犹在案上，可求即与温取牒，遣使者如宣州召之。可求，同州人也。

冬十月，杨渥至广陵。辛丑，杨行密承制以渥为淮南留后。

十一月庚辰，吴武忠王杨行密薨，将佐共请宣谕使李俨承制授杨渥淮南节度使、东南诸道行营都统兼侍中、弘农郡王。

三年夏四月，镇南节度使锺传以养子延规为江州刺史。传薨，军中立其子匡时为留后。延规恨不得立，遣使降淮南。杨渥以昇州刺史秦裴为西南行营都招讨使，将兵击锺匡时于江西。秋七月，秦裴至洪州，军于蓼洲。诸将请阻水立寨，裴不从，锺匡时果遣其将刘楚据之。诸将以咎裴，裴曰："匡时骁将，独楚一人耳。若帅众守城，不可猝拔，吾故以要害诱致之耳。"未几，裴破寨执楚，遂围洪州。饶州刺史唐宝请降。

九月，秦裴拔洪州，虏锺匡时等五千人以归。杨渥自兼镇南节度使，以裴为洪州制置使。

回答说:"宣州司徒轻易听信谗言,喜欢踢球喝酒,不是保全家业的主子。其他儿子年纪都还小,不能控制住各位将领。庐州刺史刘威在大王地位低微时就追随大王,肯定不会背叛大王,不如让他暂时统管军府,到大王的各位儿子长大了再把职权交给他们。"杨行密不出声。左、右牙指挥使徐温、张颢对杨行密说:"大王平生出入于万死之中,冒着箭石冲锋陷阵,为子孙创立基业,怎么能让其他人占有呢?"杨行密说:"我死而瞑目了。"周隐是舒州人。

某一日,将佐们来探病,杨行密使眼色暗示幕僚严可求留下来。大家都出去了,严可求说:"大王百年之后,军府将怎么办?"杨行密说:"我命令周隐召杨渥回来,现在忍死在等他回来。"严可求与徐温到周隐住处,周隐还未出来,他们看到宣召杨渥的文书还存放在桌上,严可求与徐温立即取走文书,派使者到宣州召杨渥回来。严可求是同州人。

冬季十月,杨渥回到广陵。辛丑(十六日),杨行密按旧例任杨渥为淮南留后。

十一月庚辰(二十六日),吴武忠王杨行密去世,将佐们共同请求宣谕使李俨按照旧例授予杨渥淮南节度使、东南诸道行营都统兼侍中、弘农郡王的职务和爵位。

三年(906)夏季四月,镇南节度使锺传委任养子锺延规为江州刺史。锺传死后,军府的将领们立他的儿子锺匡时为留后。锺延规因不能被立为继位者而怀恨在心,派使者到淮南求降。杨渥任命昇州刺史秦裴为西南行营都招讨使,带兵到江西进攻锺匡时。秋季七月,秦裴到洪州,驻军在蓼洲。将领们提出隔河建营寨,秦裴不听,锺匡时果然派将领刘楚占据了那个地方。将领们拿这事责怪秦裴,秦裴说:"锺匡时的猛将只有刘楚一人而已。如果让他率部守城,我们无法很快攻下城池,我故意用要害的地方引诱他到来罢了。"不久,秦裴攻陷刘楚的营寨,把刘楚抓住,于是进围洪州。饶州刺史唐宝请求投降。

九月,秦裴攻下了洪州,俘虏锺匡时等五千人回来。杨渥自己兼任镇南节度使,任命秦裴为洪州制置使。

后梁太祖开平元年春正月，淮南节度使兼侍中、东面诸道行营都统、弘农王杨渥既得江西，骄侈益甚。谓节度判官周隐曰："君卖人国家，何面复相见？"遂杀之。由是将佐皆不自安。

黑云都指挥使吕师周与副指挥使綦章将兵屯上高，师周与湖南战，屡有功，渥忌之。师周惧，谋于綦章曰："马公宽厚，吾欲逃死焉，可乎？"章曰："兹事君自图之，吾舌可断，不敢泄。"师周遂奔湖南，章纵其孥使逸去。师周，杨州人也。

渥居丧，昼夜酣饮作乐，然十围之烛以击毬，一烛费钱数万。或单骑出游，从者奔走道路，不知所之。左右牙指挥使张颢、徐温泣谏，渥怒曰："汝谓我不才，何不杀我自为之？"二人惧。渥选壮士，号"东院马军"，广署亲信为将吏。所署者恃势骄横，陵蔑勋旧。颢、温潜谋作乱。渥父行密之世，有亲军数千营于牙城之内，渥迁出于外，以其地为射场，颢、温由是无所惮。

渥之镇宣州也，命指挥使朱思勍、范思从、陈璠将亲兵三千。及嗣位，召归广陵。颢、温使三将从秦裴击江西，因戍洪州，诬以谋叛，命别将陈祐往诛之。祐间道兼行，六日至洪州，微服怀短兵径入秦裴帐中。裴大惊，祐告之故，乃召思勍等饮酒，祐数思勍等罪，执而斩之。渥闻三将死，益忌颢、温，欲诛之。丙戌，渥晨视事，颢、温帅牙兵二百，露刃直入庭中，渥曰："尔果欲杀我邪？"对曰："非敢然也，欲诛王左右乱政者耳。"因数渥所亲信十馀人之罪，曳下，

后梁太祖开平元年(907)春季正月,淮南节度使兼侍中、东面诸道行营都统、弘农王杨渥占有江西以后,更加骄横恣纵。他对节度判官周隐说:"你要出卖人家的国家,还有什么脸面再来相见?"于是杀掉周隐。从此将佐们都各自提心吊胆。

黑云都指挥使吕师周与副指挥使慕章率兵屯驻在上高,吕师周与湖南兵交战,多次立功,杨渥顾忌他。吕师周恐惧,跟慕章商量说:"马公待人宽厚,我想逃脱一死到他那里去,好吗?"慕章说:"这事您自己考虑,我的舌头可断,但绝不会泄露出去。"吕师周于是逃到湖南,慕章也放他的家小逃过去。吕师周是扬州人。

杨渥在为父亲守丧期间,日夜饮酒作乐,点着十围粗的大蜡烛来踢球,一根蜡烛就花钱数万。有时自己骑马出外游玩,跟从的人在路上跑来跑去找他,不知他到哪里去了。左、右牙指挥使张颢、徐温哭着劝谏他,杨渥发怒说:"你们说我无能,为什么不杀了我自立为王?"二人心里害怕。杨渥挑选壮士,称为"东院马军",广招亲信并安排为将吏。他所安排的人仗势骄横,欺凌侮辱有功的旧臣。张颢、徐温暗中策划作乱。杨渥父亲杨行密在世时,有亲兵数千人驻扎在牙城之内,杨渥把他们迁出城外,将那块营地开辟为射箭场,张颢、徐温因此无所畏惧了。

杨渥镇守宣州时,命令指挥使朱思勍、范思从、陈璠率领三千亲兵。到杨渥继位时,就把他们召回广陵。张颢、徐温让这三位将领跟随秦裴进攻江西,随后戍守洪州,然后诬告他们谋反,命别将陈祐前去杀他们。陈祐抄小路兼程前往,六天就到了洪州,他改换常服怀里藏短刀直入秦裴的帐中。秦裴大惊,陈祐把事情告诉他,于是秦裴召请朱思勍等人来饮酒,陈祐历数他们的罪过,把他们捉住并杀死。杨渥听说三位将领被杀,更加忌恨张颢、徐温二人,想把他们杀掉。丙戌(初九),杨渥早晨处理政事,张颢、徐温率卫兵二百人,挥着武器径直闯进庭中,杨渥说:"你们真要杀我吗?"他们回答说:"不敢那样,只是想杀大王左右乱政的人。"于是历数杨渥所亲信的十馀人的罪状,把他们拖下来,

以铁桩击杀之，谓之"兵谏"。诸将不与之同者，颢、温稍以法诛之，于是军政悉归二人，渥不能制。

二年夏五月，淮南左牙指挥使张颢、右牙指挥使徐温专制军政，弘农威王心不能平，欲去之而未能。二人不自安，共谋弑王，分其地以臣于梁。戊寅，颢遣其党纪祥等弑王于寝室，诈云暴薨。

己卯，颢集将吏于府廷，夹道及庭中堂上皆列白刃，令诸将悉去卫从然后入。颢厉声问曰："嗣王已薨，军府谁当主之？"三问，莫应，颢气色益怒。幕僚严可求前密启曰："军府至大，四境多虞，非公主之不可。然今日则恐太速。"颢曰："何谓速也？"可求曰："刘威、陶雅、李遇、李简皆先王之等夷，公今自立，此曹肯为公下乎？不若立幼主辅之，诸将孰敢不从。"颢默然久之。可求因屏左右，急书一纸置袖中，麾同列诣使宅贺，众莫测其所为。既至，可求跪读之，乃太夫人史氏教也。大要言："先王创业艰难，嗣王不幸早世，隆演次当立，诸将宜无负杨氏，善辅导之。"辞旨明切。颢气色皆沮，以其义正，不敢夺，遂奉威王弟隆演称淮南留后、东面诸道行营都统。既罢，副都统朱瑾诣可求所居曰："瑾年十六七即横戈跃马，冲犯大敌，未尝畏慑。今日对颢，不觉流汗。公面折之如无人，乃知瑾匹夫之勇，不及公远矣。"因以兄事之。

张颢以徐温为浙西观察使，镇润州。严可求说温曰：

用铁锤砸死,把这叫作"兵谏"。将领中有不跟他们同心的,张颢、徐温陆续用刑法把他们除去,从此军府的政事全归这两人掌握,杨渥无法控制他们。

二年(908)夏季五月。淮南左牙指挥使张颢、右牙指挥使徐温专断军政,弘农威王心中不服,想除掉他们而又不能。张颢、徐温二人也提心吊胆,共同策划谋杀弘农威王,瓜分他的领地向梁称臣。戊寅(初八),张颢派他的党羽纪祥等人把弘农威王杀死在寝室,诈称他突然死去。

己卯(初九),张颢把将吏们召集在府署的庭中,进入府署的道路两边和庭中议事堂上都安排拿武器的士兵,命令将领们把随从卫士都留在府署外面然后进府。张颢厉声问道:"嗣王已死,军府应当由谁主持?"问了三次,没人回答,张颢气色更为恼怒。幕僚严可求上前秘密对张颢说:"军府极为重要,现在边境四邻多事,非您主持不可。不过今天这样定下来恐怕太快了。"张颢问:"怎么说快呢?"严可求说:"刘威、陶雅、李遇、李简这些人都是跟先王地位同等的人,现在您自立为军府主子,这些人肯居您之下吗?不如拥立幼主并由您来辅佐他,将领们谁敢不听从?"张颢久不作声。严可求于是把左右打发走,迅速写了一张字条放在袖子里,出来叫堂上的将吏们到左牙指挥使府第中致贺,大家都不知道他要干什么。到了那里以后,严可求跪着宣读,原来那是太夫人史氏的训示。大意是说:"先王创业艰难,嗣王不幸早逝,杨隆演按次序应当继位,众将领应不辜负杨氏,好好辅导他。"文意明达恳切。张颢意气神色非常沮丧,因训示义理严正,不敢反对,于是拥立威王的弟弟杨隆演为淮南留后、东面诸道行营都统。事情一结束,副都统朱瑾到严可求家中说:"我十六七岁就横戈跃马,冲击强敌,未曾感到害怕。今天面对张颢,不自觉流汗。而您当面慑服他像没有人一样,现在才知道,我只是匹夫之勇,远远比不上尊公您啊。"于是把严可求当作兄长来事奉。

张颢任命徐温为浙西观察使,镇守润州。严可求劝徐温说:

"公舍牙兵而出外藩，颢必以弑君之罪归公。"温惊曰："然则奈何？"可求曰："颢刚愎而暗于事，公能见听，请为公图之。"时副使李承嗣参预军府之政，可求又说承嗣曰："颢凶威如此，今出徐于外，意不徒然，恐亦非公之利。"承嗣深然之。可求往见颢曰："公出徐公于外，人皆言公欲夺其兵权而杀之，多言亦可畏也。"颢曰："右牙欲之，非吾意也。业已行矣，奈何？"可求曰："止之易耳。"明日，可求邀颢及承嗣俱诣温，可求瞋目责温曰："古人不忘一饭之恩，况公杨氏宿将！今幼嗣初立，多事之时，乃求自安于外，可乎？"温谢曰："苟诸公见容，温何敢自专。"由是不行。

颢知可求阴附温，夜遣盗刺之。可求知不免，请为书辞府主。盗执刀临之，可求操笔无惧色。盗能辨字，见其辞旨忠壮，曰："公长者，吾不忍杀。"掠其财以复命，曰："捕之不获。"颢怒曰："吾欲得可求首，何用财为！"

温与可求谋诛颢，可求曰："非锺泰章不可。"泰章者，合肥人，时为左监门卫将军。温使亲将彭城翟虔告之。泰章闻之喜，密结壮士三十人，夜刺血相饮为誓。丁亥旦，直入斩颢于牙堂，并其亲近。温始暴颢弑君之罪，辗纪祥等于市。诣西宫白太夫人。太夫人恐惧，大泣曰："吾儿冲幼，祸难如此，愿保百口归庐州，公之惠也。"温曰："张颢弑逆，

"你舍弃统领军府卫士的职务而出任外藩,张颢肯定会把弑君的罪名推到您的身上。"徐温吃惊地问:"那怎么办呢?"严可求说:"张颢刚愎自用而处事愚昧,如果您能听从我的安排,就请让我为您来处理这事吧。"当时淮南行军副使李承嗣参预军府政事,严可求又劝李承嗣说:"张颢这样凶狠威逼,现在要把徐温调到外州去,看来他的意图还不止于此,恐怕也要对您有所不利。"李承嗣认为他说的很对。严可求去见张颢说:"您把徐公调到外州,人们都说您想夺他的兵权而杀他,这话传的人多了,也是可怕的。"张颢说:"这是右牙指挥使自己要求的,不是我的意思。现在任命已经颁发了,怎么办?"严可求说:"要留住他不难。"第二天,严可求邀请张颢和李承嗣一起到徐温处,严可求怒目盯着徐温,斥责他:"古人不忘记一顿饭的恩惠,何况您是杨家的宿将! 现在幼主刚继位,正是军府多事的时候,您竟自求安然在外,可以这样吗?"徐温谢罪说:"如果诸位能容我,我又哪敢自作主张呢。"于是徐温便不到润州任职。

张颢知道严可求暗中依附徐温,夜里派刺客去杀他。严可求知道自己逃不掉了,向刺客请求让他写封信跟府主辞别。刺客拿刀对着他,严可求运笔写信,面无惧色。刺客认得字,见他的信文意忠诚壮烈,说:"尊公是长者,我不忍心杀您。"于是抢了他的财物回去复命,说:"没有抓到他。"张颢发怒说:"我想要的是严可求的首级,要他的财物干什么!"

徐温与严可求谋划杀掉张颢,严可求说:"非锺泰章这个人不可。"锺泰章是合肥人,当时是左监门卫将军。徐温派自己的亲近将领彭城人翟虔转告锺泰章,锺泰章听了之后很高兴,秘密结交壮士三十人,半夜里他们刺破手指,歃血为盟。丁亥(十七日)清早,他们径直闯入张颢官署的公堂上,把张颢和他的亲近人员一起杀死。徐温这才公布张颢弑君之罪,把纪祥等人押到街市上车裂示众。然后前往西宫禀报太夫人。太夫人非常恐惧,大哭说:"我儿子年纪还小,竟遭这样的祸患,我只求能保全百口之家的性命回庐州,这是您的恩惠了。"徐温说:"张颢叛逆弑君,

不可不诛,夫人宜自安。"初,颢与温谋弑威王,温曰:"参用左右牙兵,心必不一,不若独用吾兵。"颢不可,温曰:"然则独用公兵。"颢从之。至是,穷治逆党,皆左牙兵也,由是人以温为实不知谋也。隆演以温为左右牙都指挥使,军府事咸取决焉。以严可求为扬州司马。

温性沈毅,自奉简俭,虽不知书,使人读狱讼之辞而决之,皆中情理。先是,张颢用事,刑戮酷滥,纵亲兵剽夺市里。温谓严可求曰:"大事已定,吾与公辈当力行善政,使人解衣而寝耳。"乃立法度,禁强暴,政举大纲,军民安之。温以军旅委可求,以财赋委支计官骆知祥,皆称其职,淮南谓之"严、骆"。

秋七月壬申,淮南将吏请于李俨,承制授杨隆演淮南节度使、东面诸道行营都统、同平章事、弘农王。

锺泰章赏薄,泰章未尝自言。后逾年,因醉与诸将争言而及之。或告徐温以泰章怨望,请诛之,温曰:"是吾过也。"擢为滁州刺史。

是岁,弘农王遣军将万全感赍书间道诣晋及岐,告以嗣位。

三年春三月,徐温以金陵形胜,战舰所聚,乃自以淮南行军副使领昇州刺史,留广陵,以其假子元从指挥使知诰为昇州防遏兼楼船副使往治之。

四年春二月,万全感自岐归广陵,岐王承制加弘农王兼中书令,嗣吴王。

不可不杀,夫人应放心。"当初,张颢与徐温策划谋杀威王时,徐温说:"如果混合使用左右牙卫士,肯定不能齐心,不如单独用我率领的右牙卫兵。"张颢不同意,徐温说:"那就单独用您的兵吧。"张颢同意了。到了这个时候,追究叛逆的党羽,都是左牙的卫兵,因此人们以为杀杨渥的事,徐温确实不知道。杨隆演任命徐温为左右牙都指挥使,军府的事全部交给他来裁断。又任命严可求为扬州司马。

徐温性情沉稳果决,生活简单、节俭,虽不识字,让人读诉讼的状纸然后他来断案,都符合情理。在此之前,张颢掌权,刑罚杀戮过于严酷,而且放纵自己的亲兵抢夺民间的财物。徐温对严可求说:"大事已经安定,我与明公等应当努力推行善政,让人们能脱下衣服安心睡觉了。"于是制定法度,禁止强暴,安排军府的大政纲纪,军民安定下来。徐温把军队的事情交给严可求,把财政税收的事情交给支计官骆知祥,他们都很称职,淮南人把他们称为"严、骆"。

秋季七月壬申(初三),淮南的文武官员向李俨请求,按照旧例授予杨隆演淮南节度使、东面诸道行营都统、同平章事、弘农王的官职和爵位。

锺泰章受奖赏弱薄,他也从未自己提出来。后来过了一年,他因醉酒跟诸位将领吵架而提到这事。有人把这事告诉徐温,说锺泰章心怀怨恨,提议杀死他,徐温说:"这是我的过错。"于是把锺泰章提升为滁州刺史。

这一年,弘农王派军将万全感带信由小路到晋和岐两地,告诉他们自己继位的消息。

三年(909)春季三月,徐温认为金陵地势好,是战舰可以集中的地方,于是自己以淮南行军副使的身份兼任昇州刺史,留在广陵,委派养子元从指挥使徐知诰为昇州防遏兼楼船副使去治理金陵。

四年(910)春季二月,万全感从岐地回到广陵,岐王按照旧例加授弘农王兼中书令,承袭吴王爵位。

　　乾化二年春三月，吴镇南节度使刘威、歙州观察使陶雅、宣州观察使李遇、常州刺史李简，皆武忠王旧将，有大功，以徐温自牙将秉政，内不能平。李遇尤甚，常言："徐温何人？吾未尝识面，一旦乃当国邪！"馆驿使徐玠使于吴越，道过宣州，温使玠说遇入见新王，遇初许之。玠曰："公不尔，人谓公反。"遇怒曰："君言遇反，杀侍中者非反邪。"侍中，谓威王也。温怒，以淮南节度副使王檀为宣州制置使，数遇不入朝之罪，遣都指挥使柴再用帅昇、润、池、歙兵纳檀于宣州，昇州副使徐知诰为之副。遇不受代，再用攻宣州，逾月不克。

　　夏五月，李遇少子为淮南牙将，遇最爱之，徐温执之，至宣州城下示之，其子啼号求生，遇由是不忍战。温使典客何荛入城，以吴王命说之曰："公本志果反，请斩荛以徇。不然，随荛纳款。"遇乃开门请降，温使柴再用斩之，夷其族。于是诸将始畏温，莫敢违其命。

　　徐知诰以功迁昇州刺史。知诰事温甚谨，安于劳辱，或通夕不解带，温以是特爱之。每谓诸子曰："汝辈事我能如知诰乎？"时诸州长吏多武夫，专以军旅为务，不恤民事。知诰在昇州，独选用廉吏，修明政教，招延四方士大夫，倾家资无所爱。洪州进士宋齐丘，好纵横之术，谒知诰，知诰奇之，辟为推官，与判官王令谋、参军王翃专主谋议，以牙吏马仁裕、周宗、曹悰为腹心。仁裕，彭城人；宗，涟水人也。

　　吴武忠王之疾病也，周隐请召刘威，威由是为帅府所忌。或谮之于徐温，温将讨之。威幕客黄讷说威曰："公受谤虽

乾化二年(912)春季三月,吴国的镇南节度使刘威、歙州观察使陶雅、宣州观察使李遇、常州刺史李简都是武忠王的旧部将,立过大功,因徐温由牙将而掌权,内心不服。李遇尤为不满,经常说:"徐温是什么人?我还未见过他,一日之间竟当政了!"馆驿使徐玠出使吴越,路过宣州,徐温让徐玠劝李遇入朝拜见新王,李遇开始同意了。徐玠说:"尊公您如果不去,人家就要说您造反了。"李遇大怒,说:"您说我造反,那杀死侍中的人不是造反吗?"侍中指威王。徐温听后大怒,任命淮南节度副使王檀为宣州制置使,列举李遇不入朝的罪过,派都指挥使柴再用率领昇、润、池、歙州的军队送王檀到宣州上任,委派昇州副使徐知诰为副使。李遇拒绝交接职务,柴再用进攻宣州,过了一个月都攻不下。

夏季五月,李遇的小儿子任淮南牙将,李遇最喜欢他,徐温把他抓住,押到宣州城下让李遇看,李遇的儿子啼哭着求饶命,李遇因此不忍心再打下去。徐温派典客何荛入城,用吴王的命令对李遇说:"您如果真心造反,就请您杀了何荛来示众。不是这样的话,您就跟何荛前来投诚。"李遇于是打开城门求降,徐温让柴再用杀了李遇,并诛灭他的全族。于是众将领才开始畏惧徐温,没有谁敢再违抗他的命令。

徐知诰因功升为昇州刺史。徐知诰事奉徐温非常恭谨,任劳任怨,有时通宵衣不解带,徐温因此特别喜欢他。常对儿子们说:"你们服侍我能像知诰那样吗?"当时,各州的主管官员大都是武夫,专门致力于军队的事,不管百姓的生计。唯独徐知诰在昇州选用廉洁的官员,整饬政务,提倡教化,招揽延用各地的士大夫,倾尽自己的家产无所吝惜。洪州进士宋齐丘喜好纵横之术,谒见徐知诰,知诰认为他是奇才,征召他为推官,与判官王令谋、参军王翃专管出谋划策,以牙吏马仁裕、周宗、曹悰为心腹。马仁裕是彭城人,周宗是涟水人。

吴武忠王杨行密病重的时候,周隐提出召刘威回来,刘威因此被淮南帅府所顾忌。有人在徐温面前讲他的坏话,徐温准备征讨他。刘威的幕客黄讷劝告刘威说:"尊公您受到的诽谤虽然

深,反本无状,若轻舟入觐,则嫌疑皆亡矣。"威从之。陶雅闻李遇败,亦惧,与威偕诣广陵。温待之甚恭,如事武忠王之礼,优加官爵,雅等悦服,由是人皆重温。讷,苏州人也。温与威、雅帅将吏请于李俨,承制加嗣吴王隆演太师、吴王,以温领镇海节度使、同平章事,淮南行军司马如故。温遣威、雅还镇。

均王贞明元年夏四月,吴徐温以其子牙内都指挥使知训为淮南行军副使、内外马步诸军副使。秋八月庚戌,吴以镇海节度使徐温为管内水陆马步诸军都指挥使、两浙都招讨使、守侍中、齐国公,镇润州,以昇、润、常、宣、歙、池六州为巡属,军国庶务参决如故。留徐知训居广陵秉政。

四年夏六月,吴内外马步都军使、昌化节度使、同平章事徐知训骄倨淫暴。威武节度使、知抚州李德诚有家妓数十,知训求之,德诚遣使谢曰:"家之所有皆长年,或有子,不足以侍贵人,当更为公求少而美者。"知训怒,谓使者曰:"会当杀德诚,并其妻取之。"

知训狎侮吴王,无复君臣之礼。尝与王为优,自为参军,使王为苍鹘,总角弊衣执帽以从。又尝泛舟浊河,王先起,知训以弹弹之。又尝赏花于禅智寺,知训使酒悖慢,王惧而泣,四座股栗。左右扶王登舟,知训乘轻舟逐之,不及,以铁挝杀王亲吏。将佐无敢言者,父温皆不之知。

知训及弟知询皆不礼于徐知诰,独季弟知谏以兄事礼之。知训尝召兄弟饮,知诰不至,知训怒曰:"乞子不欲酒,

深重,但本来就无造反的迹象,如果您能出快船入朝觐见吴王,那嫌疑就都消除了。"刘威听从他的劝告。陶雅听说李遇失败,也害怕起来,于是跟刘威一起到广陵。徐温对待他们非常恭敬,如同事奉武忠王的礼节,对他们从优加官晋爵,陶雅等人也心悦诚服,因此,人们都敬重徐温。黄讷是苏州人。徐温与刘威、陶雅率文武官员向李俨请求,按照旧例加封吴王杨隆演为太师、吴王,任命徐温兼镇海节度使、同平章事,淮南行军司马一职仍旧保留。徐温打发刘威、陶雅仍回各镇供职。

后梁均王贞明元年(915)夏季四月,吴国徐温季派儿子牙内都指挥使徐知训担任淮南行军副使、内外马步诸军副使。秋季八月庚戌(二十二日),吴国任命镇海节度使徐温为管内水陆马步诸军都指挥使、两浙都招讨使、守侍中、齐国公,镇守在润州,把昇、润、常、宣、歙、池六州作为巡管的属州,军国事务参预决断仍如以前。留下徐知训在广陵主管政事。

四年(918)夏季六月,吴国内外马步都军使、昌化节度使、同平章事徐知训傲慢淫暴。威武节度使、知抚州李德诚家中养有歌妓数十人,徐知训向他索要,他派使者向徐知训致歉说:"家里所有的歌妓都年纪大了,有的还生了儿子,不足以侍候贵人,请让我替尊公您另找些年少貌美的吧。"徐知训大怒,对使者说:"就应该杀了这个李德诚,连同他妻子一起夺过来。"

徐知训轻侮吴王,不再奉守君臣的礼节。他曾跟吴王扮戏子,自己扮参军,让吴王扮奴仆,头上扎着小辫,身穿破衣,拿着帽子跟在他后面。又曾在浊河泛舟,吴王先上岸,他就用弹弓射吴王。又曾在禅智寺赏花,徐知训仗着酒气,出言悖逆,对吴王非常傲慢,吴王被吓哭了,满座人都吓得发起抖来。随从们扶吴王上船,徐知训坐快船去追,追不上,就用铁棍打死吴王的亲随官吏。将佐没人敢出声,他的父亲徐温也不知道。

徐知训和弟弟徐知询都不对徐知诰以礼相待,唯独最小的弟弟徐知谏用对待兄长的礼节对待徐知诰。徐知训曾经召集兄弟一起喝酒,徐知诰没到,徐知训发怒说:"乞丐小儿,不想喝酒

欲剑乎！"又尝与知诰饮，伏甲欲杀之，知谏蹑知诰足，知诰阳起如厕，遁去。知训以剑授左右刁彦能使追杀之。彦能驰骑及于中涂，举剑示知诰而还，以不及告。

　　平卢节度使、同平章事、诸道副都统朱瑾遣家妓通候问于知训，知训强欲私之，瑾已不平。知训恶瑾位加己上，置静淮军于泗州，出瑾为静淮节度使，瑾益恨之，然外事知训愈谨。瑾有所爱马，冬贮于幄，夏贮于帱；宠妓有绝色。知训过别瑾，瑾置酒自捧觞，出宠妓使歌，以所爱马为寿，知训大喜。瑾因延之中堂，伏壮士于户内，出妻陶氏拜之，知训答拜，瑾以笏自后击之踣地，呼壮士出斩之。瑾先系二悍马于庑下，将图知训，密令人解纵之，马相蹄啮，声甚厉，以是外人莫之闻。瑾提知训首出，知训从者数百人皆散走。瑾驰入府，以首示吴王曰："仆已为大王除害。"王惧，以衣障面，走入内，曰："舅自为之，我不敢知。"瑾曰："婢子不足与成大事！"以知训首击柱，挺剑将出，子城使翟虔等已阖府门，勒兵讨之，乃自后逾城，坠而折足，顾追者曰："吾为万人除害，以一身任患。"遂自刭。

　　徐知诰在润州闻难，用宋齐丘策，即日引兵济江。瑾已死，因抚定军府。时徐温诸子皆弱，温乃以知诰代知训执吴政，沈朱瑾尸于雷塘而灭其族。

是想吃剑吗！"又曾与徐知诰一起喝酒，埋伏甲士打算杀他，徐知谏偷偷踩徐知诰的脚，徐知诰假装起身上厕所，逃走了。徐知训把剑交给亲信刁彦能，让他前去追杀徐知诰。刁彦能骑快马在半路追上徐知诰，他举着剑向徐知诰示意了一下就回来了，回来向徐知训禀告说没追上。

平卢节度使、同平章事、诸道副都统朱瑾派家养的歌妓去问候徐知训，徐知训打算强行将她据为己有，朱瑾已经怒气难平。徐知训厌恶朱瑾职位在自己之上，在泗州设置静淮军，把朱瑾调出去充任静淮节度使，朱瑾更加忌恨他，但是表面上对他更加恭顺。朱瑾有匹心爱的马，冬天养在帷幄中，夏天则用葛帐子罩住；他还有一位特别漂亮的宠妓。徐知训到朱瑾家去探访并饯行，朱瑾设酒席亲自向知训劝酒，并叫宠爱的歌妓出来唱歌，把自己心爱的马送给徐知训当作寿礼，徐知训大喜。朱瑾于是引他入中堂，在门内埋伏了壮士，叫妻子陶氏出来拜见徐知训，徐知训回拜，朱瑾用奏事板笏从背后把他打倒在地，然后叫壮士出来把他杀了。朱瑾事先在庑廊下拴了两匹烈马，将要谋杀徐知训时，偷偷让人解开马的缰绳，两匹马互相踢咬，声音很大，因此外面的人听不到里面出事的声音。朱瑾提着徐知训的人头出来，徐知训的随从卫士数百人都逃散了。朱瑾快马奔入军府，把徐知训的首级拿给吴王看，说："我已为大王除去了祸害。"吴王非常害怕，用衣袖遮住脸，走进里面，说："舅舅你自己干吧，我不敢知道这事。"朱瑾说："奴婢的儿子不足以同他一起成大事！"他用徐知训的头去敲击柱子，举着剑想要出去，子城使翟虔等人已经关闭府门，带兵来抓他，他就从后面跳城墙出去，跌下来摔断了脚，掉头对追上来的人说："我为万人除去祸害，一个人来担当大家的忧患。"于是自杀。

徐知诰在润州听到徐知训遇难，采用宋齐丘的计策，当天就带兵渡长江。朱瑾已经死了，于是徐知诰安抚稳定军府。当时徐温的儿子们都还小，徐温就让徐知诰代替徐知训来执掌吴国的政权，把朱瑾的尸体沉在雷塘，诛灭了他的全族。

瑾之杀知训也,泰宁节度使米志诚从十馀骑问瑾所向,闻其已死,乃归。宣谕使李俨贫困,寓居海陵,温疑其与瑾通谋,皆杀之。严可求恐志诚不受命,诈称袁州大破楚兵,将吏皆入贺,伏壮士于戟门,擒志诚斩之,并其诸子。

秋七月,吴徐温入朝于广陵,疑诸将皆预朱瑾之谋,欲大行诛戮。徐知诰、严可求具陈徐知训过恶,所以致祸之由,温怒稍解,乃命网瑾骨于雷塘而葬之,责知训将佐不能匡救,皆抵罪。独刁彦能屡有谏书,温赏之。戊戌,以知诰为淮南节度行军副使、内外马步都军副使、通判府事,兼江州团练使。以徐知谏权润州团练事。温还镇金陵,总吴朝大纲,自馀庶政皆决于知诰。

知诰悉反知训所为,事吴王尽恭,接士大夫以谦,御众以宽,约身以俭。以吴王之命,悉蠲天祐十三年以前逋税,馀俟丰年乃输之。求贤才,纳规谏,除奸猾,杜请托,于是士民翕然归心,虽宿将悍夫无不悦服。以宋齐丘为谋主。先是,吴有丁口钱,又计亩输钱,钱重物轻,民甚苦之。齐丘说知诰,以为:“钱非耕桑所得,今使民输钱,是教民弃本逐末也。请蠲丁口钱,自馀税悉输谷、帛,绸、绢匹直千钱者当税三千。”或曰:“如此,县官岁失钱亿万计。”齐丘曰:“安有民富而国家贫者邪?”知诰从之。由是江、淮间旷土尽辟,桑柘满野,国以富强。

知诰欲进用齐丘而徐温恶之,以为殿直军判官。知诰每夜引齐丘于水亭屏语,常至夜分,或居高堂,悉去屏障,

朱瑾杀徐知训的时候,泰宁节度使米志诚带着十多名骑兵去打听朱瑾的去向,听说他已死,于是回去。宣谕使李俨贫困,寄居在海陵,徐温怀疑他与朱瑾同谋,于是把他们都杀了。严可求担心米志诚不接受命令,谎称袁州大败楚军,将吏们都回军府祝贺,在军府大门口埋伏壮士,把米志诚捉住,杀了他,连他的儿子们也一起杀掉了。

　　秋季七月,吴国徐温到广陵朝见吴王,怀疑将领们都跟朱瑾通谋,想对诸将大行杀戮。徐知诰、严可求一一陈述徐知训的罪过和之所以惹祸的原因,徐温的怒气渐消,于是命人用网在雷塘捞起朱瑾的尸骨而埋葬了他,斥责徐知训的部下不劝戒他,全都抵罪。只有刁彦能屡有劝谏的书信,徐温特意奖赏他。戊戌(二十七日),任命徐知诰为淮南节度行军副使、内外马步都军副使、通判府事,兼江州团练使。任命徐知谏代理润州团练事务。徐温回来坐镇金陵,总揽吴朝大纲,此外平时的政务都取决于徐知诰。

　　徐知诰一反徐知训的行为,事奉吴王极为恭顺,用谦虚的态度结交士大夫,用宽厚来管理众人,用节俭来约束自身。借吴王的命令,把天祐十三年(916)以前未交的租税全部蠲免,其馀租税到收成好时再交。访求贤才,接纳规谏,铲除奸猾,杜绝请托,于是士大夫和老百姓都一致归心于他,即使是老将和凶悍的人也无不对他心悦诚服。他把宋齐丘作为主要的谋士。在此之前,吴国既按丁口征收税钱,又按田亩来征税,钱贵重而物轻贱,百姓以此为苦。宋齐丘劝徐知诰,认为:"钱不是耕田植桑可得到的,现在让百姓纳钱,是教百姓抛弃本业而追逐末业。请把丁口钱免掉,其馀的租税全部缴纳谷、帛、绸、绢每匹值一千钱的,当作税钱三千。"有人说:"这样,官府每年少收的钱就数以亿万计了。"宋齐丘说:"哪有百姓富有而国家贫穷的呢?"徐知诰听从他的建议。从此江、淮之间的空地全被开垦,桑柘遍布田野,国家因此而富强。

　　徐知诰想起用宋齐丘,但是徐温很厌恶他,只任命他为殿直军判官。徐知诰常常夜里带宋齐丘到水中的亭子上避开他人来交谈,经常谈到半夜,或者坐在高堂之上,把屏障都搬出去,

独置大炉,相向坐,不言,以铁箸画灰为字,随以匙灭去之,故其所谋,人莫得而知也。

初,吴徐温自以权重而位卑,说吴王曰:"今大王与诸将皆为节度使,虽有都统之名,不足相临制。请建吴国,称帝而治。"王不许。严可求屡劝温以次子知询代徐知诰知吴政,知诰与骆知祥谋,出可求为楚州刺史。可求既受命,至金陵,见温,说之曰:"吾奉唐正朔,常以兴复为辞。今朱、李方争,朱氏日衰,李氏日炽。一旦李氏有天下,吾能北面为之臣乎?不若先建吴国以系民望。"温大悦,复留可求参总庶政,使草具礼仪。知诰知可求不可去,乃以女妻其子续。

五年。吴徐温帅将吏藩镇请吴王称帝,吴王不许。夏四月戊戌朔,即吴国王位,大赦,改元武义。建宗庙、社稷,置百官,宫殿、文物皆用天子礼。以金继土,腊用丑。改谥武忠王曰孝武王,庙号太祖,威王曰景王,尊母为太妃。以徐温为大丞相、都督中外诸军事、诸道都统、镇海宁国节度使,守太尉兼中书令、东海郡王。以徐知诰为左仆射,参政事兼知内外诸军事,仍领江州团练使。以扬府左司马王令谋为内枢使,营田副使严可求为门下侍郎,盐铁判官骆知祥为中书侍郎,前中书舍人卢择为吏部尚书兼太常卿,掌书记殷文圭为翰林学士,馆驿巡官游恭为知制诰,前驾部员外郎杨迢为给事中。择,醴泉人;迢,敬之之孙也。

秋七月丙戌,吴王立其弟濛为庐江郡公,溥为丹阳郡公,浔为新安郡公,澈为鄱阳郡公,子继明为庐陵郡公。吴庐江公濛有材气,常叹曰:"我国家而为他人所有,可乎?"

另放一个大炉在当中,两人面对面坐着,不开口,用铁筷子在炉灰上写字,随写随用铁匙把字抹掉,所以他们谋划什么,人们也无从知道。

当初,吴国徐温因为自己权力大而职位低,劝吴王说:"现在大王跟将领们都是节度使,虽然大王有都统的名义,但仍不足以凌驾将领们。请大王宣布建立吴国,称帝来管理。"吴王不答应。严可求屡次劝徐温用次子徐知询代替徐知诰来掌管吴国的政事,徐知诰与骆知祥谋划,调严可求出任楚州刺史。严可求接受命令以后,到金陵去见徐温,对他说:"我专奉唐朝历法,以它为正统,常以复兴唐王室为己任。现在朱氏与李氏正争斗着,朱氏日益衰弱,李氏日渐强盛。一旦李氏得了天下,我能面朝北方向它称臣吗?不如先建立吴国来维系百姓的愿望。"徐温大喜,又留严可求参与并总揽平时的政务,让他起草礼仪典章。徐知诰知道严可求不可能去出任楚州刺史,于是把女儿嫁给他的儿子严续。

五年(919)。吴国徐温率文武官员和藩镇的长官请求吴王称帝,吴王不答应。夏季四月戊戌是初一,这天吴王登上吴国王位,大赦境内,改年号为武义。建立宗庙和社稷坛台,设置百官,宫殿、器物都按天子的礼仪制度。按五行推算,以金德继土德,十二月腊祭用丑日。改谥武忠王为孝武王,庙号太祖,威王谥号为景王,尊母亲为太妃。任命徐温为大丞相,都督中外诸军事、诸道都统、镇海宁国节度使,守太尉兼中书令、东海郡王。任命徐知诰为左仆射、参政事兼知内外诸军事,同时兼任江州团练使。任命扬府左司马王令谋为内枢使,营田副使严可求为门下侍郎,盐铁判官骆知祥为中书侍郎,前中书舍人卢择为吏部尚书兼太常卿,掌书记殷文圭为翰林学士,馆驿巡官游恭为知制诰,前驾部员外郎杨迢为给事中。卢择是醴泉人,杨迢是杨敬之的孙子。

秋季七月丙戌(二十一日),吴王封立他的弟弟杨濛为庐江郡公,杨溥为丹阳郡公,杨浔为新安郡公,杨澈为鄱阳郡公,封立他的儿子杨继明为庐陵郡公。吴国庐江公杨濛很有才气,常常叹息说:"我杨氏的国家被他人所占有,这样也是可以的吗?"

徐温闻而恶之。冬十月，出濛为楚州团练使。

六年夏四月，吴宣王重厚恭恪，徐温父子专政，王未尝有不平之意形于言色，温以是安之。及建国称制，尤非所乐，多沈饮，鲜食，遂成寝疾。五月，温自金陵入朝，议当为嗣者。或希温意言曰：“蜀先主谓武侯：‘嗣子不才，君宜自取。’”温正色曰：“吾果有意取之，当在诛张颢之初，岂至今日邪！使杨氏无男，有女亦当立之。敢妄言者斩。”乃以王命迎丹杨公溥监国，徙溥兄濛为舒州团练使。己丑，宣王殂。六月戊申，溥即吴王位，尊母王氏曰太妃。

龙德元年冬十月，吴徐温劝吴王祀南郊。或曰：“礼乐未备。且唐祀南郊，其费巨万，今未能办也。”温曰：“安有王者而不事天乎？吾闻事天贵诚，多费何为！唐每郊祀，启南门，灌其枢用脂百斛，此乃季世奢泰之弊，又安足法乎。”甲子，吴王祀南郊，配以太祖。乙丑，大赦。加徐知诰同平章事，领江州观察使。寻以江州为奉化军，以知诰领节度使。

徐温闻寿州团练使崔太初苛察，失民心，欲征之。徐知诰曰：“寿州边隅大镇，征之恐为变，不若使其入朝，因留之。”温怒曰：“一崔太初不能制，如他人何？”征为右雄武大将军。

后唐庄宗同光二年冬十月，吴王如白沙观楼船，更命白沙曰迎銮镇。徐温自金陵来朝。先是，温以亲吏翟虔为阁门、宫城、武备等使，使察王起居，虔防制王甚急。至是，王对温名雨为水，温请其故，王曰：“翟虔父名，吾讳之熟矣。”

徐温听说后而厌恶他。冬季十月,调杨濛出任楚州团练使。

六年(920)夏季四月,吴宣王淳厚恭谨,徐温父子把持政权,吴王未曾有不平之意表现出来,徐温因此安然处之。到建国称帝,更不是吴王所乐意的,经常沉湎于酒而很少吃饭,于是渐成疾病。五月,徐温从金陵回朝,商议应继位的人。有人迎合徐温的心意说:"蜀先主曾对武侯诸葛亮说:'继嗣的儿子无能,您应当自取皇位。'"徐温态度严正地说:"我如果有意要夺位,应该在当初杀张颢时就夺了,哪会等到今天呢?即使杨家没有男子,就是有女子也应当拥立为王。敢胡说八道的,斩首!"于是用吴王的命令迎丹阳公杨溥监国,迁杨溥的哥哥杨濛为舒州团练使。己丑(二十八日),宣王去世。六月戊申(十八日),杨溥即位为吴王,尊奉母亲王氏为太妃。

龙德元年(921)冬季十月,吴国徐温劝吴王在南郊祭天。有人说:"礼乐典制还不完备。况且唐朝廷在南郊祭天,花费巨万,现在我们还办不到。"徐温说:"哪有王者不事奉上天的?我听说事奉上天贵在诚心,花费那么多干什么?唐朝廷每次行郊祀典礼,开南门要用一百斛油来灌门轴,这是末世过分奢侈的弊政,又怎么值得效法呢?"甲子(十二日),吴王在南郊祭天,以太祖神主配祀。乙丑(十三日),大赦境内。加授徐知诰同平章事,兼江州观察使。不久,改江州为奉化军,任命徐知诰兼节度使。

徐温听说寿州团练使崔太初以苛刻烦琐为明察,不得民心,想征调他。徐知诰说:"寿州是边境的大镇,征调他恐怕发生变故,不如让他入朝,顺势把他留下来。"徐温发怒说:"一个崔太初都控制不了,其他人又怎么办?"于是征调他为右雄武大将军。

后唐庄宗同光二年(924)冬季十月,吴王到白沙视察楼船,下令把白沙改叫迎銮镇。徐温从金陵来朝见吴王。在此以前,徐温任用亲近的将吏翟虔为阁门、宫城、武备等使,让他观察吴王的起居,翟虔对吴王防备限制得很紧。到这时,吴王当着徐温的面说雨字时总要改为水字,徐温请吴王解释一下这个缘故,吴王说:"雨是翟虔父亲的名字,我避讳这个字已经很习惯了。"

因谓温曰："公之忠诚,我所知也,然翟虔无礼,宫中及宗室所须多不获。"温顿首谢罪,请斩之。王曰:"斩则太过,远徙可也。"乃徙抚州。

三年夏六月,吴镇海节度判官、楚州团练使陈彦谦有疾,徐知诰恐其遗言及继嗣事,遗之医药、金帛,相属于道。彦谦临终,密留书遗徐温,请以所生子为嗣。

明宗天成元年春三月,吴以左仆射、同平章事徐知诰为侍中,右仆射严可求兼门下侍郎、同平章事。

二年冬十月辛丑,吴大丞相、都督中外诸军事、诸道都统、镇海宁国节度使兼中书令东海王徐温卒。初,温子行军司马、忠义节度使、同平章事知询以其兄知诰非徐氏子,数请代之执吴政,温曰:"汝曹皆不如也。"严可求及行军副使徐玠屡劝温以知询代知诰,温以知诰孝谨,不忍也。陈夫人曰:"知诰自我家贫贱时养之,奈何富贵而弃之!"可求等言之不已。温欲帅诸藩镇入朝,劝吴王称帝,将行,有疾,乃遣知询奉表劝进,因留代知诰执政。知诰草表欲求洪州节度使,俟旦上之,是夕,温凶问至,乃止。知询亟归金陵。吴王赠温齐王,谥曰忠武。

十一月庚戌,吴王即皇帝位,追尊孝武王曰武皇帝,景王曰景皇帝,宣王曰宣皇帝。丙子,吴主尊太妃王氏曰皇太后。以徐知询为诸道副都统、镇海宁国节度使兼侍中,加徐知诰都督中外诸军事。

十二月,吴主立兄庐江公濛为常山王,弟鄱阳公澈为平原王,兄子南昌公珙为建安王。

并乘机对徐温说："尊公的忠诚，我很清楚，但翟虔无礼，宫中和宗室所要的东西很多都得不到。"徐温叩头谢罪，请求斩杀翟虔。吴王说："斩他就太过分了，把他流放到远地去就行了。"于是把翟虔流放到抚州。

三年（923）夏季六月，吴国镇海节度判官、楚州团练使陈彦谦患病，徐知诰怕他留下遗言谈及继嗣的事，派人给他送药和金帛财物，一路上络绎不绝。陈彦谦临终时，秘密留书信给徐温，请求让自己亲生儿子来继任。

后唐明宗天成元年（926）春季三月，吴国任命左仆射、同平章事徐知诰为侍中，右仆射严可求兼门下侍郎、同平章事。

二年（927）冬季十月辛丑（二十三日），吴国大丞相、都督中外诸军事、诸道都统、镇海宁国节度使兼中书令东海王徐温去世。当初，徐温的儿子行军司马、忠义节度使、同平章事徐知询认为他的兄长徐知诰不是徐家的亲儿子，曾多次请求代替他执掌吴国朝政，徐温说："你们都比不上他。"严可求及行军副使徐玠也屡次劝说徐温用徐知询代替徐知诰，徐温认为徐知诰孝顺恭谨，不忍心让徐知询代替他。陈夫人也说："徐知诰是在我们家贫贱时收养的，为什么要在富贵的时候抛弃他！"严可求等人不停地向徐温提这件事。徐温想率领各藩镇的官员入朝，劝吴王称帝，将要出发时突然生病了，于是派徐知询呈上表章劝吴王称帝，顺势把徐知询留下来代替徐知诰执政。徐知诰草拟了表章请求出任洪州节度使，想等第二天早上呈上去，当晚，徐温的死讯传来，于是作罢。徐知询立刻赶回金陵。吴王赠封徐温为齐王，谥号为忠武。

十一月庚戌（初三），吴王即皇帝位，追尊孝武王为武皇帝，景王为景皇帝，宣王为宣皇帝。丙子（二十九日），吴主尊奉太妃王氏为皇太后。任命徐知询为诸道副都统、镇海宁国节度使兼侍中，加封徐知诰都督中外诸军事。

十二月，吴主封立兄长庐江公杨濛为常山王，弟弟鄱阳公杨澈为平原王，侄子南昌公杨珙为建安王。

三年春正月，吴主立子琏为江都王，璘为江夏王，璆为宜春王，宣帝子庐陵公玢为南阳王。夏四月戊戌，吴徙常山王濛为临川王。

四年秋八月，吴武昌节度使兼侍中李简以疾求还江都，癸丑，卒于采石。徐知询，简婿也，擅留简亲兵二千人于金陵，表荐简子彦忠代父镇鄂州，徐知诰以龙武统军柴再用为武昌节度使。知询怒曰："刘崇俊，兄之亲，三世为濠州；彦忠，吾妻族，独不得邪？"

冬十月，吴诸道副都统、镇海宁国节度使兼侍中徐知询，自以握兵据上流，意轻徐知诰，数与知诰争权，内相猜忌，知诰患之。内枢密使王令谋曰："公辅政日久，挟天子以令境内，谁敢不从？知询年少，恩信未洽于人，无能为也。"知询待诸弟薄，诸弟皆怨之。徐玠知知询不可辅，反持其短以附知诰。吴越王镠遗知询金玉鞍勒、器皿，皆饰以龙凤。知询不以为嫌，乘用之。知询典客周廷望说知询曰："公诚能捐宝货以结朝中勋旧，使皆归心于公，则彼谁与处？"知询从之，使廷望如江都谕意。廷望与知诰亲吏周宗善，密输款于知诰，亦以知诰阴谋告知询。知询召知诰诣金陵除父温丧，知诰称吴主之命不许。周宗谓廷望曰："人言侍中有不臣七事，宜亟入谢。"廷望还，以告知询。十一月，知询入朝，知诰留知询为统军，领镇海节度使，遣右雄武都指挥使柯厚征金陵兵还江都，知诰自是始专吴政。知询责知诰曰："先王违世，兄为人子，初不临丧，可乎？"知诰曰："尔挺剑待我，我何敢往！尔为人臣，畜乘舆物，亦

三年(928)春季正月,吴主封立儿子杨琏为江都王,杨璘为江夏王,杨璆为宜春王,封立宣帝的儿子庐陵公杨玢为南阳王。夏季四月戊戌(二十三日),吴主改封常山王杨濛为临川王。

　　四年(929)秋季八月,吴国武昌节度使兼侍中李简因病请求回江都,癸丑(十七日),在采石去世。徐知询是李简的女婿,擅自把李简的二千名亲兵留在金陵,上表向吴主举荐李简的儿子李彦忠代他父亲镇守鄂州,徐知诰却任命龙武统军柴再用为武昌节度使。徐知询发怒说:"刘崇俊是哥哥你的亲信,三代据守濠州;李彦忠是我夫人的亲人,难道不能任职吗?"

　　冬季十月,吴国诸道副都统、镇海宁国节度使兼侍中徐知询,自认为掌握军队据守着长江上游,心中轻视徐知诰,多次与徐知诰争权,心中互相猜忌,徐知诰很忧虑。内枢密使王令谋说:"尊公您辅佐政事时间长,挟制天子来命令境内,谁敢不听从?知询年轻,恩惠信义还未遍施给众人,办不了什么大事。"徐知询对待弟弟们不好,诸位弟弟都怨恨他。徐玠清楚徐知询不值得辅佐,反而抓住他的短处去投靠徐知诰。吴越王钱镠送给徐知询金玉做的马鞍和马勒口以及器具,都用龙凤图案作装饰。徐知询不知避嫌,拿来使用。徐知询的典客周廷望劝徐知询说:"尊公如果能拿出珍宝财物去结交朝中的老功臣,让他们诚心地依附您,那么谁会跟知诰在一起呢?"徐知询听从他的意见,让周廷望到江都转达自己的心意。周廷望与徐知诰的亲随将领周宗友善,通过他暗中投靠徐知诰,又把徐知询私下的计划告诉徐知诰。徐知询召徐知诰到金陵为父亲徐温除丧,徐知诰说吴主不批准他离开。周宗对周廷望说:"有人说侍中有僭越臣子名分的七件事,应当赶快入朝谢罪。"周廷望回去告诉徐知询。十一月,徐知询入朝,徐知诰把徐知询留下来作统军,兼任镇海节度使,派右雄武都指挥使柯厚征调金陵的部队回江都,从此徐知诰独掌吴国朝政。徐知询斥责徐知诰说:"先王去世的时候,兄长你作为人子,当初不来哭吊,可以吗?"徐知诰说:"你拿着剑等我,我怎么敢去! 你作为人臣,收藏着帝王享用的车马器具,又

可乎?"知询又以廷望所言诘知诰,知诰曰:"以尔所为告我者,亦廷望也。"遂斩廷望。

壬辰,吴主加尊号曰睿圣文明光孝皇帝,大赦,改元大和。

十二月,吴加徐知诰兼中书令,领宁国节度使。知诰召知询饮,以金钟酌酒赐之,曰:"愿弟寿千岁。"知询疑有毒,引他器均之,跽献知诰曰:"愿与兄各享五百岁。"知诰变色,左右顾,不肯受,知询捧酒不退。左右莫知所为,伶人申渐高径前为诙谐语,掠二酒合饮之,怀金钟趋出,知诰密遣人以良药解之,已脑溃而卒。

长兴元年春三月,吴主立江都王琏为太子。

冬十月丙辰,吴左仆射、同平章事严可求卒。徐知诰以其长子大将军景通为兵部尚书,参政事,知诰将出镇金陵故也。

二年春二月,吴徐知诰欲以中书侍郎、内枢使宋齐丘为相,齐丘自以资望素浅,欲以退让为高,谒归洪州葬父,因入九华山,止于应天寺,启求隐居。吴主下诏征之,知诰亦以书招之,皆不至。知诰遣其子景通自入山敦谕,齐丘始还朝,除右仆射致仕,更命应天寺曰征贤寺。

秋九月,吴镇南节度使、同平章事徐知谏卒。以诸道副都统、镇海节度使、守中书令徐知询代之,赐爵东海郡王。徐知诰之召知询入朝也,知谏豫其谋。知询遇其丧于涂,抚棺泣曰:"弟用心如此,我亦无憾,然何面见先王于地下乎!"

可以这样做吗?"徐知询又拿周廷望告诉他的事去责问徐知诰,徐知诰说:"把你的所作所为告诉我的,也是周廷望。"于是把周廷望杀死。

壬辰(二十七日),吴主加尊号为睿圣文明光孝皇帝,大赦境内,改年号为大和。

十二月,吴主加授徐知诰兼中书令,领宁国节度使。徐知诰召徐知询来喝酒,用金酒盏斟酒赐给徐知询说:"祝愿弟弟长寿千岁。"徐知询怀疑酒中有毒,拿另一个酒杯平均分开,跪着献给徐知诰说:"希望与兄长各享五百岁。"徐知诰脸上变色,惶顾左右,不肯接受,而徐知询捧着酒杯不肯退下。左右的人不知怎么办才好。乐工申渐高径直上前说着调皮话,把两杯酒抢过来合成一杯喝掉,把金酒盏端进怀里走出去,徐知诰偷偷派人用良药去解救他,但是他已经脑袋溃烂而死。

长兴元年(930)春季三月,吴主册立江都王杨琏为太子。

冬季十月丙辰(二十六日),吴国左仆射、同平章事严可求去世。徐知诰任用他的长子、大将军徐景通为兵部尚书、参政事,这是徐知诰准备出去镇守金陵的缘故。

二年(931)春季二月,吴国徐知诰想任用中书侍郎、内枢使宋齐丘为宰相,宋齐丘自认为历来资望浅薄,想通过退让来提高名望,于是告假回洪州安葬父亲,随后上九华山,留居应天寺,上表朝廷请求隐居。吴主下诏征召他回朝,徐知诰也写信招他回来,他都不回来。徐知诰派他的儿子徐景通亲自进山敦促、劝说他,宋齐丘这才回朝,朝廷授给他右仆射的职位,让他退休,改应天寺为征贤寺。

秋季九月,吴国镇南节度使、同平章事徐知谦去世。任命诸道副都统、镇海节度使、守中书令徐知询接替他的职务,赐爵为东海郡王。徐知诰征召徐知询入朝的时候,徐知谦参与这项谋划。徐知询在路上遇见徐知谦的棺枢,他抚摸着棺材哭着说:"弟弟的用心是那样,我也不怨恨你,但你有什么面目在地下见先王呢?"

十一月，吴中书令徐知诰表称"辅政岁久，请归老金陵"。乃以知诰为镇海宁国节度使，镇金陵，馀官如故，总录朝政如徐温故事。以其子兵部尚书参政事景通为司徒、同平章事、知中外左右诸军事，留江都辅政。以内枢使、同平章事王令谋为左仆射兼门下侍郎，以宋齐丘为右仆射兼中书侍郎，并同平章事兼内枢使，以佐景通。

十二月癸亥，徐知诰至金陵。

三年春二月，吴徐知诰作礼贤院于府舍，聚图书，延士大夫，与孙晟及海陵陈觉谈议时事。秋八月，吴徐知诰广金陵城，周围二十里。冬十一月，吴以诸道都统徐知诰为大丞相、太师，加领得胜节度使。知诰辞丞相、太师。

四年夏五月，吴宋齐丘劝徐知诰徙吴主都金陵，知诰乃营宫城于金陵。

潞王清泰元年春正月，吴徐知诰别治私第于金陵，乙未，迁居私第，虚府舍以待吴主。

吴人多不欲迁都者，都押牙周宗言于徐知诰曰："主上西迁，公复须东行，不惟劳费甚大，且违众心。"二月丙子，吴主遣宋齐丘如金陵谕知诰罢迁都。先是，知诰久有传禅之志，以吴主无失德，恐众心不悦，欲待嗣君，宋齐丘亦以为然。一旦，知诰临镜镊白髭，叹曰："国家安而吾老矣，奈何！"周宗知其意，请如江都，微以传禅讽吴主，且告齐丘。齐丘以宗先己，心疾之，遣使驰诣金陵，手书切谏，以为天时、人事未可。知诰愕然。后数日，齐丘至，请斩宗以谢吴主，

十一月，吴国中书令徐知诰上表称"辅理政事多年，请求回金陵养老"。于是任命徐知诰为镇海宁国节度使，镇守金陵，其他的官职仍然保留，总揽朝政的方式按徐温时的先例办。任命他的儿子兵部尚书参政事徐景通为司徒、同平章事、知中外左右诸军事，留在江都辅佐政务。任命内枢使、同平章事王令谋为左仆射兼门下侍郎，任命宋齐丘为右仆射兼中书侍郎，两人都为同平章事兼内枢使，来辅佐徐景通。

十二月癸亥(初十)，徐知诰回到金陵。

三年(932)春季二月，吴国徐知诰在府第中建造礼贤院，收集图书，延揽士大夫，与孙晟和海陵人陈觉谈论时事。秋季八月，吴国徐知诰扩建金陵城，周围二十里。冬季十一月，吴国任命诸道都统徐知诰为大丞相、太师，加封兼任得胜节度使。徐知诰辞去丞相、太师之职。

四年(933)夏季五月，吴国宋齐丘劝徐知诰迁吴主到金陵，于是徐知诰便在金陵中营造宫城。

后唐潞王清泰元年(934)春季正月，吴国徐知诰在金陵另建自己的府第，乙未(二十四日)，他迁居到新府第中，把军府府第空出来留待吴主来居住。

吴人大多不想迁都，都押牙周宗对徐知诰说："主上西迁金陵，尊公您肯定又要回到东边来，不只是奔波花费甚大，而且也违背众人的心愿。"二月丙子(初六)，吴主派宋齐丘到金陵劝徐知诰放弃迁都。在此以前，徐知诰早就有让吴主禅位的意图，因为吴主没有失德的行为，他怕大家心中不服，于是想等嗣君继位之后再作打算，宋齐丘也认为应当这样。一天早上，徐知诰对着镜子拔白胡须，叹息着说："国家安定而我已经老了，怎么办才好呢！"周宗知道他的心意，请求到江都，婉转暗示吴主禅让传位给徐知诰，并把这事告诉给宋齐丘。宋齐丘因为周宗先于自己干这件事，心里忌恨他，就派使者快马前往金陵，送上亲手写的信恳切劝阻徐知诰，认为依天时、人事都不适宜这样做。徐知诰感到惊讶。过了几天，宋齐丘到金陵，请求斩杀周宗向吴主谢罪，

乃黜宗为池州副使。久之，节度副使李建勋、行军司马徐玠等屡陈知诰功业，宜早从民望，召宗复为都押牙。知诰由是疏齐丘。

吴主诏徐知诰还府舍。甲申，金陵大火，乙酉，又火。知诰疑有变，勒兵自卫。己丑，复入府舍。

东海康王徐知询卒。

夏六月，吴徐知诰将受禅，忌昭武节度使兼中书令临川王濛，遣人告濛藏匿亡命，擅造兵器，丙子，降封历阳公，幽于和州，命控鹤军使王宏将兵二百卫之。

秋七月，吴徐知诰召右仆射兼中书侍郎、同平章事宋齐丘还金陵，以为诸道都统判官，加司空，于是皆无所关预。齐丘屡请退居，知诰以南园给之。

冬十月，吴主加徐知诰大丞相、尚父、嗣齐王、九锡。辞不受。

十一月，徐知诰召其子司徒、同平章事景通还金陵，为镇海宁国节度副大使、诸道副都统、判中外诸军事；以次子牙内马步都指挥使、海州团练使景迁为左右军都军使、左仆射，参政事，留江都辅政。

二年春三月，吴加徐景迁同平章事，知左右军事。徐知诰令尚书郎陈觉辅之，谓觉曰："吾少时与宋子嵩论议，好相诘难，或吾舍子嵩还家，或子嵩拂衣而起。子嵩携衣笥望秦淮门欲去者数矣，吾常戒门者止之。吾今老矣，犹未遍达时事，况景迁年少当国，故屈吾子以诲之耳。"

秋七月，吴润州团练使徐知谔狎昵小人，游燕废务，作列肆于牙城西，躬自贸易。徐知诰闻之，怒，召知谔左右诘责，知谔惧。或谓知诰曰："忠武王最爱知谔，而以后事

于是贬周宗为池州副使。过了很长时间，节度副使李建勋、行军司马徐玠等人屡次陈述徐知诰的功业，应当早早顺从民意取代皇位，于是征召周宗再次担任都押牙。徐知诰由此疏远宋齐丘。

吴主下诏让徐知诰仍回军府府第居住。甲申（十四日），金陵发生大火灾，乙酉（十五日），又发生火灾。徐知诰怀疑有变故，布置士兵守卫。己丑（十九日），又回到军府府第居住。

东海康王徐知询去世。

夏季六月，吴国徐知诰准备接受吴主的禅让，顾忌昭武节度使兼中书令临川王杨濛，让人告发杨濛窝藏亡命之徒，擅自制造兵器，丙子（初七），贬降杨濛为历阳公，幽禁在和州，命控鹤军使王宏率二百士兵守卫他。

秋季七月，吴国徐知诰征召右仆射兼中书侍郎、同平章事宋齐丘返回金陵，让他出任诸道都统判官，加授司空衔，对于政事却都不让他参预。宋齐丘多次请求退职闲居，徐知诰将南园赐给他。

冬季十月，吴主加授徐知诰为大丞相、尚父、嗣齐王，并赐给他九锡殊礼，徐知诰推辞不接受。

十一月，徐知诰召他儿子司徒、同平章事徐景通返回金陵，任镇海宁国节度副大使、诸道副都统、判中外诸军事；委派次子牙内马步都指挥使、海州团练使徐景迁为左右军都军使、左仆射，参预政事，留在江都辅佐政务。

二年（935）春季三月，吴主加封徐景迁为同平章事，掌理左右军事。徐知诰命尚书郎陈觉辅助他，对陈觉说："我年轻时与宋子嵩谈论，喜欢互相诘难，或者是我丢下子嵩而回家，或者是子嵩拂袖而起。子嵩多次收拾衣箱望着秦淮门想离去，我常告诫守门的人拦住他。我现在老了，对时务还未能全都通晓，何况景迁年纪轻轻就执掌国政，所以我委屈先生教导他了。"

秋季七月，吴国润州团练使徐知谔亲近小人，到处闲游，荒废政务，在牙城以西仿造排列着商肆的市场，亲自做买卖。徐知诰听说后，勃然大怒，召见徐知谔左右的人来责问，徐知谔大为恐惧。有人对徐知诰说："忠武王最喜欢徐知谔，但却把后事

传于公。往年知询失守，论议至今未息。借使知谔治有能名，训兵养民，于公何利？"知诰感悟，待之加厚。

冬十月，吴加中书令徐知诰尚父、太师、大丞相、大元帅，进封齐王，备殊礼，以昇、润、宣、池、歙、常、江、饶、信、海十州为齐国。知诰辞尚父、丞相，殊礼不受。

后晋高祖天福元年春正月，吴徐知诰始建大元帅府，以幕职分判吏、户、礼、兵、刑、工部及盐铁。三月，吴徐知诰以其子副都统景通为太尉、副元帅，都统判官宋齐丘、行军司马徐玠为元帅府左右司马。夏四月，高从诲遣使奉笺于徐知诰，劝即帝位。冬十一月癸巳，吴主诏齐王徐知诰置百官，以金陵府为西都。

十二月，徐知诰以镇南节度使太尉兼中书令李德诚、德胜节度使兼中书令周本位望隆重，欲使之帅众推戴。本曰："我受先王大恩，自徐温父子用事，恨不能救杨氏之危，又使我为此，可乎？"其子弘祚强之，不得已，与德诚帅诸将诣江都表吴主，陈知诰功德，请行册命，又诣金陵劝进。宋齐丘谓德诚之子建勋曰："尊公，太祖元勋，今日扫地矣。"于是吴宫多妖，吴主曰："吴祚其终乎！"左右曰："此乃天意，非人事也。"

二年春正月，吴太子琏纳齐王知诰女为妃。知诰始建太庙、社稷，改金陵为江宁府，牙城曰宫城，厅堂曰殿。以左右司马宋齐丘、徐玠为左右丞相，马步判官周宗、内枢判官黔人周廷玉为内枢使，自馀百官皆如吴朝之制。置骑兵八军，步兵九军。

二月戊子，吴主使宜阳王璪如西都，册命齐王。王受册，赦境内。册王妃曰王后。三月，吴徐知诰立子景通为王太子，固辞不受。追尊考忠武王温曰太祖武王，妣明德

传给了尊公您。往年徐知询失去镇所，人们对他的议论到现在还未停息。假如徐知谔对政事的治理有好名声，训练军队，抚养百姓，对您有什么好处呢?"徐知诰有所领悟，对待徐知谔更加宽厚。

冬季十月，吴主加授中书令徐知诰为尚父、太师、大丞相、大元帅，晋封为齐王，赐给特殊礼遇，把昇、润、宣、池、歙、常、江、饶、信、海十州作为齐国。徐知诰辞去尚父、丞相的尊称和职衔，不接受特殊的礼遇。

后晋高祖天福元年(936)春季正月，吴国徐知诰开始设置大元帅府，以幕僚分任府署中的吏、户、礼、兵、刑、工部和盐铁职务。三月，吴国徐知诰任命儿子、副都统徐景通为太尉、副元帅，都统判官宋齐丘、行军司马徐玠为元帅府左右司马。夏季四月，高从诲派使者奉送表笺给徐知诰，劝他即皇帝位。冬季十一月癸巳(初八)，吴主下诏让齐王徐知诰设置百官，以金陵府为西都。

十二月，徐知诰因为镇南节度使、太尉兼中书令李德诚、德胜节度使兼中书令周本地位尊贵，声望很高，想让他们率领大家来推戴自己。周本说:"我受先王的大恩，自从徐温父子擅权，我恨自己不能挽救杨家的危难，又让我干这事，可以吗?"他的儿子周弘祚勉强他，他不得已，就跟李德诚率众将领到江都呈表给吴主，陈述徐知诰的功德，请求颁布册书，又到金陵向徐知诰劝进。宋齐丘对李德诚的儿子李建勋说:"尊大人是太祖的元勋，今日名声扫地了。"从此吴主宫中出现很多妖异现象，吴主说:"吴的国运将要完了!"左右的人说:"这是天意，不是人事能改变的。"

二年(937)春季正月，吴国太子杨琏纳娶齐王徐知诰的女儿为妃。徐知诰开始建造太庙、社稷坛台，改金陵为江宁府，牙城为宫城，厅堂为殿。任命左、右司马宋齐丘、徐玠为左、右丞相，马步判官周宗、内枢判官黟县人周廷玉为内枢使，其馀百官都按吴朝的制度。设置骑兵八个军，步兵九个军。

二月戊子(初五)，吴主派宜阳王杨璪到西都，册命徐知诰为齐王。齐王徐知诰接受册命，颁布大赦境内。册立王妃为王后。三月，吴国徐知诰封立儿子徐景通为王太子，徐景通坚决推辞不接受。徐知诰还追尊父亲、忠武王徐温为太祖武王，母亲明德

太妃李氏曰王太后。壬申,更名诰。夏六月,吴诸道副都统徐景迁卒。秋七月,吴同平章事王令谋如金陵劝徐诰受禅,诰让不受。

八月,吴历阳公濛知吴将亡,甲午,杀守卫军使王宏。宏子勒兵攻濛,濛射杀之。以德胜节度使周本,吴之勋旧,引二骑诣庐州,欲依之。本闻濛至,将见之。其子弘祚固谏,本怒曰:"我家郎君来,何为不使我见?"弘祚合扉不听本出,使人执濛于外,送江都。徐诰遣使称诏杀濛于采石,追废为悖逆庶人,绝属籍。侍卫军使郭悰杀濛妻子于和州,诰归罪于悰,贬池州。

吴司徒、门下侍郎、同平章事、内枢使、忠武节度使王令谋老病无齿,或劝之致仕,令谋曰:"齐王大事未毕,吾何敢自安。"疾亟,力劝徐诰受禅。是月,吴主下诏禅位于齐。李德诚等复诣金陵帅百官劝进,宋齐丘不署表。九月癸丑,令谋卒。

丙寅,吴主命江夏王璘奉玺绶于齐。冬十月甲申,齐王诰即皇帝位于金陵,大赦,改元升元,国号唐。追尊太祖武王曰武皇帝。乙酉,遣右丞相玠奉册诣吴主,称"受禅老臣诰谨拜稽首上皇帝尊号曰高尚思玄弘古让皇,宫室、乘舆、服御皆如故,宗庙、正朔、徽章、服色悉从吴制"。丁亥,立徐知证为江王,徐知谔为饶王。以吴太子琏领平卢节度使、兼中书令,封弘农公。

唐主宴群臣于天泉阁,李德诚曰:"陛下应天顺人,惟宋齐丘不乐。"因出齐丘止德诚劝进书,唐主执书不视,曰:"子嵩三十年旧交,必不相负。"齐丘顿首谢。

太妃李氏为王太后。壬申(十九日),改名为诰。夏季六月,吴国诸道副都统徐景迁去世。秋季七月,吴国同平章事王令谋到金陵劝徐诰接受吴主禅让,徐诰推辞不接受。

八月,吴国历阳公杨濛知道吴将灭亡,甲午(十三日),杀掉监护他的军使王宏。王宏的儿子带兵进攻杨濛,杨濛射死了他。杨濛认为德胜节度使周本是吴国的旧功臣,带两人骑马到庐州,想依附他。周本听说杨濛来了,将要见他。周本的儿子周弘祚坚决劝阻周本,周本大怒说:"我家郎君来了,为什么不让我见他?"周弘祚关起门不让周本出去,派人在外面抓住杨濛,送往江都。徐诰派使者称吴主有诏书,在采石把杨濛杀死,还追废他为逆悖平民,把他的名字从王族的名籍中除去。侍卫军使郭悰在和州杀死杨濛的妻子儿女,徐诰归罪于郭悰,把他贬到池州。

吴国司徒、门下侍郎、同平章事、内枢使、忠武节度使王令谋年老有病没牙齿,有人劝他退休,他说:"齐王的大事还未办完,我哪敢自图安逸。"病情危急时,还竭力劝徐诰接受吴主禅让。这个月,吴主下诏书将帝位禅让给齐王。李德诚等又到金陵率百官劝徐诰即帝位,宋齐丘不在劝进表上签名。九月癸丑(初四),王令谋去世。

丙寅(十七日),吴主命江夏王杨璘奉持皇帝的玺印和绶带到达齐地。冬季十月甲申(初五),齐王在金陵即皇帝位,大赦境内,改年号为升元,国号为唐。追尊太祖武王为武皇帝。乙酉(初六),派右丞相徐玠奉册书面见吴主说"接受禅位的老臣诰,恭谨下拜叩头,呈上皇帝您的尊号叫高尚思玄弘古让皇,宫室、车马、服装都依旧例,宗庙、正朔、徽章、衣服的颜色全都按照吴国的制度"。丁亥(初八),封立徐知证为江王,徐知谔为饶王。任命吴太子杨琏遥领平卢节度使兼中书令,爵封弘农公。

唐主在天泉阁大宴群臣,李德诚说:"陛下应天意顺人心,只有宋齐丘不高兴。"随后拿出宋齐丘阻止他劝徐诰即帝位的书信,唐主拿着书信不看,说:"子嵩是我三十年的旧交,我们之间肯定不会互相辜负。"宋齐丘叩头谢罪。

己丑，唐主表让皇改东都宫殿名，皆取于仙经。让皇常服羽衣，习辟谷术。辛卯，吴宗室建安王珙等十二人皆降爵为公，而加官增邑。丙申，以吴同平章事张延翰及门下侍郎张居咏、中书侍郎李建勋并同平章事。让皇以唐主上表，致书辞之。唐主表谢而不改。

丁酉，加宋齐丘大司徒。齐丘虽为左丞相，不预政事，心悒怏，闻制词云"布衣之交"，抗声曰："臣为布衣时，陛下为刺史；今日为天子，可不用老臣矣。"还家请罪，唐主手诏谢之，亦不改命。久之，齐丘不知所出，乃更上书，请迁让皇于他州及斥远吴太子琏，绝其婚，唐主不从。

乙巳，立王后宋氏为皇后。戊申，以诸道都统判元帅府事景通为诸道副元帅、判六军诸卫事、太尉、尚书令、吴王。

十一月乙卯，唐吴王景通更名璟。唐主赐杨琏妃号永兴公主，妃闻人呼公主则流涕而辞。戊午，唐主立其子景遂为吉王，景达为寿阳公；以景遂为侍中、东都留守、江都尹，帅留司百官赴东都。

三年春正月，唐德胜节度使兼中书令西平恭烈王周本以不能存吴，愧恨而卒。丙寅，唐以侍中吉王景遂参判尚书都省。夏四月甲申，唐宋齐丘自陈丞相不应不豫政事，唐主答以省署未备。

吴让皇固辞旧宫，屡请徙居，李德诚等亦讽以为言。五月戊午，唐主改润州牙城为丹杨宫，以李建勋为迎奉让皇使。

己丑（初十），唐主上表给让皇改东都宫殿的名称，都取自道教的经籍。让皇常穿羽毛编织的衣服，学习辟谷的法术。辛卯（十二日），吴国宗室建安王杨珙等十二人都降爵为公，但升官而增加他们的食邑。丙申（十七日），任命吴同平章事张延翰以及门下侍郎张居咏、中书侍郎李建勋均为同平章事。让皇因为唐主对自己使用"上表"这种形式，去信推辞。唐主上表感谢，但仍不改变。

丁酉（十八日），加授宋齐丘为大司徒。宋齐丘虽然担任左丞相，但不能参预政事，心中愤懑，听到制书中有"布衣之交"这句话，抗辩说："我是老百姓的时候，陛下是刺史；今日你为天子，可以不用老臣了。"回家去请罪，唐主亲手写诏书表示歉意，但也不改变授官的命令。时间长了，宋齐丘不知该怎么办好，便上书请求迁让皇到其他州以及贬斥、疏远吴太子杨琏，断绝跟他的婚姻关系，唐主都不听从。

乙巳（二十六日），册立王后宋氏为皇后。戊申（二十九日），任命诸道都统判元帅府事徐景通为诸道副元帅、判六军诸卫事、太尉、尚书令、吴王。

十一月乙卯（初六），唐吴王徐景通改名为璟。唐主赐杨琏妃号为永兴公主，妃子听见人们称她为公主就流泪而推辞。戊午（初九），唐主封立他的儿子徐景遂为吉王，徐景达为寿阳公；任命徐景遂为侍中、东都留守、江都尹，率领留守机构的官员们前往东都。

三年（938）春季正月，唐德胜节度使兼中书令西平恭烈王周本因自己不能保全吴朝廷，惭愧怀恨而死。丙寅（十九日），唐以侍中吉王徐景遂参判尚书都省。夏季四月甲申（初七），唐宋齐丘自己上书陈说丞相不应该不参预政事，唐主用丞相府署未建好答复他。

吴国让皇坚决辞让，不住在旧宫，多次请求迁徙到别处居住，李德诚等人也极力主张按让皇的要求办。五月戊午（十二日），唐主把润州牙城改名为丹杨宫，任命李建勋为迎奉让皇使。

壬戌,唐主以左宣威副统军王舆为镇海留后,客省使公孙圭为监军使,亲吏马思让为丹杨宫使,徙让皇居丹杨宫。

宋齐丘复自陈为左右所间,唐主大怒。齐丘归第,白衣待罪。或曰:"齐丘旧臣,不宜以小过弃之。"唐主曰:"齐丘有才,不识大体。"乃命吴王璟持手诏召之。

六月壬午,或献毒酒方于唐主,唐主曰:"犯吾法者自有常刑,安用此为!"群臣争请改府寺州县名有"吴"及"杨"者,留守判官杨嗣请更姓羊。徐玠曰:"陛下自应天顺人,事非逆取,而谄邪之人专事改更,咸非急务,不可从也。"唐主然之。

冬十一月辛丑,吴让皇卒。唐主废朝二十七日,追谥曰睿皇帝。
是岁,唐主徙吴王璟为齐王。
四年春正月,唐群臣江王知证等累表请唐主复姓李,立唐宗庙,乙丑,唐主许之。群臣又请上尊号,唐主曰:"尊号虚美,且非古。"遂不受。其后子孙皆踵其法,不受尊号,又不以外戚辅政,宦者不得预事,皆他国所不及也。

二月乙亥,改太祖庙号曰义祖。己卯,唐主为李氏考妣发哀,与皇后斩衰居庐,如初丧礼,朝夕临,凡五十四日。江王知证、饶王知谔请亦服斩衰,不许。李建勋之妻广德长公主假衰绖入哭尽礼,如父母之丧。辛巳,诏:"国事委齐王璟详决,惟军旅以闻。"

庚寅,唐主更名昪。

壬戌（十六日），唐主任命左宣威副统军王舆为镇海留后，客省使公孙圭为监军使，亲近官佐马思让为丹杨宫使，把让皇迁居到丹杨宫。

宋齐丘又上书自行陈说被唐主左右的人离间，唐主大怒。宋齐丘回到家里，穿着白衣等待治罪。有人说："宋齐丘是旧臣，不应因小过失而抛弃他。"唐主说："宋齐丘有才能，但不识大体。"于是命吴王徐璟持唐主的手诏去征召他。

六月壬午（初七），有人献上制造毒酒的药方给唐主，唐主说："违犯我法律的，自有法定的刑罚处理，怎么用得上这个！"群臣争着提议改有"吴"字、"杨"字的府、寺、州、县的名称，留守判官杨嗣请求改姓"羊"。徐玠说："陛下原本应天意，顺人心，帝位不是逆取的，而谄媚邪佞的小人专门抓住这些事更改讨好，这都不是紧要的事情，不可听从。"唐主认为他说得对。

冬季十一月辛丑这天，吴让皇去世。唐主停止上朝听政二十七日，追谥让皇为睿皇帝。

这一年，唐主改封吴王徐璟为齐王。

四年（939）春季正月，南唐的臣下们如江王徐知证等人多次上表请唐主恢复李姓，立唐室宗庙，乙丑（二十三日），唐主予以批准。群臣又请求给唐主上尊号，唐主说："尊号是虚美的东西，而且也不是古代的制度。"于是不接受。此后，他的子孙都按他的法式，不接受尊号，又不任用外戚来辅佐国政，宦官不得干预政事，这都是其他各国所比不上的。

二月乙亥（初三），改太祖庙号为义祖。己卯（初七），唐主为死去的李姓父母举哀，与皇后穿斩衰丧服在庐墓守丧，就像刚死去父母时的礼节，早晚临哭，共五十四天。江王徐知证、饶王徐知谔请求也穿斩衰丧服，没有批准。李建勋的妻子广德长公主也借应穿衰经丧服的名义入庐中竭尽哀悼，像办父母的丧事一样。辛巳（初九），下诏："国家政事交给齐王李璟审慎处理，只有军队大事可以报告上来。"

庚寅（十八日），唐主改名为昪。

诏百官议二祧合享礼。辛卯,宋齐丘等议以义祖居七室之东。唐主命:"居高祖于西室,太宗次之,义祖又次之,皆为不祧之主。"群臣言:"义祖诸侯,不宜与高祖、太宗同享,请于太庙正殿后别建庙祀之。"帝曰:"吾自幼托身义祖,向非义祖有功于吴,朕安能启此中兴之业!"群臣乃不敢言。

唐主欲祖吴王恪,或曰:"恪诛死,不若祖郑王元懿。"唐主命有司考二王苗裔,以吴王孙祎有功,祎子岘为宰相,遂祖吴王,云"自岘五世至父荣",其名率皆有司所撰。唐主又以历十九帝,三百年,疑十世太少。有司曰:"三十年为世,陛下生于文德,已五十年矣。"遂从之。三月庚戌,唐主追尊吴王恪为定宗孝静皇帝,自曾祖以下皆追尊庙号及谥。

夏四月辛巳,唐主祀南郊。癸未,大赦。

李昇下诏,让百官讨论将徐、李两个祖庙合并祭祀的典礼。辛卯(十九日),宋齐丘等建议将义祖神主放在第七室的东面。唐主命令:"高祖神主放在西室,其次是太宗的,再其次是义祖的,这都是永不迁移的神主。"大臣们说:"义祖是诸侯,不应跟高祖、太宗同享祭享,请在太庙正殿后面另外建庙来祭祀他。"李昇说:"我自幼寄身于义祖,往日如果不是义祖对吴有功,我哪能开创这中兴大业!"大臣们这才不敢再出声。

唐主想把吴王李恪奉为远祖,有人说:"李恪是被处死的,不如把郑王李元懿奉为始祖。"唐主命有关部门考核吴王和郑王的后裔,因吴王的孙子李祎有功,李祎的儿子李岘为宰相,于是决定把吴王奉为始祖,说"从李岘五世之后到父亲李荣",各祖先的名字全都是有关部门杜撰的。唐主又认为经历了十九帝,三百年时间,怀疑从始祖到自己一共十世,世系太少。有关部门的官员说:"三十年为一世,陛下生于文德年间,至今已五十年了。"于是便依从了他们。三月庚戌(初八),唐主追尊吴王李恪为定宗孝静皇帝,自曾祖以下都追尊庙号和谥号。

夏季四月辛巳(初十),唐主在南郊祭天。癸未(十二日),大赦天下。